陈士强 著

大藏經總目提要

文史藏 上

上海古籍出版社

图书在版编目(CIP)数据

大藏经总目提要·文史藏／陈士强著．—上海：上海古籍出版社，2020.11
ISBN 978-7-5325-9701-7

Ⅰ.①大… Ⅱ.①陈… Ⅲ.①大藏经—专题目录—提要 Ⅳ.①Z88：B941

中国版本图书馆CIP数据核字(2020)第135523号

大藏经总目提要·文史藏

（全二册）

陈士强 著

上海古籍出版社出版发行

（上海瑞金二路272号 邮政编码200020）

(1) 网址：www.guji.com.cn
(2) E-mail：guji1@guji.com.cn
(3) 易文网网址：www.ewen.co

商务印书馆上海印刷有限公司印刷

开本850×1168 1/32 印张41 插页4 字数956,000
2020年11月第1版 2020年11月第1次印刷
印数：1—1,100
ISBN 978-7-5325-9701-7
B·1173 定价：158.00元
如有质量问题，请与承印公司联系

内 容 介 绍

汉文《大藏经》是佛教经典的总汇,也是一部综罗历代汉译经律论和汉撰佛教著作而编成的大型佛教丛书。它卷帙浩繁而内容赡博,是中国古代文化的一大宝藏,也是整个人类文明的一大遗产。《大藏经总目提要》是历代汉文《大藏经》收录典籍的详细解说。全书分为《文史藏》《经藏》《律藏》《论藏》四藏,对所收的典籍,按"部"(指大部)、"门"(相当于"章")、"品"(相当于"节")、"类"(指子类)、"附"(指附录),分类编制,逐一解析。内容包括:经名(包括全称、略称、异名);卷数(包括不同分卷);译撰者;译撰时间;著录情况;主要版本;译撰者小传;序跋题记;篇章结构;内容大意;思想特点;资料来源(或同本异译);研究状况等。此外,还有经典源流的叙述,不同文本的对勘,史实的辨正和补充等。

《大藏经总目提要》是一部系列丛书,由四藏十卷构成,总计五百万字。各藏内容如下。

(一)《大藏经总目提要·文史藏》(全二卷,"国家古籍整理出版'十一五'重点规划项目",上海古籍出版社2008年4月初版;初名《佛典精解》,同社1992年11月版)

本藏为历代《大藏经》中的佛教文史类典籍的解说,总收汉传佛教史籍,兼收藏传佛教史籍。下分八大部,依次为:《经录部》《教史部》《传记部》《宗系部》《纂集部》《护法部》《地志部》《杂记部》，共收录佛典二百三十部二千四百五十八卷。这些典籍综罗历代佛经目录和解题书；纪传体、编年体、一般记叙体佛教史；高僧大德的总传、类传、别传；汉传佛教、藏传佛教的教派史著作；佛教的总集、别集、文选、类书、辞典、字书、音义；佛教的游记、方志、寺塔记、名山记；禅宗的灯录、语录、颂古、拈古、评唱、笔记等。内容叙及：中国佛教的源流、宗派、人物、教理、掌故、规制、译述、寺塔、事件、术语，以及中外佛教交流史、释儒道三教关系史等。

（二）《大藏经总目提要·经藏》（全三卷，"国家古籍整理出版'十一五'重点规划项目"，上海古籍出版社 2007 年 8 月初版）

本藏为历代《大藏经》中的小乘经藏的解说，总收汉译小乘经。下分五大部，依次为：《长阿含部》《中阿含部》《杂阿含部》《增一阿含部》《其他小乘经部》，共收录佛典三百五十二部八百十一卷。这些典籍综罗原始佛教的根本经典"四阿含"及其别生经；"四阿含"以外的各种小乘经，如缘生类、欲患类、业道类、福德类、王政类、布施类、戒斋类、忍辱类、精进类、禅观类、三宝类、佛传类、本生类、涅槃类、名数类、譬喻类、杂事类佛经等。内容叙及：佛教的起源、发展和演化；佛祖释迦牟尼的生平事迹；原始佛教和部派佛教的史事、人物与教理等。

（三）《大藏经总目提要·律藏》（全二卷，"2011 年国家社科基金重大项目"中期成果，上海古籍出版社 2015 年 7 月初版）

本藏为历代《大藏经》中的小乘律藏和大乘律藏的解说，总收汉译小乘律（包括巴利文律典）、大乘律，兼收汉地撰作的各类戒律学著作。下分四大部，依次为：《小乘律传译部》《小乘律诠释部》《大乘律传译部》《大乘律诠释部》，共收录佛典二百十一部九百六十六卷。这些典籍综罗印度小乘佛教的各种广律、戒本、羯磨法、律论、杂律经；大乘佛教的各种菩萨戒经、杂律经、忏悔法；汉地律宗著作，以及律宗以外的其他戒律学著作等。内容叙及：佛教出家五众、在家二众必须受持的各种止恶行善的戒法条文；僧团的组织、制度和行事；以及僧众日常生活的行仪规范等。

（四）《大藏经总目提要·论藏》（全三卷，"2011 年国家社科基金重大项目"最终成果，上海古籍出版社 2019 年 11 月初版）

本藏为历代《大藏经》中的小乘论藏和大乘论藏的解说，总收汉译小乘论、西域小乘集传（小乘论的附属）、大乘论、西域大乘集传（大乘论的附属），兼收汉地撰作的有代表性的大小乘论疏。下分五大部，依次为：《小乘阿毗达磨部》《小乘集传部》《大乘中观部》《大乘瑜伽部》《大乘集传部》，共收录佛典二百三十五部一千七百四十一卷。这些典籍综罗小乘说一切有部、上座部、大众部、犊子部、贤胄部、正量部、经部等部派撰作的各种阿毗达磨论书；大乘中观派、瑜伽行派撰作的各种释经论、集义论；西域和汉地撰作的各类佛教集传等。内容叙及：大小乘佛教的各种教理，如小乘佛教的"世间"说、"蕴处界"说、"五位七十五法"说、"缘起"说、"业"说、"烦恼"说、"四谛"说、"禅定"说、"道位"说；大乘中观派的"六波罗蜜多"说、"十地"说、"十八空"说、"八不中道"说、"二谛"说；大乘瑜伽行派的"十七地"说、"八识"说、"三自性"说、"三无性"说、"唯识五位"说、"五位百法"说、"如来藏"说、"因明"说等。

《大藏经总目提要》四藏十卷，由我国知名佛学家、复旦大学教授陈士强，从 1983 年 6 月起撰写，至 2018 年 12 月告成，前后历时三十五年。目前，作者正在撰写大乘经藏的解说，作为已出《经藏》的续编。全书立足于原典的解析，收录齐备，释义详尽，史料丰赡，考订缜密，一大批尘封已久的古本佛经，由此而得到破解。它为藏经提挈纲要,为治学指示门径,是迄今为止这一研究领域中最新、最全的知识密集型工具书,也是佛教文献学上一部具有独特分类法和诠释法的巨著。

自　　序

　　佛教经典源于印度,是释迦牟尼创立佛教后逐渐形成的一类典籍。相传,佛在世时,就已有口诵佛经流行于世。佛入灭以后,僧团为编集佛陀一代言教,用作佛弟子修行的指南,举行了结集大会,诵出了原先流传的口诵佛经,经与会者审议通过,确定为僧团统一受持的佛经文本,由此形成了佛教典籍的最初汇编——"三藏",即经藏、律藏、论藏三大部类。经藏,是"契经"(佛宣说的教法)类典籍的汇编;律藏,是"戒律"(佛制立的戒律条文)类典籍的汇编;论藏,是"论议"(佛和佛弟子对契经义理所作的解释)类典籍的汇编。原始佛教终结后,部派佛教传承了原始"三藏",并在论藏中补入了本派的论书;大乘佛教兴起后,又建构了自己的经典体系,也将它称为"三藏"。于是,"三藏"有了大小乘之分。"小乘三藏"(又称声闻藏),收录原始佛教、部派佛教的典籍;"大乘三藏"(又称菩萨藏),收录大乘佛教(包括显教和密教)的典籍。

　　东汉末年以后,大小乘佛教经典从西域源源不断地传入中国,由来华的高僧翻译为汉文,弘传流布,与此同时,汉地佛教人士也相续撰出了大量的佛教著作,一并流传;随着佛经数量的增多,西晋以后,逐渐出现了佛经目录(略称经录),专门收录各种佛经,著录译人译事,考定文本真伪,此类著作累代不绝,编制也日趋周全严密,从而形成了系统性的佛教目录学;南北朝、隋唐时期,佛教兴盛,朝廷与民间以佛教经录的记载为依据,搜集与抄写各种佛经,研习、收藏蔚然成风,这些写本佛经,有些是独立流通的单行本,有些则是部类齐全的系列大丛书,这便是写本藏经;北宋以后,藏经从手抄流通,转向雕版印刷,从而形成了各种版次的汉文《大藏经》,影响遍及海内外。

汉文《大藏经》是佛教经典的总汇,也是一部综罗历代汉译经律论(此为"源")和汉撰佛教著作(此为"流")而编成的大型佛教丛书。它卷帙浩繁而内容赡博,不仅详细记载了千百年以来佛教的教理、宗派、人物、事件、礼仪、制度、节日、活动、寺塔、器物和术语,而且广泛叙及历史、哲学、文学、伦理、教育、语言、逻辑、心理、习俗、地理、天文、历算、医学、建筑、雕塑、绘画、音乐等各个领域的极为丰富的知识,是中国古代文化的一大宝藏,也是整个人类文明的一大遗产。

然而,由于佛教经典源于古印度,传入中国以后,都是用古文翻译和阐述的,绝大多数佛典既无标点,也无注释,文句艰涩,义理幽深,尤其是佛教术语特别繁异复杂,凡此种种,都给阅读和研究佛教典籍带来了很大的困难。这就需要一种专门的佛学工具书,提供指导和帮助。

1983年6月,我因阅读《四库全书总目提要》有感,发心以毕生之精力,撰写一部集目录、版本、提要、资料和考订于一体的《大藏经总目提要》,对汉文《大藏经》收录的千部万卷典籍,作全面系统的阐释,为佛教文化的传承做一项基础性的工作。自此以后,遂以《后汉书·虞诩传》说的"志不求易,事不避难"为座右铭,以一人之力,独立开展了这一艰难的、具有重要佛教文献学价值的研究项目。

《大藏经总目提要》的主要特点是,它不是某个版次的《大藏经》的提要，而是一部综括历史上刊行的各个版次的汉文《大藏经》收录典籍，分类编制并逐一详解的提要，具有独特的分类法和诠释法。所收录者，不仅包括汉文《大藏经》（如《丽藏》《宋藏》《金藏》《元藏》《明藏》《嘉兴藏》《清藏》《频伽藏》《大正藏》《新纂续藏经》等）中的佛典，而且也包括少数隶属于藏文《大藏经》、巴利文《大藏经》，以及在藏外单本流通的佛典。全书分为《文史藏》《经藏》《律藏》《论藏》四大藏，各藏内部又按"部"（大部）、"门"（相当于"章"）、"品"（相当于"节"）、"类"（子类）、"附"（附出），逐级分类，以便查阅。

《大藏经总目提要》也不是佛典的简短解题或词条式说明，而是佛典全方位的信息和内容精要的详述。它对每一部典籍的解说，大致包括：经名、卷数、译撰者、译撰时间、著录情况、主要版本、译撰者小传、序跋题记、篇章结构、内容大意、思想特点、资料来源和研究状况等。此外，还有经典源流的叙述，不同文本的对勘，史实的辨正和补充等。《提要》采用总别结合和随文作释的方式，对原著加以解说。其中，对原著内容的解说，分为总说和别释两部分，前者概括性地说明它的主旨要义，后者依照原著的结构，对各章各节分别予以阐释。对于难读难解的佛教术语，以及具有特定含义的概念和命题，尽量用通俗的语言加以解说，以利于学人理解原文；在用白话文讲解原典的同时，择要引证和辑录重要的论述与史料，藉此保存大量珍贵的原始资料。

《大藏经总目提要》作为一部系列丛书，它的最初成果是1992年11月由上海古籍出版社出版的《佛典精解》。《佛典精解》是《大藏经》中佛教文史类典籍的解说，由于这些典籍是研究佛教必读的入门书，最切实用，故最先撰出。《大藏经总目提要》的体例和写法，也是在撰作此书的过程中，不断摸索、改进、完善而确定下来的，并由此形成了一套具有独特体系结构、叙事风格的佛典分类法和诠释法。《佛典精解》出版后,曾获"1992—1993 年度全国古籍优秀图书二等奖",被学术界和佛教界称为"研究中国佛教的基本工具书"。

2006 年,《大藏经总目提要》中的《经藏》《文史藏》(此为《佛典精解》修订版)二藏,被列为"国家古籍整理出版'十一五'重点规划项目";2011 年,《律藏》《论藏》二藏,被列为"国家社科基金重大项目"。这反映了各方专家对这一重大项目的共同关注和期望,对此,我深感所承担的学术责任之重。钻研原著,廓清疑难,抉择会通,解文释义,始终是撰作《提要》的宗旨。一般来说,我对每部原典的阅读至少在三遍以上,艰深的著作或篇章更是反复研读,并采用将同本异译或同类文献作对勘的方法,来彻究文句的含义。同时,也广泛借鉴和吸收古今中外的研究成果,抉择取舍,集百家之长,成一家之言。力求在准确领会原意的基础上,用简洁明了的语言,对每一部原典作出通俗、确切的解说。

在历经三十五年(从 1983 年 6 月至 2018 年 12 月)的潜心研究与艰难写作之后,《大藏经总目提要》四藏十卷终于告成,并分作四次陆续出版,每次各出一藏。现今出版的《大藏经总目提要》全书,除各藏初首的内容介绍、自序和凡例,作了统一之外,正文与初版是基本相同的。目前,我正在以人生之余力,撰写大乘经藏的解说,作为已出《经藏》的续编。大乘经藏卷帙浩繁,仅唐玄奘译《大般若经》一部,就有六百卷,自古以来被学者视为畏途。我已是年过七旬的老人,虽有几十年专业知识的积累,但要攻克这一难关,仍需花六年左右的时间,再写三卷或四卷,才能最终完成此项前所未有的重大学术工程。千百部佛典所涉及的知识是浩瀚无边的,而我个人的精力和学识是毕竟有限的,因此,书中所述仍会有不足和疏误之处,祈请读者批评指正。

《大藏经总目提要》的撰写和出版,得到了许多学术界前辈、同行和友人的鼓励与帮助。其中有:中国人民大学哲学系方立天(已故);中国社会科学院世界宗教研究所杨曾文、李富华、黄夏年、金泽;北京大学哲学系楼宇烈;中央社会主义学院叶小文;中央民族大学哲学与宗教学院牟钟鉴;中国佛教协会卢浔;南京大学哲学系洪修平;复旦大学中文系陈允吉、陈尚君;复旦大学哲学系王雷泉;复旦大学古籍所郑伟宏;复旦大学文史研究院葛兆光;复旦大学文科科研处左昌柱;复旦大学出版社高若海、贺圣遂;上海师范大学哲学学院方广锠;上海大学文学院林国良;上海古籍出版社罗颢;浙江省科技信息研究院刘京民等。在此,谨向他们致以由衷的谢意。

陈士强
2020 年 11 月 27 日于复旦大学

凡　　例

（一）《大藏经总目提要》（以下略称《提要》）是一部综括历史上刊行的各个版次的汉文《大藏经》收录典籍，分类编制并逐一详解的提要。所收录者，不仅包括汉文《大藏经》（如《丽藏》《宋藏》《金藏》《元藏》《明藏》《嘉兴藏》《清藏》《频伽藏》《大正藏》《新纂续藏经》等）中的佛典，而且也包括少数隶属于藏文《大藏经》、巴利文《大藏经》，以及在藏外单本流通的佛典。

（二）《提要》分为《文史藏》《经藏》《律藏》《论藏》四藏。其中，《文史藏》为《大藏经》中的佛教文史类典籍的解说，总收汉传佛教史籍，兼收藏传佛教史籍；《经藏》为《大藏经》中的小乘经藏的解说，总收汉译小乘经；《律藏》为《大藏经》中的小乘律藏和大乘律藏的解说，总收汉译小乘律（包括巴利文律典）、大乘律，兼收汉地撰作的各类戒律学著作；《论藏》为《大藏经》中的小乘论藏和大乘论藏的解说，总收汉译小乘论、西域小乘集传（小乘论的附属）、大乘论、西域大乘集传（大乘论的附属），兼收汉地撰作的有代表性的大小乘论疏。各藏对所收的典籍，按"部"（指大部）、"门"（相当于"章"）、"品"（相当于"节"）、"类"（指子类）、"附"（指附录）五级分类法，编制目录，以便查阅。

（三）《提要》对收录典籍的解说，大致包括以下内容：

（1）书名（包括全称、略称、异名）。（2）卷数（包括不同分卷）。（3）译撰者。（4）译撰时间。（5）著录情况。（6）主要版本。（7）译撰者小传。（8）序跋题记。（9）篇目结构。（10）内容大意。（11）思想特点。（12）资料来源（或同本异译）。（13）研究状况等。此外，还有经典源流的叙述，不同文本的对勘，史实的辨正和补充等。各大部之首均有导读性的《总叙》，综述本部典籍的门类、性质、义旨、历史、收录情况和备考书目。

（四）《提要》对所收典籍的译撰时间的介绍，一般是根据译撰者或相关人士在当时撰写的序跋、题记、奏表等原始资料上所署的时间，佛经目录、编年体佛教史和其他史书上的著录，予以确定的；也有的是根据译撰者的活动经历，原著叙及的人物、典籍、事件、称谓、用语，以及已知撰时的他书的征引等，加以推断的。至于称一部典籍，为某人"译"或"撰"，乃至"编"、"述"、"著"、"集"、"辑"、"录"、"刊纂"、"编集"、"修撰"等，一般均依照原著上的题署写录。若题署与实际情况不符，则另出考证。

（五）《提要》对收录典籍主要版本的介绍，包括：（1）《丽藏》，指高丽高宗朝重刻的《高丽大藏经》。（2）《宋藏》，指南宋刻印的《安吉州思溪法宝资福禅寺大藏经》。（3）《金藏》，指金代刻印的《解州天宁寺大藏经》（又名《赵城金藏》）。（4）《元藏》，指元代刻印的《杭州路余杭县白云宗南山大普宁寺大藏经》。（5）《明藏》，指明代刻印的《永乐北藏》。（6）《清藏》，指清代刻印的《乾隆版大藏经》（又名《龙藏》）。（7）《频伽藏》，指近代铅印的《频伽精舍校刊大藏经》。（8）《大正藏》，指日本大正一切经刊行会铅印的《大正新修大藏经》。（9）《新纂续藏经》，指日本国书刊行会排印的《卍新纂大日本续藏经》（此藏是在日本京都藏经书院编《卍续藏经》的基础上增修而成，台北白马经舍印经会影印本易名为《大藏新纂卍续藏经》）。

(10)《南传大藏经》,指台湾元亨寺妙林出版社从1990年10月起出版的《汉译南传大藏经》。

(六)《提要》各藏都有译撰者小传,内容包括:姓名(或法名)、生卒年、字号、俗姓、籍贯、主要经历、译籍或著述,以及生平史料等。凡有二部以上著作被编入同一藏的,其生平事迹放在第一部著作中予以介绍。只有《论藏》中,大乘中观派、瑜伽行派主要代表人物的事迹,是在部首的"总叙"中也叙及的,这是因为"总叙"类似于专论,须有内在的完整性。此外,由于各藏撰于不同时期,故后出的《律藏》《论藏》,对前出的《文史藏》《经藏》中的有些译撰者小传,略有修改。

(七)《提要》对收录典籍内容的解说,包括定义性概说、原文广解两部分。前者概括性地说明它的主要内容,后者依照原著的结构,对各个篇章层次,分别予以诠释。若内容的分支繁多,一般均分条缕述;有时为节省篇幅,也有将若干条合作一段的。在用现代语作解说时,引证和辑录原著中重要的史料和论述,藉此保存有价值的文献资料,以供研究。由于各种佛典之间,有许多内容是反复讲述的,故《提要》在对不同典籍的相同内容作解释时,有时也不得不作相同或相近的表述,以便与原文相一致。

(八)《大藏经》收录典籍的原文,是没有标点符号的,《提要》在引录时,作了标点。引文括号中的字句,绝大多数是笔者为便于读者理解原文而加的,只有少数为原著中的夹注,特标"——原注",以示区别。引文之末,均标注原版上的卷次、品名和页码(若一篇之中,引文较多,则只注明卷次)。

(九)汉译佛经是在不同的时期,由不同的译师陆续翻译的,其中涉及的佛教术语数以千计,同一名词翻译各异,艰深难懂。如"五蕴"又译"五阴";"十二处"又译"十二入";"十八界"

又译"十八持";"集谛"又译"习谛";"灭谛"又译"尽谛";"心所"又译"心数";"受阴"又译"痛阴";"六触"又译"六更乐";"无表色"又译"无教色"等。此外,藏经中还有大量的通假字和同音异写字,如"蓄"又作"畜";"花"又作"华";"燃"又作"然";"狮子"又作"师子";"安稳"又作"安隐";"嗔"又作"瞋";"和尚"又作"和上";"毗尼"又作"比尼";"犍度"又作"揵度";"辩"又作"辨";"沉"又作"沈"等。对此,《提要》一般均依原本的文字写录,不作硬性统一。同时,在引用时,适当加注别称(如"又名"、"又称")、异译(如"又译"、"音译"、"意译"),以作触类旁通之用。对佛教术语的解释,一般采用先以简短的现代语说明某一术语的义旨,然后引征原文,予以阐解的方式展开。

（十）藏经中的篇章,有些有标题,有些则没有标题。凡属原著已有的标题,引用时,一般外加书名号;凡属原著没有,笔者为提示纲目,根据原文拟立的篇章和段落的标题,一般外加双引号或附出说明。此外,由于有关标点符号的用法,历来有所不同,《提要》各藏中的标点符号,都是与当时的用法相适应的,为保持原貌,暂不改动。

（十一）《提要》对所收典籍的部卷,一般均用汉字数序表述,以便与古代原著上的字句相一致;唯有《律藏》中的一些表格,因受版心大小的限制,是用阿拉伯数字表述的。

（十二）为简便起见,除少数例外,《提要》中的目录与正文一般直书朝代的名称和僧人的法名,而将朝代的"代"字、僧人法名前的姓"释"字略去,如"梁代释僧祐"简称"梁僧祐"、"唐代释智升"简称"唐智升"等。

目 录

一、经录部

总 叙 ·· 3
第一门 南北朝众经目录：梁僧祐《出三藏记集》
　　　　十五卷
　　　　附：梁佚名《众经别录》二卷 ·············· 13
第二门 隋代众经目录 ··· 30
　　第一品　隋法经等《众经目录》七卷 ··············· 30
　　第二品　隋费长房《历代三宝纪》十五卷 ······· 37
　　第三品　隋彦琮等《众经目录》五卷 ··············· 42
第三门 唐开元前众经目录 ····································· 46
　　第一品　唐道宣《大唐内典录》十卷 ··············· 46
　　第二品　唐静泰《大唐东京大敬爱寺一切
　　　　　　经论目》五卷 ······································· 52
　　第三品　唐靖迈《古今译经图纪》四卷 ··········· 54
　　第四品　唐明佺等《大周刊定众经目录》十五卷 ······· 59
第四门 唐开元间众经目录 ····································· 64
　　第一品　唐智升《续大唐内典录》一卷 ··········· 64
　　第二品　唐智升《续古今译经图纪》一卷 ······· 66

第三品　唐智升《开元释教录》二十卷
　　　　　　附：唐智升《开元释教录略出》四卷 ……… 68
　　第四品　唐玄逸《大唐开元释教广品历章》
　　　　　　三十卷 ……………………………………… 80
第五门　唐贞元间众经目录 …………………………………… 84
　　第一品　唐圆照《大唐贞元续开元释教录》三卷 … 84
　　第二品　唐圆照《贞元新定释教目录》三十卷 …… 89
第六门　五代众经目录：南唐恒安《大唐保大乙巳岁
　　　　　续贞元释教录》一卷 ……………………………… 92
第七门　宋元众经目录 ………………………………………… 94
　　第一品　北宋赵安仁等《大中祥符法宝录》
　　　　　　二十二卷 …………………………………… 94
　　第二品　北宋惟净等《天圣释教总录》三卷 ……… 99
　　第三品　北宋吕夷简等《景祐新修法宝录》
　　　　　　二十一卷 …………………………………… 101
　　第四品　元庆吉祥等《至元法宝勘同总录》十卷 … 106
第八门　《大藏经》解题 ……………………………………… 113
　　第一品　北宋惟白《大藏经纲目指要录》八卷 …… 113
　　第二品　北宋王古《大藏圣教法宝标目》十卷 …… 121
　　第三品　明寂晓《大明释教汇目义门》四十一卷
　　　　　　附：明寂晓《大明释教汇门标目》四卷 … 129
　　第四品　明智旭《阅藏知津》四十四卷 …………… 140

二、教　史　部

总　叙 …………………………………………………………… 161
第一门　纪传体佛教史 ………………………………………… 168
　　第一品　南宋宗鉴《释门正统》八卷 ……………… 168

第二品　南宋志磐《佛祖统纪》五十四卷
　　　　　　附：明佚名《续佛祖统纪》二卷 ……………… 175
第二门　编年体佛教史（上）……………………………… 185
　　　第一品　南宋祖琇《隆兴编年通论》二十九卷 ……… 185
　　　第二品　南宋本觉《释氏通鉴》十二卷 ……………… 192
　　　第三品　元熙仲《历朝释氏资鉴》十二卷 …………… 199
　　　第四品　元念常《佛祖历代通载》二十二卷 ………… 202
第三门　编年体佛教史（下）……………………………… 211
　　　第一品　元觉岸《释氏稽古略》四卷 ………………… 211
　　　第二品　明朱时恩《佛祖纲目》四十一卷 …………… 217
　　　第三品　明幻轮《释氏稽古略续集》三卷 …………… 220
　　　第四品　清纪荫《宗统编年》三十二卷 ……………… 227
第四门　藏传佛教史撰作 …………………………………… 235
　　　第一品　元布顿《佛教史大宝藏论》一册 …………… 235
　　　第二品　明多罗那他《印度佛教史》一册 …………… 241
　　　第三品　清松巴·益西班觉《如意宝树史》一册 …… 248

三、传记部

总　叙 …………………………………………………………… 257
第一门　释迦牟尼传 ………………………………………… 267
　　　第一品　梁僧祐《释迦谱》五卷 ……………………… 267
　　　第二品　唐道宣《释迦氏谱》一卷 …………………… 275
第二门　僧人总传 …………………………………………… 280
　　　第一品　梁宝唱《名僧传抄》一卷 …………………… 280
　　　第二品　梁慧皎《高僧传》十四卷 …………………… 286
　　　第三品　唐道宣《续高僧传》三十卷 ………………… 295
　　　第四品　北宋赞宁《宋高僧传》三十卷 ……………… 306

第五品	元昙噩《新修科分六学僧传》三十卷	317
第六品	明如惺《大明高僧传》八卷	323
第七品	明明河《补续高僧传》二十六卷	327
第八品	清徐昌治《高僧摘要》四卷	336

第三门　僧人类传 ······ 340
- 第一品　比丘尼类:梁宝唱《比丘尼传》四卷 ······ 340
- 第二品　求法僧类:唐义净《大唐西域求法高僧传》二卷 ······ 346
- 第三品　禅僧类之一:北宋惠洪《禅林僧宝传》三十卷 ······ 353
- 第四品　禅僧类之二:南宋祖琇《僧宝正续传》七卷 ······ 357
- 第五品　禅僧类之三:清自融、性磊《南宋元明禅林僧宝传》十五卷 ······ 361
- 第六品　地区僧类:南宋元敬、元复《武林西湖高僧事略》一卷

  附:明袾宏《续武林西湖高僧事略》一卷 ······ 367
- 第七品　神僧类:明朱棣《神僧传》九卷 ······ 371

第四门　僧人别传 ······ 376
- 第一品　隋灌顶《隋天台智者大师别传》一卷 ······ 376
- 第二品　唐彦悰《唐护法沙门法琳别传》三卷 ······ 379
- 第三品　唐慧立、彦悰《大唐大慈恩寺三藏法师传》十卷

  附:唐冥祥《大唐故三藏玄奘法师行状》一卷 ······ 384
- 第四品　唐李华《玄宗朝翻经三藏善无畏赠鸿胪卿行状》一卷

　　　　　　附：唐李华《善无畏三藏和尚碑铭并序》…… 395
　　第五品　唐赵迁《大唐故大德赠司空大辨正广智
　　　　　　不空三藏行状》一卷………………………… 397
　　第六品　唐佚名《大唐青龙寺三朝供奉大德
　　　　　　行状》一卷…………………………………… 401
　　第七品　新罗崔致远《唐大荐福寺故寺主翻经大德
　　　　　　法藏和尚传》一卷
　　　　　　附：唐阎朝隐《大唐大荐福寺故大德
　　　　　　康藏法师之碑》……………………………… 403
第五门　居士传：清彭绍升《居士传》五十六卷…… 412
第六门　往生传………………………………………… 419
　　第一品　北宋戒珠《净土往生传》三卷
　　　　　　附：唐文谂、少康《往生西方净土
　　　　　　瑞应传》一卷………………………………… 419
　　第二品　明袾宏《往生集》三卷……………………… 427
　　第三品　清彭希涑《净土圣贤录》九卷
　　　　　　附：清胡珽《净土圣贤录续编》四卷……… 433

四、宗系部

总　叙…………………………………………………… 447
第一门　天台宗：南宋士衡《天台九祖传》一卷…… 458
第二门　华严宗：清续法《法界宗五祖略记》一卷… 462
第三门　密宗：唐海云《两部大法相承师资
　　　　付法记》二卷……………………………… 469
第四门　禅宗（上）……………………………………… 475
　　第一品　唐净觉《楞伽师资记》一卷………………… 475
　　第二品　唐杜朏《传法宝纪》一卷…………………… 481

第三品　唐佚名《历代法宝记》一卷 …………… 487
　　第四品　唐智炬《宝林传》十卷 ………………… 492
　　第五品　南唐静、筠《祖堂集》二十卷 …………… 496
　　第六品　北宋道原《景德传灯录》三十卷
　　　　　　附：北宋李遵勖《天圣广灯录》三十卷
　　　　　　　　北宋惟白《建中靖国续灯录》三十卷
　　　　　　　　南宋悟明《联灯会要》三十卷
　　　　　　　　南宋正受《嘉泰普灯录》三十卷 …… 507
　　第七品　北宋契嵩《传法正宗记》九卷
　　　　　　附：北宋契嵩《传法正宗定祖图》一卷
　　　　　　　　北宋契嵩《传法正宗论》二卷 ……… 531
　　第八品　南宋普济《五灯会元》二十卷
　　　　　　附：明如卺《禅宗正脉》十卷
　　　　　　　　明净柱《五灯会元续略》四卷 ……… 542
第五门　禅宗（下） ……………………………………… 555
　　第一品　明居顶《续传灯录》三十六卷
　　　　　　附：明文琇《增集续传灯录》六卷 ……… 555
　　第二品　明瞿汝稷《指月录》三十二卷
　　　　　　附：清聂先《续指月录》二十卷 ………… 563
　　第三品　明道忞、吴侗《禅灯世谱》九卷
　　　　　　附：清悟进《佛祖宗派世谱》八卷
　　　　　　　　清明喜《缁门世谱》一卷
　　　　　　　　清净符《法门锄宄》一卷 …………… 573
　　第四品　明黎眉《教外别传》十六卷
　　　　　　附：清通容《五灯严统》二十五卷
　　　　　　　　清通容《五灯严统解惑篇》一卷
　　　　　　　　清徐昌治《祖庭指南》二卷 ………… 583

第五品　清元贤《继灯录》六卷
　　　　　　附：清通问《继灯存稿》十二卷
　　　　　　　　清性统《继灯正统》四十二卷 ………… 596
　　第六品　清通醉《锦江禅灯》二十卷
　　　　　　附：清如纯《黔南会灯录》八卷 ………… 605
　　第七品　清超永《五灯全书》一百二十卷 ………… 613
　　第八品　清达珍《正源略集》十六卷 ………… 618
第六门　藏传佛教宗派 ………… 622
　　第一品　元蔡巴·贡噶多吉《红史》一册 ………… 622
　　第二品　明廓诺·迅鲁伯《青史》一册 ………… 627
　　第三品　清土观《土观宗派源流》一册 ………… 638
　　第四品　清守一《西藏剌麻溯源》一卷 ………… 646
第七门　诸宗评述：清守一《宗教律诸家演派》一卷 ………… 649

一、经录部

总　　叙

　　经录,全称"佛经目录",又称"众经目录"、"一切经目录",指的是用来记载佛典的名称、卷帙、译撰者和有关事项的一类佛教典籍。内容包括:佛典的名目部卷;译撰的时间、地点和人物;著录状况;繁略异同;存佚;真伪;经旨大意;以及有关的表诏序记等。

　　佛经目录的种类很多。有单记一人译经的译经录;有校录一寺藏经的寺藏录;有偏录一个地区流传佛经的区域经录;有专录一个朝代译经或绍绪先前某一部佛经目录的断代录;有汇载历代译经和著述的通录;有连缀历代佛经翻译家小传而成的图纪;有作为诵持和抄写正本的入藏目录;有叙列求法所获经本的求法目录;有作为雕印《大藏经》之用的版本目录;有汇集某一佛教宗派典籍的教典目录;有作为官私藏书目录一部分的释氏类书目,等等。佛教经录类典籍,纲纪众经,剖析源流,使佛典有据,治学有径,是佛教目录学的原始资料。

一、佛经目录的源流

　　佛经目录产生于西晋。在此之前,佛教相传有过四部佛经目录:一、《古录》一卷,"似是秦时释利防等所赍来经目录";二、《旧录》一卷,"似是前汉刘向搜集藏书所见经录";三、《汉时佛经目录》一卷,"似是迦叶摩腾创译《四十二章经》,因即撰录";四、《朱士行汉录》一卷,说是"魏(曹魏)时"朱士行所撰(见隋费长房《历代三宝纪》卷十五)。但是,征之史志,这些典籍全无实据。后世经录的转注中所称的"古录"、"旧录",其实是晋宋时期的佚名之作,并非是上文所称的"秦时"的《古录》和"前汉"时的《旧录》。

西晋武帝时,通晓西域三十六国文字的竺法护,携带大量梵本佛经,从敦煌来到长安。他先后翻译了一百五十四部佛经(据《出三藏记集》卷二),成为自佛经汉译以来,到当时为止,译经最多的一个人。大约在晋怀帝永嘉(307—312)末年,他编撰了《众经录目》一卷(见《历代三宝纪》卷六,已佚),用来记录自己翻译的经典,从而成为中国佛教的第一部经录。

竺法护的助手、优婆塞(男居士)聂道真,在竺法护去世以后独自译经,也编撰了《众经录目》一卷(同上,已佚),以记录竺法护和他自己的译本为主,兼记东汉支谶、西晋竺叔兰等的译籍。这样,在仅记个人译本的专录的基础上,又产生了汇载不同年代各个译师出经情况的通录。

东晋初年,成帝世豫章沙门支敏度(一作"支愍度")总校群经,合古今目录为一家,撰成了《经论都录》和《别录》各一卷(见《历代三宝纪》卷七和卷十五,已佚)。前者是自东汉以来各代译经的总目录,收有东汉支谶、安世高、西晋竺法护、支法度等人的译籍,并且续补了东晋的译籍,较为流行(见梁慧皎《高僧传》卷四);后者或是这些译籍的分类目录,也许因编得不尽得法,不大为人所重视。

与支敏度撰录的同时或稍后的一些时间里,北方十六国中曾出现了"似是赵时"所撰的《赵录》一卷(见《历代三宝纪》卷十五,已佚),用来记录石赵统治地流行的佛经。从后世经录的转注来看,此录后有增益。

东晋中叶,常山扶柳沙门道安率弟子南下襄阳,在那里搜校群经,注释经文,制定僧尼规范,开展弘教活动。由于以往的经录往往只注意记录佛经的名称,不注意记录译经的时间、地点、译经者和新旧译,故时间一长,经典的来历和真伪就分辨不清了。有鉴于此,他总集名目,标列译人,铨品新旧,创制体例,于晋孝武帝宁康二年(374)编撰了一部历史性的佛经目录——《综理众经目录》一卷(见梁僧祐《出三藏记集》卷五、《历代三宝纪》卷八)。这部经录胪举每个译师的译本,而开《经论录》;编列失去译人姓名及翻译年代的译本,而开《失译经录》(一般的失译经)、《凉土异经录》、《关中异经录》(以上为地区性的失译经)和《古异经录》(出经年代较早的失译经);甄别疑伪,而开《疑经录》;搜集个人撰写的佛教典籍,而开《注经及杂经志录》。它门类齐备,考订谨严,凡入录的经典无论残缺,均经作者一一过目。虽然原书已佚,但它的基本内容通过梁僧祐《出三藏记集》而得到保存,对后世经录的撰作产生了深远的影响。为此,后人公推道安为中国佛教经录的实际奠基人。

东晋末年,南北方出现的佛经目录,基本上是由道安的弟子或再传弟子编集的。在《综理众经目录》撰成后五年,即太元四年(379),苻秦兵陷襄阳,道安被送往长安,留在北方。而他的弟子慧远率徒南行,徙居庐山。慧远有感于江东一带禅法无闻,律藏残阙,派弟子法净、法领等逾越沙雪,远求众经,旷岁方返(见《高僧传》卷六)。在隋代以前已佚的经录中,有《庐山录》一卷(见《历代三宝纪》卷十五),也许就是法净等带回来的梵本佛经的目录。慧远的弟子道流又创撰《众经录》四卷,下分《魏世经录目》、《吴世经录目》、《晋世杂录》、《河西经录目》四部分,各一卷(见唐道宣《大唐内典录》卷十)。由于道流始编不久就去世了,此书是由他的同学竺道祖实际完成的,故又称《竺道祖录》,已佚。

在北方,道安的另一个弟子僧睿,在道安死后继续留在长安。姚秦时,译经大师鸠摩罗什入关,他相助译经,深受赞赏,弘始(399—415)末年,他以记载苻秦和姚秦二代的译经为主,兼及北凉等译经,编撰了《二秦众经录目》一卷(见《历代三宝纪》卷八),后佚。

南北朝时期,由于各种文本的佛经继踵而至,译事活跃,著述日多,写经与藏经之风盛行,佛教目录学十分发达,先后出现了十多种经录。

南齐,庄严寺沙门道慧撰《宋齐录》一卷(见《历代三宝纪》卷十五),专录东晋末年至南齐初年的译经,而以刘宋一代为主;沙门王宗(《高僧传》卷七作"昙宗")于齐武帝永明(483—493)年间撰《众经目录》二卷(见《历代三宝纪》卷十一),通录以南齐为止的各代译经;湘宫寺沙门弘充于同时撰《释弘充录》一卷(见《历代三宝纪》卷十五,下同),或录本寺的藏经。

梁代,安乐寺沙门僧绍于天监十四年(515)奉敕撰《华林佛殿众经目录》四卷,此录专记华林园佛殿收藏的佛经,但它的分类则是根据僧祐的《出三藏记集》而来的。庄严寺沙门宝唱在僧绍录的基础上,于天监十七年(518)奉敕撰《梁世众经目录》四卷。其中,卷一为大乘,下分《有译人多卷经》(指署有译者的多卷本佛经)、《无译人多卷经》(指未署译者的多卷本佛经)、《有译人一卷经》(指署有译者的一卷本佛经)、《无译人一卷经》(指未署译者的一卷本佛经)四类;卷二为小乘,与大乘经一样,也分为四类;卷三下分《先异译经》、《禅经》、《戒律》、《疑经》、《注经》、《数论》、《义记》七类;卷四下分《随事别名》、《随事共名》、《譬喻》、《佛名》、《神咒》五类。总计二十类,共收录佛典一千四百三十三部三千七百四十一卷;僧祐的弟子正度或许是为记述建初寺的藏经而撰《释正度录》。

北魏,沙门菩提流支为记录自己所翻译的经论而撰《译众经论目录》一卷(见《历代三宝纪》卷八);洛阳清信士(即居士)李廓于永熙(532—534)年间奉敕撰《魏世众经录目》一卷。此录下分《大乘经目录》、《大乘论目录》、《大乘经子注目录》、《大乘未译经论目录》、《小乘经律目录》、《小乘论目录》、《有目未得经目录》、《非真经目录》、《非真论目录》、《全非经愚人妄称经目录》(指伪经)十类,共收录真伪经律论四百二十七部二千五十三卷(见《历代三宝纪》卷十五,下同)。

北齐,昭玄统(又称"沙门统")法上于武平(570—575)年间撰《齐世众经目录》一卷。全书分为《杂藏录》、《修多罗录》(经录)、《毗尼录》(律录)、《阿毗昙录》(论录)、《别录》、《众经抄录》、《集录》、《人作录》八类,共收录真伪经律论七百八十七部二千三百三十四卷;法上的同学道凭另撰有《释道凭录》一卷。

此外,还有撰于始兴(今广东韶关)但通录东汉至南齐译本的《始兴录》(又称《南录》)一卷,以及《岑号录》一卷、《王车骑录》一卷、《一乘寺藏众经目录》一卷(见《历代三宝纪》卷九)等。

隋初,曾出现过相州大慈寺沙门灵裕撰的《译经录》一卷,和"似是总合诸家,未详作者"的《众经都录》八卷(见《历代三宝纪》卷十五)。

上述二十多家佛经目录,除梁宝唱《梁世众经目录》、北魏李廓《魏世众经录目》、北齐法上《齐世众经目录》三家亡佚于中唐以外,其他各家在隋初就已亡佚。今存的佛经目录,以梁僧祐《出三藏记集》十五卷和"未详作者,似宋时造"(隋费长房语)的《众经别录》二卷为最早。《众经别录》的传本是近人在敦煌遗书中发现的,仅存残卷,从见录的佛经有齐梁时所出推断,实为梁初佚名所撰;而《出三藏记集》撰于齐末,成于梁初,问世以后一直以全本的形式在社会上广为流传,未曾中断,因此,学术界一般将《出三藏记集》称为现存最古的佛经目录。

二、本部大略

本部上起梁代,下迄明代,共收录佛经目录类典籍二十六部三百三十一卷。包括两大类别。

(一)以记载佛典的名目部卷和传译情况为主的众经目录

共有二十一部二百二十四卷。其中,梁僧祐《出三藏记集》十五卷,除记载各代译经以外,还收有经序、僧传;梁佚名《众经别录》二卷(已残),记有对佛经译文"文"或"质"的评判;隋费长房《历代三宝纪》十五卷,除经目以外,还载有佛教大事年表;隋法经等《众经目录》七卷、隋彦琮等《众经目录》五卷、唐静泰《大唐东京大敬爱寺一切经论目》五卷、唐明佺等《大周刊定众经目录》十五卷,都是按佛典的性质进行横向分类的佛经目录,而无记载各代译经状况的纵向的断代目录(略称"代录");唐道宣《大唐内典录》十卷,门类较为齐整;唐智升《开元释教录》二十卷,考订详悉,类例明审,是历代佛经目录中编得最好的一部典籍,他的《开元释教录略出》四卷则是《开元录》的入藏录;唐玄逸《大唐开元释教广品历章》三十卷(已残),是叙列《开元录》入藏经的子目卷次的目录;唐靖迈《古今译经图纪》四卷和唐智升《续古今译经图纪》一卷,是从为历代译经家画像配写的题记演化而来的目录,在佛教经录中别具一格;唐智升《续大唐内典录》一卷,已失原貌;唐圆照《大唐贞元续开元释教录》三卷、《贞元新定释教目录》三十卷,在经目之外,还载有表状诏制;南唐恒安《大唐保大乙巳岁续贞元释教录》一卷的主体,是《贞元新定释教目录》的入藏录;北宋赵安仁等《大中祥符法宝录》二十二卷（已残）、北宋吕夷简等《景祐新修法宝录》二十一卷（已残），都是用来记载当时译经的断代录；北宋惟净等《天圣释教总录》三卷（已残），为记载北宋以前入藏经和北宋以来新译经的通录；元庆吉祥等《至元法宝勘同总录》十卷，是一部汉文佛典和藏文佛典的对勘目录。

（二）以解说佛典的主旨大意为主的解题目录

共有五部一百零七卷。其中，北宋惟白《大藏经纲目指要录》八卷，对见录的每一部典籍的每一卷内容都有介绍；北宋王古《大藏圣教法宝标目》十卷，偏重于经旨大意的撮述；明寂晓《大明释教汇目义门》四十一卷，时引经疏序跋以代解题，而他的《大明释教汇门标目》四卷，乃是《义门》的节略本；明智旭《阅藏知津》四十四卷，不仅解说详悉，而且分类别具特色，在佛教解题目录中，它的影响为最大。

三、备考书目

有关中国佛教典籍的名目部卷，除本部所收以外，还见录于以下几类典籍，可资佛教目录学研究者参阅。

（一）日本和高丽（今朝鲜）编撰的佛经目录

在日本方面，用来记录日僧入唐求法，所获显密经律论、仪轨、章疏、传记、碑铭、诗文、杂述，以及图像、道具等的经目，主要有：最澄《传教大师将来台州录》一卷、《传教大师将来越州录》一卷；空海《御请来目录》一卷；常晓《常晓和尚请来目录》一卷；圆行《灵岩寺和尚请来法门道具等目录》一卷；圆仁《日本国承和五年入唐求法目录》一卷、《慈觉大师在唐送进录》一卷、《入唐新求圣教目录》一卷；惠运《惠运禅师将来教法目录》一卷、《惠运律师书目录》一卷；圆珍《开元寺求得经疏记等目录》一卷、《福州温州台州求得经律论疏记外书等目录》一卷、《青龙寺求法目录》一卷、《日本比丘圆珍入唐求法目录》一卷、《智证大师请来目录》一卷;宗睿《新书写请来法门等目录》一卷等。

以上述"入唐八大家"所撰求法目录为基础撰成的密教经典目录,以及华严、天台、三论、法相、律宗等五宗章疏(兼收日本撰述),有:安然《诸阿阇梨真言密教部类总录》二卷、圆超《华严宗章疏并因明录》一卷、玄日《天台宗章疏》一卷、安远《三论宗章疏》一卷、平祚《法相宗章疏》一卷、藏俊《注进法相宗章疏》一卷、荣稳《律宗章疏》一卷。集上述各录之大成的,则有永超《东域传灯目录》一卷。

在高丽方面,有入宋求法回国以后,将散逸在藏外的高丽、宋、辽、日本的各种章疏,汇编为一书的义天《新编诸宗教藏总录》三卷。

以上各书均用汉文写成,今载于《大正藏》第五十五卷。其中保存了大量中国佛教经录未载,或国内早已失传的译本和撰述,值得重视。

(二)历代汉文《大藏经》目录

自宋太祖开宝四年(971),敕殿头高品张从信到益州(今四川成都)雕刻中国第一部汉文《大藏经》(即《开宝藏》)以来,迄今为止,先后出现了二十多种官私刊印的《大藏经》版本,作为收录情况的记载,便是它们的目录。今存的,主要有:

南宋《安吉州思溪法宝资福禅寺大藏经目录》二卷(此为《资福藏》目录,其中最后收录的"济"函至"最"函的五十一函,有学者认为是据《天海藏》补入的)、《平江府碛砂延圣院新雕藏经律论等目录》二卷(此为《碛砂藏》的初刻目录);金代《解州天宁寺大藏经目录》一册(此为《金藏》,即《赵城藏》目录);元代《杭州路余杭县白云宗南山大普宁寺大藏经目录》四卷(此为

《普宁藏》目录）；明代《大明三藏圣教南藏目录》一卷（此为《永乐南藏》目录）、《大明三藏圣教北藏目录》四卷（此为《永乐北藏》目录，采用南北藏对勘的方式编成，并附有明万历十二年编入的《续入藏经》目录，和南藏有、北藏缺的《续传灯录》等四书目录）、《嘉兴楞严寺刻方册藏经目录》一卷（此为《嘉兴藏》正藏目录，又称《藏经版直画一目录》，全依《永乐北藏》刊刻；后附《续藏经直画一》、《又续藏经直画一》目录，即《续藏》、《又续藏》目录）；清代《大清三藏圣教目录》五卷（此为《乾隆版大藏经》目录）；近代《频伽精舍校刊大藏经总目》一册（此为《频伽藏》总目）；现代《中华大藏经总目》一册（此为《中华藏》总目，以《赵城藏》为主体，《高丽藏》等为补充编成，中华书局2004年1月版）。

高丽《大藏目录》三卷（此为《再刻高丽藏》目录）。

日本东京弘教书院《大日本校订缩刻大藏经目录》一卷（此为《弘教藏》目录）；日本京都藏经书院《大日本校订藏经目录》一卷（此为《卍正藏经》目录）、《大日本续藏经目录》四卷（此为《卍续藏经》目录）；日本大正一切经刊行会《大正新修大藏经总目录》一册（此为《大正藏》目录）

上述各版《大藏经》目录，除《赵城藏》、《频伽藏》、《中华藏》目录以外，其余的均见载于日本编《法宝总目录》第一册、第二册。

(三) 史志书目

佛教典籍作为在社会上流通并为世人所收藏的图书中的一个门类，除见录于由佛教学者编撰的佛经目录以外，还见录于自西晋秘书监荀勖《晋中经簿》首次收录佛经（见唐道宣《广弘明集》卷三《古今书最》）以来，官私编撰的几十种图书目录。

在正史中，有《隋书·经籍志》、《旧唐书·经籍志》、《新唐书·艺文志》、《宋史·艺文志》、《明史·艺文志》、《清史稿·艺文志》等。

在典志体史书中，有南宋郑樵《通志·艺文略》、元马端临《文献通考·经籍考》等。

在官修书目中，有北宋王尧臣等编《崇文总目》、清纪昀等编《四库全书总目》（又称《四库全书总目提要》）等。

在私修书目中，有南宋晁公武《郡斋读书志》、尤袤《遂初堂书目》、陈振孙《直斋书录解题》；明晁瑮《宝文堂书目》、陈第《世善堂书目》、高儒《百川书志》、徐𤊹《红雨楼家藏书目》、焦竑《国史经籍志》、祁承爜《澹生堂书目》；清钱曾《述古堂书目》、黄虞稷《千顷堂书目》、王闻远《孝慈堂书目》等。

以上各书，保存了许多未见于佛教史籍记载的佛教著作。其中，《郡斋读书志》、《直斋书录解题》、《四库全书总目提要》等还备有内容提要，颇具参考价值。

近代以来编撰的有关佛经目录、索引、解题等著作，主要有：洪业等《佛藏子目引得》（上海古籍出版社 1986 年 9 月版）、吕澂《新编汉文大藏经目录》（齐鲁书社 1980 年 5 月版）、蔡运辰《二十五种藏经目录对照考释》（台湾新文丰出版公司 1983 年 12 月版）、蓝吉富《大藏经补编总目》（台湾华宇出版公司 1986 年版）、蓝吉富《佛教史料学》（台湾东大图书公司 1997 年 7 月版）、童玮《北宋〈开宝大藏经〉雕印考释及目录还原》（书目文献出版社 1991 年 8 月版）、童玮《二十二种大藏经通检》（中华书局 1997 年 7 月版）、敦煌研究所《敦煌遗书总目索引新编》（中华书局 2000 年 7 月版）、陈士强《中国佛教百科全书·经典卷》（上海古籍出版社 2000 年 12 月版）、李富华和何梅《汉文佛教大藏经研究》（宗教文化出版社 2003 年 12 月版）、《中华大藏经》编辑局《中华大藏经总目》（中华书局 2004 年 1 月版）、方广锠《中国写本大藏经研究》（上海古籍出版社 2006 年 12 月版）等。

第一门　南北朝众经目录：梁僧祐《出三藏记集》十五卷

附：梁佚名《众经别录》二卷

《出三藏记集》，又名《出三藏集记》、《三藏集记》、《出三藏记》，简称《僧祐录》、《祐录》，十五卷。梁建初寺沙门僧祐撰。载于《丽藏》"楹""肆"函、《宋藏》"肆""筵"函、《金藏》"楹""肆"函、《元藏》"肆""筵"函、《明南藏》"迹""百"函、《明北藏》"户""封"函、《频伽藏》"结"帙，收入《大正藏》第五十五卷。

僧祐（445—518），俗姓俞，祖籍彭城下邳（今江苏睢宁西北），父世移居建业（今江苏南京）。幼年从建初寺僧范出家。十四岁时，师事定林寺法达。受具足戒以后，又受业于律学名匠法颖，尤精萨婆多部（即小乘"说一切有部"）的根本律典《十诵律》。著作见存的尚有：《释迦谱》五卷、《弘明集》十四卷（以上见本书传记部和护法部）；已佚的有：《世界记》五卷、《萨婆多部师资记》（又名《萨婆多部相承传》）五卷、《法苑杂缘原始集》（又名《法苑集》）十四卷（一作十卷）、《十诵律义记》十卷、《法集杂记传铭》七卷，其序言和目录均存于《出三藏记集》卷十二之中。梁慧皎《高僧传》卷十一有传。

《出三藏记集》未署撰时。此书卷一《胡汉译经音义同异记》有"齐(南齐)语音讹,遂变诗文"之语(《大正藏》第五十五卷,第4页下),卷七所收王僧孺《慧印三昧及济方等学二经序赞》中有"天监之十四年十月二十三日,采药于豫章胡翼山"之事(第50页下);隋费长房《历代三宝纪》卷十五说:"《出三藏集记录》,齐建武年律师僧祐撰。"(《大正藏》第四十九卷,第125页下)卷十一"《华林佛殿众经目录》四卷"条下说:"右一录四卷,天监十四年,敕安乐寺沙门释僧绍撰。绍(僧绍)略取祐(僧祐)《三藏集记目录》,分为四色(指四类),余增减之,见《宝唱录》。"(第99页中)综合这些记载推断,此书始撰于南齐建武年间(494—497),完成于梁天监十四年(515)。

《出三藏记集》书首有僧祐《出三藏记集序》。说:

原夫经出西域,运流东方,提挈万里,翻传胡汉。国音各殊,故文有同异;前后重来,故题有新旧。而后之学者鲜克研核,遂乃书写继踵,而不知经出之岁;诵说比肩,而莫测传法之人。授之受道,亦已阙矣。夫一时圣集,犹五事证经,况千载交译,宁可昧其人世哉!昔安(道安)法师以鸿才渊鉴,爰撰经录,订正闻见,炳然区分。自兹以来,妙典间出,皆是大乘宝海,时竞讲习。而年代人名,莫有铨贯。岁月逾迈,本源将没,后生疑惑,奚所取明?祐(僧祐)以庸浅,豫凭法门,翘仰玄风,誓弘大化。每至昏晓讽持,秋夏讲说,未尝不心驰庵园,影跃灵鹫。于是牵课羸志,沿波讨源,缀其所闻,名曰《出三藏记集》。一撰缘记,二铨(指编次)名录,三总经序,四述列传。缘记撰,则原始之本克昭;名录铨,则年代之目不坠;经序总,则胜集之时足征;列传述,则伊人之风可见。并钻析内经,研镜外籍,参以前识,验以旧闻。若人代有据,则表为司南。声传未详,则文归盖阙。秉牍凝翰,志存信史,三复九思,事取实录。(《大正藏》第五

十五卷,第1页上、中)

先是东晋道安在襄阳校阅众经,厘正订考,编撰了佛经目录学的名作《综理众经目录》(简称《道安录》、《安录》)一卷。全书共分为七录:《经论录》、《失译经录》、《凉土异经录》、《关中异经录》、《古异经录》、《疑经录》、《注经及杂经志录》,后世佛经目录的一些分类原则和类目就是在这部典籍中首次提出来的。据隋费长房《历代三宝纪》卷十五记载,《安录》在隋初就已失传。但它在梁代尚见行于世。《出三藏记集》(以下简称《祐录》)就是在《安录》的基础上调整和增补而成的,是《安录》体例的绍嗣者和基本内容的保存者,也是现存最古的以全本的形式流传至今的佛经目录。

《祐录》分为"缘记"、"名录(经录)"、"经序"、"列传"四部分,共收录佛典"二千一百六十二部四千三百二十八卷"(据《历代三宝纪》卷十五统计)。

一、缘记(卷一)。记叙天竺(印度)结集经律论"三藏"的经过,以及汉地传译佛典的初况。共收文章五篇。

(1)集三藏缘记。摘录《大智度论》中有关佛涅槃以后,大迦叶选取千人,结集"三藏",由阿难诵出"修妒路藏"(即"经藏")、优波离诵出"毗尼藏"(即"律藏")、阿难诵出"阿毗昙藏"(即"论藏")的记载。

(2)《十诵律》五百罗汉出三藏记。摘录《十诵律》中有关迦叶主持五百罗汉结集"三藏",先令优波离诵出"律藏",后命阿难诵出"修多罗藏"("经藏")和"阿毗昙藏"的记载。

(3)《菩萨处胎经》出八藏记。摘录《菩萨处胎经》中有关阿难诵出"胎化藏"、"中阴藏"、"摩诃衍方等藏"、"戒律藏"、"十住菩萨藏"、"杂藏"、"金刚藏"、"佛藏"等"八藏"的记载。

(4)胡汉译经音义同异记(又名《胡汉译经文字音义同异

记》)。叙说梵文的字母、书写和发音,译梵为汉时的音译与义译,以及自东汉安世高传译佛经以来汉地译经中的"文"(直译)、"质"(意译)问题。

(5)前后出经异记。叙列旧经(旧译)和新经(新译)对"世尊"、"菩萨"、"辟支佛"等二十五条佛教名词术语的不同译法。

二、名录(卷二至卷五)。叙列东汉至梁代传译佛经的名称、卷数、译撰者、译时、同异、存佚、真伪等情况。共收分类目录十五篇(其中,卷二《新集经论录》和卷三、卷五带有"新集安公"字样的六录,总计七录,为《安录》初载、僧祐增订;其余八录为僧祐新撰),附出文章二篇(僧祐、慧睿各一篇)。

卷二:三录。

(1)新集经论录(又名《新集撰出经律论录》)。收录东汉至梁代传译的佛经目录(包括见存和已阙),"都合四百五十部,凡一千八百六十七卷"(第13页下)。以朝代为序,按译人编列,相当于后世佛经目录中的"代录"(历代译经目录)。本录系据《安录》增订而成。其中,安世高、支谶、支曜、严佛调(附见共译者安玄)、康孟详、支谦、康僧会、朱士行、竺法护、聂承远、昙摩罗察、竺叔兰、法炬(附见共译者法立)等十三人(由于"昙摩罗察"即"竺法护",《安录》、《祐录》误为二人,故实为十二人)的译典名目,为《安录》所载、《祐录》修订(见第10页上),其余五十五人的译典(录末缺署译者的"《十二因缘经》一卷"和"《须达长者经》一卷",据《祐录》卷十四所记,为南齐求那毗地译),均为僧祐新集编入。

(2)新集异出经录(又名《新集条解异出经录》)。"异出经者,谓胡本同而汉文异也。"(第13页下)收录署有译者姓名的、根据同一部梵本佛经翻译的不同译本("异出经"),相当于后世佛经目录说的"同本异译"、"异译"、"重翻",总计四十三部

(《历代三宝纪》卷十五转录时,误作"三十四部")。

(3)新集表序四部律录。与卷三《新集律分为五部记录》、《新集律分为十八部记录》、《新集律来汉地四部序录》均为律典专录(由于后三录所说的部派律典在内容上有重合,故《历代三宝纪》卷十五在统计《祐录》所收部卷时,未将后三录计算在内)。但本录有目无文(仅有标题而无正文),可能亡佚于流传之中。推其内容,当与卷三《新集律来汉地四部序录》相近。

卷三:七录。

(1)新集安公古异经录。"古异经者,盖先出之遗文也。"(第15页中)收录从卷数品目较多的梵本佛经中摘译部分内容而成的异出经,相当于后世佛经目录说的"别生经"、"派生经",总计"九十二部,凡九十二经"(第16页下)。由于它们均不署译者姓名,故实际上也是"失译经"。所辑基本上是《安录·古异经录》的原文,从小注所记的这些佛经分别出自哪一部佛经的本源(习称"大经"、"大本"、"大部",相对别生经一般是小经而言)来看,多数是"四阿含"的别生经,少数是《生经》、《六度集经》的别生经,还有一些未详本源(其中,《阿鸠留经》、《栴檀树经》等是"四阿含"以外的独立单行的小乘经)。僧祐在移录时,在录首新作了小序;在一些经名下的小注中增添了"祐案"、"祐校"等语;录末增益了"《析佛经》一卷"(没有计入收录总数)。在《安录》中,"有译名"(有译者姓名)的《新集经论录》编在最前,其次是"失译名"(无译者姓名,即"失译")的《失译经录》、《凉土异经录》、《关中异经录》、《古异经录》等。僧祐认为,"古异经"是年代久远的"旧译"、"古典经",故特地将原先排在后面的《古异经录》调到《失译经录》之前(见第15页中)。

(2)新集安公失译经录。收录失落译者姓名("失译")的佛经(包括已知本源的别生经和未详本源的独立的单行经),总计"一百四十二部,凡一百四十七卷"(第18页下)。其中,有经本传世(见存)的,为"九十二部"(第18页上);无经本传世(阙本)的,为"五十部"(第18页中)。《安录·失译经录》原收一百三十四经,始《修行本起经》,终《和达经》。由于《安录》在著录时,只撮取两字为题,不出全称,经名多有重复,而且不列卷数,经名与小注仅以有无"朱点"(红点)相区别,一旦朱点淡灭,两者相接,就无从辨认,故僧祐花了很大的精力对此进行了删整(见第16页下)。删去了一些异名同本的佛经,将《安录》中的"失译经"核定为一百三十一经;重新标写了经名、卷数及小注;续入了原先编在《安录·注经及杂经志录》"杂经"部分中的《钵呋沙经》等十一经,这才编成了本录(见第18页中)。

(3) 新集安公凉土异经录。收录《安录·凉土异经录》中著录的凉土(今甘肃武威一带)流传的失落译者姓名的异出经(也属于"失译经"),总计"五十九部,凡七十九卷"(第19页中)。

(4) 新集安公关中异经录。收录《安录·关中异经录》中著录的关中(今陕西西安一带)流传的失落译者姓名的异出经(也属于"失译经"),总计"二十四部,凡二十四卷"(第19页下)。

(5) 新集律分为五部记录。根据《毗婆沙》等所记,叙说佛入灭后一百一十余年,因律藏的第五位传人优婆掘门下的五大弟子及其徒众见解不同,原先统一的律典(广律)《八十诵律》裂变为五部(指萨婆多部、昙无德部、大众部、弥沙塞部、迦叶维部各自传持的本部律典),阿育王命僧众统一奉习《摩诃僧祇律》的情况。

(6) 新集律分为十八部记录。叙说佛入灭后二百年至四百年之间,五部律典的传承者,除昙无德部(即"法藏部")以外,萨婆多部(即"说一切有部")、弥沙塞部(即"化地部")、迦叶维部(即"饮光部")、摩诃僧祇部(即"大众部")等四部均发生分裂、再分裂,最后形成十八部派的情况。

(7)新集律来汉地四部序录("序录"一作"记录")。叙说萨婆多部《十诵律》六十一卷、昙无德部《四分律》四十卷(今作"六十卷")、大众部《摩诃僧祇律》四十卷、弥沙塞部《五分律》三十四卷(今作"三十卷")等四部律典在汉地的传译情况(迦叶维部的律典缺传)。

卷四:新集续撰失译杂经录。收录僧祐新集的失落译者姓名的佛经(包括已知本源的别生经和未详本源的独立的单行经),总计"一千三百六部,合一千五百七十卷"(第37页中)。其中,有经本传世(见存)的,为"八百四十六部,凡八百九十五卷"(第32页上);无经本传世(阙本)的,为"四百六十部,凡六百七十五卷"(第37页中)。

卷五:四录二文。

(1)新集抄经录。"抄经者,盖撮举义要也。"(第37页下)收录南齐竟陵文宣王萧子良等摘抄的佛经,总计"四十六部,凡三百五十二卷"(第38页中)。

(2)新集安公疑经录。收录《安录·疑经录》中著录的有伪造嫌疑的佛经("疑经"),总计"二十六部,三十卷"(第38页下)。

(3)新集疑经伪撰杂录(又称《新集疑经录》)。收录僧祐新集的有伪造嫌疑的佛经("疑经"),总计"二十部,二十六卷"(第39页中)。其中,《比丘应供法行经》等十二部十三卷未署作者姓名,从内容上辨析,"或义理乖背,或文偈浅鄙"(第39页上),即录名中所说的"疑经";《灌顶经》等八部十三卷署有作者姓名,分别为刘宋慧简、昙靖、昙辩、南齐道备(后改名为"道欢"）、法愿、王宗、梁代道欢所撰，即录名中所说的"伪撰"〔笔者案：法愿《佛法有六义第一应知》、《六通无碍六根净业义门》、道欢《众经要揽法偈》等，乃是个人撰写的佛教典籍，既无假托佛说以述己见，也没有冠以"经"之名，据实而论，不能称之为"伪撰"〕。

（4）新集安公注经及杂经志录。收录东晋道安的佛教著作和僧祐新集的齐梁疑经。道安的佛教著作，是据《安录·注经及杂经志录》中"注经"部分转录的（此录"杂经"部分收录的《钵呋沙经》等十一经，僧祐已将它们移编到本书卷三《新集安公失译经录》），收录道安自己著录的《光赞折中解》、《放光折疑准》、《道行品集异注》、《大十二门经注》、《小十二门经注》、《密迹金刚经、持心梵天经甄解》、《贤劫八万四千度无极经解》、《十法句义》、《义指注》、《九十八结解》、《三十二相解》等十九部佛经注疏，附《三界诸天录》、《综理众经目录》、《答沙汰难》、《答沙将难》、《西域志》等五部佛教著述。僧祐新集的齐梁疑经，总计有二十四部。其中有相传是齐末太学博士江泌的女儿、比丘尼僧法（或称"僧法尼"）九岁至十六岁之间诵出的《宝顶经》等二十一经；梁郢州头陀道人妙光造作的《萨婆若陀眷属庄严经》一经；"近世所集，未详年代人名"的《法苑经》、《抄为法舍身经》等二经。因此，本录虽然题名为"注经及杂经志录"，但实际内容则是"注经及疑经志录"。

（5）小乘迷学竺法度造异仪记。叙说刘宋昙摩耶舍的弟子竺法度执学小乘，毁訾大乘，别立律仪，教授尼众的事情。

（6）喻疑（论）。此为慧睿为排解世人对《大般泥洹经》"一切众生皆有佛性"之说的疑惑，而撰写的专论［案：《喻疑》下的署名为"长安睿法师"，有学者认为这是指"僧睿"，但据僧祐在转录本论时所作"昔慧睿法师久叹愚迷，制作《喻疑》，防于今日,故存于录末"的说明,则是"慧睿"]。

三、经序(卷六至卷十二)。收录汉译佛经的序言、后记一百二十篇。

卷六:收录《四十二章经序》(未详作者)、《安般守意经序》(康僧会)、《阴持入经序》(道安)、《人本欲生经序》(道安)、《了本生死经序》(道安)、《十二门经序》(道安)、《法镜经序》(康僧会)等十篇。

卷七:收录《道行经序》(道安)、《合放光、光赞略解序》(道安)、《合首楞严经后记》(支敏度)、《法句经序》(未详作者)、《合微密持经记》(支恭明)等二十篇。

卷八:收录《大小品对比要抄序》(支道林)、《法华宗要序》(慧观)、《思益经序》(僧睿)、《维摩诘经序》(僧肇)、《大涅槃经序》(道朗)等十九篇。

卷九:收录《菩萨善戒、菩萨地持二经记》(僧祐)、《四阿𫔍暮抄序》(未详作者)、《庐山出修行方便禅经统序》(慧远)、《胜鬘经序》(慧观)、《贤愚经记》(僧祐)、《无量义经序》(刘虬)等二十四篇。

卷十:收录《沙弥十慧章句序》(严佛调)、《三十七品经序》(竺昙无兰)、《舍利弗阿毗昙序》(道标)、《僧伽罗刹经后记》(未详作者)、《三法度经序》(慧远)、《大智论抄序》(慧远)等二十一篇。

卷十一:收录《中论序》(僧睿)、《百论序》(僧肇)、《十二门论序》(僧睿)、《抄成实论序》(周颙)、《比丘大戒序》(道安)等十六篇。

卷十二:收录《宋明帝敕中书侍郎陆澄撰法论目录序》、《齐太宰竟陵文宣王法集录序》、《释僧祐法集总目录序》等十篇。

四、列传(卷十三至卷十五)。收录东汉至南齐僧人(以译经僧为主,兼及义解僧和求法僧)的传记三十二篇。

卷十三:收录安世高、支谶、康僧会、朱士行、支谦、竺法护、僧伽提婆传等十二篇。

卷十四:收录鸠摩罗什、佛陀耶舍、昙无谶、佛驮跋陀、求那跋陀罗传等十篇。

卷十五:收录法祖(帛远)、道安、慧远、道生、法显、智猛传等十篇。

《祐录》作为一部以经录为主体,兼收其他佛教文史资料的综合性著作,具有多方面的丰富的价值。

在"缘记"部分,《祐录》叙列了早先翻译的佛经("旧经")和新近翻译的佛经("新经")在一些佛教术语上的不同译法,这对于解读汉地早期翻译的佛经,提供了一定的帮助。如旧经中的"众祐",新经译为"世尊";旧经"扶萨"(又译"开士"),新经"菩萨";旧经"各佛"(又译"独觉"),新经"辟支佛"(又译"缘觉");旧经"沟港道"(又译"道迹"),新经"须陀洹";旧经"频来果"(又译"一往来"),新经"斯陀含";旧经"不还果",新经"阿那含";旧经"无著果"(又译"应真"、"应仪"),新经"阿罗汉";旧经"濡首",新经"文殊";旧经"五众",新经"五阴";旧经"背舍",新经"解脱";旧经"直行",新经"正道";旧经"除馑、除馑女",新经"比丘、比丘尼"(见卷一《前后出经异记》,第5页上、中),等等。

在"名录"(经录)部分,《祐录》确立了按朝代、译人编录的"代录"形式。其体例为:先将某个译师翻译的经典一一列出,上列经名卷数,下注异名、不同分卷、译时、译地、存阙、著录等情况,然后予以小结,说明这些经典的翻译者、合作者,及出经的简略经过。如:

《杂阿毗昙心》十四卷(宋元嘉十年于长干寺出,宝云

传译,其年九月讫——原注)

《摩得勒伽经》十卷(宋元嘉十二年乙亥岁正月于秣陵平乐寺译出,至九月二十二日讫——原注)

《分别业报略》一卷(大勇菩萨撰——原注)

《劝发诸王要偈》一卷(龙树菩萨撰——原注)

《请圣僧浴文》一卷(阙——原注)

右五部凡二十七卷,宋文帝时,天竺三藏法师僧伽跋摩于京都译出。(卷二《新集经论录》,第12页中)

在"经序"部分,《祐录》保存了一大批珍希的经序和经记。这些资料中,有经旨大意的评价,出经始末的记叙,不同译本的考比,作者心得体会的阐发,以及其他种种史实的载录,文富辞约,事钩众经,对于汉译佛经和佛经翻译史的研究,具有重要的史料价值。如卷八收录的道安《摩诃钵罗若波罗蜜经抄序》,提出了有名的佛经翻译理论"五失本三不易"说:

译胡为秦,有五失本也。一者胡语尽倒,而使从秦,一失本也。二者胡经尚质,秦人好文,传可众心,非文不合,斯二失本也。三者胡经委悉,至于叹咏,丁宁(叮咛)反复,或三或四,不嫌其烦,而今裁斥,三失本也。四者胡有义记,正似乱辞,寻说向语,文无以异,或千五百,刈而不存,四失本也。五者事已全成,将更傍及,反腾前辞,已乃后说,而悉除此,五失本也。然《般若经》,三达之心,覆面(指释迦牟尼)所演,圣必因时,时俗有易,而删雅古,以适今时,一不易也。愚智天隔,圣人叵阶,乃欲以千岁之上微言,传使合百王之下末俗,二不易也。阿难出经,去佛未久,尊大迦叶令五百六通(指阿罗汉),迭察迭书,今离千年,而以近意量截,彼阿罗汉乃兢兢若此,此生死人而平平若此,岂将不知法者勇乎?斯三不易也。涉兹五失经(本)三不易,译胡为秦,讵

可不慎乎！（第52页中、下）

在"列传"（僧传）部分，《祐录》所载录的僧人传略，为梁代宝唱撰《名僧传》、慧皎撰《高僧传》的资料来源之一。尤其是《高僧传》，基本上将《祐录》僧传的内容都吸收进去了（人物事迹大体相同，文字表述略有差异）。凡此种种，决定了《祐录》在佛经目录学上享有极其重要的地位。

《祐录》在体例上的不足之处有：

一、录目不够齐整。作者没有很好地将《安录》原有的录目，与他新编的内容有机地整合在一起，造成有的录目合成一家，如卷二《新集经论录》；有的录目又离为两家，如卷三《新集安公失译经录》和卷四《新集续撰失译杂经录》；有的还将同一性质的经典分散到几处叙录，如卷五《新集安公疑经录》、《新集疑经伪撰杂录》均为疑经专录，同卷《新集安公注经及杂经志录》也收有疑经。

二、卷二《新集经论录》作为历代译经目录，缺少每个朝代出经状况的概括性说明和每个译师生平事迹的简要介绍。另外，将东晋慧远抄录的《大智论抄》、刘宋武帝时圣坚译的《虚空藏经》、南齐求那毗地译的《十二因缘经》和《须达长者经》，编在梁天监三年（504）僧盛撰的《教戒比丘尼法》之后，也有违于时间顺序。

三、编录的佛典，有按佛典流传的地域分类的（如"关中"、"凉土"），却没有按佛典的性质（大乘、小乘）和体系（经、律、论）分类的，有"小（小乘）大（大乘）雷同，三藏杂糅，抄集参正，传记乱经"的缺憾（见隋法经《众经目录》卷七，《大正藏》第五十五卷，第148页下—第149页上）。

《祐录》在内容上的不足之处有：

一、收载的译人译典尚有遗漏。如在孙吴康僧会的译经中，缺收《旧杂譬喻经》、《菩萨净行经》、《权方便经》、《菩萨二百五十法经》、《坐禅经》；西晋支法度的译经中，缺收《逝童子经》、《善生子经》、《文殊师利现宝藏经》、《十善十恶经》；姚秦鸠摩罗什的译经中，缺收《仁王护国般若波罗蜜经》、《善臂菩萨经》、《庄严菩提心经》、《清净毗尼方广经》、《海八德经》、《灯指因缘经》等。

二、卷二《新集异出经录》中，将不同部派传持的比丘、比丘尼戒本，当作是《比丘戒本》、《比丘尼戒》的同本异译；将不同内容的毗昙学典籍，当作是《阿毗昙》的同本异译（见第14页下—第15页上）。

三、卷三《新集律来汉地四部序录》中，将《僧祇律》四十卷称之为"《婆粗富罗律》四十卷"（第20页下）。"婆粗富罗"意为"犊子"，《婆粗富罗律》意为"犊子部律"，它属于上座部系统中说一切有部的分支犊子部；而《僧祇律》则属于大众部系统。两者分属于不同的部派，因而不可能是同一部律。

本书的校点本有：苏晋仁、苏炼之点校《出三藏记集》（中华书局1995年11月版）。

梁佚名《众经别录》二卷

《众经别录》，上下卷。梁代佚名撰。本书最初著录于隋费长房《历代三宝纪》卷十五，称"未详作者，似宋时述"（《大正藏》第四十九卷，第115页中）。但从书中收录的"《未曾有因缘经》二卷"，据隋法经等《众经目录》卷一记载，为南齐昙景所译；"《佛说花严璎珞经》一卷"、"《佛说般若得道经》一卷"，据僧祐《出三藏记集》卷五《新集疑经伪撰杂录》记载，为梁代青园寺比丘尼僧法在天监元年（502）诵出，性质上属于"疑经"，故本书并不是"宋（刘宋）时述"，而是梁初时人所撰。由于本书的内容不及《出三藏记集》来得丰富,故在社会上流传较少,唐智升撰《开元释教录》时已未见传本。近代在敦煌遗书中发现了它的残卷。今据方广锠《敦煌佛教经录辑校》本(江苏古籍出版社1997年8月版)解说。

《众经别录》原书,据隋费长房《历代三宝纪》卷十五记载,是这样的:

> 《众经别录》二卷(未详作者,似宋时述——原注)。
>
> 大乘经录第一,卷上。总四百三十八部九百一十四卷(指卷上收经总数)。右三百七十部七百七十九卷(指《大乘经录》收经数目)。
>
> 三乘通教录(第)二。右五十一部九十七卷。
>
> 三乘中大乘录(第)三。右一十七部三十八卷。
>
> 小乘经录第四,卷下。总六百五十一部一千六百八十二卷(指卷下收经总数)。右四百三十六部六百一十卷(指《小乘经录》收经数目)。
>
> 第五篇目本阙。
>
> 大小乘不判录(第)六。右一百七十四部一百八十四卷。
>
> 疑经录(第)七。右一十七部二十卷。
>
> 律录(第)八。右一十二部一百九十五卷。
>
> 数录(第)九。右六部一百二十一卷。
>
> 论录(第)十。右六部一百五十二卷。
>
> 都两卷十篇,一千八十九部二千五百九十六卷。(《大正藏》第四十九卷,第115页中、下)。

从上述记载可知,《众经别录》分为十录,共收录佛经"一千八十九部二千五百九十六卷"。其中,上卷分为三录:大乘经录、三乘通教录、三乘中大乘录;下卷分为七录:小乘经录、第五篇目本阙、大小乘不判录、疑经录、律录、数录、论录。其中，下卷的《第五篇目本阙》，若从字面上推究，似可理解为此录在费长房阅读时已经缺失。但据唐代佛教经录的表述，此录实为"阙本录"。唐道宣《大唐内典录》卷十在转录时，称此录为"《篇目阙本录第五》"；智升《开元释教录》卷十虽称此录名为"《第五篇目本阙》"，但在小注中说"此阙本录，不显部卷，应散在诸录中故耳"，也认为此录为"阙本录"（即"有译无本"）。

敦煌遗书中保存下来的《众经别录》为上卷的残卷，分为两部分。

一、编号"斯（指斯坦因）二八七二号"（即"S.2872"）。首尾残缺，无标题，今存十五行文字，共收录十四部佛经。其中，前十一部佛经（始《微密持经》，终《佛说长寿王经》），行文完整，既有经名，又有评析；后三部佛经，经名已缺，仅存评析。据学者考证，其内容当是《大乘经录第一》的一部分，其后大约残缺了二三百部大乘经，然后与今存的另一部分残卷（"伯三七四七号"）相接。

二、编号"伯（指伯希和）三七四七号"（即 P.3747）。首尾残缺，今存九十九行文字，收录佛经八十一部。分为三部分：（1）《大乘经录第一》（标题已缺）。此录标题和前部分经目已缺，今存最后收录的十六部佛经。其中，前二部佛经缺经名，仅有评析；后十四部佛经（始《文殊师利净律经》，终《佛说般若得道经》），既有经名，又有评析。（2）《三乘通教经录第二》。此录标题和经目均存，共收录五十一部佛经（始《贤愚经》，终《坐禅经》），行文完整。（3）《三乘中大乘录》。今存此录标题和前部分经目，共收录十四部佛经（始《六度无极经》，终《佛入三昧一毛放大光明经》），行文完整。

《众经别录》的主要特点有：

一、将刘宋慧观的"五时判教"说,运用于汉译佛经的分类。

先是刘宋道场寺沙门慧观,受《大般涅槃经》等所说各类佛经形成的先后次第的启发,在中国佛教史上第一次提出"五时判教"说。他将佛说经典分为"顿教"和"渐教"两大类。"顿教"指《华严经》,"渐教"分为"五时"(五个阶段)。一是"三乘别教",说《阿含》等经;二是"三乘通教",说《般若经》;三是"抑扬教",说《维摩》、《思益》等经;四是"同归教",说《法华经》;五是"常住教",说《涅槃经》(见隋吉藏《三论玄义》卷上)。《众经别录》中的《大乘经录》、《三乘通教录》、《三乘中大乘录》、《小乘经录》、《大小乘不判录》等,当是受"五时判教"说的影响设立的。它改变了东晋道安《综理众经目录》按流传的地域对汉译佛经进行分类的做法,采用按佛经的性质(如大乘、小乘、大小乘共通)进行分类,这是佛经分类上的重大突破。

二、对见录的每一部佛经都作了宗旨和翻译风格的评判。所评的翻译风格,有"文"(直译)、"质"(意译)、"文质均"、"文多质少"、"不文不质"、"多质"六种。

(1)文。"《佛说慧印三昧经》一卷。明慧用为宗。文。"(斯二八七二号,《敦煌佛教经录辑校》第13页)"《佛说差摩竭经》一卷。明忍辱为宗。文。"(同上)

(2)质。"《佛说一切施王所行檀波罗蜜经》一卷。明檀(指布施)为宗。质。"(同上)"《郁伽罗越问菩萨行经》。以在家、出家为宗。质。"(伯三七四七号,第15页)

(3)文质均。"《菩萨行五十缘身经》。以佛相似因果为宗。文质均。"(同上)"《德光太子经》。以菩萨行为宗。文质均。"(同上)

(4)文多质少。"《无量清净经》二卷。明行愿得果为宗。文多质少。"(伯三七四七号,第16页)"《咏瑞应偈》一卷。明成

佛降魔事。文多质少。"(伯三七四七号,第 21 页)

（5）不文不质。"《贤劫千佛名经》一卷。明灭罪为宗。不文不质。"(伯三七四七号,第 18 页)

（6）多质。"《超日月三昧经》。以无相定慧为宗。多质。"(伯三七四七号,第 20 页)

《众经别录》的不足之处,有对佛经性质的判定,尚有欠缺。如《大乘经录》和《三乘中大乘录》在名称上是重合的,前者的内涵已经包括了后者;《大乘经录》中收录的"《佛说阿难四事经》一卷"、"《佛说长寿王经》一卷"等,据隋法经等《众经目录》卷三所记,均为小乘经,而非大乘经。

第二门　　隋代众经目录

第一品　　隋法经等《众经目录》七卷

《众经目录》，七卷。隋开皇十四年(594)，大兴善寺沙门法经等二十人奉敕撰，因人得名，又称《法经录》。载于《丽藏》"肆"函、《宋藏》"筵"函、《金藏》"肆"函、《元藏》"筵"函、《明南藏》"郡"函、《明北藏》"宗"函、《清藏》"尹"函、《频伽藏》"结"帙，收入《大正藏》第五十五卷。

《法经录》书首无序。书末载有进呈此录的奏表，说：

> 道安法师创条诸经目录，铨品译材，的明时代，求遗索缺，备成录体。自尔达今二百年间，制经录者十有数家，或以数求，或用名取，或凭时代，或寄译人，各纪一隅，务存所见。独有杨(扬)州律师僧祐撰《三藏记录》，颇近可观。然犹小大雷同，三藏杂糅，抄集参正，传记乱经，考始括终，莫能该备。自外诸录，胡可胜言。僧众既未获尽见三国(指齐、梁、北周)经本，校验异同，今唯且据诸家目录，删简可否，总标纲纪，位为九录。区别品类，有四十二分。初六录三十六分，略示经律三藏、大小(乘)之殊，粗显传译是非、真伪之别。后之三录，集传记注。前三分者，并是西域圣贤所撰，以非三藏正经，故为别录；后之三分，并是此方名德所

修,虽不类西域所制,莫非毗赞正经,发明宗教,光辉前绪,开进后学,故兼载焉。(《大正藏》第五十五卷,第 148 页下—149 页上)

《法经录》前六卷为佛经分类目录,分为九录,收录佛典"合二千二百五十七部,五千三百一十卷"(卷七,第 150 页上);末一卷为《上皇帝表》和《众经总录》,即《法经录》的奏表和总目录。所分的九录是:

(一)大乘修多罗藏录(卷一、卷二)。下分众经一译、众经异译、众经失译、众经别生、众经疑惑、众经伪妄六分("分"相当于部分或项)。收录大乘经"合六百四十五部,一千四百七十八卷"(卷一,第 115 页上)。

(二)小乘修多罗藏录(卷三、卷四)。下分众经一译、众经异译、众经失译、众经别生、众经疑惑、众经伪妄六分。收录小乘经"合七百七十九部,一千一百八十三卷"(卷三,第 127 页下)。

(三)大乘毗尼藏录(卷五)。下分众律一译、众律异译、众律失译、众律别生、众律疑惑、众律伪妄六分。收录大乘律"合四十八部,八十二卷"(卷五,第 139 页上)。

(四)小乘毗尼藏录(卷五)。下分众律一译、众律异译、众律失译、众律别生、众律疑惑、众律伪妄六分。收录小乘律"合六十四部,三百八十二卷"(卷五,第 140 页上)。

(五)大乘阿毗昙藏录(卷五)。下分众论一译、众论异译、众论失译、众论别生、众论疑惑、众论伪妄六分。收录大乘论"合六十八部,二百八十二卷"(卷五,第 141 页上)。

(六)小乘阿毗昙藏录(卷五)。下分众论一译、众论异译、众论失译、众论别生、众论疑惑、众论伪妄六分。收录小乘论"合一百一十六部,四百八十九卷"(卷五,第 142 页上)。

(七)佛灭度后撰集录(卷六)。下分西方诸圣贤所撰集、此方诸德抄集二分。收录西域和汉地佛教撰集"合一百四十四部,六百二十七卷"(卷六,第144页上)。

(八)佛涅槃后传记录(卷六)。下分西域圣贤传记、此方诸德传记二分。收录西域和汉地佛教传记"合六十八部,一百八十六卷"(卷六,第146页上)。

(九)佛灭度后著述录(卷六)。下分西域诸贤著述、此方诸德著述二分。收录西域和汉地佛教著述"合一百一十九部,一百三十四卷"(卷六,第147页上)。

《法经录》的主要特点是分类细致,隶配适当。它根据佛典的性质(大乘和小乘、经律论和佛教撰集)与译本的情况(一译、异译、失译、别生、疑惑、伪妄)层层分类,将一部佛典投入不同的档次中,条理明晰,一目了然,较南北朝时期的《祐录》和《众经别录》的分类有长足的进步。而且在每一类译本列举完毕之后,有分类理由的说明。

如经律论中的"一译",指"并是原本一译(只有一次翻译),其间非不分摘卷品,别译独行,而大本无亏,故宜定录"(卷一,第116页下)。

"异译","并是重译,或全本别翻,或割品殊译。然而世变风移,质文迭举,既无梵本校雠,自宜俱入定录"(卷一,第120页中)。

"失译","虽复遗落译人时事,而古录备有,且义理无违,亦为定录"(卷一,第122页上)。

"别生","并是后人随自意好,于大本内,抄出别行,或持偈句,便为卷部,缘此趣末,岁广妖滥日繁,今宜摄入,以敦根本"(卷二,第126页中)。

"疑惑","多以题注参差众录,文理复杂,真伪未分,事须更详,且附疑录"(卷二,第126页下)。

"伪妄","并号乖真,或首掠金言,此末申谣谶;或初论世术,而后托法词;或引阴阳吉凶;或明神鬼祸福。诸如此比,伪妄灼然。今宜秘寝,以救世患"(卷二,第127页下)。

至于经律论以外的佛教撰集,虽然作者没有下定义,但根据收录典籍来看,卷六《佛灭度后撰集录》中所说的"撰集"(又作"抄集"),主要是指抄集大小乘经律论而成的著作。其中,既有根据胡文(西域文字)或梵文(印度文字)翻译的,如《六度集经》、《道行般若经》、《法句喻集》、《请宾头卢法》等;也有汉地僧俗自己写的,如《经律异相》、《法论》等。

《佛涅槃后传记录》中所说的"传记",主要是指人物传记和经律论译本的后记。人物传记既有翻译的,也有汉地僧俗写的。前者如《佛所行赞》、《付法藏传》、《阿育王传》、《马鸣传》、《龙树传》等;后者如《释迦谱》、《名僧传》、《高僧传》等。经律论译本的后记,则基本上都是汉地僧俗写的。

《佛灭度后著述录》中所说的"著述",主要是指经律论译本的前序、注解和佛教论文,它们全是汉地僧俗写的,没有翻译的。

上述佛教著作,有根据《祐录》编录的,也有作者新集的,其中保存了许多今已亡佚的佛教著作,对于研究隋代以前佛教著作的种类、构成以及钩沉辑佚,具有重要的史料价值。

自有佛经目录以来,对疑伪经的甄别,一直是佛经目录学家十分重视的一个问题,《安录》、《祐录》都在这方面花了很大的功夫,而《法经录》用力尤甚。它搜罗的疑伪经,不但数量最多,而且科条最细。将疑伪经按大小乘经律论区分为十二类,是它的一大发明。

(1)大乘经疑惑(即《大乘修多罗藏录》中的《众经疑惑》,以下同例)。收二十一部二十九卷。有《仁王经》二卷("《别录》称此经是竺法护译,经首又题云是罗什撰集佛语。今案此经始末，义理文词似非二贤所译——原注"，下同)、《像法决疑经》二卷、《清净法行经》一卷、《大乘莲华马头罗刹经》一卷、《占察善恶业报经》二卷等(见卷二)。

（2）大乘经伪妄。收八十部二百一十七卷。有《宝如来经》二卷（"一名《宝如来三昧经》，道安、僧祐等录咸云南海胡作，故入伪品"）、《空寂菩萨所问经》一卷（"一名《法灭尽》，此经伪妄炳然，固非竺法护所译"）、《菩提福藏法化经》一卷（"《旧录》称齐武帝时沙门道备撰，后改名道欢"）、《小般泥洹经》一卷（"一名《法灭尽经》"）、《钵记经》一卷（"经记甲申年洪水，月光菩萨出世事略。观此经妖妄之甚"）、《正化内外经》二卷（"一名《老子化胡经》，传录云晋时祭酒王浮作"），以及南齐萧子良的抄经、梁代妙光的《萨婆若陀眷属庄严经》、齐梁尼僧法诵出的佛经等(见卷二)。

（3）小乘经疑惑。收二十九部三十一卷。有《佛说应供法行经》一卷（"经首题云罗什所出，根寻传录，全无此经，故入疑品"）、《佛说居士请僧福田经》一卷（"经首题云昙无谶译，案谶所译无，故入疑品"）、《铸金像经》一卷等(见卷四)。

（4）小乘经伪妄。收五十三部九十三卷。有《安墓经》一卷、《安宅神咒经》一卷、《灌顶度星招魂断绝复连经》一卷（"此经更有一小本，是人作"）、《提谓经》二卷（"《僧祐录》称，宋孝武时北国沙门昙静撰"）、《妙好宝车经》一卷（"一名《宝车菩萨经》。《旧录》称，淮州沙门昙辩撰，青州道人道侍治"）、《佛说法社经》一卷（"披寻《古录》，更应别有《法社制度》，但自未见此经，无假具显"）、《灌顶经》一卷（"《旧录》称，宋孝武时秣陵鹿野寺沙门惠简撰，非《药师经》"）等(见卷四)。

（5）大乘律疑惑。收一部二卷。即《梵网经》二卷（"诸家旧录多入疑品"）(见卷五)。

（6）大乘律伪妄。收二部十一卷。即《菩萨善戒比丘藏》一卷、《净行优婆塞藏》十卷（"南齐竟陵王萧子良出"）（见卷五）。

（7）小乘律疑惑。收二部三卷。即《遗教法律三昧经》二卷、《二百五十戒经》一卷（"诸录并云有六七种异，无所出，故入疑"）（见卷五）。

（8）小乘律伪妄。收三部三卷。即《毗跋律》一卷（"此律乃南齐永明年沙门法度于扬州作，以滥律名及录注译，故附伪"）、《比丘尼戒本》一卷（"此尸梨蜜弟子觅历所传，诸录皆疑，故附伪"）、《异威仪》一卷（"宋元嘉世昙摩耶舍弟子法度造，违反正律，诳耀僧尼，扬州于今尚有行者，故指明"）（见卷五）。

（9）大乘论疑惑。收一部一卷。即《大乘起信论》一卷（"人云真谛译，勘真谛录无此论，故入疑"）（见卷五）。

（10）大乘论伪妄。收一部一卷。即《五凡夫论》一卷（见卷五）。

（11）小乘论疑惑。收一部一卷。即《遗教论》一卷（"人云真谛译，勘真谛录无此论，故入疑"）（见卷五）。

（12）小乘论伪妄。收二部十卷。即《成实论》九卷（"萧子良"抄）、《阿毗昙五法》一卷（"萧子良"抄）（见卷五）。

上述疑伪经律论中，影响最大的要数《大乘起信论》。自问世以来，中国和日本的佛教学者为它作注作疏，阐发其中义蕴的著作至少也有二三百种（参见日本《大藏经索引》等），讲解者和受其熏陶者更是不知其数。但《法经录》却把它列为"疑惑"类经典，成为有关此论真伪聚讼的始作俑者，其影响一直延及到近现代。

《法经录》在体例上的不足之处有：

一、缺少按照历史顺序记叙的历代译经目录（即"代录"），使人无从知道各代的译经情况，以及单个译师的译经总目、翻译事迹。也就是说，只有横向的分类，而没有纵向的分类。

二、作者自己说，此书是依据"诸家目录"整理编次而成的，但在行文中不仅省略了出处，而且将具体的出经年月模糊化，影响了经目的准确性。如刘宋功德直译的《念佛三昧经》六卷，《祐录》卷二在经名下注"宋大明六年译出"，而《法经录》卷一省略为"宋大明年"（第115页中）；西晋竺法护译的《密迹力士金刚经》五卷，《祐录》卷二在经名下注"太康九年十月八日出"，而《法经录》卷一省略为"晋太康年"（第115页中）；东晋僧伽跋澄译的《杂阿毗昙毗婆沙论》十四卷，《祐录》卷二在经名下注"伪秦建元十九年四月出，至八月二十九日出讫"，而《法经录》卷五省略为"前秦建元年"（第142页中）。

三、佛经中的"异译"，说到底是某一部胡文或梵文佛经在汉译过程中的不同版次问题，一般都是按译本的先后依次编列的。但《法经录》则有不依此例的，如卷三列《过去现在因果经》四卷（刘宋求那跋陀罗译）为第一，《太子本起瑞应经》二卷（吴建兴年支谦译）为第二，《修行本起经》二卷（后汉昙果、竺大力合译）为第三，与译次的先后相悖。

内容上的疏误有：卷五《小乘毗尼藏录·众律一译》中有"《律》二十二卷"，下注"陈世沙门真谛译"（第142页上）。而在《小乘阿毗昙藏录·众论一译》中，又列"《明了论》一卷"，下注"陈世沙门真谛译"（第142页中）。其实，《明了论》的全称是《律二十二明了论》，一卷。"律二十二"只是全称中的一部分，并不是另一部律典，也不是卷数。卷五《大乘阿毗昙藏录·众论异译》中，并列真谛译的《摄大乘释论》十二卷和《摄大乘释论》十五卷（见第141页下），将它们当作"同本异译"。其实，真谛对《摄大乘释论》只译过一次，两个论本实际上是同一个本子，只是传抄者有的作"十二卷"，有的作"十五卷"罢了，并非异译。

第二品　隋费长房《历代三宝纪》十五卷

《历代三宝纪》，又名《开皇三宝录》、《三宝录》，略称《长房录》、《房录》，十五卷。隋开皇十七年(597)，翻经学士费长房撰。载于《丽藏》"筵""设"函、《宋藏》"设""席"函、《金藏》"筵""设"函、《元藏》"设""席"函、《明南藏》"主""云"函、《明北藏》"营""桓"函、《清藏》"伊"函(仅收一卷)、《频伽藏》"致"帙，收入《大正藏》第四十九卷。

费长房，成都人。原出家为僧，因北周武帝废佛而还俗。隋开皇初，敕召入京，为翻经学士。唐道宣《续高僧传》卷二《达摩笈多传》见附。

《房录》之末载有作者的上表和《总目序》。《总目序》说：

> 今之所撰集，略准三书(指三藏)以为指南，显兹三宝。佛生年瑞，依周夜明。经度时祥，承汉宵梦。僧之元始，城堑栋梁。毗赞光辉，崇于慧皎。其外傍采隐居《历年》、国志、典坟、僧祐《集记》、诸史传等仅数十家，摘彼翠翎，成斯纪翩。……昔结集之首，并指在某国城。今宣译之功，理须各宗时代。放此录体率举号，称为汉、魏、吴及大隋录也。失译、疑伪，依旧注之人，以年为先。经随大(大乘)而次，有重列者，犹约世分。(卷十五，《大正藏》第四十九卷，第120页下)

《房录》三卷帝年(即"年表")，九卷代录，二卷入藏目，一卷总目。所载"华戎黑白道俗合有一百九十七人，都所出经律戒论传二千一百四十六部，六千二百三十五卷"(同上)。

一、帝年(卷一至卷三)。卷一，周秦。卷二，前汉、新王、后汉。卷三，魏、晋、宋、齐、梁、陈、周、隋。每卷由叙论和帝年两部分组成。帝年上编甲子、朝代、年号，下注其间重要的政事或佛教大事。始于周庄王十年（前687），终于隋开皇十七年（597）。现存的《房录》帝年表有列至唐己未岁的，显系后人所添。

二、代录（卷四至卷十二）。叙述各代译经概况。卷四，后汉（始后汉明帝永平十年至汉献帝末年）。卷五，魏吴。卷六，西晋。卷七，东晋。卷八，苻秦、姚秦。卷九，西秦、北凉、元魏、高齐、陈。卷十，刘宋。卷十一，齐、梁、周。卷十二，隋代。

三、入藏录（卷十三至卷十四）。收录单本（包括有译、失译）和重翻（即同本异译）。卷十三，大乘录入藏目。分修多罗（经）有译、失译；毗尼（律）有译、失译；阿毗昙（论）有译、失译。"合五百五十一部，一千五百八十六卷"（卷十五，第125页中）。卷十四，小乘录入藏目。也按修多罗、毗尼、阿毗昙分有译、失译，"合五百二十五部，一千七百一十二卷"（同上）。

四、总目（卷十五）。有《上开皇三宝录表》、《开皇三宝录总目序》、全书总目和历代经录目录。

《房录》兼有佛教史和经录两重性质。就其主要成分而言，是经录，因此，佛家经录都是将它作为隋代经录的一种加以记载的。作为经录，它有两点引人注目，一是有通录古今译经的名目部卷及人物的代录，二是有专录确凿可信的佛经，以备抄写、诵持和收藏用的入藏录。

代录一般由三项内容构成：

一、序。简要地叙述一代王朝的始末，佛教流播的情状，一代译撰者及典籍的总数。如卷六《西晋录》序说：

> 西晋录者，司马炎字安世，河内温人，魏大将军侍中录尚书相国晋王昭之太子。昭薨，炎嗣为王。（魏）元帝知历数有归，使太保郑冲奉玺致位。炎垂拱受禅，是为武帝，称晋，都洛（洛阳）及长安，旧东西京也。……有沙门竺法护及彊梁娄至等亡身利物，誓志弘宣，匪悝苦辛，阐发为务。

护于晋世出经最多,其法钦、罗叉、聂承远父子、竺叔兰等相继度述。所以五十年间,华戎道俗十有三人,并前失译诸经戒等,合四百五十一部七百一十七卷,集为西晋二京四主五十二年世录云尔。(卷六,第61页中、下)

二、目录。列举一代译撰者各自的姓名及他的出典总数,间附一代失译经总数。如:"(东晋)沙门帛尸梨蜜多罗三部(一十一卷经咒——原注)。沙门支道根二部(七卷经——原注)。沙门康法邃一部(一十卷经——原注)。……诸失译经五十三部(五十七卷经咒——原注)。"(卷七,第68页下—第69页上)

三、正文。叙列每个译撰者出典的名称卷数(附注有关异名、不同的分卷、出经年月、地点、第几译、见载于哪一部经录等)和他的生平行历(即通常说的"译撰者小传")。后汉、魏吴、西晋、东晋、西秦、北凉诸录的末尾还附出该代流传,但不知谁人翻译的经本("失译经")。每个译撰者的编录程式如下例:

《大乘宝云经》八卷。(第二出,与梁世曼陀罗所出者七卷《宝云》同本异出。——原注)

右一部合八卷。周武帝世扶南国沙门须菩提,陈言"善吉",于扬都城内至敬寺为陈主译。见《一乘寺藏众经目录》。(卷九,第88页中)

《安民论》一十二卷。《陶神论》一十卷。《因果论》二卷。《圣迹记》二卷。《塔寺记》一卷。《经法东流记》一卷。《十德记》一卷。《僧尼制》一卷。

右八部合三十卷。相州大慈寺沙门释灵裕撰。裕即道凭法师之弟子也。轨师德量,善守律仪,慧解钩深,见闻弘博,兼内外学,为道俗师。性爱传灯,情好著述。可谓笃识高行沙门。……其戒律禅思,讲说经论,转读法事,五众之匠焉。(卷十二,第105页上、中)

《房录》编制的这套"代录"的程式,从质的方面来看,改变了《祐录》将译典与译者小传分开,前者放在"诠名录"部分,后者放在"述列传"部分的做法,将两者有机地结合起来,这不仅使"代录"显得充实饱满,而且更有助于了解译经的背景。从量的方面来看,《祐录》和《法经录》对北朝译经语焉不详,而《房录》则搜寻颇力,新辟了西秦、北凉、元魏、高齐等录。

至于包括《大乘录入藏目》和《小乘录入藏目》的入藏录,也是《房录》首次设立的。自此之后,一些重要的经录差不多都相沿而立此项。另外,《房录》在卷十五刊载的全书总目之后,还载录了历代撰作的佛经目录,其中有隋代见存的六部经录的类目和收典数字,已佚的二十四部经录的名称和它们的作者,为经录史的研究提供了重要的线索。因此,可以说,到了《房录》,经录的体制发生了一次突变。

作为佛教史,《房录》又用年表的方式记载了佛教大事。以卷三所记的梁武帝朝为例:天监二年:"沙门曼陀罗出《宝云》等经三部合十卷。"(第44页上,下同)

天监三年:"沙门僧盛出《教诫比丘法》一卷。沙门道欢出《众经要览法》一卷。"

天监七年:"敕庄严寺沙门僧旻等撰《众经要抄》并目录八十八卷。"

天监十一年:"《阿育王经》十卷,僧伽婆罗出。"(第45页上,下同)

天监十四年:"敕安乐寺沙门僧绍撰《经目》四卷。《解脱道经》一十三卷,僧伽出。"

天监十五年:"敕沙门宝唱撰《经律异相》五十卷。《优娄频经》一卷,木道贤出。"

天监十六年:"敕沙门宝唱撰《众经佛名》。六月废省诸州道士馆。"

天监十七年："敕沙门宝唱撰《众经目录》四卷。《文殊问经》一卷,僧伽出。"

天监十八年："敕沙门宝唱撰《名僧传》三十一卷。"

普通元年："《十法经》,僧伽婆罗出为一卷。"

普通二年："九月二十三日建立同泰寺。初建刹,帝亲自幸,百司尽陪。"

大通元年："同泰寺成,帝亲幸,改元,大赦。"

中大通元年："九月十五日,帝幸同泰寺,逊位为仆。地震,百僚请复位。凡十五日,十月一日驾还宫。"

虽说这样的记载未免太简略,远不足以反映一年中佛教活动的概况,但它毕竟创造了新的佛教史体裁——编年体,影响深远。

《房录》的不足之处是:考核不精,伪滥甚多。它不加鉴别地引用南北朝流行的各家经录(包括转引伪录《朱士行汉录》的资料),将大部抄出的别生经、译本的异名当作译典正数,加到译师的部卷中去,并主观臆断没有署名的失译经为某人所出,从而使译师的经本骤增,有的甚至达到《祐录》所记数目的数倍,以至更多。如:后汉安世高,《祐录》卷二载三十五(原书误作"四")部四十卷,《房录》卷四作一百七十六部一百九十七卷;支谶,《祐录》载十四部二十七卷,《房录》作二十一部六十三卷;支曜,《祐录》载一部一卷,《房录》作十一部十二卷;三国时支谦,《祐录》卷二载三十六部四十八卷,《房录》卷五作一百二十九部一百五十二卷;西晋时竺法护,《祐录》卷二载一百五十四部三百九卷,《房录》卷六作二百一十部三百九十四卷;法炬,《祐录》载四部十二卷(其中二部五卷与法立共出),《房录》作一百三十二部一百四十二卷,如此等等。

《房录》新添的译本,有些属于拾遗补阙,是有价值的和必要的,但有许多则是虚假的,靠不住的。这只要对照一下智升在《开元释教录》每个译人之后附列的别生抄经、重复载名、失译误题的剔除目录就清楚了,因为这些书目有很多是《房录》在《祐录》之后新添的。

《房录》的粗疏也反映到它的入藏录中。如卷十三《大乘录入藏目》的《大乘修多罗有译》中,《贤劫经》与《贤劫三昧经》,《须真天子经》与《须真天子问四事经》,《无所悕望经》与《象步经》,《文殊师利问菩提经》与《菩提无行经》,都是一经两名,而《房录》将它们视作同本异译,存其二本。

卷十四《小乘录入藏目》的《小乘修多罗有译》中的《达磨多罗禅经》与《不净观禅经》本是一经,"不净观"约法为名,"达磨多罗"就人立称,而《房录》将一经误作二经,同时载录。又如《众事分阿毗昙》十二卷,在卷十为刘宋求那跋陀罗"共菩提耶舍译"(见第91页上),这说明有译主。而在卷十四中,则将它列入《小乘阿毗昙失译》之中(见第120页上),前后矛盾。

另外,南朝的陈代本应列于梁代之后,而作者在"代录"中却将它放在宋(刘宋)代之前叙说,有违于历史顺序。

第三品　隋彦琮等《众经目录》五卷

《众经目录》,五卷。卷首题"隋翻经沙门及学士等撰",据唐道宣《续高僧传》卷二《彦琮传》、静泰《大唐东京大敬爱寺一切经论目》卷一末的后记所载,此书是仁寿二年(602),翻经沙门彦琮等奉敕所撰,故简称《彦琮录》。道宣《大唐内典录》卷十又称之为《隋仁寿年内典录》。载于《宋藏》"席"函、《元藏》"席"函、《明南藏》"百"函、《明北藏》"岳"函、《清藏》"尹"函、收入《大正藏》第五十五卷。

彦琮(557—610),俗姓李,赵郡柏人(治所在今河北隆尧西南)人。世号衣冠,门称甲族。十岁投信都僧边法师出家,改名道江。北周武帝废佛时,敕预通道观学士,更名彦琮。隋开皇(581—600)初,参与译经。撰有《唱导法》、《辩教论》、《西域传》(又名《西域志》)、《沙门名义集》、《达摩笈多传》、《辩正论》、《福田论》、《僧官论》、《慈悲论》、《默语论》、《鬼神录》、《通极论》、《辩圣论》、《通学论》、《善知识录》等十多种著作,为隋代义学沙门中著述最富的一个人。唐道宣《续高僧传》卷二有传(与撰《唐护法沙门法琳别传》、《集沙门不应拜俗等事》、笺注《慈恩传》的唐西京弘福寺沙门彦惊不是同一个人)。

《彦琮录》书首有作者撰的《众经目录序》。说:

> 佛法东行,年代已远。梵经西至,流布渐多。旧来正典,并由翻出。近遭乱世,颇失原起。前写后译,质文不同。一经数本,增减亦异。致使凡人得容妄造,或私采要事,更立别名;或辄构余辞,仍取真号;或论作经称,疏为论目。大小交杂,是非共混,流滥不归,因循未定。将恐陵迟圣说,动坏信心,义阙绍隆,理乖付嘱。皇帝深崇三宝,洞明五乘。降敕有司,请兴善寺大德与翻经沙门及学士等,披检法藏,详定经录。随类区辩(辨),总为五分:单本第一,重翻第二,别生第三,贤圣集传第四,疑伪第五。(《大正藏》第五十五册,第150页上、中)

依上所述,《彦琮录》中别生录应在前,贤圣集传录应在后,但正文中它们的位置正好对换了一下,而是贤圣集传录排在别生录的前面。而且全书不只分为五录,正文中尚有阙本录,故实为六录。

《彦琮录》六录所收,"都合二千一百九部,五千五十八卷"

（第 150 页中）。根据作者的意思，单本、重翻、贤圣集传，"合六百八十八部，二千五百三十三卷，入藏见录"（同上），属于流通的正本；别生、疑伪，"不须抄写"；阙本，"请访"。

卷一：单本，"原来一本，更无别翻"（第 150 页中，下同）。收大乘经、大乘律、大乘论、小乘经、小乘律、小乘论单译本。

卷二：重翻和贤圣集传。重翻，"本是一经，或有二重乃至六重翻者"，收大乘经、大乘律、大乘论、小乘经重译本；贤圣集传，"贤圣所撰，翻译有原"，收西域僧人编集的佛经和撰作的传记。

卷三：别生，"于大部中抄出别行"。收从卷品较多的大部汉译佛经中抄略单行的经本，下分大乘别生、别生抄（别生经的再抄本）；小乘别生、别生抄；别集抄（汉地僧人依据众经编集而成的著作）。

卷四：疑伪，"名虽似正，义涉人造"。收有疑问的和已经确定是托名伪造的经本。

卷五：阙本，"旧录有目，而无经本"。收只知书名而未见其本的经本。

总的来说，《彦琮录》的体例与《房录》不同，而接近于《法经录》。这是什么原因呢？《大唐内典录》卷五说，撰《法经录》时，"扬化寺沙门明穆，区域条分，指踪纮络，日严寺沙门彦琮，觇缕缉维，考校同异"（《大正藏》第五十五卷，第 278 页上）。原来《法经录》的二十个作者之中就有彦琮。这番经历，对彦琮综理裁定集体修纂的这部五卷本的《众经目录》有直接的影响。

《彦琮录》中的《单本》，相当于《法经录》中的《一译》；《重翻》相当于《法经录》中的《异译》；《别生》，两家都有；《疑伪》，在《彦琮录》中为一录，而在《法经录》中分为《疑惑》、《伪妄》二录；《彦琮录》在《重翻》之后有《贤圣集传》，在《别生》中有《别集抄》，相当于《法经录》中的《西域圣贤抄集》、《西域圣贤传记》和《此方诸德抄集》;《彦琮录》中有《阙本》一录,《法经录》无之;《法经录》大小乘三藏中均有《失译》录,并有《此方诸德传记》、《西域圣贤著述》、《此方诸德著述》和全书总目,《彦琮录》亦无之。两家所收的佛经名目部卷也有出入,就部卷总数而言,《彦琮录》要少于《法经录》。

《彦琮录》的不足之处有:删除了《祐录》、《法经录》、《房录》记载的大量的汉地佛教撰述。就《法经录》而言,它收录的汉地佛教撰述约有一、二百种(见《法经录》卷六),而到《彦琮录》只剩下《法宝集》、《众经要集》、《内典博要》、《真言要集》、《经律异相》、《净住子》、《释迦谱》七种(见《彦琮录》卷三《别集抄》)。

另外,在记载译本时也有讹误。如卷二《重翻》录中,《弘道广显三昧经》与《阿耨达龙王经》本是一经两名,而《彦琮录》云"同本异译",存其二本(见第156页中);卷一列竺法护译的《普曜经》八卷为小乘经单本(见第154页上),而在卷五又将它列为"重翻阙本"(见第178页中),前后乖舛;又如《弥沙塞羯磨》一卷,在卷五中重载两次(见第177页中和第180页上)。

第三门　唐开元前众经目录

第一品　唐道宣《大唐内典录》十卷

《大唐内典录》，简称《内典录》，十卷。唐麟德元年（664），京师西明寺沙门道宣撰。载于《丽藏》"席""鼓"函、《宋藏》"鼓"函、《金藏》"席""鼓"函、《元藏》"鼓"函、《明南藏》"并""岳"函、《明北藏》"侈""富"函、《清藏》"阜""微"函、《频伽藏》"结"帙，收入《大正藏》第五十五卷。

道宣（596—667），俗姓钱，丹徒（今属江苏）人，一说长城（治所在今浙江长兴）人。十五岁依智𫖯律师受业，诵习诸经，次年于日严道场（隋炀帝时称"寺"为"道场"）正式落发出家。隋大业（605—617）中，从智首律师受具足戒，唐武德（618—626）中，又依智首学习戒律。初居终南山白泉寺，后迁崇义寺、丰德寺，与处士孙思邈结林下之交。及西明寺建成，应诏充任上座。玄奘从西域取经回国后，又随从参与译经。著作见存的有：《续高僧传》、《释迦方志》、《集古今佛道论衡》、《广弘明集》、《集神州三宝感通录》、《释迦氏谱》（以上分别见本书传记、地志、护法、杂记诸部）、《四分律删补随机羯磨》及《疏》、《四分律删繁补阙行事抄》、《四分律比丘含注戒本》、《四分律比丘尼钞》、《四分律拾毗尼义钞》、《舍卫国祇洹寺图经》、《关中创立戒坛图经》、《律相感通传》、《量处轻重仪》、《教诫新学比丘行护律仪》等。已佚的有：《圣迹见在图赞》、《佛化东渐图赞》、《法门文记》等。北宋赞宁《宋高僧传》卷十四有传。

《内典录》书首有道宣《大唐内典录序》。说：

> 今译从于方言，大约五千余卷。迁贸更袭，浇薄互陈，卷部单重，疑伪凡圣。致使集录奔竞三十余家，举统各有宪章，征核不无繁杂。今总会群作，以类区分，合成一部，开为十例。依条显列，无相夺伦。（《大正藏》第五十五卷，第219页上）

全书共分为十录，所录"都合一十八代，所出众经总有二千二百三十二部，七千二百卷"（卷一，第219页下）。

一、历代众经传译所从录（卷一至卷五）。"谓代别出经及人述作，无非通法，并入经收，故随经出。"（第219页上）记载东汉至唐各代的译经和撰述。卷一，后汉。卷二，前魏、南吴、西晋。卷三，东晋、前秦、后秦、西秦、北凉。卷四，宋、前齐、梁、后魏、后齐。卷五，后周、陈、隋、唐。

二、历代翻本单重人代存亡录（卷六、卷七）。"谓前后异出，人代不同，又遭离乱，道俗波迸。今总计会，故有重单。缘叙莫知，致使失译。"（同上）下分《历代大乘藏经翻本单重传译有无录》（卷六）和《历代小乘藏经翻本单重传译译有无录》（卷七），分别记载大乘三藏（经律论）和小乘三藏单本（一本一译）及重翻（一本数译）的译人、译时、译地和用纸数。

三、历代众经总摄入藏录（又称《历代众经见入藏录》，卷八）。"谓经部繁多，纲要备列，从帙入藏，以类相从。故分大小二乘，显单重两译。"（第219页上、中）胪列大乘经单重翻、小乘经单重翻、小乘律、大乘论、小乘论、贤圣集传为几帙，中间、左间、右间以上第几隔［案：静泰《大唐东京大敬爱寺一切经论目序》说:"显庆年际,西明寺成,御造藏经,更令隐炼区格尽尔,无所间然。律师道宣又为后序。殷因夏礼,无革前修,于三例(指经律论)外附申杂藏,即《法苑》、《法集》、《高僧》、《僧史》之流是也。颇以毗赞有功,故载之云尔。"(《大正藏》第五十五卷,第181页上)据此,则这一录很可能是西明寺经藏目录]。

四、历代众经举要转读录(卷九)。"谓转读寻玩,务在要博。繁文重义,非曰彼时。故随部摄举,简取通道。自余重本,存而未暇。"(第219页下)载录在诸种重翻经中选出的善本目录。

五、历代众经有目阙本录(卷十)。"谓统检群录,校本则无。随方别出,未能通遍。故别显目访之。"(同上)载阙本。

六、历代道俗述作注解录(卷十)。"谓注述圣言,用通未悟,前已虽显,未足申明。今别题录,使寻览易晓。"(同上)载撰述。

七、历代诸经支流陈化录(卷十)。"谓别生诸经,曲顺时俗,未通广本,但接初心,一四句颂,不可轻削故也。"(同上)载别生经。

八、历代所出疑伪经论录(卷十)。"谓正法深远,凡愚未达,随俗下化,有勃(悖)真宗,若不标显,玉石斯滥。"(同上)载疑伪经。

九、历代众经录目始终序(又称《历代所出众经录》,卷十)。"谓经录代出,须识其源。"(同上)载经录。

十、历代众经应感兴敬录(卷十)。"谓经翻东夏,应感徵祥,而有蒙祐增信,故使传持远惟。"(同上)载诵持佛经的感应事迹。

上述十录中,由于卷十的《历代众经有目阙本录》和《历代众经支流陈化录》均只有序言,而无具体的经目,而《历代众经应感兴敬录》又属于感应故事,故真正属于经录的实际上只有七录。其中,《历代众经传译所从录》、《历代众经举要转读录》和《历代道俗述作注解录》三录尤具特色。

一、《历代众经传译所从录》(卷一至卷五)即通常所说的"代录"。此录最明显地反映了《内典录》与《房录》内在的继承关系。首先是代录的格局相同。每一朝代的传译录的序言都是先叙王朝开创者的身世、建都,次叙该朝政治的和佛教的大事,末叙该朝共有几主几年,传译道俗共有几人,出经共有几部几卷等;序言之后,汇列该朝出经总目,某人出几部几卷,一个接一个地编列,最后一项是失译经的数目;正文先列经名卷数,下注出经年月、别称、第几译、见于何部经录。一个人的译典全部列完之后,作一个小结,说明这些部卷为谁人所出,引出译撰者小传。其次是内容相同。《内典录》共载十八代译经,其中译人和部卷与《房录》相同的有十二代。它们是:后汉、魏、吴、西晋、东晋、前秦、后秦、西秦、梁、后齐(北齐)、后周(北周)、陈。《房录》误录的,它也沿之。

在《房录》收载的朝代中,属《内典录》增补的有:北凉道泰译的《入大乘论》二卷,这是道宣根据"唐旧录"增入的;刘宋竺道生撰的《善不受报论》、《佛无净土论》、《应有缘论》、《顿悟成佛论》、《佛性当有论》、《法身无色论》、《二谛论》各一卷;萧齐刘虬撰的《注法华经》十卷、《注无量义经》一卷;北魏达摩菩提译的《大涅槃论》一卷,这是道宣根据"唐前录"增入,但是否真的是达摩菩提所译,道宣自己也存疑;隋代阇那崛多译的三十七部一百七十六卷佛经中的六部十一卷,即《大方等大云请雨经》一卷、《无所有菩萨经》四卷、《护国菩萨经》二卷、《佛华严入如来不思议境界经》二卷、《东方最胜灯王如来经》一卷、《大乘三聚忏悔经》一卷;隋道正撰的《凡圣六行法》六种不同卷本(最多的为二十卷,最少的为一卷);隋达摩笈多译的《起世经》等九部四十六卷;隋明则撰的《翻经法式论》十卷、《诸寺碎铭》三卷;隋行矩撰的《序内法》、《内训》各一卷。总计三十一种。其中有

《房录》成书前已出,而《房录》未载的,也有《房录》以后新出的,《内典录》一并加以增补。

至于唐代传译录,则全是《内典录》新录的。收波罗颇蜜多、玄琬、法琳、慧净、李师政、法云、道宣、玄奘、彦悰、玄应、玄恽、玄范等十二人翻译或撰写的一百多部一千五百多卷经典。

二、《历代众经举要转读录》(卷九)。此录在佛家经录中别具一格。佛经的翻译历来有一译和异译之分。一译,又称"单本",指的是一部佛经只有一种梵文经本传入,汉译也只有一种。异译,又称"重翻"、"重译",包括两种情况:第一,一部佛经有多种梵文经本传入,有的是这部经的不同写本,有的是这部经的某一品或某几品的写本。第二,梵文经本倒只有一种,但由于有的译者只译了经的一部分,也取了一个经名,因而从内容上来说并非是全本。这两种情况都会造成"同本异译"(又称"大本异译")和"别品异译"(又称"殊品异译")。这一类汉译佛经的数量又特别多,即使皓首穷经,也难以一一细览。为指导学人在"同本异译"中选取善本,从"别品异译"追溯到本母("大部"),对异译经进行选择性的阅读,为此,《内典录》特地新辟了《历代众经举要转读录》。作者在录序中说:

> 顷代转读,多陷广文,识纯情浮,弥嫌观博。此并在人勤惰,岂以卷部致怀?何以知耶?故心薄淡望者,望卷大而眉颦;意专精者,见帙多而意勇。据斯以论,考性欲之康衢也。……今则去其泰(太)甚,随务行藏,举大部而摄小经,撮本根而舍枝叶,文虽约而义广,卷虽少而意多。能使转读之士,览轴日见其功;行福清信,开藏岁增其业。(卷九,第313页上)

虽然,道宣所列未必部部皆是善本,也有判断上的失误。内容上又与卷六、卷七的《历代翻本单重人代存亡录》发生叠合,但它毕竟为研习者提供了一条阅藏（即阅读藏经）的门径，其中的好处是不可掩没的。尤其是道宣在选择经本时，不是以译人为标准，而是以译本的优劣、主次为标准，对不同译本内容上的广略繁简、译文上的畅达艰涩进行了比较，这对后人不无启迪作用。如：

《解深密经》（五卷七十三纸——原注）。唐贞观年玄奘于京师慈恩寺译。

右一经，四译。初宋时求那跋陀罗出，名《相续解脱经》。陈时真谛出，名《解节经》。文略不具，与后魏留支（菩提留支）所译《深密解脱经》同。故存后本为定。（卷九，第315页中）

《维摩诘所说经》（三卷六十一纸——原注）。后秦罗什于长安逍遥园渭阴译。

右一经，三译。吴时支谦所译，为《毗摩罗诘经》二卷。唐玄奘所译，为《说无垢称经》六卷。繁略折衷，难逮秦翻。终是周因殷礼，损益可知云。（同上）

《弥勒成佛经》（十七纸——原注）。西晋竺法护译。

右一经，三译。后秦罗什译，为《弥勒下生》，文乃流便，事义阙略。又人别译为《弥勒来时经》，三纸许，词理不具。故存前本。（第318页上）

显然，如果没有一番甄别考校的功夫，是难以作这样的筛选和判断的。

三、《历代道俗述作注解录》（卷十）。它是汉地佛教撰述的专录，为其他经录所无。它除了抄录了刘宋陆澄《法论》[案：《内典录》卷十均将《法论》误刊为《续法论》，《续法论》是梁代沙门宝唱奉敕撰集的，为陆澄的续作]十六帙的名目之外，还搜集了自东晋至唐代的许多佛教撰作。如唐京师延兴寺沙门玄琬的《论门》、《三德论》、《入道方便门》、《镜喻论》、《无碍缘起》、《十种读经义》、《无尽藏仪》、《发戒缘起》、《法界图像》、《忏悔罪法》;纪国寺沙门慧净的《注金刚般若经》、《释疑论》、《诸经讲序》、《内诗英华》;西明寺沙门法云的《辩量三教论》、《十王正业论》等。虽然与道宣另撰的《续高僧传》的载录相比,遗漏还不少,但作者对佛教撰作的重视由此可见一斑。

《内典录》的不足之处有:卷八《历代众经总摄入藏录》没有大乘律;常将一经的不同名称,当作不同的经本来记载。如卷六《历代大乘藏经翻本单重传译有无录》中的《菩萨净行经》与《宝结菩萨经》(见第286页上),《弘道广显三昧经》和《阿耨达龙王经》(见第287页下),卷九《历代众经举要转读录》中的《大安般守意经》与《大安般经》(见第322页下),都是一经二名,而作者误以为是两部经,同时并载;另外,经名也有重上叠出的。卷八《历代众经见(书序又称"总摄")入藏录》中的《深密解脱经》五卷,前与《菩萨处胎经》同帙(见第303页中),后与《解深密经》同帙(见第305页中)。卷九的《起世经》乃是《长阿含经》的别生经,而作者误把它当作是小乘经中的单本,与《长阿含经》并列(见第322页上)。

第二品　唐静泰《大唐东京大敬爱寺一切经论目》五卷

《大唐东京大敬爱寺一切经论目》,又名《众经目录》,简称《静泰录》,五卷。唐麟德二年(665),大敬爱寺沙门静泰撰。载于《丽藏》"设"函、《金藏》"设"函、《频伽藏》"结"帙,收入《大正藏》第五十五卷(但在序言和卷一的卷题下,有两处误排为"隋开皇十四年敕翻经沙门法经等撰")。

《静泰录》书首有静泰《大唐东京大敬爱寺一切经论目序》。说：

> 龙朔三年正月二十二日，敕令于敬爱道场写一切经典。又奉麟德元年正月二十六日敕，取履味沙门十人，惠概、明玉、神察、道英、昙邃等，并选翘楚，尤闲文义，参覆量校，首末三年。……静泰不惟鄙昧，辄撰斯文。（《大正藏》第五十五卷，第181页上）

《静泰录》收录的佛经，"都合二千二百一十九部，六千九百九十四卷"（第181页中）。其中属于入藏的经目（单本、重翻、贤圣集传），"合八百一十九部，四千八十六卷"（同上）。

卷一：单本（"源来一本，更无别翻"），下按大乘经律论和小乘经律论分类叙列。

卷二：重翻（"本是一经，或有二重翻者，乃至六重翻者"）和贤圣集传（"贤圣所撰，翻译有源"）。其中，重翻下按大乘经律论和小乘经律论分类叙列，贤圣集传不分类。

卷三：别生（"于大部内抄出别行"），下按大乘别生、大乘别生抄、小乘别生、小乘别生抄、别集抄分类叙列。

卷四：众经别生（据序言所列，此项原在卷三）、众经疑惑和众经伪妄（序言将后二项合称为"疑伪"，并注云"名虽似正，义涉人造"）。

卷五：阙本（"旧录有目，而无经本"）。

《静泰录》的分类编目基本上是沿承《彦琮录》而来的。就收录的经典而言，《彦琮录》收单本三百七十部一千七百八十六卷，《静泰录》比它多七十一部九百九十七卷；《彦琮录》收重翻二百七十七部五百八十三卷，《静泰录》比它多四十七部五百三十三卷；《彦琮录》收贤圣集传四十一部一百六十四卷，《静泰录》比它多九部二十二卷，《彦琮录》收别生经八百一十部一千二百八十八卷，《静泰录》与它相同；《彦琮录》收疑伪经二百九部四百九十卷，《静泰录》比它少一百二十七部三百六十六卷[案：关于《静泰录》中的"疑伪经"，序言所列的是"二百八部四百九十六卷"，但检正文，《众经疑惑》为"二十九部三十一卷"，《众经伪妄》为"五十三部九十三卷"，两件相加只有八十二部一百二十四卷，远没有序言说的多]；《彦琮录》收阙本四百二部七百四十七卷，《静泰录》比它少二十部二十二卷。

造成这一变化的原因是：许多在《法经录》中被列为"疑伪"的佛经，在《静泰录》中已恢复原先的地位，分别被编入单本和重翻。另外，《静泰录》还收入了玄奘七十五部一千三百三十五卷新译，访得一些阙本。

《静泰录》的主要特色在于注明属于入藏录范围的单本、重翻和贤圣集传的用纸数。如玄奘译的《瑜伽师地论》二十卷"二百十六纸"、《大乘阿毗达磨集论》七卷"一百八纸"、《因明正理门论》一卷"十二纸"、《百法明门论》一卷"二纸"、《广百论本》一卷"十六纸"（见卷一）等等。这本是大敬爱寺藏经的真实记录，但对于防止随意增删篡改佛经，计算典籍的字数是有益的。这种方法在《内典录》中已见采用，然而《静泰录》的撰时虽与《内典录》相近，但并无证据说明两书之间存在参照借鉴的关系。

《静泰录》的不足之处一如《彦琮录》，只是在卷三《别集钞》中列汉地佛教撰述七部三百三十四卷，其余的撰述均遭砍削。《静泰录》因是一寺的藏经目录，故影响较小，《大周录》和《开元录》都没有把它列入历代经录目之中，但在引文中偶有提及。

第三品　唐靖迈《古今译经图纪》四卷

《古今译经图纪》，又名《大唐古今译经图纪》，简称《译经图纪》、《图纪》,或《靖迈录》,四卷。唐京师大慈恩寺沙门靖迈撰。载于《丽藏》"吹"函、《宋藏》"瑟"函、《金藏》"吹"函、《元藏》"瑟"函、《明南藏》"岳"函、《明北藏》"轻"函、《频伽藏》"结"帙,收入《大正藏》第五十五卷。

《图纪》无序,也不署撰作年代。唐智升在《续古今译经图纪序》中说:

> 《译经图纪》者,本起于大慈恩寺翻经院之堂也。此堂图画古今传译缁素,首自迦叶摩腾,终于大唐三藏(玄奘),迈公因撰题于壁。(《大正藏》第五十五卷,第367页下)

玄奘卒于唐高宗麟德元年(664)二月,靖迈又是玄奘的弟子,当时在大慈恩寺翻经院画历代佛经翻译家的图像,并题记,当是出于对玄奘译经事业的怀念,时间或在玄奘逝世的当年,或次年(麟德二年,公元665年)。起先只是一篇一篇的题记,后来才缉缀成书。

靖迈,梓潼(今属四川)人。唐贞观(627—649)中,玄奘从印度取经归国,敕选谙练经论、为时尊尚者参与译经,靖迈就是被选中的十一人之一。居慈恩寺,与普光寺栖玄、广福寺明濬、会昌寺辩机、终南山丰德寺道宣,同执笔缀文,译《本事经》七卷。后与神昉笔受于玉华宫及慈恩寺翻经院。著有《能断金刚般若疏》二卷、《般若心经疏》一卷、《胜鬘经疏》一卷、《药师经疏》一卷、《菩萨藏经疏》十卷、《称赞净土经疏》一卷、《佛地论疏》六卷、《掌珍论疏》二卷(以上据日本平祚《法相宗章疏》)、《十一面经疏》一卷、《因明入正理论疏》一卷(以上据日本藏俊《注进法相宗章疏》)、《十轮经疏》八卷、《弥勒成佛经疏》一卷、《天请问经疏》一卷(以上据日本永超《东域传灯目录》)。这些章疏除《般若心经疏》见存以外,其余的均亡佚。北宋赞宁《宋高僧传》卷四有传。

《图纪》共记叙后汉至唐初的佛经翻译家一百十五人（笔者统计），其中除个别（如后汉的安玄、西晋的聂道真等）是居士以外，绝大多数是僧人。

卷一：（一）后汉。记迦叶摩腾等十一人，末附失译经一百二十三部一百四十八卷。（二）曹魏。记昙柯迦罗等四人。（三）孙吴。记支谦等五人，末附失译经一百一十部二百九十一卷。

卷二：（一）西晋。记竺昙摩罗察（即"竺法护"）等九人，末附失译经八部十五卷。（二）东晋。记帛尸梨蜜多罗等十五人，末附失译经五十二部五十六卷。

卷三：（一）苻秦。记僧伽跋澄等六人。（二）姚秦。记鸠摩罗什等五人。（三）西秦。记法坚一人。（四）北魏。记昙觉、昙曜、吉迦夜三人。（五）北凉。记昙摩谶（一作"昙无谶"）等八人，末附失译经五部一十七卷。（六）刘宋。记佛陀什等十八人。

卷四：（一）萧齐。记僧伽跋陀罗等八人。（二）南魏。记菩提流支等五人。（三）萧梁。记曼陀罗、僧伽婆罗、波罗末陀（即"真谛"）三人。（四）东魏。记般若留支一人。（五）高齐（即北齐）。记那连提耶舍、万天懿二人。（六）陈。记月婆首那、须菩提二人。（七）北周。记攘那跋陀罗等四人。（八）隋。记法智、毗尼多流支、达摩笈多三人。（九）唐。记波罗颇迦罗、玄奘二人。

由于《图纪》起初并非经录，而是为图像配写的人物小传，编集成书以后，便形成了既不同于一般僧传，又不同于一般经录的独特风格。一般僧传详于记录人物的活动行迹，而对所译的经典只是举其部分，说个总数而已。而《图纪》对人物的生平事迹着墨不多，叙说十分简略，而对他的译典则不厌其多，一一具列。从这点上来说，它具有经录的特征。与一般经录相比，《图纪》的形式与经录中的"代录"比较接近，然而又有以下特异之处：

一、一般经录的代录有序言,而此书除在后汉译师小传的开头有伪书《汉法本内传》的一段抄文以外,其他各代译师小传前只出朝代、帝姓、都城,并以此为小标题。如"西晋司马氏都洛阳"、"秦苻氏都长安"、"南魏元氏都洛阳"等,没有序、叙论一类的前言。

二、一般经录的代录,有一个朝代传译僧俗和出经部卷的统计数,而此书无之。

三、一般经录的代录既收译典译人,也收汉地著述及撰者(多少不一),而此书纯收译典译人。

四、一般经录的代录先列一个译师的译典,然后叙述他的传略,而此书正好相反,先叙译师传略,后出译典。

《图纪》取材于《房录》,除全书最后三人,即隋代的达摩笈多、唐代的波罗颇迦罗和玄奘之外,其余的译人小传基本上都是根据《房录》约写的(凡有关翻译风格的评语大多保留)。每个译人的出典名称和卷数,以及各朝失译经目,也都抄自《房录》,只是省略了原有的小注。

由于靖迈当时并没有看到《内典录》,故有关全书最后三人的记载,两书略有不同。

关于达摩笈多,《内典录》卷五写道:

> 仁寿之末,崛多(指达摩崛多)以缘他事流摈东越,笈多乘机专掌传译。大业三年,东都伊始,炀帝于洛水南泖天津桥左(宋元明本作"右"),置上林园翻经馆,遂移京师旧侣于新邑翻经,笈多相从羁縻而已。(《大正藏》,第五十五卷,第280页上)

文中没有介绍达摩笈多的身世,也没有对他的译文作出评价。而《图纪》卷四则说:

沙门达摩笈多,隋言法密,南贤豆国人。虽学年慕道落彩,冠字之暮戒具,寻师遍历大小乘国,闻见既广,艺术尤多。遂发大心,游方利物,凡所至国,唯以讲说为怀。暨开皇十年来届瓜州,文帝延入京寺,至止未久,大通隋言。敕于大兴善寺译《无所有菩萨经》四卷、《护国菩萨经》二卷、《佛华严入如来不思议境界经》二卷、《大集譬喻王经》二卷、《东方最胜灯王如来经》一卷、《移识经》二卷、《大乘三聚忏悔经》一卷、《大方等大云请雨经》一卷[案:上述八部,《内典录》均列在阇那崛多的名下]义理允正,称经微旨。……至炀帝定鼎东都,敬重隆笃,复于上林园内置翻经馆,译《法炬陀罗尼经》二十卷[案:此经,《内典录》也列在阇那崛多的名下,以下尚有九部译典,两书同载,今略]……从开皇十年至大业末岁,译经一十八部合八十一卷。并文义清素,华质显正。沙门彦琮、行矩等笔受。(第366页中)

关于波罗颇迦罗,《内典录》卷五作"波罗颇蜜多",简单地介绍说:"西天竺国沙门波罗颇蜜多,唐言光智,以贞观初年,赍梵叶本,至止京辇。"(《大正藏》第五十五卷,第281页上)而《图纪》则稍详:"沙门波罗颇迦罗,唐言作明知识,或云波颇,此云光智,中印度人,刹帝利种。识度通敏,器宇冲邃,博穷内外,研精大小。誓传法化,不惮艰危,远涉葱河,来届于此。以贞观元年,敕于大兴善寺译《宝星经》一部七卷、《般若灯论》一部十五卷、《大庄严论》一部十三卷。凡三部合三十五卷[案:《内典录》所载的部卷与之相同]。"(第366页下)

关于玄奘,《内典录》卷五记载玄奘的译经连同《大唐西域记》十二卷在内,只有"六十七部一千三百四十四卷",而《图纪》卷四所载,"除《西域记》,总七十五部一千三百三十五卷"(第

367页下），这个数字不仅与《静泰录》序言所说的相一致，也为后来的《开元释教录》所采用。

因此，《图纪》虽然本于《房录》，凡《房录》误增、误录的，它亦蹈袭之。但有些地方仍不失它独立的学术价值。

第四品　唐明佺等《大周刊定众经目录》十五卷

《大周刊定众经目录》，又名《武周刊定众经目录》，简称《大周录》，十五卷。武则天天策万岁元年（695）十月，佛授记寺沙门明佺等奉敕撰成，圣历二年（699）又于卷十五之末附列"三阶杂法"目录。载于《丽藏》"瑟""吹"函、《宋藏》"瑟""吹"函、《金藏》"瑟"、"吹"函、《元藏》"瑟""吹"函、《明南藏》"郡""秦"函、《明北藏》"宗""泰"函、《频伽藏》"结"帙，收入《大正藏》第五十五卷。

《大周录》书首有作者撰的《大周刊定众经目录序》。说：

　　圣情（指武则天）以教为悟本，法是佛师，出苦海之津梁，导迷途之眼目，务欲令疑伪不杂，住持可久，乃下明制，普令详择，存其正经，去其伪本。（《大正藏》第五十五卷，第372页下）

《大周录》共收入"大小乘经律论，并贤圣集传，都合三千六百一十六部，八千六百四十一卷"（第373页上）。疑伪经不在此数之内。

卷一：大乘单译经目。

卷二至卷五：大乘重译经目。

卷六：大乘律、大乘论目。

卷七：小乘单译经目。

卷八和卷九：小乘重译经目。

卷十:小乘律、小乘论、贤圣集传。

卷十一:大小乘失译经目。

卷十二:大小乘阙本经目。

卷十三和卷十四:见定入藏流行目。其中卷十三为大乘入藏目,下分:大乘修多罗(经)藏、大乘毗尼(律)藏、大乘阿毗达磨(论)藏;卷十四为小乘入藏目,下分:小乘修多罗藏、小乘毗尼藏、小乘阿毗达磨藏、贤圣集传。"合八百六十部,三千九百二十九卷,三百九十三帙。"(第458页中)[案:《开元释教录》卷十引作"八百七十四部,四千二百五十三卷",与这里说的有所不同。这也许是智升重新计算过的数字。]

卷十五:伪经目录。

《大周录》是一部按大小乘经律论的单译、重译、失译[案:这是上承《房录》而开辟的项目,《彦琮录》、《内典录》、《静泰录》均无此项。它们都是将失译经合入单本、重翻或代录中加以叙述的]、阙本、入藏、伪妄以及贤圣集传等科目,对佛典作横向编录的佛经目录。它没有对佛典作纵向记叙的各个朝代的出经目录("代录")。因此,它的主要职能是对佛典进行分类,并记载它们的名称、卷数、纸数、译人、译时、著录情况等,整段的解说性文字比较少。

《大周录》的内容从总体上来说,是由三部分构成的。一是《祐录》、《宝唱录》、《法经录》、《长房录》、《内典录》等已编入正目的大小乘经律论和贤圣集传。这部分经目"合二千一百四十六部,六千二百三十五卷"(见序,第373页上);二是自《内典录》以来新译的佛经;三是已往经录遗载,或虽已编入经录,但错作疑伪经的佛典。这后两部分经目,"合一千四百七十部,二千四百六卷"(同上)。《大周录》在经录史上的价值主要在于记载了后两部分经目。如唐代菩提登译的《占察经》、智通译的

《清净观世音普贤陀罗尼经》、阿地瞿多译的《陀罗尼集经》、那提译的《八曼荼罗经》(一名《师子慧菩萨所问经》、《离垢慧菩萨所问礼佛法经》、地婆诃罗译的《大乘四法经》、《造塔功德经》、《大方师子吼经》、提云译的《诸佛集会陀罗尼经》、宝思惟译的《随求所得自在陀罗尼经》、菩提流志(又作"菩提流支")译的《护命法门神咒经》等等。

另外,《大周录》于卷十五之末附载的武朝天朝查禁的"三阶杂法"二十二部二十九卷(《开元释教录》卷十八在此基础上搜得三十五部四十四卷)的目录,以及作者对此加的说明,也是研究"三阶教"的重要资料。三阶教是隋代沙门信行创立的一个佛教宗派,因将全部佛教分为时、处、机三类,每一类又各分三阶而得名。三阶教认为,隋代佛教已进入末法时期("时"的第三阶),所处的是"五浊诸恶世界"("处"的第三阶),众生的根机又是戒(持戒)见(正见)俱破("机"的第三阶)。因而只有于法(佛法)不分大(大乘)小(小乘),于人不辨圣凡,一概普信普敬,才能得到解脱。为此,三阶教特地制定了苦行忍辱,乞食为生;不念阿弥陀佛,只念地藏菩萨;不拜佛像,礼敬众生;经营"无尽藏",济贫、修寺、供僧;昼夜六时,七阶礼忏;以及死后林葬,供鸟兽食用等修行规范。由于这些内容与当时佛教界传行的理论和修持大相径庭,因而被人告以"异端邪说",自信行去世以后,先后四次遭到朝廷的限禁。第一次是隋文帝开皇二十年(600),第二次是武则天证圣元年(695),第三次是圣历二年(699),第四次是唐玄宗开元十三年(725)。《大周录》所载的"三阶杂法"就是第二次限禁时被列为伪经的三阶教经典的目录。

其中有:《三阶集录》、《大乘验人通行法》、《末法众生于佛法内废兴所由法》、《广明法界众生根机法》、《十种恶具足人回心入道法》、《明善人恶人法》、《三十六种对面不识错法》、《十大段明义》、《大乘无尽藏》、《人情所行行法》、《大众制》等。

《大周录》在这份目录后加的说明中说：

> 右三阶杂法二十二部二十九卷。奉证圣元年恩敕，令定伪经及杂符箓等遣送祠部进内。前件教门既背佛意，别构异端，即是伪杂符箓之限。又准圣历二年敕，其有学三阶者，唯得乞食、长斋、绝谷、持戒、坐禅，此外辄行皆是违法。幸承明敕，使革往非，不敢妄编在目录，并从刊削，以示将来。（第475页上）

这为了解三阶教经典的大致构成，以及武则天对三阶教实行限禁的具体措施，提供了第一手资料。

《大周录》据书末的署名，共有六十多人参加编写。其中有不少是当时有名望的僧人，如大福光寺大德道夐、太平寺上座福庆、授记寺都维那玄疑（嶷）、崇光寺都维那文徹、大云寺都维那玄范、白马寺都维那义合、翻经大德复礼、圆测、义净、翻经三藏菩提留支、宝思惟等。但他们大多空署其名，未能亲览，编目工作主要是由手下的人来完成的，所以书中舛误很多。仅就至关重要的《见定入藏流行目》（即通常说的《入藏录》）而言，便有以下数种错误：

一曰：小乘经误为大乘经。如《十二缘起经》（又名《缘起经》）是《增一阿含经》第四十六卷《放牛品》的异译，而《大周录》编在大乘单译经中（见第460页中）；《舍利弗目连游四衢经》（又名《舍利弗目连游诸国经》）是小乘经，而《大周录》编在大乘重译经中（见第465页上）。

二曰：单本误为重译。如《月明童子经》（又名《月明菩萨三昧经》）的文意与《月光童子经》全异，属于单译经，而《大周录》编在大乘重译经中（见第463页中）。

三曰：重译误为单本。如《善思童子经》凡有四译，除第二译阙本以外，西晋竺法护的第一译《大方等顶王经》（又名《维摩诘子问经》）、梁月婆首那的第三译《大乘顶王经》（又名《维摩儿经》）和隋阇那崛多等的第四译俱在，显然属于重译经，而《大周录》则编在大乘单译经中（第459页上）。又如《谏王经》（又名《大小谏王经》），与《如来示教胜军王经》、《佛为胜光天子说王法经》为同本异译，属于重译经，而《大周录》编在小乘单译经中（见第468页上）。

四曰：单本和重译并见。一部佛经如果是单本，就意味着没有重译；是重译，就意味着不是单本。《无畏德女经》、《第一义法胜经》、《弥勒菩萨所问本愿经》都是各有不同译本的重译经，而《大周录》在大乘单译经和重译经中俱载，互相矛盾（称它们为"单译"，见第459页上、中；称它们是"重译"，见第462页下、第464页上）。

五曰：一经多名，重上其本。如《宝田慧印三昧经》又名《慧印三昧经》，而《大周录》卷十三将一名编入单本（见第459页中），另一名编入重译见第四六一中；《栴陀越经》又名《栴陀越国王经》，《大周录》卷十四将一名编入单本（见第468页上），将另一名编入重译（见第470页上），均当作是不同的经本。

在入藏录之外，《大周录》还有将见存的误作阙本的，如《佛为外道须深说离欲经》、《佛为拘罗长者说根熟经》、《佛为年少婆罗门说知善不善经》等，《大周录》编在卷十二"小乘阙本经"中（见第456页上），其实均有其本，是出于《杂阿含经》的别生经。又有将阙本误作见存的，如《虚空藏菩萨所问经》八卷，《大周录》卷二谓"西秦乞伏国仁世沙门圣坚于河南译"（见第384页上），不知圣坚所译已阙，所见之经实为《大集经》中"虚空藏菩萨品"的别抄（据《开元释教录》卷十七）。尤为欠缺的是，索之十五卷的《大周录》竟无一部汉地佛教撰述见录其中。

第四门　唐开元间众经目录

第一品　唐智升《续大唐内典录》一卷

《续大唐内典录》,简称《续内典录》,一卷。唐开元十八年（730）,京兆西崇福寺沙门智升撰。载于《丽藏》"吹"函、《宋藏》"瑟"函、《金藏》"吹"函、《元藏》"瑟"函、《明南藏》"岳"函、《明北藏》"富"函、《清藏》"微"函、《频伽藏》"结"帙,收入《大正藏》第五十五卷。

关于本书的作者,从《开元释教录》卷十和《宋高僧传》卷五《智升传》的著录来看,当是智升。因此,宋藏本题为"唐释智升撰";但从《续大唐内典录序》下的小注"麟德元年于西明寺起首,移总持寺释氏撰毕"来看,似乎又是道宣所撰,故丽、元、明、清藏及《大正藏》又题为"释道宣撰"。究其原因,主要是今存的《续内典录》已不是智升的原作,而是《内典录》卷一的残卷,或者说《内典录》卷一初稿的残本。

智升,俗姓与里籍均不详。"义理悬通,二乘（指大乘和小乘）俱学,然于毗尼（律）尤善其宗。此外文性愈高,博达今古。每慊聂道真、道安,至于明佺、宣律师各著大藏目录,记其翻传年代人物者,谓之晋录、汉魏等录,乃于开元十八年岁次庚午,撰《开元释教录》二十卷,最为精要。……后之圆照《贞元录》也,文体意宗,相岠不知几百数里哉。麟德中,道宣出《内典录》十卷,靖迈出《图纪》四卷,升各续一卷。经法之谱,无出升之右矣。"(《宋高僧传》卷五,《大正藏》第五十卷,第 733 页下—第 734 页上)另撰有《集诸经礼忏仪》二卷(今存)、《续集古今佛道论衡》一卷(见本书护法部)等。

《大正藏》所收的《续内典录》,书首有《续大唐内典录赞序》(或无"序"字)。说:

> 住院名僧尽宣律师执杖寻庠修行。游忆法师之意性,若物不下茂,爱识多解,学集古今,多能多才。(《大正藏》第五十五卷,第 342 页中)

其次为:(一)《续大唐内典录序》。(二)全书总目。凡十录:续代众经传译随近录、续代译经本单重人代见亡录、续代经总摄入藏录、续代众经举要诵说录、续代众经有目或有阙本录、续代道俗述作注解录、续代诸经支流陈化录、续代历出疑伪经论录、续代众经录目终始序、续代众经应感兴敬录。每一录下均有小注,属解题性质,与《内典录》十录的小注稍异。(三)《续代众经传译所从录》的序及目录。序文与《内典录》卷一《历代众经传译所从录》相同,然而目录所列的各朝传译人数、所出部卷不仅与《内典录》不同,也与智升同时所作的《开元释教录》相异,不知何据。更奇怪的是删了东晋、后秦、北凉录,新增前凉、南凉录。(四)正文。

《续内典录》的正文,叙列后汉译经。所列的译人、部卷与《内典录》同,所叙迦叶摩腾一部一卷,竺法兰四部一十三卷有经名,并有译人小传,系抄自《内典录》卷一。自此以下则杂乱。依目,安世高出经有一百七十六部,但只叙列了一百六十三部之名,然后说:"右出别录,与世高译小异"(第 346 页上),不称以上是安世高所出经,也无安世高小传。支曜有十一部,只列五部。所叙康巨一部一卷,与《内典录》同。康巨以下便单列经名,下注出于何部经录,如"出别录"、"出杂录"、"出吴录"等,不说谁人所译。如不与《内典录》对照,无从知道译人。

《开元释教录》卷十智升在著录此书时,曾对它的内容作过以下的记载:"历代众经传译所从录(从麟德元年甲子,至开元十八年庚午,前录未载,今故续之——原注)。"(《大正藏》第五十五卷,第578页中)也就是说,《续内典录》并不是通续《内典录》所列的十录的,它只是续十录之中的《历代众经传译所从录》一录的,收载的人物大体上相当于《开元释教录》卷八、卷九唐代录所载的三十七人,减去《内典录》已载的七人,剩下的这三十人。两下对照,今本《续内典录》决非智升原作,明矣。

第二品　唐智升《续古今译经图纪》一卷

《续古今译经图纪》,简称《续译经图纪》、《续图纪》,一卷。唐开元十八年(730),智升撰。载于《丽藏》"吹"函、《宋藏》"瑟"函、《金藏》"吹"函、《元藏》"瑟"函、《明南藏》"岳"函、《明北藏》"轻"函、《频伽藏》"结"帙,收入《大正藏》第五十五卷。

《续图纪》书首有智升《序》。说:

> 自兹(指《译经图纪》)厥后,传译相仍,诸有藻绘,无斯纪述。升(智升)虽不敏,敢辄赞扬,虽线麻之有殊,冀相续而无绝。(《大正藏》第五十五卷,第367页下—第368页上)

《续图纪》是《译经图纪》的赓续之作,体例一如前书。由短序及《大唐传译之余》两部分构成。《图纪》在唐代译僧中只录了波罗颇迦罗(光智)和玄奘两人。《续图纪》续记了智通、伽梵达摩(尊法)、阿地瞿多(无极高)、那提(福生)、若那跋陀罗(智贤)、地婆诃罗(日照)、杜行颛、佛陀多罗(觉救)、佛陀波利(觉护)、提云般若(天智)、慧智、实叉难陀(觉喜)、婆罗门李无谄、弥陀山(寂友)、阿你真那(宝思惟)、义净、菩提流支(法希)、般剌蜜帝(极量)、智严、戍婆揭罗诃(善无畏)、跋曰罗菩唐(金刚智)等二十一人。

靖迈的《译经图纪》基本上是根据《房录》编撰的,而智升的《续图纪》则全是作者自己新撰的。文中所述的译人的身世行历、翻译经过、译典以及其他事项也较为确实,为研究译经史的重要资料。如:

  沙门阿地瞿多,唐言无极高,中印度人。学穷满字,行洁圆珠。精练五明,妙通三藏。以天皇永徽三年壬子正月,广将梵本来届长安,敕令慈恩寺安置。沙门大乘琮等一十六人,英公、鄂公等一十二人,请高于慧日寺浮图院建陀罗尼普集会坛,缘坛所须,并皆供办。法成之日,屡降灵异,京中道俗咸叹希逢。沙门玄楷等遂固请翻其法本,后以四年癸丑至五年甲寅,于慧日寺从《金刚大道场》中撮要抄译,集成一部,名《陀罗尼集经》一十二卷。沙门玄楷等笔受。于时有中印度大菩提寺僧阿难律木叉师、迦叶师等,于经行寺译《功德天法》,编在《集经》第十卷内,故不别存也。(第368页上、中)

  清信士杜行颛,京兆人。仪凤中,任鸿胪寺典客署令,颛明天竺语,兼有文藻,诸有翻传,妙参其选。于时有罽宾国僧佛陀波利,赍梵经一夹,诣阙奉献。天皇有诏,令颛翻出,名《佛顶尊胜陀罗尼经》一卷。宁远将军度婆("婆"或是"语"之误),及中印度三藏法师地婆诃罗证译。是时,仪凤四年正月五日也。此杜译者,有庙讳、国讳皆隐而避之,即"世尊"为"圣尊","世界"为"生界","大势"为"大趣",

"救治"为"救除"。译讫奉进,皇上读讫,顾谓颙曰:既是圣言,不须避讳。杜时奉诏以正属有,故而寝焉。后日照三藏奉诏详译,名《佛陀最胜陀罗尼》也。(第368页下—第369页上)

《续图纪》的基本内容,与《开元释教录》卷八唐代录所载大致相同(波罗颇迦罗、玄奘除外),但文字比较简约。关于两书的轻重问题,智升在《续图纪》书末的小注中说:"前纪(指《译经图纪》)所载,依旧录编,中间乖舛,未曾删补。若欲题壁,请依《开元释教录》,除此方撰集外,余为实录矣。"(第372页下)由此可见,智升并不是出于推尊《译经图纪》才续作此书的,只是希望佛经翻译的源流不至于断绝,翻译家的事迹能够久传而已。两书相比,他的真正的得意之作是《开元释教录》。

另据唐圆照《大唐贞元续开元释教录》卷中记载,圆照曾撰有《般若三藏续古今翻译经图纪》二卷,虽书名与智升《续图纪》相仿,但仅记当时从事译经的北天竺沙门般若一人。

第三品　唐智升《开元释教录》二十卷
附:唐智升《开元释教录略出》四卷

《开元释教录》,简称《开元录》,二十卷。唐开元十八年(730),智升撰。载于《丽藏》"笙"至"阶"函、《宋藏》"笙"至"升"函、《金藏》"笙"至"阶"函、《元藏》"笙"至"升"函、《明南藏》"宗"至"禅"函、《明北藏》"车"至"肥"函、《清藏》"感"至"丁"函、《频伽藏》"结"帙,收入《大正藏》第五十五卷。

《开元录》书首有智升《序》。说:

夫目录之兴也,盖所以别真伪,明是非,记人代之古今,标卷部之多少,摭拾遗漏,删夷骈赘,欲使正教纶理,金言有绪,提纲举要,历然可观也。但以法门幽邃,化网恢弘,前后翻传,年移代谢,屡经散灭,卷轴参差。复有异人时增伪妄,致令混杂,难究踪由。是以先德儒贤制斯条录,今其存者殆六、七家。然犹未极根源,尚多疏阙。升以庸浅,久事披寻,参练异同,指陈臧否,成兹部帙。(《大正藏》第五十五卷,第477页上)

《开元录》记载了自后汉明帝永平十年(67),至唐玄宗开元十八年(730),凡十九代六百六十四年间的佛教译述。"传译缁素总一百七十六人,所出大小二乘三藏圣教,及贤圣集传并及失译,总二千二百七十八部,都合七千四十六卷。其见行、阙本,并该前数。"(同上)

一、总括群经录(卷一至卷十)。以朝代为序,记叙自汉至唐各代翻译和撰作的佛典。卷一,后汉(附失译)、曹魏。卷二,孙吴(附魏吴失译)、西晋(附失译)。卷三,东晋(附失译)、苻秦(即前秦)。卷四,姚秦(即后秦)、乞伏秦(即西秦,附三秦失译)、前凉、北凉(附失译)。卷五,刘宋(附失译)。卷六,萧齐、梁(附失译)、元魏(即北魏)、高齐(即北齐)。卷七,周(即北周)、陈、隋。卷八、卷九,唐。卷十,叙列古今诸家目录,收历代佛教经录四十一家。

二、别分乘藏录(卷十一至卷十八)。包括七录:

(一)有译有本录(卷十一至卷十三)。收载经录上有著录或经本上署题译人("有译"),并有传本行世("有本")的佛典。下分菩萨(指大乘)三藏录(卷十一、卷十二)、声闻(指小乘)三藏录(卷十三)、圣贤传记录(卷十三)三项。

菩萨三藏录下分:(1)菩萨契经藏。包括大乘经重单合译[案:"重单合译",又称"单重合译",是智升创造的一个术语,相当于一般经录上说的"重译"、"重翻"、"同本异译"。智升说:"寻诸旧录,皆以单译为先,今此录中以重译者居首。所以然者,重译诸经文义备足,名相指定,所以标初也。又旧录中直名'重译',今改名'重单合译'者,以《大般若经》九会单本,七会重译。《大宝积经》二十会单本,二十九会重译。直云'重译',摄义不周,余经例然。故名'重单合译'也。"(卷十一,第582页中)和大乘经单译。其中大乘经重单合译又分:《般若经》新旧译、《宝积经》新旧译、《大集经》新旧译、《华严经》新旧译、《涅槃经》新旧译、五大部外诸重译经六目。(2)菩萨调伏(律)藏。(3)菩萨对法(论)藏。下分大乘释经论、大乘集义论二目。

声闻三藏录下分:(1)声闻契经藏。包括小乘经重单合译和小乘经单译。其中,小乘经重单合译又分:根本《四阿含经》、《长阿含经》中别译经、《中阿含》中别译经、《增一阿含经》中别译经、《杂阿含》中别译经、《四阿含》外诸重译经六目。(2)声闻调伏藏。下分正调伏藏、调伏藏眷属二目。(3)声闻对法藏。下分有部根本身足论、有部及余支派论二目。

圣贤传记录下分:(1)梵本翻译集传。(2)此方撰述集传。

(二)有译无本录(卷十四、卷十五)。收载经录上有著录("有译"),但无传本行世("无本")的佛典。下分大乘经、大乘律、大乘论、小乘经、小乘律、小乘论、贤圣集传阙本七项。其中,大乘经阙本包括重译阙本和单译阙本。重译阙本又分般若部、宝积部、大集部、华严部、涅槃部、诸重译经阙本六目;大乘论阙本包括释经论阙本和集义论阙本;小乘经阙本包括重译阙本和单译阙本。重译阙本又分根本四阿含、长阿含部、中阿含部、增一阿含部、杂阿含部、诸重译经阙本六目。

(三)支派别行录(卷十六)。收载从大部中抄出别行的"别生经"。下分大乘别生经、大乘律别生、大乘论别生、小乘别生经、小乘律别生、贤圣集传别生六项。其中,大乘别生经又分般若部、宝积部、大集部、华严部、诸大乘经别生五目;小乘别生经又分长阿含部、中阿含部、增一阿含部、杂阿含部、诸小乘经别生五目。

(四)删略繁重录(卷十七)。收载"同本异名,或广中略出",不应作为汉译佛经正本的经典。下分:新括出别生经、新括出名异文同经、新括出重上录经、新括出合入大部经四项,凡一百四十七部四百八卷。

(五)补阙拾遗录(卷十七)。收录"旧录阙题,新翻未载"的佛典。其中有《大周录》入藏录中遗载的"旧译"一百六十四部二百五卷;《大周录》以后的"新译"九十六部五百二十八卷;小乘律戒羯磨(唐怀素《四分比丘戒本》等)六部一十卷;此方所撰集传(梁僧祐《释迦谱》等)四十部三百六十八卷。

(六)疑惑再详录(卷十八)。收载有疑问的佛典。有《大周录》、《房录》、《内典录》误定为正经的疑经,和以往经录未曾著录、智升考析后新编入的疑经。

(七)伪妄乱真录(卷十八)。收载托名伪造的佛典。下分:《开元释教录》新编伪经;苻秦《释道安录》中伪经;梁《释僧祐录》中伪经;萧齐释道备伪撰经;萧齐僧法尼诵出经;元魏孙敬德梦授经;梁沙门妙光伪造经;隋开皇《众经录》中伪经;隋仁寿《众经录》中伪经;《大唐内典录》中伪经;《大周刊定录》中伪经;隋沙门信行《三阶集录》;诸抄经增减圣说十三项。

三、入藏录(卷十九、卷二十)。收载经甄别以后,确认真实无伪,可以作为诵持、抄写、收藏的正本的佛典。下分大乘入藏录(卷十九)和小乘入藏录(卷二十)二项。前者又分大乘经、大乘律、大乘论三目;后者又分小乘经、小乘律、小乘论、贤圣集传四目。"总一千七十六部,合五千四十八卷,成四百八十帙。"

（卷十九，第680页中）此录收载的经名、卷数与先前的《有译有本录》相同。丽藏本略去了译撰者及有关的说明，增列了每经的纸数；而宋、元、明藏本则在经名、卷数、纸数之外，保留了译撰者的姓名。根据作者在卷十收载的全书总目中《大乘入藏录》和《小乘入藏录》下加的小注："此直述经名及标纸数，余如广录。"（第581页下）可见原本应当是省略译撰者的。另外，丽藏本在《小乘入藏录》叙列完毕以后，附出以往经录误编入藏的一百一十八部二百四十七卷经，始《密迹金刚力士经》，终《高王观世音经》，作为不入藏经，此件为后来的《贞元录》所移录，可证为智升原撰；又附出唐不空新译的经论及念诵仪轨法等一百三卷八帙，作为补遗，此件据录末的附语，当系兴元元年（784）八月一日正觉寺抄入。上述二件，宋、元、明藏本均无。

《开元录》是历代佛经目录中编得最好的一部书。它在佛教目录学上的成就，受到了自古以来国内外佛教学者的高度评价。高丽义天在《新编诸宗教藏总录序》中说：

> 自聂道真、道安，至于明佺、宣律师，各著目录，谓之晋录、魏录等。然于同本异出、旧目新名，多惑异途，真伪相乱，或一经为两本，或支品为别翻，四十余家纷然久矣。开元中，始有大法师厥号智升，刊落讹谬，删简重复，总成一书，曰《开元释教录》，凡二十卷，最为精要。议者以为经法之谱，无出升之右矣，住持遗教莫大焉。（《大正藏》第五十五卷，第1165页下）

《开元录》的主要特点是：考证详悉，类例明审。具体表现在：

一、在《总括群经录》中，对每个译人的译籍均有一番仔细的考订。凡厘定为可靠的，算在翻译正数之内。先列"见存"，次列"阙本"，每经之下附注异名、异卷、译次、原委、译时、最初见载于哪一部经录等,编列在译人小传之前;凡厘定为以往经录误刊的,如别生抄经、一部经典数名重载、非其人所出、可疑或确伪一类,皆不作翻译正数,剔出,别列于译人小传之后。两件区别,泾渭分明。

如卷一后汉录收载的安清(安世高)译本中,保留了《大乘方等要慧经》等九十五部一百一十五卷,以作翻译的正数,删除了《八光经》等八十五部八十五卷;卷二孙吴录收载的支谦译本中,保留了《大明度无极经》等八十八部一百一十八卷,删除了《大慈无减经》等三十八部三十八卷;卷二西晋录收载的法炬译本中,保留了《优填王经》等四十部五十卷,删除了《魔女闻佛说法得男身经》等八十九经;卷三东晋录收载的竺昙无兰译本中,保留了《采莲违王经》等六十一部六十三卷,删除了《诸天问如来警戒不可思议经》等四十八经;卷四姚秦录收载的鸠摩罗什译本中,保留了《摩诃般若波罗蜜经》(《大品般若经》)等七十四部三百八十四卷,删除了《禅法要》等三十五部一百三十六卷,等等。

二、在《叙列古今诸家目录》和《删略繁重录》中,对以往各家经录的疏误,一一加以指陈评骘,清理匡正。如《删略繁重录》中说,《一切施王所行檀波罗蜜经》一卷,"出《六度集经·施度无极》中,诸录皆云,姚秦三藏鸠摩罗什译者,谬也"(第662页中);《药师琉璃光经》一卷,"是《大灌顶经》第十二卷,或有经本在第十一。《长房》等录皆云,宋代鹿野寺沙门慧简译音,谬也"(同上);《独富长者经》一卷,"出《杂阿含经》第四十六卷,《长房录》云,后汉安世高译者,谬也"(第663页上);《菩萨地持经》十卷,"亦名《菩萨地持论》。今此录中编之为律,存其经名,除其论录。《周录》(指《大周录》)中云,《菩萨地持经》阙本者,误也。又《周录》中,此一本经既有多名,前后差互,凡六处重上,错之甚也(大乘经中一处上,大乘律中二处上,大乘论中一处上,阙本录中二处上——原注)"(第664页下—第665页上)。

三、在《疑惑再详录》和《伪妄乱真录》中,对所集的疑伪经,加以甄别品析,提出了其书之所以为伪的论据。如《清净法行经》,"记说孔、老、颜回事"(第671页下);《五百梵志经》,"云人身从五谷生"(同上);十六卷本的《佛名经》,"乃取留支所译十二卷者错综而成。于中取诸经名目,取后辟支佛及菩萨名,诸经阿罗汉名,以为三宝次第,总有三十二件"(第672页上);《要行舍身经》,"经初题云,三藏法师玄奘译,按法师所译无有此经"(第672页中);《瑜伽法镜经》,"即旧伪中《像法决疑经》前文增加二品,共成一经"(第672页下);《父母恩重经》,"引丁兰、董黯、郭巨等,故知人造"(第673页上);《嫉妒新妇经》,"缘妻嫉妒,伪造此经以诳之,于中说嫉妒之人受报极重"(同上)。

四、在《有译有本录》中,对流传的经本裒集校理,科条明伦,立意出新。首先,它对《房录》、《内典录》更为简要明白地概括了大乘经典("菩萨藏")与小乘经典("声闻藏")的基本特征:

> 菩萨藏者,大乘所诠之教也。能说教主,则法身常在,无减无生;所诠之理,则方广真如,忘名离相。总乃三藏差异,别则一十二科。始乎发心,终于十地。三明八解之说,六度四摄之文,若是科条,名为此藏。(卷十一,第582页上)

> 声闻藏者,小乘所诠之教也。能说教主,则示生示灭,应物随缘;所诠之教,则九部四含,毗昙戒律。善男善女,禀之而脱屣尘劳;缘觉声闻,奉之而升乎彼岸。盖真乘之

小驾,乃菩提之化城,诱进初心,莫斯为胜。始乎仙苑,迄彼金河,所诠半字之文,是谓声闻之藏。(卷十三,第610页中)

其次,它对三藏下的科目,进行了独到而又恰当的分类。

(一)第一次明确地以部类为次第,编载大乘经和小乘经。将大乘经区分为般若、宝积、大集、华严、涅槃五大部和五大部外诸经。将小乘经区分为长阿含、中阿含、增一阿含、杂阿含四大部和四大部外诸经(又称"四阿含外诸经"),这种分类也运用于《有译无本》、《支派别行》、《入藏》等录。虽然在《开元录》之前,经录家在将别生经归入大部时,已接触到这种分类,但不完整不系统,也没有采用这样的标题。经过《开元录》这番整理,纷繁复杂的大小乘经,各有统归,井然有序了。

(二)辨释了大乘律("菩萨调伏藏")与小乘律("声闻调伏藏")的主要区别,并采取以本摄末的原则,编定小乘律的次第。智升说:

夫戒者,防患之总名也。菩萨净戒,唯禁于心。声闻律仪,则防身语,故有托缘兴过,聚徒诃结。菩萨大人都无此事。佛直为说,令使遵行,既无犯制之由,故阙诃结之事。(卷十二,第605页下)

基于这种理解,《开元录》将群录中编入小乘律的刘宋求那跋摩译的《优婆塞五戒威仪经》,移编到大乘律之中,因为此经"初是菩萨戒本,后是受菩萨戒文及舍忏等法"(卷十二,第606页中)。

又认为,"调伏藏者,经云,胜故,秘故,佛独制故。如契经中,诸弟子说法,或诸天说。律则不尔,一切佛说。"(卷十三,第618页中)也就是说,作为"经",它可以出于佛陀之口,也可以出于佛弟子或诸天之口,但作为"律",则应当全是出于佛陀之口,由佛独制的。因而,智升又将小乘律藏分为"正调伏藏"(正律)和"调伏藏眷属"(律论)两类。前者虽传授不一,但为佛所独制,后者"并是分部(指产生部派)已后,诸贤等依宗赞述,非佛金口所宣,又非千圣结集"(同上)。这样就把《摩诃僧祇律》、《十诵律》、《五分律》、《四分律》等律典大部和其他戒本、羯磨,编为《正调伏藏》,而将自古以来一直当作正律的《毗尼摩得勒伽》、《善见律毗婆沙》等编为《调伏藏眷属》。

(三)就体性分判大乘论为两类:"一者解释契经,二者诠法体相。"(卷十二,第606页下—第607页上)前者名"释经论",有《大智度论》、《十地经论》、《金刚般若论》等;后者名"集义论",有《瑜伽师地论》、《中论》、《百论》、《十二门论》、《菩提资粮论》等。又以本末为序,将小乘论(主要是说一切有部,略称"有部"的论著)编成如下次第:初,有部论藏的根本《身论》,即《阿毗昙八犍度论》(异译名《阿毗达磨发智论》);次,"各辩一支"即各述一个方面的《六足论》中的五论,即《法蕴足论》、《集异门足论》、《识身足论》、《品类足论》、《界身足论》(另有《施设足论》尚未译出);再次,《阿毗达磨大毗婆沙论》和其他支派论,如《成实论》、《解脱道论》、《部执异论》等。

(四)《贤圣集传》列五项为选取标准:"一赞扬佛德,二明法真理,三述僧行轨,四摧邪护法,五外宗异轨。"(卷十三,第621页下)属第一项的有《佛所行赞》、《释迦谱》等;属第二项的有《修行道地经》、《经律异相》等;属于第三项的有《马鸣菩萨传》、《龙树菩萨传》、《法显传》等;属于第四项的有《弘明集》、《辩正论》等;属于第五项的有印度数论派的《金七十论》和胜论派的《胜宗十句义论》。

《开元录》的上述分类法则,成为后世经录和《大藏经》相沿的规式。

五、在《总括群经录》中，根据《出须赖经后记》和《首楞严经后记》，勘得优婆塞支施仑译的四部六卷，新增了前凉录。又补收了《内典录》遗漏未载的一些译人，如西晋录中的若罗严，北凉录中的法盛，刘宋录中的僧伽跋摩，北魏录中的慧觉、毗目智仙。另外，在《补阙拾遗录》中，还搜集了以往经录未载的"旧译"，如后汉安世高译的《自誓三昧经》、北魏菩提留支译的《法华经论》、唐玄奘译的《唯识三十论》；"新译"，如唐菩提流志译的《六字神咒经》、义净译的《数珠功德经》、智严译的《大乘修行菩萨行门诸门要集》等；撰述，如未详作者的《陀罗尼杂集》、智升的《集诸经礼忏仪》、义净的《受用三水要法》等。这样，《开元录》既综合校订了以往经录的内容，又补阙拾遗，从而成为唐开元以前各家经录的集大成者。

《开元录》的不足之处有：

（一）凡不属于护法弘教、经录等性质的汉地佛教撰述，在《总括群经录》中大多不录。如果僧人有译有著的，只录译的，不录著的，或只在注解和僧人小传中附带提及；如果僧人只有著述并无译籍的，这就连人名带著作全部从经录上抹去。与《内典录》相比，西晋、东晋、苻秦、姚秦、北凉、刘宋、萧齐、梁、北魏、北周、隋等十一录中共有七十五人的著述被删除，其中支敏度在西晋录和东晋录中均被删去了（以上据笔者统计）。这样一来，许多在历史上有影响的佛教代表人物及其著述在经录中消失了。以致于后来的汉文《大藏经》也依仿着只注意收集译典，不重视收集著述，迄至今日也无法编撰出一部《中国佛教撰述存佚总目》来，这不能不说是《开元录》造成的不良后果。

（二）对经本的考订仍不彻底，如仍认为《朱士行汉录》为较早的经录，并依据它判断一些失译经为某人所译。

（三）既称《有译有本录》，顾名思义，应当只收有译者可考、有译本传世的经典。但此录却包括"失译"，与《入藏录》没有两样。

（四）《补阙拾遗录》中的"小乘戒羯磨"六部，收的是唐怀素的《四分比丘戒本》、《四分比丘尼戒本》、《四分僧羯磨》、《四分尼羯磨》、唐道宣的《四分律删补随机羯磨》、唐爱同的《五分羯磨》，它们都是唐代僧人的撰作，照理应编入《此方所撰集传》中，与《释迦谱》等合在一起，而智升另立一项，有失统属；而且既属于补阙编入，却又将它们排除在《入藏录》之外，两者于理不通。

（五）代录的前序太简单，只说几帝几年，传译缁素几人，所出经并失译多少，不说该朝的大致情形和佛教大事（如《房录》、《内典录》那样），这就不易使人了解各代佛教的概貌。

唐智升《开元释教录略出》四卷

《开元释教录略出》，四卷。唐智升撰。载于《宋藏》"英"函、《元藏》"英"函、《明南藏》"禅"函、《明北藏》"轻"函、《清藏》"俊"函、《频伽藏》"结"帙，收入《大正藏》第五十五卷。

《略出》是《开元录》的入藏录，所收的经本和编次大致相同。《略出》卷一、卷二相当于《开元录》的卷十九，为大乘入藏录，始唐玄奘译的《大般若波罗蜜多经》六百卷，终北魏菩提留支译的《破外道小乘涅槃论》一卷，千字文帙号从"天"字至"临"字；《略出》卷三、卷四相当于《开元录》的卷二十，为小乘入藏录，始姚秦佛陀耶舍共竺法念译的《长阿含经》二十二卷，终唐义净译的《护命放生轨仪》一卷，千字文帙号从"深"字至"群"字；末附《不入藏经》。《略出》与《开元录》的入藏录也有一些歧异，主要表现在：

（一）《略出》卷一在叙说大乘经时，标明："般若部（总二十二部）"、"宝积部（总八十二部）"、"大集部（总二十四部一百四十二卷）"、"华严部（总二十六部一百八十七卷）"、"涅槃部（总六部五十八卷）"、"五大部外诸重译经（二百七十三部五百八十八卷）"，而《开元录》卷十一《有译有本录》中的《菩萨契经藏》和卷十四《有译无本录》中的《大乘经阙本》有五大部之名，卷十九的《大乘入藏录》虽然实质上是按五大部的顺序排列的，但并无"般若部"等五大部的标题。

（二）《略出》卷一《般若部》新收隋大业中达摩笈多译的《金刚能断般若波罗蜜经》一卷，卷二《五大部外诸重译经》（续）新收曹魏白延译的《须赖经》一卷，卷三《声闻调伏藏》新收东晋卑摩罗叉译的《（十诵律）后毗尼序》三卷，卷四《声闻对法藏》新收"其论未译"的《施设足论》一万八千颂。因此，《略出》实际所收的部卷与《开元录》入藏录并非完全一致。

（三）《略出》在每一部经典的名称卷数下有译撰者姓名，而《开元录》由于在《有译有本录》中已有译撰者的著录和有关事项的考证，故在入藏录中一般不注译撰者，只书经名、卷数（包括异名、异卷）、纸数。

（四）《略出》每一帙都用千字文中的一字标号，以便翻检，而《开元录》入藏录则没有。

（五）《略出》所记的一经的卷数和纸数，尤其是纸数，往往与《开元录》不同。如姚秦鸠摩罗什译的《摩诃般若波罗蜜经》，《略出》卷一作"三十卷"、"计四百八十三纸"，而《开元录》卷十九作"四十卷"、"六百二十三纸"；东晋佛陀跋陀罗译的《大方广佛华严经》，《略出》卷一作"五十卷"、"一千一百纸"，而《开元录》卷十九作"六十卷"、"一千七十九纸"；唐义净译的《根本萨婆多部律摄》，《略出》卷四作"十四卷"、"二百七十五纸"，而

《开元录》卷二十作"二十卷"、"二百七十七纸"。由此看来，《略出》所依据的藏本与《开元录》入藏录所依据的智升所在的西崇福寺的藏本并不是一回事。

（六）《略出》和丽藏本《开元录》在全书之末均附有《不入藏经》，其第一部为《密迹金刚力士经》七卷，最后一部是《高王观世音经》一卷。但《略出》在《密迹金刚力士经》之前，新增了未详作者的《汉法本内传》五卷和唐彦悰的《沙门法琳别传》三卷，并说："右二部传，明敕禁断，不许流行，故不编载，然代代传写之。"（第746页中）而丽藏本《开元录》则没有这二部。

《略出》是后世抄写或雕刻佛经的司南，北宋以后的《大藏经》大多是以它为目录，按图索骥，进行雕造的。

第四品　唐玄逸《大唐开元释教广品历章》三十卷

《大唐开元释教广品历章》，简称《释教广品历章》、《广品历章》，原书三十卷，今存十五卷（卷三至卷十、卷十二至卷十五、卷十七、卷十九、卷三十），佚十五卷。唐京兆华严寺沙门玄逸撰。撰时未载。据此书撰于智升的《开元释教录》之后，作者又是唐玄宗时人推测，大约撰于开元十九年（731）至二十九年（741）之间。载于《金藏》"振"至"世"函，收入台湾新文丰出版公司影印的《宋藏遗珍》第六册。

玄逸，俗姓窦，唐玄宗的族亲（"从外父"）。昆友姪弟以皇亲之故，多升朝列，靡丽自恃，官荣相抗，而他悟空拔俗，形厕缁伍。有感于"去圣日远，编简倒错，或止存夏五，或滥在鲁鱼。加以笔札偷行，校雠丧句"，"遂据古今所撰目录，及勘诸经，披文已浩于几案，积卷乃溢于堂宇。字舛者，详义而伦之；品差者，顗理而纲之。星霜累迁,功业克著。非夫心断金石,志坚冰蘖者,曷登此哉!既综结其科目,谅条而不紊也。都为三十卷,号《释教广品历章》焉,考其大小乘经律论,并东西贤圣集,共一千八十部,以蒲州、共(《广品历章》作"供")城二邑纸书,校知多少,缚定品次,俾后世无闷焉。其章颇成伦要,备预不虞,古之善制。有乐陵尹灵琛为序。逸后不知所终。"(《宋高僧传》卷五《玄逸传》,《大正藏》第五十卷,第734页中)

从元庆吉祥等编的《至元法宝勘同总录》卷十收有《广品历章》来看,《广品历章》在元代尚见全本,散佚则是其后的事情。它是一部根据《开元录》的入藏录编排,主要是用来叙列《开元录》入藏录收载的各部经典的子目卷次的著作。原书共收大小乘经律论及东西土贤圣集传一千八十部,比《开元录》多收四部。由于今本残缺不全,故究竟新增了哪四部,尚不清楚。

《广品历章》的叙录方式是:

一、每卷之首先列收典目录。用大字书写经名和卷数,用小字附注异名、不同的分卷、纸数。其中纸数一项,一般兼记蒲州和供城两种写本的不同用纸数,有时只记蒲州写本的纸数,或直书纸数,不说其他。如卷四收大乘经重单合译(即"同本异译")二十四部,第一部是《放光般若波罗蜜经》三十卷,下注:"亦云《摩诃般若放光》,或二十卷。蒲州四百六十六纸。亦云《放光摩诃般若经》,三帙。供城五百四十六纸。"(《宋藏遗珍》第六册,第3536页上)卷十三收大乘经单译三十六部,其中有《华手经》十卷,下注:"一名《摄诸善根经》,亦名《摄诸福德经》,或十一卷,或十二卷,或十卷。蒲州二百二十九纸。"(第3676页上)

二、接着叙列每一部经典的名目。这中间,先列此经的名称、卷数,附注异名、异卷、纸数、第几译等;次列此经的子目。如姚秦鸠摩罗什译的《维摩诘所说经》(一名《不可思议解脱经》，简称《维摩经》)三卷，下列佛国品、方便品、弟子品、菩萨品、文殊师利问疾品、不思议品、观众生品、佛道品、入不二法门品、香积佛品、菩萨行品、见阿閦佛品、法供养品、嘱累品十四品(见卷八)。姚秦竺佛念译的《菩萨璎珞本业经》(简称《璎珞本业经》)二卷，下列集众品、贤圣名字品、贤圣学观品、释议品、佛母品、因果品、大众受学品、集散品八品(见卷十五)。由于各部佛典的构成差异很大，一般来说，单卷本大多没有子目，多卷本也有一些没有子目的。前者，《广品历章》则在子目一项里重列经名，后者则载录它的卷次，如"卷第一"、"卷第二"、"卷第三"等。最后是有关译人、译时、见录于哪一部经录以及编帙情况的简短说明。例如：

《佛说郁伽罗越问菩萨经》一卷(西晋竺法护译——原注)。上士品第一，戒品第二，医品第三，秽居品第四，施品第五，礼塔品第六，止足品第七，闲居品第八。

右西晋月氏沙门竺法护译，见释道安、支敏(度)录。清信士聂承远等笔受。(卷五，第3569页下)

《宝如来三昧经》一部二卷(一云《无极宝三昧经》，或一卷，第二译，四十三纸——原注)。《宝如来三昧经》卷上，《宝如来三昧经》卷下。

右东晋西域沙门祇多蜜译，见《费长房录》。(卷九，第3631页下)

《佛垂般涅槃略说教诫经》(一名《遗教经》，亦云《佛临般》，有释论一卷，或无"垂"字，七纸——原注)。《佛临般涅槃略说教诫经》一卷。

右后秦三藏罗什于常(长)安译，见《僧祐录》。僧睿、僧肇、道恒等笔受。上三经(指此经和另外二部经)同卷。

（卷十四，第 3705 页下）

《广品历章》的这种著录方式在历代经录中堪称独特。因为无论在它以前，还是在它以后，大凡经录一般都是对经典的名称、卷数、译撰者等作总的记叙，而不及子目的。而《广品历章》既有对经典的总的介绍，又有对其层次结构的细的胪叙。这不仅能使读者全面地了知一部经典的章节目录，而且能由此了悉它的梗概纲目，其作用与提要、解题相仿。北宋以后的佛教解题类著作，如惟白《大藏经纲目指要录》等有时以子目作内容要点，其中或许有《广品历章》的一些影响。

《广品历章》的不足之处有：往往在子目的初首，重复地冠以经典的全称。如唐玄奘译的《解深密经》五卷，下分序品、胜义谛相品、心意识相品、一切法相品、无自性相品、分别瑜伽品、地波罗蜜多品、如来成所作事品八品（见卷九）。玄逸在八品的开头均重复地冠以经名，变成"《解深密经》序品第一"、"《解深密经》胜义谛相品第二"、"《解深密经》心意识相品第三"等等。这样一来，尤其是那些经名较长的子目，文字拉得很长，读时既费时间，又无多大的实际意义。另外，对于没有子目的单卷本，采用重复记载经名的方式表述，也不妥当。

第五门　唐贞元间众经目录

第一品　唐圆照《大唐贞元续开元释教录》三卷

《大唐贞元续开元释教录》，简称《续开元释教录》、《续开元录》，分上、中、下三卷。唐西明寺沙门圆照集。上、中卷成于贞元十年(794)十二月，下卷成于次年(795)四月(据卷中、卷下之末附的上表)。载于《丽藏》"惠"函、《金藏》"世"函、《频伽藏》"结"帙，收入《大正藏》第五十五卷。

圆照，俗姓张，京兆蓝田(今陕西蓝田县)人。十岁，依西明寺景云律师出家。寻究经论，访问师承，于《维摩》、《法华》、《因明》、《唯识》、《中观》、《华严》新经，或深入堂奥，或略从染指。旁求儒墨，兼擅《风》、《骚》。开元年中，应选参与译经。代宗大历十三年(778)，奉诏与天长寺昙邃、净住寺崇睿、荐福寺如净、青龙寺惟干、保寿寺慧彻等共撰《佥定四分律疏》十卷，以调息师承唐相州日光寺法砺制《四分律疏》十卷的"旧疏"派学者，与师承西太原寺怀素制《开四分律宗记》十卷的"新疏"派学者之间的纷争。著作尚有：《高宗置京师西明寺制令集》、《景云、先天、开元、天宝诰制集》、《肃宗制旨碑表集》、《代宗制旨碑表集》、《赠司空大辩正广智不空三藏碑表集》、《大唐再修隋故传法高僧信行禅师塔碑表集》、《翻经临坛大德西明、安国两寺上座乘如集》、《般若三藏续古今翻译经图纪》、《大乘理趣六波罗蜜多经音义》、《三教法王存殁年代本纪》(上卷佛,中卷道,下卷儒)、《翻经大德翰林待诏光宅寺沙门利言集》、《翻经大德西明寺上座赐紫沙门良秀集》、《释氏五部律翻译年代传授人记》、《唐朝传法三学大德碑记集》、《建中、兴元、贞元制旨释门表奏集》等二十二部六十四卷(笔者统计,见《续开元录》卷中),均佚。北宋赞宁《宋高僧传》卷十五有传。

《续开元录》卷中、卷下之末附有圆照的二次上表,其中第二次上表说:

> 开元十八年岁在庚午,西崇福寺沙门智升修《开元释教录》二十卷,洎去年甲戌(指贞元十年),又经六十五年。中间三藏翻经,藏内无凭收管,恐年代寝远,人疑伪经。先圣大历七年许编入录,制文具如上卷(指《续开元录》上卷),令宣示中外流行。又修经律论疏义已制流传。又贞元新集者,共有八十六卷,或先皇制旨,或今上湛恩,留奖劝释,励已书之,录成三卷。……伏乞宣布天下流行。(卷下,《大正藏》第五十五卷,第770页中)

《续开元录》收录自《开元录》以来,迄贞元十年(794)为止的六十五年间,"四朝(玄、肃、代、德宗)应制所翻经论及念诵法,并修疏记、碑表录集等,总三百四十二卷(并目录三百四十五卷——原注)。一百九十三卷经论及念诵法;六十四卷经律疏义;八十六卷贞元新集古今制令碑表记录(并目八十九卷——原注)"(卷上,第748页中)。

卷上,收载一百九十三卷经论及念诵法[案:这是圆照在书中的标注,笔者查检正文,实际只收一百二十部一百六十四卷]。它们是:北天竺沙门阿质达霰(意译"无能胜将")译的《大威力乌枢瑟摩明王经》等三部五卷；东天竺沙门法月译的《普遍智藏般若波罗蜜多心经》一卷；南天竺沙门金刚智译的《金刚顶经瑜伽修习毗卢遮那三摩地法》等四部四卷；不空于大历六年（771）奏进的七十七部一百一卷［案：实际编列的是七十部九十七卷，始《金刚顶瑜伽真大教王经》三卷，终《仁王念诵仪轨》一卷。另有《仁王经疏》三卷不是译籍，不在此数之内］；不空次后续译进上的《大圣文殊师殊菩萨佛刹功德庄严经》、《成就妙法莲华经王瑜伽观智仪轨》、《金刚顶胜初瑜伽经中略出大乐金刚萨埵念诵仪轨》等三十九部四十五卷，连前成十四帙；北天竺沙门般若译的《大乘理趣六波罗蜜多经》等三部十二卷。并夹载不空等的上表和代宗的诏答多件；不空事迹；般若事迹；般若等的上表与德宗的诏答多件。

卷中，前部分收载六十四卷经律疏义。它们是：良贲的《仁王护国般若波罗蜜多经疏》（疏不空译本）三卷；潜真的《大集大虚空藏菩萨所问经疏》（疏不空译本）等四部九卷；如净等《金定四分律疏》十卷；良秀的《大乘理趣六波罗蜜多经疏》十卷；超悟等撰的同经疏十卷；道岸撰的同经疏、及经疏《例诀》、《义目》等三部二十二卷。并夹载良贲、潜真事迹和有关的表状诏制。后部分收载八十六卷贞元新集古今制令碑表记录。它们是：道宣的《京师西明寺录》、《感通记》、《关中创立戒坛图经》等三部五卷；一行的《释氏系录》一卷；吕向的《故金刚智三藏行记》一卷；混伦翁的《东京大广福寺金刚三藏塔铭并序》一卷；赵克勋的《大唐安国寺大法师释利涉纪传》十卷；都昂（字高卿）的《僧宝道呗赞六十首》一卷；以及圆照的《高宗置京师西明寺制令集》等二十三部六十七卷（包括《续贞元录》一部三卷在内）。

卷下，入藏录。总括卷上、卷中收载的全部经典，并在四朝所翻经论及念诵法之末，新收《守护国界主陀罗尼经》十卷（般若、牟尼室利共译)、《本生心地观经》八卷(般若译)、《十力经》一卷(勿提提犀鱼译)、《回向轮经》一卷、《十地经》九卷(上二部尸罗达摩译)、《千臂千钵曼殊室利经》十卷(金刚智译)等六部三十九卷。全录之末附收"贞元十二年译、十四年上,不在此数(指不计入全书收录总数)"的《新译大方广佛华严经》四十卷,可能是圆照撰《贞元录》后补入的。

《续开元录》的主要特点是,在叙列经典的名称、卷数、纸数、译撰者及编帙情况之外,辑录了许多与译典、经律疏义有关的表制和疏序的原文,记叙了一些著作的撰作背景和缘由。如卷中记叙了《佥定四分律疏》的起因:

> 初,高祖神尧皇帝武德元年岁在戊寅,有相州日光寺法砺律师制疏(指《四分律疏》),至九年丙戌成就,总分十卷,宗依《成实论》,今称"旧疏"是也。洎(泊)高宗天皇大帝咸亨元年岁在庚午,有西太原寺(今称西崇福寺也——原注)怀素律师,俗姓范氏,撰《开四分律宗记》十卷,宗依根本说一切有部《大毗婆沙论》、《俱舍论》等,今称"新疏"是也。至代宗睿文孝武皇帝,受佛付嘱,钦尚释门,信重大乘,尊崇密教,见两疏传授,学者如林,执见相朋,数兴违诤,圣慈愍念,务息诤源,使水乳无乖,一味和合。洎大历十三年岁在戊午十一月二十七日,乃遣中使内给事李宪诚宣敕语……宜令临坛大德如净等,即于安国寺律院,佥定一本流行。(第760页中)

又如一行的《释氏系录》一卷,今已失传。它的内容如何,圆照也有介绍:

> 右谥大慧禅师沙门一行,开元中奉敕修撰,已编入史。总有四条:一纲维塔寺,二说法旨归,三坐禅修证,四三法服

衣。于中斋法附见。然未入一切经藏,今请编入目录。(卷中,第765页上)

其次,《续开元录》收载的密教经典占全书总数的一半以上,为唐代经录中收载密典比例最高的一部,反映了中唐以后佛经翻译由显教转向密教的势态。而密典多有异名,不大为人所知,如不空译的《大药叉女欢喜母并爱子成就法》又名《诃哩底母法》,《大日经略摄念诵随行法》又名《五支略念诵要行法》等,圆照时有标注,甚便学人。

再次,《续开元录》详细地记载了作者的著述。以译经而论,全书收不空译的为最多;以著述而论,全书收圆照本人撰的为最多。圆照擅长于汇集文献,故他的著述大多是制令碑表一类的汇编。《宋高僧传》本传的载录时有衍脱之处,如将赵克勋撰的《释利涉传》,误为圆照所集,而遗落未载圆照编的《良秀集》。这只有与《续开元录》对勘后方能知悉上述情况。其中,最可注意的是圆照撰的《大唐再修隋故传法高僧信行禅师塔碑表集》五卷。在此之前,信行的三阶教作为"异端",屡遭禁断,而圆照居然尊信行为"传法高僧",还特地为他编了这部塔碑表集,足见他对三阶教的推重,同时也透露了当时对三阶教的禁限已经松弛的信息。

《续开元录》的不足之处是杂乱,与《开元录》相比,风格殊异。作者在书中把许多表状制诏和僧人事迹机械地堆砌在一起,不知裁剪整治,使之融为一体,有失章法;将已编入《开元录》的《金刚顶瑜伽中略出念诵法》四卷(金刚智译)抽出来,放在卷上和卷下的开头,虽称"已编入《开元释教录》,不入今计数中",但毕竟是多余之物;此外,书中往往缺少对译述部卷的确切统计。如有关贞元新集古今制令碑表记录,卷上、卷中均作"八十六卷",而卷下之首和正文又作"八十八卷"(或许是排印上的错误)。又如卷下已新增了一些经本(《守护国界主陀罗尼经》等六部三十九卷),这就不是原来的"一百九十三卷",而作者没有在各卷之首对全书的收录总数作更改。

第二品　唐圆照《贞元新定释教目录》三十卷

《贞元新定释教目录》,简称《贞元录》,三十卷。唐贞元十六年(800),圆照撰。载于《丽藏》"说"至"丁"函、《频伽藏》"结"帙,收入《大正藏》第五十五卷。

《贞元录》书首有圆照《序》。说:

> 伏以庚午(指《开元录》的撰时)以来增七十祀,三藏继踵,于今四朝。圣上钦明,翻译相次,一百余部经律特明,累降鸿私,许令修述。圆照等才智短浅,思不延文,祇奉皇恩,俯仰恭命。今所译者,约以类分,随三藏文相次附入。自惟以索继组,以砾次金,疑则阙之,以俟来哲也。(《大正藏》第五十五卷,第771页上)

《贞元录》所载,上始东汉明帝永平十年(67),下至唐德宗贞元十六年(800),凡七百三十四年间的佛教译述。"中间传译缁素总一百八十七人,所出二乘三藏圣教,及贤圣集传并及失译,总二千四百四十七部(内新加一百三十九部矣——原注)[案:相对《开元录》而言,下同],合七千三百九十九卷,其见行、阙本并该前数(内新加三百四十二卷。——原注)。"(第771页中)

一、总录(卷一至卷十九)。分为二项:

(一)特承恩旨录(卷一前部分)。一是收载贞元十五年(799)九月八日敕许入藏的新译《华严经》四十卷。二是收载同年十月二十三日敕许入藏的无能胜将译的三部五卷,法月译的一部一卷,金刚智译的五部十四卷,不空译的一百一十部一百四十三卷,般若译的六部七十卷(包括新译《华严经》四十卷),尸罗达摩译的二部十卷,以上除金刚智译籍中的《千臂千钵曼殊室利经》十卷、不空译籍中的《金刚顶瑜伽他化自在天理趣会普贤修行念诵仪轨》一卷、般若译籍中的《华严经》四十卷是新收以外,其余的均见于《续开元录》卷下。三是同日敕许入藏的《大佛名经》十六卷、《法琳别传》三卷、《续开元释教录》三卷。

(二)总集群经录(卷一后部分至卷十九)。一是收载后汉永平十年至唐贞元十六年间的佛教译述。卷一、卷二,后汉、曹魏。卷三、卷四,孙吴、西晋。卷五,东晋、苻秦。卷六,姚秦、西秦、前凉、北凉。卷七、卷八,宋、齐。卷九,梁、元魏(北魏)、高齐(北齐)。卷十,周、陈、隋。卷十一至卷十七,唐。二是叙列古今诸家目录(卷十八、卷十九)。

二、别录(卷二十至卷二十八)。又称《别分乘藏录》、《乘藏差殊录》,下分七门:一、有译有本录(卷二十至卷二十三)。二、有译无本录(卷二十四、卷二十五)。三、支派别行录(卷二十六)。四、删略繁重录(卷二十七)。五、拾遗补阙录(卷二十七)。六、疑惑再详录(卷二十八)。七、伪邪乱正录(卷二十八)。每一门又以大乘三藏和小乘三藏相区别。

三、入藏录(卷二十九、卷三十)。分大乘入藏录(卷二十九)和小乘入藏录(卷三十)。"合大小乘经律论及贤圣集传,兼贞元新入藏经,总一千二百五十八部,合五千三百九十卷,五百一十帙。"(卷二十九,第1024页上)小乘入藏录之末附出《不入藏目录》,始《密迹金刚力士经》,终《高王观世音经》,与《开元录》相同。

《贞元录》的内容实际上是《开元录》的全部,与《续开元录》卷上、卷下关于新译经论及念诵法的载录相加而已。无论是总录,还是别录,《贞元录》的大部分内容均抄自《开元录》。以《总集群经录》中的代录为例，卷一至卷十四的内容，基本上抄自《开元录》卷一至卷九。有差异的主要是卷十四的后部分，如以《大佛顶如来密因修证了义诸菩萨万行首楞严经》十卷为中印度沙门般剌蜜帝所译，怀迪仅是"证译"；补充了金刚智的译籍和事迹；新添了无能胜将、法月二人的译籍和事迹等。全卷均为圆照新撰的仅是卷十五、卷十六和卷十七。卷十五、卷十六为玄宗（开元十八年以后）、肃宗、代宗三朝的译经，记不空译典、事迹及表奏诏令。卷十七记般若的译典及有关的奏诏，勿提提犀鱼的译典，尸罗达摩的译典。

《贞元录》的不足之处有：

（一）与《续开元录》一样，在译人事迹中，连篇累牍地抄录有关的表奏诏令，致使经录不像经录，文集又非文集，层次混乱，内容芜杂。

（二）蹈袭了《开元录》"非关护法，一概不录"的旧规，只是在《开元录》入藏录收汉地佛教撰述四十部的基础上，新增《法琳别传》、《续开元录》和《贞元录》三部，其余的一概不录。连先前《续开元录》中收录的良贲、潜真、如净、良秀、超悟、道岸所撰的经律疏义和圆照自己撰的一些制令碑表集也被删除了。

（三）序言中对全书内容的介绍，与正文的实际叙录并非完全一致。如序言中将《别录》分为《初分乘藏差殊录》（下分七门）和《二明贤圣集传录》二项，给人以《乘藏差殊录》之后有《贤圣集传录》的印象，查检正文，"贤圣集传"只是《乘藏差殊录》的《有译有本》和《有译无本》二录中的一个成份，并没有独立于《乘藏差殊录》之外。又如序言是将《入藏录》作为《别录》中的一部分看待的，但正文中，《别录》的序数并没有与《入藏录》相连，和《开元录》一样，《入藏录》实际上是与《别录》并列的，并不存在隶属关系。

第六门　五代众经目录：南唐恒安《大唐保大乙巳岁续贞元释教录》一卷

《大唐保大乙巳岁续贞元释教录》，简称《续贞元录》，一卷。南唐保大三年（945），西都右街报恩禅院恒安集。载于《丽藏》"惠"函、《频伽藏》"结"帙，收入《大正藏》第五十五卷。

《续贞元录》书首有恒安《序》，书末有他于保大四年（946）的上表。作者在《序》中说：

> 恒安顷于天祐丁丑之岁，届于江表，历谒名山，参寻知识，以问参之外，看览藏经之次，因共道友言论，述其《贞元藏》，猷遂启私，恳誓取兹经，将还上国，冀资皇化，永福邦家。以潜赖圣朝，仰凭睿力，于大唐昇元二年，特远游礼五台山，回于关右已来，写录得前件《贞元录藏》经律论等，于大唐保大三年，却回帝阙。（《大正藏》第五十五卷，第1048页中）

《续贞元录》的主体，乃是圆照《贞元录》的入藏录（简称《贞元录藏》）在智升《开元录》的入藏录（简称《开元录藏》）的基础上新添的那些译典和经目（《续开元录》和《贞元录》）。此外，另收未编入《贞元录藏》的《新华严经论》四十卷（唐玄宗时李通玄撰）、《一切经源品次录》三十卷（唐宣宗时赵郡业律沙门从梵撰）和恒安自己的这部《续贞元录》一卷。"总共一百四十部，计四百一十三卷(内续新经目一卷——原注),合四十三帙。"(第1048页下)采用千字文编写帙号,始"藁"字,终"富"字。

《续贞元录》的用处在于能使人对《贞元录藏》在《开元录藏》之外新收的经典一目了然。缺点在于将《贞元录藏》中已载的未详作者的《大佛名经》十六卷、金刚智译的《千臂千钵曼殊室利经》十卷、彦悰撰的《法琳别传》三卷等单独列举,并称《千臂千钵曼殊室利经》为"新拾遗收入《贞元录藏》经",造成在"藁"帙之前各种统计数均有,叙述十分混乱。如一会儿说:《贞元录藏》较《开元录藏》"新添一百三十七部,共三百四十三卷(并《千钵经》在内——原注)"(同上);一会儿说:"一次列见将到《贞元录藏》新译大小乘经律论,及《贞元目录》并《品次录》等都合一百三十五部,计三百四十三卷"(同上);而在书末附载的上表中又说:"辄以所取到新译《贞元录藏》大小乘经律论,及续计《大佛名经》、《千钵经》等,共一百三十八部,计三百七十二卷,部帙次第,及先编入藏《新华严论》等,集为《大唐保大乙巳岁续新译贞元释教录》一卷,计一十七纸。"(第1053页中)

虽然部卷统计数的不确切和前后抵牾是历代经录的通病。如宋、元、明、高丽各藏之间,序目与正文,正文的前面和后面,各部经录的转引等每每不同,卒难整理。这里既有原作者粗疏方面的原因,也有转抄和雕印过程中的讹误。但《续贞元录》篇幅很短,按当时的统计才只有"一十七纸",收录的经典也不算多,而所述的各种统计数常不吻合,就失之草率了。

第七门　宋元众经目录

第一品　北宋赵安仁等《大中祥符法宝录》二十二卷

《大中祥符法宝录》，简称《祥符录》、《法宝录》，原书二十二卷，今存十六卷（卷三至卷八、卷十至卷十八、卷二十），佚六卷（卷一、卷二、卷九、卷十九、卷二十一、卷二十二）。北宋译经润文、尚书兵部侍郎赵安仁和翰林学士杨亿等奉敕编修。据此书卷二十之末的记载，始撰于大中祥符四年（1011）十一月，终于大中祥符八年（1015）。载于《金藏》"迹""百"函，收入台湾影印的《宋藏遗珍》第六册。

赵安仁（958—1018），字乐道，河南洛阳人。著有《戴斗怀柔录》等。《宋史》卷二百八十七有传。

《祥符录》是佛教经录中的断代录。元庆吉祥等撰的《至元法宝勘同总录》卷一说："自唐贞元五年己巳，至宋太宗太平兴国七年壬午，凡一百九十三年，中间并无译人。其年壬午始起译场，至真宗大中祥符四年辛亥，凡二十九年，中间传译三藏六人，所出三藏教文二百单一部三百八十四卷（上《祥符录》所纪——原注）。"（《法宝总目录》第二册，第180页下—第181页上）也就是说，《祥符录》主要收载自北宋太平兴国七年（982）重开译场以来,迄大中祥符四年二(1011)为止的二十九年间,新翻译的佛教经典。据《祥符录》卷三记载,它们是:"大乘经,一百四十部二百九十卷;大乘律,一部一卷;大乘论,一十一部一十九卷;小乘经,四十四部六十九卷;小乘律,五部五卷;小乘论,见阙;西方圣贤集传(梵本翻译者——原注),二十一部二十九卷。"(《宋藏遗珍》第六册,第3795页下—第3796页上)总计收译本二百二十二部四百十三卷。《至元法宝勘同总录》由于没有将《西方圣贤集传》一项计算在内,故它所说的译籍总数要比上述数字少二十一部二十九卷。

除译籍之外,《祥符录》还收载了一批"东土圣贤著撰",即汉地佛教撰述,此项内容原有三卷(卷十八、卷十九、卷二十),今缺一卷(卷十九),据《天圣释教总录》下册记载,"自太宗皇帝御制《莲华心轮回文偈颂》至《大宋大中祥符法宝录》,计一十一部,凡一百六十卷一十六帙。"(《宋藏遗珍》第六册,第4004页上)其中"《秘藏诠》一部总三十卷"是由五部著作组成的,故若分别计算的话,实收十四部一百六十卷。

从今本《祥符录》卷三之首署题为"别明圣代翻宣录中之二·藏乘区别年代指明二之一";卷十七之首署题为"别明圣代翻宣录之十六·圣贤集传翻译著撰三之一";卷二十之末记有"《大宋大中祥符法宝录》二十一卷并总录一卷";以及《天圣释教总录》下册保存的宋真宗为《祥符录》制作的《序文》及《祥符录》中《总排新经入藏录下》的全文来看,《祥符录》全本的结构大致是:

前二十一卷为别录,末一卷为总录。别录中,已缺的卷一当是真宗所作的《序文》以及其他内容,卷二至卷二十均为《圣代翻宣录》,卷二十一内容不详。其中《圣代翻宣录》下分三项:已缺的卷二为第一项,内容不详;卷三至卷十六为第二项《藏乘区别年代指明》,卷十七至卷二十为第三项《圣贤集传翻译著撰》。总录的题名为《总排新经入藏录》,按大乘经律论、小乘经律(缺论)和圣贤集传翻译著撰分类编录新收的入藏经。今本《祥符录》所保存的内容,主要集中在别录中的《藏乘区别年代指明》和《圣贤集传翻译著撰》两录中。

《祥符录》中的《藏乘区别年代指明》录,是按佛典译成的年月依次编录的译籍目录。始"太平兴国七年七月译成经三卷"(天息灾译的《圣佛母小字般若波罗蜜多经》一卷、法天译的《大乘圣吉祥持世陀罗尼经》一卷、施护译的《无能胜幡王如来庄严陀罗尼经》一卷),终"是年(指大中祥符四年)十一月译成经五卷"(施护译的《秘密相经》三卷、《尼拘陀梵志经》二卷)。编录的方式是:先记某年某月译成经几卷;其次逐一叙列这些新译的名称、部数、卷数,并介绍每一经应编入的乘(大乘和小乘)藏(经、律、论)以及内容要旨(如果译典是单卷,则总的介绍它的内容要旨;如果是多卷,一般对每一卷的要旨都加以提示);最后记叙译者、上表、诏谕等相关的情况。试见下例:

雍熙元年三月译成经六卷。

《大乘善见变化文殊师利问法经》一部一卷。 大乘经秘密部收。佛在王舍城鹫峰山说。此中所明,诸烦恼性即善法性,相而无相,得而无得,乃能成就最上涅槃。

《楼阁正法甘露鼓经》一部一卷。 大乘经秘密部收。佛在舍卫城祇树给孤独园说。初明建曼拏罗获报优劣。后说造舍利塔感果因缘。以其造塔之功,较量建坛之福,依秘密修获报胜也。

《金耀童子经》一部一卷。 大乘经藏收。佛在舍卫国祇树给孤独园说。此中所明,金耀童子启发大心,修诸胜行,遍历僧祇,方成极果。广明宿住记别等事。

《较量寿命经》一部一卷。　小乘经藏收。佛在舍卫国祇树给孤园说。此中所明，下从地狱，上及人天，三界之中寿命差别。意人知已，厌轮回苦，忻寂灭乐也。

　　《分别善恶报应经》一部二卷。　小乘经藏收。佛在舍卫国祇树给孤独园说。上卷所明，以商佉犬为发起缘，广谈善恶之因，各受好丑之报。下卷所明，补特伽罗命终之后，生在人中，又多愚暗。乃至广明修福各有十等。此总意者，欲令舍染趣净，慕圣出凡者也。

　　上五部，并中天竺梵本所出。右经，三藏沙门天息灾译，法天证梵义，施护证梵文，沙门清沼、法定、令遵笔受，沙门常谨、智逊、慧达、置显缀文，沙门惠温、守峦、道真、慧超、法云、可怀、善祐等证义，兵部员外郎张洎润文，殿头高品王文寿、殿直刘素监译。是月五日，监使引三藏等诣崇政殿，捧所译经具表上进，其词曰：……。是日，命坐赐茶，亲加抚慰，锡赐如例。诏以其经入藏颁行。（卷三，第3805页上—第3807页上）

　　这样，某年某月翻译了哪几部经典，这些经的性质如何，内容怎样，谁是译主，谁任证梵义、证梵文、笔受、缀文、证文、润文、监护等等，都可以从中了解得清清楚楚。

　　《祥符录》中的《圣贤集传翻译著撰》录，下分《西方圣贤集传》（卷十七）和《东土圣贤著撰》（卷十八至卷二十）二项。

　　《西方圣贤集传》录收载经律论以外的印度佛教撰作。其中，半数以上是颂赞，如《赞法界颂》、《贤圣集伽陀一百颂》、《犍稚梵赞》、《佛一百八名赞》、《圣观自在菩萨梵赞》、《一切如来说佛顶轮王一百八名赞》、《圣多罗菩萨梵赞》、《圣金刚手菩萨一百八名梵赞》、《佛吉祥德赞》等。由于它们原先也是梵本，后由天息灾、法天、施护等译出，并随同经律论的新译本一起进上，敕编入藏，因而，它们也见载于先前的《藏乘区别年代指明》录。只是为了避免叙述上的重复，作者在《藏乘区别年代指明》录中只记载了它们的名称和部卷，至于内容要旨则放在这一录中加以介绍。其中涉及多卷的集传，也是逐卷胪叙要旨的。内容介绍之后，附记译成的年月。如：

  《法集名数经》一部一卷。　此集三乘及三根本、十波罗蜜、十八空等，乃至世、出世间、地狱、天宫此等法数，但列其名，不释义也。其准诏入藏，见雍熙三年二月。（卷十七，第 3953 页上）

  《圣金刚手菩萨一百八名梵赞》一部一卷。　以百八名为二十会，显金刚手菩萨功德胜，能总于五部为秘密主。以是梵言，赞彼功德，令诸众生赞诵获福。其准诏入藏，见至道元年十月。（同卷，第 3955 页上）

《东土圣贤著撰》录收载北宋初期的佛教撰作。见存的卷十八收载宋太宗的《莲华心轮回文偈颂》一十一卷、《秘藏诠》二十卷、《秘藏诠佛赋歌行》一卷、《秘藏诠幽隐律诗》四卷、《秘藏诠怀感诗》四卷、《秘藏诠怀感回文诗》一卷、《逍遥咏》一十一卷、《缘识》五卷和《妙觉集》五卷，凡九部六十二卷；已佚的卷十九，据《天圣释教总录》下册记载，收载宋真宗的《法音前集》一部七卷；见存的卷二十收载天台僧清达撰的《笺注御制圣教序》三卷、天寿寺僧赞宁撰的《大宋高僧传》三十卷、《僧史略》三卷、道原撰的《景德传灯录》三十卷并目录三卷，以及《祥符录》二十一卷并总录一卷，凡五部九十一卷（据《天圣释教总录》下册记载，另外还附有"应元崇德仁寿慈圣皇太后《发愿文》一卷"）。每部著撰均有解题，体式与《西方圣贤集传》相同。

  由此可见，《祥符录》实是集目录与解题为一书的著作。它对于北宋初年佛经翻译的编年记载，以及对新译和新撰内容的提示，为译经史和《大藏经》解题类著作提供了许多翔实的资料。而且，此书的原本是由楷书雕刻的，字迹工整优美，也是佛教的一大艺术珍品，它的残缺，是佛教目录学上的一大损失。

第二品　北宋惟净等《天圣释教总录》三卷

《天圣释教总录》，简称《天圣录》，原书三卷（即三册），今存中册（首尾有缺页）和下册（初首和中间部分有缺页），佚上册。北宋天圣五年（1027），译经沙门惟净等编修。载于《金藏》（函号已阙），收入《宋藏遗珍》第六册。

惟净，金陵（今南京）人，俗姓李。南唐后主李煜之甥。七岁出家，时为"译经三藏朝散大夫试鸿胪卿光梵大师赐紫沙门"，是《大中祥符法宝录》的编撰者之一。"仁宗即位，净与翰林学士夏竦进《新译经音义》七十卷。净又进《大藏经目录》二（当作"三"）衮（卷），赐名《天圣释教录》，凡六千一百九十七卷（指收典总数）。"（明河《补续高僧传》卷一，《续藏经》第一三四册，第47页下）

《天圣录》和《祥符录》不同，它不是只收北宋译经的断代录，而是统收北宋以前旧编的入藏经和北宋以来新编的入藏经的总录。从保存下来的中册残卷全是《开元录》入藏录收载的经典；下册在不空译的《千钵文殊经》十卷之后说："右准《正（贞）元续开元释教录》四朝翻译经论及念诵法、赞录等，计一百二十五部二百四十二卷二十帙，并《广品历章》三十卷，本录（指《天圣录》）三卷，勒成三帙，附《正（贞）元录》之首。"（《宋藏遗珍》第六册，第3987页下）；下册之末又总结说："右《天圣释教总录》中都收《开元》旧录并附新编，及《正（贞）元》、《法宝》等录，共计六百二帙六百二号（指千字文帙号）。"（第4007页下）来看，《天圣录》全本的构成大致是这样的：

上册和中册，收载见录于《开元录》的藏经；下册收载见录于《续开元录》、《贞元录》、《祥符录》，以及《祥符录》以后的藏经。

《天圣录》的主要价值在于下册。因为在这一册中，它不仅完整地保存了宋真宗为《祥符录》所作的《序文》和《祥符录·总排新经入藏录》的全部目录，对于推考《祥符录》原本的面貌提供了重要的依据，而且续载了自大中祥符五年（1012）五月至天圣五年（1027）三月之间的一十七部一百七卷新译。这些经典是《天圣录》首次载录的，依次是：

《佛说白衣金幢二婆罗门缘起经》三卷（施护译，下同）；《佛说一切如来真实摄大乘现证三昧大教王经》三十卷；《佛说福力太子因缘经》四卷；《佛说无畏授所问大乘经》三卷；《佛说顶生王因缘经》六卷；《佛说佛十力经》一卷；《佛说胜义空经》一卷；《佛说随勇尊者经》一卷；《佛说清净心经》一卷；《佛说五大施经》一卷；《大乘宝要义论》一十卷（其中卷一至卷三、卷七至卷十为惟净译，余为法护译）；《佛说除盖障菩萨所问经》二十卷（其中卷四至卷六、卷十一至卷十三为惟净译，余为法护译）；《佛说八种长养功德经》一卷（法护译）；《佛说身毛喜竖经》三卷（惟净译）；《佛说大乘大方广佛冠经》二卷（法护译）；《圣佛母般若波罗蜜多九颂精义论》二卷（法护译）；《佛说海意菩萨所问净印法门经》十八卷（其中卷一至卷三、卷七至卷九、卷十三为惟净译，余为法护译）。

《天圣录》在载录时，只记载它们的经名、部卷、译者、帙号，不作解题。

《天圣录》有的地方也有差错。如中册在"《广品历章》三十卷三帙"下注云："亦名《一切经源品次录》，《正（贞）元录》中收入计数，具如本录。"（第3973页上）这个说法是不对的。因为

《贞元录》中并没有收载《广品历章》,南唐恒安《续贞元录》收载的是《一切经源品次录》三十卷,下注:"赵郡业律沙门从梵,自大中九年乙亥岁,止咸通元年庚辰岁。依《贞元入藏录》集。"(《大正藏》第五十五卷,第1049页上)显然,唐玄逸撰的《广品历章》与《一切经源品次录》既不是同一部书,也不是同一个作者。

第三品　北宋吕夷简等《景祐新修法宝录》二十一卷

《景祐新修法宝录》,简称《景祐法宝录》、《景祐录》,原书二十一卷,今存十四卷(卷一、卷二、卷四、卷六、卷八至卷十、卷十二至卷十四、卷十六至卷十八、总录),佚七卷(卷三、卷五、卷七、卷十一、卷十五、卷十九、卷二十)。北宋景祐四年(1037),右仆射门下侍郎平章事吕夷简、吏部侍郎参知政事宋绶等奉敕编修。载于《金藏》"郡"函,收入《宋藏遗珍》第六册。

吕夷简(979—1044),字坦夫,寿州(治所在今安徽寿县)人。官至宰相。《宋史》卷三百一十一有传。

《景祐录》书首有宋仁宗御制的《景祐新修法宝录序》。说:

> 太祖始御神器,建宝刹于上都。太宗继阐鸿猷,开梵筵于净宇。洪惟圣考(指真宗)夙奉能仁,思慧日之照冥衢,欲法雨之润群品,尝以两朝之在御,译成无上之秘筌,诏委方袍嗣成前志,俞咨近弼,附益多闻,仍挥错宝之跗,亲述冠篇之藻,目之曰《大中祥符法宝录》矣。……自膺宝祚,仰慕佛乘,持守兢兢,罔敢失坠。而复五天膜拜之俗,接踵而朋来;四句旁行之书,比时而间出。向令翻译,普涤昏蒙,颇历岁华,相次来上,僧惟净等共加研究。右仆射门下侍郎平

章事吕夷简、吏部侍郎参知政事宋绶领使润文。断自大中祥符四年以后,至景祐丙子(指三年),续译未入录经总一百六十一卷,类分华藏,焕列金言,爰览奏章,愿颁序引。(《宋藏遗珍》第六册,第4009页上—第4010页上)

《景祐录》是《祥符录》的续作。虽然在《景祐录》以前,已有《天圣录》续收《祥符录》以来的新译,但由于《天圣录》并非是宋仁宗直接下敕编修的,而是由惟净等编成进上,然后得到许可的,当时仁宗也没有为它作序,因而就其权威性而言,要比由宋真宗下敕编修、并制序的《祥符录》差一等级。而且《天圣录》没有译典的解题和与译事有关的表章诏书,体例上也与《祥符录》有差异,故宋仁宗下敕编修了这部《景祐录》,以绍绪《祥符录》。

关于《景祐录》,《至元法宝勘同总录》卷一说:"自宋真宗祥符四年辛亥,至仁宗景祐四年丁丑,凡二十七年,中间传译三藏与《祥符录》同,所出三藏教文一十九部一百四十八卷(上《景祐录》所纪——原注)。"(《法宝总目录》第二册,第181页上)这里说的截止年代"景祐四年丁丑"和译籍总数"一十九部一百四十八卷",与宋仁宗序言说的"断自大中祥符四年以后,至景祐丙子,续译未入录经总一百六十一卷"不一致,究竟哪一种说法对呢?

原来,宋仁宗的序言作于景祐丙子三年(1036)十二月二十七日(见《景祐录》卷十四),故他以"景祐丙子"为截止年代。而实际上,《景祐录》在仁宗序制成以后,仍未终了,卷十九记有"(景祐)四年,内出龟兹国梵经,付院(指传法院)参详。内出佛牙、佛骨,令法护、惟净详验。"(见《景祐新修法宝总录》,第4116页上)就是例证。因此,真正的截止年代是《至元录》说的"景祐四年丁丑"。至于其间的译籍总数,则是宋仁宗序言说的"总一百六十一卷"为准。因为这一数字与《景祐录》卷一之末说的

"自真宗朝未编入录经律论集一十二部七十六卷,洎今朝(指仁宗朝)所译经律论集九部八十五卷。两朝总二十一部一百六十一卷,并今录新编。"(第4015页上)是相符的。其中,大乘经九部一百七卷,大乘律一部一卷,大乘论三部三十卷,小乘经六部十卷,小乘律一部一卷,小乘论阙,西方圣贤集一部十二卷(以上据《景祐录》卷一所列计算)。这个数字不包括正文中还载录的"东土圣贤著撰"(《总录》中无统计数)。

从今本《景祐录》所保存的卷文来看,《景祐录》全本的构成是:前二十卷为别录,末一卷为总录。别录下分三录:

一、圣宋翻宣继联前式录(卷一)。分别记叙太宗朝、真宗朝和仁宗朝("今朝")"已编入前录(指《祥符录》)"和"未编入录"的大小乘经律论集(指"西方圣贤集")的数目。其中,已编入《祥符录》的是太宗朝翻译的"一百三十九部二百四十三卷"和真宗朝前期翻译的"八十三部一百七十卷",两件总计二百二十二部四百一十三卷;未编入《祥符录》,为《景祐录》新收的是真宗朝后期翻译的"一十二部七十六卷"和仁宗朝翻译的"九部八十五卷",两件总计二十一部一百六十一卷。

二、随译年代区别藏乘录(卷二至卷十九)。下分三项:

(一)归摄藏乘略明经旨(卷二至卷十一)。依循《祥符录》中《藏乘区别年代指明》录的体式,编录大中祥符五年(1012)五月至景祐四年(1037)三月之间译成的佛典,并介绍每部经典的义旨和有关的表诏。其中,卷二至卷八收载的译籍,即始大中祥符五年(1012)五月译成的《白衣金幢二婆罗门缘起经》三卷,终天圣五年(1027)四月译成的《佛说海意菩萨所问净印法门经》十八卷的十七部新译,已名见于《天圣录》下册;卷九至卷十一收载的译籍为《景祐录》首次载录。它们是:惟净、法护于天圣八年(1030)四月译成的《大乘中观释论》十八卷、明道元年

(1032)四月译成的《金色童子因缘经》十二卷(以上见卷九)、明道二年(1033)四月译成的《佛说开觉自性般若波罗蜜多经》四卷(见卷十)、景祐四年(1037)三月译成的大乘经一部二十卷(由于卷十一已佚,经名与译者均不详,《总录》亦无记载)。

(二)圣贤集传华竺类例(卷十二至卷十五)。下分西域梵本翻译(卷十二)和东土圣贤著撰(卷十三至卷十五)二门。西域梵本翻译,收载《金色童子因缘经》十二卷,此经已名见于先前的《归摄藏乘略明经旨》录,但前录只载经名、部卷和译者,此录更出解题和进经表、诏答。

东土圣贤著撰,收载赵安仁从宋太宗《妙觉集》中录出别行的《妙觉秘诠》二卷;于真宗《法音前集》中录出别行的《法音前集指要》三卷;真宗述文、京城义学文学沙门简长等笺注的《注释释典文集》三十卷并总录一卷;真宗制的《注四十二章经并序》一卷、《注遗教经并序》一卷、《百缘经序》一卷;吕夷简、宋绶于御集中录出别行的《法音后集》三卷;仁宗述文、夏竦等注释的《注三宝赞》三卷(以上卷十三);仁宗于景祐二年(1035)九月制的《景祐天竺字源序》一首、于景祐三年(1036)四月制的《天圣广灯录序》一首、于同年十二月制的《景祐新修法宝录序》一首;庄献皇太后述文、夏竦等注释的《注发愿文》三卷(以上卷十四);译经众僧撰的《新译经音义》;惟净等编的《天圣释教总录》;崇廉编的《大藏经名礼忏法》;法护、惟净编的《景祐天竺字源》;夏竦撰的《天圣释教总录序》;王随撰的《传灯玉英集》;李遵勖撰的《天圣广灯录》;夏竦为沙门怀问三往中印度摩伽陀国撰的《记》、奉诏撰的《传法院碑铭》(以上卷十五,由于此卷已佚,以上均以《总录》的记载为据)。

(三)嗣续兴崇译场诏令(卷十六至卷十九)。记载大中祥符五年(1012)至景祐四年(1037)之间有关佛经传译方面的诏令和佛教事件。

三、复准八例排经入藏录(卷二十)。总列由《景祐录》新编入藏的经律论和集传(此卷已佚,兹据《总录》获悉)。

《景祐录》体例中与众不同的地方是有《嗣续兴崇译场诏令》录。此录是一份以译事为主,兼记其他的佛教大事记,其资料之翔实、内容之丰富,远非昔日费长房作的《历代三宝记》"帝年"部分所能比拟,对北宋佛教史的研究,具有他书无法替代的史料价值。

如"天禧元年"载:"十二月,沙门遵泰、道圆自天竺还,贡梵经十夹、佛舍利、菩提念珠。先是太宗皇帝御制《新译三藏圣教序》,刊石于中天竺国佛成道所,因得石本以贡,并赐紫衣束帛。三藏沙门施护有疾,上遣中使监太医霍炳、赵拱、左皓诊视。是月二十六日以趣寂(指去世)闻。"(卷十六,第4076页下)

"天圣五年"载:四月,"三藏沙门法护、惟净上言:传译之兴,自汉永平丁卯,迄唐正(贞)元己巳,历十九代,凡七百二十四年,所出三藏教文七千四百余卷。自是辍翻译者一百九十三祀。圣宋启运,像教(指佛教)中兴,太祖皇帝遗(遣)僧西游,以访梵典。太宗皇帝肇兴译馆,广演秘文。真宗、皇上(指仁宗)继阐真乘,增新华藏。迄于天圣,凡四十六载,所出教文五百一十六卷。近者,五天竺所贡经叶,多是已备之文,鲜得新经。翻译法护愿回天竺,惟净乞止龙门山寺,仍录前代译经三藏十五人罢译故事以闻。表入,留中不报。润文枢密副使夏竦亦奏其事,未之许也。"(卷十七,第4085页上—第4086页上)

"明道元年"载:"春正月,有沙门怀问尝再游天竺,为真宗皇帝建圣塔于金刚座,至是复请诣西土。且求先朝继作《圣教序》、皇帝《三宝赞》、皇太后《发愿文》,与《摩伽陀国记》同刊石座侧。又请斋佛大衣十九条以往。皇上嘉美其意,悉从所请。

御笔飞白题大衣为'佛法清净'四字。"(卷十八,第4094页下)

《景祐录》也是用工整隽秀的楷书雕刻的,和《祥符录》一样,也是佛经雕印史上的精品。

第四品　元庆吉祥等《至元法宝勘同总录》十卷

《至元法宝勘同总录》,简称《至元录》,十卷。元至元二十二年(1285)至二十四年(1287),顺德府开元寺沙门庆吉祥等奉诏编集。载于《明南藏》"紫"函、《明北藏》"禅"函、《清藏》"农"函、《频伽藏》"结"帙,收入日本编《法宝总目录》第二册。

《至元录》书首有元大德十年(1306),江西吉州报恩寺沙门克己撰的《至元法宝勘同总录序》;"奉诏旨编修、执笔、校勘、译语、证义诸师名衔",即参加此书编集的人员名单,凡二十九人;至元二十六年(1289)杭州路灵隐禅寺住持净伏的序言(无标题)。

克己在《序》中说:

> 我世祖薛禅皇帝,智极万善,道冠百王,皎慧日以镜空,扇慈风而被物。特旨宣谕臣佐,大集帝师、总统、名行、师德,命三藏义学沙门庆吉祥,以蕃汉本参对,楷定大藏圣教,名之曰《至元法宝勘同总录》。华梵对辨,名题各标,陈诸代译经之先后,分大小乘教之品目,言简意密,文约义丰。(《法宝总目录》第二册,第179页上)

《至元录》是一部综括唐代《开元录》、《续开元录》、宋代《祥符录》、《景祐录》、元代《弘法入藏录》五录的入藏经(简称"藏经"),拾遗增补,并在梵文佛典的汉译本之下,标注藏文译本("蕃本")的有无异同,而编成的藏经对勘目录。全书所收,"自后汉孝明皇帝永平十年戊辰(应为"丁卯"),至大元圣世至元二十二年乙酉,凡一千二百一十九年。中间译经朝代历二十二代,传译之人一百九十四人,所出经律论三藏一千四百四十部五千五百八十六卷"(卷一,第180页下)。

这里说的所收大小乘经律论总数"一千四百四十部五千五百八十六卷",与实际见录的略有误差。因为根据《法宝总目录》的编集者在每部经典的上方编的阿拉伯数字序号,从大乘经的第一部《大般若波罗蜜多经》六百卷,至小乘论的最后一部《入对法论集胜义疏》三卷,一共只有一千四百三十部,要比作者说的少十部。而且在大小乘经律论之外,《至元录》还收载了"梵本翻译集传"九十五部(卷九误排为"九十三部")和"东土圣贤集传"一百一十九部,故实际见录的是一千六百四十四部,千字文帙号从"天"字排到"植"字。

《至元录》卷一的前部分有作者撰的序言(无标题)和对全书纲目的介绍。序言说,元世祖"念藏典流通之久,蕃汉传译之殊,特降纶言,溥令对辩","复诏讲师科题总目,号列群函,标次藏乘,互明时代,文咏五录(指《开元录》等五录),译综多家,作永久之绳规,为方今之龟鉴"(见第180页中),于是有《至元录》之作。对全书纲目的介绍分为四节,由于它相当于序言中说的"科题总目",故又可称为"四科"。它们是:"初总标年代,括人法之宏纲";"二别约岁时,分记录之殊异";"三略明乘藏,显古录之梯航";"四广列名题,彰今目之伦序"。其中第一、四科是介绍《至元录》所收佛典的起止年代、译人总数、译籍总数以及大小乘经律论单项所收的部卷的;第二、三科是介绍《开元录》、《续开元录》、《祥符录》、《景祐录》、《弘法入藏录》和拾遗编入(后两件合叙)的情况的。

从卷一的后部分起,至卷十毕,均为见录经典的细目,亦即正录。正录的结构是:

一、契经藏(即"经藏",卷一后部分至卷八前部分)。下分菩萨契经藏(即"大乘经藏",卷一后部分至卷六前部分)和声闻契经藏(即"小乘经藏",卷六后部分至卷八前部分)二项。其中菩萨契经藏又分为二门:(一)显教大乘经,按般若部、宝积部、大集部、华严部、涅槃部、五大部外诸重译经和大乘单译经七目分类编列。(二)密教大乘经,按大乘秘密陀罗尼经和大乘仪轨念诵二目分类编列。

二、调伏藏(即"律藏",卷八的中间部分)。下分菩萨调伏藏(即"大乘律藏")和声闻调伏藏(即"小乘律藏")二项。

三、对法藏(即"论藏",卷八后部分至卷九前部分)。下分菩萨对法藏(即"大乘论藏")和声闻对法藏(即"小乘论藏")二项。其中菩萨对法藏又分大乘释经论和大乘集义论二门。

四、有译有本圣贤传记(卷九后部分至卷十终)。下分梵本翻译集传和东土圣贤集传二项。

《至元录》的上述分类与《开元录》相比,有两点不同:

第一,《开元录》是先分"乘",后分"藏",类次是:大乘的经律论、小乘的经律论和贤圣集传;而《至元录》是先分"藏",后分"乘",类次是大小乘经、大小乘律、大小乘论和圣贤集传("贤圣"与"圣贤"意思相同)。

第二,《开元录》中没有密教经典的专项,所有密教经典都是与大乘显教经典编在一起的;而《至元录》根据大乘经藏的实际构成,第一次将大乘经区别为"显教大乘经"和"密教大乘经"二门,又将密教大乘经分为"秘密陀罗尼经"和"仪轨念诵"二目,将原先编在《开元录》的《五大部外诸重译经》和《大乘经单译》中的密教经典抽出来,编入其中,并续以新译,从而形成了佛经目录中的密典系统。

由于先分"藏",后分"乘",在《至元录》以前已有先例,如隋代的《法经录》就是这样做的,而且这种分法并不比《开元录》高明,因此,《至元录》的真正的特色全在于成立《密教大乘经》一录,除此以外的单项录目,基本上都是依循《开元录》设置的,没有什么变化。

《至元录》对每一类经典内部各书的载录(密教经典除外),是按见载的经录分段进行的,依次是:《开元录》、《续开元录》、《祥符录》、《景祐录》、《弘法入藏录》和"拾遗编入"。如果哪一家经录没有著录这一类经典,就略去不叙。如卷一《显教大乘经》中的宝积部,共收经典八十四部一百七十七卷。其中从《大宝积经》一百二十卷(唐菩提流支译)至《毗耶婆问经》二卷(北魏般若流支译)的前八十二部为《开元录》所载,第八十三部《大圣文殊师利菩萨佛刹功德庄严经》三卷(唐不空译)为《续开元录》所载,第八十四部《大迦叶问大宝积正法经》五卷(宋施护译)为《祥符录》所载。

这中间,属于《至元录》新收的经典,分别被编在"拾遗编入"和《弘法入藏录》两项之中。卷文中标明为"拾遗编入"(或"今编入录"、"新编入录")的显教大乘经有《佛说大乘菩萨藏正法经》四卷(宋惟净等译)、《佛说大乘入诸佛境界智光明庄严经》五卷(宋西域三藏法护等译)、《大乘智印经》五卷(宋金总持等译)、《父子合集经》二十卷(宋日称等译)、《清净毗奈耶最上大乘经》三卷(宋西夏三藏智吉祥等译)、《大乘随转宣说诸法经》三卷(宋绍德等译)等;密教大乘经有《如意摩尼陀罗尼经》一卷(宋施护译)、《唐梵相对孔雀经》三卷(唐不空译)、《七俱胝佛母准提大明陀罗尼经》一卷(中天竺三藏多罗句钵多译,以上卷四)、《大摧碎陀罗尼经》一卷(宋中天竺三藏慈贤译,以上卷六)等;小乘律有唐义净译的《根本说一切有部毗奈耶药事》二十卷、《破僧事》二十卷、《出家事》五卷、《安居事》一卷、《随意事》一卷(以上卷八)等;大乘论有《大乘集菩萨学论》二十五卷(宋日称等译)、《菩萨本生鬘论》十六卷(宋绍德等译)等;小乘论有《施设论》七卷(宋法护译,以上卷九)等;梵本翻译集传有宋日称等译的《福盖正行所集经》十二卷、《尼乾子问无我义经》一卷、《事师法五十颂》一卷(以上卷十)等。

标明为"《弘法入藏录》所纪"的《东土圣贤集传》中始《一切经音义》一百卷(慧琳撰),终《演玄集》六卷(北庭翰林学士安藏述)的七十八部著作。就数量而论,最多的是天台宗著作,光智颛一人就有《妙法莲华经玄义》、《妙法莲华经文句》、《摩诃止观》、《金光明经文句》、《金光明经玄义》、《观音经玄义》、《观无量寿佛经疏》、《四教义》、《四念处》、《观心论》等十七部,还有灌顶、湛然、遵式撰的十一部著作;其次是慈恩宗著作,有窥基撰的《成唯识论述记》、《因明正理论过类疏》、《大乘瑜伽劫章颂》、《法苑义林西玩记》、《异部宗轮论疏》等十四部,义忠、清素、崇遇也各有一部;再次是华严宗著作,有灵辩的《大方广佛华严经论》、澄观的《大方广佛华严经疏》、《疏科》、《随疏演义抄》、宗密的《圆觉道场修证仪》等;尔后是禅宗著作,有李遵勖的《天圣广灯录》、智炬的《宝林传》、道原的《景德传灯录》等。此外,还有净土宗延寿的《万善同归集》、非浊的《新编随愿往生集》、密宗行琳的《释教最上乘秘密陀罗尼集》,以及音义、经录、纂集和其他零散的章疏论著。

从表面上看,"拾遗编入"一项收载的是译本,《弘法入藏录》一项收载的是著撰,两者并不相干。但究其源流,"拾遗编入"中的译本即使不是全部,也有大半是从《弘法入藏录》中摘出来的,只是作者没有加以说明罢了。因为《弘法入藏录》相传是元代燕京弘法寺根据本寺收藏的金代解州天宁寺大藏经的旧版,补刻而成的大藏经目录。金代解州天宁寺大藏经,略称《金藏》,由于它的传本是近代在山西赵城县广胜寺发现的,故又称

《赵城藏》。在《赵城藏》收录的经典中,就有见于《至元录》"拾遗编入"之中的《大乘智印经》等。《至元录》卷一说:"《弘法入藏录》及拾遗编入,经律论七十五部一百五十六卷。大乘经五十七部一百二十一卷(七帙——原注),大乘经六部六十一卷(七帙——原注),小乘经一部一十二卷(一帙——原注),大乘律九部五十二卷(五帙——原注),小乘论二部一十卷(一帙——原注)。"(第181页中)这里没有将《弘法入藏录》与"拾遗编入"收录的经典分别计算,也许正是基于上述的原因。由于在"经律论七十五部一百五十六卷"之外,《至元录》还在《东土圣贤集传》中以"《弘法入藏录》所纪"的名义记载了七十八部著作,因此,统而计之,《至元录》较宋代的《景祐录》新收的经典应当是一百五十三部。

由于《至元录》是汉藏佛典的对勘目录,因此,它在叙录上的特异之处是在梵文佛典的汉译本之下,标注"蕃本",即藏译本的有无异同,有时还用汉字标注梵音。如:

《帝释岩成就仪轨经》一卷(或无"经"字。——原注)宋北天竺三藏施护译。

《一切秘密大教王仪轨》二卷(新编入录。——原注)宋北印土三藏施护译。

右二经,蕃本阙。梵云:兮 拔唎啰 单特罗。

《大悲空智金刚大教王仪轨》五卷(新编入录,二十品——原注)。宋天竺三藏法护译。

此经与蕃本同(比西蕃少合字一品。——原注)上三经八卷同帙,"容"字号。(卷六,第215页上、中)

对于一些藏译本有疑问的经本,作者便以"蕃疑,折辨入藏"或"蕃少有疑,折辨入藏"的字样注出,以提醒读者注意。如姚秦鸠摩罗什译的《仁王护国般若经》二卷(见卷一)、刘宋昙摩蜜多译的《观虚空藏菩萨经》一卷(见卷二)、北齐那连提耶舍译的《施灯功德经》一卷(见卷三)、唐怀迪译的《大佛顶如来密因修证了义诸菩萨万行首楞严经》十卷(见卷五)、唐不空译的《成就妙法莲华经王瑜伽观智仪轨》一卷(见卷六)、刘宋沮渠京声译的《治禅病秘要经》一卷(见卷七)、东晋竺昙无兰译的《五苦章句经》一卷(同上)、吴支谦译的《猘狗经》一卷(同上)、宋法天译的《十二缘生祥瑞经》二卷(见卷八)等。这不仅对于重新审核这些经典的藏译本的真伪有提示作用,而且对于人们思考它们的汉译本是否可靠也有启发。

《至元录》的不足之处有:将历代经录和史传上没有记载,或未题译人的一些经本,在不提供任何证据的情况下,就断定为某人所译,而新编入录。如卷六说:"《文殊师利法宝藏陀罗尼经》一卷。陈天竺三藏真谛译(新编入录——原注)。"(第212页中)卷九说:"《入对法论集胜义疏》三卷。弥多罗造,唐三藏玄奘译(宋朝收入论藏,今遂编入——原注)。"(第232页下—第233页上)"《大宗地玄文本论》八卷。马鸣菩萨造,陈天竺三藏真谛译(新编入录——原注)。"(第233页中)"《释摩诃衍论》十卷。龙树菩萨造,天竺三藏筏提摩多译(新编入录——原注)。"(同上)另外,《苏悉地羯罗供养法》三卷为唐善无畏所译,而且已见载于《开元录》入藏录,而《至元录》卷六却说"宋三藏善无畏译(拾遗编入——原注)"(第215页中)。《辩正论》八卷和《破邪论》二卷均为唐代著名的护法沙门法琳所撰,而《至元录》卷十却说:"唐终南山龙田寺释(失名——原注)撰"(第236页中)等。

第八门 《大藏经》解题

第一品 北宋惟白《大藏经纲目指要录》八卷

《大藏经纲目指要录》,简称《大藏纲目》、《指要录》,八卷(其中卷二、卷四、卷五、卷六、卷七各分上下卷,故又作"十三卷"),北宋崇宁三年(1104),东京(今开封)法云禅寺住持惟白集。收入日本编《法宝总目录》第二册。

惟白,靖江(今属江西)人。禅宗青原下第十二世、云门宗僧人,法秀的弟子。初住法云寺,后移明州天童寺。另撰有《建中靖国续灯录》三十卷(见本书宗系部)。事迹见载于南宋普济《五灯会元》卷十六、明居顶《续传灯录》卷十二等。

《指要录》是现存最早的一部《大藏经》解题著作(也可称"提要")。自唐智升的《开元录》问世以来,藏经的选取范围已经基本确定,依录抄写作为寺藏已成为常事。然而藏经浩瀚,初学者茫然不知入手处。为便于寻检披览,于是就出现了索隐、解题一类的著作。北宋乾德五年(967),右街应制沙门文胜奉敕编写《大藏经随函索隐》六百六十卷(见《佛祖统纪》卷四十三)。虽然从它的卷数来看,很可能是众经要抄,内容过于繁冗,但它却是第一部根据《大藏经》的编排次序(即"随函")编写的辅助阅藏的纂要性著作。其后四年,即开宝四年(971),宋太祖敕殿头高品张从信往益州雕刻《大藏经》,从此,《大藏经》不仅有手抄本,而且出现了第一个木刻本,民间转辗雕刻,藏经的流通也就更广了。为了适应这种新情况,宋仁宗天圣二年(1024),在诏赐天台教文入藏的同时,慈云遵式编撰了《教藏随函目录》,叙述诸部著作的大义(见《佛祖统纪》卷四十五),这便是木刻本《大藏经》的提要(已佚)。在相隔了八十年之后,出现了惟白的这部《指要录》。

《指要录》无序跋题记。作者在书末《大藏经纲目指要录五利五报述》中叙编集始末说:

> 崇宁二年癸未春,得上旨游天台。中秋后三日,至婺州金华山智者禅寺,阅大藏经。仲冬一日丁丑,援笔撮其要义,次年甲申仲春三日丁未毕之。计二十余万字。(《法宝总目录》第二册,第771页上)

作者认为编集这一类藏经提要有"五利":

一、宗师提唱者,得随宜开觉故。何谓也?向上玄枢应乎大器,俯狥情性在乎顺机,故弘宗阐教,以方就圆,须假博闻,待乎来问。故集斯录,益真接化,贵言有稽,古道取信于人也。

二、法师讲演者,资阐明训徒故。何谓也?传教者宜谈妙义,听习者专咨实理。一部微言,必有所证,或引经律论文,或考疏抄传记,略无所据,义理难信。故集斯录,缓急证其驾说,使有端绪也。

三、乐于注撰者,助检阅引文故。何谓也?作歌颂者,赞扬妙道。述疏抄者,发挥圣言。临文引据,一事一缘,贵出典章,制不妄启。故集斯录,以待伸纸操笔而无凝思也。

四、有缘看藏者,易晓品义故。何谓也?出家佛子,若曾听经谕,或参问知识,则一览圣教,其义了然。既未然者,不了法味,则空益疲劳。故集斯录,俾见大旨,然后披文,乃深入法藏也。

五、无因披教者,知藏乘要义故。何谓也?在家菩萨居仕宦者,致君泽民,职务骈冗。处黎庶者,家业紫繁,公私逼迫,以故无因披阅藏教。设若有暇,何处取经?故集斯录,使人人知其法义,家家有大藏因缘,资乎种智而脱死生也。(第771页中)

这里所列举的藏经提要的五项作用中,较为重要的是第四、五两项。简言之,藏经提要的主要作用在于撮举经旨大意,以利于学人深入阅藏而已。

《指要录》叙释的对象主要是《开元录》的入藏经,另外,在《圣贤传记》中新收了唐金陵沙门惠炬(又作"智炬")撰的《宝林传》十卷、北宋道原撰的《景德传灯录》三十卷、李遵勖撰的《天圣广灯录》三十卷、惟白撰的《建中靖国续灯录》三十卷四部。全书叙释的典籍,据卷八所说是"总五千四十余卷四百八十帙,以《开元释教录》为准"(第768页中),据每部典籍前的数序(日本所添)统计,总计为一千五十部,低于《开元录》入藏录所收的一千七十六部的数目。因为有些《开元录》中列入的典籍,如后汉安世高译的《长阿含十报法经》二卷、唐义净撰的《别说罪要行法》一卷、《护命放生轨仪》一卷等,《指要录》并没有收载。而且有些典籍的先后次序也略有更动,如《开元录》中大乘经的最后一部是《法常住经》,而《指要录》更为《当来变经》;《开元录》中大乘律的最后一部是《十善业道经》,《指要录》更为《菩萨受斋经》;《开元录》中大乘论的最后一部是《破外道小乘涅槃论》,《指要录》更为《大乘百法明门论》,如此等等。

卷一至卷五上前部分:大乘经。始《大般若经》,终《当来变经》,千字文函号"天"字至"景"字。

卷五上中间部分：大乘律。始《菩萨地持经》，终《菩萨受斋经》，函号"行"字至"念"字。

卷五上后部分至卷五下末：大乘论。始《大智度论》，终《大乘百法明门论》，函号"作"字至"命"字。

卷六上至卷六下前部分：小乘经。始《长阿含经》，终《长爪梵志经》，函号"临"字至"竟"字。

卷六下后部分至卷七上前部分：小乘律。始《摩诃僧祇律》，终《律二十二明了论》，函号"学"字至"犹"字。

卷七上后部分至卷七下末：小乘论。始《八犍度论》，终《十八部论》，函号"子"字至"渭"字。

卷八：圣贤传记。始《佛所行赞》，终《建中靖国续灯录》，函号"据"字至"英"字。末附作者写的《禅教五派宗源述》和《大藏经纲目指要录五利五报述》二文。

《指要录》的主要特点是解题详悉。无论是大部头经典还是小部头经典，无论卷数的多寡，一般都逐卷解说（内容重叠的经典除外）。

就大部头经典而言，《指要录》所解的六百卷的有一部，即唐玄奘译的《大般若经》；二百卷本一部，玄奘译的《大毗婆沙论》；一百二十卷本一部，唐菩提流支译的《大宝积经》；一百卷本二部，姚秦鸠摩罗什译的《大智度论》和玄奘译的《瑜伽师地论》；八十卷本二部，唐实义难陀译的《华严经》和玄奘译的《顺正理论》；七十卷本一部，北魏般若流支译的《正法念处经》；六十一卷本一部，罗什译的《十诵律》；六十卷本五部，东晋僧伽提婆译的《中阿含经》、隋阇那崛多译的《佛本行集经》、姚秦佛陀耶舍等译的《四分律》（又称《昙无德律》）、北凉浮陀跋摩共道泰译的《阿毗昙毗婆沙论》、北凉昙无谶译的《大集经》（原作三十卷）；五十一卷本一部，苻秦僧伽提婆[案：近人有云"昙摩难提"]译的《增一阿含经》；五十卷本三部，东晋佛陀跋陀罗译的《华严经》（通常作"六十卷"）、刘宋求那跋陀罗译的《杂阿含经》和唐义净译的《根本说一切有部毗奈耶》。仅此五十卷以上的十八部经典的总卷数就占《指要录》所解《开元录》入藏经总卷数的五分之二。

大部头经典中以《大般若经》的卷帙为最巨，解说的分量自然也最大。《指要录》中光此一部的解说就占了一卷半（卷一全卷和卷二上之前部分）。兹以斯经为例，看《指要录》对大部经典的解说方式：

一、经前总叙一经大略。"《大般若经》，总部四处十六会说。传此方入藏者七百一十卷，前六百卷，唐三藏玄奘法师在玉华宫重译。西明寺僧玄则述十六序冠十六会，明其旨也。太宗皇帝御制《圣教序》，高宗皇帝作《圣记》。"（卷一，第571页上）并对此经的全称《大般若波罗蜜多经》的字义加以注解。

二、解经时依循一经科例。《大般若经》和《大宝积经》（四十九会）、八十卷本的《华严经》（七处九会）都是按"处"（说法的场所、地点）和"会"（集会的次第）编纂的。每一处包括一会或若干会，也就是说在同一地点可有一次或若干次集会；每一会又包括一卷或若干卷的内容。佛经中的章节称为"品"，因此，每一卷可有一品或数品，也可以数卷合一品。《指要录》就是依照经典原来的会、卷、品的层次结构依次解说的。有的在一会所包括的卷目的终结部分进行概述，如《大般若经》中的鹫峰山第一会的概述是放在第四百卷解题之后的；有的在一会的起首部分进行概述，如逝多林第七会、八会、九会，他化自在天宫第十会，逝多林第十一会、十二会、十三会、十四会，鹫峰山第十五会，白鹭池则第十六会；有的则在起首部分有前叙，终结部分有后语，呈呼应状，如鹫峰山第二会、三会、四会、五会、六会。从这些对会的简介文字中，可知《大般若经》前六会（卷一至卷五百七十三)的品目和义理大多相同,重复之处极多。而后十会(卷五百七十四至卷六百)似没有这种情况。

三、解经完毕作小结。如谓《大般若经》"卷帙虽多,研其义例,始自色心,终乎种智,止于八十余科耳"(卷二上,第599页上、中)。

此下便附出"般若八十余科名相并注",叙列《大般若经》所提到的重要名词术语,如五蕴、四缘、十二因缘、六度、二十空、四谛、四静虑、八解脱、四念处、八圣道支、菩萨十地、十八不共法、四果等,并摘引龙树《大智度论》的解释附注于下。其他大部头经典虽然没有附列该经所提到的名相,有些也没有前叙和后语,但依循一经科例进行解说,是与《大般若经》相同的。

至于从大部(亦称根本、本母)经典中派生出来的别生经,或同本异译的经典。《指要录》一般采用"参见"的解题法,以避免重复。如卷三在《平等觉经》四卷(后汉支谶译)、《阿弥陀经》二卷(吴支谦译)、《无量寿经》二卷(曹魏康僧铠译)下仅云:"已上三经与《大宝积经》无量寿会同本"(第617页上),而不说具体的内容。因为《大宝积经》已经逐会逐卷地进行了解说,到那里一查,三经的大意自然能够了悉。卷四下先解《孔雀王经》三卷(唐义净译),说:"娑底比丘,蛇咬足痛,阿难白佛,乃说大孔雀神咒往救。由是弥勒诸天诸龙等各说神咒。"(第652页下)次列《孔雀王经》一卷[案:《开元录》卷十二谓"姚秦三藏鸠摩罗什译",近人考证谓东晋帛尸梨蜜多罗译]、《金色孔雀咒经》一卷、《大金色孔雀咒》一卷[案:上二经均失译,《开元录》附秦录]、《孔雀经》[案:《指要录》失落卷数,《开元录》卷十二作"二卷",谓"梁扶南三藏僧伽婆罗译"],云"已上四经前经同本"(第653页上)。

但有些经典即便是同本异译,为使读者直了知悉,《指要录》也分别摘叙大意。如卷五下解《转识论》说："转为众生,转为法身,一切所缘不出此二种相也。能缘即阿赖耶识,果报识六识,一切有为法依止种子也。"(第688页上、中)解《显识论》说："一切三界但唯有识,一显识,二分别识也。与前《转识论》同本。"(第688页中)此二论均为梁真谛所译,据《开元录》卷七说,《显识论》实是《无相论》中的《显识品》,而《转识论》又出于《显识论》。在这里,两本俱解。又如同卷解《无想思尘论》说："令六识外尘境起时,思量分别,析为邻虚,渐入无相,合虚空也。"(第689页下)解《观所缘缘论》(又名《观所缘论》)说："明眼耳等五识,以外境为所缘,意识为能缘。今论俱非,无实体故,此非理等义也。"(同上)此二论实为印度大乘瑜伽派论师陈那一部著作的两个译本,前者为真谛所译,后者为玄奘所译,《开元录》卷十二已指明"二论同本异译",《指要录》的作者考虑到一般人对瑜伽派经论不大熟悉,故二本俱述。

至于单本独译,既非大部别生,又无重译,《指要录》均依既定的逐卷解说的原则处理。

《指要录》在解题之外,尚有二事值得注意:

一、在《圆觉经》(见卷四下)和《楞严经》(见卷五上)解题之末,特别强调了此二经的重要性,赞扬了唐圭峰宗密对《圆觉经》的疏解,宋长水子璿裁治洛阳兴福寺憼法师、荆渚振法师、金陵节法师、资中允法师四家科注,所作的《楞严经疏》。以此说明《圆觉》、《楞严》二经不只受到禅宗的尊崇,同样受到其他宗派的青睐。

二、在一千四十部经典解说完毕,并回答了"天竺祖师传法偈颂、谶语、生缘,翻译在于何时,流通载于何代"的问题之后,撰写了《禅教五派宗源述》,对禅、贤首、慈恩、南山(律)、天台五大宗派的源流作了阐述,并以教义命名之,颇有参考价值:

如来在多子塔前,分半座而授手金色头陀(摩诃迦叶),便传正法眼,令教外别行,付上根辈。而天竺继之者二十七世,达磨入于中国传乎可祖(慧可),至于六代曹溪(慧能)门下,分枝列派,以之今日诸宗师共所提唱者,谓之"直指悟心见性宗",乃曰"禅门"也。

　　如来在菩提场,文殊、普贤二大士当机启悟,而后马鸣、龙树二祖师,青目、清辨二尊者,洎智光法师次第传演。中国则帝心禅师(杜顺),智俨尊者,贤首(法藏)、清凉(澄观)二国师,洎圭峰(宗密)定惠广而序述,以之今日诸法师共所阐扬者,谓之"一念圆融俱德宗",乃曰"贤首教"也。

　　如来在鹫峰山,慈氏菩萨(弥勒)启蒙识智,而后无著、天亲二大士,护法、难陀二尊者,洎戒贤法师续明斯旨。中国则三藏法师(玄奘)、慈恩基师(窥基)大为嗣述,以之今日诸论师共所传讲者,谓之"三乘法相显理宗",乃曰"慈恩教"也。

　　如来在给孤独园,优波离躬行性相戒法,而后分诸部类,鸡头寺耶舍尊者,以至诸派嗣续弘持。中国则僧护、惠猷、僧业、僧祐诸高僧,洎澄照宣师(道宣)恢弘细行,以之今日诸律师共所持守者,谓之"行事防非止恶宗",乃曰"南山教"也。

　　如来灭后五百年,龙树祖师传正法眼,外述《中论》颂,而后青目尊者、分别明(指清辨)菩萨条畅玄义。中国则惠文禅师、思大和尚(慧思)、智者国师(智颉),洎灌顶、左溪朗(玄朗)、荆溪然(湛然)三尊者续大玄旨,以之今日诸讲师共所发挥者,谓之"四教法性观行宗",乃曰"天台教"也。(第 770 页下—第 771 页上)

这里更为重要的是以下的话:

然教分五宗,实枢机如来所说,经律论靡不该罗,其道本一贯也。窃尝以塑佛者为喻。喻之何谓也？若慈恩教者,如立佛骨筋泥也；南山教者,如裹佛细泥致密也；天台教者,如安佛五脏内备也；贤首教者,如装佛金彩色泽也；禅门宗者,如著佛眼珠,开光明也。如是,则阙之而不可也。（第771页上）

　　此二事反映了《指要录》作者力主禅教融合的佛教大一统思想。为此之故,它们也是有用的思想史资料。

　　《指要录》的不足之处有：有些经典的解题还没有说到要点上,较为肤浅。有的地方有差错,如据《开元录》,《大明度经》六卷（全称《大明度无极经》,吴支谦译）,本是《大般若经》第四会的同本异译,而《指要录》误作与"与第二会同本"（见卷二下,第606页中）；《八正道经》一卷（后汉安世高译）本是《杂阿含经》第二十八卷的别译,而《指要录》误作出"《杂阿含》三十卷中"（见卷六上,第707页下）；卷五下载的《弥勒菩萨所问经论》九卷（元魏菩提留支译,《开元录》作"五卷"）是释《弥勒所问经》（即《大宝积经》第四十一会）的,《大乘宝积经论》四卷（同译）是释旧单卷《大宝积经》（相当于唐译《大宝积经》第四十三会）的,《宝髻菩萨四法经论》一卷（元魏毗目智仙等译）是释《大集经·宝髻品》（即《大宝积经》第四十七会）的,都属于释经性质,而《指要录》在解说时脱"释"字,误成与本经"同本"（第677页中）；卷四下将吴支谦译的《孛经》误为《学经》（第655页上）等。

第二品　北宋王古《大藏圣教法宝标目》十卷

　　《大藏圣教法宝标目》,简称《法宝标目》、《标目》,十卷。北宋崇宁四年（1105）,清源居士王古撰。载于《明南藏》"门"函、

《明北藏》"岱"函、《清藏》"庭"函、《频伽藏》"结"帙，收入《法宝总目录》第二册。

王古，字敏仲，祖籍大名莘县（今属河北），时为东都（开封）人。曾任礼部侍郎。累世奉佛，放生戒杀。王古初寓京师，与禅门耆宿结为道友，后游江西，与晦堂杨岐诸师为禅侣。他既修禅观，又笃净业。先是有北宋福唐飞山沙门戒珠撰《净土往生传》三卷，收西晋至北宋修持净业的僧人七十五人，王古拾遗补阙，于元丰年间（1078—1085），撰《新修往生净土传》三卷（今存下卷），列传一百九人。又博采教典，该括古今，开释众疑，作《直指净土决疑集》三卷，唱禅净一致之旨（已佚）。以晁迥《道院别集》、《法藏碎金》、《耄智余书》为基础，删重集粹，成《道院集要》三卷（今存）。此外，尚撰《净土宝珠集序》（见《乐邦文类》卷四）。事见南宋志磐《佛祖统纪》卷二十八和卷四十七、明袾宏《往生集》卷二、清彭绍升《居士传》卷二十二等。

《法宝标目》书首有王古《序偈》；元大德丙午（十年，即公元1306年）江西吉州路报恩寺讲经释克己《序》；抄录的《至元法宝勘同总录》文前大科，即"初总标年代，括人法之纪纲"，"二别约岁时，分记录之殊异"，"三略明乘藏，显古录之梯航"，"四广列名题，彰今目之伦序"。除将《至元录》中的起止年代"自后汉孝明皇帝永平十年戊辰，至大元圣世至元二十二年乙酉，凡一千二百一十九年"，改为"至大元圣世大德十年丙午，凡一千二百四十一年"，其余的一无改动。克己《序》说：

《法宝标目》者，清源居士王古所志也。公读经该贯，演义深玄，举教纲而目张，览智镜而神智，故兹集要，略尽教条，溥为来机，豁开宝藏。流传既久，贝笈（指大藏经）未收，眼目所存，诚为缺事。即有前松江府僧录广福大师管主八，续集秘密经文，刊圆藏典，谓此《标目》该括详明，谨录藏中,随衔披阅。俾已通教理者,睹智灯而合照心之解;未阅圣言者,掬法流而澡惑业之垢。一览之余,全藏义海了然于心目之间矣。(《法宝总目录》第二册,第773页中)

由于《标目》书首传抄者抄录的《至元录》文前大科,故明智旭《阅藏知津》卷四十四误王古为元人,并谓"依《勘同总录》略标各经卷帙,及品数大旨"(《法宝总目录》第三册,第1151页上)。又由于克己《序》提到管主八,而现存《标目》卷一的题名是"大元续集法宝标目卷第一",故《法宝总目录》的编集者又谓《标目》是"宋王古撰,元管主八续集"。其实,克己《序》所指的是管主八从弘法寺大藏中,选刻南方各种藏经刻版所阙的密教经咒仪轨约九十七部三百一十五卷,作为元初《杭州路余杭县白云宗南山大普宁寺大藏经》(即《普宁藏》,又称《元藏》)的补充,并把《标目》编入大藏经一事,并无管主八续集《标目》的意思。《法宝总目录》将克己《序》中管主八"续集秘密经文"中的"续集"两字断开,"续"接上句,"集"启下句,这就造成了管主八既续《标目》,又集秘密经文的误解。

再从《标目》的卷数来看,它初成之时为八卷,但到南宋末年已刻作十卷。前者见于南宋志磐《佛祖统纪》卷四十六:

尚书王古因阅大藏,撰《法宝标目》八卷。其法于每经之下,录出因缘事迹、所说法门,使览题便能知旨。沙门梵真为对校,刻其板于永嘉。(《大正藏》第四十九卷,第419页上)

后者见于南宋陈振孙《直斋书录解题》卷八:

《法宝标目》十卷。户部尚书三槐王古敏仲撰。以释藏诸函随其次第为之目录,而释其因缘。凡佛会之先后,华译之异同,皆是著之。古,旦之曾孙,入元祐党籍。

据笔者对勘,《标目》所收的经典与《普宁藏》和《至元录》均有差异,而且它成为十卷,在南宋末年已是如此,无须管主八续集方成此数。故《标目》之首刊载的《至元录》的一段抄文,很可能是管主八编藏时续增,至于《标目》的正文应当视为是王古所撰,与管主八无涉。

《标目》卷一至卷九的前部分,为《开元录》入藏经的提要,始《大般若经》六百卷,终《护命放生轨仪法》一卷,凡一千七十六部,千字文函号从"天"字至"英"字;卷九的后部分,为《贞元录》新编入藏经的提要,始《大方广佛华严经》四十卷,终《瑜伽金顶注释字母品》一卷,凡一百三十五部,从"杜"字函至"给"字函;卷十为宋朝新译经及唐宋五部撰述的提要,始《庄严宝王经》四卷,终《建中靖国续灯录》三十卷,凡一百八十七部,从"千"字函至"移"字函。每部佛典前都有数序(后人编),共计一千三百九十八部。

《标目》的撰毕与《指要录》的成书相隔一年,两书无传承关系。然而《指要录》仅限于《开元藏》,而《标目》增收了《贞元藏》新译和宋朝新译,汇解的佛典要比《指要录》多出三百四十八部。而且《标目》是唯一被编入官版大藏经的解题著作,故它的实际影响要比《指要录》大得多。

与《指要录》相比,《标目》的主要特点是简明扼要,便读易晓。卷一所载的《大般若经》六百卷(唐玄奘译),卷一、卷二连载的《大宝积经》一百二十卷(唐菩提流支译),卷二的《华严经》八十卷是逐会写提要的;卷四的《陀罗尼集经》十二卷(唐阿地瞿多译),卷五的《占察善恶业报经》二卷(外国沙门菩提登译,莫知年代,出《大周录》。或谓疑经),卷六的《长阿含经》二十二卷(姚秦佛陀耶舍译)是按卷解说大旨的;卷七的《正法念处经》七十卷(北魏般若流支译)是逐品解说大旨的;同卷的《十诵律》

六十一卷(姚秦鸠摩罗什译)是按"诵",《五分律》三十卷(刘宋佛陀什译)是按"分"解说大旨的。其余的一千三百九十部著作,都是不分卷品撮举大要的。

《标目》的撰法大致有四种:

一、一部经典写一段解说。所谓一段,字数多寡不定,少则数十字,多则数百字,个别的有千余字。如在《诸德福田经》一卷(西晋法立、法炬共译)下写道:

右佛说八福田。一者众僧有五净德,名曰福田,为良为美,为无旱丧,供之得福。又有七法广施者得福,即生梵天:一者兴立佛图、僧房、堂阁;二者园果、浴池、树木、清凉;三者常施医药,疗救众病;四者作坚牢船,济渡人民;五者安设桥梁,过度羸弱;六者近道作井,渴乏得饮;七者造作圊厕,施便利处。是为七事,得梵天福。(卷四,第799页下)

又如在《十二头陀经》一卷(刘宋求那跋陀罗译)下写道:

右详说十二头陀行。十二者,一在阿兰若处,二常乞食,三次第乞食,四受乞食法,五节量食,六中(指中午)后不饮浆,七著弊纳衣,八但三衣,九冢间住,十树下止,十一震地坐,十二但坐不卧。(卷五,第807页下)

二、一部经典写一句解说。如对《大安般守意经》二卷(后汉安世高译)的解说是:"右说调息守意入禅法。"(卷七,第820页下)对《阴持入经》二卷(同译)的解说是:"右说十八界三十七品等法。"(同上)

三、数部经典写一段解说。这主要用于本同译异的重译经和内容相近的单译经的。如《谏王经》一卷(刘宋沮渠京声译)、《如来示教胜军王经》一卷(唐玄奘译)、《佛为胜光天子说王法

经》一卷(唐义净译)的合解是:

> 右三经本同译别。佛为胜光王、胜军王等,说世间福乐、五欲贵富、自在威势、宫殿园林、亲触(属)臣佐、象马车乘、珍宝服御、种种庄严,悉皆无常,不可长保。年少会老,强健必病,含血之类要终归死。老病死时,良医拱手,迅速不停,随业流转,堕诸恶趣,不可以势力逃避抗拒。惟以正法治国,勿行恶法,应愍众生皆如一子,薄赋敛,省徭役,赏善罚恶,远离不忠良者,无受佞言,当受忠谏,恭敬三宝,教民为善。能如是,龙天欢喜,福力延长,国无灾难,寿命增益,名闻十方。后生天上,乃至成佛。(卷四,第795页下—第796页上)

四、数部经典写一句解说。这也是用于本同译异的重译经和内容相近的单译经的。如《大沙门百一羯磨》一卷(失译,附刘宋录)、《羯磨》二卷(指《昙无德羯磨》,曹魏昙谛译)、《昙无德律部杂羯磨》一卷(曹魏康僧铠译)、《十诵羯磨比丘要用》一卷(刘宋僧璩依律撰出)、《弥沙塞羯磨本》一卷(指《五分羯磨》,唐爱同集)、《四分比丘尼羯磨》一卷(刘宋求那跋摩译)、《优波离问佛经》一卷(失译,附后汉录)等七部小乘律的合解是:"右优波离问戒律种种事。"(卷八,第824页下)

对于大乘经中般若、宝积、大集、华严、涅槃五大部的别生经的解释,《标目》一般采用"参见"的方法,即指出某小经是某大经哪一会或哪一品的异译,不叙具体内容。对于小乘经中阿含部别生经的解说,《标目》则一般采用先摘列大意,后指出是某大经哪一卷的异译的方式表述。如对《箭喻经》一卷(失译,附东晋录)的解说是:

> 右摩罗鸠摩罗问佛"世间有边无边"等义,佛不答,为

说此喻。出《中阿含经》第六十卷。(卷六,第816页下)

对《五阴譬喻经》一卷(后汉安世高译)和《水沫所漂经》一卷(东晋竺昙无兰译)的解说是:

> 右说五阴空,色如聚沫,受如泡,想如野马,行如芭蕉,识如幻。二经本同译别,出《杂阿含经》第十卷。(卷七,第817页下—第818页上)

这是因为《标目》与《指要录》不同,它对《长》、《中》、《增一》、《杂》四部《阿含经》并非是逐卷解释的,如单标某经出于四阿含的某一卷,就会使人无所收获,故须一一点出大意,即便是寥寥数字也好。

《标目》还援引经序和其他资料作为有些佛教经籍提要的一个成份,甚至是主要成份。有的直接引用,有的稍加改编。如《大般若经》的提要,主要是根据《三藏法师传》、《大般若经音疏序》、唐西明寺沙门玄则《大般若经序》写的,其中直引玄则《序》的文字几近全篇提要的一半;《华严经》八十卷本的提要,主要是根据清凉澄观的《华严经疏》(又称《大疏》、《清凉疏》)和《华严感应传》写的;《大涅槃经》四十卷的提要有引道宣《感通录》(《标目》作《灵感应》)的;《中论》四卷的提要有引僧睿《序》的;《百论》二卷的提要和《十二门论》一卷的提要,全是僧肇和僧睿的二篇序言的抄文;《别译杂阿含经》二十卷的提要,据智𫖮的《法华文句》卷一,谓"《增一》明人天因果,《长阿含》破邪见,《中阿含》明深义,《杂阿含》明禅定"(卷六,第814页上),等等。

《标目》简约,《指要录》详悉,二书风格各别。大致说来,《标目》不分卷品摘取一经大意,比较适合对佛典接触较少者的口味,因为对他们来说,首要的问题是想知道一部经典究竟说的是什么,寥寥数语的提要便于记忆,长段大论的提要反而易使人迷茫,不得要领。《指要录》逐卷摘叙经旨大意,比较适合具有一定的佛典常识,准备深入研习的人的口味。因为对他们来说,对一经主旨的粗略了解已经不够了,还想知道一经之下的每一卷每一品究竟说的是什么。

就提要的内容而言,有些经典的提要是《指要录》胜于《标目》,有些经典的提要则是《标目》胜于《指要录》,因此往往可以互相纠补和参证。如《指要录》介绍《文殊般若经》说:"两译共三卷[案:应是二卷],与前第十会般若同本[案:应是与《大般若经》第七会同本]。"(卷二下,第607页上)而《标目》则将此经的两次翻译分别予以介绍。在梁曼陀罗仙的译本下指出:"初无十重光,后有一行三昧文,言文殊师利童真者。是又编入《宝积》,在第四十六会。"(卷一,第777页下)在梁僧伽婆罗的译本下指出:"初有十重光,后无一行三昧文,言文殊师利王子者,是此本稍广。又此二经亦互有广略,与《大般若》第七会曼殊室利分同本异译。"(同上)这就将两译的不同之处点出来了,而且说准了此二经与《大般若经》第七会的关系。

又如陈真谛译的《中边分别论》三卷和唐玄奘译的《辩中边论》三卷,是世亲一部论著的两个译本,此论是用来阐释弥勒《辩中边论颂》一卷(玄奘译)的。《指要录》没有点出世亲阐释的对象是何书,而《标目》点出来了(见卷六)。

《标目》的不足之处有:

一、所解的佛教典籍大多不署译者或撰者。唐以前的译本因《开元录》广泛流传的关系,知之者尚众,而宋朝新译知之者较少,若不署译者,便徒增阅读人的翻检之劳。

二、个别典籍没有内容大意。如对《四分律删补随机羯磨》二卷,仅云"唐宣律师集"(卷八,第825页上),对《四分僧羯磨》

三卷和《四分尼羯磨》三卷,仅云"唐怀素集"(同上)。

三、有些地方有差错。如刘宋昙摩蜜多译的《观虚空藏菩萨经》一卷是单本,也就是说只有一次翻译,而《标目》将它与姚秦佛陀耶舍译的《虚空藏菩萨经》一卷、刘宋昙摩蜜多译的《虚空藏菩萨神咒经》一卷、隋阇那崛多译的《虚空孕菩萨经》二卷(此三经是同本异译,属重译)并列在一起,谓"四经同本异译"(卷二,第784页下);西晋法矩译的《瞻婆比丘经》一卷在《标目》卷六两次出现,一次在《恒水经》前(见第814页下),一次在《伏淫经》前(见第815页中),有重复之失;《八正道经》一卷(后汉安世高译)本是《杂阿含经》第二十八卷的异译,而《标目》误作"出《杂阿含经》第二十卷"(卷七,第818页上),等等。

第三品　明寂晓《大明释教汇目义门》四十一卷
附:明寂晓《大明释教汇门标目》四卷

《大明释教汇目义门》,简称《释教汇目义门》、《汇目义门》、《义门》,四十一卷。明万历癸丑(四十一年,公元1613年),秀水永乐兰若沙门寂晓集。今据天津刻经处1936年8月刊行的木刻本解说。

寂晓,字蕴空,东吴(今苏州)人。

《义门》书首有万历癸丑(1613)西吴沙门广莫撰的《大明释教汇目义门序》;万历戊午(四十六年,公元1618年)汝阳周从龙(此书的校订者)撰的《大明释教汇目义门序》;寂晓撰的《大明释教汇目义门释例》和《大明释教汇目义门目录》。

广莫在《序》中说:

我友蕴空禅师,披阅藏乘,三周其文,非徒诵其文,实得其心于无说无闻之际。余尝与语,恍然悟,耆然解,非庖丁之谓与？嗟余抱终身之惑而不可解，乃今直后而不翅也。师于禅暇所辑三藏闳义，题曰《大明释教汇目义门》，计四十一卷。其所诠表，盖取前人之所长，而补前人之所阙，订正重单（指重译和单译），区分诠次，故曰"汇目"。一遵天台五时而纶贯群经，则雅契佛心，时味无滥，有本可据矣。又能随经撷义，附于本名之下，以诸论疏各归其源，故曰"义门"。然则《义门》有所自来，非臆说也，盖远祖竺乾优波提舍之意。优婆提舍，此翻"义门"，良以傍经割义，令人探其名而遂见大猷故耳。又于藏外，耳之所闻，目之所觌，有俾益于性灵，辅佐于佛乘者，采之成一家言。（第1页—第2页）

周从龙在《序》中说：

蕴空禅师独罄三十年精力，检阅研究，至眼晕腕劳，不为少辍，遂从南北二藏教典，节次其题目，表章其品文，一仿天台判教科仪，都为四十五卷（包括《大明释教汇门标目》四卷在内），题曰《大明释教汇目义门》，条析章分，该详简核，直使开卷披诵之下，皆可去繁而得要，望径而知归。（周序页码，第1页—第2页）

据寂晓说，自《开元释教录》总括群经，别分乘藏（指大乘三藏和小乘三藏），编定入藏目以来，唐、五代、宋、元、明各代的佛经目录或《大藏经》目录的编纂者，均相沿而为故事。尤其是明南藏和北藏，由于没有通识之人主持其事，编次多误。如将《普贤行愿赞》编入小乘律藏，将《文殊问菩萨署经》编入大乘经藏中的华严部等，另外，为了凑成十卷为一函的卷数，而将内容不同或互相之间并无关联的佛典编在同一函之内。明万历（1573—1619）年间，沙门密藏、道开等人发起雕刻方册本《大藏经》(以往的官私版《大藏经》多为褶装本),世称《嘉兴藏》、《径山藏》(因刻地而得名),曾拟定了一个《凡例》,以期改变旧藏的编次。"道开等《刻藏凡例》云:宋元南北四藏,函卷各先后更置不同,大率以卷凑函,绝不顾其义类相从与否。按:天台五时判教,深得如来说法时次,是刻经目从之,律各从其部,论依所疏经为次。其自立者,附疏经论后。单译重译,宋元续入等,今类并之。"(见《大明释教汇目义门释例》,释例页码,第2页)然而,由于主持刻藏的人前后变换了好几任,而且经版又分刻于数处,道开的这一设想并没有付诸实施。

寂晓在阅藏的同时,随手作了大量的笔记。因而继承道开的思想,对明南北藏收录的藏经以及部分未入藏的汉地佛教著述,总计"一千八百零一部七千三百四十九卷"(据书首的《目录》),重新分类,厘为八大部,每大部之下又分若干子类,对这些佛典的名称、卷数、译撰者以及大意旨趣作了叙释,撰成了这部《义门》。所分的部次是:

一、华严部(卷一至卷四)。下分:(一)重单译经单本。(二)重译经单重本。(三)单译释经论本。(四)此方释经疏本。(五)此方释经论集本。总计收典五十七部五百七十七卷。

二、阿含部(卷五至卷九)。下分:(一)重单译经单本。(二)重译经单重本。(三)单译五分律摄集本。(四)重单译集义论单本。(五)重译集义论单重本。总计收典三百九十四部一千六百八十五卷。

三、方等部(卷十至卷十六)。下分:(一)重单译经单本。(二)重译经单重本。(三)单译释经论本。(四)此方释经疏记本。总计收典四百十三部一千零三十卷。

四、般若部(卷十七、卷十八)。下分:(一)重单译经单本。(二)重译经单重本。(三)重单译释经论单本。(四)此方释经疏记本。总计收典四十三部八百六十九卷。

五、法华部（卷十九、卷二十）。下分：（一）重单译经单本。（二）重译经重本。（三）重译释经论本。（四）此方释经疏本。（五）此方释经疏记本。总计收典二十二部一百五十五卷。

六、涅槃部（卷二十一、卷二十二）。下分：（一）重单译经单本。（二）重译经单重本。（三）单译释经论本。（四）此方释经疏记本。总计收典二十七部一百四十七卷。

七、陀罗尼部（卷二十三至卷二十七）。下分：（一）重单译经单本。（二）重译经单重本。（三）重单译仪轨单本。（四）重译仪轨单本。（五）单译集义论颂本。（六）此方传集法本。（七）此方释经疏记本。总计收典四百零二部五百四十九卷。

八、圣贤著述（卷二十八至卷四十一）。下分：（一）重单译集义论单本。（二）重译集义论单重本。（三）此方集义论释集本。（四）重单译经传集单本。（五）重译经传单重集本。（六）此方天台教典本。（七）此方诸家传记集本。（八）此方禅宗集录本。总计收典一百二十一部九百零一卷。

《义门》在分类上的特色有：

一、第一次打破了历代《大藏经》均依《开元录》所定"乘藏"分类编次的惯例[案：即先列大乘经、律、论；次列小乘经、律、论；末列贤圣集传。而大乘经中又分般若、宝积、大集、华严、涅槃五大部，以及五大部外诸经六项；小乘经又分长阿含、中阿含、增一阿含、杂阿含四大部，以及四阿含外诸经五项]，而改用天台宗的五时判教分类法，即将释迦牟尼的全部教法判别为华严时、阿含时、方等时、般若时、法华涅槃时五个时期，以此为依据，对佛典进行分类，并且在此基础上增设"陀罗尼部"，统收密教经典。

二、在大乘类经典中，撤销大乘律一项，而将它们还原为大乘经或大乘论。然后在各部（华严、方等、般若、法华、涅槃、陀罗尼)之下,以经、论、疏记为序,将众多的经典编成一个系统。其中,"经"先列卷数最多的带有丛书性质的大部、重译经中翻译年代较早的本子、只译过一次的单经,后列由大部派生出来的小经和异译,这就是子目中说的《重单译经单本》、《重译经单重本》;"论",一般只收直接解释经本的"释经论",而将由阐发众经义理而成的"集义论"放到《圣贤著述》中去讲,即子目中说的《单译释经论本》、《重单译释经论单本》、《重译释经论本》;"疏记",收汉地撰作的经疏、论疏以及与此类经论有关的其他专著,即子目中说的《此方释经疏本》、《此方释经论集本》、《此方释经疏记本》,《此方传集法本》等。

以华严部为例:《重单译经单本》,收唐译《华严经》(八十卷)、《信力入印法门经》、《庄严菩提心经》等;《重译经单重本》,收晋译《华严经》(六十卷)、《兜沙经》(《华严经·如来名号品》的同本异译)、《大方广菩萨十地经》(《庄严菩提心经》的同本异译)等;《单译释经论本》,收《十地经论》(释《华严经·十地品》)等;《此方释经疏本》,收《华严经疏》(释《华严经》,唐澄观撰);《此方释经论集本》,收《新华严经合论》(唐李通玄撰)、《华严金师子章》(唐法藏撰)、《华严法界观通玄记》(宋本嵩撰)、《原人论》(唐宗密撰)、《华严悬谈会玄记》(元普瑞撰)、《复庵和尚华严纶贯》(明大照撰)、《新译华严经音义》(唐慧苑撰)等。

三、用阿含部来统收全部小乘类经典,改变了以往佛经目录中小乘经、小乘律、小乘论三足鼎立的传统分类。其中,《重单译经单本》收《长阿含经》、《中阿含经》、《增一阿含经》、《杂阿含经》、《佛本行集经》、《决定义经》、《四十二章经》等;《重译经单重本》,收《七佛经》(出《长阿含经》第一分)、《频婆娑罗王经》(出《中阿含经·王相应品》)、《四泥犁经》(出《增一阿含经·礼三宝品》)、《转法轮经》(出《杂阿含经》第十五卷)等；《单译五分律摄集本》，收《摩诃僧祇律》、《十诵律》、《根本说一切有部毗奈耶》、《五分律》、《四分律》、《毗尼母经》、《善见毗婆沙律》等；《重单译集义论单本》、收《八犍度论》、《大毗婆沙论》、《俱舍论》、《顺正理论》、《成实论》、《异部宗轮论》等；《重译集义论单本》，收《发智论》(《八犍度论》的同本异译)、《部执异论》(《异部宗轮论》的同本异译)等。

四、开始将宗派上的类别引入汉地佛教著述的分类之中。如《圣贤著述》中，除立《重单译集义论单本》(收《瑜伽师地论》、《显扬圣教论》、《大乘阿毗达磨集论》等)、《重译集义论单本》(收《菩萨地持经》、《摄大乘论释》、《大乘起信论》等)、《此方集义论释集本》(收《大乘起信论笔削记》、《成唯识论集解》、《肇论》等)、《重单译经传集单本》(收《出曜经》、《杂宝藏经》、《法集名数经》等)、《此方诸家传记集本》(收《释迦谱》、《法苑珠林》、《大明三藏圣教目录》等)五目之外，还别立《此方天台教典本》和《此方禅宗集录本》二目。前者收录《佛祖统纪》、《摩诃止观》、《金刚錍》、《天台四教仪集注》、《教乘法数》、《大明三藏法数》等天台宗撰述；后者收录《宗镜录》、《六祖大师法宝坛经》、《景德传灯录》、《罗湖野录》、《禅关策进》、《大藏要略》等禅宗撰述。虽说见录其中的一些著作尚可作进一步的分类，如宋宗晓撰的《乐邦文类》、明大佑撰的《净土指归集》、元怀则撰的《净土境要观门》、元普度撰的《庐山莲宗宝鉴》、明袾宏撰的《往生集》等，可以立为净土宗撰述。但在佛经目录中为天台宗、禅宗单独立类，毕竟是第一次。

《义门》的解题方式大致可以分为以下几种：

一、根据经文的提示、前人的研究成果和作者自己的理解，撮述典籍的旨趣大意。属于这一类的典籍在《义门》中占多数。

如卷八在《摩诃僧祇律》四十卷(东晋佛陀跋陀罗译)下写道:

　　右《摩诃僧祇律》,是根本调伏藏,即大藏部毗奈耶(意为"律")也。佛圆寂后,尊者迦叶集千应真(指阿罗汉)于王舍城竹林石室之所结集。经云:胜故,秘故,佛独制故。如契经中诸弟子或诸天说法,律则不尔,一切佛说。有十事利益故,诸佛制戒:一摄僧故;二令僧一心故;三令僧安乐故;四折伏高心故;五有惭愧人得安隐住故;六不信者令得信故;七已信者令增长故;八遮今世恼漏故;九未生诸漏令不生故;十佛法得久住,为诸天人开甘露门施故。

　　第一卷至二十二卷:僧律。明四波罗夷法、十三僧伽婆尸沙、三十尼萨耆波夜提、九十二波夜提、四波罗提提舍尼、六十七众学法、七灭净法。第二十三至三十五卷:杂诵跋渠。明受具足戒法、羯磨法、田园法、僧伽蓝法、营事法、床褥法、恭敬法、布萨法、安居法、自恣法、本罪中间破僧作谤羯磨法、迦缔那衣法、病药法、依止法、钵法、粥法、浆饼法、非法毗尼法、尼八敬法、皮革法、净食法、共坐食等法、五百七百罗汉结集法藏事、杂品毗尼、香华树果盂刷梳簪龛塔等法、威仪越威仪法。第三十六至四十卷:尼律。明八波罗夷法、十九僧伽婆尸沙、三十尼萨耆波夜提、百四十一波夜提、八波罗提提舍尼、六十五众学法、七灭净法、及杂品毗尼。

　　律戒中犯重,曰波罗夷;次曰僧伽婆尸沙,此云僧残;次曰波夜提;次曰波罗提提舍尼;次曰突吉罗。皆梵语也。(卷八页码,第1页—第2页)

又如同卷在《毗尼母经》八卷(三秦失译)下写道:

　　右《毗尼母经》,亦云《毗尼母论》,广摄律中一切诸聚,令决定了义不复惑也。一切经要,皆在此中。制戒因本,皆

在此中。(第6页)

二、节录疏论的原文。属于这一类的典籍总计有几十部，主要有唐澄观《华严经疏》(见卷二、卷三)、李通玄《新华严经合论》(见卷四)、隋智顗《金光明经玄义》(见卷十五)、《金光明经文句》(同上)、《观无量寿佛经疏》(见卷十六)、《菩萨戒义疏》(同上)、明袾宏《菩萨戒义疏发隐》(同上)、唐宗密《圆觉经略疏抄》(同上)、明宗泐等《楞伽经注解》(同上)、隋智顗《法华经玄义》(见卷十九)、《法华经文句》(见卷二十)、宋惠洪《法华经合论》(同上)、隋灌顶《大般涅槃经玄义》(见卷二十二)、宋子璿《首楞严经义疏》(见卷二十七)等。虽说这一类典籍的总数远不及第一类多，但由于节录的文字一般都很长，大多在数千字至万余字之间，最长的是澄观的《华严经疏》，被摘录了二万余字(不包括句逗)，因此，从总字数来讲，仅次于第一类。如卷十六在《菩萨戒义疏》二卷(隋智顗撰)下写道：

右疏曰：此经题名《梵网》上卷。文言：佛观大梵天王因陀罗网千重文采，不相障阂，为说无量世界犹如网目，一一世界，各各不同，诸佛教门，亦复如是，庄严梵身，无所障碍。从譬立名，总喻一部所证参差不同，如梵王网也。品名《菩萨心地》者，亦是譬名。品内所明大士要用，如人身之有心，能总万事，能生胜果，为大士所依，义言"如地"也。卢舍那者，《宝梁经》翻为"净满"，以诸患都尽，故称为净；众德悉圆，名为满也。释迦牟尼者，《瑞应经》翻为"能儒"，亦云"能仁"，又"能忍"，亦"直林"。牟尼者，身口意，或云"度沃焦"，此是异说。《华严·名号品》或名"卢舍"，或名"释迦"，今明不一不异，机缘宜闻耳。释迦在第四禅摩醯首罗宫，说此《心地品》。(卷十六页码，第7页—第8页)

三、摘抄序跋或偈颂。属于这一类的典籍也有几十部,主要有《显宗论》(见卷九)、《杂阿毗昙心论》(同上)、《四谛论》(同上)、东晋僧肇等《维摩诘所说经注》(见卷十六)、宋元粹《圆觉经集注》(同上)、明大佑《楞伽经参订疏》(同上)、元性澄《阿弥陀经句解》(同上)、明大佑《阿弥陀经略解》(同上)、明袾宏《阿弥陀经疏抄》(同上)、唐义净《略明般若末后一颂》(见卷十八)、宗密《金刚经疏论纂要》(同上)、宋智圆《涅槃玄义发源机要》(见卷二十二)、宋净源《佛遗教经论疏节要》(同上)等。如卷九在《显宗论》下写道:

右众贤论师造。偈云:已说论名《顺正理》,乐思择者所应学。文句派演隔难寻,非少劬劳所能解。为撮广文令易了,故造略论名《显宗》。饰存彼颂以为归,删《顺理》中广抉择。对彼谬言申正释,显此所宗真妙义。(卷九页码,第6页)

卷十六在《阿弥陀经句解》一卷(元性澄撰)下写道:

右题跋云:此经乃极乐之易简秘书也。自唐迄宋,慈恩基(窥基)师、孤山圆(智圆)师、净觉岳(仁岳)师、灵芝照(元照)师,皆有疏记。古崖新师复有《集注》,义释备矣。犹虑道俗未暇详览,辄取优长分文句解云。(卷十六页码,第20页)

卷十八在《略明般若末后一颂》(唐义净撰,附于《能断金刚般若波罗蜜多经论释》之后)下写道:

右序曰:无著菩萨昔为睹史多天慈氏(指兜率天弥勒)尊处,亲受此八十颂,开般若要门。世亲大士躬为其释,顺瑜伽宗理,明唯识之义。后印土更有别释,但顺龙猛,不会瑜伽。瑜伽则真有俗无,以三性为本;中观乃真无俗有,实二谛为先。般若大宗,舍斯两意。致使东夏则道分南北,西方乃义隔有空。既识分纲,理无和杂,各准圣旨,诚难乖竞。然而末后一颂,释文既隐,恐寻者尚昧,辄因二九事喻,聊题十八之作云。(卷十八页码,第6页)

《大明释教汇目义门》的不足之处有:将大部与它的派生经,以及同本异译的经典拆开,分编在《重单译经单本》和《重译经单重本》之中,不利于学人了解同一部经典的传译情况;由于取消了大乘经律论和小乘经律论的专类,致使一些著名的大乘论,如《瑜伽师地论》、《显扬圣教论》等因无合适的部类可入,而被编入《圣贤著述》中,从而使《圣贤著述》一类变得庞杂起来。

明寂晓《大明释教汇门标目》四卷

《大明释教汇门标目》,简称《汇门标目》,四卷。明万历戊午(四十六年,公元1618年),寂晓撰。今据中国佛教协会收藏的天津刻经处1931年9月刊行的木刻本解说。

《汇门标目》书首有明万历戊午(1618)范阳邹漪撰的《大明释教汇门标目序》。说:

> 高僧哲士,代出比肩。传译论疏,时成充栋。然而群言散出,弥益浩繁,宗旨莫齐,讵无舛驳?甚且部分紊其后先,重单类多抵牾。徒令有识之士,致慨标显无人,浅学之徒,究其相沿弗悟。曾未有贯一其参差,总条其脉络者也。蕴空法师慨焉兴嗟,毕大愿力,穷年检阅,每忘藜火之劳;扃户研摩,几致韦编之绝。虽函卷纵横,而目无漏落;即部类繁杂,而心辄贯穿。语言非迹,尽入悟中。旨趣欲流,会传笔下。爰撰《汇目义门》,用以津梁后学。勘义参同,烂如星列。分条析缕,俨若珠联。仅从四十一卷之中,具揭千百余年之秘,谓非宗门之要旨,而教典之鸿裁也哉。然而教因人

设,人不能皆慧而无蒙;人以教开,教何忍百收而一拒。在解者固可即约以该博,彼愚者犹然见简之为烦,执卷兴泛海之叹,投函起面墙之叹。师实悯焉,能无虑乎?于是更为撮略,仍用科分,撰成四卷,题曰《标目》。检括群经,备诸尺幅,寂寥数语,该彼全文。譬犹振衣必提其领,举网第挈其纲,俾才一披诵,便同指掌之明。(序页码,第1页—第2页)

《汇门标目》是《义门》的节略本。所收的典籍以及它们的分类均与《义门》相同,解题也是从《义门》撮略的。但《汇门标目》对《义门》中同一部类内的个别典籍的先后次第略作更动。如《义门》华严部《重译经单重本》中,《度诸佛境界智光严经》是排在《大方广如来智德不思议境界经》之前的;阿含部《单译五分律摄集本》中,《十诵律》是排在《十诵律毗尼序》之前的,而在《汇门标目》中,它们的顺序正好倒了一下。

据寂晓在《大明释教汇目义门释例》中说,他在《义门》撰成之后,"复出《汇门目录》(即《汇门标目》)四卷,标显本部某经某论,南藏某字函、北藏某字函;未入藏者圈出,曰'撰录续入本'。提顿纲宗,品目斯备。俾夫寻览之者,知本末之有归焉。"(释例页码,第3页)然而今本《汇门标目》并没有在所收的典籍下标注明南藏和北藏的函号,也没有将未编入藏的典籍圈出,注以"撰录续入本"的名称。究竟是寂晓原先有这个设想而后改变了,还是后世在翻刻时将它们删去了,不得而知。

今本《汇门标目》的目次是:卷一为华严部、阿含部;卷二为方等部、般若部、法华部、涅槃部;卷三为陀罗尼部;卷四为圣贤著述。

《汇门标目》的特点是简略。它不仅略去了每部典籍的卷数及译撰者,只列书名,而且解题只有寥寥数语,少的不足十个

字,最长的也不过六十余字,大多在二十字上下。另外,也有一些是只列书名而无解说的(见陀罗尼部)。其解题的方式如下:

《立世阿毗昙论》 说世界成立因缘事相,与《起世经》、《俱舍论》等相参照。(卷一阿含部《重单译集义论单本》,第 26 页)

《佛说陀罗尼集经》 集诸佛顶三昧印咒法、诸大菩萨印咒法、金刚部诸天部献佛助成印咒法、都会道场灌顶普集坛法。(卷三陀罗尼部《重单译经单本》,第 7 页)

《杂宝藏经》 集诸经今古事缘一百二十缘。(卷四圣贤著述《重单译经传集单本》,第 7 页)

《宗镜录》 集大乘经论六十部,西天此土圣贤之言三百家。一标宗,二问答,三引证,证成唯心之旨。宋永明智者禅师延寿述。(同卷《此方禅宗集录本》,第 18 页)

《庐山莲宗宝鉴》 集佛祖诚言,破群邪异见,示念佛三昧正心之理。(同上,第 22 页)

由于寂晓撰《汇门标目》的目的是为《义门》提供一份要目,所以,后世的刊版者往往将两书合刊在一起,而将《汇门标目》置于《义门》之前。天津刻经处的木刻本亦复如此。

第四品 明智旭《阅藏知津》四十四卷

《阅藏知津》,简称《知津》,总目四卷、正文四十四卷。清甲午岁(顺治十一年,公元 1654 年),北天目沙门智旭撰成。收入日本编《法宝总目录》第三册。

智旭(1599—1655),字藕益,别号八不道人,俗姓钟,江苏吴县木渎镇人。初习儒学,辟佛老,著《辟佛论》数十篇。十七岁时,因阅袾宏《自知录》和《竹窗随笔》,遂不谤佛,并取前论焚之。二十四岁从德清弟子雪岭剃度出家。后游江、浙、赣、闽、皖诸地,晚年入居灵峰(在浙江孝丰)。生平著述五十一种,其中重要的有《楞严经玄义》、《楞严经文句》、《法华经会义》、《四十二章经解》、《梵网经合注》、《重治毗尼事义集要》、《起信论裂网疏》、《八识规矩直解》、《教观纲宗》、《佛说阿弥陀佛经要解》等。弟子成时将其著作分为"宗论"和"释论"两类,而将宗论类著作编成《灵峰宗论》十卷,书首有《八不道人传》,叙说智旭的生平事迹。清彭希涑《净土圣贤录》卷六转录。

《知津》书首有智旭《叙》、夏之鼎《缘起》和智旭介绍《知津》体例的《凡例》。

智旭在《叙》中说:

顾历朝所刻藏乘,或随年次编入,或约重单分类,大小混杂,先后失准,致使欲展阅者,茫然不知缓急可否。故诸刹所供大藏,不过缄置高阁而已。纵有阅者,亦罕能达其旨归,辨其权实。佛祖慧命,真不啻九鼎一丝之惧。而诸方师匠,方且或竞人我,如兄弟之阅墙;或趋名利,如苍蝇之逐臭;或妄争是非,如痴犬之吠井;或恣享福供,如燕雀之处堂。将何以报佛恩哉?唯宋有王古居士,创作《法宝标目》,明有蕴空沙门(寂晓),嗣作《汇目义门》,并可称良工苦心。然《标目》仅顺宋藏次第,略指端倪,固未尽美;《义门》创依五时教味,粗陈梗概,亦未尽善[案:智旭未见宋惟白的《大藏经纲目指要录》,故不提]。旭以年三十时,发心阅藏,次年晤壁如镐兄于博山,谆谆以义类诠次为嘱。于是每展藏时,随阅随录,凡历龙居、九华、霞漳、温陵、幽栖、石城、长水、灵峰八地,历年二十禩,始获成稿。(《法宝总目录》第三册,第1007页上、中)

《叙》中所说的"始获成稿",指的是《知津》大体告成。因为书末叙载的属于此方撰述中的"序赞诗歌"三种和"应收入藏此土撰述"四十五种,当时仅载书名,尚无提要。据《叙》末所署的年月,其时为"甲午(1654)重阳后一日",即农历九月初十。而仅隔三个多月,至翌年正月二十一日,作者便去世了。这最后补充进去的这些著作,也就无人补写了。九年以后,至清康熙三年(1664),夏之鼎等人抽资依原稿刻印了《知津》。光绪辛卯(十七年,即公元1891年),金陵刻经处校订重刊,在《知津》最后叙载的四十八种著作的题名下添注了撰者名氏。收入《法宝总目录》的即是此本。

《知津》分为四藏:

一、经藏。下分大乘经和小乘经。大乘经分为五部:华严(卷一)、方等(卷二至卷十五)、般若(卷十六至卷二十三)、法华(卷二十四)、涅槃(卷二十五)。这中间方等部又分为显说(卷二至卷十)和密咒两部,密咒部再分为经(卷十一至卷十四)和仪轨(卷十五)两项;小乘经(卷二十六至卷三十一)不分部。

二、律藏。下分大乘律(卷三十二)和小乘律(卷三十三),末附"疑似杂伪律"一部,即《佛说目连问戒律中五百轻重事经》一卷(西晋失译)。

三、论藏。下分大乘论和小乘论。大乘论分为释经论(卷三十四至卷三十六)、宗经论(卷三十七至卷三十九前部分)、诸论释(卷三十九后部分)三类,每一类又分为西土和此方两项;小乘论(卷四十)不分类。

四、杂藏。下分西土撰述和此方撰述。西土撰述(卷四十一)不分类,末附"外道论"两部,即《胜宗十句义论》一卷和《金七十论》三卷,又附"疑伪经"一部,即《大明仁孝皇后梦感佛说第一希有大功德经》二卷;此方撰述(卷四十二至卷四十四)分为十五类:忏仪、净土、台宗、禅宗、贤首宗、慈恩宗、密宗、律宗、纂集、传记、护教、音义、目录、序赞诗歌、应收入藏此土撰述。这中间《应收入藏此土撰述》又区别为释经、密宗、净土、台宗、禅宗、慈恩宗、纂集、传记、护教、目录十项。

《知津》所解说的佛教经典究竟有多少，作者没说，书中亦无可资参考的统计数。不过，由于《知津》所解说的经典囊括明南藏（指《永乐南藏》）和北藏（指《永乐北藏》）[案：《法宝总目录》第二册载有《大明三藏圣教北藏目录》四卷和《大明三藏圣教南藏目录》一卷，即是明南北藏的目录。《大明三藏圣教南藏目录》，原名《大明重刊三藏圣教目录》，作三卷，见《知津》卷四十四]。而据南北二藏每经前所编的数序，南藏收佛典一千六百一十部[案：《北藏目录》之末有"北藏缺南藏函号附"，指出《续传灯录》三十六卷、《古尊宿语录》四十八卷、《禅宗颂古联珠通集》二十一卷、《佛祖统纪》四十五卷和《大明三藏圣教目录》（《南藏目录》）三卷，为北藏所缺。另据《知津》卷三十五，唐宗密撰的《大方广圆觉修多罗了义经略疏》四卷、附科文一卷，北藏亦缺。故南藏有、北藏无的经典有六部]，北藏原有佛典一千六百一十五部[案：据《北藏目录》每经之下标注的南藏函号或"南藏缺"等字样，其中《妙法莲华经观世音菩萨普门品经》一卷、《相续解脱如来所作随顺处了义经》一卷（以上见该书卷一）、《楞伽阿跋多罗宝经注解》八卷、《般若波罗蜜多心经注解》一卷、《金刚般若波罗蜜经注解》一卷、《大明太宗文皇帝御制序赞文》一卷、《诸佛世尊如来菩萨尊者神僧名经》四十卷、《诸佛世尊如来菩萨尊者名称歌曲》五十卷、《感应歌曲》一卷、《神僧传》一卷、《大明三藏法数》四十卷（以上见卷四）等十一部，为北藏有、南藏无]，万历十二年（1584）又将汉地佛教撰述三十六种，编为《大明续入藏诸集》合入[案：其中《圆觉经略疏之抄》三十卷、《维摩诘所说经注》十卷，《北藏目录》谓"南石字"，查《南藏目录》"石"字函并无此二部;《翻译名义集》二十卷,《北藏目录》谓"南钜野字",而《南藏目录》仅从"天"字函,编至"石"字函,"钜野"两字在千字文中在"石"字之后,自然亦无。另外,《大明仁孝皇后梦感佛说第一希有大功德经》二卷为南北二藏俱载。故此续入的三十六部经典中,北藏有、南藏无的是三十三种],成一千六百五十一部。叠合的部分不计,明南北藏收录的佛典总数为一千六百五十七部。《知津》将其中的《感应歌曲》合入《诸佛世尊如来菩萨尊者神僧名称歌曲》,作五十一卷,从数目上减去了一部。另外新增明藏所缺的《维摩诘所说经疏》十卷、《维摩诘所说经记》六卷、《六妙门禅法》一卷、《释摩诃衍论》十卷[案:《知津》总目谓《经疏》在"元朝藏中谦字号",《经记》、《禅法》在"元朝藏中谨字号",查《法宝总目录》第二册所收《普宁藏》(元藏)目录,既无"谦"、"谨"字号,亦无书。又谓《释摩衍论》在"元藏笙字号","笙"字虽有,但不收此书,不知何故]、《肇论》一卷、《观心论》一卷等六部,以及《应收入藏此土撰述》中所列的四十七部,则《知津》所收佛典的总数为一千七百零九部。

在北宋以后出现的佛典解题类著作中,《知津》成书最晚。然而,由于《知津》的作者善于甄采前人的编纂经验和研究成果,而且用功最力,以二十年之心血方勒成一稿,所以,《知津》虽后出而居上,无论是分类编目,还是解题述要,都颇有见树,成为解题类著作中的上品佳作。

《知津》在分类方面的特色有:

一、按天台宗的五时判教编排经藏。

先是有东吴沙门寂晓,首次打破历代《大藏经》编目均依《开元录》为规式的成例,改以天台宗所说的五时判教为典据,将全部佛典分为华严、阿含、方等、般若、法华、涅槃、陀罗尼、圣贤著述九大部,并分别叙释各经的旨趣大意,撰成《大明释教汇目义门》四十一卷。对《义门》依五时判教而作的佛典分类,智旭基本上是赞同的。同时又认为它的编法未为尽善,需要修正。因而决定对《义门》的分类法采取有取有舍的态度。

《知津》取的是按五时判教编列大乘经次第。历来经录都是将《般若经》放在大乘经之首的,而现在更置《华严经》为大乘经之首;将《开元录》中宝积、大集两部,与五大部外诸大乘经(包括重译和单译)的大部分经典合在一起,成立方等部;将《法华》从五大部外大乘重译经中独立出来,并附以性质相近的数部大乘经,成立法华部。舍的是"《义门》但分五时,不分三藏,谓三藏小教,但属阿含一时也"(《凡例》,第1007页下),仍按历来的典则,将大乘经典和小乘经典分为经律论三藏。《义门》在华严部以后叙阿含部,这虽符合五时的顺序,但阿含部所收的是小乘经典,"以小教加于方等、般若之前,甚为不可"(同上)。因为这样就会出现两头是大乘经,中间夹小乘经的情况。为此之故,《知津》仍依经律论三藏的每一藏先大乘、后小乘的原则,将《阿含经》移至法华、涅槃部之后,即叙完大乘经之后,再叙小乘经。《开元录》中的密教经典,是按其重译或单译被编入五大部外大乘重单译经中的,《义门》将密教经典抽出,单独编为一部(陀罗尼部),而《知津》参照《至元法宝勘同总录》的编法,将密教经典看作是大乘经的分支,将它编入方等部,并剖分为密咒经和密咒仪轨两项。

二、将大乘论藏分为释经论、宗经论和诸论释三类,并将中国僧人有关的章疏论著编入其内。

在《开元录》以前,大乘论是不分子目的,《开元录》根据大乘论的内容有疏解某经和阐述大乘佛教理论的不同,创立"释经论"和"集义论"两目,然而所收仅限于印度佛教的著述。智旭受《义门》设"疏记"一目的启发,在《开元录》的基础上,别创三分法,即在释经论之外,将"集义论"一目再分为二:宗依大乘经文、阐释大乘义理的"宗经论"和对已属于大乘论的著作进行再解释的"诸论释"[案:从广义上来说,大乘论还可以包括"释律论"和"宗律论"两目],这就更符合大乘论的实际构成。而且智旭在大乘论三类的每一类中,不仅收印度佛教学者的著作,同时也收中国佛教学者的著作,这是以往经录所从来没有过的。如《此土大乘释经论》中收唐澄观的《大方广佛华严经疏》六十卷、法藏的《华严经指归》一卷、宗密的《大方广圆觉修多罗了义经略疏之抄》三十卷、明宗泐和如玘的《楞伽阿跋多罗宝经注解》八卷、隋智顗的《四教义》六卷、宋子璿等的《首楞严经义海》三十卷等三十八部;《此土大乘宗经论》收姚秦僧肇的《肇论》三卷、隋智顗的《摩诃止观》二十卷等十四部;《此土大乘诸论释》收元普瑞的《华严悬谈会玄记》四十卷、宋知礼的《佛说观无量寿佛经疏妙宗抄》六卷、宋师会的《般若波罗蜜多心经略疏连珠记》二卷、唐窥基的《大乘百法明门论解》一卷、元文才的《肇论新疏游刃》二十卷、唐湛然的《止观义例》二卷等二十一部。

三、开立杂藏。

杂藏之名,源自经文。北齐法上撰《众经目录》一卷,分群经为八录,列《杂藏录》为第一。但《法上录》中的杂藏所收的恐怕不是印度或中国的佛教撰述。一是因为杂藏录收录的部卷比《修多罗录》、《毗尼录》、《阿毗昙录》,即经、律、论三录收录的部卷的总数还多,也就是说撰述多于三藏,这在当时是不可能的;二是因为中国佛教历来以从印度传入的三藏译本为最根本的经典,不会本末倒置,将佛弟子的撰述放置在佛祖的教典之前。由于《法上录》早佚,杂藏究竟收的是什么,无从稽考。但《知津》

中的杂藏与《法上录》中的杂藏名同而实异是可以肯定的。智旭说：

> 若据《智度论》说，则凡后代撰述合佛法者，总可论藏所收。若据《出曜经》说，则于经律论外，复有第四杂藏。今谓两土（西土与此方）著作，不论释经、宗经，果是专阐大乘，则应摄入大论（指大乘论）；专阐小道，则应摄入小论（指小乘论）；其或理兼大小（大乘小乘），事涉世间，二论既不可收，故应别立杂藏。（《凡例》，第1007页下）

简而言之，杂藏所收的是大乘论和小乘论已收之外的印度佛教撰述，以及大乘论已收之外的中国佛教撰述。《知津》又按宗派（净土、台宗、禅宗、贤首宗、慈恩宗、密宗、律宗）、文体（忏仪、纂集、传记、音义、目录、序赞诗歌）、内容（护教）和新收（应收入藏此土撰述）诸方面，将《此方撰述》，即中国佛教撰述分为十五类，收录著作一百八十一部，此种慎细的分类是前人所未达到的。

四、调整经典的归属。此有种种不同：

第一，作大乘经各部之间的调整。如《圆觉经》一卷（唐佛陀多罗译），在《开元录》中属于五大部外大乘单译经，《知津》则将它调至华严部。《大乘方广总持经》一卷（隋毗尼多流支译）和它的异译《佛说济诸方等学经》一卷（西晋竺法护译）、《集一切福德三昧经》三卷（姚秦鸠摩罗什译）和它的异译《等集众德三昧经》三卷（西晋竺法护译）、《摩诃摩耶经》二卷（萧齐昙景译）、《大方等大云经》四卷（北凉昙无谶译）等六经，原属五大部外大乘重译经。《菩萨处胎经》五卷（姚秦竺佛念译）、《中阴经》二卷（同译）、《佛说莲华面经》一卷（隋那连提黎耶舍译）等三经，原属五大部外大乘单译经。《知津》均将它们编入涅槃部。

第二，将有些大乘经移编为大乘律。如《开元录》谓是五大部外大乘单译经的《舍利弗悔过经》一卷（后汉安世高译）和它的异译《大乘三聚忏悔经》一卷（隋阇那崛多译），《知津》勘同《菩萨藏经》一卷（萧梁僧伽婆罗译）。《菩萨优婆塞五戒威仪经》一卷（刘宋求那跋摩译），《知津》勘同《菩萨戒本经》一卷（北凉昙无谶译）和《菩萨戒本》一卷（唐玄奘译）。《文殊师利问经》二卷（萧梁僧伽婆罗译），原属五大部外大乘单译经。《佛说善恭敬经》一卷（隋阇那崛多译）和它的异译《佛说正恭敬经》一卷（元魏佛陀扇多译），原属五大部外大乘重译经。上六经，《知津》均移编至大乘律。

第三，将有些大乘经移编为小乘经。如《佛垂般涅槃略说教诫经》一卷（姚秦鸠摩罗什译）、《佛说法灭尽经》一卷（刘宋失译）、《般涅槃后灌腊经》一卷（西晋竺法护译）、《天王太子辟罗经》一卷（姚秦失译）、《佛为海龙王说法印经》一卷（唐义净译）等六经，《开元录》编在五大部外大乘单译经之中，《知津》认为非是大乘，而是小乘，移编至小乘经。

第四，将有的大乘论移编为小乘论。如《缘生论》一卷（隋达摩笈多译），原为《开元录·大乘集义论》中的一部，《知津》编为小乘论[案：对《知津》将有些原来被称为大乘经或大乘论的经典，移编为小乘，有赞成并采用的，如日本《刷缩藏》和中国《频伽藏》，也有仍依《开元录》分类的，如吕澂《新编汉文大藏经目录》]。

第五，将有的小乘经移编为小乘律。如《佛说斋经》一卷（吴支谦译），本为《中阿含经》第五十五卷的异译，《知津》将它编入小乘律[案：《刷缩藏》、《频伽藏》、吕澂《新编汉文大藏经目录》均未采用]。

五、同一类经典中的单本和重译，依内容联系的疏密编次，并在重译中选取善本加以标识。

《开元录》以前的经录在叙述同一类经典时,都是先叙单本,后叙重译,至《开元录》则反之,先叙重译,后叙单本。寂晓的《汇目义门》采用《开元录》以前经录的办法,在重单译中,先取单本总列于前,后以重译别列于后。这两种编法有条理清晰的好处,但也存在着一个共同的毛病,即"相去悬隔,查考稍难"(《凡例》,第1008页上)。以《开元录》卷十二所收的密教经典为例,一部分出现在五大部外大乘重译经中,另一部分又出现在五大部外大乘单译经中,中间隔着数十部虽是重译但因阙失只存一本的显教重译经和自古以来只有一译的显教单译经。查考之时,自然不便。《知津》别开生面,将单本和重译混编于一处,使内容相近的经典免于分散。

又,以往经录在编定重译的次第时,一般都是以译出时间的先后为序的,这对于历史状况的真实记叙,无疑是正确的。但重译既多,若一一俱阅,既费时日且无多大必要(专门考证译本异同者除外),故须有人指示何本为善本,以便读一本而得数本乃至数十本重译的要旨。《大唐内典录》曾尝试做这件事,它在重译中选取一个好的译本作为诵持的主本,编成《历代众经举要转读录》,因选取的译本有些未必真善,招致《开元录》的讥议,以后便无人敢问津了。《知津》继踵《内典录》之业,在重译中"选取译之巧者一本为主,其余重译者即列于后"(同上,第1008页中)。凡重译经主本和单译经全顶格书写,非主本的重译经"于总目中,即低一字书之,使人易晓"(同上)。并且在非主本的重译经的解说中,指出该本与主本的同异情况,使人知道它或者应该与主本并读,或者可以不读。《知津》的学术价值之一就在于这里。

《知津》在解题方面的特色有:

一、经藏和律藏各部之首均有"述曰",概述收录经典的主旨及范围。经藏中方等部的"述曰"，内容较为充实。

述曰：方等亦名方广，于十二分教中（居）十一，并通大小，此唯在大。盖一代时教，统以二藏收之：一声闻藏，二菩萨藏。阿含、毗尼及阿毗昙，属声闻藏；大乘、方等，属菩萨藏。是则始自华严，终大涅槃。一切菩萨法藏，皆称方等经典。今更就大乘中，别取独被大机者，名华严部；融通空有者，名般若部；开权显实者，名法华部；垂灭谈常者，名涅槃部；其余若显若密，或对小明大，或泛明诸佛菩萨因果、事理、行位、智断，皆此方等部收。（卷二，第1034页下）

律藏中大乘律的"述曰"，解释了大乘律的来源。

述曰：大乘律法，杂在方等诸经，不同声闻别部独行。今于经中，取其扶律义居多者，或是全部，或是一品一章，别标于左。（卷三十二，第1200页上）

小乘律的"述曰"，辨析了大乘学者兼习小乘律的必要性。

述曰：毗尼一藏，元（原）不局于声闻。但大必兼小，小不兼大，今约当分，且属声闻。实则大小两家之所共学，而菩萨比丘，绍佛家业，化他为务，尤不可不精通乎此也。（卷三十三，第1203页中）

二、在经典的题名下，依明南北藏标注卷数、函号，并叙列它的译撰者。有些还标出它的异名和作序人。凡一部经典，明南北藏所作的卷数是相同的，则只标一个数目，如"一卷"、"五卷"等；若二藏所作的卷数不同，则先标南藏的卷数，次标北藏的卷数，如《佛说如来不思议秘密大乘经》（宋法护等译）下注："二十卷，今作十卷"，《佛说大乘无量寿庄严经》（宋法贤译）下注："南作二卷，北上中下同卷（亦即一卷）"等；如果一部经典虽也可称为一卷，但实际只有几纸，乃至十几纸，则注"四纸半"、

"七纸欠"(七纸不到)、"二纸余"、"十五纸"等纸数,不注卷数;如果一部经典在明南北二藏的函号不同,则一并标出,如《佛说兜沙经》(后汉支娄迦谶译)下注"南迩、北壹";如果函号相同,则一般只标一个函号,不加分别,如《佛说大阿弥陀经》(宋王日休集)下注"贞",这"贞"字既表示是北藏的函号,也表示是南藏的函号。在《知津》之前的《指要录》和《标目》由于作于北宋,故它们所标的是宋藏的函号,而且绝大多数经典不注译撰之人。

三、对多数经典,尤其是卷帙较多而涉阅较少的经典,进行逐品解说,振裘挈领,开示纲要。有些经典解说的详细程度,超过《指要录》。并且间有夹注,略释名相。智旭在《凡例》中说道:

> 诸经或已流通,则人多素晓;或虽未流通,而卷帙不多,则人易翻阅,故所录皆略。唯《大般若》实为佛祖迅航,而久不流通,卷盈六百,故所录稍详。又《宝积》、《大集》及诸密部并《阿含》等,凡卷帙多而人罕阅者,亦详录之。庶令人染一指而知全鼎之味云尔。(第1008页中)

这中间《大般若经》的解说最详,达七卷半(《知津》卷十六至卷二十三前部分)。其次是《大宝积经》(《知津》卷二至卷三前部分)和《中阿含经》(《知津》卷二十七至卷二十八前部分),它们各占一卷半。密教经典多言神咒、坛法、契印,而且夹杂着字形字义与常用汉字全不同的密字,所以虽然译本不少,历朝所译亦有三四百部,但一是因为它神秘艰涩,二是因为"密坛仪轨,须有师承"(卷十一,第1086页上),能读懂的人十不存一。智旭为学人计,对这些密典一一撮示梗概,有时还附以论断。

四、有经本的考证。如指出:姚秦鸠摩罗什译的《千佛因缘经》一卷,"经来未尽"(卷五,第1056页上)。唐玄奘译的《药师瑠璃光如来本愿功德经》一卷,"此即流通本也。然亦无神咒,及八菩萨名。今之八菩萨名,乃后人依《灌顶第十二经》添入。今之神咒,乃后人依《七佛本愿经》添入"(同上,第1057页上、中)。刘宋求那跋陀罗译的《杂阿含经》五十卷,"大约有小半与《中阿含》、《增一阿含》相同,而文顺畅"(卷二十九,第1186页下)。东晋失译的《佛说得道梯隥锡杖经》一卷,"此与律制锡杖迥异,已于《毗尼集要》杖法中略辩之"(卷三十一,第1195页下)。吴支谦译的《四愿经》一卷,"前后文不相蒙,颇似错简"(同上,第1197页中)。东晋失译的《佛说护净经》一卷,"似结集家结撮语"(同上,第1197页下)。刘宋僧伽跋摩译的《萨婆多毗尼摩得勒伽》十卷,"属《十诵》。《十诵》虽云即萨婆多(有部),实与萨婆多不全同也"(卷三十三,第1204页中)。西晋失译的《佛说目连问戒律中五百轻重事经》一卷,"唯首品即《犯戒罪轻重》并《目连所问》二经,下诸品与五部律、及诸律论俱多矛盾,曾于《毗尼集要》卷首稍辩之"(同上,第1205页中)。

五、有非同类经典内容上交叉情况的指陈。由于佛教经典是经过长期的酝酿、结集、传诵、删补而形成的,因此在内容上往往互相渗透交叉,同一节内容往往出现在不同的经典之中,同一部著作有时兼有跨越不同类别的经典的内容。这种交叉有:

(1)大乘经丛书之间的。如萧梁曼陀罗仙译的《文殊师利所问摩诃般若波罗蜜经》一卷,"与《大般若》第七会同,又收入《宝积》第四十六会"(卷二十三,第1158页下)。

(2)密教经典与显教经典之间的。如北凉法众译的《大方等陀罗尼经》四卷,"此经在《法华》后说,亦可收入法华部中,但以坛法尊重,故归密部"(卷十二,第1092页上);唐般若译的《守护国界主陀罗尼经》十卷,"此经所谈法相义理,与《大集经》

第二陀罗尼自在菩萨品全同,但次第稍异耳"(同上,第1095页中);《大般若经》中的"第十般若理趣分","与密部《实相般若》同,而咒不同"(卷二十三,第1156页上)。

(3)大乘律与大乘经之间的。如姚秦罗什译的《佛说梵网经》二卷,"此经本与华严同部,今惟此品单行,故南北二藏皆归于律"(卷三十二,第1200页上)[案:隋法经等《众经目录》将此经编在"众律疑惑"类,并注云:"诸家旧录多入疑品"(见卷五)]。

(4)大乘律与大乘论之间的。如刘宋求那跋摩等译的《菩萨善戒经》九卷,"从第二品以下,并与《瑜伽师地论》中菩萨地同意。弥勒菩萨宗此经成《地论》,而《地持》一经,又从《地论》录出别行,故仍与此大同也"(同上,第1200页下)。

(5)小乘经与小乘律之间的。如吴支谦译的《未生怨经》一卷,"与律中大同小异"(卷三十,第1194页上);后汉安世高译的《佛说骂意经》一卷"多似律中语"(卷三十一,第1196页下)。

(6)小乘经中含大乘法的。如北凉沮渠京声译的《治禅病秘要经》二卷,"此经虽云出阿含部,而多有大乘法要"(卷三十,第1192页上)。

(7)大乘经中含小乘法的。如萧梁昙景译的《未曾有因缘经》三卷,"此经虽说发菩提心、六度、四等、十善化人、无生法忍等事,而依生灭四谛说法,故属阿含。(卷三十一,第1198页下)。也就是说,此经本是大乘经,因依小乘教法组织,故被编入小乘经。

六、有译本,特别是重译经文理周否、翻译优劣的比较和评判。如华严部中,唐般若译的《华严经入不思议解脱境界普贤行愿品》四十卷,"文理俱优,不让实叉难陀,而知识开示中,更为详明。切救末世流弊,最宜一总流通(指与实叉难陀译的《华严经》八十卷一起流通)"(卷一,第1033页上);唐提云般若译的《华严经不思议佛境界分》一卷,"文颇艰涩"(同上,第1033页下)。方等部中,后汉支娄迦谶译的《般舟三昧经》三卷,"文古涩"(卷五,第1054页下);唐义净译的《金光明最胜王经》十卷,"此经于三译中最在后,而文义周足"(卷六,第1063页中);宋绍德等译的《佛说大乘随转宣诸法经》一卷,"叙事不甚明白"(卷七,第1066页中)。般若部中,姚秦罗什等译的《摩诃般若经》三十卷,"文较顺畅"(卷二十三,第1158页中);隋达摩笈多译的《金刚能断般若经》一卷,"文拙甚"(同上,第1159页上)。小乘经中,后汉昙果共康孟详译的《中本起经》二卷,"略叙如来行迹,文笔古雅"(卷二十九,第1188页下);吴支谦译的《佛说义足经》二卷,"译文甚为难晓"(卷三十,第1191页中);后汉安世高译的《佛说普法义经》一卷,"文苦涩"(卷三十一,第1195页上)。大乘律中,刘宋求那跋摩译的《佛说菩萨内戒经》一卷,"文多梵语,颇难解会"(卷三十二,第1201页中)。小乘论中,苻秦僧伽提婆译的《阿毗昙八犍度论》三十卷,"文烦拙"(卷四十,第1232页中);苻秦鸠摩佛提等译的《四阿含暮抄解》二卷,"即《三法度论》耳。文甚难读"(同上,第1234页下)。杂藏中,苻秦僧伽跋澄译的《僧伽罗刹所集佛行经》五卷,"译文甚拙"(卷四十一,第1236页中);西晋竺法护译的《法观经》一卷,"文甚拙涩"(同上)。

七、有经典的学术地位和流通意义的评述。就显教经典而言,姚秦罗什译的《佛说阿弥陀经》一卷,"今时丛席皆奉之为晚课,真救世神宝、圆顿上乘也"(卷三,第1045页上)。元魏菩提留支译的《大萨遮尼犍子授记经》十卷,"此经文义俱畅,宣说世出世法,曲尽其妙,急宜流通"(卷二十四,第1161页中)。宋施护译的《佛说大乘戒经》一卷,"文简义切,最宜流通"(卷三十二,第1202页下)。唐玄奘译的《佛地经论》七卷,"论释法相,最为详明"(卷三十四,第1207页上)。同译的《广百论释论》十卷,"与《成唯识论》破我法二执处,相为表里,最宜详玩"(卷三十九,第1229页上)。

就密教经典而言,唐般剌蜜帝译的《大佛顶如来密因修证了义诸菩萨万行首楞严经》十卷,"此宗教司南,性相总要,一代法门之精髓,成佛作祖之正印也"(卷十一,第1086页上)。宋法贤译的《佛说最上根本大乐金刚不空三昧大教王经》七卷,"内多入理深谈,不可不阅"(同上,第1088页下)。宋施护译的《佛说如意宝总持王经》一卷,"此经虽不说神咒,乃持神咒者之总诀也"(卷十三,第1100页中)。宋天息灾译的《佛说大乘庄严宝王经》四卷,"此亦生净土之捷径"(卷十四,第1102页下)。宋法天译的《妙臂菩萨所问经》二卷,"此密宗要典"(同上,第1105页上)。唐不空译的《圣观自在菩萨心真言瑜伽行仪轨》一卷,"此中所明事理,其文义最精显可玩"(卷十五,第1110页下)。同译的《甘露军荼利菩萨供养念诵成就仪轨》一卷,"明咒印观门,文极精显"(同上,第1111页上)。同译的《受菩提心戒仪》一卷,"此中以大菩提心,受普贤金刚职,为一切秉密教者受持之本,学者皆应简阅"(同上,第1112页上)。

八、在一些译本之下,有天台宗和智旭本人所撰章疏论著的介绍。如刘宋畺良耶舍译的《佛说观无量寿佛经》一卷,"天台智者大师(智颛)有疏,四明法智尊者(知礼)有《妙宗抄》,深得经髓,宜精究之"(卷三,第1045页上)。隋菩提登译的《占察善恶业报经》二卷,"此诚末世救病神丹,不可不急流通,愚(指智旭)述《玄疏》及《行法》,以公同志"(卷五,第1055页下)。姚秦罗什译的《妙法莲华经》七卷,"非精研智者大师《玄义》、

《文句》，不尽此经之奥。仍须以荆溪尊者（湛然）《释籤》妙乐辅之"（卷二十四，第 1160 页中）。刘宋昙摩蜜多译的《佛说观普贤菩萨行法经》一卷，"此与《法华》普贤劝发品，相为表里，故智者大师《法华忏仪》全宗此经"（同上，第 1161 页下）。

《知津》的不足之处有：

一、有些经典下所标注的明南北藏的函号有误。在标注为南北藏函号一致的一些大乘论及此土撰述中，《华严经疏抄》三十卷、《维摩诘所说经注》十卷、《大佛顶首楞严经会解》二十卷、《金刚经疏论纂要》三卷、《释金刚经刊定记》七卷、《妙法莲华经要解》二十卷、《宝藏论》一卷、《华严悬谈会玄记》四十卷等三十余种，仅见于北藏，而不见于南藏。另外，《相续解脱如来所作随顺处了义经》一卷，《知津》在总目及卷六均注为"南敢北发"，而查南藏"敢"字函，并无此书。《北藏目录》卷一也明白地注云："南藏缺。"

二、在大乘经的提要中，有关背景、场面渲染的内容摘叙过多。如《佛说观药王药上二菩萨经》一卷的提要说："佛在青莲华池精舍与千二百五十比丘、一万菩萨，及十亿十方菩萨、五百离车子俱。佛入普光三昧，身毛放光，化七宝盖，现十方事。又放眼光，照药王药上二菩萨顶，住其顶上，如金刚王。十方诸佛皆悉映现。"（卷五，第 1058 页中）仅此段场面的叙说就占了全文的一半。其余诸经的解题中类似的摘叙比比皆是。虽则大乘经典多是按序分（相当于经初的序品）、正宗分（相当于经典中间的各品）、流通分（相当于经末的《流通品》，或《嘱累品》、《付嘱品》）三段式组织的，有关背景、场面的叙说是序分的内容。但序分犹如开场白，流通分犹如结束语，并非一经的主要部分，一经的主旨全在于正宗分。如果序分摘叙过多，就势必增加提要的字数，并影响一经主旨的突出。

三、有的经典的类属不尽得当。如将《佛垂般涅槃略说教诫经》一卷编入小乘经(见卷二十九),而将天亲解释此经的《遗教经论》一卷编入大乘论(见卷三十四)。

四、有些经典的提要只是抄撮品目而无阐释。如《贤愚因缘经》十三卷(见卷三十一)、《发菩提心论》二卷(见卷三十八)、《中论》四卷(同上)等。有些经典的提要只标注了撰者名氏,而没有具体的内容,如《宗镜录》百卷(见卷四十二)、《大明三藏法数》四十卷(见卷四十三)等。

五、有的论断失当。如谓《胜思惟梵天所问经论》三卷,"有论无经,文来未尽"(卷三十四,第1207页上)。其实此论所释之经即《胜思惟梵天所问经》六卷,同为元魏菩提留支所译,至今见存,而且经本不止一个,西晋竺法护、姚秦罗什的两个异译本,也一并流传。

二、教史部

总　　叙

教史,又称"佛史",全称"佛教史",或"佛教通史",指的是用来记叙佛教的渊源历史的一类佛教典籍。它取材宽泛,涉猎浩富。诸如印度佛教的起源;原始佛教的僧伽、寺院、戒律及教理;释迦牟尼逝世以后教法的传承;经律论三藏的结集;小乘佛教的部派;大乘佛教中的中观派、瑜伽行派和密教;佛教的对外传播与它在印度本土的盛衰;佛教入华的经过;汉地译经事业的开展;讲说著述的状况;习禅明律的事迹;历代王臣的信佛与毁佛;儒释道三教的抗衡与融合;朝廷对僧团的管理;名僧与名士的交往;寺塔的兴建;经像的雕刻;以及诵经兴福、感通神异等等,都有详略不同的记载。它是佛教在印度、中国以及其他地区产生、发展、兴盛、演化的历史过程的抽象和缩写,是佛教史学的重要研究对象。

一、佛教史撰作的源流

佛教史撰作,起步较晚。虽说东汉末年,有《理惑论》(相传为牟子所作)、《四十二章经序》(未详作者)等文,对佛教入华的初况加以记载,但由于当时汉地佛教既没有系统的教典,也无完备的律制,信奉者有限而影响不广,佛教尚且需要依附道术方能推行它的教化,编述它独立发展的历史,显然机缘未熟。所以,

《理惑论》等对佛教初传的叙录,只是一篇文章中涉及的一个情节或片段,还不是记述佛教发展史的专门著作。

东晋时期,佛教崛起,逐渐形成了与儒教、道教三足鼎立,并驾齐驱的势力。其间,曾经出现过数百种佛教撰述,但在这些撰述中,有关教理的注疏论序约占三分之二,有关教史的记传志铭约占三分之一,可以称得上是佛教通史性质的著作则一部也没有发现。究其原因,不是不可能编撰,而是由于佛教通史是一种综合性的文体,难度较大。它需要上搜旧闻,下采实迹,旁撷遗逸,积聚与佛教相关的各种史料(如佛经目录、僧人传状、文集论疏、地志碑表以及杂述等),熟悉正史、野史的编纂体例和方法,抉择取舍,错综纲纪,方能成功。如果作者掌握的史料还不足以勾画出佛教发展过程中的主要阶段和环节,如果作者没有扎实的史学功底,要着手编写佛教史显然是困难的。

逮至南齐,奉佛至为虔诚的竟陵王萧子良撰《三宝记》十卷,才出现了由"佛史"、"法传"、"僧录"三部分构成的最初形态的佛教史撰作(见《历代三宝纪》卷十一)。虽说萧子良的这部著作早已亡佚,内容无法详考,但从构成此书的类目来看,"佛史"一类十有八九是记叙自释迦牟尼创教到佛教在中国传播这一历史的。因为在佛教史籍中,"史"一般用指某一类僧人的活动,或某一类事物的始末,带有群体性。如南齐王巾撰的一部僧传总集名《僧史》,梁慧皎撰的《高僧传》,后人也简称它为《僧史》,即是例证。倘若所记仅限于释迦牟尼的行历,一般称为"佛纪"、"佛谱"、"佛传",而不大称"佛史"。所以,尽管萧子良的《三宝记》还没有将中国佛教的发展史("佛史"),与教理僧制("法传")、僧人传略("僧录")有机地编织在一起,实际上是类聚众文式的抄集,与真正的佛教通史尚有很大的差距,但它毕竟是佛教传入中国四百余年以后,首次出现的佛教史撰作。过了六七十年,到北周武帝时,沙门净霭也撰了《三宝集》十一卷,"依诸经论撰出,弘赞大乘,光扬像法,录佛法僧事"(《历代三宝纪》卷十一),它的性质或许与萧作相仿,但也已失落。

南北朝时期出现并流传至今的仅有的一篇佛教简史,不是出于佛学家的手笔,而是史学家所撰;不是摘抄佛典稍事编次而成的,而是熔铸众多的史料,然后用作者自己的语言加以表述的。它就是北齐魏收编的纪传体北魏史《魏书》中的《释老志》。《释老志》虽然是一篇志,但它原原本本地记叙了中国佛教和道教产生、发展的历史过程,内容与佛、道小史并没有区别。所记佛教史实,上起西汉武帝元狩(前122—前117)中,下迄东魏静帝武定(543—550)末,对中国佛教的起源、佛教的基本教义、僧团和戒律、释迦牟尼略历、寺塔、经典,以及汉、魏、西晋、东晋、后赵、前秦、后秦、北凉、北魏各代的佛教状况,都有概述,其中以叙北魏佛教为最详。

在隋代,先是有慧解钩深、见闻弘博的相州大慈寺沙门灵裕,撰《佛法东行记》一卷、《齐世三宝记》若干卷(见《续高僧传》卷九)。前者以记译经史为主,故又名《经法东流记》;后者专记北齐佛教,开创了佛教断代史的先河(两书均佚)。稍后,则出现了翻经学士费长房撰的《历代三宝纪》十五卷(今存)。虽然费长房之作以记载佛经目录和译撰者事迹为主,从总体上来说是一部经录,但前三卷的帝年,上始周庄王十年(前687),下终隋开皇十七年(597),以年表的方式记载了释迦牟尼的诞生、出家、成道、入灭,以及佛教东渐,佛典在中国传译等情况,从而开创了新的佛教史体裁——编年体。然而,总的说来,这部分内容行文太简,叙事太粗,一年之事仅有寥寥数十言,一些重要的人物、译典和事件隐没不明,存在着很大的缺陷。

唐代佛教史撰作可考的,有宪宗时梓州慧义寺沙门神清撰《释氏年志》三十卷(见《宋高僧传》卷六)。神清博该三教,才学出众,从他的传世之作《北山录》来看,他对佛教义理和佛教史学都有很高的造诣。倘若《释氏年志》能保存下来的话,很可能是宋代以前最为详尽的一部编年体佛教史。

宋代,史家辈出,编年、纪传、典志、会要、实录、纲目、纪事本末等各种体裁的史书大量涌现,史学界出现了空前繁荣的局面。其间最为突出的成就是,出现了由北宋司马光编纂的编年体通史的煌煌巨著《资治通鉴》。它上起战国,下终五代,将长达一千三百六十二年纷繁复杂的历史,缩编成二百九十四卷,在学术界产生了广泛的影响。其他如欧阳修等编的纪传体断代史《新唐书》、薛居正等编《旧五代史》、欧阳修编《新五代史》等,在当时都很出名。这不仅激发了佛教学者编撰质量较高的佛教通史的热忱,而且也给他们留下了可以借鉴的广阔天地和可以撷取的史料府库。纪传体佛教史和编年体佛教史齐头并进的兴旺景象,就是在这一时期形成的。

北宋政和(1111—1117)年间,吴兴智者院的创建者沙门元颖,以天台宗史为主线,兼叙其他佛教史事,始《正像统纪》,终《教藏目录》,创撰了第一部纪传体佛教史《天台宗元录》(略称《宗元录》)一百卷(见《佛祖统纪》卷二十二等,已佚)。

南宋隆兴二年(1164),隆兴府沙门祖琇以禅宗的"教外别传"为旨,博采内外典籍,编撰了内容充实、首尾完整的编年体佛教史《隆兴编年通论》二十九卷(今存)。

淳熙(1174—1189)年间,金华沙门德修以慈恩宗(即"法相宗")的"三时判教"为旨,记叙释迦牟尼一代化迹以及中国佛教的历史,编撰了又一部编年体佛教史《释氏通纪》(见《佛祖统纪通例》,已佚)。

约在同期,上天竺寺讲经首座慧鉴也编撰了一部名为《佛法系年录》(略称《系年录》)的编年体佛教史。原书已佚,但它的一些片段见存于《释氏稽古略》卷四之中。此后，以元颖的《天台宗元录》为源头，出现了好几部由天台宗僧人编撰的纪传体佛教史。它们是：

婺女浦江的吴克己，对《天台宗元录》作增广，于嘉定（1208—1224）初年始撰《释门正统》。原书下分"纪运"、"列传"、"总论"三大类，然而未及脱稿而人病故（见宗鉴《释门正统》卷七，已佚）。

受业于止庵法莲的余姚沙门景迁，以吴克己未完成的《释门正统》初稿，以及吴克己死后、由侄子志昭法师新撰的《释迦谱历代宗承图》为基础，重加诠次，增立新传六十余人，于嘉定中编撰《宗源录》一书（见《佛祖统纪通例》，已佚）。

钱塘良渚沙门宗鉴，也对吴克己的旧稿作增删修治，于嘉熙元年（1237）撰成（或称"续成"）的同名著作《释门正统》八卷（今存）。

四明沙门志磐，参阅释儒道各类图籍简牍近二百种，覃思极虑，折衷整比，在经历了十二年的辛勤编撰之后，于咸淳五年（1269）完成百科全书式的佛教史杰作《佛祖统纪》五十四卷（今存）。

次年，由括山一庵沙门本觉编撰的编年体佛教史《释氏通鉴》十二卷，也问行于世（今存）。

由于南宋以前，由佛教学者编撰的佛教史著作，除费长房《历代三宝纪》（它并非是严格意义上的编年体佛教史）以外，已全部亡佚，故现存最早的编年体佛教史和纪传体佛教史都是从南宋开始的。

二、本部大略

本部上起南宋，下迄清代，共收录佛教史类典籍十四部二百二十二卷。按体裁分为三大类：

（一）纪传体佛教史

共有三部六十四卷，均为天台宗僧人所撰。其中，南宋宗鉴《释门正统》八卷，草创以本纪、世家、志、传、载记五项分类，以天台宗的师资源流和人物事迹为重点，兼叙其他，是现存最早的纪传体佛教史；南宋志磐《佛祖统纪》五十四卷，分为本纪、世家、列传、表、志五大类，天台、净土、禅、贤首、慈恩、律、密诸宗并举，各种佛教史迹尽纳，是历代佛教史撰作中体例最为完备、内容最为丰赡的一部书；明佚名《续佛祖统纪》二卷，仅有《诸师列传》一项，收录二十九人事迹。

（二）编年体佛教史

共有八部一百五十五卷，均为禅宗的僧人和居士所撰。其中，南宋祖琇《隆兴编年通论》二十九卷，上始东汉明帝永平七年（64），下迄五代时后周世宗显德四年（957），是现存最早的编年体佛教史；南宋本觉《释氏通鉴》十二卷，上始周昭王甲寅，下迄后周恭帝庚申（960），用每年必录的方式编就；元熙仲《历朝释氏资鉴》十二卷，始于周，终于元，偏重于辑录朝野奉佛的轶事；元念常《佛祖历代通载》二十二卷，上溯传说中的磐古氏，下迄元惠宗元统元年（1333），书中东汉至五代部分的内容，主要抄自《隆兴编年通论》，宋元部分为作者新撰；元觉岸《释氏稽古略》四卷和明幻轮《释氏稽古略续集》三卷，以历代帝统为经，佛家世次行业为纬，世史和佛史并录，前书上始远古时代的三皇五帝，下迄南宋少帝德祐二年（1276），后书上始元世祖至元元年（1264），下迄明熹宗天启七年（1627）；明朱时恩《佛祖纲目》四十一卷，上始周康王二年甲子，下迄明太祖洪武十六年癸亥（1383），按甲子周期分卷（即每六十年为一卷），尤详于禅宗（特别是宋代禅宗）；清纪荫《宗统编年》三十二卷，上始周昭王二十六年，下迄清康熙二十八年（1689），是编年体佛教史中唯一依仿朱熹的《通鉴纲目》(纲目体)而编成的著作,书中突出了禅宗的单传法系,创用了多种评考形式。

(三)一般记叙体佛教史

共有三部三卷(即三册),为藏地僧人所撰。其中,元代布顿《佛教史大宝藏论》(又名《善逝教法史》)一册,集史、论、目录为一书,对印度和西藏地区佛教的源流、教法与典籍,作了精湛的记叙;明代多罗那他(一作"它")《印度佛教史》一册,以印度历代王统为序,其间护教的国王和佛教大师的活动为重点,对佛陀逝世以后,印度佛教的传承、流布、嬗变和盛衰,作了简明扼要的介绍;清松巴·益西班觉《如意宝树史》一册,对印度、藏地、汉地、蒙古的王统世系和佛教历史进行了综述。它们都是藏传佛教中的名著。

三、备考书目

近代以来编撰的有关中国佛教的通史、断代史、地区史、专题史等著作,主要有:蒋维乔《中国佛教史》(上海书店 1989 年 8 月影印本)、汤用彤《汉魏两晋南北朝佛教史》(中华书局 1983 年 3 月版)、《隋唐佛教史稿》(中华书局 1982 年 8 月版)、任继愈主编《中国佛教史》(多卷本,中国社会科学出版社 1981 年 9 月起出版)、吕澂《印度佛学源流略讲》(上海人民出版社 1979 年 10 月版)、吕澂《中国佛学源流略讲》(中华书局 1979 年 8 月版)、郭朋《中国佛教思想史》(福建人民出版社 1994 年 9 月版)、史金波《西夏佛教史略》(宁夏人民出版社 1988 年 8 月版)、王森《西藏佛教发展史略》(中国社会科学出版社 1987 年 6 月版)、德勒格《内蒙古喇嘛教史》(内蒙古人民出版社 1998 年 8 月版)、潘桂明《中国居士佛教史》(中国社会科学出版社 2000 年 9 月版)、方立天《中国佛教哲学要义》(中国人民大学出版社 2002 年 12 月版)等。

第一门　纪传体佛教史

第一品　南宋宗鉴《释门正统》八卷

《释门正统》，八卷。南宋嘉熙元年（1237），良渚沙门宗鉴集。收入《续藏经》第一三〇册。

宗鉴，"钱塘良渚人，嘉熙初，居仁寿张寺"（《佛祖统纪通例》），为天台宗僧人。

《释门正统》书首有嘉熙元年（1237）正月，宗鉴撰的《释门正统序》。说：

> 此《正统》之作也，本纪，以严创制；世家，以显守成；志，详所行之法，以崇能行之侣；诸传，派别而川流；载记，岳立而山峙。谁主谁宾，而能事毕矣。（《续藏经》第一三〇册，第713页上）

《释门正统》是一部参照《史记》、《汉书》的体例而编成的现存最早的纪传体佛教史，也是现存最早的天台宗史。据此书卷七介绍，先是有婺女浦江的吴克己（字复之，号铠庵），因读《楞严经》而皈信佛法，读《止观》而始奉台宗。入佛以后，撰《四教仪科》、《楞严纲目》、《止观大科》、《法华枢键》、《楞严集解行议》等。晚年（即南宋嘉定年间）对北宋沙门元颖的《天台宗元录》进行增广，而撰《释门正统》，下分"纪运"、"列传"、"总论"

三大类,然而未及脱稿而人病故。宗鉴得吴本以后,搜罗增益,重新分类,勒成八卷。为了不掩没吴克己的先撰之功,宗鉴仍沿用旧名,把自己的著作称为《释门正统》(以上据《释门正统》卷七、《佛祖统纪》书首的《通例》和卷十七等)。全书共分本纪、世家、志、传、载记五大类,大类之下又分若干小类,有小序冠首,文辞含蓄,有儒学之风范。

一、本纪(卷一前部分)。下分:(一)娑婆教主释迦牟尼世尊本纪。记佛教创始人释迦牟尼的事迹,附出释迦牟尼以后佛教的传持者大迦叶、阿难、商那和修、摩田地、毱多、提多迦、弥遮迦、佛陀难提、佛陀蜜多、胁比丘、富那奢、马鸣、毗罗十三人。(二)天台高祖龙树菩萨本纪。记天台宗高祖(又称"东土初祖")龙树的事迹,附出龙树以后佛教的传持者提婆、罗睺罗、僧佉难提、僧佉耶舍、鸠摩罗驮、阇夜那("那"当作"多")、槃陀、摩奴罗、鹤那夜那、师子十人[案:上述二十五人中,释迦牟尼为佛教各宗各派共同的教主,自大迦叶以下,至师子为止的二十四人,为天台宗传法世系中所说的"西天二十四祖"。《佛祖统纪》所列与此书相同,只是在一些祖师的译名上,略有差异,如"摩田地"作"末田地"、"提多迦"作"提迦多"、"佛陀难提"略作"难提"、"富那奢"作"夜奢"、"鹤那夜那"作"鹤勒那"等,但人还是同一个人]。

二、世家(卷一后部分、卷二)。下分:(一)天台祖父北齐南岳二尊者世家(卷一)。记天台宗东土二祖北齐慧文和三祖南岳慧思的事迹,附出慧思的旁出法嗣(即旁传弟子)大善、玄光(新罗人)、慧成、慧超和玄光的弟子慧旻,凡五人。(二)天台教主智者灵慧大师世家(同上)。记天台宗东土四祖(天台宗的实际创始人)智𫖮的事迹,附出智𫖮的旁出法嗣真观。(三)山门结集祖师章安尊者世家(卷二)。记天台宗东土五祖章安灌顶的事迹,附出智𫖮的旁出法嗣普明、智越、波若(高丽人)、法彦、大志、智璪、智晞、等观、道悦九人。(四)山门传持教观法华天宫左溪三尊者世家(同上)。记天台宗东土六祖法华智威、七祖天宫慧威和八祖左溪玄朗的事迹,附出玄朗的旁出法嗣神邕、道遵、大义三人。(五)山门记主荆溪尊者世家(同上)。记天台宗东土九祖荆溪湛然的事迹,附出湛然的旁出法嗣普门、元皓、梁肃、法剑(又称"无姓")四人。(六)山门授受邃修外琇竦寂通七祖师世家(同上)。记天台宗东土十祖道邃、十一祖广修、十二祖物外、十三祖元琇、十四祖清竦、十五祖羲寂(《宋高僧传》卷七作"义寂")和十六祖义通的事迹。(七)中兴教观法智大师世家(同上)。记天台宗东土十七祖知礼的事迹。

三、志(卷三、卷四)。下分:(一)身土志(卷三)。叙佛的"三身"(报身、法身、应身)及其示现的世界。(二)弟子志(同上)。叙释迦牟尼入灭以后佛法的传承,以及在中国演为天台宗、贤首宗(又称"华严宗")、慈恩宗(又称"唯识宗"、"法相宗")、南山宗(又称"律宗")、密宗(又称"密教")、禅宗等宗派的情况。末附天台宗传法世系表,始龙树,终虚堂本空,约四百人。(三)塔庙志(同上)。叙佛塔、佛像、佛画、佛殿、善慧大士(即梁代的傅翕)的转轮藏、沙门瑞新的壶更等物的由来。(四)护法志(同上)。叙阚泽、张商英、何尚之、玄奘、赵令衿、铠庵(吴克己)等人的护法言论。(五)利生志(卷四)。叙放生、施食、设水陆道场、烧纸钱等事缘。(六)顺俗志(同上)。叙忏悔、念佛往生(念阿弥陀佛名号,以期死后往生西方极乐世界)、设盂兰盆会、打钟息苦、为亡人悬挂黄旛、持斋、放灯等事缘。(七)兴衰志(同上)。以编年的形式,记叙后汉明帝永平七年(64)至南宋宁宗庆元三年(1197)之间有关佛教的数十则大事。(八)斥伪志(同上)。叙唐代大秦教(又名"景教",基督教中的一派)、末尼教(又作"摩尼教")、祆(音掀)教(又名"火祆教")

和宋代白莲教、白云教的流传情况。

四、传(卷五至卷八前部分)。下分:(一)荷负扶持传(卷五)。记志远、皓端、晤恩(宋代天台宗"山外"派僧人,以下五人同派)、智圆四人的事迹,附出文备、庆昭、继齐、咸润四人。(二)本支辉映传(同上)。记遵式的事迹,附出思悟、慧辨、元净、从雅、若愚五人。(三)扣击宗途传(同上)。记仁岳(宋代天台宗"山家"派中持"山外"派观点的僧人,别称"后山外"派,以下三人同派)、从义的事迹,附出灵照、可久二人。(四)中兴(指宋代天台宗"山家"派代表知礼)一世至七世诸传(卷六至卷七前部分)。一世,记则全、崇矩、慧才、本如、有臻(又名"梵臻")、慧舟、含莹、文璨八人;二世,记从谏、希最、继忠、惟湛、处咸、有严等十人;三世,记中立、梵光、择瑛、净梵、宗敏、择卿、齐璧、蕴齐、仲闵等十三人;四世,记法邻、了然、如湛、神焕、思梵、可观、晁说之、陈瓘等十五人;五世,记圆智、与咸、宗印等五人;六世,记若讷、端信二人;七世,记慧明一人。(五)护法内传(卷七后部分)。记飞锡、王安石、子昉、杨杰、元颖、吴克己等十六人。(六)护法外传(卷八前部分)。记昙鸾、刘虬、延寿、赞宁、戒珠、义天、永道(又名"法道")、叶适等十四人。

五、载记(卷八后部分)。下分:(一)禅宗相涉载记。记菩提达磨、慧可、慧能、怀海、玄觉五人。(二)贤首相涉载记。记法顺(又名"杜顺")、法藏、澄观、宗密、子璿、净源、义和七人。(三)慈恩相涉载记。记玄奘、窥基二人。(四)律宗相关载记。记道宣、元照二人。(五)密宗思复载记。记金刚智、不空、(善)无畏、一行四人。

全书之末有"补遗",内容为《后序》和慧命、慧耀、法素三传。

《释门正统》的主要特点是:以天台宗的师资源流和人物事

迹为重点,兼及其他,对唐宋佛教的宗派、传承、教说、人物、著述、事件、掌故,以及佛事活动、内外关系等,作了详略不等的记述,从而辑存了许多珍贵的佛教史料。

如宋代天台宗因争论智顗《金光明经玄义》广本的真伪,以及"妄心观"与"真心观"的是非,分裂成"山家"与"山外"两大派。"山家"派以知礼为代表,认为有"观行释"的广本为智顗的真作,其中提到的"十法观心"(即"妄心观")等文反映了智顗的思想。由于这一派法脉昌盛,后世天台宗均出自它的授受,故被视为天台宗的正统,《释门正统》的作者也是"山家"派人,书的题义也取于此。"山外"派以晤恩、源清、洪敏、庆昭、智圆等为代表,认为无"观行释"的略本才是智顗的真作,广本中"十法观心"等文乃是后人擅添,不是智顗的意思,从而提倡"真心观"。这一派起初尚有一些人,但数传后法嗣便告绝,因而被出自"山家"派的后世天台宗人视为"异端"。有关两派的争论始末,《释门正统》是这样写的:

> 初景德间,《光明玄义》有广略二本抗行于世。时慈光恩(悟恩)师制《发挥记》解释略本,乃谓广本有"十法观心"等文,盖后人擅添,遂以四失评之。又,其弟子清(源清)、敏(洪敏)二师共构难词,辅成其义,欲废广本。宝山信(善信)致书请师(知礼)辨析。师曰:夫评是议非,近于诤竞,非我志也。矧二公乃吾宗先达,焉可率尔拒之?信重请曰:法鼓竞鸣,何先何后。师逊让不获,遂有《扶宗释难》之作,力救广本"十法观心"等文,及斥不解发轸拣境之非,观成历法之失。清弟子梵天昭(庆昭)、孤山圆(智圆)又撰《辨讹》,驳《释难》之非,救《发挥》之得。于是两家构词设难,往复各五,绵历七载犹未已也。师遣门人本如与之讲论,其说卒能取胜。其后法孙继忠攒结前后十番之文,名曰《十

义书》焉。(卷二《知礼世家》,第765页上、下)

又如宋代天台宗与净土宗的关系十分密切,许多天台宗人在修持天台教观的同时,念佛、诵经(《无量寿佛经》、《观无量寿佛经》、《阿弥陀经》等)、修忏、结社(白莲社)、作疏,为弘扬净土信仰作出了很多的努力,被《佛祖统纪》编入《净土立教志·往生高僧传》中的晤恩、知礼、遵式、本如、慧才、从雅、若愚、有严、中立等都是天台宗人。然而,与禅宗却时有纠葛。特别是自唐代智炬(又作"慧炬")的《宝林传》发端,而为宋代道原《景德传灯录》等灯录沿用的"七佛偈"、"拈花微笑"(指释迦牟尼在灵山法会上拈花示众,众人不解其意,唯独大迦叶破颜微笑,因而释迦牟尼宣布已将"正法"传付给大迦叶之事),以及宋代契嵩在《传法正宗记》、《定祖图》中厘定的禅宗西天二十八祖的法统说,引起了天台宗方面的强烈不满。有关此事,《释门正统》写道:

> 铠庵(吴克己)论之曰:《宝林》说诡,非特达磨、慧可事迹与僧传不同。其最虚诞无稽,而流俗至今犹以为然者,"七佛说偈"、"世尊拈华(通'花')"是也。且七佛缘起,前之三者,乃空劫之前已入灭度之佛也;后之四者,乃贤劫千佛最初出现之佛也。经(指《长阿含经》)所引者,盖明释迦行因经涉前后七佛,亦长寿天皆所曾见故也。所经劫波,前后隔远,岂有递相说偈付法之事?……彼《宝林传》乃以拈华笑悟为迦叶最初传法,有一人传虚之后,或拈或颂,便为口实。且如来在世,大小乘中契悟不少,无非传佛心宗,何独迦叶而已。殊不知迦叶自于法华了此大事,岂待涅槃会上重新微笑而受法耶?(卷四《兴衰志》,第818页下—第819页上)

子昉,吴人,净觉(指仁岳)高弟。嵩明教(指契嵩)作

《定祖图》、《正宗记》,以《付法藏传》荧惑天下,斥为"可焚",专据《达磨多罗禅经》,党附智炬《宝林传》。师(指子昉)援经质论,作《祖说》,以救《付法藏》。又三年,嵩(契嵩)度《禅经》有窒碍,辄云"传写有误",改削迁就,影带私说,倚傍僧祐《出三藏记集》律宗名字而作解诬。师亦出《止讹》折之,以图会《禅经》、《出三藏记》文示之,则嵩穷矣。(卷七《护法内传》,第889页下)

再如,宋代曾出现过依傍佛教而建立的白莲教和白云教,至于它们的具体情况,一般佛教史传很少留有记载,而《释门正统》则有以下的介绍:

所谓白莲者,绍兴初,吴郡延祥院沙门茅子元(俗名),曾学于北禅梵法主会下,依仿天台,出《圆融四土图》、《晨朝礼忏文》,偈歌四句,佛念五声,劝诸男女,同修净业,称"白莲导师",其徒号"白莲菜人",亦曰"茹茅阇黎菜"。有论于有司者,加以事魔之罪,蒙流江州。后有小茅阇黎,复收余党,但其见解不及子元,又白衣(指俗人)展转传授,不无讹谬,唯谨护生一戒耳。

所谓白云者,大观间,西京宝应寺僧孔清觉,称鲁圣(指孔子)之裔,来居杭之白云庵,涉猎释典,立四果十地,以分大小两乘,造论数篇,传于流俗。从者尊之曰"白云和尚",名其徒曰"白云菜",亦曰"十地菜"。然论四果,则昧于开权显实;论十地,则不知通别圆异。虽欲对破禅宗,奈教观无归,反成魔说。觉海愚,力排其谬于有司,坐流恩州。其徒甚广,几与白莲相混,特以妻子有无为异耳(指白莲教徒有妻室,白云教徒无妻室)。亦颇持诵,晨香夕火,供养法宝,躬耕自活,似沮溺荷蓧之风,实不可与事魔妖党同论。其愚痴诞妄,自贻伊戚者,亦为有识士夫所恶。(卷四《斥

伪志》，第824页下—第825页上）

此外，如卷五《扣击宗途传》中的《从义传》远较《佛祖统纪》卷二十一的同传详尽，卷八《护法外传》中的《赞宁传》著录了赞宁的《筝谱》、《物外集》和《结社法集》，此为《佛祖统纪》卷四十四所不载。这些都是有价值的史料。

《释门正统》的不足之处有：对天台宗以外的贤首、慈恩、律、禅、密诸宗的叙述较为单薄，所收的人数也少；在"中兴一世"中脱载尚贤。须知知礼的嗣法弟子有二十七人（据《佛祖统纪》卷十二），其中第一人就是尚贤，尚贤、本如、梵臻为知礼门下三大系，弟子绵传不绝，《释门正统》不列尚贤传，是一个很大的疏漏。

第二品　南宋志磐《佛祖统纪》五十四卷
附：明佚名《续佛祖统纪》二卷

《佛祖统纪》，五十四卷。南宋咸淳五年（1269），四明东湖沙门志磐撰。载于《明南藏》"城"至"碣"函（明北藏缺）、《频伽藏》"致"帙，收入《大正藏》第四十九卷。

志磐，字大石，四明福泉（今浙江宁波一带）人。礼东湖月波山慈悲普济寺住持宗净出家，为宋代天台宗广智（尚贤）系僧人，另著有《宗门尊祖议》（以上据《佛祖统纪》的序言、卷二十四、卷五十）、《法界圣凡水陆胜会修斋仪轨》（志磐撰，明袾宏重订。见《续藏经》第一二九册）。

《佛祖统纪》书首有明万历甲寅岁（四十二年，公元1614年）夏季西蜀辅慈沙门明昱撰的《阅佛祖统纪说》；德山杨鹤撰的《佛祖统纪叙》；宋咸淳五年（1269）八月志磐撰的《佛祖统纪序》和《佛祖统纪通例》（即凡例）。

志磐在《佛祖统纪序》中说：

昔良渚（宗鉴）之著《正统》，虽粗立体法，而义乖文秽。镜庵（景迁）之撰《宗源》，但列文传，而辞陋事疏，至于遗逸而不收者，则举皆此失。于是并取二家，且删且补，依放（仿）史法，用成一家之书。断自释迦大圣，讫于法智，一佛二十九祖，并称本纪，所以明化事而系道统也。至若诸祖旁出为世家，广智（尚贤）以下为列传，名言懿行，皆入此宗。而志、表之述，非一门义，具在《通例》，可以类知。既又用编年法，起周昭王至我本朝，别为《法运通塞志》，儒释道之立法，禅教律之开宗，统而会之，莫不毕收。目之曰《佛祖统纪》，凡之为五十四卷。……自宝祐戊午首事笔削，十阅流年，五誊成稿，夜以继昼，功实倍之。（《大正藏》第四十九卷，第129页下）

《佛祖统纪》是志磐以宗鉴的《释门正统》和景迁的《宗源录》（详见《佛祖统纪通例》，今佚）为基础，旁采释儒道各类典籍，覃思极虑，折衷整比，历时十二年，五誊其稿，最后又请法照（赐号佛光）等一班有学识的僧人校正，尔后定稿刊行的纪传体佛教史巨著。全书共分本纪、世家、列传、表、志五大类，每一类下又分若干子目。无论是大类还是子目均有小序冠首，叙述撰意。正文中夹有小注。事传之末间附"赞"、"论"（又称"述曰"）。由于流传既久，世家、传和志中有些传文已经佚落。

一、本纪（卷一至卷八）。下分：（一）释迦牟尼佛本纪（卷一至卷四）。记释迦牟尼的生平事迹及有关事项。分：明本迹、叙圣源、名释迦、下兜率、托母胎、住胎宫、示降生、出父家、成佛道、转法轮（分华严、鹿苑、方等、般若、法华涅槃五时）、入涅槃、分舍利、集三藏等十三章。（二）西土二十四祖纪（卷五）。记天台宗西天二十四祖的事迹，始摩诃迦叶（又称"大迦叶"），终师子。（三）东土九祖纪（卷六、卷七）。记天台宗东土初祖至九祖的事迹。依次为：龙树、北齐（慧文）、南岳（慧思）、智者（智顗）、章安（灌顶）、法华（智威）、天宫（慧威）、左溪（玄朗）、荆溪（湛然）。（四）兴道下八祖纪（卷八）。记天台宗东土十祖至十七祖的事迹。依次为：兴道（道邃）、至行（广修）、正定（物外）、妙说（元琇）、高论（清竦）、净光（羲寂）、宝云（义通）、法智（知礼）。

二、世家（卷九、卷十）。下分：（一）南岳旁出世家（卷九）。记慧思的旁出法嗣（即旁传弟子）僧照、大善、慧成、玄光等。（二）智者大师旁出世家（同上）。记智顗的旁出法嗣真观、法喜、法慎、普明、智晞、柳顾言、毛喜等。（三）章安旁出世家（卷十）。记灌顶的旁出法嗣弘景、吉藏、智拔等。（四）天宫旁出世家（同上）。记慧威的旁出法嗣玄觉。（五）左溪旁出世家（同上）。记玄朗的旁出法嗣神邕、道遵等。（六）荆溪旁出世家（同上）。记湛然的旁出法嗣普门、元皓、行满、梁肃、李华。（七）兴道旁出世家（同上）。记道邃的旁出法嗣守素。（八）至行旁出世家（同上）。传文已佚。（九）正定旁出世家（同上）。传文已佚。（十）妙说旁出世家（同上）。传文已佚。（一一）高论旁出世家（同上）。记清竦的旁出法嗣悟恩、文备、庆昭、智圆等。（一二）净光旁出世家（同上）。记羲寂的旁出法嗣行靖、顾斋、谛观等。（一三）宝云旁出世家（同上）。记义通的旁出法嗣遵式、有基、清晓（传文已佚）等。

三、传（卷十一至卷二十二）。下分：（一）诸师列传（卷十一至卷二十）。卷十一记义通旁支慈云（遵式）、兴国（有基）、钱塘（清晓）三家的法嗣，有祖韶、悟持、遇成（传文已佚）等。卷十二至卷二十为义通嫡支法智（知礼）的法嗣（包括知礼的弟子及其后传），始"法智第二世"，终"法智第十世"〔案：第一世为法智知礼本人;第二世为知礼的弟子;第三世为知礼弟子的弟子,以此类推。卷十二目录将知礼的弟子广智尚贤等称为"四明法智法师法嗣第一世",与全书总目、卷十和卷十一中有关以直传弟子为"二世"的世次推算原则不合,应更为"四明法智法师法嗣第二世",并以此类推]。其中"法智第二世"统收知礼的众弟子,有广智尚贤、神照本如、南屏梵臻、三学则全、浮石崇矩、广慈慧才、广严含莹、慧因择交等;"法智第三世"只收广智、神照、南屏、三学、浮石、广慈六家的弟子;"法智第四世"至"第十世"只收广智、神照、南屏三家的后世传人。由于卷十九、卷二十的正文已佚(仅存目录),故原载的"法智第九世"和"第十世"的传文全阙。(二)诸师杂传(卷二十一)。记"山家"派法系(即知礼法系)中持"山外"派观点的人物(相对晤恩、庆昭、智圆等"前山外"派,此派又称"后山外"派),有仁岳、子昉、从义、道因等。(三)未详承嗣传(卷二十二)。记习天台之道而不详师承的人物,有傅翕、僧稠、楚金、飞锡、文举、元颖、志昭等。

四、表(卷二十三、卷二十四)。下分:(一)历代传教表(卷二十三)。以年代为序,记叙自梁武帝至北宋仁宗之间,天台宗各祖师讲经、传法、著述、交往的简要行迹。(二)佛祖世系表(卷二十四)。叙列天台宗的师资传授系统(即"传法世系"、"法系"、"法统")。

五、志(卷二十五至卷五十四)。共分九志:

(一)山家教典志(卷二十五)。叙列天台宗人的著述(以"山家"派为主,兼收"山外"派)。

(二)净土立教志(卷二十六至卷二十八)。记净土宗人物。下分:莲社七祖(慧远、善导、承远、法照、少康、延寿、省常);莲社十八贤;莲社百二十三人;不入社诸贤;往生高僧;往生高尼;往生杂众;往生公卿;往生士庶;往生女伦;往生恶辈;往生禽鱼等十二传，末附《往生续遗》。

（三）诸宗立教志（卷二十九）。记禅、贤首、慈恩、密、律五宗祖师或重要人物。下分：达磨禅宗（记达磨、慧可、僧璨、道信、弘忍、慧能六人）；贤首宗教（记法顺、智俨、法藏、澄观、宗密、子璿、净源、义和、李通玄九人）；慈恩宗（记戒贤、玄奘、窥基三人，其中戒贤有目无文）；瑜伽密教（记金刚智、不空、慧朗、无畏、一行五人）；南山律学（记昙无德、昙摩迦罗、法聪、道覆、慧光、道云、道洪、智首、道宣、允堪、元照十一人，其中道宣以前的八人有目无文）。

（四）三世出兴志（卷三十）。记三世（过去、现在、未来）中成、住、空、坏各劫的情况。

（五）世界名体志（卷三十一、卷三十二）。用图文描绘佛教所说的种种方界。有华藏世界图、大千世界万亿须弥图、四洲九山八海图、忉利天宫图、大千三界图、东土震旦地理图、汉西域诸国图、西土五印图（以上三图为历史地图）、八热地狱图等。

（六）法门光显志（卷三十三）。记佛教的典故和制度。有雕像、舍利塔、转藏、大士签、放灯、讲经仪、供佛、佛祖忌斋、三长斋、盂兰盆供、水陆斋、挂幡、放生、戒五辛等四十一则。

（七）法运通塞志（卷三十四至卷四十八）。用编年法记载中国佛教的历史。始周昭王二十六年，终南宋度宗咸淳元年（1265）。其中卷三十四为周、秦；卷三十五为两汉、三国；卷三十六为晋、宋、齐；卷三十七为梁、陈；卷三十八为北魏、北齐、北周；卷三十九前部分为隋；卷三十九后部分至卷四十二前部分为唐；卷四十二后部分为五代；卷四十三至卷四十八为宋。今本卷四十八之末还记有咸淳癸酉（1273）佛光照法师（即校勘《佛祖统纪》的法照）示寂、宋少帝事迹，元辽金三代佛教史迹等，均为后人添益，非原书所载。

（八）名文光教志（卷四十九、卷五十）。收唐梁肃《天台禅林寺碑》、《天台止观统例》、柳宗元《圣安寺无姓和尚碑》、宋赵抃《法智大师行业碑》、陈瓘《三千有门颂》、晁说之《仁王般若经疏序》、吴克己《与喻贡元书》、智圆《四十二章经疏序》、志磐《宗门尊祖议》等二十四篇。

（九）历代会要志（卷五十一至卷五十四）。分类汇编佛教故实。收君上奉佛、试经度僧、士夫出家、僧职师号、不拜君父、沙门著书、放生禁杀、祈祷灾异、凤翔佛骨、立坛受戒、建寺造像、西天求法、经目僧数、名山胜迹、三教谈论、僧籍免丁、韩欧排佛等五十六则。

《佛祖统纪》总的特点是博大精深。从史料方面而言，它征引的佛教经律论和僧传集记有七十二种，如《法华经》、《华严经》、《梵网经》、《普耀经》、《付法藏经》、《十二游经》、《长阿含经》、《观佛三昧经》、《四分律》、《大智度论》、《大庄严论》、梁唐宋三部《高僧传》、《西域记》等；天台宗教典二十一种，如《法华文句》、《涅槃玄义》、《法界次第》、《智者别传》、《二师口义》、《国清百录》、《振祖集》、《天竺别集》、《草庵遗事》、《九祖略传》等；天台宗以外的佛教文述二十四种，如《庐山集》、《十八贤传》、《僧镜录》、《净土往生传》、《天人感通传》、《僧史略》、《林间录》、《僧宝传》、《景德传灯录》、《大慧武库》、《湘山野录》、《石门文字禅》、《禅门宝训》等；儒家著作（包括官私撰的史书）四十二种，如《孔子家语》、《论语》、《孟子》、《史记》、《三国志》、《晋书》、《南北史》、《唐书》、《五代史》、《国朝会要》、《皇朝类苑》、《长庆集》、《酉阳杂俎》、《宣室志》、《东坡文集》、《太平广记》、《夷坚志》、《东都事略》等；道教经典二十种，如《老子》、《列子》、《庄子》、《汉武内传》、《洞冥记》、《十洲记》、《云笈七籤》、《天师家传》、《神仙传》、《集仙传》、《仙苑遗事》、《高士传》、《真诰》、《林灵素传》等。

从体例和内容方面而言，它兼采各种文体，纵横交错，条贯缕析，综括了南宋末年以前整个中国佛教发展的源流势态及各类人物、史事。本纪、世家、传和表，着重介绍天台宗传法世谱和人物事迹，所收的人物要比《释门正统》多出许多倍，所编的世系也要比它细密得多。足以与禅宗的《景德传灯录》（道原撰）、《传法正宗记》（契嵩撰）等颉颃。其中，《释迦牟尼佛本纪》从释迦族的起源，释迦牟尼的一生，一直说到释迦牟尼逝世之后，为纪念他而建造舍利塔，为使他的教法能长久地传下去而结集三藏（经、律、论），是一部采用编年体写成的完整的佛传。虽然其中不无失当之处，但比梁代僧祐的《释迦谱》用单纯摘录经律论上记载的方法编制佛传有长足的进步。

特别是志一类，有三十卷之多，占全书篇幅的一半以上，天台、净土、禅、贤首、慈恩、律、密诸宗并举，各种佛教史迹尽纳，最集中地反映了此书的优点。其中《法运通塞志》用编年的方法记载了中国佛教一千余年的历史，性质与禅宗撰作的编年体佛教史《隆兴编年通论》（祖琇撰）、《释氏通纪》（德修撰，见《佛祖统纪通例》，今佚）、《释氏通鉴》（本觉撰）相同；《名文光教志》类似于佛教文集；《历代会要志》以类排纂佛教史事，犹如赞宁的《大宋僧史略》。此外，作者还用论、述、赞、注的方式对事情和人物发表评论，或进行诠释，这对于研究志磐本人的思想以及所议论的对象也是一类有用的史论。所以，从一定意义上来说，《佛祖统纪》是一部体例最为完备、内容最为丰赡的百科全书式的佛教通史。

例如，在宋代，知礼是天台宗的"中兴教主"，而子璿、净源则是贤首宗的中兴人物，允堪、元照是律宗的中兴人物。有关他们的事迹，《佛祖统纪》中均有记载，其中写道：

法师净源，晋江杨氏(子)，受华严于五台承迁(迁师注《金师子章》——原注)，学《合论》(指李通玄的《华严合论》)于横海明覃，还南听长水(指子璿)《楞伽》、《圆觉》、《起信》，时四方宿学推为义龙。因省亲于泉，请主清凉。复游吴，住报恩观音。杭守沈文通置贤首院于祥符以延之。复主青镇密印、宝阁华亭、普照善住。高丽僧统义天，航海问道，申弟子礼。初华严一宗疏抄久矣散坠，因义天持至咨决，逸而复得。左丞蒲宗孟抚杭，愍其苦志，奏以慧因易禅为教。义天还国，以金书《华严》三译本一百八十卷(晋严观二法师同译六十卷；唐实叉难陀译八十卷；唐乌荼进本，澄观法师译四十卷——原注)以遗师，为主上祝寿。师乃建大阁以奉安之，时称师为"中兴教主"(以此寺奉金经书故，俗称高丽寺——原注)。元祐三年十一月示寂。(卷二十九《贤首宗教》，第294页上)

律师允堪，锡号智圆。庆元间，主钱唐(塘)西湖菩提寺，撰《会正记》，以释南山之抄(指道宣的《四分律删繁补缺行事抄》)。厥后，照(元照)律师出，因争论绕佛左右、衣制短长，遂别撰《资持记》，于是，会正、资持遂分二家。(同卷《南山律学》，第297页中)

又如，宋高宗出于经济上的考虑，曾下令天下僧道交纳比一般民赋更高的"免丁钱"(又名"清闲钱")。有关此项敕令的大致内容及佛教方面的反映，是这样的：

(绍兴)十五年，敕天下僧道始令纳免丁钱，自十千至一千三百，凡九等，谓之"清闲钱"，年六十已上及残疾者所免纳。道法师致书于省部曰：大法东播千有余岁，其间污隆随时，暂厄终奋，特未有如今日抑沮卑下之甚也。自绍兴中年僧道征免丁钱，大者十千，下至一千三百。国四其民，士农工商也。僧道旧籍仕版,而得与儒分鼎立之势,非有经国理民之异,以其祖大圣人而垂化为善故耳。至若天灾流行,雨晹不时,命其徒以祷之,则天地应,鬼神顺,抑古今耳目所常闻见者也。夫苟为国家御灾而来福祥,亦宜稍异庸庶之等夷可也。若之,何遽以民赋,赋且数倍?今天下民丁之赋岁止缗钱三百,或土瘠民劳而得类免者。为僧反不获齿于齐民,以其不耕不蚕而衣食于世也。夫耕而食,蚕而衣,未必僧道之外,人人耕且蚕也,云云。(卷四十七《法运通塞志》,第425页下—第426页上)

再如,"经目僧数"是研究每个朝代佛教状况的基本资料,那么,宋代的僧尼究竟有多少呢?据《佛祖统纪》的记载是:

宋真宗:僧三十九万七千六百十五人,尼六万一千二百四十人。仁宗:僧三十八万五千五百二十人,尼四万八千七百四十人。神宗:僧二十二万六百六十人,尼三万四千三十人。高宗:二十万人。(卷五十三《历代会要志》"经目僧数"条,第465页下)

类似这样有价值的佛教史资料,在《佛祖统纪》中比比皆是。

《佛祖统纪》的不足之处有:在行文中往往不直书僧人的法名,而以各种别称相代,如国号("北齐"、"高丽"等)、山名("南岳"、"天台"等)、师号("智者"、"法智"等)、生地("章安"、"仙城"等)、寺名("法华"、"天宫"等)、自号("草庵"、"息庵"等)、郡名("钱唐"、"四明"等)、书名("扶宗"、"宪章"等),致使他们的真正的法名反倒要查检才能了悉;有的地方也有纰漏,如道宣卒于高宗乾封二年(667)十月,这在卷二十九《诸宗立教志》中已有明确的记载,而在卷四十《法运通塞志》中却说:"(唐玄宗开元)二十一年,南山道宣律师出《删定四分戒本》,出家之士得以诵习。"(第375页上)这显然是鲁鱼亥豕之讹了。

明佚名《续佛祖统纪》二卷

《续佛祖统纪》,二卷。收入《续藏经》第一三一册。题下署:"宋亡名撰"。然而,考此书卷二子实、大祐等传,多出明"洪武"、"永乐"年号,并叙明太祖崇佛事迹,因此当为明人所作。

《续佛祖统纪》全是《诸师列传》,无序跋和其他类目。卷一,记法照、文杲、智觉、永清、子仪、允泽、元凯、性澄、蒙润、弘济、本无、允若、善继,凡十三人。卷二,记必才、普曜、正寿、子实、大祐、慧日、子思、普容、祖祢、弘道、友奎、如玘、自朋、大山、良玉、绍宗,凡十六人。全是天台宗僧人。以此推断,作者当是明代天台宗人。

第二门　编年体佛教史(上)

第一品　南宋祖琇《隆兴编年通论》二十九卷

《隆兴编年通论》,简称《编年通论》、《通论》,二十九卷。南宋隆兴二年(1164),隆兴府沙门祖琇撰。收入《续藏经》第一三〇册。

祖琇,号石室。"隆兴初,居龙门,撰《佛运统纪》,仿左氏,寓褒贬法,兼述篡弑反叛灾异之事。永嘉薛洽《叙释迦谱》云:琇师《统纪》多附小机所见,学最上乘者尚深病之。"(《佛祖统纪·通例》,《大正藏》第四十九册,第132页中)这里提到的《佛运统纪》,初名《三教统纪》,后据云居正贤禅师的意见改名(见《僧宝正续传》卷五)。它最初与祖琇的《隆兴编年通论》一并流传,南宋本觉撰《释氏通鉴》时,在采摭书目中并载两书(南宋尤袤《遂初堂书目》亦载之),以后湮没不传,至元代念常撰《佛祖历代通载》时已不见记载。祖琇另撰有《僧宝正续传》,今存(见本书传记部)。

《隆兴编年通论》是一部依照北宋司马光《资治通鉴》的体例而编成的、现存最早的编年体佛教史。无序跋。有关此书的撰述缘起,主要见载于卷二十八之末的"论"。其中说:

　　此宗门(指禅门)直指与义学相辽,所从来远矣。是故禅称"教外别传",而教不足以拟禅也。虽然非教无以显禅之深,非禅无以臻教之妙,惟悟彻者兼资律仪高行,而后融通自在也。世固有席福缘、挟左道、冒声势而显者,宗乘教典、戒律轨仪,漫然未尝一顾,直以禅门回答、腐熟语句,泛口传授,脂膏其吻,为道为禅,展转欺诳,有不可胜言者。昔东坡(指苏轼)所谓"至使妇人孺子,抵掌嬉戏,争谈禅悦,高者为名,下者为利,余波末流,无所不至,而佛法微矣",此正中末世之弊也。故今博采累朝外护圣贤绪余,及弘教秉律韵人胜士,与夫禅林宗师提纲、警策、法要,规仰司马文正公(指司马光)《通鉴》,裁成此书,凡二十有八卷(指正文),垂二十万言,将以遗诸后学,则予岂敢?特欲前贤外护之迹常存几案,日见而讽咏之。惟是皇朝圣贤颂述吾教之作,浩博尤多,附四圣御制序于左方,若其它文,予之精力疲竭于此,而未遑纂辑,请俟后之作者云耳。(《续藏经》第一三○册,第708页上)

全书所记佛教史事,上始东汉明帝永平七年(64),下迄五代时后周显德四年(957),凡八百九十四年。每代之首间有"叙"(通"序"),用来介绍该代兴废始末及所译经卷;所载史事之末间附"论",以抒发作者的议论,连同曹魏、西晋二代"叙"之后的二条"论",总计九十六条(笔者统计)。前二十八卷为正文,末一卷为附录。

卷一:东汉;卷二前部分:曹魏、孙吴、西晋;卷二后部分至卷四:东晋;卷五:宋(刘宋);卷六前部分:齐;卷六后部分至卷八前部分:梁;卷八后部分:后齐(北齐)、陈;卷九前部分:周(北周);卷九后部分至卷十前部分:隋;卷十后部分至卷二十八前部分:唐;卷二十八后部分:五代;卷二十九:《圣宋御制》,收宋太宗《御制新译三藏圣教序》、真宗《御制续圣教序》、仁宗《御制天圣广灯录序》、徽宗《御制建中靖国续灯录序》四篇。

《隆兴编年通论》的主要特点是：博综南宋初年以前传世的各类佛教文献和史书，如僧传、经录、文集、灯录、法要、专论、序记、书翰、碑表、诏令、正史、别史等，以年月为经，以史实为纬，对东汉至五代佛教的弘传，以及其间重要的佛教人物、事件和述作等，作了历史的记述。特别是唐代部分的编年史，在正文二十八卷中独占十八卷，内容最为丰赡。

其中载有：唐高祖时，法师慧乘与道士刘进喜论义（即辩论）、傅奕上《废释教表》、诏问佛教于国何益（以上见卷十）；太宗时，诏道教在释教之上（见卷十一）、制《三藏圣教序》、皇太子李治建大慈恩寺（见卷十二）；高宗时，道士李荣与法师义褒论义（见卷十三）、僧道会集百福殿定夺《化胡经》真伪；武则天时，十沙门诣阙上《大云经》、遣使赴于阗取《华严经》梵本、宰相狄仁杰等上《谏铸佛像表》；中宗时，中书令张说撰《大通禅师（神秀）碑》（以上见卷十四）；玄宗时，诏禅师一行撰《大衍历》（见卷十五）、张正甫撰《怀让禅师碑》、李华撰《玄素禅师碑》（以上见卷十六）；肃宗时，诏南阳慧忠禅师赴阙问义；代宗时，于禁中始作盂兰盆会（以上见卷十七）、严郢撰《不空三藏碑》、梁肃撰《昙一律师碑》、颜真卿撰《抚州宝应寺律藏院戒坛记》（以上见卷十八）；德宗时，许尧佐撰《熙怡律师碑》、刘轲撰《黄石岩高僧记》（以上见卷十九）、柳宗元撰《法证律师碑》、《般舟和尚碑》；宪宗时，柳宗元撰《送浩初上人序》、宰相权德舆撰《草衣禅师宴坐记》（以上见卷二十）、清凉澄观答宪宗问华严旨要、孟简等监护译经、柳宗元撰《净土院记》（以上见卷二十一）、白居易撰《上弘律师碑》、刘禹锡撰《灵澈诗集序》、诏迎凤翔法门寺佛骨、韩愈上《谏迎佛骨表》（以上见卷二十二）；穆宗时，诏汾阳无业禅师赴阙问义（见卷二十三）、元稹撰《杭州永福寺石壁法华经记》；文宗时,唐伸撰《药山惟俨禅师碑》、尚书李翱撰《复性书》、白居易撰《苏州重玄寺石壁经碑》(以上见卷二十四)、宰相李训上疏请罢内道场并沙汰僧尼,裴休撰《端甫法师碑》、《清凉国师(澄观)碑》、《圭峰宗密禅师传法碑》；武宗时,颁布《废佛诏》；宣宗时,下诏复兴佛教(以上见卷二十五)、崔黯撰《复东林寺记》、相国郑愚撰《灵祐禅师碑》、李节撰《送沙门疏言序》论儒释关系(以上见卷二十六)；懿宗时,诏迎法门寺佛骨(以上见卷二十七)等。此外,还载有数以百计的禅(参禅悟道)、教(研习教理)、律(持戒秉律)、译(翻译流通)等各方面佛教人物的言语行迹,以及历代名贤的佛教因缘等。特别是那些记人和记事的碑铭石刻,保存了大量珍贵的佛教史料。

如被称为"两京法主、三帝国师"的神秀,是禅宗中北宗一派的创始人。关于他的行历和思想,卷十四收载的张说《大通禅师碑》作了以下的介绍：

(神龙)二年三月。大通禅师神秀卒。中书令张说制《碑》曰：……禅师尊称大通,讳神秀,本姓李,陈留尉氏人也。心洞九流,悬解先觉。身长八尺,秀眉大耳,应王霸之像,合圣贤之度。少为书生,游问江表。老庄玄旨,《书》《易》大义,三乘经论,《四分》律仪,说通训诂,音参吴晋,烂乎如袭孔翠,玲然如振金玉。既独鉴潜发,多闻旁施,逮知天命之年,自拔人间之世,企闻蕲州有弘(弘忍)禅师,禅门之法胤也。自菩提达磨天竺东来,以法传慧可,可传僧璨,璨传道信,信传弘忍,继明重迹,相承五世,乃不远遐阻,翻飞谒诣。……服勤六年,不舍昼夜。大师(指弘忍)叹曰：东山之法,尽在秀矣。命之洗足,引之并坐,于是涕辞而去,退藏于密。仪凤中,始隶玉泉(寺名),名在僧录。……尔其开法大略,则忘念以息想,极力以摄心。其入也,品均凡圣。其到也,行无前后。趣定之前,万缘尽闭。发慧之后,一切皆如。特奉《楞伽》,递为心要,过此以往,未之或知。久视年中,禅师春秋高矣,诏请而来,趺坐觐君,肩舆上殿,屈万乘而稽首,洒九重而宴居,传圣道者不北面,有盛德者无臣礼,遂推为两京法主、三帝国师。……神龙二年二月二十八日夜中,顾命趺坐,泊如化灭。禅师武德八年乙酉受具(指具足戒)于天宫寺,至是年丙午复终于此寺,盖僧腊八十矣。生于隋末,百有余岁,未尝自言,故人莫审其数也。(第563页下—第564页下)

又如,苏州重玄寺自长庆二年(822)冬起,在广德法华院西南的石壁上雕凿八种大乘要典,至太和三年(829)春告竣。时为刺史的白居易应请撰作了碑文,记叙了事情的始末,于中着重介绍了这些经典的义旨和字数:

太和三年。苏州重玄寺刊石壁成,刺史白居易为之碑,曰:碑在石壁东次,石壁在广德法华院西南隅,院在重玄寺西若干步,寺在苏州城北若干里。以华言唐文译刻释氏经典,自经品、众佛号以降,字加金焉。夫开士悟入诸佛知见,以了义度无边,以圆教垂无穷,莫尊于《妙法莲华经》,凡六万九千五百五言。证无生忍,造不二门,住不可思议解脱,莫极于《维摩诘经》,凡二万七千九十二言。摄四生九类,入无余涅槃,实无得度者,莫先于《金刚般若波罗蜜经》,凡五千二百八十七言。坏罪集福,净一切恶道,莫急于《佛顶尊胜陀罗尼经》,凡三千二十言。应念顺愿,愿生极乐土,莫疾于《阿弥陀经》,凡一千八百言。用正见观真相,莫出于《观普贤菩萨行法经》,凡六千九百九十言。诠自性,认本觉,莫深于《实相法密经》,凡三千二百五言。空法尘,依佛智,莫过于《般若波罗蜜多心经》,凡二百五十八言。是八

种经具十二部（泛指一切经），合一十一万六千八百五十七言。三乘之要旨，万佛之秘藏，尽矣。（第664页下—第665页上）

由于碑铭石刻经久耐磨，不像雕印传写容易衍脱，故讹误也较少些。而且这些石文的作者与所记的人和事，一般都比较熟悉，有许多事情还是他们亲身经受和感知的，故所述人物的姓氏、祖籍、师承、行迹、生卒和著述也大抵可靠。

除上述以年月为序编载的佛教史事之外，《隆兴编年通论》还通过在一些史事之末附设"论"的方式，对有关的人和事进行评点，这里不仅有作者的褒贬，而且也有对佛教史传上一些错误的驳正，和对史料的进一步阐发、补充和说明。因此，这些"论"也具有一定的史料价值。

如唐道宣的《集古今佛道论衡》、《续高僧传》和神清的《北山录》都说道士陆修静在晋末拜访过庐山慧远，北齐宣帝时因与昭玄（僧统）法上角法（即"斗法"）失利，剃度出家，皈依佛教。祖琇通过时间上的推断，认为这一说法是站不住脚的：

论曰：陆修静晋末访匡山远公，公送之过虎溪，及南齐竟陵王子良亦赠以白羽扇，二公赏遇如此，则修静固亦奇士也。由晋抵北齐凡一百七十余载，其对显之术极为疏鄙，疑非修静所为也。而南山宣公《论衡》、《僧传》及神清《北山录》皆有是说，二老非诬人者也，然则修静向二百岁矣。使其果在，必有非常之术。予意对显之徒，盖宗事修静者（指陆修静的弟子），既败矣，故二公（指道宣、神清）冒其名而罪之，此不得不辨。（卷八北齐绍泰元年条，第504页下）

再如禅宗三祖僧璨的《信心铭》，是一篇在丛林拥有广泛影

响的作品,关于这一点,可以在以下的"论"中得到证实:

> 论曰:尝闻古宗师垂训学者,每晨兴,必诵三祖《信心铭》数番。诚哉!斯言。凡历古以来诠道之作多矣,至于穷澈法源,妙尽宗极,无出此篇。言约而义丰,旨深而词雅。(卷十隋大业二年条,第518页上)

又如《景德传灯录》等灯录都把唐代澧州药山的惟俨禅师(大和二年卒),看作是禅宗青原系僧人石头希迁禅师的法嗣(即弟子),然而大和十年(836)唐伸应惟俨门人之请而作的《药山惟俨禅师碑》,则说惟俨是南岳系僧人马祖道一禅师的法嗣。两说之中,应选取哪一说,祖琇主张取《碑》说:

> 论曰:《传灯》与曹洞宗派皆以药山(指惟俨)嗣石头迁(希迁),今碑乃谓得法于大寂马祖(指道一),其说历三百年,世未有辨其然者。要知药山去世八年,而门人相与立碑,乌有门人而不考师所承耶?予谓当以碑为正。(卷二十四唐大中二年条,第660页上)

编年体是一种很难制作的文体,它既要将事件按时间的先后次序进行编排,又要注意到叙述某一事件前后经过的相对完整性。因为一件事有的要跨越几个月,以至几年,若将年月顺序绝对化了,往往会造成事件的支离破碎。《隆兴编年通论》的作者十分注意调节这二者之间的关系。一般来说,一件事的经过,一位高僧的事迹,都放在一块儿叙述,以保证史料的完整性。在适当的位置,再插入一些综合性的史料。如将范晔《后汉书·西域传论》、袁宏《后汉纪》中关于佛教传入的记载,插附在卷一东汉末;将《魏书·释老志》中关于佛教大旨及北魏太祖道武帝对佛教的态度的记载,放在卷四"魏拓跋焘叙"之后;在卷八隐士阮孝绪著《七略》条下插附《唐书·艺文志》对佛教经典的著录情况等。

《隆兴编年通论》的不足之处有：一些重要的佛教代表人物脱落未载，如三论宗的吉藏、三阶教的信行、净土宗的善导、律宗东塔宗的怀素、禅宗曹洞宗的本寂等；大段抄录护教文字，如卷一抄录牟子《理惑论》三十七篇中的三十篇，卷四抄录慧远《沙门不敬王者论》五篇的全文，卷十抄录李师政《内德论》中的很大一部分，卷二十四抄录李翱《复性书》三篇，致使篇幅比例失调，文显累赘等。

第二品　南宋本觉《释氏通鉴》十二卷

《释氏通鉴》，又名《历代编年释氏通鉴》，十二卷。南宋咸淳六年(1270)，括山一庵沙门本觉编集。收入《续藏经》第一三一册。

《释氏通鉴》书首有三序（同名《释氏通鉴序》），分别为宋咸淳六年(1270)荐福寺沙门用错、明天启六年(1626)居士毕熙志、毕抵康(毕熙志之父)所作。另有《历代编年释氏通鉴采摭经传录》，叙列引书目录。用错在《序》中说：

> 括山一庵觉首座，自小披缁，气骨不俗，穷探经论，深造禅观，而有自得之妙。针札古人不到处，悯诸经史传录编年前后不相联贯，不便观览，与夫历代神异隐而不显者，旁求广索，继晷焚膏，集成一部，目曰《释氏通鉴》。（《续藏经》第一三一册，第741页上）

毕熙志在《序》中叙说了他得到宋本《释氏通鉴》以及删补锓梓的经过：

> 余友蓝翰卿曩获宋本于荆楚，以为异本，甚是秘悋。会

翰卿即世，家君为之经纪其事，诸孤远将遗书见畀，况若优昙钵华再见。第其书，间有豕渡之讹，兼历年既久，纸渝墨落，不无脱漏。适余养疴山中，却扫多暇，日检经藏，更为较（校）雠。冗者芟之，遗者补之，讹者正之，疑者阙之，又参之传记，询诸善知识，始称完帙。（第 741 页下—第 742 页上）

毕熙志校订的是卷一、卷四、卷七和卷十；罗所蕴校订卷二；刘朝卿校订卷三；毕熙载校订卷五；周之训校订卷六；蓝重起校订卷八；毕延玠校订卷九；毕延瓒校订卷十一；毕之铉校订卷十二。现行的本子就是经以毕氏家族成员为主的众人校订后的本子。

《释氏通鉴》也是一部依照《资治通鉴》的体例而编成的编年体佛教史。所记史实，"起周昭王甲寅，至后周恭帝庚申（960），上下凡一千九百三十年"（毕熙志《序》，第 741 页下）。据书首《采摭经传录》所列，全书共摭撷佛书五十九种（作者将各书的名称分别压缩成三字、四字或五字）。其中属于翻译的佛经只有《梵王问佛经》、《涅槃前后分》、《育王传》三种。其余的全是汉地佛教撰述，它们是《五灯录》、《义楚六帖》、《大藏一览》、《延光集》、《华严证念集》、《会宗集》、《苇江集》、《通明集》、《禅苑联芳》、《龙湖行状》、《冷斋夜话》、《佛法大明录》、《定光记》、《宗门统要》、《泗州显化传》、《大慧年谱》等；采摭儒书四十四种，有《方舆胜览》、《艺文类聚》、《圣宋文海》、《玉壶清话》、《南北史》、《云斋新说》、《归田集》、《明皇杂录》、《杨文公谈苑》、《皇朝备要》、《括叶编》、《湘山野录》、《能改斋漫录》、《括苍记》、《挥麈谈录》等；道书仅三种，它们是《神仙传》、《梓潼化书》、《平叔悟真篇》。

《释氏通鉴》的特点主要有：

一、每年必录。凡释家事迹可记者,则记之。无事可记者,也出甲子、帝年。对有几国并存的三国、东晋、南北朝、五代等,则列表说明干支某年的不同年号。如三国壬寅年,是魏高祖曹丕黄初三年、蜀昭烈王刘备章武二年、吴太祖孙权黄武元年,如此等等。现存的宋代佛教史著作中,每年必录的只此一部。而《隆兴编年通论》对于无事可记的年份,一概略去不书。如《释氏通鉴》卷十二甲寅后周世宗显德元年(亦即南唐保大十二年)条下写道:

> 正月,南唐节度使冯延巳撰《开先院碑》。略曰:皇上(指南唐国主李璟)诏以庐山书堂旧基为基。延巳肆觐于京,上于便殿语事次,因曰:"庐山书堂已为寺矣。朕闻古先哲王握图御宇,唯德是务,与善同归,久于其道,天下化成。恒沙如来出世济俗,依空说性,性外无空。信则修崇,悟则解脱,使人趋清凉之域,息贪竞之心。民用以淳,理又何远?是则菩提之教,与政通焉。朕今兴建伽蓝,以居禅众,示人至理,亦助化之端也。"延巳奏以寺已成功,足使迷者得于陆之渐,达者登不二之门。非圣人用心,其孰能与于此乎?云云。(《庐山记》——原注)(第1004页上、下)

乙卯后周世宗显德二年条下写道:

> 二月,世宗诏:并省天下无额寺院,凡三千余所。九月,敕立监铸钱,非县官法物军器,及寺观钟磬铃铎之类听留外,自余民间铜器佛像,悉令输官,给其直(值)。上谓侍臣曰:"卿辈勿以毁佛为疑,且佛以身世为妄,而以利人为急。使其真身尚在,苟利于世,尚欲割截布施,况此铜像。若朕身可以济民,亦非所惜也。"由是群臣不敢言。(《通鉴》——原注)(第1004页下)

二、史料注有出处。在宋元佛教史著作中,《佛祖统纪》与《释氏通鉴》都在书首详载编集此书时的参考书目,但《佛祖统纪》在正文中标注某段史料的出处的并不多,而《释氏通鉴》则大多注明所书内容的出典。如上述两段引文之末注的"《庐山记》"、"《通鉴》"即是。有些注文还颇为细致。如《释氏通鉴》卷一的第一条是记释迦牟尼诞生的。写法是:甲寅周昭王二十六年。

  释迦牟尼佛,贤劫第四佛也,是年四月八日示生于中天竺迦毗罗卫国。(第754页下)

关于释迦牟尼的诞生日期,佛家各书说法不一,那么正文中的这一种说法,典据在哪里呢?作者在文末加注,说:

  见《释迦谱》。但诸传录皆曰佛生昭王甲寅,或指为二十四年,或曰九年。今准琳(法琳)法师《辨正论》。据隋博士姚长谦《纪》,佛生的是昭王二十六年,甲寅岁也。(同上)

卷一辛未周穆王五十二年条下说:

  大梵天王至灵山会上,以金色娑罗花献世尊。世尊拈花示众,人天百万悉皆罔措,独金色头陀破颜微笑。世尊曰:吾有正法眼藏、涅槃妙心、实相无相微妙法门,分付摩诃迦叶。听吾偈曰:法本法无法,无法法亦法,今付无法时,法法何曾法。(第756页下)

此段"拈花付法"与"传法偈"的故事,是禅宗立谱的重要根据之一。作者接下去注云:

  其拈华(花)付法,出大藏《梵王问佛经》,其传法偈出《正宗记》。(同上)

这就指明了他是根据哪一部著作上的记载,来写上述文字的。当然作者所抄的并非都是原文,而往往是对原文的约写和概述,这是古代著书的通常做法。

三、考辨人物事实。宋元佛教史著作无论是编年体,还是纪传体,一般都有作者对事件和人物的评论,称为"论"、"赞"、"述"等。而《释氏通鉴》没有自撰的"论赞",只有"注"。注文一般不太长,只有数字或数十字,数百字的不多。第一是注史料的来源,第二是辨史实的正误,个别地方也有援引别人的议论的。如卷五梁简文帝即位和侯景逼简文帝禅位条,卷八唐总章元年下敕焚毁《化胡经》条下均引"隐子论",力辨"佛法亡梁者殆非正论"(第852页下)和"化胡成佛之谬"(第919页上)。隐子,隋王通也,事见卷六隋丁丑大业十三年条。《释氏通鉴》的注文,撷摭史说,比较抉择,甚可注意。如卷三考鸠摩罗什卒于姚秦弘始十五年(413),其注云:

> 《释教录》云:什公卒时,诸时不定。《高僧传》云:弘始十一年八月二十日卒。此不然也。准《成实论后记》云:弘始十四年九月十五日出讫。准此十四年什仍未卒。又准僧肇《上秦主〈涅槃无名论〉表》云:肇在什公门下十有余载。若什四年出经,十一卒,始经八载,未满十年,云何乃言十有余载?而《释教录》亦不定其年月。因看《弘明集》云有僧肇《诔什法师》,以癸丑年四月十三日薨于大寺,故今以此为准。(第802页下—第803页上)

这就以严谨的考证,纠正了《高僧传》的错误。后人在确定罗什的卒年时多用此说。

卷八考弘忍卒于唐上元二年(675)。作者在该条下注云:

> 据《五灯录》及《正宗记》,谓师武德甲申七岁遇四祖

（道信），至此年示寂，寿七十四。必讹误也。若谓此年寿七十四，则甲申年二十三矣。若甲申年七岁，则此年止寿五十八，非前误则后误。（第920页下）

有些人物的卒年无法断定，作者便在注中明言。如卷三虽定庐山慧远的卒年为晋义熙十一年（415），但作者认为，这只是一说，便加注进行说明：

《僧传》云：十二年终。又《弘明集》谢灵运诔文谓十三年终。三说未知孰是。（第803页下）

《释氏通鉴》也有因所据史料本身有讹而造成误断的。如卷十唐宪宗元和三年条下云：

十月十三日荆南城西天王（寺）道悟禅师入灭，寿八十二，坐六十三夏（一云元和十三年四月十三日化——原注）。师嗣马祖，其嗣法即龙潭信也。（第954页下）

其注云：

觉梦堂（惠洪）《重校五家宗派》[案：据《佛祖历代通载》卷十五天皇道悟条，《五家宗派》一书为达观昙颖禅师集］谓：今《传灯》（指《景德传灯录》）却收云门、法眼两宗归石头（希迁）下，误矣。缘同时道悟者两人，一曰江陵城西天王道悟者，渚宫人，嗣马祖（道一），元和十三年四月十三日化。正议大夫丘玄素撰碑铭，文数千言。一曰江陵城东天皇道悟，婺州东王[案：《通载》作"东阳"]嗣石头，元和二年丁亥化，律师[案：《通载》作"叶律郎"，"叶"当是"协"字之误]符载撰碑。二碑所载生缘出处甚详。张无尽（张商英）讨得二塔记，示诸方曰：元尝疑德山（宣鉴）、洞山（良价）同出石头下，因甚垂手处死活不同（指宗风不同），今以丘、符二记证之，朗然明白。（同上）

《释氏通鉴》的作者显然不认为同时有两个天王道悟,故在卷文中将关于道悟卒年的两种不同说法,记于一个道悟的名下("元和三年"当是"元和二年"之误)。但断定道悟嗣马祖,显然是错的,是丘玄素《天王道悟禅师碑》的说法。此件碑文略见于《佛祖历代通载》卷十五道悟条,大意是说,丘玄素先前曾对道悟不敬,将他扔于水中,然而道悟入水不溺。又有天王降灵的种种神异,遂使他起信而尊道悟,造天王寺。情节怪诞离奇,不可相信。作于北宋初年的《宋高僧传》卷十有《唐荆州天皇寺道悟传》,说道悟姓张,婺州东阳人。年二十五受具足戒之后,投径山国一禅师。"建中初诣钟陵马大祖(马祖),二年秋谒石头上士(希迁)。"(《大正藏》第五十卷,第769页中)从参谒的先后次第来看,说道悟嗣后参的希迁较为确切。

四、集录佛教典故。如魏朱士行弃俗出家为汉地沙门之始(卷二);晋竺法护为此土求经沙门之始(卷二);经义克明自道安始(卷三);敕葬沙门自竺道潜始(卷三);律仪大备自姚秦弗若多罗译出《十诵律》始(卷三);僧正自僧䂮始(卷三);传讲《华严》自刘宋玄畅始(卷四);沙门别号自萧梁惠约始(卷五);经部详正自玄琬始(卷七);神秀为沙门谥号之始(卷八);唐中宗神龙二年为试经度僧之始(卷八);唐玄宗天宝五年为祠部给牒之始(卷九);唐肃宗乾元元年为纳钱度僧之始(卷九);唐宪宗元和二年端甫注录左右街僧事,为僧录之始(卷十);后周世宗显德二年诏郡国岁造僧帐,为僧帐之始(卷十二)。

《释氏通鉴》的不足之处有:

一、有些史料的出处注得不确切。如卷一谓"蔡愔等还洛阳,摩腾入阙献经像。帝大悦,馆于鸿胪寺。兰亦间行而后至"一事,"出《汉书》"(见第770页下)。且不说《汉书》不记东汉事,就是《后汉书》也无上述内容。卷二称汉桓帝(原文误"桓"

为"威")永兴二年,于宫中铸黄金浮图、老子像,"世人以金银作佛铸像,自此而始"(见第772页下),灵帝熹平三年"遣中大夫于洛阳佛塔寺中饭诸沙门,悬缯烧香,散华然(燃)灯"(见第773页上),均"出《三宝纪》",查费长房《历代三宝纪》并无上文。又如卷六叙隋大业三年翻经学士释彦琮作《福田论》,谓"其论高竖三宝之仪,崇尚归敬之本,文极该赡,今在藏《弘明集》"(第883页上),《弘明集》为梁僧祐所作,此处当是唐道宣的《广弘明集》。

二、所记感应之迹特多。光引感应传就有《三宝感通录》、《舍利感应记》、《净土感应集》、《观音感应集》等好几种。又广取其他佛书中的灵验、神通之事,致使这部分的内容特别触目。

三、避讳。书中多将"玄"字改作"元"字。如卷四的玄畅、玄高,卷七的玄奘、玄琬,卷八的玄晖,卷九的唐玄宗、玄素、玄朗,以及卷八唐代仁俭禅师所作的《了玄歌》中的"玄"字,都改作"元"字。大概是清代刻印时避康熙皇帝(玄烨)之讳而改。但有的地方仍用"玄"字,如唐贞观年间参与译经的玄谟(或作"玄模",见卷七)等。此外,书中讹字也屡见,如卷四朱士行作"朱士衡",卷五慧文作"慧闻"等。

《释氏通鉴》的撰出,对道教史籍的编纂有一定的刺激作用。元道士赵道一有感于儒家有《资治通鉴》,佛教有《释氏通鉴》,而道教独阙,于是发愤录集古今得道仙真事迹,编成《历世真仙体道通鉴》五十三卷,成为道教史上的一则故事。

第三品　元熙仲《历朝释氏资鉴》十二卷

《历朝释氏资鉴》,简称《释氏资鉴》,十二卷。元至元十二年(1275),闽宸峰沙门熙仲集。收入《续藏经》第一三二册。

《释氏资鉴》书首有承事郎福州路福宁州判官薛天祐题记和熙仲自序。薛天祐说：

> 庆峰和尚心栖禅那，神游史籍，摘其实，疏其迹，而资观览，如鉴目前。兴叹慕之者，有所激励焉。（《续藏经》第一三二册，第1页上）

书末有熙仲《跋》，介绍成书的经过。说：

> 摭儒释群书，自开辟以来，迄于皇元一统，历代国朝佛法关系，隆替利害，宿德与王臣机语契合，对辩唱酬。去华取实，笔而萃之。（第241页下）

《释氏资鉴》卷一为序、周、秦、前汉、后汉；卷二为三国、西晋、东晋；卷三、卷四和卷五的上半卷为南北朝；卷五的下半卷为隋；卷六、卷七、卷八为唐；卷九、卷十、卷十一为宋；卷十二为元。卷末附翰林学士王磐等奉诏述撰的《国朝帝师行实》，介绍班弥怛拔思发（又名"八思巴"）的生平简历。

《释氏资鉴》没有引文总目，但在正文中多注明史料的出处。据初步统计，所采用的佛书有：《释氏事物纪原》、《翻译名义》、《自镜录》（即《释门自镜录》）、《感通录》、《僧传》（泛指几部僧人总传）、《释教录》（即《开元释教录》）、《感应录》、《弘明集》、《珠林》（即《法苑珠林》）、《冥符记》、《佛运统纪》、《北山录》、《方志》（即《释迦方志》）、《三宝纪》（即《历代三宝纪》）、《六帖》（即《义楚六帖》）、《僧史》（《僧史略》）、《辩正论》、《佛道论衡》、《释通鉴》（即《释氏通鉴》）、《蜀祖琇佛教通论》（即《隆兴编年通论》）、《传灯》（几部传灯录的泛称）、《护法论》、《林间录》、《武库》（即《大慧武库》）、《僧宝传》、《宝训》（即《禅林宝训》）、《丛林盛事》等。

其中《释氏事物纪原》一书尤可注意（见卷七唐玄宗乙酉天

宝四年、唐肃宗丁酉至德二年条等），此书专记佛家典故，早已佚亡，若非本书注出，恐湮没无闻。《释氏资鉴》还采撷正史、野史、笔记、文集、碑刻等史料，其中司马光的《资治通鉴》征引最多。

《释氏资鉴》成于南宋本觉的《释氏通鉴》之后，并引用了前书的部分内容（见卷五梁武帝己酉中大通元年条、卷六唐太宗戊申贞观二十二年条等），征引的佛书又大致相同，故内容上比较接近。不过，《释氏通鉴》只止五代，而《释氏资鉴》则止元代，所叙时代要比前书长。二书虽同为编年体，但《释氏资鉴》不如《释氏通鉴》严密，尤其是卷一整卷与卷九、卷十、卷十一各卷的下半卷，结构松散，带有杂集性质。

卷一的前部分为帝纪，简述三皇、五帝、三代，追溯从夏禹至元代各朝皇帝的祖先，主旨是"历代帝王多出黄帝"，"大元乃刹帝利种"（第4页上）。接着是《长阿含经》、《佛本行经》、《准起世经》、《大梵天王问佛决疑经》、《付法藏传》的摘录，叙说刹帝利种产生，至释迦牟尼入灭，付法于大迦叶的事情，并列"释迦如来宗派"表。还有对十波罗蜜、三十七道品、僧预十科、外道六师、大三灾、小三灾等数十条佛教名相（名词术语）的解释，和唐太原王勃的《释迦文赋》等；此后是自周昭王二十三年摩耶夫人受胎，至东汉灵帝建宁四年的佛教史迹；末尾部分是《释氏事物纪原》中"立坛受戒之始"、"赐紫师号"和"圣节建立道场"的典故，这就像是一卷杂抄。宋代各卷（卷九、卷十、卷十一）的下半卷全是僧俗逸闻轶事的摘抄（不注出处），不编年月。作者在卷十一末解释说：

> 宋之有国公卿士夫参叩宿德，或历三五朝代，机缘位貌，不复编次记录，以明神交道合。（第238页上）

因此，《释氏资鉴》的编年是十分粗疏的。

本书以"明佛祖之垂慈,彰王臣之皈仰"为要旨(见熙仲《序》第1页下)。故有关王臣皈仰佛教的记载特多(包括王臣士夫与禅僧的对辩唱酬)。凡儒家道教中的排佛者,总要说到他们的败北而了事。历史上韩愈以反佛著称,故各种佛教史著作中都要提到他。《释氏资鉴》卷七在叙说韩愈谏迎佛骨遭贬谪一事之后,详引唐刑部尚书孟简的《韩文公别集》,说韩愈遇大颠和尚,两人讨论,最后"韩愈目瞪而不收,气丧而不扬,反求其所答,则罔然若有所失"(第143页下)。卷八又有道教吕洞宾参黄龙禅师一事,最后也是"见信而屈状"(第162页上),护教色彩是很浓的。

《释氏资鉴》多取笔记杂撰,所录禅家机缘又往往不是重要的有影响的,故所记之文不足以反映宋元佛教的全貌。如果拿它与后来的《佛祖历代通载》相比,那么它着重于记录当时的社会信仰,而《通载》着重于记录佛教各宗的要人要事。而且《释氏资鉴》叙述所在的元代佛教的史迹极略,卷十二的主要内容是赞颂元代皇帝的政绩,全卷仅千余字,为诸卷中最短的。所以,它的影响和地位远在《通载》之下。

第四品 元念常《佛祖历代通载》二十二卷

《佛祖历代通载》,简称《佛祖通载》、《通载》,二十二卷。元至正元年(1341),嘉兴路大中祥符禅寺住持念常集。载于《明北藏》"亩"至"黍"函(作"三十六卷",《明南藏》缺)、《清藏》"沓"至"本"函(也作"三十六卷")、《频伽藏》"结"帙,收入《大正藏》第四十九卷。

念常(1282—?),号梅屋,晦机元熙(《南宋元明禅林僧宝传》卷九有传)的弟子,临济宗杨岐派大慧宗杲系僧人。"世居华亭,黄姓,父文祐,母杨氏。……年十二恳父母求出家,母钟爱之,诱以世务,终莫夺其志,遂舍之。依平江圆明院体志习经书,尚倜傥,疏财慕义,栖心律典。元贞乙未,江淮总统所授以文凭,薙发受具。弱冠游江浙大丛林,博究群经。宿师硕德以礼为罗延之,皆执谦弗就。至大戊申,佛智晦机(元熙)和尚自江西百丈,迁杭之净慈,禅师往参。……服勤七年。延祐乙卯,佛智迁径山,禅师职后版表率。明年,朝廷差官理治教门,承遴选瑞世嘉兴祥符。至治癸亥夏五,乘驿赴京,缮写黄金佛经。……帝师(指公哥罗)命坐授食,闻大喜乐密乘之要。自京而回姑苏,万寿主席分半座,以延说法,众服其有德。"(元觉岸《华亭梅屋常禅师本传通载序》,《大正藏》第四十九卷,第477页下—第478页上)

《佛祖历代通载》书首有元至正元年(1341)微笑庵道人虞集撰的《序》;至正四年(1344),松江佘山昭庆寺住持觉岸(念常的同学)撰的《华亭梅屋常禅师本传通载序》;念常撰的《凡例》。

虞集在《序》中说:

> 记载之书,昔有《宝林》等传,世久失传。而《传灯》之录、《僧宝》之史,仅及禅宗。若夫经论之师各传其教,宰臣外护因事而见录,岂无遗阙?近世有以为《佛祖统纪》者,拟诸《史记》,书事无法,识者病焉。时则有若嘉兴祥符禅寺住持华亭念常,得临济之旨于晦机(元熙)之室,禅悦之外博及群书。乃取佛祖住世之本末,说法之因缘,译经弘教之师,衣法嫡传之裔,正流旁出散圣异僧,时君世主之所尊尚,王臣将相之所护持,论驳异同,参考讹正,二十余年始克成编,谓之《佛祖历代通载》,凡二十二卷。(《大正藏》第四十九卷,第477页上、中)

《佛祖历代通载》是以祖琇的《隆兴编年通论》为基础,以雷氏（名字不详，从元代以前各代名称下均引"雷氏曰"可知）干支纪年表为时序，修治增广而编成的编年体佛教史。所记史实，上始远古时代的磐（盘）古，下迄元代元统元年（1333）。

卷一：《七佛偈》（出自《景德传灯录》）、《彰所知论》（元代帝师八思巴撰、沙罗巴译）中的《器世界品》和《情世界品》；卷二前部分至卷四前部分：太古诸君（磐古、天皇、地皇、人皇等）、三皇（雷氏年表指伏羲、神农、黄帝）、五帝（雷氏年表指少昊、颛顼、帝喾、尧、舜）、夏、商、周、秦；卷四后部分至卷五：西汉、东汉、三国；卷六、卷七：西晋、东晋（包括北方国家，隋以前各代同例）；卷八：宋、齐；卷九：梁；卷十：陈、隋；卷十一至卷十七前部分：唐；卷十七后部分：五代；卷十八至卷二十：北宋、南宋；卷二十一至卷二十二：元。

《佛祖历代通载》从卷四后部分"戊午　明帝庄（原注略）治十八年，改元永平"条起，至卷十七末"戊午　（后周）显德五年七月十七日，清凉文益禅师示疾"条为止的内容，主要抄自《隆兴编年通论》（以下简称《通论》）卷一至卷二十八，其中包括《通论》中祖琇放置在每一朝代之首的一些"叙"和附在史事之末的一些"论"。据笔者统计，《通载》抄《通论》的"叙"有六条，即卷六的东晋叙、卷九的后齐（北齐）叙、后周（北周）叙、卷十的陈叙、隋叙和卷十七的五代叙。抄录的"论"有三十三条，其中标明"石室（祖琇）论云"或"石室论曰"的有二条，即卷四汉明帝壬申年释道比较焚经条和卷十隋恭帝丁丑年神僧法喜条，其余的只标"论曰"，而不注明论者是谁，往往使人误以为是《通载》的作者念常的议论，然而一经与《通论》对勘，就会发现它们也是祖琇的话，因而为佛教学者所讥。念常自撰的"论"只有卷十五唐宪宗元和十三年天王道悟禅师条下的"论"。此段议论引惠洪《重校五家宗派序》等文，认为唐代元和年间江陵城内有两个道悟,"一曰江陵城西天王寺道悟者,渚宫人也,崔子玉之后,嗣马祖(道一),元和十三年四月十三日化,正议大夫丘玄素撰塔铭,文几千言。……一曰江陵城东天皇寺道悟者,婺州东阳人也,姓张氏,嗣石头(希迁),元和二年丁亥化,叶律郎符载撰塔铭。"(第615页下)这是出自宗派之争,而将一个天皇道悟说成两人,后人曾对此有过详细的辨驳(见清净符《法门锄宄》等)。

虽说《通载》中东汉至五代部分的内容主要是从《通论》上抄录的,但有些地方也有念常的增删修治。呈现一定的变易,不可以等同视之。这主要是:

一、以干支纪年代替年号纪年。《通论》全书以皇帝的年号为年份的标志,凡有史迹可记的,先出年号(但不注明是谁人的年号),如东汉"永平七年"、"建和二年"、"元兴元年"等,然后叙述其间的人和事;凡无史迹可记的,其年则不书;《通载》全书则以干支为年份的标志,干支之下有兼出年号的,也有不书的。而且在行文中,对依次继位的皇帝的身世、在位、建年、改号均有说明。

二、调整了一些史料的先后次第。如《通论》卷二是昙柯迦罗在前,陈思王曹植在后;而《通载》卷五则是昙柯(原文误作"摩")迦罗在后。《通论》卷二将佛图澄编在西晋;而《通载》卷六将佛图澄编在东晋。《通论》卷八记梁代一些人物的顺序是:傅翕、阮孝绪、慧约、昭明太子、刘勰;而《通载》卷九的顺序是:昭明太子、刘勰、傅翕、惠约(即"慧约")、阮孝绪。

三、删节了前书的一些内容。如《通论》卷五在宋文帝元嘉十六年条下记有法师灵彻,宋明帝太始三年条下记有周颙,太始五年条下记有中兴寺僧钟与魏使李道固对答事,太始七年条下记有魏王显宗酷好浮图之学,卷六记有齐武帝时的净度、普恒、法道、慧虬、何点、何胤、慧安、刘虬等;而这些均被《通载》删去,因而不见记载[案:《通载》卷九梁天监三年条下记有何点,所说的是梁武帝以侍中之职授何点,何点不受之事。与《通论》中齐武帝征何点,何点不赴,并引《南史》介绍何点事迹,是两份不同的史料]。至于语句上的删修更是不少。

四、增补了佛教、道教、政事、怪异方面的一些资料。如《通论》只载禅宗西天二十八祖的最后一祖菩提达磨的事迹,对达磨以前的西天二十七祖,一个也不录,而《通载》从卷三起,在东土相关的年份里,插入了西天二十八祖的事迹。另外,《通载》卷六记有会稽阿育王塔缘起、石佛至吴、释涉公、于法开、司马桓温、竺法旷;卷七记有苻坚等五朝皇帝给竺僧朗的书信、北魏道武帝兴佛诏、僧统法果;卷八记有僧导、北魏文成帝末年疏勒国遣使送佛袈裟等事;卷五记有道教始作《灵宝经》事;卷六记有道士鲍静造《三皇经》事;卷八记有道士陈显明造《道真步虚品经》六十四篇事等,以及其他一些政事、怪异等方面的记载,均为《通论》所未载。

《佛祖历代通载》中,真正属于念常编撰的是全书的最后五卷,即卷十八至卷二十二,也就是宋元部分。

其中,见录的佛教史事主要有:宋开宝壬申(五年,公元972年,据《佛祖统纪》卷四十三,当是"开宝四年"),"诏雕佛经一藏",计十三万板(卷十八,第655页下),此为中国佛教史上第一部官版大藏经;大中祥符乙卯(八年,公元1015年),"诏道释藏经互相毁者删去,枢密王钦若以《化胡经》乃古圣遗迹,不可削"(同卷,第661页中);嘉祐己亥(四年,公元1059年),"欧阳修、宋祁修《唐书》成。修(欧阳修)又撰《五代史》七十四卷,将《旧唐史(应作"书")》所载释道之事,并皆删去"(同卷,第667页中);金皇统壬戌(二年,公元1142年),"英悼太子生日,诏海惠(一作"慧")大师于上京宫侧创造大储庆寺,普度僧尼百万,大赦天下"(卷二十,第687页上);元至大辛亥(四年,公元1311年),"革罢僧道衙门"(卷二十二,第729页上)等。

见录的佛教人物主要有:禅宗的天台德韶、永明延寿、香林澄远、南安自俨、首山省念、大阳警玄、慈明楚圆、杨岐方会、大觉怀琏、雪窦重显(以上卷十八)、圆通居讷、明教契嵩、白云守端、投子义青、圆通法秀、东林常总、黄龙祖心、五祖(山名)法演、死心悟新(以上卷十九)、圆悟克勤、虎丘绍隆、天童正觉、径山宗杲、金国庆寿教亨(以上卷二十)、海云印简(卷二十一)、云峰妙高、中峰明本(以上卷二十二)等;喇嘛教的八思巴(又作"发思巴"、"发合思巴"、"拔思巴"等,见卷二十一)、胆巴(又名"功嘉葛剌思")、沙罗巴、达益巴(以上卷二十二)等;天台宗的孤山智圆、四明知礼、慈云遵式(以上卷十八)等;华严宗的长水子璿(卷十八)、晋水净源(卷十九)、仲华文才、福元德谦、弘教了性、幻堂宝严(以上卷二十二)等;律宗的赞宁(卷十八)、元照(卷十九)、光教法闻(卷二十二)等;慈恩宗的宝觉永道(卷十九)、普觉英辩(卷二十二)等。

摘录的佛教文述主要有:吴越王钱俶《宗镜录序》;宋太宗《新译三藏圣教序》;宋真宗《继圣教序》;宋仁宗《天圣广灯录序》(以上卷十八);苏老泉《彭州圆觉院记》;张商英《荆门玉泉皓长老塔铭》;宋徽宗《建中靖国续灯录序》(以上卷十九);真歇清了《无尽灯记》;金国学士李屏山《鸣道集》中的十九篇(以上卷二十);元翰林院唐方等《圣旨焚毁诸路伪道藏经之碑》(卷二十一);元山云峰禅寺住持祥迈《至元辩伪录》中的十四章(卷二十一之末,至卷二十二之初);元世祖《弘教集》百段;赵孟頫《临济正宗之碑》;虞集《敕赐佛国普安温(至温)禅师塔铭》;翰林程钜夫《敕建旃檀瑞像殿记》;永福寺住持法洪《敕建帝师殿碑》(以上卷二十二)等。

上述各则史料中,有关宋代的,主要是根据《佛祖统纪》、《禅林僧宝传》、《景德传灯录》、《天圣广灯录》、《建中靖国续灯录》等佛教史传上的载录编写的。但作者将这些记载按年代的顺序编排起来,并且补充了许多散见于碑铭、文集、传状、诏制以及正史等方面的资料,其功不可没;至于元代的史料,由于与作者的生活时代比较接近,取材较新,故学术价值尤为重大,深受后世学者的重视。

例如元代喇嘛教的著名人物、帝师八思巴,曾为元世祖忽必烈授戒,制作蒙文,统领天下佛教,对元代佛教战胜道教而取得独尊的地位,产生过决定性的影响。有关他的生平事迹,《佛祖历代通载》在卷二十一至元庚辰(十七年,公元1280年)条下写道:

> 大元帝师发思巴是年示寂。翰林学士王磐等奉敕述《行状》曰:……大元帝师班弥怛拔思发帝师,乃土波国人也。生时诸种瑞应,具详家谱。初土波有国师禅怛啰乞答,具大威神,累叶相承,其国王世师尊之。凡十七代而至萨师加哇,即师之伯父也。乃礼伯父为师,秘密伽陀一二千言,过目成诵。七岁演法,辩博纵横,犹不自足。复遍咨名宿,句(钩)玄索隐,尽通三藏。癸丑,师年十五,世祖皇帝龙德渊潜,师知真命有归,驰驿径诣王府。世祖、宫闱、东宫皆秉受戒法,特加尊礼。戊午,师二十岁,释道订正《化胡经》,宪宗皇帝诏师剖析是非,道(道士)不能答,自弃其学,上大悦。庚申,师年二十二岁,世祖皇帝登极,建元中统,尊为国师,授以玉印,任中原法主,统天下教门。辞帝西归,未暮月召还。庚午,师年三十一(应作"二")岁,时至元七年,诏制大元国字,师独运摹画作成,称旨即颁行,朝省郡县遵用,迄为一代典章,升号帝师大宝法王,更赐玉印,统领诸国释教。

旋又西归。甲戌,师年三十六岁,时至元十一年,皇上专使召之,岁抄抵京。王公宰辅士庶离城一舍结大香坛,设大净供,香华幢盖,大乐仙音,罗拜迎之。所经衢陌,皆结五彩翼其两傍,万众瞻礼,若一佛出世。时则天兵飞渡长江,竟成一统,虽主圣臣贤所致,亦师阴相之力也。寻又力辞西归,皇上坚留之,不可。庚辰,师年四十二岁,时至元十七年十一月二十日示寂。(第707页中、下)

又如元代华严宗中,最著名的人物是文才(了性、宝严的老师)。关于他的身世、学识和著述,卷二十二大德壬寅(六年,公元1302年)条下写道:

大德六年九月一日,五台山大万圣祐国寺真觉国师殁。师讳文才,字仲华,杨氏。其先弘农人,高曾以来世官垄坻,父静义,金季(指金代)为清水主簿,遂家焉。少孤,事母孝。于书无所不读,性理之学尤其邃也。故约而为守,蔚而成文,辞气雅健,如古作者。为人沈(沉)厚,若素不读书者。至与士君子谈接,其辞辩,其事详,其理尽,出入经史,滔滔然若河汉之决,莫窥其涘。其讲授经论,得旨言外,不屑于名数。……所著《悬谈详略》五卷、《肇论略疏》三卷、《惠灯集》二卷,皆内据佛经,外援儒老,托譬取类,其辞质而不华,简而诣,取其达而已。(第725页上)

再如,元代弘扬律宗的仅法闻一人而已。而对法闻的首次著录,也是《佛祖历代通载》。其在卷二十延祐丁巳(四年,公元1317年)条下写道:

京城大普庆寺实相圆明光教律师入寂。师讳法闻,严氏,陕西人。……年七岁,从禅德辉公(德辉)学,十有五薙染为僧。年二十受具足戒。于是游汴汝河洛,历诸讲肆,研

> 究教乘,从大德温(至温)学《法华》、《般若》、《唯识》、《因明》及《四分律》。温以公任重道远,克振吾宗,托以弘教之寄。尝对佛像灼肌然(燃)指,庸表克诚,刺血书经,以彰重法。遂隐于台山,不逾闻者六载,读藏教五千卷三番,是以业进行修,身藏名著。(第731页下)

类似这样的珍贵史料,尚有不少。

《佛祖历代通载》的不足之处有:在将《隆兴编年通论》中的年号改换成干支时,时有差错。如《通论》的第一条记载是永平七年汉明帝梦见金人,《通载》改称干支作"辛酉",而"辛酉"则为永平四年;《通论》的第二条记载是建和二年安清至洛阳,《通载》改建和二年为"己丑",而"己丑"为建和三年;《通论》的第三条记载是建和三年支谶至洛阳,而《通载》改作"庚寅","庚寅"则为和平元年(念常自撰的宋元部分,干支与年号相符,比较确切)。此外,《通载》长篇抄载《鸣道集》、《辩伪录》、《弘教集》的内容,也使文显疲沓。

第三门 编年体佛教史(下)

第一品 元觉岸《释氏稽古略》四卷

《释氏稽古略》,初名《稽古手鉴》,后改今名,简称《稽古略》,四卷。元至正十四年(1354),乌程职里宝相寺沙门觉岸撰。收入《大正藏》第四十九卷。

觉岸(1286—?),字宝洲,吴兴(今浙江境内)人,俗姓吴。从孤明禅师落发受具,与念常同为晦机元熙的弟子、临济宗杨岐派大慧宗杲系僧人。后开法于松江南禅寺。明幻轮《释氏稽古略续集》卷一、明河《补续高僧传》卷十八有传。《松江府志》卷六十三也有记载。

《释氏稽古略》书首有元代中山李桓撰的《释氏稽古略序》;元至正乙未(十五年,公元1355年)洛阳崔思诚的题记(无标题);光绪十二年(1886)海潮寺住持清道撰的《稽古略序》;觉岸撰的《国朝图》(本《五运纪》,叙列自磐古至元代的历代王朝)和《释迦文佛宗派祖师授受图》(本《传法正宗记》,叙列释迦牟尼的族谱以及禅宗三十三祖、慧能下五十七位著名禅师之间的师资授受)。

李桓在《序》中说:

> 吴兴有大比丘,曰宝洲岸公,博学通古今。尝考释氏事

实,上下数千载,年经而国纬,著书一编,曰《稽古手鉴》。既又以为未备,复因其旧辑而广之,为《稽古略》。至正十四年秋九月,太原刘尧辅为之持其书,谓于余为序,以冠其编首,因取而阅之。盖自有佛以来,凡名师大德之行业出处,以及塔庙之兴坏,僧侣之众寡,靡不具载。本之内典(指佛典),参之诸史,旁及传记,而间以事之著显者为之据,将以侈历代之际遇,而寓劝戒于其间。岁月先后,考核精审,无所遗阙,可谓瞻(赡)且详矣。然犹以"略"名之,宝洲自谦也。(《大正藏》第四十九卷,第737页上)

《释氏稽古略》是以历代帝统为经,佛家世次行业为纬,并参照南宋本觉《释氏通鉴》的写法,每年必录(有事则记事,无事则单记干支、年号)而编成的编年体佛教史。所记史实,上始远古时代"三皇"中的太昊包牺氏,下迄南宋少帝(又称"恭帝")德祐二年(1276)。见录的史实,其首间有小标题,以提示内容,如"佛教流通东土之始"、"《孔雀经》"、"佛图澄和尚"、"莲华漏"、"金山水陆大斋"、"秘密教"、"百丈山"等;其末间注出典,以明来源,如《三宝纪》、《吴志》、《弘明集》、《义楚六帖》、《高僧传》、《晋书》、《感应传》、《僧史略》等。

卷一:三皇、五帝、夏、商、周、秦、西汉、东汉、三国、西晋。主要记有(以下均根据正文的内容撮举,并非全是书中原立的小标题):东汉明帝永平年间,佛教入华;汉桓帝永兴二年,"帝铸黄金浮图、老子像,覆以百宝盖,宫中身奉祀之。世人以金银作佛像,自此而始"(第767页下);《牟子理惑论》;孙吴赤乌四年,孙权建塔于建业佛陀里,并为康僧会造建初寺,"江南寺塔,此为始也"(第771页下);曹魏嘉平二年,天竺沙门昙柯迦罗译出《僧祇戒本》,"中国戒法,自此而始"(第772页上);朱士行(书中误作"朱士衡");竺法护等。

卷二：东晋、宋、齐、梁、陈、隋。主要记有：东晋沙门支遁与名士结"方外交"；竺道潜；道安；鸠摩罗什；庐山慧远；慧要制"莲华漏"（计时的器具）；宝志；梁武帝奉佛事（制《慈悲道场忏法》、设水陆大斋等）；傅翕；菩提达磨；《高王观世音经》的来历；西魏沙门道臻博通经义，被文帝尊为"师傅"事；北齐王高洋从僧稠受菩萨戒，"大起塔寺，僧尼满于诸州，佛法东流，此焉盛矣"（第801页下）；慧可；"四海僧望"法上；慧思；僧璨；"智者大师"智颛；隋李士谦论佛道儒三教；隋文帝奉佛事；文中子（王通）；隋炀帝奉佛事等。

卷三：唐、五代。主要记有：唐高祖断屠置寺；玄奘；唐太宗敕抄《遗教经》；慈恩教；道宣；南山教；罽宾沙门佛陀波利译《佛顶尊胜陀罗尼经》；义净；贤首教；"清凉国师"澄观；圭峰宗密；北宗神秀；嵩岳慧安；六祖慧能；鉴真传律于日本；一行；秘密教；金刚智；不空；李通玄《华严合论》；皎然；灵澈；庚承宣《福州无垢净光塔铭》；百丈怀海；唐宪宗诏迎佛骨；白居易画阿弥陀佛像；唐宣宗问法于弘辩；沩仰宗；临济宗；曹洞宗；云门宗；法眼宗；天台德韶等。

卷四：宋代。主要记有：赞宁；太平兴国七年，"诏立译经传法院于东京太平兴国寺之西，如唐故事，以宰辅为译经润文使，设官分职"（第861页中）；宋太宗"御制《秘藏诠》二十卷、《缘识》五卷、《逍遥咏》十卷，命两街僧笺注，入释氏大藏颁行"（第862页上）；道原《传灯录》；遵式；知礼，长水子璿《楞严经疏》；慈明楚圆；杨岐方会；大觉怀琏；浮山法远；雪窦重显；契嵩《定祖图》；昙颖《性辩》；允堪《会正记》；黄龙慧南；高丽僧统义天；法云法秀；张商英问禅于兜率从悦；圆悟克勤；元照；宋孝宗幸上天竺寺，与住持若讷问答事；宋孝宗《原道论》；竹庵可观等。

《释氏稽古略》的特点有：

一、详述政事，具有一半是佛史，一半是世史的性质。一朝之初，必先叙说该朝皇帝的身世、行历、在位时间、所用年号等。在以下的叙述中，不仅记载与佛教有关的人和事，而且大量摘列佛教以外的人和事，如皇帝的政令、宰臣的行事、攻伐征战、盛衰治乱等。如卷一记西晋惠帝时贾后专朝和"八王之乱"；卷二记北方十六国中，前赵、后赵、成汉、前燕、前秦、后燕等国之间的战争；卷三记唐太宗重新刊定《氏族志》，列皇族李氏为首，外戚次之，降崔氏为第三，以及图画功臣于凌烟阁等。

二、备载帝王的兴佛事迹。虽然自南宋以来问世的各部佛教史著作都将帝王与佛教的关系，作为一代佛教的重点加以记叙，这是因为"不依国主，则法事不立"（东晋道安语）。但由于《释氏稽古略》是一个皇帝一个皇帝讲下来的，故每个皇帝与佛教的关系，尤其是他们的奉佛事迹也较为系统地得到了反映。

三、汇集各代译经，造寺、度僧等基本数据。由于各代译经详见于佛经目录，寺僧数目又散见于正史和佛教史传，故一般佛教史著作虽有提及，但并不周备。而《释氏稽古略》则将《开元释教录》、《魏书》、《唐书》、《释迦方志》、《辩正论》等提到的这方面数字一一辑出，编入相应的朝代之中，颇便翻检。

四、援据宏富。仅从史料之末所注的出典统计（还有许多未注出典的），所征引的史传、文集、碑铭、志乘、政书、笔记等各类著述，总计有一百几十种。其中属于佛教方面的有：《正宗记》、《义楚六帖》、《高僧传》、《僧史略》、《紫芝（应是"祖琇"）通论》、《佛法系年录》、《传灯录》、《佛祖通载》、《僧宝传》、《感通录》、《文莹湘山录》（即《湘山野录》）、《孤山闲居编》、《天竺别集》、《草庵教苑遗事》、《梅溪集》、《人天宝鉴》、《苇江集》、《永道三藏法师传》、《远（慧远）禅师奏对录》、《圆觉（寺名）碑刻》、《上竺纪胜》、《下竺碑刻》、《明（了明）禅师行业碑》等；属于佛教以外的有：历代正史、《容斋三笔》、《帝王年运诠要》、《皇明事实》、《十三朝圣政录》、《皇朝类苑》、《谈苑》、《归田录》、《韵语阳秋》、《东车笔录》、《东都事略》、《东坡文集》、《拥炉闲话》、《中兴事迹》等。

另外，《释氏稽古略》和《释氏通鉴》一样，十分注意辑存释氏事物的起源，如敕葬沙门之始、沙门别号之始、僧录之始等等。

《释氏稽古略》的主要学术价值在于：辑存了自东汉以来，迄南宋末年为止，大量的佛教史事、人物和文述。

如宋徽宗在道士林灵素的影响下，曾于宣和元年（1119）发动了一场奇特的用道教的称谓制度改造佛教，从形式上取消佛教的运动。例如将佛改名为"大觉金仙"，佛以下的菩萨改名为"仙人"、"大士"，僧改名为"德士"，尼改为"女德士"，寺改为"宫"，院改为"观"，并要求德士头戴道冠，身着道袍，自取姓名，连佛像也改成道士打扮。原先管理佛教的行政机构僧录司改名为"德士司"，隶属于管理道教的行政机构"道德院"（原名"道录院"）。关于此事的经过，以及永道法师代表佛教所作的抗争，在《释氏稽古略》中有以下的记载：

(北宋宣和元年)二月，诏改佛为大觉金仙，余为仙人、大士，僧称德士，尼为女德士，寺为宫，院为观。禁铜钹，赐佛天尊服，德士衣道流，戴冠执笏。京师左街崇先香积院宝觉大师永道上书谏曰：自古佛法，与国运同盛衰。元魏太武信崔浩灭佛法，不五、六年，崔浩赤族(指全族被诛)，文成帝大兴之。周武信卫元嵩灭佛法，不六、七年，元嵩贬死，隋文帝继兴之。唐武宗信李德裕、李("应作"赵")归真灭佛法，不一年，归真诛，德裕窜死朱崖，宣宗盛兴之。我国家太祖皇帝、太宗皇帝列圣相承，译经试僧，流通佛法，自有成宪，万世可守也。上震怒，黥永道于道州。道（永道）在贬所，斋戒严整如常。……宣和二年秋九月，诏复佛号，德士复为僧。永道量移近郡。宣和七年，诏永道还京师，复僧形服。朝廷旌其护法，念其精忠，改赐名曰法道，住昭庆昭先院，兼领右街显圣释迦院。(《东都事略》、又《道三藏本传》——原注)(卷四，第885页上)

又如由南宋上天竺寺讲经首座慧鉴编的《佛法系年录》，是一部今已亡佚的佛教史书。《释氏稽古略》卷四辑录了它的几个片段，这对于推究它的内容提供了不可多得的实际资料：

（北宋建隆三年）诏僧门童行，每岁经本州考试入京师，执政重监试。所业其《妙法莲华经》七卷，通者奏名，下祠部给牒披剃。若特诏疏恩，如建隆、太平兴国普度僧尼，不限此例也。(《系年录》——原注)(第859页上)

（南宋绍兴二十五年）宋温州圆辩法师道琛所至居止。每月二十三日建净土系念道场，会禅、律、讲宗，名胜毕至，缁素常逾万人。至是癸酉冬十二月十六日，安坐而逝。传法嗣子法莲、慧询、伸韶。韶著《指南集》二卷，江湖宝之。(《佛法系年录》——原注)(第892页中)

《释氏稽古略》的不足之处有：

一、所注的出典错讹甚多。如卷一曹魏嘉平二年条(见第772页上)、卷二东晋太元十四年条(见第784页中)、义熙二年条(见第786页下)等，都将南宋祖琇(号石室)撰的《隆兴编年通论》误为北宋祖秀(号紫芝)所撰，称为"《紫芝通论》"、"《秀紫芝编年》"；卷一吴黄武二年条(见第770页中)将原见于《历代三宝纪》的支谦事迹，魏黄初六年条(见第770页下)将原见于《广弘明集》的曹植事迹，西晋建兴四年条(见第776页下)将原见于《辩正论》和《开元录》的西晋译经情况和寺僧数目，均误注为出自"《弘明集》"；卷三唐贞元十四年条(见第854页中)，将唐代皎然、僧标的事迹，误注为出自梁代的"《高僧传》"；卷三南唐保大二年（第854页中），将五代中南唐的一则"钟声息苦"的感应故事，误注为出自唐初的"《法苑珠林》"，等等。

二、有的地方以年系事不当。如将卒于宋高宗建炎二年（1128）五月的惠洪（又作"慧洪"）编在宋徽宗宣和六年（1124）条下（见卷四，第887页上）；将卒于宋孝宗隆兴元年（1163）八月的宗杲，编在宋高宗绍兴二十一年（1151）条下（见卷四，第891页中）。

三、有的史实有误。如卷二东晋太和三年条（见第782页上）说"释慧常译《比丘尼传》六卷"，《比丘尼传》乃是梁代宝唱的撰作，而且佛经目录上也从未记载过有梵本《比丘尼传》传入的事情。

第二品　明朱时恩《佛祖纲目》四十一卷

《佛祖纲目》，四十一卷。明崇祯四年（1631），心空居士朱时恩撰成（据自序所说，始撰于万历三十八年，前后历时二十一年）。收入《续藏经》第一四六册。

朱时恩，秀水（今浙江嘉兴）人。另撰有《居士分灯录》二卷（见本书杂记部）。

《佛祖纲目》书首有崇祯甲戌七年（1634）礼部尚书兼翰林学士董其昌撰的《佛祖纲目序》；崇祯四年（1631）朱时恩撰的《佛祖纲目序》，并附万历庚戌（三十八年）初撰时所制的《原疏》；《佛祖纲目凡例》；《佛祖纲目总次》；崇祯五年（1632）黄廷鹄、澹志甫撰的《佛祖纲目缘引》；宋濂的《传法正宗记序》和《释氏护教编后记》；《叙七佛》。上数件，统称为"卷首"。书末还有崇祯六年（1633）朱时恩撰的后记（无标题）。

董其昌在《佛祖纲目序》中说：

唐宋以来,宗学炽盛,枝叶各分。自《景德传灯录》出,续之者至合为五灯,于是曹溪之后,思(行思)让(怀让)再分,马祖(道一)以来,五宗各显。至宋,法榮(应作"志磐")别立教宗,以《法华》为经,天台为统,止观为门,此《佛祖统纪》所繇作也。迨元,僧智(应作"念")常复作《统载》(应作《通载》),名依《统纪》而立例则殊,始用史家编年之法,其意以宗为主,以教为辅,凡净行神足,性相义观,无所不备。而识者摘其漏误,至不可置辨,盖史之难如此。居士(指朱时恩)宿身了了,自谓明教嵩(契嵩)再来,故于定祖正宗大义凛凛,巨纲细目,标识精详。至其略化迹而重机缘,合宗乘而归净土,则又善诱曲导。无非融和水乳,吹亮薪传,俾见性成佛之旨,人人开卷,直下领会,将居士显化报恩之愿,于是焉毕矣。(《续藏经》第一四六册,第365页上、下)

《佛祖纲目》所记佛教史事,上始周康王二年甲子,下迄明太祖洪武十六年癸亥(1383)。作者认为,"福慧两足,正觉无上,故名为佛。明佛心宗,行解相应,故为祖。"(《凡例》,第368页上)因此,"佛祖"主要是禅宗法系上的古佛和祖师。至于"纲目",这是沿承南宋朱熹撰的《通鉴纲目》而来的。然而,"儒书《纲目》,为世间法,善恶俱陈,以备法戒,故有褒有贬;而《佛祖纲目》,为出世间法,专为托彼已成之佛祖,显我自性之佛祖,故无褒无贬"(同上)。

全书按甲子周期分卷,也就是说,从甲子年到癸亥年,每六十年为一卷。卷题下标有千字文的字号,如天、地、玄、黄、宇、宙、洪、荒等。每卷之首列有这一甲子周期的起止年号,以及其间的建年、改号。由于卷文中撮取要事列为纲(即通常说的小标题),敷述详情而为目(即正文),故称为《纲目》。如"辛丑。三藏康僧会行化至吴"(见卷二十二);"丁卯。支遁法师隐居剡山"（见卷二十五）；"乙亥。无业禅师阅大藏"（见卷三十二）；"戊辰。雪峰义存禅师示寂（德山鉴法嗣——原注）"（见卷三十四）等，即是作者所立的"纲"（小标题）。

其中，卷一（周康王二年至周昭王三十五年）至卷二十四（晋惠帝永兴元年至晋哀帝兴宁元年）的各卷的篇幅都很小，每卷只有一千几百字。自卷二十五（晋哀帝兴宁二年至刘宋文帝景平元年）起渐长，唐代诸卷（卷二十九后部分至卷三十四前部分）已有达三万几千字的了（如卷三十三）。而最长的是卷三十七（宋神宗元丰七年至宋高宗绍兴十三年），全卷约五、六万字，由于内容众多，故分为上、下两卷。

《佛祖纲目》所记，以宗门（指禅宗）的人和事为主，教门（作者指瑜伽宗、南山宗、天台宗、慈恩宗和贤首宗）与净土门（指净土宗）的人和事为辅。关于教门和宗门的关系，作者说："教是佛语，宗是佛心，但愁心不作佛，不愁佛不解语。然通宗不通教，开口便乱道。故是书以传法正宗为主，而教尤不可不看。"（《凡例》，第368页下—第369页上）至于净土门与宗门的关系，作者说："佛开净土一门，实救世之良方，亦参禅之捷径。达磨未来，远公（慧远）始创莲社，教人一心念佛，要其归极，与直指单传毫发无异。近世云栖宏（袾宏）师，古佛再来，俨然德山（宣鉴）临济（义玄），而不用棒喝，单提念佛话头。可谓善学柳下惠，不师其迹。读《纲目》者，直须识得此意。"（第369页上）由于有关宗门方面的资料，主要取于宋明时期问世的各部禅宗灯录和语录，而灯录和语录都以记人物的言语机缘为主，故此书的特点可以归纳为"略化迹而重机缘，合宗乘而归净土"（见董其昌《序》）。例如：

己丑。普庵印肃禅师示寂（牧庵忠法嗣临济十二世——原注）。印肃住慈化，随宜说法。至于广津梁，崇塔庙，伐怪木，毁淫祠，鬼神莫测其变化。或问：修何行业而得此？肃当空画曰:还会么?曰:不会。曰:止止,不须说。又尝自赞曰:苍天苍天,悟无生法。谈不说禅,开两片皮。括地该天,如何是佛?十万八千。乾道五年七月日,书偈于方丈西壁云:乍雨乍晴宝象明,东西南北乱云深。失珠无限人遭劫,幻应权机为汝清。书毕,跏趺而逝。(卷三十八,第797页上)

丙申。慧照禅师住阿育。慧照住宝陀。一日,僧梦一神人,衣冠甚伟,飞空而来。僧作礼问之,神曰,我从阿育王山来,欲请大千师赴供耳。未几,行宣政院署照住是山。照悯大法陵夷,孳孳诱掖,不遗余力。尝垂三关语以验来学。一曰:山中猛虎,以肉为命,何故不食其子?二曰:虚空无向背,何缘有南北东西?三曰:饮乳等四大海水,积骨如毗富罗山,何者是汝最初父母?时未有契其机者。(卷四十一,第853页上)

元照。字湛然,余杭唐氏子。少学毗尼,后讲天台教观,四主郡席。晚住灵芝,笃意净业,念佛不辍。尝言:化当世莫若讲说,垂将来莫若著书。撰《十六观》、《小弥陀义疏》,自号安忍子。政和六年秋,忽命弟子讽《十六观经》及《普贤行愿品》,趺坐而化。(卷三十七下,"丙申。慧洪禅师作二大士像赞"条之后,第745页上)

《佛祖纲目》的不足之处,是对社会上发生的重大的佛教事件记叙不够,有些卷文实际上成了人物小传或活动片断的汇编。另外,由于卷文中的小标题(即"纲")只标注干支,而不叙列年号,不利于初学者查检。

第三品 明幻轮《释氏稽古略续集》三卷

《释氏稽古略续集》,简称《稽古略续集》,又称《续集稽古略》,三卷。明崇祯十一年(1638),归安杏溪蘧庵沙门幻轮(字大闻)汇编。收入《大正藏》第四十九卷。

《稽古略续集》书首有明崇祯戊寅(十一年,公元1638年),蘧庵居士严尔珪(此书的校订者)撰的《续刻释氏稽古略序》;同年幻轮撰的《续集稽古略叙》。幻轮在《叙》中说:

> 尝言:为僧而不兼外学,懒而愚,非博也,难乎其高;为儒而不究内典,庸而僻,非通也,乌乎其大。株守而弗移,自昼而无进,空腹高心,拘墟束教,终贻笑于大方也已矣。……然古今传记之作,各有所专。国史则遗佛教,禅编则略世缘。无怪乎二宗学者之非博非通也。有元名衲华亭念常所集《佛祖通载》,兼系历朝纲纪。继此,职里高僧宝洲(指觉岸)《释鉴稽古》(即《释氏稽古略》)一书,备列皇王政治、贤圣风规、佛祖源流、法门规则,编年叙世,一贯无遗,俾夫简阅之者。其犹瞻象阙而躔度详明,探龙宫而珠玑毕聚。富哉此书,无分儒释,宜家贮而户蓄,枕宝而袖珍者焉,奚特名山藏为哉!杏溪大参蘧庵严翁(指严尔珪),乘大愿轮,不忘付嘱弘通之荝,抽资重刻,冀广流传。不慧(指幻轮)寓幻其庐,备员校订,因并缉辑元世、熙朝(指明朝)两代事迹,缵承其后。庶见古今上下之道脉,连持世与出世之宗猷。(《大正藏》第四十九卷,第903页中)

《稽古略续集》是觉岸《释氏稽古略》的续作。幻轮认为,为僧的应当兼治外学(佛教以外的各种学说),为儒的应当兼究内典(佛教经典)。然而,"古今传记之作,各有所专。国史则遗佛教,禅编则略世缘"。也就是说,世俗的史书对佛教的事情记载得很少,而佛教的史书也对世俗的事情记载得很少,偏而不通。《佛祖通载》兼系历朝纲纪,《释氏稽古略》备列皇王政治、贤圣风规,这样就把佛史与世史统一了起来,既便于释子(佛弟子)

了解王朝政治的变迁,也有利于儒者了解佛祖源流、法门规则。恰逢严尔珪出资重刻《释氏稽古略》,因而补辑元、明两代事迹,编成了这部《续集》。

全书所收,"始元世祖甲子(指元至元元年,即公元1264年),至此熹宗丁卯(指明天启七年,即公元1627年),计三百六十四年,共僧四百三十余人"(卷三之末的附注,第953页中)。

卷一:元代(世祖、成宗、武宗、仁宗、英宗、泰宗、明宗、文宗、宁宗、顺宗十朝)。始元世祖至元元年(1264),终元顺帝至正二十七年(1367),凡一百四年,"集列八十有五人,附见一百二十三人"(卷一,第920页上)。主要记有:帝师癹思巴(即"八思巴");盤谷禅师;至元二十三年,圣旨焚毁诸路伪造道藏经;祥迈《辨(一作"辩")伪录》;云峰妙高;元世祖奉佛事;高峰原妙;云岩法钦;佛护本无;至治元年,诏各路立帝师殿;佛光志德;中峰明本;断崖从一(后改名"了义");慧光融照;天竺真净;天如惟则;梅屋念常;湛堂性澄;百屋清珙;宝洲觉岸;天岸弘济;千岩元长;绝宗善继;孚中怀信;浮休允若;大用必才;桐江绍法师等。

卷二:明代(太祖朝)。始明太祖洪武元年(1368),终洪武三十一年(1398),凡三十一年,"集列六十一人,附见十五人"(卷二,第939页中)。主要记有:原璞士璋;虚堂永宁;别峰大同;古庭善学;楚石梵琦;杰峰世愚;觉原慧昙;洪武五年,"(太祖)即蒋山寺,建广荐法会,命四方名德沙门,先点校藏经"(第925页上);御署曲名;洪武六年,"普给天下僧度牒。前代多计僧鬻牒,号兔丁钱,诏蠲之"(第925页下);无梦昙噩;日本印原;大猷愿证;西白力金;竹庵坏渭;懒庵湛觉;洪武十年,"诏天下沙门讲《心经》、《金刚》、《楞伽》三经,命宗泐、如玘等注释颁行"(第928页下);东溟慧日;洪武十四年,"在京设置僧录司、道录司,掌管天下僧道","其在外,布政府州县各设僧纲、僧正、僧会、道纪等,司衙门分掌其事"(第931页上);洪武十五年三月,敕"天下僧道田土,法不许买。僧穷寺穷,常住田土,法不许卖"(第931页下);同年五月,礼部将佛寺分为禅、讲、教三等;洪武十六年,命天下按统一的"瑜伽显密法事仪式"行事;见心来复;沈士荣《续原教论》;恕中无愠;万峰时蔚;洪武二十四年,颁布《申明佛教榜册》(凡十条),对僧人行止、诵经仪式、佛事酬额、修斋文书等作出详细的规定;全室宗泐;洪武二十五年,"试经给僧度牒";洪武二十七年,颁布僧人"所避所趋"方面的条例(凡九条);蘧庵大佑;明太祖《护法集》目录等。

卷三:明代(建文帝、成祖、仁宗、宣宗、英宗、景帝、宪宗、孝宗、武宗、世宗、穆宗、神宗、光宗、熹宗十四朝)。始明建文皇帝(又称"惠帝")建文元年(1399),终明熹宗天启七年(1627),凡二百二十九年,"共一百五十人"(卷三,第953页中)。主要记有:道衍(后名"姚广孝");《佛说希有大功德经》缘起;姚广孝《道余录》;无碍普智;呆庵普庄;一如《大明法数》(即《大明三藏法数》);雪轩道成;永乐十八年三月,"颁《御制经序》十三篇、《佛菩萨赞跋》十二篇,为各经之序。《圣朝佛菩萨名称佛曲》作五十卷,《佛名经》作三十卷,《神僧传》作九卷,俱入藏流行。旨刻大藏经板二副,南京一藏六行十七字,北京一藏五行十五字。又旨石刻一藏,安置大石洞"(第943页上);楚山绍琦;空谷景隆;古溪觉澄;古音法琴;法舟道济;玉芝法聚;万松慧林;愚川真慧;云谷法会;笑岩德宝;千松明得;麓亭祖住;袁宏道《西方合论》;屠隆《佛法金汤编》;庄广还《净土资粮》;月川镇澄;紫柏真可;孤月净澄;云栖袾宏;寿昌慧经;憨山德清;戒山传如;幻居真界;无念深有等。

《稽古略续集》的编叙体例与前集相同，也是按皇帝的统系、年月的先后编排史实的，见录的政事也相当多。其中卷一所记的年份里，涉及宋元、元明两次王朝的更替，其间见录的政治人物和社会事件尤多。如对宋咸淳九年，元兵围襄阳日久，二月破樊城；德祐二年，江西提刑文天祥起兵勤王；祥兴二年，张世杰与元兵作战失利，陆秀夫抱宋帝赵昺投海自尽；以及元末农民起义首领方国珍、刘福通、韩山童、徐寿辉、郭子兴、朱元璋、张士诚、陈友谅、明玉珍等人的事迹，都有详略不等的介绍。但除卷一之外，卷二、卷三均不注史料的出典；而且卷一所注，也只限于出自《元史》、《僧传》（指明如惺《大明高僧传》）、《佛祖通载》三书的，出自他书的也不注。在这一点上，又与前集相异。

《稽古略续集》在内容上的特点，最突出的是资料较新。因为在它以前问世的各部佛教史著作，无论是编年体，还是纪传体，都属于通贯古今的佛教通史。也就是说，这些著作都是从东汉、三国、两晋、南北朝、隋、唐讲下来的，虽然取材不尽相同，但内容上的重复是相当多的；而《稽古略续集》则属于以朝代为断限的佛教断代史，专讲元明两代的佛教情况。除了元代部分有与《佛祖历代通载》相重合的地方以外，明代部分全是作者根据明代佛教传记、灯录、语录、纂集、笔记、序跋以及佛教以外的诏令、书疏、典志、实录、野史等资料新录的。

例如，书中载录最详的是明太祖朝的佛教情况，特别是明太祖朱元璋的奉佛事迹，以及他制定的一系列管理僧团的法规条文。从中可以获悉，十七岁时曾出家为僧的朱元璋，即位以后，一方面对佛教进行奖掖、弘扬和扶持，另一方面又采取种种措施，加以整饬和限制，以防止它的伪滥。如洪武十四年六月初一颁布的《申明佛教榜册》训谕道：

　　自经兵（指元末之乱）之后，僧无统纪。若府若州，合令僧纲司、僧正司验倚郭县分,僧会司验本县僧人,杂处民间者,见其实数,于有见佛到处,会众以成丛林,清规以安禅。其禅者,务遵本宗公案,观心目形,以证善果;讲者,务遵释迦四十九秋妙音之演,以导愚昧;若瑜伽者,亦于见佛刹处,牵众熟演显密之教,应供是方,足孝子顺孙报祖父劬劳之恩。以世俗之说,斯教可以训世;以天下之说,其佛之教阴翊王度也。(卷二,第936页上、中)

瑜伽僧既入佛刹,已集成众,赴应世俗所酬之资,验日验僧。每一日每一僧钱五百文,主罄、写疏、召请三执事,每僧各一千文。(同卷,第936页中)

洪武二十七年正月初八颁布的有关僧人"所避所趋"方面的条例规定:

僧合避者,不许奔走市村,以化缘为繇,致令无藉凌辱,有伤佛教。若有此等,擒获到官,治以败坏祖风之罪。(同卷,第938页中)

凡住持并一切散僧,敢有交结官府,悦俗为朋者,治以重罪。(同上)

凡僧之处于市者,务要三十人以上聚成一寺。(同卷,第938页下)

僧有妻者,许诸人捶辱之,更索取钞钱。如无钞者,打死勿论。(同上)

又如,自唐以来,禅宗的语录逐渐盛行起来,入宋以后,大凡稍有点名气的禅师,几乎都有一种以至几种语录抄行于世,但宋元时期撰作的佛教通史,对这一类著述很少著录,这不能不说是个缺漏。而《稽古略续集》的作者对此颇为留意,谁有语录传世,以至语录有几会(通常将某个禅师在一个地方说法的内容,称为"一会语录",两个地方说法的内容称为"二会语录",以此类推。但也有例外),都加以记载。同时,也注意记载禅师、法师、律师撰作的其他文体的著作,从而使人物的生平始末显得相对完整。如:

> 玉芝禅师,讳法聚,号月泉,嘉禾富氏子,母冯氏。幼肄儒业,淹贯经籍,事王阳明先生,得良知之旨。出家后参学梦居禅师,呈二偈曰:"湖光倚仗三千顷,山色开门五六峰。触目本来成现事,蒲团今不煉顽空。""满月风光足起居,有谁平地别亲疏。纵令达磨传心诀,问著依然不识渠。"问答切磋,由是了悟。结庵荆山,有芝产于座下,人号玉芝和尚。后居天池山,以终老焉。一时道学先生,若一庵唐公、龙溪王公、白石蔡公,访师山中,证儒释大同之旨。师题蔡公廊然堂曰:"儒曰大公,释曰天圣。不一不二,水月镜空。心非物伍,物不我竞。海印森罗,寂感斯应。妙圆致止,曰唯正定。"嘉靖癸亥岁逝世,有语录行世。(卷三,第949页下—第950页上)

> 戒山法师,讳传如,海盐顾族。出家昭庆,得法于妙峰师席。所著有《楞严截海》、《法华抒海》行世,外有《道德方笑》及《庄参》等云。(同卷,第953页上)

> 幻居法师,讳真界,号悦堂,为千松(明得)之高足,住径山传衣庵。著有《楞严纂注》、《起信注》、《金刚直解》、《因明》、《缘缘》(指《观所缘缘论》)等解,说法城山圆证云。(同上)

另外,卷二刊载的明太祖时翰林待诏沈士荣的《续原教论序》(《原教论》为北宋契嵩所作,沈作《续原教论》并序),卷三刊载的明成祖时太子少师姚广孝的《道余录序》等,也是研究释儒道三教论衡的重要资料。

《稽古略续集》的不足之处同前集相仿,比较杂。且不说大量抄录王朝兴衰治乱方面的资料,已有喧宾夺主之嫌,有的更涉其他,离题甚远。如卷二在洪武二十五条下记载琉球、日本、彭亨、百花诸海国和鞑靼别部居地卜烟的地理、民情、风俗、物产以及它们与明朝的关系(见第937页下);卷三在景泰三年条下介绍卫青制作的"武刚车"和郑林操练团营军士所用的"常山蛇阵"(见第945页下),均与佛教史记叙的对象不相干。

第四品　清纪荫《宗统编年》三十二卷

《宗统编年》,三十二卷。清康熙二十八年(1689),常州府武进县祥符寺(后改名"神骏寺")沙门纪荫编纂。收入《续藏经》第一四七册。

纪荫,字湘雨,号宙亭,又号损园。少通儒术,善文辞。出家后遍参释乘,承嗣于卑牧式谦。式谦得法于灵岩弘储,弘储得法于三峰法藏,法藏又得法于"南岳下三十三世"的天童圆悟。以此推算,纪荫为南岳下三十七世、临济宗僧人。康熙二十八年(1689),皇帝第三次南巡,被召入行宫,以后又屡次应诏入都,并赐以寺名("神骏")、寺额("水月禅心")、御制诗一首和临摹的名家书法(以上据清陆鼎翰为《宗统编年》作的《后序》)。

《宗统编年》书首有康熙三十二年(1693)三月,纪荫撰的《宗统编年进呈奏疏》;刊行者许之渐(法名济需)撰的《宗统编年序》;康熙二十九年(1690)二月华山沙门槃谭作的《序》;《宗统编年目录》;《佛祖宗统单传世系之图》和《宗统历年世代次第之图》;《宗统编年》的《凡例》、《总论》、《别问》。书末有光绪十三年(1887)六月毗陵雅浦居士陆鼎翰作的《后序》。

陆鼎翰在《后序》中说:

（纪荫）尝以佛祖纪纲、宗师血脉，历数千年来，纪述之家或体例未精，或征采踳驳，未足为千古正传。退翁（指弘储）尝欲著《法苑春秋》而未果。荫因博采经史释乘，一仿朱子（朱熹）《纲目》（《通鉴纲目》）体例，断以周昭王二十二（当作"六"）年，我佛降生为始，迄国朝康熙二十八年（即公元1689年），曰《佛纪》、《祖纪》、《五宗纪》。其自明万历四十三年以后，诸方之出处，附书年甲之下，曰《略纪》，以俟后之宗统定而详系焉。上下二千六百四十年，绍述宗风之次序，授受法印之机缘，备及朝政废兴之有关释氏者。淹贯翔核，融儒释为一贯。正其谬，阙其疑，自为注，以发明之。谨严一遵史法，固法苑之龙门，而缁门之实录也。（《续藏经》第一四七册，第510页下——第511页上）

从前后序可知，先时，纪荫参谒灵岩弘储（号退翁），得受记莂。弘储想编《法苑春秋》但未果，纪荫绍绪先志，因而博采经史释乘，依仿朱熹《通鉴纲目》的体例，撰成了这部纲目体（从属于编年体）佛教史。门人秉嵒、秉岳、秉岱、秉壑等参加校录，常州天宁寺清如重校。然而，由于作者是三峰法藏的法嗣，而清雍正时曾明令禁断法藏一系，故此书问世以后不甚流传，光绪年间在神骏寺（原名祥符寺）搜得一部，重付剞劂，这便是今本。

《宗统编年》所记佛教史事，始自周昭王二十六年，迄至清康熙二十八年（1689），每年必录，上下约二千六百四十年。卷一和卷二为《佛纪》，始周昭王二十六年释迦牟尼降生，终周穆王五十三年释迦牟尼涅槃，概述释迦牟尼的一生；卷三至卷十三为《祖纪》，始周穆王五十四年禅宗西天第一祖摩诃迦叶嗣宗统，终唐宣宗大中二年东土第十世黄檗希运示寂，概述禅宗五宗形成前的历史［案：卷十二唐宪宗元和十年条，已有沩仰宗首建第一世灵祐和慧寂。卷十三唐武宗会昌二年条，已有曹洞宗首建第一世良价和本寂。但对他们的思想学说作详细介绍的还是在《五宗纪》];卷十四至卷三十为《五宗纪》,始唐宣宗大中三年首建临济宗第一世义玄嗣宗统,终明万历四十二年临济第二十九世禹门正传(字幻有)示寂,概述五宗传授的历史;卷三十一和卷三十二为《诸方略纪》,始明万历四十三年,终康熙二十八年,概述其间的禅宗人物及其他事情。每一纪都有小序。

《宗统编年》有以下的特点:

一、突出禅宗的单传法系。

作者在宋庆元六年条下说:"七佛以来,不许无师自悟。佛祖付嘱,皆人天众前心法印证。初祖东来,必以袈裟表信,示佛祖慧命重在传持,稍有淆乱,则必以讹传讹,误人不小。"(卷二十五,第373页下—第374页上)又批评朱时恩的《佛祖纲目》"泛叙而不详系,无当宗传"(卷三十一,第466页下)。为此,《宗统编年》首创在时间上将禅宗正传宗统(以区别旁出法嗣)各祖的传承衔接起来,并注明各人嗣宗统多少年(旁出者不书)。例如,初祖菩提达磨卒于梁大同二年,大同三年即为二祖慧可登祖位的年份。慧可嗣宗统五十一年,至隋开皇八年即为僧璨登祖位的年份。如此相承,犹如帝王世系。

根据单传的原则,虽然南岳怀让与青原行思同嗣慧能,而以怀让为第七世祖;石头希迁与马祖道一同世,而以道一为第八世祖,希迁为青原第二世祖(以上见卷十一);百丈怀海与药山惟俨同世,而以怀海为第九世祖,惟俨为青原第三世祖;黄檗希运与云岩昙晟同世,而以希运为第十世祖(以上见卷十二),昙晟为青原第四世祖。在禅宗五宗之中,又以临济义玄为单传第十一世(见卷十四)。这实际上是以南岳怀让一系为禅宗正脉,临济宗为五宗之长(以上均据卷文所载而言,《佛祖宗统单传世系之图》所载与之略有不同)。而黄龙慧南与杨岐方会同嗣临济第七世石霜楚圆,形成临济宗下黄龙、杨岐两大支派,书中便以方会为临济单传第八世(见卷二十),从而又确定了杨岐派为临济宗的正统。五宗之中,传至明清的唯有曹洞、临济二宗。因此,《宗统编年》所编定的临济宗统,以明万历四十二年临济第二十九世禹门正传示寂为止;曹洞宗统,则以此前的明嘉靖二十五年曹洞宗第二十九世宗镜宗书示寂为止。

二、创用多种评考形式。

一般说来,佛教史著作常用的评考形式不外乎"注"、"论"两种。而《宗统编年》不仅有"注"、"论",而且新立了"发明"、"书法"、"阙文"、"阙疑"、"考定"、"别证"、"存考"等多种名目。

(一)注。一般用比正文小的字体刊出,对正文加以说明,而"注"字本身不出现。如卷十一在"己未七年(指唐开元七年)。瑜伽教主金刚智自西域至,敕迎就慈恩寺"之后,有小注说:"瑜伽教始此。梵语瑜伽,此云相应,谓三业清净,表里如一也。吾佛设教,一死生之理,达鬼神之情,通幽明之故。慈悲所缘,缘苦众生,以显密语,令众生直悟本心,脱离业苦。其名曰灌顶真言,如以甘露直灌顶门,透体清凉,除人热恼也。始于阿难施食,不空三藏宣密言于唐土,梁集大德纂为水陆科仪,以通三界幽显灵祇,自此,僧徒因为瑜伽佛事。"(第169页上、下)

(二)论。作为作者对所叙人物和事情发表的评论。有直接评论,称为"祥符荫曰";也有间接评论,即转引他人的言语,如"三峰藏(法藏)曰"、"大慧杲(宗杲)曰"、"寂音(德洪)曰"等,其中以"安隐忍曰"为最多,《祖纪》、《五宗纪》各卷多有。安隐忍,即潭吉弘忍,三峰法藏的弟子,以住杭州安隐而名(事见卷三十一崇祯九年条)。弘忍著《五宗救》十卷,起自释迦牟尼,终于天童(圆悟)、三峰(法藏),凡六十九世,详叙临济宗的源流世次,与《宗统编年》的宗旨正相契合,故作者每每引之[案:《五宗救》是明末天童圆悟与三峰法藏论争的作品。法藏本为圆悟弟子,后因观点分歧,撰《五宗原》,圆悟对之进行批驳。弘忍作《五宗救》,支持师说。圆悟再驳斥,侍者启真编为《辟妄救略说》十卷。至清代,雍正皇帝作《御制拣魔辨异录》八卷,斥法藏、弘忍之说为"魔说"、"邪见",并令直省督抚详查法藏一支所有徒众,尽削去支派,永不许复入祖庭。法藏、弘忍之书因之毁板绝传]。

  作者的直接评论有时别具一格,甚可注意。如卷九唐武德八年夏沙汰僧道条,纪荫说:"沙汰,治世之教是也,而实有功于佛门。傅奕之所言沙汰者,非也,而原未知佛法。佛法之波靡,由于僧众之泛滥。汰其不如法者,而佛法自严。此正佛之所以付嘱国王大臣者,其意有在也。"(第146页下—第147页上)沙汰一事,历朝常有。既表明僧众之伪滥,亦反映朝廷之不悦。纪荫谓沙汰"实有功于佛门",可备一说。

  又如卷二十一在宋元丰八年诏辟相国寺六十四院为八禅二律条下,纪荫说:"佛制出家,一钵乞食,树下冢间一宿。遗形学道,一无顾恋。东震与西竺风土既别,乞食未便,更为盏饭。人根脆弱,未能露寝,创立丛林。虽非谋食求安,然权宜之法已非佛制矣。时风愈下,佛制不遵。应赴子孙,群居磐(盘)踞。名山大刹,化为蚁穴蜂房。梵宇精蓝,有同肉林酒舍。禅学宗风,阒然无闻。蒿目寒心,谁能整理?神宗辟相国寺为禅为律,诚末法帝王尊道重法,不负灵山付嘱者。"(第319页上)反映了作者对丛林禅僧不遵佛制,恣意享受,以至把寺庙变成"肉林酒舍"的时风的忧虑。

  (三)发明。一般用于"有隐而须发者"(《凡例》语),多附于卷文中的小标题("纲")之下。如卷二十八明洪武二年"克新奉诏招谕吐番"条下有："发明：沙门出世，预入国家事，不可以为训，故新（克新）削书'禅师'。"（第420页下）同卷洪武十五年"诏道衍等十人同十王之国"条下有："发明：衍等以世外而预入国家事，故削书'禅师'。"（第425页上）这就有点模仿《春秋》笔法，于褒贬于微言之中。因为克新、道衍参与政事，故纪荫削去了他们的禅师称号。

"发明"也有用于一段史料之末的。如卷二十四宋绍熙元年"曹洞第十七世太原王山（体）祖嗣宗统"一段史料之末，有："发明：按洞宗自青州（一辨）至万松（行秀）皆王化大河以北，为金界内兵燹纷更，语录失传，诸祖聊得其大概云尔。"（第371页上）这就是说，曹洞宗从青州一辨至万松行秀，主要是在金国统治的北方活动，由于战争的影响，史料多已散佚，有关他们的情况只能说个大概而已。

（四）书法。用于解释纲题。如与"发明"同时出现，一般置于"发明"之前。如卷十四唐大中三年"首建临济宗第十一世祖（义玄）嗣宗统"条下，有："书法：诸宗书嗣某宗统者，表宗系不紊也。临济书嗣宗统者，表单传正脉也。"（第214页上）

（五）阙疑。指"文献并征，因时因事，不能无碍，未敢据定者"（《凡例》语）。如作者认为，自《景德传灯录》以来，一直成为禅家聚讼的一大论题的慧能下第三世荆州道悟，究竟在天皇寺还是在天王寺，是一个人还是两个人，是嗣石头希迁还是嗣马祖道一，实际上并无多大意义。因为无论是天皇道悟或天王道悟，"同为大鉴（慧能）之后，均阐达磨之道。谓其出石头，固迦文（指释迦牟尼）之后也。谓其出马祖，亦迦文之后裔也。必欲定其信史，两家之执一纷然，何妨阙为疑文。千古之大同自在，故两存天皇天王"（卷十二，第189页上）。因此，他在唐元和三年"禅师大鉴下第三世荆州天王寺道悟寂"条下，附列"阙疑"，对有关道悟争论的史料作了一番介绍,不作定论。

（六）考定。指"自昔互有异同,至今确实考证者"（《凡例》语）。如《景德传灯录》说,临济第二世魏府兴化存奖禅师为后唐庄宗之师。而据尧封潜《正讹记》所说,存奖在唐僖宗文德元年七月十二日就已入寂,比唐庄宗同光元年癸未,早三十六年。这是《景德传灯录》将晋王李克用误为其子庄宗存勖所致（见卷十六唐文德元年条）。故纪荫在卷十四唐大中十三年"存奖禅师至大觉为院主"条下说:"考定:奖在三圣首众,于大觉为院主,详考其时皆在咸通年前。"（第224页上）

（七）别证。指"诸子百家别集中,参合可证者"（《凡例》语）。卷八梁大通元年"东土第一世祖菩提达磨尊者自南天竺来"条下,有:"别证:陶宗仪《辍耕录·陶华阳谱》曰:大同二年丙辰,君年八十一,只眼或方,梦胜力菩萨授菩提记,乃诣鄮县礼阿育王塔,自誓受戒。……当时佛教虽隆,禅宗未闻,圆觉（达磨谥号）以大通元年至,以是年去,留台城十九日。"（第133页上）

（八）存考。指"文阙献征,据实准定,以俟后稽者"（《凡例》语）。如卷二十三宋宣和元年"曹洞第九世邓州丹霞祖示寂"条下,有两条"存考",一条考丹霞法嗣九人,另一条考《祖灯大统》之误。说:"存考:近有洞上（指曹洞宗）知识新出《祖灯大统》,查鹿门觉亲见芙蓉楷机缘,遂削去丹霞而下至长翁净五世,以鹿门觉直接芙蓉,此盖误以净因觉为鹿门觉,又误以鹿门藏衣之故,而遂谓鹿门觉为亲见芙蓉也。"（第344页上）

（九）阙文。指"文献俱关,地异时远,无从稽定者"（《凡例》语）。这种评考形式在卷文中很少出现。

三、略于人物行迹,详于思想学说。

《宗统编年》所记叙的人物活动经历一般都比较简略,而有关思想学说方面的内容倒比较详细。如在《五宗纪》中,作者介绍了临济宗义玄的"人境纵夺"(亦即"四料简")、"三玄三要"、"四宾主"、"四照用"(见卷十四唐大中三年条);沩仰宗灵祐的"九十七种圆相"、"一十九种门"(见卷十四唐大中七年条);曹洞宗良价的"五位君臣"、"五位王子"、"三种渗漏"、"三堕"、"四禁"(见卷十五唐咸通元年条);云门宗文偃的"示法病"语、"示纲宗"偈(见卷十七后梁开平三年条);法眼宗文益的"以华严六相为宗旨"(见卷十八后唐开成三年条)等。

四、无关宗统的时事一概不书。

与其他佛教史著作相比,《宗统编年》非但帝王行业、政局时事记载最少,而且有关王公士庶崇奉佛法,劝信起敬的神异灵验也记载得最少。只有在卷十三叙说康熙皇帝敬重佛教的事迹稍多些。这与它着重阐述禅宗单传世系的宗旨是分不开的。

《宗统编年》的不足之处有:对禅籍以外的一般佛教史料选用较少;为了表示对僧人的尊敬,往往只称法名的后一字,如"悦和尚"、"震和尚"、"喻和尚",不出全名,以至周遍一卷,也无从知道此人的全名是什么。

第四门　藏传佛教史撰作

第一品　元布顿《佛教史大宝藏论》一册

《佛教史大宝藏论》，又名《善逝教法源流》、《善逝教法史》，通称《布顿佛教史》，一册。元至治二年（1322），藏传佛教霞鲁（又译"夏鲁"）派创始人布顿（又译"布敦"）著。今据民族出版社1986年3月出版的郭和卿汉译本解说。

布顿（1290—1364），全名"布顿·仁钦朱"，又译"布顿·宝成"，元人译为"卜思端"。早年师从超浦噶举（又译"绰浦噶举"）派僧人仁钦僧格学习教法，对噶当、噶举、萨迦等派的学说均有研究，学识渊博，通贯显密。后被迎入日喀则东南的霞鲁寺。"广兴四本续灌顶密经讲解和要门教授等的讲听之风，经历了很长时间。曾建以《时轮》及《金刚界》为主的瑜伽部曼陀罗仪轨约七十种。其门人有贡松巴·却季白（法祥）、穹勒巴、扎泽巴等。宗喀巴大师曾依止上三人听受《时轮》、《胜乐》、《瑜伽续部》诸法。"（清土观《土观宗派源流》，西藏人民出版社1984年11月版，第124页—第125页）布顿是藏文大藏经"丹珠尔"（又称"祖部"、"续藏"，与作为"佛部"、"正藏"的"甘珠尔"共为藏文大藏经中的两大部）目录的编纂者，后世流传的"丹珠尔"基本上是依据他所编定的次序刊刻的。有全集二十六函计二百多种述作行世(据德格版藏文大藏经)。事见清土观《土观宗派源流》第二章第二节中的"几类零散流派的源流"部分等。

《佛教史大宝藏论》是一部集史、论、目录为一书,对印度和西藏地区佛教的源流、教法及典籍作详细记叙的藏传佛教史名著。原书分为四卷,汉译本译为"四总纲"("总纲"相当于"编",一总纲并非等于一卷,下详)。书首和书末均有布顿撰写的赞颂。

第一卷:即第一总纲"明闻、说正法的功德"、第二总纲"明所闻、说之法"和第三总纲"如何闻、说及修学法",论述听闻、宣讲和修持佛法的功德与要求。第一总纲,下分"总述闻、说正法的功德"和"分说闻、说大乘正法的功德"两章(汉译本用"甲"表示"章",用"乙"表示"节",用"丙"表示"节"下面的"小节"),论听受和讲说佛法(即"正法"、"法")的功德。第二总纲,下分"法字声行境的区别"、"法的字义"、"法的性能"、"详细辨析"四章,论"法"的含义、性能("证法的性能"和"教法的性能"),特别是它的载体——经律论("三藏")。对"十二分教"与"三藏"的关系,"五明"(因明、声明、医方明、工巧明和内明)的性质、内容和要典,"三时教"(四谛法轮、无相法轮、胜义定相法轮)中产生的依显扬"见"与显扬"行"区别的六种释论等,进行了详细的辨析。第三总纲,下分"所说法的差别"、"阿阇黎说法的差别"、"弟子闻法的差别"、"师徒修学法义的传授"四章,论阿阇黎(即"导师")如何说法,弟子如何闻法,以及在听闻之后如何思维理解并依此修行。

第二卷:即第四总纲"所修之法如何而来的情况"所分二章中的第一章"总说世间中佛法如何而来的情况",记叙印度佛教的历史。下分三节:一、"总说在何劫中有佛出现于世的情况"。说劫(佛教的时间概念,比千百万年还长)分"光明劫"与"黑暗劫"二种,光明劫中有佛出世,黑暗劫中无佛出世。二、"分说在贤劫中有佛出现于世的情况"。说在光明劫的贤劫中,有千佛出世。三、"特别是在此娑婆世界中释迦牟尼王佛出现于世的情况"。记叙释迦牟尼一生的经历,佛涅槃后的三次结集,佛涅槃后住持教法的著名人物,以及关于佛法将灭的预言。

第三卷:即第四总纲第二章"分说西藏佛教如何而来的情况"所分三节中的前二节,记叙西藏佛教的历史。一、"前弘时期西藏佛教的情况"。说藏王脱脱日涅赞(又译"拉妥妥协宁协"、"拉托多聂赞")六十岁时,从空中落下一宝箧,里面有《大乘庄严宝王经》、《百拜忏悔经》和金塔一座,此为佛教入藏之始[案:这是一种传说。佛教史家认为,佛教正式传入西藏的确切可靠的年代,当自脱脱日涅赞的第五代松赞干布算起]。松赞干布执政时,派图弥桑补扎(又译"吞米桑布扎")到印度学习文字,参照迦湿弥罗一带的字体,创制藏文,并娶信佛的尼泊尔泊姆赤准(又译"尺尊")公主和汉地文成公主为妃,尔后才开始翻译佛经,兴建佛寺(大昭寺、小昭寺等)。赤松德赞延请印度菩提萨埵(当指"寂护",又译"静命")、莲花生、莲花戒等入藏传教,佛法大行。朗达玛灭佛以后,藏地全无佛法达七十年之久(一说"一百零八年")。二、"后弘时期西藏佛教的情况"(末附"来藏弘法的班智达大师九十三人和译师一百九十二人的名称")。说从前藏和后藏来到垛默(今甘肃西南部)的鲁麦·楚称协饶(又译"卢梅·楚臣喜饶")等十人从贡巴饶色受戒学法,回藏后分别弘传,西藏佛教由此再度复兴,以寺庙为中心,出现了许多宗派。

第四卷:即第四总纲第二章"分说西藏佛教如何而来的情况"中的第三节"西藏所译出的佛经和论典目录",叙列西藏译出的显教和密宗的经典(各分"经"和"论"二项)。

一、显教方面。(一)佛经分类:a.初转"四谛法轮"类经典,收《律本事》等四部律典和《圣正法念处经》等百部小乘经。b.中转"无相法轮"类经典,收般若经类经典。c.末转"抉择胜义法轮"类经典,收华严经类(郭译本作"大方广佛经类")、大宝积经类、大乘诸经类、回向发愿吉祥颂赞类经典。(二)论典分类:a."(释)佛经个别密意的论典",下分初转、中转、末转法轮的经释三类。其中中转法轮的经释,除收般若经释以外,还收"现观庄严"、"中观"、"入菩萨行"方面的论著;末转法轮的经释,除收本经疏释以外,还收"瑜伽行唯识宗"、"发菩提心,入菩提修学次第"、"杂撰"、"书翰"、"修习次第及禅定"、"佛本生"、"因缘杂记"、"赞颂"、"阿阇黎龙树所著十九种赞颂"、"其他阿阇黎所著赞颂"、"愿文、吉祥颂"等类的论著。b."(释)佛经总密意的论典",收阿阇黎方象(即"陈那")、却季扎巴(法称)和其他阿阇黎所著的论著;声明类和阿阇黎真扎峨弥(月官)等所著的论著;诗歌和诗律类的论著。c."零散类的论著",收医方明、工巧明、星算占卜及和香、相人、水银炼制、变金等类的论著。

二、密宗方面。(一)密宗经典:a."事续部"经典(据郭译本说,密宗经典称为"续"),收"妙吉祥续"、"观世音续"、"金刚手续"、"注释续"、"不动金刚续"、"明母续"中的"救度母续"、"顶髻续"、"一切续部"、各种小咒等各类密经,如《妙吉祥根本续》、《金刚地下续二十五品》、《大金刚妙高山楼阁陀罗尼》、《不动金刚大密经》等。b."行续部"经典,收《毗卢遮那现证菩提根本续及后续》等。c."瑜伽续部"经典,收《妙吉祥根本略续及后续》等。d."大瑜伽续部"经典,收"大瑜伽方便续部"、"大瑜伽智慧续部"、"方便智慧无二续"等各类密经,如《密集根本续》、《欢喜金刚》、《大手印明点》等。(二)密宗论典:a.各种密经的释论,收《事缘部静虑后续释》、《马头金刚修法》、《普明曼荼罗仪轨》等。b. 共通密经的释论,收《百种成就法》、《入密咒根本释论》、《曼遮仪轨》等。

《佛教史大宝藏论》的主要特点是:对自佛教产生以来,迄作者撰书时为止的千百年佛教史,特别是印度大乘佛教史和西藏地区佛教史,作了精湛扼要的记述,提供了一大批有关佛教史上的重要人物、事件、流派、学说和典籍方面的珍贵史料。叙事之细密,议论之透辟,考订之明审,语言之通畅,在藏传佛教史籍中是首屈一指的。

例如,在第二卷中,作者介绍了一批对大乘佛教的创立和发展作出了重大贡献的代表人物,这中间不仅有人们熟悉的龙树、提婆、无著、世亲,还有不大熟悉的龙菩提(藏语"鲁衣绛秋",龙树的弟子)、月居士(即"月官",安慧的弟子)、月称(莲花觉的弟子)、佛护(龙友的弟子)、安慧(世亲的弟子,下三人同)、陈那、圣解脱军、德光、自在军(陈那的弟子)、法称(自在军的弟子)、帝释慧(又译"天主慧",法称的弟子)、释迦慧(帝释慧的弟子)、狮子贤(光贤的弟子)、法友、佛智(法友的弟子)、寂天(胜天的弟子)等。如关于月称的事迹及其从属的学派,书中作了这样的介绍:

> 阿阇黎月称生于南方萨玛那地方。这位大德对显密教义彻底精研,并依龙树师徒论著而成为大善巧者。……著有《五蕴品类论释》、《四百论释》、《入中观根本释》,特别是他著的《中观根本明句释》,为众称赞,如日月光辉,最负盛名!和他著的《密集注释明灯》,被誉为最有名的"二明"论著。
>
> 像这样的大德,还有佛护。他和月称一样,在这一时代里为一切学者称作"中观应成派",也就是"中观行派";阿阇黎坝嘉等为"中观经部行派";慧心、吉祥隐、寂护、莲性、

狮子贤等为"中观瑜伽行派"。他们都宣说龙树师徒的旨意。（第133页—第134页）

又如朗达玛毁佛是藏传佛教史上最重要的事件之一，也是划分前弘期和后弘期的一个主要标界。当崇奉佛教的藏王惹巴谨（又译"热巴巾"）被大臣谋害以后，朗达玛被拥戴为藏王。关于他如何毁佛以及僧人伯季多杰如何行刺，书中作了细腻的描述，颇具文学色彩：

藏王虽已成年，但心中已受了魔崇（指受不信佛的大臣们的影响），对所有出家僧人都作了诋毁；对不愿去掉比丘相（指还俗或改信西藏原有的"苯教"）的，都发给弓、箭、钹、鼓，令其打猎（杀生），不遵命者杀戮无赦；复将释迦牟尼像搬走，但因难于运走，而埋藏在沙坡下面，供奉的寺门被封闭起来，涂抹成泥壁，上绘比丘饮酒作乐的图画；桑野（又译"桑耶"）寺门及小昭寺门也被泥封了起来；所有经典卷帙大都被秘藏在拉萨地区的岩穴中。

经过了一段如此这般的黑暗时间，在耶巴的拉领波山中，有一修行人（指僧人）名拉隆·伯季多杰，他在净修中有所察觉，对于藏王生起了一种特殊的悲感！于是他用炭末涂黑了所骑的白马，身着外黑里白的大氅，挟着铁弓铁箭，来到拉萨。当他见藏王正在《甥舅盟碑》（指唐蕃和盟碑）前念诵碑文，他便在寺庙和嘎登塔前叉腰稍息，在其前下马，靠着膝盖暗拉铁弓，借上前给藏王礼拜的机会，第一拜暗中拉开铁弓，第二拜箭扣弦上，第三拜放箭射中藏王胸部。他说道："我是雅协纳波魔王，特来杀死这个作恶的藏王的。"说后逃走。拉萨地区立刻喧嚷一时，说藏王被害，传令追杀凶手。伯季多杰在黑海边将马洗净，将大氅翻出白色的里子穿了起来，口中说道："我是朗体嘎波天神。"说

着继续逃跑。追拿者没有捕到他。(第179页—第180页)

再如,《佛教史大宝藏论》第四卷所叙列的藏文佛典的分类目录,是以《颇章东塘敦嘎目录》、《桑野(又译"耶")青朴目录》、《澎塘嘎麦目录》、《纳(又译"奈")塘丹珠尔译本目录》、鲁麦等著《显密经典分类和并列目录》以及其他译著目录为根据,广搜印度、喀什米尔、金洲、楞伽洲、邬仗那、萨霍尔、尼泊尔、黎域、汉地、西藏等地的佛教译述编成的(见第四卷之末作者的自述),在藏文佛经目录学上具有极为重要的意义。

在这份目录中,作者不仅把数千种藏文佛典区分得井井有条,而且叙列了它们的卷数、著译者、存佚,并对有关的问题作了考证。如藏文佛典中有《解深密经广释》四十卷,这在布顿撰录时已阙作者。有人根据绛秋珠楚的《正量教言》,认为它是无著的著作,而作者认为,这部书的作者"藉用了西藏论著的口吻,引据了《集论》和《量决定论》等论著中的教语。由此可知,他是西藏的一位善巧人士著的。可能是鲁伊绛称(龙幢)所著"(见第264页)。对于相传是弥旺波扎巴著、多杰嘉补译的《依时轮密意解说真实名称经义》和柯夏著、多杰嘉补译的《密咒义心要略论》,作者指出,它们"有可疑之点"(见第416页)。

《佛教史大宝藏论》自问世以来,深受佛教学者的推崇,在以后出现的藏传佛教史撰作中,鲜有不用它的。近代,它还被译成多种外文,流布海外。

第二品　明多罗那他《印度佛教史》一册

《印度佛教史》,原名《明示吉祥生处佛法教宝在印度如何弘传情形》(见书末的《余论》),一册。明万历三十六年(1608),藏传佛教觉囊派僧人多罗那他("他"又译"它")著。

今据四川民族出版社1988年3月出版的张建木汉译本解说。

多罗那他(1575—1634),初名"贡噶宁波",生于前后藏交界处的喀热琼尊。四岁时,被认定为觉囊寺(又译"觉朗寺",全称"觉摩囊寺"或"觉摩朗建寺",位于西藏拉孜县东北)已故喇嘛贡噶卓乔的转世,出家而到觉囊寺学法,长大后游学拉萨等地,向众多的大师学习显密经论以及噶举、萨迦、格鲁等派的教法。后任觉囊寺堪布(相当于汉地寺院中的"住持"、"方丈"),并在该寺的附近兴建著名的达丹彭错林寺,造像起塔,精美绝伦(后被五世达赖改为黄教寺庙,易名为"噶丹彭错林寺"),刊行了觉囊派的许多著作。晚年应邀赴外蒙古传教,在库伦(今乌兰巴托)一带居住了好多年(一说"约二十年"),被喀尔喀部汗王尊称为"哲布尊丹巴"(这一称号后来为外蒙古黄教最大的转世活佛所沿用,分别称为"哲布尊丹巴一世"至"八世")。有全集十七函计二百七十多种著述传世。事见清土观《土观宗派源流》第二章第二节中的"觉朗(即"觉囊")派源流"部分等。

《印度佛教史》是一部以印度历代王统为序,以其间护教的国王,特别是弘教的佛教大师的活动为重点,简明而又系统地介绍释迦牟尼逝世之后,印度佛教的传承、流布、嬗变和盛衰的藏传佛教史名著。所记,上始公元前五世纪初在位的中印度摩揭陀国阿阇世王(相传阿阇世王即位的第八年释迦牟尼逝世),下至十二世纪末在位的斯那王朝的末代国王罗提迦斯那王。书首有《摄颂》,略叙书中所述的王统世系和著名的佛教大师;书末有《余论》,说明资料来源和撰作的时间地点(多罗那他三十四岁时撰于上岩法宫)等。全书共分为四十四章,根据作者在第十二、二十七、三十七章之末和第三十八章之初所作的提示,大致可以分为四部分:

一、第一章至第十二章。记叙阿阇世王至迦腻色迦王(二世纪初在位的大月氏贵霜王朝的第三代国王)期间,小乘佛教的传承、流布和分派。

第一章"阿阇世王时代",记阿难护持教法的事迹;第二章"妙臂王时代"和第三章"妙弓王时代",记末田底迦(又译"末田地")、商那和修的事迹;第四章"圣者优婆崛多时代",记优婆崛多、郁多罗等人的事迹;第五章"圣者提地迦时代",记提地迦(又译"提多迦")的事迹;第六章"阿育王传记",记阿育王(公元前三世纪中叶在位的印度孔雀王朝的第三代国王)的事迹;第七章"阿育王时期的史实",记第二次结集的情况(第一次结集是阿阇世王时由大迦叶主持进行的,书中一笔带过,未作详细介绍),以及讫里瑟拏和他的弟子善见的事迹;第八章"毗迦多阿育王时代",记阿育王之子鸠那罗受王妃谋害而失去眼睛,王位由孙子毗伽多继承的故事;第九章"第二迦叶(指勇军王执政时出世的犍陀罗国高僧迦叶)时代",记大天和跋陀罗分裂教团的事情;第十章"圣者摩诃娄摩时代",记婆罗门波你尼创制"声明论"(梵文语法学)的故事;第十一章"大莲华王时代",说此时佛教逐渐分裂为十八部,稍后,文殊菩萨以比丘的形象对欧提毗舍国月护王说大乘教法,并留下《般若八千颂》,此为"大乘在人间出现的开端";第十二章"第三(次)结集时代",记迦腻色迦王在迦湿弥罗国的俱波那伽蓝聚集比丘,举行第三次结集的情况。

二、第十三章至第二十七章。记叙自迦腻色迦王去世之后,迄瞿毗旃陀罗王(七世纪左右在位的印度阿波兰多迦国的国王)为止,以中观、瑜伽行派为主的大乘佛教,和其间尚存的小乘佛教的流布情况。

第十三章"大乘开始兴盛时期",记盎伽国大长老难陀等最初的大乘学者出世,以及《宝积经》等大乘经被那烂陀寺收藏的情形;第十四章"婆罗门罗睺罗时代",记罗睺罗(或有"贤"字等弘扬大乘中观学,法救(与《法集要颂经》的作者法救非为一人)、妙音、世友(与《品类足论》的作者世友,和《异部宗轮论》作者世友非为一人)、觉天等"毗婆沙四大阿阇梨(或作"黎")"弘扬小乘学的事迹;第十五章"圣者龙树护持教法时代",记龙树(与提婆、无著、世亲、陈那、法称合称"赡部洲六庄严")、婆罗流支等人的事迹,以及"蔑戾车教"的兴起;第十六章"佛教首次遇敌又恢复时代",记婆罗门胜友在执掌阿波兰多迦国朝政时,发生的毁寺戮僧的事件;第十七章"阿阇梨阿梨耶提婆等时代",记龙树的弟子提婆、龙召(又名"如来贤")、龙觉(又名"龙智")等人的事迹;第十八章"阿阇梨马鸣等时代",记摩咥哩制吒(又名"无能胜黑"、"毗罗"、"马鸣")广制佛陀赞颂的事迹;第十九章"佛教中间(指第二次)遇敌复又恢复时期",记大食国苦尼摩摩钵多王发兵摧毁摩揭陀,毁坏众多佛寺的事件;第二十章"佛教(第)三次遇敌复又恢复时期",记两个外道乞丐放火烧毁包括那烂陀寺三大殿堂在内的许多佛寺的事件。

第二十一章"觉方王事业的末期与羯磨旃陀罗王时代",记商俱的神通故事;第二十二章"圣者无著兄弟时代",记真言密教的流传情况,以及无著、世亲二兄弟的生平事迹;第二十三章"阿阇梨陈那等时代",记德光、安慧、陈那、僧使、法使、佛护、清辨、解脱军、三宝使、优婆塞寂铠等人的事迹;第二十四章"尼萨伽尸罗王时代",记月称、月官(与寂天合称"二胜师")的事迹;第二十五章"遮罗王与般遮摩僧诃王时代",记德慧、法护、毗卢波、寂天、一切智友等人的事迹;第二十六章"吉祥法称时代",记提婆沙摩、法称、游戏金刚等人的事迹;第二十七章"瞿毗旃陀罗王等时代",记智藏、无性等人的事迹。

三、第二十八章至第三十七章。记叙瞿波罗王(八世纪初在位的波罗王朝的第一代国王)至罗提迦斯那王(十二世纪末在位的斯那王朝的末代国王）期间，以密教为主的晚期大乘佛教的流传和印度佛教被毁灭的情况。

第二十八章"瞿波罗王的时代"，记印度著名的大寺欧丹多补梨寺的兴建缘起等；第二十九章"提婆波罗王父子时代"，记菩提萨埵（即入藏传教的"寂护"）、释迦友、金刚锋、妙音称、金刚天、梨罗伐折罗等人的事迹；第三十章"吉祥达摩波罗王时代"，记印度著名的大寺、密教中心毗讫罗摩尸罗寺（又译"超戒寺"、"超岩寺"、"超行寺"）的兴建缘起，以及狮子贤、海云、觉智足、极寂友、觉密、觉寂等人的事迹；第三十一章"摩苏罗乞多王、婆那波罗王、摩醯波罗王等时代"，记庆喜藏、甚深金刚、甘露密、婆瞿的事迹；第三十二章"摩诃波罗王与沙牟波罗王时代"，记祇多梨的事迹；第三十三章"遮那迦王时期"，记宝生寂、慧生意、语自在称、那类波、宝金刚、智祥等"六贤门"的事迹；第三十四章"呋耶波罗王与尼耶波罗王时代"，记阿底峡（又名"燃灯吉祥智"）、梨梨波、慧护、无比海、夜摩梨等人的事迹；第三十五章"庵摩罗波罗、诃悉提波罗、羼提波罗王时代"，记悉耻罗波罗的事迹；第三十六章"罗摩波罗王时代"，记被称为"所有大乘师的顶髻之宝"的无畏生的事迹；第三十七章"斯那四王等时代"，记释迦吉祥、宝护、金刚吉祥等人的事迹，以及突厥的月亮王摧毁摩揭陀全境，毁坏欧丹多补梨寺和超戒寺，并在欧丹多补梨寺遗迹之上修筑城堡，佛教在印度绝迹的情况。

四、第三十八章至第四十四章。记其他佛教史实。

第三十八章"毗讫罗摩尸罗首座传承"，记超戒寺首座（又称"住持"）的传承，始达摩波罗王时的觉智足，终罗提迦斯那王时的释迦吉祥，凡二十余人；第三十九章"东方拘基地区教法弘扬时期"，记印度东部地区（统称"拘基"）的佛教情况；第四十章"诸岛中佛教发生情形与南方等地再度弘传时期"，记僧伽罗岛、达罗毗罗岛诸岛和印度南部、西南部地区的佛教情况;第四十一章"《华鬘》中所出南方弘法世系",介绍婆罗门摩铙摩底《华鬘》一书中关于南印度地区护持佛教的各位国王和其他人物的事迹;第四十二章"略究四部义",介绍上座部、大众部、一切所贵部(指正量部)、说一切有部等"四部"关于十八部派形成和名称的不同观点;第四十三章"真言乘起源辨略",介绍密教("真言乘")的起源;第四十四章"造像者出生情况",介绍印度绘制、雕塑佛像的著名工匠及流派。

《印度佛教史》的资料主要来源于:摩揭陀高僧(藏传佛教习惯上称为"阿阇梨"或"班智达")地自在贤(又译"安主贤")编写的记载罗摩波罗王以前史实的二千颂(书名不详);因陀罗达多(又译"帝授")编写的记载第四代(即末代)斯那王以前史实的《佛陀古事记》一千二百颂;跋荼伽致(又译"使坛")编写的记载阿阇梨传承的一千二百颂(书名不详);摩铙摩底编写的记载南印度佛教史实的《华鬘》;以及其他零散的资料和未成文的口头传说。

它的主要价值在于描述了印度佛教从小乘的部派佛教,发展为大乘中观派和瑜伽行派,最后演变为密教,在外部力量的打击下归于灭亡的历史进程,提供了对各个时期佛教的传播和发展作出了重大贡献的一大批著名的佛教大师的生平资料,其中有关初、中期大乘的人物资料(见第十三章至第二十七章)可与汉传佛教史籍(如唐玄奘的《大唐西域记》、义净的《南海寄归内法传》等)相参证相补充;晚期大乘(主要是密教)的人物资料(见第二十八章至第三十八章)可补汉传佛教史籍的空阙。如在罗摩波罗王时担任超戒寺和那烂陀寺住持的无畏生,是印度晚期大乘中最重要的一个人物,有关他的事迹,汉传佛教史籍阙载,而本书则写道:

（罗摩波罗王时）所有大乘师的顶髻之宝是阿阇梨无畏生,声闻众(小乘)也称他为大持律者,恭谨礼敬。这位阿阇梨的传记详于他处。尤其是他对教法大加整饬,他所写的教言后来特别盛行,由于他剔除了那些损毁教法的言论,所以这位阿阇梨的教言典籍保留下来,直到现在仍辉耀于印度诸大乘师之前。他与比他后出的阿阇梨宝生寂二人,除了由于时运的原因在利益教法和众生方面有大小之别以外,其功德与先前的大阿阇梨世亲等人并无二致。这位大阿阇梨无畏生,在学识、慈悲、法力、权威等方面都达到圆满。因此,他又被称为"圆满护持佛教的著名大阿阇梨的殿后者",这是众人一致的看法。(第三十六章"罗摩波罗王时代",第238页—第239页)

此外,作者还记叙了印度佛教史上的一些重大史事,并阐述自己的看法。以下便是其中的一些名段:

　　勇军王的晚期、难陀王和大莲华王的整个时期、迦腻色迦王的前期,在此四王之时僧伽互相争论,激烈争论约六十三年,若加上前后若干争论则将近百年。争论平息以后即第三(次)结集之时,所有十八部派都净修教法,将毗奈耶(戒律)写成文字,经藏与对法藏(论藏)没有写成文字的写成了文字,以前已写成文字的则加以校订。在这些时期中,若干大乘经典已在人间出现,由几位证得安住阿罗汉的比丘略作开示,由于未曾广事弘传,所以并未引起声闻众的争论。(第十二章"第三(次)结集时代",第73页)

　　声闻众修习的教法虽然五百年(指佛入灭后的五百年)来已形衰微,然而奉持声闻宗义的人直到现在还有很多。有的教法史的作者说大乘兴起后不久,声闻乘就衰落了,认为大乘树立以后,声闻众的权威渐趋微弱,在此期间

奉持声闻乘的人似乎不大有了,这是无稽之谈。(第二十六章"吉祥法称时代",第173页)

　　从这位国王(指达摩波罗王)开始,只有般若教法大为盛行。若从《般若经》流传的地域上观察,它最先在中印度盛行,以后是南印度,后来又是中印度,以后在北印度盛行,此后从北印度向北方弘传。这里所说在南印度弘传之后又在中印度弘传,应认为大约就在这位国王在位的时代。(第三十章"吉祥达摩波罗王时代",第208页)

　　关于它(指真言乘)在人世间如何出现的情形,应知大部分的续部(密教经典)是与大乘的经部(显教经典)同时出世的。很多甚深的无上瑜伽续是由获得成就的阿阇梨各自迎请而逐渐出世的。(第四十三章"真言乘起源辨略",第266页)

　　类似的论述还有不少。由于《印度佛教史》所记的佛教史事上下达一千六百年左右,这在前代或同代的佛教史书中是没有的,因此,凡是研究佛教史的学者差不多都要研究它,特别是在近代,被译成俄、德、英、日等外文,影响就更大了。但是,由于书中所述的有关小乘部派佛教的史实,与现存的汉文、巴利文、藏文佛典中比较一致的记载颇多歧异;后期王统世系和诸王在位的年数,与现代的考古发现不全一致;有些人物的情况尚无旁证,因此,在使用时须加甄别,不能一概视为信史。

第三品　清松巴·益西班觉《如意宝树史》一册

　　《如意宝树史》,又称《印藏汉蒙佛教史如意宝树》、《松巴堪布佛教史》,一册。清乾隆十三年(1748),藏传佛教格鲁派僧人松巴·益西班觉著。今据甘肃民族出版社1994年7月版蒲文成、才让汉译本解说。

松巴·益西班觉(1704—1788),又名"松巴堪布·益西班觉",蒙古族人,青海佑宁寺第三世松巴活佛。六岁时,依青海塔秀寺僧人曲江嘉措出家。九岁时,被迎入官隆寺(又译"郭隆寺",清雍正二年被毁,雍正十年重建时改名为"佑宁寺"),拜却藏寺活佛罗桑丹贝坚赞为师,正式开始修习佛法。十九岁时,赴拉萨求学。先后受学于阿旺南喀等数十位高僧,广习显密经论,获"林塞噶居"学位。清雍正六年(1728)卫藏战争结束后,被封为吉采寺堪布。雍正九年(1731),回到佑宁寺,致力于寺院的重建,并赴各地讲经传法。曾两次晋见乾隆皇帝,被章嘉国师若必多杰赐以"额尔德尼班智达"的称号。著作宏富,涉及佛学、医学、历史、历算、诗词、文字等多个领域。其中有《经论宝库之钥》、《密咒总义》、《法行宝鬘》、《法行集要》、《四续护摩仪轨》、《青海史》、《格丹新历》、《药物识别》、《诗镜诗例》、《藏文正字学》等,有《松巴文集》(分为九函,收著述六十八种)行世。生平事迹见蒲文成、才让汉译本《译序》。

《如意宝树史》是一部综述印度、藏地(西藏)、汉地、蒙古地区的王统世系和佛教历史的藏传佛教名著。全书分为二总目("总目"相当于"编")。

第一总目"简论佛陀出世说法及佛法住世情形"。叙述释迦牟尼的生平事迹和佛说教法的结集。下分三章(汉译本用"甲"表示"章",用"乙"表示"节")。

第一章"总说佛于何劫出世"。下分"劫之形成"、"于明暗何劫佛出现于世"二节。叙述世间(器世间和有情世间)的形成,在光明劫(与"黑暗劫"相对)中有佛出世的情况。

第二章"别说于此贤劫佛于何时何地出世"。下分"《大悲妙法白莲经》中所说一千零五佛出现于世的情况"、"《秘密不可思议经》和《贤劫经》等中所说千佛出现于世的情况"二节。叙述大乘经中有关贤劫（过去、现在、未来三大劫中的"现在劫"）中有千佛出现于世的说法，以及从世间上最早公推的社会治理者"众敬王"至净饭王（释迦牟尼的父亲）之间的王统。

第三章"释迦牟尼出世说法情形"。下分"成佛情况"、"佛教之安立"二节。叙述释迦牟尼的生平事迹，以及入灭以后教法的结集情况。内容包括：佛的"十二事业"（降凡、入胎、诞生、学习技艺、婚配赛艺、出家、苦行、誓得大菩提、降魔成佛、转法轮、天降、示寂）、"一百二十五事业"（"于蓝毗尼园降生"、"出家离俗"、"为五比丘初转法轮"等）；小乘所传的三次结集；大乘所传的佛的"三转法轮"（首转四谛法轮、次转空性法轮、末转胜义抉择法轮）和大乘结集；金刚乘（即"密教"，下分事续、行续、瑜伽续、无上瑜伽续四部；"续"为梵语"怛特罗"的意译，藏地用指密咒、密典）所传的佛的说法情况和金刚乘结集；"乘"（所行之道）的设立（分声闻、缘觉、大乘三乘。大乘又分"共道般若乘"和"密咒金刚乘"两种）；"正法"的设立（分"教"的正法和"证"的正法两种。前者总括为经、律、论三藏，后者总括为戒、定、慧三学）等。

第二总目"详说法王持教及学派等的形成情况"。叙述印度、藏地（西藏）、汉地、蒙古地区佛教的历史。下分四章。

第一章"印度佛教史"。下分"印度法王简述"、"诸法王以及彼等在世时有何得悬记的贤哲出世弘法"、"印度佛教派别形成情况"三节。叙述印度佛教的历史。内容包括：印度的地理概况；佛入灭以后中印度阿阇世王世系、阿育王世系、旃陀罗王世系、波罗王世系、斯那王世系时期的历代国王、佛教人物和佛教情况；东、南印度的佛教情况；密教的八十四位大成就者；印度外道的宗派（顺世断见派和常见派）；佛教的宗派（分别说部、经部、唯识部、中观部);密咒的形成和传播;大明处(声明、因明、工巧明、医方明)和小明处(诗镜论、词藻学、韵律学、星算学、星命学)的传承;显宗论典(《俱舍论》、《戒律本论》、《现观庄严论》、《本智论》、《宝性论》、《辨中边论》、《瑜伽师地论》、《七义论》等)的传承;密宗(事续、行续、瑜伽续、无上瑜伽续部)要典的传承;密宗修法(大手印法、脐轮火法、修梦法、幻身法、光明法、光明与大乐双运法、时轮法等)的传承等。

第二章"藏地佛教史"。下分"法王世系"、"藏地佛教的传播等情况"二节。叙述西藏佛教的历史。内容包括:藏地的王统;前弘期佛教的情况;后弘期佛教的情况;藏地的律统(后弘期戒律弘传的三个系统,即下部律统、上部律统、班钦律统);藏传佛教噶当派(内分教典派和教授派)和新噶当派(即格鲁派)的传承和教法(包括格鲁派寺院的分布情况等);萨迦派、噶举派(包括达波噶举、香巴噶举)、觉域派(又译"觉宇派")、息结派(又译"希解派")、宁玛派等其他教派的传承和教法;藏地的译师(佛经翻译家);藏文佛典目录(包括《布顿佛教史》所载的甘珠尔、丹珠尔目录和明代刻印的藏文《大藏经》的编排次第);大事年表(以记载藏地高僧的生卒年和重要事项为主,始"第一饶迥"的火兔年,终"第十二饶迥"的火虎年,即1027年至1746年)。

第三章"摩诃支那大汉地法王、佛教大师、佛教宗派之历史"。下分"王统世系"、"教法源流"二节。叙述汉地的王统世系(从传说中的三皇五帝到清朝乾隆皇帝)和佛教的简史。

第四章"霍尔地区法王、佛教大师、佛法源流概述"。下分"王统世系"、"教法源流"二节。叙述蒙古地区的王统世系和佛教的简史。

《如意宝树史》撰于清代中叶,这使得作者有机会搜集和研究宋、元、明、清积累下来的极为丰富的历史资料,包括一大批从印度直接传入藏地、未经汉译的印度佛教显密经籍，以及藏地佛教人士撰写的各种佛教著作，通过比较分析，撷取精粹，构建起跨地域的综合性的佛教通史的体系。其中的许多论述具有藏传佛教资料的独特性，可与汉传佛教资料相互印证，或补汉传佛教资料的阙失，具有重要的研究价值。

如关于佛的"一百二十五事业"。书中叙有：于蓝毗尼园降生；学习技艺；角力赛艺；与释迦族玲音之女俱夷（即"耶输陀罗"）成婚；观见出离四因缘；见到农夫苦难，心生厌患，于阎浮树荫下入定，显见尸林；出家离俗；出家后往弃恶仙人之子处；为求止观而受七苦；结束苦行，食用乳糜，恢复体力；往菩提伽耶城金刚座；降魔；获无上智；为五比丘初转法轮；从婆（波）罗奈斯赴摩揭陀途中，使贤军六十徒众证见真谛；调伏一千具辩者（指迦叶三兄弟及其弟子）；频婆娑罗王迎佛，证见真谛；优婆提舍（即舍利弗）和连生（即目犍连）成为二胜弟子；给孤独长者奉献祇园；教化侨萨罗国波斯匿王崇信佛教；净饭王派遣邬陀夷请佛来迦毗罗卫城乐园的尼拘卢精舍等，父子会面；佛弟难陀出家；由姨母摩诃波罗阇波提发展出五百比丘尼；前往如弟子城，置弥多罗尼长者之子富楼那于阿罗汉位；为消除众年轻人对摩诃迦叶的讥毁，分半座赐摩诃迦叶；委阿难为承侍，指示同住；天授（指提婆达多）欲害佛而修邪，但未能害佛；调伏央掘魔罗；教化阿阇世王弃恶从善；去尼拘卢城、梵志城、磨吐罗城、敌边城、般遮罗国等地；多次聚集能断行者（指僧众），教诲彼等于事顺同、遵守法纪、恭敬长者、不行无理（妇女事）、信奉梵塔、信仰罗汉；到达拘尸那；示般涅槃；火化遗体；八分舍利，等等（以上见第一总目第三章"释迦牟尼出世说法情形"，第53页—第59页）。

关于佛教因明学（逻辑学）。书中说，"因明分为外明和内明。外明在承认差别事和我之上，分别对境、有境及各种关系而假立，它为内明之原立者,因它而有内明之名",内明与外明相比,"内明殊胜"。"关于因明,陈那著有《集量论》,法称为之作注,有称作本体本的广本《释量论》、中本《定量论》、略本《理滴论》(又名《正理滴论》),有称作支体本的分别讲说证悟的《因滴论》、破遮外道师假立关系的《关系论》(又名《观相属论》)、说明表象虽为知觉却成他相续的《悟他论》(又名《成他相续论》)、说明论辩方式的《诤理论》(又名《诤正理论》),共为七论。对这些论著,又有许多释本。所表述的内容包括在现量、自利、利他、比量、遮遣、比喻、决常等中。"(第二总目第一章"印度佛教史",第234页)因明的传承,依次是:祖师蔡美吉吾、文殊、法救、麦万伽、世友、陈那、自在军、法称、天主慧、释迦慧、智生密、阇摩梨、法胜、调伏天、婆罗门香迦罗难陀、万拘班钦、释迦室利等(以上见第241页)。

关于密咒。书中说,密咒有四大部。(1)"事续"。其中,属于佛部的《顶髻白伞盖母经》,由佛陀传出,一直传到无忧详、不空金刚、巴日译师;属于莲华部的《无量寿经》,由佛陀传出,一直传到无忧详、不空金刚、巴日译师;属于金刚部的《不动佛经》,由佛陀传出,一直传到阿底峡、宝贤译师。(2)"事续"。其中,属于佛部的《毗卢遮那现证佛经》,由佛陀传出,一直传到游戏金刚、不空金刚、巴日译师。(3)"瑜伽续"。其中,《五种姓之首毗卢普明根本曼荼罗灌顶》,由大日如来传出,一直传到法护、底万迦罗、多瓦贡巴。(4)"无上瑜伽续"。分为"父续"和"母续"两类。"父续"中,"一切续部之教王吉祥集密的灌顶秘诀"(即"密集"教法,"密集"又译"集密"),由大日如来传出,一支传到后来的桂译师,另一支传到玛尔巴译师。"母续"中,"十六俱胝之最胜乐鲁伊波"(即"胜乐"教法),由持金刚传出,一直传到帕塘巴兄弟、果合加·智积;"胜乐铃足"法,由胜乐金刚传出,一直传到帕塘巴兄弟、果合加·智积;"怖畏金刚"法,由怖畏金刚传出,一直传到热译师(以上见第二总目第一章"印度佛教史",第245页—第247页)。

关于格鲁派创始人宗喀巴的生平事迹。书中从"如愿降生";"入佛教大乘和密乘之门";"依止经师,广闻求法";"思所闻经义,使一切佛语皆成教诫";"对闻思抉择之经义,实际修持";"自利究竟后,大做利他佛事";"示现圆寂";"著述和弟子"等八个方面予以详述。如关于宗喀巴平时的修持情况,书中写道:

> 大师平时修持,常常于半夜后作集密入我五次第仪轨;天明后,修能怖金刚入我二次第;太阳升起后,诵读显密经文约三十长页,作施供食子、饮食回向,总括经义讲说三遍,并作回向等后,制作无量寿、药师、文殊、度母泥制像各七尊;中午,则念诵一段《甘珠尔》或《丹珠尔》经,从事写作;下午至入睡前,作红黑畏怖金刚的烧施和本尊、护法(四臂大轮、六臂大轮、枯帐、弯刀护法等)仪轨,施食回向,作鲁伊巴胜乐入我五次第,念诵诸愿词(室、室利吒一万遍,如来藏及阿、惹、巴、扎、那各七千遍),从不间断,座间的非共瑜伽修持及讲经时的修持亦不间断。(第二总目第二章"藏地佛教史",第376页)

《如意宝树史》也有不少论述,是直接从先前问世的藏传佛教史书的,如布顿《佛教史》、多罗那他《印度佛教史》等书中摘录的。对于这些内容,作者一般都能说明其资料来源,有时还对资料加以辨析和评说。如在第二总目第二章"藏地佛教史"的最后,作者就专辟了"对部分年代的评说"一节,对《青史》、《教法源流明灯》、《噶玛教法源流》、《佛历表》、《教法之舟》、《黄琉璃》、《白琉璃》等书中关于一些人物的生卒年的说法,提出了自己的不同看法。

三、传记部

总　　叙

　　传记,全称"佛教传记",指的是用来记叙佛教人物的生平事迹的一类佛教典籍。内容包括:人物的姓名、字号、里籍、家世、履历、交往、佛教因缘、学识、德行、言语、著述,以及生卒年代等。如果所记的是僧人,则还包括他(比丘)或她(比丘尼)的法名、住寺、出家、受戒、参学、师承、弘化、僧腊(又称"法腊",指受具足戒以后的僧龄)、弟子等。

　　佛教传记的种类很多。有记佛教创始人释迦牟尼的佛陀传(又称"佛传");有记佛教宗派中某一祖或某几祖的祖师传(前者为单传,可以纳入僧人别传之列;后者为合传,从属于宗系类著作,也可视为僧人类传的一种);有记历代高僧或名僧的僧人总传(又称"僧人通传");有记某一类僧人,如比丘尼、求法僧、禅僧、地区僧(一地、一山、一寺的僧人)、神僧等的僧人类传;有记单个法师、律师、禅师、长老、大德等的僧人别传(又称"僧人单传"、"僧人专传");有记在家奉佛者的居士传;有记净土修持者的往生传。此外,记载佛法僧("三宝")感应事缘和僧俗因果报应故事的感应传,既可看作杂记类著作,也可视为佛教传记中的"杂传"。

　　数量众多的佛教传记,是各个时期内具有不同经历和个性的佛教人物,从事佛教活动的历史记载,它是佛教研究领域中各个分支共同的也是最基本的人物资料。

一、佛教传记的源流

中国佛教传记的历史,可以远溯到西晋末年。虽说当时印度佛教中的一些有名的传记,如《佛所行赞》、《马鸣菩萨传》、《龙树菩萨传》、《提婆菩萨传》、《婆薮槃豆传》等尚未传入中国,即便是已经传入的有关阿育王的传记,也是到了西晋惠帝光熙元年(306),才由安息国沙门安法钦在洛阳译出的,而且当时是把它当作佛经来翻译的,并不认为它是传记类著作,故取名为《大阿育王经》(五卷)。但是,就在那时,受中国传统史学熏习的汉地佛教学者,便已开始为个别德高望重的佛教活动家树碑立传了。

最初出现的佛教传记,是为西域来华的高僧撰写的单传。因为是他们乘危履险,不远万里,将佛教的义理和经籍传到中国,而且他们当中的一些人既精通三藏(经律论),善解文义,又综达风云星算、图谶运变,以及医方异术等,深受世人的敬崇。

东汉桓帝建和二年(148),让位出家的安息国太子、沙门安清(字世高)游方弘化,来到洛阳。在此后的二十余年间,他以禅观类和阿毗昙类经典为主,兼及阿含类经典,翻译了《安般守意经》、《阴持入经》、《人本欲生经》、《转法轮经》、《阿毗昙五法经》等三十多部佛经(见《出三藏记集》卷二),成为汉译佛经的实际开创者和小乘佛教在中国的最早传播者。由安清传出的小乘禅法,经南阳韩林、颍川皮业和会稽陈慧三人的弘扬,而传至三国时的康僧会,又经康僧会为《安般守意经》撰序作注,在社会上产生了广泛的影响。大约在西晋惠帝永熙元年(290)至光熙元年(306)之际,属于安清禅法系的无名氏撰写了《安清别传》(或名《安侯道人别传》),记叙了安清的生平始末,并以"授记"(预言)的方式,记载了安清以后,禅法由陈慧传康僧会的传承关系(见《高僧传》卷一,已佚)。它也许是汉地最早的一部佛教传记。

西晋末,西域沙门帛尸梨蜜多罗(意译"吉友",时称"高座")和佛图澄来到中国。时值永嘉(307—312)之乱,帛尸梨蜜多罗渡江而抵建康(今南京)。他善持密咒和梵呗,在建初寺翻译了《大孔雀王神咒经》、《孔雀王杂神咒经》和《灌顶经》(见《历代三宝纪》卷七),成为中国早期"杂密"的主要传播者。东晋初,成帝咸康(335—342)年间,帛尸梨蜜多罗卒。他的世俗弟子王珉(丞相王导的孙子)追旌往事,为之撰《高座别传》(又作《高坐别传》、《高坐传》,已佚,有片段见存于《世说新语》言语、赏誉、简傲篇注之中)。

在北方,佛图澄以法术和神异见重于后赵皇帝石勒、石虎,被尊为"大和上(又作"尚")"、"国之大宝"。他以慈悲戒杀之说劝谏暴虐成性的石氏叔侄,使他们滥杀无辜的行为有所收敛,并且皈信佛教。他诵经百万言而持律谨严,受业的弟子将近一万人,所立的佛寺达八百九十三所(见《高僧传》卷九),北方佛教之所以能够获得前所未有的大发展,全是他活动的结果。后赵建武十四年(348),佛图澄卒。弟子们为纪念他的功绩而撰《佛图澄别传》(略称《澄别传》,已佚,有片段见存于《世说新语》言语篇注之中)。

随着佛教传播的深入,自东晋初年起,一批汉地出家的僧人开始崭露头角。他们或受业于梵僧,或习经以自悟,操行整肃而学兼内外,在佛教中国化的进程中起着特别重要的作用,成了与西域高僧齐名并誉的汉地高僧。与之相对应的是,佛教传记中的单传,也由记西域高僧,扩展为同时记汉地高僧。而且这后一类单传的数量逐渐增多,以至后来远远超过记西域高僧的单传,成为僧人别传的主流。

成帝咸康元年(335)至康帝建元二年(344)之间,幼家出家、依竺法护为沙弥(未受具足戒以前的出家男子)的竺法乘卒于敦煌。为记颂他在敦煌立寺延学的功绩,高士季颙为之撰《竺法乘赞传》(见《高僧传》卷四,已佚)。

穆帝升平四年(360)至哀帝隆和元年(362)之间,能诵经四十余万言,并有辟谷绝粒之术的单道开,卒于南海罗浮山(今广东省境内)。弟子康泓为之撰《单道开传》(又名《道人善道开传》,见《高僧传》卷九和《隋书》卷三十三《经籍二》,已佚)。

约在同期,与支遁有过交往的剡县(今浙江嵊县)石城山元华寺沙门于法兰,往西域求法,遇疾卒于交州象林(今越南境内)。有无名氏为之撰《于法兰别传》(见《高僧传》卷四,已佚)。

废帝太和元年(366),善谈玄理,与江东名士王洽、刘惔、殷浩、许询、郗超、孙绰、王濛、王羲之等披襟致契,结为方外之交的支遁(字道林)卒于剡县石城山。郗超为之撰《支遁传》(又名《支法师传》,见《高僧传》卷四,已佚,有片段见存于《世说新语》文学、伤逝篇注之中)。

孝武帝太元十年(384),佛图澄的弟子道安卒于长安五级寺。为纪念他在校注众经,创撰经录,制定轨仪,以及遣徒到大江南北弘教等方面的历史性贡献,弟子为之撰《安法师传》(又名《安和上传》,已佚,有片段见存于《世说新语》文学、雅量篇注之中)。

安帝元兴元年(402),以弘传《法华》、《无量寿》二经为业,兼善神咒医术的竺法旷卒于建康(今南京)长干寺,散骑常侍顾恺之为之撰《竺法旷赞传》(见《高僧传》卷五,已佚)。

除了上述记载西域和汉地高僧的单传以外,自东晋中叶起,还出现了记载某一类僧人的类传。

最早撰作僧人类传的,当推东晋中书郎郗超。他在撰成《奉法要》(见《弘明集》卷十三)、《支遁传》之后,又搜集了曾经居住剡县东面诸山(如仰山等)的一些高僧的事迹,撰成了《东山僧传》(见慧皎《高僧传序》,已佚),撰时约在废帝太和二年(367)至简文帝咸安二年(372)之间。继之者,则有竺道潜(字法深)的弟子竺法济,于孝武帝(373—396)世撰《高逸沙门传》一卷(见《高僧传》卷四、《历代三宝纪》卷八)。原书虽佚,但从《世说新语》言语、文学、雅量、排调篇注保存下来的一些片段来看,所记的是曾经隐居于剡县的竺道潜、支遁、于法开等"高逸"僧的事迹,性质与《东山僧传》相似。

进入南北朝以后,佛教传记出现了全面发展的新景象。不仅僧人别传、类传大量涌现,而且自南齐以后,还出现了通记古今高僧的总传,从而使佛教传记的门类至此而齐备,并且日臻完善。

在僧人别传方面。有刘宋王微撰《竺道生传》(见《高僧传》卷七,已佚),记卒于宋元嘉十一年(434)的京师龙光寺沙门竺道生;吴郡张辩(曾任平南长史)撰《昙鉴传》(见《高僧传》卷七,已佚)和《僧瑜传》(见《高僧传》卷十二,已佚)。前者记江陵辛寺沙门昙鉴,后者记卒于宋孝建二年(455)的庐山招隐寺沙门僧瑜;北魏无名氏撰《慧达别传》(见《续高僧传》卷二十五,已佚),记卒于北魏太延元年(435)的文成郡沙门慧达;南齐灵根寺沙门玄畅,根据佛教论书以及西域所传而撰《诃梨跋摩传》一卷(见隋法经等《众经目录》卷六,已佚),追述《成实论》的作者、中天竺(印度)沙门诃梨跋摩(意译"师子铠");梁陶弘景撰《草堂法师传》一卷(见《旧唐书》卷四十六《经籍上》,已佚),记卒于梁大同元年(535)的钟山草堂寺沙门慧约;陈曹毗撰《真谛三藏传》(见《历代三宝纪》卷十一,已佚),记曹毗的师父、卒于陈太建元年(569)的北天竺沙门真谛。

北周渭滨沙门释亡名撰《韶法师传》和《僧崖菩萨传》(见《历代三宝纪》卷十一,均佚)。前者记卒于梁天监七年(508)的蜀郡龙渊寺沙门慧韶,后者记于北周保定二年(562)烧身而亡的益州沙门僧崖;北齐无名氏撰《稠禅师传》一卷(见《旧唐书》卷四十六《经籍上》,已佚),记卒于北齐乾明元年(560)的西龙山云门寺沙门僧稠。

在僧人类传方面。有南齐中寺沙门法安撰《志节传》五卷(见《高僧传》卷八、《出三藏记集》卷十二,已佚),记"志节"类僧人;沙门僧宝撰《游方沙门传》(见《高僧传序》,已佚),记"游方"(指周游行化,包括往西域求法)类僧人;梁建初寺沙门僧祐撰《钟山定林上寺绝迹京邑五僧传》一卷(见《出三藏记集》卷十二,已佚),记定林上寺的五位高僧;治中张孝秀撰《庐山僧传》(见《高僧传序》,已佚),记庐山东林诸寺的高僧;中书陆杲(字明霞)撰《沙门传》(见《高僧传序》,已佚),或记义兴、临川等地的高僧。

在僧人总传方面。最初问世的著作,要推南齐沙门法进撰《江东名德传》三卷(见《隋书》卷三十三《经籍二》,已佚)。虽说由于受当时南北分割而治的限制,书中收录的仅是江南名僧,带有地域性,但是由于它通收不同时代、不同地点和不同德业的江南名僧,因而已经具有总传的性质(《高僧传序》称:"沙门法进乃通撰传论");稍后,则有南齐竟陵王记室王巾撰《僧史》十卷(见《历代三宝纪》卷十一,已佚)。

及至梁代,整个社会的佛教,在梁武帝的大力奖掖和率先垂范下达到鼎盛。作为历代僧人业绩总汇的僧人总传,也因受社会环境的影响而格外得到重视,一部又一部的著作在相隔不长的时间里相继问世,形成了一个颇具规模的系列。先是僧祐撰《出三藏记集》十五卷(今存),其中卷十三至卷十五为"列传",所收上始后汉安世高,下至刘宋法勇(又名"昙无竭"),凡三十二人。虽然人数并不多,但它已打破了朝代、地域和僧人行业的界限,具有通录性质,若抽出单行,也是一部僧人总传;接着是扬州庄严寺沙门宝唱撰《名僧传》三十卷(今存《名僧传抄》一卷);会稽嘉祥寺沙门慧皎撰《高僧传》十四卷(今存);著作中书监裴子野撰《沙门传》(又名《众僧传》)三十卷(其中十卷为外兵郎刘璆续撰,见《大唐内典录》卷十,已佚);湘东王记室虞孝敬撰《高僧传》六卷(见《隋书》卷三十三《经籍二》,已佚)。在南北朝行将结束的时候,又有北齐明克让撰《续名僧传》一卷(见《北史》卷八十三,已佚),从书名来看,它是续宝唱之书的。

由于梁以前的佛教传记均已亡佚,故见存的佛教传记是从梁代开始的。

二、本部大略

本部上起梁代,下迄清代,共收录佛教传记类典籍三十二部三百一十三卷。分为六大类:

(一) 释迦牟尼传

共有二部六卷。其中,梁僧祐《释迦谱》五卷,分为三十四篇,用类聚数十种大小乘佛典的原文,间附作者案语的方式编就;唐道宣《释迦氏谱》一卷,分为五篇,为前书的改写本。

(二) 僧人总传

共有八部一百四十三卷。其中,梁宝唱《名僧传抄》一卷,是已佚的《名僧传》三十卷的摘抄本,它保存了《名僧传》的总目及部分内容;梁慧皎《高僧传》十四卷,分译经、义解、神异、习禅、明律、亡身、诵经、兴福、经师、唱导十科，收录东汉至梁初的僧人，正传二百五十七人，附见二百七十五人（笔者统计）；唐道宣《续高僧传》三十卷，分译经、义解、习禅、明律、护法、感通、遗身、读诵、兴福、杂科声德十科，收录梁初至唐初的僧人，正传四百九十三人，附见二百十五人（据明藏本统计）；北宋赞宁《宋高僧传》三十卷，分科布局与《续高僧传》相同，主要收录唐代至宋初的僧人，并补收刘宋、后魏、陈、隋的僧人若干名，正传五百三十一人，附见一百二十五人（据明藏本统计）。

元昙噩《新修科分六学僧传》三十卷，主要取材于梁、唐、宋三部高僧传，兼及他书，分为六学（慧学、施学、戒学、忍辱学、精进学、定学）十二科（每学之下立二科），收录后汉至北宋初年的僧人一千二百七十三人（无附见）；明如惺《大明高僧传》八卷，分译经、解义、习禅三科，收录北宋末年至明万历二十一年（1593）之间的部分僧人，正传一百十二人，附见七十人；明明河《补续高僧传》二十六卷，为《宋高僧传》的补续之作，也分为十科（将"读诵"易名为"赞诵"），主要收录北宋初年至明万历四十三年（1615）之间的僧人，并补收唐、五代的僧人若干名，正传五百四十八人，附见七十二人；清徐昌治《高僧摘要》四卷，主要取材于历代高僧传，兼及他书，分道高僧、法高僧、品高僧、化高僧四科，收录东汉至清初的僧人一百七十三人（无附见）。

（三）僧人类传

共有八部六十九卷。其中，梁宝唱《比丘尼传》四卷，收录东晋升平（357—361）末年至梁天监十五年（516）之间的比丘尼（出家受具足戒的女子）六十五人。唐义净《大唐西域求法高僧传》二卷，收录唐初赴印度求法的僧人，正传五十六人，附见四人。北宋惠洪《禅林僧宝传》三十卷，收录唐末至北宋政和（1111—1117）年间的禅僧（指禅宗僧人）八十一人；南宋祖琇

《僧宝正续传》七卷,收录北宋末至南宋初的禅僧二十八人(另载唐代禅僧二人);清自融、性磊《南宋元明禅林僧宝传》十五卷为《禅林僧宝传》的续作,收录南宋初至清初的禅僧九十八人。南宋元敬、元复《武林西湖高僧事略》一卷和明祩宏《续武林西湖高僧事略》一卷,专记杭州一地的僧人,前者收东晋至南宋绍兴(1131—1162)年间的僧人三十人,后者收元代至明初的僧人五人。明朱棣(即明成祖)《神僧传》九卷,主要取材于历代高僧传,兼及他书,收录东汉至元初的神僧(有神通变化之迹的僧人)二百八人。

(四)僧人别传

共有八部十九卷。其中,隋灌顶《隋天台智者大师别传》一卷,记天台宗的创始人智𫖮(赐号"智者");唐彦悰《唐护法沙门法琳别传》三卷,记唐初佛道斗争中的重要人物法琳;唐慧立、彦悰《大唐大慈恩寺三藏法师传》十卷和唐冥祥《大唐故三藏玄奘法师行状》一卷,记法相宗的创始人玄奘;唐李华《玄宗朝翻经三藏善无畏赠鸿胪卿行状》一卷,记印度胎藏界密法的传播者、唐代密宗的奠基人善无畏;唐赵迁《大唐故大德赠司空大辨正广智不空三藏行状》一卷,记印度金刚界密法的传播者、唐代密宗祖师不空;唐佚名《大唐青龙寺三朝供奉大德行状》一卷,记唐代密宗两部大法的重要传承者惠果;新罗崔致远《唐大荐福寺故寺主翻经大德法藏和尚传》一卷,记华严宗的实际创始人法藏。

(五)居士传

共有一部五十六卷。它就是清彭绍升《居士传》五十六卷,收录东汉至清乾隆(1736—1795)年间的居士,正传二百二十七人,附见七十七人。

(六)往生传

共有五部二十卷。其中,北宋戒珠《净土往生传》三卷,收录西晋至北宋初年修持净业，以期往生西方净土的僧尼七十五人；唐文谂、少康《往生西方净土瑞应传》一卷，收录东晋至唐大历（766—779）年间，僧尼及居士（合称"僧俗"）的净土感应故事四十八则；明袾宏《往生集》三卷，分沙门往生、王臣往生、处士往生、尼僧往生、妇女往生、畜生往生、诸圣同归、生存感应七类，共收录净土感应事例二百五十五条；清彭希涑《净土圣贤录》九卷，是历代往生传的集大成者，分为十科，为净土法门中的佛、菩萨、尊者、僧尼、王臣、居士、杂流、女人、物类等立传五百余篇；清胡珽《净土圣贤录续编》四卷，则是前书的续作，分为七科，立传一百数十篇。

三、备考书目

近代以来编撰的有关佛教人物的传记、人名辞典、生卒年表、年谱等著作，主要有：喻谦《新续高僧传四集》（收入《高僧传合集》，上海古籍出版社1991年12月版）、震华《续比丘尼传》（同上）、震华《中国佛教人名大辞典》（上海辞书出版社1999年11月版）、明复《中国佛学人名辞典》（中华书局1987年4月版）、高振农等《中国近现代高僧与佛学名人小传》（华东师范大学出版社1990年5月版）、于凌波《中国近现代佛教人物志》（宗教文化出版社1995年9月版）、苏晋仁等《历代释道人物志》（百部地方志选辑，巴蜀书社1998年6月版）、国家图书馆分馆《中华佛教人物传记文献全书》（线装书局2005年5月版）、张志哲《中华佛教人物大辞典》（黄山书社2006年2月版）、陈垣《释氏疑年录》（收入《励耘书局丛刻》，北京师范大学出版社1982年5月版）、殷梦霞《佛教名人年谱》（北京图书馆出版社2003年5月版）等。

第一门　释迦牟尼传

第一品　梁僧祐《释迦谱》五卷

《释迦谱》，五卷。梁建初寺沙门僧祐撰。载于《丽藏》"彩"函、《宋藏》"彩""仙"函、《金藏》"彩"函、《元藏》"彩""仙"函、《明南藏》"将""相"函、《明北藏》"书"函、《清藏》"壁"函、《频伽藏》"致"帙，收入《大正藏》第五十卷。其中《丽藏》、《频伽藏》、《大正藏》作"五卷"，宋、元、明、清藏作"十卷"。五卷本最初见录于僧祐撰作的另一部著作《出三藏记集》卷十二，但隋代的《法经录》、《长房录》、《彦琮录》和唐代的《静泰录》等均误录为"四卷"，到唐智升的《开元释教录》才重新改为"五卷"。十卷本产生于隋末唐初，道宣在《大唐内典录》卷四说，"更有十卷本，余亲读之"（《大正藏》第五十五卷，第265页上），是为它的最初著录。以后这两种广略稍异的本子便一并流传。

《释迦谱》未署撰时。梁慧皎《高僧传》卷十一说："初，祐集经藏既成，使人抄撰要事，为《三藏记》、《法苑记》、《世界记》、《释迦谱》及《弘明集》等。"（《大正藏》第五十卷，第402页下—第403页上）这说明僧祐的《释迦谱》以及其他著作都是在定林、建初两寺造立经藏以后撰写的。而定林寺的经藏，是由梁临川王萧宏出资建造的（见《出三藏记集》卷十二《法苑杂缘原始集目录》),故《释迦谱》无疑撰于梁代。又,梁宝唱等于天监十五年(516)撰《经律异相》五十卷,其书卷四《应始终佛部·现生王宫》中有:"出《释迦谱》第一卷"的记载(见《大正藏》第五十三卷,第15页下),僧祐自己的《出三藏记集》也已著录了这部书。据此可以进一步推定,《释迦谱》约成于天监六年(507)至天监十三年(514)之间。

《释迦谱》书首有僧祐《序》。说:

(释迦垂迹)爱自降胎至于分塔,玮化千条,灵端万变,并义炳经典,事盈记传。而群言参差,首尾散出,事绪舛驳,同异莫齐。散出首尾,宜有贯一之区;莫齐同异,必资会通之契。故知博谇难该,而总集易览也。祐以不敏,业谢多闻,时因疾隙,颇存寻玩,遂乃披经案记,原始要终,敬述《释迦谱》,记列为五卷。若夫(释迦)胤裔托生之源,得道度人之要,泥洹塔像之微,遗法将灭之相,总众经以正本,缀世记以附末。……今抄集众经,述而不作,庶脱寻访,力半功倍。(《大正藏》第五十卷,第1页上)

《释迦谱》是一部以类聚数十种大小乘佛典的原文,间附僧祐案语的方式编就的释迦牟尼传记。全书分为三十四篇,前九篇称为"谱",后二十五篇称为"记"。五卷本的分法是:

卷一,九篇:

一、释迦始祖劫初刹利相承姓缘谱。说:"劫初,天地欲成,大水弥满,风吹结构,以成世界。"(第1页中)诸天中有"光音天"福行命尽,化生为人。因人"众共生世,故名众生"(同上)。"众生"各封田宅,以分疆畔,自藏己米,盗他田谷。由于没人裁决,于是"议立一平等主,善护人民,赏善罚恶,各共减割以供给之。时彼众中有一人,形质长大,容貌端正,甚有威德,请以为主。于是始有'民主'之名"(第2页上)。"民主",又称"大人"、"王"、"地主",因为他"以法取租,是故名为刹利(即"刹帝利")"(同上)。"民主"(即"王")凡有三十三代,最后一代名"善思"。自善思王以下,又有十族转轮圣王。释迦牟尼的祖先是十族中的懿摩王。父子相传的世系是:懿摩——乌婆罗——泪婆罗——尼求罗——师子颊——净饭王——释迦牟尼——罗睺罗。

二、释迦贤劫初姓瞿昙缘谱。说"昔阿僧祇劫时,有菩萨(泛指有德行的人)为国王,其父母早丧,让国与弟,舍行求道"(第3页上),因从婆罗门学道,故改受师姓"瞿昙"。"净饭(王)远祖乃瞿昙之后身,以其前世居甘蔗园,故称甘蔗之苗裔也。"(同上)

三、释迦六世祖始姓释迦氏缘谱。说懿摩王的四个儿子被王摈黜出国,徙居雪山北的直树林中,后来他们依靠自己的力量,建立了强国。懿摩王因他们"能自存立",称他们为"释子"、"释种"("释"即"释迦","能"的意思)。

四、释迦降生释种成佛缘谱。说释迦牟尼降生、成长、出家、成佛的始末经过。

五、释迦在七佛末种姓众数同异谱。依小乘经而说过去九十一劫时有毗婆尸佛;过去三十一劫时,有尸弃佛、毗舍婆佛;此贤劫中,有拘楼孙佛、拘那含佛、迦叶佛和释迦牟尼佛,合称"七佛"。

六、释迦同三千佛缘谱。依大乘经而说过去世庄严劫、现在世贤劫和未来世星宿劫各有千佛,合称"三千佛"。释迦牟尼是贤劫千佛中第四个成佛的。

七、释迦内外族姓名谱。说师子颊有净饭、白饭、斛饭、甘露饭四子。净饭王有释迦牟尼、难陀二子;白饭王有阿难、调达(即"提婆达多")二子;斛饭王有摩诃男、阿那律二子;甘露饭王有婆婆、跋提二子。释迦牟尼有瞿夷、耶惟檀、野鹿三位夫人,其中瞿夷夫人生罗睺罗。

八、释迦弟子姓释缘谱。说四河入海,俱名为海,四姓出家,同姓为"释"。

九、释迦四部名闻弟子谱。按比丘(出家受具足戒的男子)、比丘尼(出家受具足戒的女子)、优婆塞(在家奉佛的男子)、优婆夷(在家奉佛的女子)四部,叙列直接听闻释迦牟尼说教的主要弟子的名单。

卷二,九篇:

一、释迦从弟调达出家缘记(本阙)。

二、释迦从弟阿那律、跋提出家记(本阙)。

三、释迦从弟孙陀罗难陀出家缘记(本阙)。

四、释迦子罗云出家缘记(本阙)。上四篇分别记述调达、阿那律、跋提、孙陀罗难陀(即"难陀")、罗云(即"罗睺罗")五人的出家经过。五卷本仅存篇名,内容阙失。十卷本有本文。

五、释迦姨母大爱道出家记。说释迦(释迦牟尼的略称)在传教之初,不同意接纳女人为僧团成员。他回到故乡迦维罗卫(即"迦毗罗卫")国时,养育他成人的姨母大爱道请求出家,初未许,后经大弟子阿难劝说,方才同意。释迦为此事对阿难说:"若使女人不出家者,外道异学、一切贤者当以四事种种供养,解发布地,请令蹈之,如事日月,如事天神。我之正法当千年兴盛。以度女故,至五百岁而渐衰微。所以者何?女有五处不能得作。何谓五?一不得作如来(即"佛"),二不得作转轮圣王,三不得作第二忉利天王,四不得作第六天魔王,五不得作第七梵天王。"(第52页下)

六、释迦父净饭王泥洹记。记净饭王去世前后的故事。

七、释迦母摩耶夫人记。记释迦在忉利天,与生他七日便去世的母亲摩耶夫人相见,并为她说法的故事。

八、释迦姨母大爱道泥洹记。记大爱道去世前后的故事。

九、释种灭宿业缘记。记释迦在世时,拘萨罗国(又名舍卫国)琉璃王(波斯匿王之子)起兵征伐迦毗罗卫国,焚毁都城,杀绝释迦族的经过。佛为此事告弟子目连:"业熟受报,不可免也。"(第58页中)

卷三,八篇:

一、释迦竹园精舍缘记。记摩竭(即摩揭陀国)王瓶沙(又称"频婆娑罗")将王舍城的迦兰陀竹园施与释迦的经过。

二、释迦祇洹精舍缘记。记舍卫国波斯匿王的大臣须达(号"给孤独"),以黄金布地,向太子祇陀购得舍卫城外一处园地,祇陀又捐赠树木,共立精舍(即寺院)施与释迦的经过。

三、释迦发爪塔缘记。记释迦将自己的头发和指甲送与须达,须达造塔供养的故事。

四、释迦天上四塔记。记忉利天城的东南西北,各有佛发塔、佛衣塔、佛钵塔、佛牙塔的故事。

五、优填王造释迦栴檀像记。记释迦在世时,拘睒弥国优填王用牛头栴檀,制作五尺佛像的故事。

六、波斯匿王造释迦金像记。记波斯匿王用紫磨金造五尺佛像的故事。

七、阿育王弟出家造石像记。记阿育王弟善容出家,阿育王为他造丈六石像的故事。

八、释迦留影在石室记。记释迦留影石窟,以受龙王供养的故事。

卷四,四篇:

一、释迦双树般涅槃记。详叙释迦在拘尸那(又称"拘尸那迦")城阿夷罗跋提河边娑罗双树间逝世前后的情景。

二、释迦八国分舍利记。记拘尸国、波波国、遮罗国、罗摩伽国、毗留提国、迦维卫国、毗舍离国、摩竭国八国共分佛舍利（遗体火化后留下的珠状物）起塔供养的故事。

三、释迦天上龙宫舍利宝塔记。说诸天、龙王也起塔供养舍利。

四、释迦龙宫佛髭塔记。说龙王又起塔供养佛髭（胡须）。

卷五，四篇：

一、阿育王造八万四千塔记。详叙阿育王造塔的经过。

二、释迦获八万四千塔宿缘记。说释迦生前已预言数百年后，将有阿育王造塔之事。

三、释迦法灭尽缘记。说释迦预言他涅槃（即逝世）后一千年，佛法将灭。

四、释迦法灭尽相记。描述佛法将灭时，沙门饮酒炙肉，杀生贪味，婬泆浊乱，不修戒律等颓败情景。

《释迦谱》十卷本也分成三十四篇，篇名与五卷本同。两种版本在内容上的主要差异在于：在五卷本中，《释迦降生释种成佛缘谱》只有一章，而十卷本增补了《因果经》、《普曜经》、《大善权经》、《瑞应本起经》、《杂宝藏经》等大量经文，将它扩充为五章。从而形成了十卷本对释迦牟尼自降生到成道的生活经历，记载特别详细、篇幅特别多的特点。为此，十卷本将《释迦始祖劫初刹利相承姓缘谱第一》至《释迦降生释种成佛缘谱第四之一》，编为第一卷；《释迦降生释种成佛缘谱第四之二》、之三、之四、之五，分别编为第二、三、四、五卷；将《释迦在七佛末种姓众数同异谱第五》至《释迦从弟孙陀罗难陀出家缘记第十二》，编为第六卷；将《释迦子罗云出家缘记第十三》至《释迦灭宿业缘记第十八》，编为第七卷；十卷本的最后三卷，即第八、九、十卷，分别与五卷本的最后三卷，即第三、四、五卷相等。

虽然从考据学的观点看来，十卷本的这种增益，乃是唐初僧人所为，并不符合《释迦谱》成书时的面貌。但由于《释迦谱》本身是一部带有类抄性质的著作，它的目的是有系统地提供有关释迦牟尼生平事迹的史料，它的内容是通过摘抄《长阿含经》、《增一阿含经》、《楼炭经》、《昙无德律》、《十二游经》、《佛所行赞》、《弥沙塞律》、《瑞应本起经》、《大智度论》、《普曜经》、《大华严经》、《修行本起经》、《观佛三昧经》、《药王药上观经》、《大般涅槃经》等佛典中的相关记叙，剪裁编排来实现的。所以，增加释迦牟尼自降生到成道的资料，对于研究者来说，倒不无参考价值。

从《大正藏》出于校勘需要，而附刊的《释迦谱》十卷本的文字来看，释迦牟尼在觉悟成道以前的经历，大致是这样的：

四月八日，迦毗罗卫国净饭王（又称"白净王"）的夫人摩耶，于蓝毗尼园生下太子，取名"悉达多"［案："释迦牟尼"是悉达多太子创立佛教以后，弟子及世人对他的尊称，意为"释迦族的圣人"。佛经上没有说悉达多是在哪一年的四月八日诞生的，因为整个古代印度没有一部编年史，有关人物生卒和事件发生的年份均无记载。汉地佛教根据南齐僧伽跋陀罗翻译的《善见毗婆沙律》师资相传的"众圣点记"，推定为公元前565年］。悉达多出生后的第七天，母亲去世，姨母摩诃波阇提（即"大爱道"）将他养育。七岁，从婆罗门学习书艺。十七岁，娶邻国善觉王之女耶输陀罗（即"瞿夷"，又作"裘夷"）为妃。悉达多的王宫生活非常优裕，净饭王特地为他"起三时殿，温凉寒暑，各自异处。其殿皆以七宝庄严，衣裳服饰皆悉随时"（《释迦谱》十卷本卷二，《大正藏》第五十卷，第18页下）。传说他在歌舞燕乐之余，曾出城游览，在东南西北四门，分别遇见拄杖羸步的老人、喘息呻吟的病人、家室号哭相送的死人、和法服持钵的比丘（即出家人）。这使他产生了世间"无常"，生老病死流转皆苦的思想,萌发了出家修道之志。

十九岁那年的二月七日深夜,悉达多逾城出走,踏上了寻求解脱的道路。他先到了跋伽仙人苦行林,那里栖居着许多修行者(时称"仙人"),他们"或有以草而为衣者,或有以树皮、树叶以为服者,或有唯食草木花果,或有一日一食,或二日一食,或三日一食,如是行于自饿之法。或事水火,或奉日月,或翘一脚,或卧尘土,或有卧于荆棘之上,或有卧于水火之侧"(同上,第26页上)。凡此种种,用苦行修炼肉体,以求将来"生天"。悉达多认为这些并非是"断苦"的有效方法,留宿一天便离去了。路上,他遇上了净饭王派来寻找他的王师和大臣,他们劝说他回去,但没有成功。于是他们便在随从者中选派了同族的憍陈如等五人,与悉达多结伴同行。

悉达多一行渡恒河,过王舍城,长途跋涉来到了当时颇负盛名的阿罗逻仙人和迦兰仙人的住处。两位仙人告诉他,如何修习禅定,以获得"非想非非想"的精神境界。悉达多对此仍不满意,于是又来到伽阇山苦行林修行,以冀获得真正的解脱之道。他日复一日地在尼连禅河边"端坐思惟,修于苦行。或日食一麻,或日食一米,或复二日乃至七日食一麻米"(卷三,第30页中)。如是六年,身形消瘦,有若枯木,竟无所获。悉达多决定抛弃绝食苦行,他起身到河里洗了澡,又喝了名叫难陀波罗的牧女供献的乳糜,以恢复气力。五个同伴以为悉达多失去志向,便离开他走了。悉达多独自来到一棵毕钵罗树(后称"菩提树")下结跏趺坐,静思冥索,终于在一天的黎明大彻大悟,成为"佛陀"(意为"觉者")。

《释迦谱》不足之处有:所录的经文中,有许多地方过于夸饰渲染,以至将释迦牟尼真实的历史行迹完全神化了,史实与神话混杂在一起,扑朔迷离,使人难以辨别。有关释迦牟尼的生平活动,佛经上往往有不同的记载,如《因果经》、《修行本起经》、《瑞应本起经》说他纳妃时"年十七",出家时"年十九"。而《佛本行经》则说纳妃时"年十九",《十二游经》、《增一阿含经》、《长阿含经》、《中阿含经》和《说一切有部毗奈耶杂事》等说出家时"年二十九"。《释迦谱》只取一说,未能将其他异说一并叙列,不便于比较和稽考。有些经文在语句上有删略和改动,已非原文,而是原文的撮述,如五卷本卷一《释迦降生释种成佛缘谱》引《大华严经》所说的,关于释迦牟尼降生时林中有"十种瑞相"的下一段文字,已有删略(见第5页上),但作者未予注明。另外,个别引文的出处有误。如五卷本卷四《释迦龙宫佛髭塔记》的篇名下有"出《阿育王经》"的小注(见第76页上),按此书的通例,这是指该篇第一段引文的出处。但查西晋安法钦译的《阿育王传》(又称《大阿育王经》)七卷,和梁僧伽婆罗译的《阿育王经》十卷,均无此文。

第二品　唐道宣《释迦氏谱》一卷

《释迦氏谱》,本名《释迦谱略》(见道宣《内典录》卷五和道世《法苑珠林》卷一百),后人抄作《释迦氏略谱》和今名(见智升《开元录》卷十三),一卷。唐麟德元年(664),西明寺沙门道宣撰。载于《丽藏》"彩"函、《宋藏》"仙"函、《金藏》"彩"函、《元藏》"仙"函、《明南藏》"相"函、《明北藏》"壁"函、《清藏》"壁"函、《频伽藏》"致"帙,收入《大正藏》第五十卷。

道宣自序说:

> 昔南齐僧祐律师者,学通内外,行总维持,撰《释迦谱》一帙十卷,援引事类,繁缛神襟,自可前修博观,非为后进标领。余年迫秋方,命临悲谷,屡获劝勉,力复陈之。(《大正

藏》第五十卷,第84页中)

《释迦氏谱》共分为五篇,也称五科,篇名都冠有"序"字,"序"通"叙"。

一、序所依贤劫。叙说释迦牟尼出世的时间(即"贤劫")。

二、序氏族根源。叙说释迦牟尼姓氏的来历和家族的谱系。

三、序所托方土。从征名、约量、辨时、从势、藉胜、考文六个方面,分别叙说释迦牟尼所处的天竺国(又名"大夏")的地理位置、方圆里数、时序气候、山岳水源、君王法王和梵文。

四、序法王化相。叙说释迦牟尼自降生到涅槃(即逝世)各个阶段的主要事迹。分为八节:

(一)处兜率天迹。

(二)降阎浮洲迹。下分:兴念相、入胎相、住胎相三门。

(三)现生诞灵迹(又名《现生灵诞迹》)。下分:往林严饰相、正诞灵仪相、发号显德相、诸天奉侍相、现大瑞应相、入天祠相、立名建号相、召仙占睹相、保傅随侍相、母氏升遐相十门。

(四)集艺历试迹。下分:立为储后相、观耕生厌相、示纳妃孕相、出游四门相四门。

(五)出家寻教迹。下分:启出家相、天神接举相、剃发舍俗相、寻仙非夺相、王师寻迹相、同邪苦行相、浴身受食相七门。

(六)悟道乘时迹(又名《乘时成佛迹》)。下分:降魔显德相、断惑成觉相二门。

(七)说法开化迹(又名《转法悟物迹》)。下分:兴念愍物相、梵天来请相、怀土念机相、受供商者纳钵相、道逢非机相、遇雨龙供相、乘机授法相、声告化境相、出家表僧相、次第度人相、分头化人相、赴瓶沙本愿相、度舍利弗目连相、度金色大迦叶缘、佛还本生缘十五门。

(八)机穷化掩迹(又名《迁神化掩迹》)。下分:魔王重请入灭相、嘱累终事相、标处现灭相、正灭度相、终后殡殓相、母来重起相、现双足相、天上人中分骨相八门。

五、序圣凡后胤。下分二十节：（一）从兄调达生灭相。（二）从弟那律跋提出家相。（三）弟孙陀罗难陀出家缘。（四）罗云出家缘。（五）释迦姨母出家缘。（六）释迦父王泥洹记。（七）释迦母氏登天佛往相。（八）释迦姨母大爱道泥洹缘。（九）释迦族流灭相。（十）遗迹远近缘（文阙）。（十一）释迦竹园精舍缘。（十二）释迦祇洹精舍缘。（十三）释迦发爪塔缘。（十四）释迦天上四塔记。（十五）优填造释迦栴檀像缘。（十六）波斯匿王造金像记。（十七）（阿）育王弟出家造石室缘。（十八）释迦留影在石室记。（十九）阿育王造八万四千塔记。（二十）释迦遗法终限相。

《释迦氏谱》是自梁僧祐的《释迦谱》之后出现的又一部释迦牟尼传记。粗看起来，两部佛传的章节目录大异，似乎内容上也必不相同，但如果细心寻绎的话，却不难发现后书的基本史料取材于前书，《释迦氏谱》实质上是《释迦谱》的改写本，只不过它不是根据《释迦谱》五卷本改写的（作者当时并未披阅过这种本子），而是根据十卷本改写的。作者当初之所以要将这部著作定名为《释迦谱略》的原因也正在这里。

《释迦氏谱》的前三篇，即《序所依贤劫》、《序氏族根源》和《序所托方土》，基本上是用道宣自己的语言表述的，观点与引文水乳交融，化为一体。即便有用《释迦谱》资料的地方，也是打破《释迦谱》原来篇目界线的糅述，风格不类于《释迦谱》。具体来说，《序所依贤劫》的小部分内容是《释迦谱》十卷本（以下均指此本）卷六的《释迦在七佛末种姓众数同异谱第五》和《释迦同三千佛缘谱第六》的糅述，大部分内容为道宣新撰。如文中解释"劫"和"贤劫"的意思说：

> 劫是何名？此云时也。若依西梵名曰劫波,此土译之名大时也。此一大时其年无数,假以喻显,方可委知。经云:如一大城方四十里,满中芥子,有长寿天三年取一芥,城虽空,劫犹未尽。方四十里石,一拂三年,石虽磨尽,劫时未尽。如是劫劫相接,展转无穷,有命四生常沈(沉)不出。今此劫者名之曰贤,以劫初时大水弥满,生青莲花其数一千,第四禅天曾见往事,便相告曰:今此世界有千佛现,可目此时以为贤劫。(第84页下)

《序氏族根源》主要是根据《释迦谱》卷一的《释迦始祖劫初刹利相承姓缘谱第一》至《释迦六世祖始姓释迦氏缘谱第三》和卷六的《释迦内外族姓名谱第七》的内容,删繁就简,重新组织的。其中也有些内容是道宣新述的,如文中说"大夏"(指印度)有四种姓,"谓刹帝利、婆罗门、毗舍、首陀罗也。刹利王种最为高贵,劫初以来相承不绝"(第85页上)。又说,佛姓有"瞿昙"、"甘蔗"、"释迦"、"舍夷"、"日种"五种不同的说法,作者的看法是:

> 余寻瞿昙一氏,父也。释迦一氏,母也。故五人(指最初陪伴释迦牟尼出家求道的憍陈如等五人)随菩萨(指成佛之前的释迦牟尼)者,名佛为瞿昙也。斯即子承父姓,理路显然。《四分律》云:父姓名曰,生处名释迦。明知母姓也。(第85页中)

《序所托方土》全是道宣新撰的,在《释迦谱》中找不到相关的内容。道宣曾对佛教诞生地印度的地理环境作过一番研究,撰有《释迦方志》一书,所以驾轻就熟地撰写了此篇。

《释迦氏谱》的后二篇,即《序法王化相》和《序圣凡后胤》,基本上是《释迦谱》相关篇目的撮述,除新设一批小标题,以提示经文大意以外,仍采用抄集一段一段经文(也抄录僧祐的一些案语)的方式编就,无论是内容还是风格都与《释迦谱》相同。具体来说,《序法王化相》中的前七节(即从《处兜率天迹》至《说法开化迹》),是《释迦谱》卷一至卷五《释迦降生释种成佛缘谱第四》的撮述,末了的《机穷化掩迹》一节则是《释迦谱》卷九(即从《释迦双树般涅槃记第二十七》至《释迦龙宫佛髭塔记第三十》)的撮述;《序圣凡后胤》是《释迦谱》卷六的《释迦从弟调达出家缘记第十》至《释迦从弟孙陀罗难陀出家缘记第十二》,卷七(即从《释迦子罗云出家缘记第十三》至《释迦灭宿业缘记第十八》),卷八(即从《释迦竹园精舍缘记第十九》至《释迦留影在石室记第二十六》),卷十的《阿育王造八万四千塔记第三十一》、《释迦法灭尽缘记第三十三》和《释迦法灭尽相记第三十四》的撮述。

另外,《释迦谱》卷六尚有《释迦弟子姓释缘谱第八》、《释迦四部名闻弟子谱第九》,卷十尚有《释迦获八万四千塔宿缘记第三十二》,这在《释迦氏谱》中没有相应的简述。反之,《释迦氏谱》在书末有道宣一大段关于佛法兴灭的议论,《释迦谱》自然也没有。

由此可见,《释迦氏谱》虽然本于《释迦谱》,两书的主要内容是相同的,但在结构和叙述上也存在着一定的差异。与《释迦谱》相比,《释迦氏谱》叙事简洁,层次分明,分科布局较为合理,撰作的成份增加而抄集的成份减少,便于初学者阅读。如果说《释迦谱》提供的是佛陀生平的细节的话,那么《释迦氏谱》则提供了佛陀生平的梗概。

《释迦氏谱》不足之处有:一、有些地方将引文的出处模糊化。作者时常将具体的经名略去,代之以笼统的"经云",使人无从知道究竟是哪部佛经上说这番话的。二、被称为"经云"或"某某经云"的文字,有些并非佛经上的原话,而是经作者删改过的经文大意。

第二门 僧人总传

第一品 梁宝唱《名僧传抄》一卷

《名僧传抄》,一卷。梁扬都庄严寺沙门宝唱撰。收入《续藏经》第一三四册。

宝唱,俗姓岑,吴郡(治所在今江苏苏州)人。少以勤田为业,佣书自学。年十八,投僧祐律师出家,咨禀经律,有声宗嗣。又从处士顾道旷、吕僧智等,习听经史老庄,略通大义。初住庄严寺,齐建武二年(495)出都专讲。后因世乱,东游闽越。梁天监四年(505),敕为新安寺主。梁武帝敕庄严寺僧旻撰《众经要抄》八十八卷、开善寺智藏撰《义林》八十卷、建元寺法朗(一作"僧朗")注《大般涅槃经》七十二卷,太子萧纲令学士编《法宝集》(又名《法宝联璧》)二百卷,宝唱皆奉命兼赞其功。曾参与僧伽婆罗译经。其著作见录于隋费长房《历代三宝记》卷十一的有:《经律异相》五十卷(今存,见本书纂集部)、《名僧传》三十卷(下详)、《众经饭供圣僧法》五卷、《众经目录》四卷、《众经护国鬼神名录》三卷、《众经诸佛名》三卷、《众经拥护国土诸龙王名录》三卷、《众经忏悔灭罪方法》三卷(以上均佚);见录于唐道宣《续高僧传》卷一本传的有:《续法论》七十余卷(此为通聚道门俗士阐释佛理的文集、刘宋陆澄《法论》的续作)、《法集》一百四十卷(一作"一百三十卷",以上二书亦佚);见录于唐道宣《大唐内典录》卷十的有:《出要律仪》二十卷(已佚)和《翻梵言》三卷(今名《翻梵语》,作十卷,见本书纂集部);见录于唐智升《开元释教录》卷六的有《比丘尼传》四卷(今存,见本书传记部)。

《名僧传抄》是宝唱《名僧传》三十卷的摘抄本。先是有宝唱的师父僧祐撰《出三藏记集》十五卷,其中卷十三至卷十五为列传,收录译经僧人三十二人。由于它收录不全,故宝唱在讽诵经卷之余,捃拾增补,于梁天监九年(510),始撰新传。在撰作的过程中,他因罪谪配越州,僧正慧超与他不合,趁机将他摈徙广州。临行之前,宝唱昼则伏忏,夜便缵录,由于官私催促,无暇细虑,中甄条流,文词坠落。将发之日,宝唱奏闻于梁武帝,有敕停摈,令预译经。这样,才得以芟繁刊定,于天监十三年(514)完成此书。书成之后,又略有修治。《名僧传》在唐代尚存。道宣在《续高僧传》卷一《宝唱传》中,曾节录了它的序言,序云:

> 窃以外典鸿文,布在方册,九品六艺,尺寸罔遗。而沙门净行,独亡纪述,玄宗敏德,名绝终古。拥叹长怀,靡兹永岁。律师释僧祐道心贞固,尚行超邈,著述《集记》(指《出三藏记集》),振发宏要。宝唱不敏,预班二落,礼诵余日,捃拾遗漏。(《大正藏》第五十卷,第427页下)

《名僧传》后来流传到日本,见藏于东大寺东南院。日本文历二年(公元1235年,相当于中国的南宋端平二年),笠置寺沙门宗性借读东大寺收藏的《名僧传》,并随手作了摘录,这便是传今的《名僧传抄》。由于《名僧传》原本后来在中国和日本均已亡佚,《名僧传抄》遂一跃而成为研究《名僧传》原本的主要依据,受到学术界的广泛重视。

《名僧传抄》由三个部分内容构成:《名僧传》目录;《名僧传》抄;《名僧传》说处。

一、《名僧传》目录。这部分的学术价值最高,因为它提供了《名僧传》原本的结构面目。于中可知,《名僧传》分为法师、律师、禅师、神力、苦节、导师、经师七科,共收后汉至南齐的著名僧人四百二十五人。其中,前四科均按先"外国",后"中国"的次序收录,即先收西域僧人,后收汉地僧人;后三科所收均为汉地僧人。由于当时南北分裂,迫于区域所限,见录的大多是晋、宋、齐三代的江南名僧,北方的较少。

(一)法师(卷一至卷十七)。收一百八十一人。始后汉竺迦摄摩腾,终南齐僧宝。其中,卷一至卷四是《外国法师》(卷四收竺佛图澄一人,注明属"神通弘教");卷五至卷十七是《中国法师》(卷五至卷七属《高行》,卷八至卷十属《隐道》,卷十一至卷十七没有标明子类)。

(二)律师(卷十八)。收二十人。始刘宋卑摩罗叉,终南齐智称。

(三)禅师(卷十九、卷二十)。收四十人。始晋弗若多罗,终南齐道果。其中,卷十九是《外国禅师》,卷二十是《中国禅师》。

(四)神力(卷二十一)。收十五人。始晋耆域,终南齐僧惠。

(五)苦节(卷二十二至卷二十八)。收一百三十九人。始晋惠永,终刘宋惠敬。其中,卷二十二是《兼学苦节》,卷二十三是《感通苦节》,卷二十四是《遗身苦节》,卷二十五是《宗(原误作"宋")索苦节》,卷二十六是《寻法出经苦节》,卷二十七是《造经像苦节》,卷二十八是《造塔寺苦节》。

(六)导师(卷二十九)。收十三人。始刘宋道照,终南齐法镜。

(七)经师(卷三十)。收十七人。始晋昙药,终南齐惠忍。

《名僧传》的作者称自己的书仅是对《出三藏记集》的"捃拾

遗漏"，其实是它捃拾的僧人事迹之多，远非前书可比。它不仅囊括前书中列传所收的人物，而且增加了三百九十三人［案：实为三百九十二人，因为卷二十二《兼学苦节》中的"晋寻阳庐山西寺惠永"，与卷二十三《感通苦节》中的"晋寻阳庐山陵云寺惠永"当是同一人。又卷二十一《神力》中的"晋南海罗浮山单道开"与"晋南海罗浮山沙门"或为重出，或指同山的另一沙门］，相当于前书的十二倍多。而且一科之下有子目，子目下又有细类，它是将僧传从经录中抽出单行的作品，与《出三藏记集》并非同一体裁，故在数量和门类上，不是《出三藏记集》的列传部分可以企及的。

《名僧传》收录的人物，有些是同代稍后著成的《高僧传》所未载的，如卷六的后赵长安竺道进、宋江陵竹林寺昙从，卷七的宋余杭方显寺僧诠、后魏昙弘，卷十的后秦商洛山道整、晋寻阳庐山东寺昙恒等。有些是《名僧传》中作正传，有单篇，而在《高僧传》中仅作附见的，如卷六的后秦飞龙山竺道护，卷七的宋道场寺僧馥、宋南林寺法业、宋彭城晋山寺僧䉼，卷八的晋会稽寺竺法仰、晋剡东仰山寺竺法友、竺法蕴等。

二、《名僧传》抄。这是宗性对《名僧传》原文的摘抄。所节录的人物和事情是：《名僧传》卷三的求那跋陀（功德贤）；卷五的道安；卷六的昙翼；卷八的竺法义；卷十的僧行；卷十一的法遇（又作"昙遇"、"道遇"）；卷十二的道恒；卷十三的"三乘渐解实相事"、"无神我事"；卷十五的觉世；卷十六的昙斌、昙济；卷十八的"礼法事"；卷十九的佛驮跋陀（觉贤）、昙摩密多（法友）、僧伽罗多哆（僧济）；卷二十的道韶、僧印、惠榄；卷二十一的纳衣、惠通；卷二十二的道汪；卷二十三的惠永、惠精、竺法纯、竺惠庆、惠果；卷二十四的道海、道法、僧业；卷二十五的法惠；卷二十六的僧表、智俨、宝云、法盛；卷二十七的僧供、道矫、昙副；卷二十八的法祥。共计三十六人和三事，均为片段。抄文之末有宗性语，说这些是在《名僧传》中"抄出弥勒感应之要文之次，其外至要之释，聊所记置之也。"（《续藏经》第一三四册，第27页上）故抄文实是以有关弥勒感应的内容为主，旁及其他的。

抄文所节录的三事中，"礼法事"说的是小乘律典的形成与翻译，谓《十诵律》、《僧祇律》、《五分律》、《四分律》均出自《八十诵律》。"三乘渐解实相事"和"无神我事"说的是佛教义理，采用宾主问答的方式写就。据学者考证，可能出于慧观的《渐悟论》。论主的思想在以下的问答中得到表述：

问曰：若实相无一可得，悟之则理尽，不悟则面墙，何应有浅深之异，因行者（指三乘）而有三？答：若行人悟实相无相者，要先识其相，然后悟其无相。以何为识相？如彼生死之相，因十二缘。唯如来洞见因缘之始终，悟生死决定相毕竟不可得，如是识相非相，故谓之悟实相之上者。……悟实相理实无二，因于行者照有明暗，观彼诸因缘有尽与不尽，故于实相而有三乘之别。（第16页上、下）

问曰：若外道妄见神我，以为邪倒者，未知众生为有神耶？为无神耶？无神者恐空修梵行，修善造恶谁受报应？答曰：众生虽无常住之神，而有善恶之心。善恶之心，为万行之主，天堂地狱以心为本，因果相续，由斯以生。故常而不存，灭而不绝。所谓中道者也。（第16页下）

抄文中最可注意的是《名僧传》卷十六的昙济。这是一个受佛教研究者关注的人物，在《高僧传》卷七中作为《昙斌传》的附见，仅二三十字。说："时庄严（寺）复有昙济、昙宗，并以学业才力见重一时。济述《七宗论》。"（《大正藏》第五十卷，第373页中）而在《名僧传》中则叙之颇详。说：昙济，河东人。十三岁出家，为导法师弟子，住寿阳八公山东寺。读《成实论》、《涅槃》,以夜继日,未曾安寝。高谈远论,以此自娱。善言谑,巧应对。年始登立,誉流四海。以宋大明二年过江,住中兴寺。四方义学从之。昙济之所以在佛教学者中引起极大的兴趣,与其说是他的行业,还不如说是他的著作。他曾经写了一篇《七宗论》(一名《六家七宗论》),记载了东晋时期般若学的六家七宗的名称及学说要点,唐元康《肇论疏》、唐吉藏《中论疏》、日本安澄《中论疏记》均加以转引和解说。《七宗论》全文已佚,见存于《名僧传抄》中的只有"本无"一宗。说:

(昙济)著《七宗论》。第一本无立宗。曰:如来兴世,以本无佛[案:当是"弘"字之误]教,故方等深经,皆备明五阴本无。本无之论由来尚矣。何者?夫冥造之前,廓然而已。至于元气陶化,则群像禀形,形虽资化,权化之本,则出于自然。自然自尔,岂有造之者哉!由此而言,无在元化之先,空为众形之始,故称本无。非谓虚豁之中能生万有也。夫人之所滞,滞在未有。苟宅心本无,则斯累豁矣。夫崇本可以息末者,盖此之谓也。(《续藏经》第一三四册,第18页上)

本无宗是般若学派中的大派,见录于《名僧传抄》的这段文字,对此宗的立论作了清楚的表述。玄学与般若学的关系如何,从中亦可粗知一二。

三、《名僧传》说处。这是《名僧传抄》的附录,是宗性从《名僧传》中逐卷摘出的要点。它不是整段的文字,而是提纲挈领式的句子,共有一百八十四条。其中大部分是关于弥勒感应之事的,也有的是关于僧人突出的事迹、著述和其他事情的。在《罗什传》中,摘录了"罗什见《中》、《百》二论始悟大乘事"(第27页下),"罗什三藏译《法华》等诸经论三十八部二百九十四卷事"等(第27页下—第28页上);在《慧远传》中,摘录了"庐山惠(又作"慧")远习有宗事"等(第29页上);《道生传》中,摘录了"道生曰：禀气二仪者皆是涅槃正因，阐提是含生，何无佛性事"（即佛性义，第29页上、下），"二乘智惠（慧）总相观空，菩萨智慧别相观空事"（即观空义，第29页下），"因善伏恶，得名人天业，其实非善是受报也事"等（即善不受报义，第29页下）；《智林传》中，摘录了"智林著《毗昙杂心义记》、注《十二门论》及《中论》，并传于世事"（第30页上、下）；《昙度传》中，摘录了"昙度著《成实义记》八卷传北土事"（第30页下）；《法安传》中，摘录了"法安著《十地义疏》、《沙门传》五卷并传于世事"（第30页下）；《惠猷传》中，摘录了"惠猷著《十诵义记》八卷事"（同上）；《昙迁传》中，摘录了"昙迁注《十地经》事"（第33页下）。

这些节录的要点和《名僧传抄》正文所抄撮的部分僧传，反映了《名僧传》三十卷的原本搜集宏富，并通过转引言论和著作，衬托人物思想的特点。但《名僧传》也存在分类不严、叙事铺张的不足之处。如卷四的《神通弘教》与卷二十一的《神力》意义相近而分为两类。卷五至卷七的《高行》，与卷八至卷十的《隐道》意义叠合。将《兼学》、《感通》、《遗身》、《宗索》、《寻法出经》、《造经像》、《造塔寺》都纳入《苦节》一类，也有失"苦节"的本义。梁慧皎《高僧传序》说："逮乎即时，亦继有作者。然或褒赞之下，过相揄扬；或叙事之中，空列辞费，求之实相无的可称。"（《大正藏》第五十册，第418页下）指的就是《名僧传》。唐道宣在《续高僧传》卷一《宝唱传》说："唱之所撰，文胜其质，后人凭据揣而用之。"（同上，第427页下）都对《名僧传》的缺点进行了批评。

第二品　梁慧皎《高僧传》十四卷

《高僧传》，又称《梁高僧传》，十四卷。梁天监十八年

(519)，会稽嘉祥寺沙门慧皎撰（其书卷十三《法献传》之末记有梁"普通三年正月"事，或是作者在书成之后补入，或为后人所添）。载于《丽藏》"广""内"函、《宋藏》"通""广"函、《金藏》"广""内"函、《元藏》"通""广"函、《明南藏》"辇""驱"函、《明北藏》"伊""尹"函、《清藏》"侠""槐"函、《频伽藏》"致"帙，收入《大正藏》第五十卷。

慧皎（497—554），未详氏族，会稽上虞（今属浙江）人。学通内外，博训经律。住所在寺春夏弘法，秋冬著述。撰有《涅槃义疏》十卷和《梵网经疏》（均佚）。唐道宣《续高僧传》卷六有传。

《高僧传》卷十四有慧皎自撰的《序》。大意是说，以往有关僧人事迹的传记，叙载各异。有的偏叙一科，或高逸，或志节，或游方，互有繁简，出没成异；有的只举一方，如东山僧、庐山僧等，不通古今，且务存一善，不及余行；有的只是在寺记、感应传中旁出诸僧，叙其风素，亟多疏阙；有的虽通撰传论，而辞事阙略；有的将佛法僧三宝共叙，混滥难求；有的虽为通传，意似该综，而文体未足。而且这些传记对有关僧人的高蹈独绝的事迹，多所遗削。为此：

> 尝以暇日遇览群作，辄搜检杂录数十余家，及晋、宋、齐、梁春秋书史，秦、赵、燕、凉荒朝伪历，地理杂篇，孤文片记，并博谘故老，广访先达，校其有无，取其同异。始于汉明帝永平十年，终至梁天监十八年，凡四百五十三载，二百五十七人，又旁出附见者二百余人［案：《阅藏知津》卷四十三说"旁出附见者二百三十九人"。笔者统计，得二百七十五人］。……自前代所撰多曰名僧。然名者，本实之宾也。若实行潜光，则高而不名；寡德适时，则名而不高。名而不高，本非所纪。高而不名，则备今录。故省"名"音，代以"高"字。（《大正藏》第五十卷，第418页下—第419页上）

《高僧传》前十三卷为僧传,末一卷为序录。序录包括:慧皎《高僧传序》、《高僧传目录》;王曼颖就《高僧传》致慧皎书及慧皎的答书;梁龙光寺僧果关于慧皎生平的后记。僧传按僧人的德业,区别为十科。《唱导论》说:"草创《高僧》本以八科成传,却寻经(经师)、导(唱导)二技,虽于道为末,而悟俗可崇,故加此二条,足成十数。"(第417页下—第418页上)可见《高僧传》原来只打算开列八科,后二科很可能是受《名僧传》的启发增列的。所收僧人,上始后汉永平十年(67),下迄梁天监十八年(519),正传二百五十七人,附见二百七十五人(笔者统计)。

一、译经(卷一至卷三)。收录或逾越沙险,或泛漾洪波,委命弘法,传梵为汉的译经僧。正传三十五人,附见三十人。始后汉摄摩腾,终南齐僧伽婆罗(附见)。

二、义解(卷四至卷八)。收录深达经论,讲说著述的义学僧。正传一百零一人,附见一百六十六人。始晋朱士行,终梁明庆(附见)。

三、神异(卷九、卷十)。收录显现神通,感化强梁的僧人。正传二十人,附见十二人。始晋佛图澄,终梁僧朗(附见)。

四、习禅(卷十一)。收录端坐辍虑,专修禅定的僧人。正传二十一人,附见十一人,始晋僧显,终南齐慧明。

五、明律(卷十一)。收录弘赞律部,戒行贞素的僧人。正传十三人,附见八人,始刘宋慧猷,终南齐僧祐。

六、亡身(卷十二)。收录或自委于虎,或割肉赈饿,或燃指烧身,以资供养的僧人。正传十一人,附见四人。始晋僧群,终南齐昙弘。

七、诵经(卷十二)。收录讽诵经文,六时无辍的僧人。正传二十一人,附见十一人。始晋昙邃,终梁道琳。

八、兴福(卷十三)。收录起寺建塔,铸镌佛像,敦修福业的僧人。正传十四人,附见三人。始晋慧达,终梁法悦。

九、经师(卷十三)。收录善于用一定的音调诵咏佛经中的长行(散文部分),即会"转读",或善于用一定的曲律歌唱佛经中的偈颂,即会"呗赞"的僧人。正传十一人,附见二十三人。始晋帛法桥,终南齐昙调(附见)。

十、唱导(卷十三)。收录斋集时,升座说法,或杂叙因缘,或傍引譬喻,以宣讲佛理的僧人。正传十人,附见七人。始刘宋道照,终南齐道登(附见)。

《高僧传》义例甄著,文词婉约,分科布局较《名僧传》有长足的进步。它将《名僧传》中的《法师》区分为《译经》和《义解》两科,原在《法师》科被称为"神通弘教外国法师"的佛图澄,被移至《神异》科,而原在《寻法出经苦节》的竺佛念、法显、竺法维、僧表、智严、宝云、智猛等合入《译经》科;立《诵经》科,收《名僧传》的《兼学苦节》中的普明、法庄,《感通苦节》中的昙邃、竺法纯,《宗索苦节》中的法恭、法宗等;立《兴福》科,收原在《造经像苦节》的僧亮和原在《造塔寺苦节》的僧受(亦作"慧受")、惠力、法意、法献等;《高僧传》中的《神异》相当于《名僧传》中的《神力》,《习禅》相当于《禅师》,《明律》相当于《律师》,《亡身》相当于《遗身苦节》,《经师》一题与《名僧传》相同,《唱导》相当于《导师》。但僧人的隶属往往相异,《名僧传》编在此科,而《高僧传》则移至彼科,仁者见仁,智者见智,诚识见不同耳。《名僧传》所录的一些人物为《高僧传》所无,反之,《高僧传》所录的一些人物也为《名僧传》所无,盖取舍不同耳。

《高僧传》所开的十科中,最重要的是译经、义解二科。

慧皎认为,"法流东土,盖由传译之勋。"(《序》,第418页下—第419页上)在译经科中,不仅记载了译师的姓氏、籍地、行历、交往、传译经过、终老,而且评介了他们的译经风格、经本影响及在汉译佛典中的地位。

根据佛教历来相传的说法,后汉译经始自中天竺沙门摄摩腾和竺法兰,并谓《四十二章经》为他们所出。但此二人是否确有其人,近人颇有怀疑。而后汉的安清(字世高),则是佛教史家公认的后汉末年佛典翻译的主要人物,而且被视为佛经汉译的实际创始人。安清原为安息国太子,王薨,让国与叔,出家修道。他博晓经藏,尤精阿毗昙学。讽持禅经,备尽其妙。来至洛阳后,先后译经三十九部。《高僧传》的评介是:"义理明析,文字允正,辩而不华,质而不野,凡在读者,皆亹亹而不倦焉。……天竺国自称书为天书,语为天语,音训诡蹇,与汉殊异,先后传译,多致谬滥,唯高所出为群译之首。"(卷一,第323页中—第324页上)

与安清齐名的后汉另一位译经大师是支娄迦谶(略称"支谶")。他是月支人,所译《般若道行》、《般舟三昧》、《首楞严》等,对后代佛教义学产生了重大的影响。"凡此诸经,皆审得本旨,了不加饰,可谓善宣法要弘道之士也。"(同上,第324页中)安息国优婆塞安玄与汉土沙门严佛调共出《法镜经》,"理得音正,尽经微旨"(同上,第324页下)。支曜、康巨的译经,"并言直理旨,不加润饰"(同上)。

三国译师中,中天竺沙门昙柯迦罗(法时)是一个译律一部而名扬四海的人。他在魏嘉平年间来到洛阳,于时魏境虽有佛法,而道风讹替。众僧未禀归戒,以剪落头发殊俗,而且斋忏事仪取法于汉地传统的祠祀。昙柯迦罗译出《僧祇戒心》一卷,又请梵僧立羯磨法受戒,"中夏戒律始自于此"(同上,第325页上)。月支国优婆塞支谦(字恭明,一名越),汉献帝末年避乱至于东吴,从吴黄武元年至建兴年中,译《维摩》、《大般泥洹》、《法句》、《瑞应本起》等四十九部经,"曲得圣义,辞旨文雅"(同上,第325

页中)。天竺沙门康僧会(其先康居人),为南方佛教的重要布教者,相传江南的第一所佛寺建初寺就是为他建立的。他译的《六度集经》等,"并妙得经体,字义允正",所作的《安般守意》等经的注解及序文,"辞趣雅便,义旨微密"(同上,第326页上)。天竺沙门维祇难和竺律(亦作"将")炎未善汉言,所译《法句经》"颇有不尽,志存义本,辞近朴质"(同上,第326页中)。

西晋译师中,竺昙摩罗刹(竺法护)出经最多,译《正法华》、《光赞般若》、《普曜》等一百六十五部,《高僧传》认为,"经法所以广流中华者,护之力也。"(同上,第326页下)

东晋译师中,罽宾国沙门僧伽提婆(众天)学通三藏,尤善《阿毗昙心论》,他手执梵文,口宣晋语,所出《阿毗昙心论》、《三法度论》等,"去华存实,务尽义本"(同上,第329页上)。姚秦的天竺沙门鸠摩罗什一变以往朴拙的译风,创造出便于中土佛徒诵习的既达意又有文藻的翻译文体,"音译流便","并畅显神源,挥发幽致"(卷二,第332页中),他译《小品般若》、《大智度论》、《中论》、《百论》、《十二门论》等三百余卷,对大乘空宗教理的移植和弘传,作出了重要的贡献,他的翻译号为"新译"。此外,卑摩罗叉、佛驮跋陀罗、昙无谶等译师的译经风范,在《高僧传》卷二也有评述。

慧皎认为,"慧解开神,则道兼万亿。"(《序》,第419页上)因为汉地佛教的经本来源于译经,而它的义理则有待于法师的阐释和弘扬,故《高僧传》又对义解僧的事迹广搜细检,义解科所收的人数及所占的卷数,为各科之首。而此中事迹比较突出的有曹魏的朱士行,东晋的支遁、道安、慧远,姚秦的道融、昙影、僧叡、僧肇、竺道生,刘宋的慧叡、慧观、僧导、道亮,南齐的法瑗、僧柔、慧基,梁代的宝亮等。

两晋之际,名僧与名士酬对交游,披襟致契。名士唱佛言,名僧谈老庄，清谈雅论，风靡一时。慧皎的这部僧传在记载当时的社会风貌和人物形象方面积聚了大量的丰富而又生动的资料。如卷四载沙门支孝龙与陈留阮瞻、颍川庾敱（一作"凯"），"并结知音之交"（第346页下）；著《人物始义论》的康法畅，"常执麈尾行，每值名宾，辄清谈尽日"（第347页上）；竺法雅"以经中事数拟配外书，为生解之例，谓之格义"，"风采洒落，善于枢机，外典佛经递互讲说"（同上）；竺道潜（字法深），"优游讲席三十余载，或畅方等（大乘），或释老庄"（第347页下），他游宫阙，结朝贵，沛国刘惔嘲讽说："道士何以游朱门？"他回答道："君自睹其朱门，贫道见为蓬户"（第348页上）；支遁与王洽、刘恢、殷浩、许询、郗超、孙绰等一代名流，著尘外之狎，曾注《庄子·逍遥游》，"群儒旧学莫不叹服"（第348页中），"标揭新理，才藻惊绝"（第348页下）。《高僧传》卷四、卷五屡引名士孙绰的《正像论》、《道贤论》、《明德沙门论》，对朱士行、竺法乘、支遁、道安等人的德行加以赞颂，这从一个侧面反映了当时社会名流与佛教名僧情感交融的密切关系。

《高僧传》虽然取材于众多的书史杂录，所载的内容各有所本，如译经科的僧传参照了《出三藏记集》等，作者自己说本书是"述而不作"（见《序》）。但由于作者出入众家，抉摘取舍，缜密整理，精心编纂，因而使全书浑然一体，成为一家之言。书中还对同一人物的不同记载加以辨正，诠叙可观，事多审正。

如关于安清的活动年代，《别传》说晋太康末；庾仲雍《荆州记》说晋初；刘宋临川王刘义庆《显验记》说吴末；昙宗《塔寺记》说晋哀帝以后；而道安《综理众经目录》说是在汉桓帝建和二年至灵帝建宁中。慧皎斟酌比衡，认为"道安法师既校阅群经，诠录传译，必不应谬"（卷一，第324页上），并援引康僧会《注安般守意经序》作为例证。

又如《智猛传》之末，慧皎有语："余历寻游方沙门，记列道路时或不同，佛钵、顶骨处亦乖爽，将知游往天竺非止一路，顶钵、灵迹时届异土，故传述见闻，难以例也。"（卷三，第343页下）这表明他在传中叙述的智猛西行求法的路线，仅是一说。

另外，《道安传》之末，慧皎又对不同的说法加以驳正："有《别记》云：河北别有竺道安，与释道安齐名，谓习凿齿致书于竺道安。道安本姓师姓竺，后改为释，世见其二姓，因谓为两人，谬矣。"（卷五，第354页上）作者治学的严谨态度由此可见。

《高僧传》十科之末均有"论"，前八科在论之后又有"赞"。"赞"是对所叙一科僧人德行的赞颂，四言为一句，除译经科为十二句以外，其余的均为十句。"论"始标大意，犹类前序，末辨时人，事同后议，用来讨核源流，商榷取舍。

《习禅论》叙述禅定的地位和汉地禅学的发展大势：

> 禅也者，妙万物而为言，故能无法不缘，无境不察。然缘法察境，唯寂乃明。……是以四等六通，由禅而起。八除十入，藉定方成。故知禅定为用大矣哉。自遗教东移，禅道亦授。先是世高、法护译出《禅经》，僧先、昙猷等并依教修心，终成胜业。……及沙门智严躬履西域，请罽宾禅师佛驮跋陀更传业东土，玄高、玄绍等亦并亲受仪则，出入尽于数随，往返穷乎还净。其后僧周、净度、法期、慧明等亦雁行其次。（卷十一，第400页中、下）

《明律论》在综述律典在东土的传译情况之后，特别指出了南朝《十诵律》最为流行的事实：

> 虽复诸部皆传，而《十诵》一本最盛东国。以昔卑摩罗叉律师，本西土元匠，来入关中，及往荆陕，皆宣通《十诵》，盛见宋录。昙猷亲承音旨，僧业继踵弘化。其间璩（僧

璩)、俨(道俨)、隐(道隐)、营(道营)等并祖述猷业,列奇宋代,而皆依作解,未甚钻研。其后智称律师竭有深思,凡所披释,并开拓门户,更立科目,齐梁之间号称命世,学徒传记于今尚焉。(卷十二,第403页中)

其余诸论概述一科的主旨源流,品析其中的突出人物,均不乏精到之处。

《高僧传》所创立的僧人总传(又可称"僧人通传")的体例,成为继作者的楷模,而具有深远的影响。同时,又存在一些缺憾。如《诵经》与《经师》二科题意相近。虽然"诵经"指的是习读已熟,达到不睹经文而自然能诵的人,"经师"指的是通晓音律,能吟咏佛经,歌唱短偈,曲调起掷荡平,游飞却转,清澈流靡的人。但实际上诵经也讲究音调,"歌咏法言"实是二科的共同之点。这从慧皎在二科之末所设的"论"中可以得到证实。《诵经论》说,诵经也就是"所谓歌咏法言,以此为音乐者也"(卷十二,第409页上)。而经师一般都擅长转读,故《经师论》说,"天竺方俗,凡是歌咏法言皆称为呗。至于此土,咏经则称为转读,歌赞则号为梵呗。昔诸天赞呗,皆以韵入弦管,五众既与俗违,故宜以声曲为妙。"(卷十三,第415页中)所以,道宣后作《续高僧传》,篇题就避用《诵经》、《经师》,以免混淆。

又如《高僧传》中虽然也有反映人物思想的著作节录或大意记述,如卷三《求那跋摩传》中记他的长篇遗文,卷四《支遁传》中记他的座右铭,卷六《慧远传》中记他与罗什之间的书函往答,但总数不及《名僧传》多。

此外,考证亦有不到之处。如卷二的《鸠摩罗什传》,在有关罗什卒于姚秦弘始七年、八年、十一年的不同记载中,作者选取十一年(409)作为卒年。但僧肇的《鸠摩罗什法师诔》说:"癸丑之年,年七十,四月十三日薨于大寺。"(《广弘明集》卷二十三,《大正藏》第五十二册,第264页下)癸丑之年是弘始十五年（413）,僧肇是罗什的大弟子,诔又是即时之作,自然不会错的。

《高僧传》所收的对象虽然限于僧人（确切地说是出家男子,即"比丘"）,但出家之人与在家之人一样,同处于特定的社会环境和社会关系之中,他们与一个时代的各个方面有着千丝万缕的联系。所以,僧传所记载的史事人物足资证考史书,是研究一代政治、经济、文化、宗教的有用资料。

本书的校注本有:汤用彤校注《高僧传》（中华书局1992年10月版）。

第三品　唐道宣《续高僧传》三十卷

《续高僧传》,又称《唐高僧传》,唐西明寺沙门道宣撰。载于《丽藏》"左"至"明"函、《宋藏》"内"至"承"函、《金藏》"左"至"明"函、《元藏》"内"至"承"函、《明南藏》"縠"至"世"函、《明北藏》"佐"至"衡"函、《清藏》"卿"至"八"函、《频伽藏》"致"帙,收入《大正藏》第五十卷。《丽藏》、《大正藏》、《频伽藏》作"三十卷",宋、元藏作"三十一卷",明、清藏作"四十卷"。作者在《大唐内典录》卷五自录此书,云"一部三十卷",故知原书本是三十卷。

《续高僧传》书首有道宣自序。说:

> 昔梁沙门金陵释宝唱撰《名僧传》,会稽释惠（慧）皎撰《高僧传》,创发异部,品藻恒流,详核可观,华质有据,而缉褒吴越,叙略魏燕。良以博观未周,故得随闻成采,加以有梁之盛,明德云繁,薄传三五,数非通敏,斯则同世相侮,事积由来,中原隐括,未传简录。时无雅赡,谁为谱之？致使历代高风,飒焉终古。……今余所撰,恐坠接前绪,故不

获已而陈之。或博谘先达,或取讯行人,或即目舒之,或讨雠集传,南北国史,附见徽音,郊郭碑碣,旌其懿德,皆撮其志行,举其器略,言约繁简,事通野素,足以绍胤前良,允师后听。始岠梁之初运,终唐贞观十有九年,一百四十四载,包括岳渎,历访华夷,正传三百四十人(宋元明本作"三百三十一人"),附见一百六十人。(《大正藏》第五十卷,第425页上、中)

然而,今传各种版本的《续高僧传》所收人物的截止年限及人数,与上面所述有很大的出入。以《大正藏》本(底本是《丽藏》本)为例,卷四《玄奘传》有"今上嗣策,素所珍敬,追入优问,礼殊恒秩。永徽三年,请造梵本经台,蒙敕赐物,寻得成就"(第457页中),这里的"今上"显然是指唐高宗,"永徽"是他的年号,传中叙述的玄奘在显庆、龙朔年间的活动,麟德元年玄奘卒时的情形,也发生在高宗朝。此外,同卷的那提卒于龙朔三年;卷十三的慧壁(宋元明本作"璧")于贞观之末犹在;卷十五的道洪卒于贞观末,义褒卒于龙朔元年;卷二十的智聪卒于贞观二十二年;卷二十九的智通卒于贞观二十三年,都是贞观十九年以后的事。

以《明藏》本为例,卷二十五的道睡卒于永徽四年,玄爽卒于永徽三年,惠仙卒于永徽六年,惠宽卒于永徽四年,僧伦卒于贞观二十三年,静之卒于显庆五年,智岩卒于永徽五年;卷二十六的善伏卒于显庆五年,法融卒于显庆二年,惠方卒于贞观二十一年,道信卒于永徽二年;卷二十八的明导在麟德元年仍在世,《昙光传》中有"今麟德二年,东都讲说,师资导达,弥所钦羡焉"之语。

所有这一切均表明,今传的《续高僧传》已非道宣自序中所说的那个本子。"唐贞观十有九年",当是指此书原本的撰成时间,之后又有增补,最后的截止时间是麟德二年(665),与初成之时相距二十年。

检阅《大唐内典录》卷五,道宣在著录《续高僧传》之后,又著录了《后集续高僧传》一部十卷(《新唐书》卷五十九《艺文志》也作了记载)。而到智升作《开元释教录》时已不见《后集》,故他称"寻本未获"(见卷八)。今本《续高僧传》所收的卒于贞观十九年以后的僧人的传记,无论是结构内容,还是用词遣句,均与卒于贞观十九年以前的僧人的传记珠联璧合,呵成一气,可以肯定它们同样是道宣的手笔。故智升之所以不见有《后集续高僧传》行世,是因为它早已合入《续高僧传》,并仍作三十卷的缘故。唐道世作《法苑珠林》,引用《续高僧传》有数十处,其中也有卒于贞观十九年以后的僧人,如卷六十五引智聪,皆谓出于《唐高僧传》。《法苑珠林》作于总章元年(668),离道宣的卒年乾封二年(667)仅隔一年。这说明《续高僧传》与《后集续高僧传》在道宣在世之时,已经合并。合并者极可能是道宣本人。

因此,今本《续高僧传》所收的僧人,上始梁初,下迄唐麟德二年(665),其实际人数多于《续高僧传序》所说的数字。据卷目统计,《丽藏》本所收,正传四百一十四人,附见二百二人;《明藏》本所收,正传四百九十三人,附见二百十五人(《明藏》本较《丽藏》本增收的人物见《大正藏》本《续高僧传》卷二十、卷二十二、卷二十三、卷二十四、卷二十五后附)。

《续高僧传》大体上采用《高僧传》的分类法,也分为十科。每科的标题上都加上"篇"字,故又称十篇:

一、译经篇(卷一至卷四)。

二、义解篇(卷五至卷十五)。

三、习禅篇(卷十六至卷二十)。

四、明律篇(卷二十一、卷二十二)。

五、护法篇(卷二十三、卷二十四)。

六、感通篇(卷二十五、卷二十六)。

七、遗身篇(卷二十七)。

八、读诵篇(卷二十八)。

九、兴福篇(卷二十九)。

十、杂科声德篇(卷三十)。

作者认为,"凡此十条,世罕兼美,今就其尤最者,随篇拟伦。"(《序》,《大正藏》第五十册,第425页中)也就是说,根据僧人最突出的德业,将他选编在某一科。并沿承《高僧传》的轨范,在每科之末设"论","搜擢源派,剖析宪章,组(亦作"粗")织词令,琢磨行业"(同上,第425页下)。书末有作者写的后语(无标题)。

《续高僧传》的科目与《高僧传》不同的地方在于:将《高僧传》中的《神异》改为《感通》,从排列次序的第三位,移至第六位;将《亡身》改为《遗身》,从排列次序的第六位,移至第七位;将《诵经》改为《读诵》;将《经师》、《唱导》合成《杂科声德》;新增《护法》一科。从篇次而言,这就突出了译经、义解、习禅、明律、护法五科的地位。从篇题而言,将《亡身》改为《遗身》,辞句显得委婉;《诵经》改为《读诵》,文题显得贴切。而改《神异》为《感通》,合《经师》、《唱导》为《杂科声德》,既扩大了一科的范围,又深化了一科的主题。《续高僧传》卷二十六《感通篇论》说:"圣人之为利也,权巧众途,示威雄以摄生,为敦初信,现光明而授物。情在悟宗。……教敷下士,匪此难弘。先以威权动之,后以言声导之,转发信然,所以开萌渐也。"(第677页上、中)这就点出了对腾虚显奇、飞光吐瑞等神力变化以及种种感应事迹的渲染,与劝引世人奉佛之间的关系。

至于为何要将《经师》、《唱导》合为《杂科》,又称《声德》。

作者解释说:"利物之广,在务为高。忍界所尊,惟声通解。且自声之为传,其流杂焉。……经师为德,本实以声糅文,将使听者神开因声,以从回向,顷世皆其旨。"(卷三十《杂科声德篇论》,第705页下)也就是说,经师、唱导都是以声糅文,开悟听者的,其声也是一种德行。

北宋赞宁在《宋高僧传》中评论《感通》、《杂科声德》的意义说:

> 昔梁慧皎为传,创立《神异》一科,此唯该摄究极位之贤圣也。或资次征祥,阶降奇特,当收不尽,固有缺然。及乎宣(道宣)师不相沿袭,乃厘革为《感通》,盖取诸感而遂通,通则智,性修则感软,果乃通也。核斯理长,无不包括,亦犹班固增加九流,变《书》为《志》同也。(卷二十二《感通篇论》,《大正藏》第五十卷,第854页中)

> 昔《梁传》(指《高僧传》)中立篇第十曰《唱导》也,盖取诸经中"此诸菩萨皆唱导之首"之义也。唱者,固必有和乎?导者,固必有达者。终南山释氏(指道宣)观览此题,得在乎歌赞表宣,失在乎兼才别德也。……于是建立杂篇,包藏众德。何止声表,无所不容。(卷三十《杂科声德篇论》,同上,第899页中)

而《续高僧传》所新增的《护法》一科,则旨在"树已崩之正纲"(《续高僧传》卷二十四《护法篇论》,第640页上)这是因为在佛教的传布过程中,虽然它受到历代王朝中的绝大多数皇帝的膺奉护持,其势隆隆直上,但也一直存在着与儒、道两种不同的势力的矛盾和斗争,这种矛盾有时平缓,有时激化。在"普天之下,莫非王土"的封建社会中,皇帝的宗教信仰和思想倾向至关重要。北魏太武帝因敦信道教而焚破经像,坑杀沙门。北周武帝因推重儒术而荡除寺观,禁断佛道。此外,即使在信奉佛教的皇帝中间，也有程度的深浅之分。有的帝王虽然笃好佛法，但有时出于政治、经济方面的考虑，或者受社会舆论的影响，也会对佛教的活动作出某种限制或规定，如隋炀帝曾令沙门致敬王者，唐高祖曾下诏沙汰僧尼。从南北朝至唐代，帝王还往往召集名儒、沙门、道士辩论三教优劣，尤其是佛道的先后、浅深、同异。在诸如此类涉及佛教命运的时刻，能抗声对辩、维护佛法的人，便成为新增的《护法》科收录的对象。这在北魏有昙无最，北齐有昙显，北周有静蔼、道安、僧勔，隋代有僧猛，唐代有明瞻、慧乘、智实、法琳、慧藏等。此科的性质与道宣的另一部著作《集古今佛道论衡》是相同的。

《续高僧传》征采周富，叙载详赡，笔力纵放，词句绮丽，居诸部僧人总传之首。

作者在书末的后语中说，自梁以后，僧史荒芜，高行明德，湮没无纪，使人抚心痛惜。"故当微有操行，可用师模，即须缀笔，更广其类。"（卷三十，第707页上）根据这个原则，他对《高僧传》加以补苴增广。有《高僧传》出于"同世相侮"（见序）的缘故，具操行并在《高僧传》成书之前去世而未被选录的梁代僧人。如卷五的法申、僧韶、法护、智欣、法令，卷六的慧韶、僧密、昙准、道超、僧乔、慧开等是也；有《高僧传》由于南北阻隔的原因，未能获悉的北魏僧人，如卷七的道宠，卷十六的佛陀禅师是也；有《高僧传》由于知之不详，仅作附见，而道宣搜得详情，缉成正传的北魏僧人，如卷六的道登，原是《高僧传》卷八《僧渊传》的附见，仅有"道登善《涅槃》、《法华》，并为魏主元宏所重，驰名魏国"十九字（见第375页中），而在道宣书中则近三百字。

在弥补《高僧传》的缺漏之后，道宣还利用其时天下一统的有利条件，仰托周访，务尽搜扬，将自梁至唐初的南北僧人中的高行者罗括入书。尤其是《义解篇》，虽为十篇之一，但卷数达十一卷,占全书的三分之一还多,载录僧人最多,其中很多是佛教史上的重要人物。

如卷五的梁扬都庄严寺僧旻、光宅寺法云、钟山开善寺智藏,研习《成实》,敷讲开解,腾誉当时,被称为梁代三大法师。卷六的东魏西河石壁谷玄中寺昙鸾,依奉《观经》,专修净业,为后世净土宗奠定了理论基础。卷七的陈扬都兴皇寺法朗,受学《中论》、《百论》、《十二门论》等,探赜幽微,征发词致,使"三论"之学盛传于江表、河北。东魏邺下道宠,原在洛阳时从菩提流支受学《十地经论》,在道北教牢宜等四人,而慧光从勒那摩提受习同论,在道南教法上等十人,地论学派中的南道、北道二系,当、现两说自此而起。卷八的隋京师延兴寺昙延著《涅槃义疏》十五卷,并作《宝性》、《胜鬘》、《仁王》等疏,为有名的涅槃学者。净影寺慧远,师事法上,著疏属词,其《大乘义章》十四卷,被誉为"佛法纲要尽于此焉"(见本传,第491页下)。卷九的隋相州空演寺灵裕,拔思胸襟,理相兼通,著《佛法东行记》、《译经体式》、《齐代三宝记》、《僧制》及疏记论序等五十余种,驰名一代。大兴善道场僧粲,工难问,善博寻,著有《十种大乘论》等,为隋代佛教义学二十五众的第一摩诃衍匠。卷十的隋彭城崇圣道场靖嵩,精融《摄论》、《俱舍》二部,所撰章疏,大行于世。卷十一的唐京师延兴寺吉藏是三论宗的创始人,等等。

此外,《译经篇》中的菩提流支、真谛(以上卷一)、彦琮(卷二)、玄奘(卷四);《习禅篇》中的菩提达摩("摩"又作"磨")、僧可(一作"慧可")、僧稠、信行(以上卷十六)、慧思、智顗(以上卷十七)、灌顶(卷十九)、道绰(卷二十);《明律篇》中的慧光、洪遵(以上卷二十一)、智首、法砺(以上卷二十二);《感通篇》中的法顺及附见智俨(以上卷二十五)等,或是译经大师,或是一科名匠,或是一宗祖师,对佛教的发展起过重要的作用。他们有代表性,有影响力,佛教义学的演进和繁荣与他们的活动是分不开的。其中有的僧人是作者著书时仍在世而被遴选入列的,如卷三的慧净,传称:"今春秋六十有八,声闻转高,心疾时动。"(第446页中)虽说慧净有病,但当时还活着。又如卷十五的慧休,传称:"至今十九年中,春秋九十有八,见住慈润(寺),爽健如前。"(第545页上)虽然所载的在世的高僧仅数人,但已打破了《高僧传》不录在世之人的旧例。

《续高僧传》不仅搜集的僧人面广,而且由于作者钩稽考索,叙载也十分详悉。每传的平均字数,为诸部僧人总传中最多的,不少传记有数千字,如彦琮、慧净、灵裕、僧稠、慧思、智颛等传,最长的是玄奘传,约二万字。这在不将句逗算字数的古代,是相当长的。作者吸取了《名僧传》写作的长处,在传记中既记僧人的生平履历,又记他的学识著述,从而形成了《续高僧传》内容上的一大优点。如:

东晋道安曾在《摩诃钵罗若波罗蜜经抄序》中,对自后汉开始的译经事业进行总结,详梵典之难易,诠译人之得失,提出了著名的"五失本"(五种不合胡本佛经轨式,然而于意无碍的变通译法)、"三不易"(三种不易传译的情况)的译经理论(载《出三藏记集》卷八),对后世的佛典传译产生了很大的影响。隋东都上林园翻经馆沙门彦琮,久参译事,妙体梵文,前后译经二十三部一百许卷,并将《舍利瑞应图经》、《国家祥瑞录》,从汉文译成梵文,使传天竺。他对道安的译经理论十分推崇,曾撰《辩正论》评论"五失本"、"三不易"之说,又根据自己的译经实践,对翻译的体式进行了深入的探讨。这部重要的有关翻译理论的专著已不传于世,但由于《续高僧传》在《彦琮传》中长段转录了该书的主要论点,才使它避免湮没。于中可知,彦琮在论中曾从十方面对道安的理论进行补充。

安（道安）之所述，大启玄门，其间曲细，犹或未尽。更凭正文，助光遗迹，粗开要例，则有十条字声。一句韵，二问答，三名义，四经论，五歌颂，六咒功，七品题，八专业，九异本，十名疏其相。（卷二，第438页下）

他主张直译，译文朴质信达，以求符合原旨：

意者宁贵朴而近理，不用巧而背源。傥见淳质，请勿嫌怪。（同上，第439页上）

特别是论述译师应具德才的"八备"之说，实为翻译理论中的卓见高识：

诚心爱法，志愿益人，不惮久时，其备一也。将践觉场，先牢戒足，不染讥恶，其备二也。筌晓三藏，义贯两乘，不苦暗滞，其备三也。旁涉坟史，工缀典词，不过鲁拙，其备四也。襟抱平恕，器量虚融，不好专执，其备五也。沈（又作"耽"）于道术，澹于名利，不欲高炫，其备六也。要识梵言，乃闲正译，不坠彼学，其备七也。薄阅《苍》、《雅》，粗谙篆隶，不昧此文，其备八也。八者备矣，方是得人。（第439页上）

又如，北周长安崇华寺沙门慧善，幼年出家，善法胜《阿毗昙心论》。他曾写过一部书，名《散花论》。此书亦已不存，光从书名看也难以揣度究竟讲的是什么。幸赖《续高僧传》卷八本传中有这样一段记载："善（慧善）以《大智度论》每引小乘相证成义，故依文次第，散释精理，譬诸星月助朗太阳，犹如众花缤纷而散乱，故著斯文名《散花论》也。"（第486页下）读后方悟《散花论》原是顺依《大智度论》的次第，有选择地阐释其中的一些重要论点的书。

再如，被后人推为禅宗东土始祖的菩提达摩，在世时并无多大声望，所以他的事迹流传到唐初也不多。《续高僧传》本传只是说，他是南天竺婆罗门种姓。初达宋（刘宋）境南越，末又北度至魏（北魏），随其所止，诲以禅教。"于时合国盛弘讲授，乍闻定法，多生讥谤。"（第551页下）弟子见于本传的仅有道育、慧可，见于他书的也不过僧副、昙林、尼总持三人而已。然而，达摩的禅法经几代的传授，渐流天下，六祖慧能以后，更演成一大宗派。随着禅宗势力的兴盛，有关达摩的言论和事迹被大量地编述出来，与他的原始面貌渐行渐远。而据《续高僧传》的记载，达摩之学是"二入四行"的禅法。"二入"是指"理入"和"行入"。"藉教悟宗，深信含生同一真性，客尘障故，令舍伪归真。凝住壁观，无自无他，凡圣等一，坚住不移，不随他教，与道冥符，寂然无为，名理入也。"（卷十六，第551页下）"理入"属于教理的思考，"行入"属于禅法的修持，包括"四行"，即报怨行、随缘行、无所求行、称法行。传中并有解说。道宣撰书之时，禅宗尚未真正形成宗派，传法定宗之争也未露端倪，而且所录出自与达摩有接触的昙林（一作"琳"）的《略辨大乘入道四行》，这就显得可信，而接近于事实。

与传记本文叙载之详赡相辉映的是，《续高僧传》各篇之论，撮示一科指归，溯沿佛学源流，评议人物史事，内容也相当丰富。如《明律篇论》中，作者认为律藏初通东夏时，萨婆多部的《十诵律》弘持最广。昙无德部的《四分律》虽然翻在姚秦，但创敷于北魏，自此之后，逐渐转盛，"今则混一唐统，普行《四分》之宗"（卷二十二，第620页下）。这中间是怎样发展过来的呢？作者写道：

> 自初开律，释师号法聪，元魏孝文北台扬绪，口以传授，时所荣之。沙门道覆，即绍聪（法聪）绪，缵疏六卷，但是长科，至于义举，未闻于世。……魏末齐初，慧光宅世，宗匠跋

陀(佛陀扇多),师表弘理,再造文疏,广分衢术,学声学望,连布若云峰。行光德光,荣曜齐日月。每一披阅,坐列千僧,竞鼓清言,人分异辩,勒成卷帙,通号命家。……有云(道云)、晖(道晖)、愿(法愿)三宗律师,蹑踵传灯,各题声教。云(道云)则命初作疏九卷,被时流演,门人备高东夏。晖(道晖)次出疏,略云(道云)二轴(即七卷),要约诚美,蹊径少乖,得在略文,失于开授。……汾阳法愿,眄视两家(指道云、道晖),更开甍穴,制作抄疏,不减于前。弹纠核于律文,是非格于事相,存乎专附,颇滞幽通,化行并塞,故其然也。其余律匠,理(洪理)、洪(道洪)、隐(昙隐)、乐(道乐)、遵(洪遵)、深、诞等,或陶冶郑魏,或开疆燕赵,或导达周秦,或扬尘齐鲁,莫不同师云(道云)之术,齐驾当时。虽出钞记,略可言矣。而遵(洪遵)开业关中,盛宗帝里,经律双授,其功可高。……智首律师讲授,宗系诚广,探索弥深。(卷二十二,第620页下——第621页上)

道宣即是智首的弟子,他继承智首的遗范,广事弘扬,创立了依奉《四分律》的南山律宗。故传中对律学渊源,自北至南,记叙特详。

类似这样有关佛学的某一领域渐进嬗变的历史踪迹,以及相关情况的论述,也见之于其他各篇之论,文多不载。这些综贯一科内容的"论",不仅笔锋驰骋,论列纵横,而且文词锦绣,具有浓郁的文学色彩。

《续高僧传》的不足之处有:

一、有的人物归类不甚恰当。如唐代的道绰是在玄中寺看到记载北魏昙鸾事迹的碑文,受到触动,从而专修净土法门的。他与昙鸾虽无直接的师资传授关系,但却是昙鸾思想的绍续者,所以后人推昙鸾为净土宗初祖,道绰为二祖。而善导是在西河遇道绰以后，才尊崇净土，称名念佛的，他是道绰的弟子，净土宗三祖。然而，此书将这同一类型的三人，分别归入三科。昙鸾在《义解篇》，道绰在《习禅篇》，善导在《遗身篇》。并且是在卷二十七《会通传》中叙述善导的事迹，在卷目上未注其为"附见"，又有遗漏之失。另外，将华严宗初祖法顺和二祖智俨编在《感通篇》，着力渲染法顺令虫移徙，使水断流等神异之迹，亦堕失当。

二、对有的人物和著作考辨未周。如卷一《菩提流支传》附见"觉定"，觉定是"佛陀扇多"的意译，他是北天竺僧，从北魏正光元年（520），至东魏元象二年（539），于洛阳白马寺和邺都金华寺译出《金刚上味陀罗尼经》等十部。而卷十六，又有《魏嵩岳少林寺天竺僧佛陀传》，虽然文中只字未提他的全名及译经事，但传中提到他度慧光出家，又令弟子道房度僧稠，考之史料，此人即是佛陀扇多，显然，道宣误认为有佛陀与佛陀扇多二人了。又，道宣谓昙鸾撰《安乐集》二卷，道绰著《净土论》二卷。而传世的是道绰撰的《安乐集》，昙鸾撰的著作中并无《安乐集》，倒有《略论安乐净土义》，颇似《净土论》的略称。故很有可能是道宣把书名搞错了。

三、《续高僧传》只有载于各卷之首的卷目，而没有全书总目，检索不便。有时又过分讲究词藻，而影响叙述的信实性。

第四品　北宋赞宁《宋高僧传》三十卷

《宋高僧传》，又称《大宋高僧传》，三十卷。北宋左街天寿寺沙门赞宁撰。太平兴国七年（982）奉敕始撰，至端拱元年（988）成书。载于《宋藏》"旦"至"营"函、《元藏》"旦"至"营"函、《明南藏》"禄"至"富"函、《明北藏》"宅"至"阜"函、《清藏》"县"至"给"函、《频伽藏》"致"帙,收入《大正藏》第五十卷。

赞宁(919—1001),俗姓高,其先渤海人,生于吴兴德清的金鹅别墅。在杭州祥符寺出家后,精研南山(道宣)律著,时称"律虎"。太平兴国三年(978),召对滋福殿,赐号"通慧"。淳化二年(991)充史官编修。至道二年(996),补左街讲经首座,掌洛京教门事。咸平元年(998),承诏入职汴京右街僧录,寻迁左街僧录。其著作尚有《鹫岭圣贤录》(勅撰《三教圣贤事迹》中的佛教部分)、《内典录》一百五十卷、《外学集》四十九卷(以上已佚)、《大宋僧史略》三卷(见本书纂集部)等。《宋史·艺文志》还著录了赞宁撰的《笋谱》一卷、《物类相感志》十卷、《要言》二卷,可能是《外学集》和《内典录》的一部分。事迹见载于南宋宗鉴《释门正统》卷八、志磐《佛祖统纪》卷四十四、元念常《佛祖历代通载》卷十九和觉岸《释氏稽古略》卷四等。

《宋高僧传》书首有赞宁的《进高僧传表》和宋太宗的批答;赞宁于端拱元年乾明节所作的《宋高僧传序》(即前序);篇目。书末有《后序》,约作于咸平二年(999)。《宋高僧传序》说:

> 爰自贞观(《续高僧传》撰时)命章之后,西明(指道宣)绝笔已还,此作(指僧传)蔑闻,斯文将缺。……而乃循十科之旧例,辑万行之新名,或案诔铭,或征志记,或问辕轩之使者,或询耆旧之先民,研磨将经论略同,雠校与史书悬合,勒成三帙。……其正传五百三十三人,附见一百三十人。(《大正藏》第五十卷,第709页下—第710页上)

这里所说的收录的僧人数字不大确切,因为据各卷标题下的小注所提供的数字累计,正传实收五百三十一人,比前序所说的少二人;附见实收一百二十五人,比前序所说的少五人。是作者计数有差错,还是在流传过程中有遗落,已无从辨察。

《后序》叙说作者在书成之后，又加修治一事：

> 赞宁自至道二年奉睿恩，掌洛京教门事。事简心旷之日，遂得法照等行状，撰已易前来之阙如。寻因治定其本，虽大义无相乖，有不可者以修之。……时方彻简，咸平初，承诏入职东京右街僧录，寻迁左街。乃一日顾其本，未及缮写，命弟子辈缄诸篋笥，俾将来君子知我者以僧传，罪我者亦以僧传。（第900页上）

考书中所载与《后序》所说的法照同名的共有二人。一个是卷二十一的唐五台山竹林寺法照，他是唐代宗时人，传记较长，有一千几百字，备叙他在大历年间的感通事迹。传后还有赞宁的评论（称为"系"）；一个是卷二十五的唐陕府法照，他是唐穆宗时人，传记甚短，仅一百几十字，叙说他在长庆元年入逆旅避雨，因过中时，乞食不得，乃买毹肉，煮夹胡饼而食的事。据理推测，《后序》所说的法照当是指唐代宗时的法照。此两人均是唐人，并非赞宁书成之后卒亡而被补入的，而是在书成之时就已被算作正传，计入全书收录人物的总数之中的。故赞宁在至道二年（996）以后对《宋高僧传》所作的修改，仅是内容上的增益，并不牵涉体例和人数。

《宋高僧传》的体例，一如《续高僧传》，分为十篇，篇题下有解说性质的小注。

一、译经篇（卷一至卷三）。"变梵成华，通凡入圣，法轮斯转，诸佛所师。"（第710页上，下同）

二、义解篇（卷四至卷七）。"寻文见义，得义忘言，三慧克全，二依当转。"

三、习禅篇（卷八至卷十三）。"修至无念，善恶都亡，亡其所亡，常住安乐。"

四、明律篇（卷十四至卷十六）。"严而少恩，正而急护，婴守三业,同彼金汤。"

五、护法篇(卷十七)。"家有良史,守藏何虞,法有名师,外御其侮。"

六、感通篇(卷十八至卷二十二)。"逆于常理,感而遂通,化于世间,观之难测。"

七、遗身篇(卷二十三)。"难舍易捐,施中第一,以秽漏体,回金刚身。"

八、读诵篇(卷二十四、卷二十五)。"十种法师,此为高大,染枸橼花,果时瓢赤。"

九、兴福篇(卷二十六至卷二十八)。"为己为他,福生罪灭,有为之善,其利博哉。"

十、杂科声德篇(卷二十九、卷三十)。"统摄诸科,同归高尚,唱导之匠,光显佛乘。"

每篇之末有论,提纲挈领,总括一篇大旨,与《续高僧传》相同;但一些人物的传记之末,附有"系",作为对本传所记人和事的评论,抒发作者的观点,则为前传所无。

《宋高僧传》所收人物的时限也绍接《续高僧传》。大体是始于唐高宗乾封二年(667),即卷十四所载道宣的卒年,终于宋太宗雍熙四年(987),即卷七所载义寂的卒年,也就是说,截止于成书前一年,前后凡三百二十年。但这中间有一些例外,如卷十八载后魏(西魏)西凉府檀特师(一名慧丰)、晋阳河秃师、陈新罗国玄光、隋江都宫法喜、洺州钦师;卷二十四载隋行坚、天台山法智;卷二十九载刘宋[案:《大正藏》本作"南宋",查《四库全书总目》卷一百四十五载叙本书,其中有"《杂科篇》中乃有刘宋、元魏二人"一句,则知"南"字乃是"刘"字之误]钱塘灵隐寺智一、元魏(北魏)洛阳慧凝。此九人分别属于感通、读诵、杂科声德三篇,就其佛教上的地位而言并非十分重要,但也是稍有名

气的,为《高僧传》和《续高僧传》所阙载。作者在卷十八《钦师传》末的"系"中解释说:

> 或曰:魏、齐、陈、隋与宣(道宣)师耳目相接,胡不入《续传》(《续高僧传》)耶？通曰:有所不知,盖阙如也。亦犹大宋文轨既同,土疆斯广,日有奇异,良难遍知。纵有某僧也,其奈史氏未编,传家无据,故亦阙如弗及录者,留俟后贤者也。(第821页下——第822页上)

由于《宋高僧传》撰于宋初,距北宋开国仅二十八年,故所收绝大多数为唐代僧人,其次为五代,再次才是宋代。五代、宋代僧人见录于卷七、卷十三、卷十六、卷十七、卷二十二、卷二十三、卷二十五、卷二十七、卷二十八、卷三十,总计正传收五代彦晖、归屿、贞辩、虚受、可周、可止、宗季、智闲、师备、本寂、桂琛、文益、慧则、景霄、希觉、惟劲、行瑶等七十四人,附见十四人。正传收宋代皓端、傅章、继伦、义楚、晤恩、义寂、德韶、行满、延寿等二十七人,附见七人。换而言之,全书五分之四的僧传是记载唐代僧人的,其他的仅占五分之一。

中国佛教数唐代为最盛,而佛教的兴盛又是通过僧人的活动体现出来的。虽然《续高僧传》已载唐初高僧,但毕竟受撰者生存年代的限制,无法记叙身后之事。《宋高僧传》纵贯唐代的绝大部分年代,将其间的主要僧人尽行阑入,其史学价值可想而知。

如卷一的义净,仰法显之雅操,慕玄奘之高风,泛海南行,巡礼天竺三十余国,是唐代著名的旅行家和佛经翻译家。卷二的实叉难陀(觉喜)是《华严经》八十卷本的翻译者,此经后来极为流行,成为华严宗常习的经本。卷三的菩提流支是《大宝积经》一百二十卷的翻译者,此经乃大乘经藏五大部之一。卷一的金刚智和他的弟子不空,卷二的善无畏,开元年间曾在洛阳、长安两京,传授金刚界密法和胎藏界密法,人称"开元三大士",为密宗的创始人;而卷五的一行钦尚斯教,他的《大日经疏》阐释了此宗的主要教理,极有影响。卷四的窥基躬事玄奘,糅译《唯识》,造疏张述,人称"百本疏主";同卷的普光则是玄奘大部分译籍的笔受者,圆测虽与窥基同出一门,但见解颇为不同。卷五的法藏绍续杜顺、智俨的学统,为华严宗教观的实际组织者;同卷的澄观因慨《华严》旧疏文繁义约,历时四年新撰《华严经疏》二十卷,又述《华严经随疏演义钞》等,盛行于世,后人称他为"华严疏主"。卷六的宗密初从禅师落发,又从律师受具足戒,最后受教于澄观,他融会禅、教、律,思想很有特色;同卷的湛然,在禅、华严诸宗兴盛的情况下,撰写天台三大部注疏及其他疏论,"止观之盛始,然(湛然)之力也"(第739页下)。

此外,卷十四的道宣是南山律宗的创始人。怀素专攻律部,所撰宗萨婆多部(说一切有部),以"相部(相州日光寺法砺创立)无知"、"南山(道宣创立)犯重"(第792页下),而别创东塔宗,从此律宗分为三派,如此等等。

特别是《习禅篇》,分为六卷,正传一百三人,附见二十九人,无论是卷数还是见录的人数均是各篇之最。对唐初至宋初禅宗的研究,提供了丰富的人物资料。如卷八的弘忍、慧能、神秀、神会、玄觉,卷九的义福、行思、普寂、怀让、慧忠、希迁,卷十的道一、灵默、道悟、怀海,卷十一的无业、天然、普愿、昙晟、从谂、灵祐,卷十二的宣鉴、义玄、从谏、良价、道膺、义存、慧寂,卷十三的智闲、师备、本寂、桂琛、文益、德韶等,均是禅宗发展史上的重要人物,其中有的是慧能以下数传后形成的禅宗五家中除云门宗文偃以外的各家开山祖师。虽然所收人物不如后来禅宗自撰的《景德传灯录》等来得系统和周备,但《传灯录》以记言为主,考察人物的行事及环境,还须凭借《宋高僧传》。而且由于作者并非禅宗人物,故能对一些禅宗纷争的史实直笔叙说,无须隐秘。

如弘忍门下曾分裂成以慧能为代表的顿悟派和以神秀为代表的渐悟派。慧能的门人神会与神秀的弟子普寂等之间,又就谁是达磨正统爆发过激烈的争论。卷八《弘忍传》中有:

> 初,忍(弘忍)于咸亨初,命二三禅子各言其志,神秀先出偈,慧能和焉。乃以法服付慧能,受衣化于韶阳,神秀传法荆门洛下,南北之宗自兹始矣。(第754页中)

《神会传》中有:

> 先是两京之间皆宗神秀,若不浥之鱼鲔附沼龙也。从见会(神会)明心六祖(慧能)之风,荡其渐修之道矣。南北二宗时始判焉,致普寂之门盈而后虚。(第756页下)

《传灯录》虽然也简略地提到南顿、北渐的歧异,但对南北二宗之间的激烈斗争往往是隐去不说的。

在《宋高僧传》十篇之论中,写得最精彩的是《译经篇论》。汉地译经的发展阶次、翻译的"六例"、佛教的"三教三轮"、译场经馆的设置,在这篇论中得到考索、分析和论述。

作者认为,汉地译经大体经历了三个阶段:

"初则梵客华僧,听言揣意,方圆共凿,金石难和。"(第723页上、中)相当东汉译经初开时的情况。

"次则彼晓汉谈,我知梵说,十得八九,时有差违。"(第723页中)相当于三国、西晋和东晋初、中期译经渐盛时的情况。

"后则猛(智猛)、显(法显)亲往,奘(玄奘)、空(不空)两通","印印皆同,声声不别,斯谓之大备矣。"(同上)相当于东晋末年以后译事大盛,译僧往往华梵皆通,文(文辞)理(教理)俱精时的情况。汉地译经事业的进步大致如此。

在译经理论方面，作者继东晋道安的"五失本三不易"、隋彦琮的"八备"、唐玄奘的"五不翻"之后，提出了"六例"说，对译经时出现的不同情况和遇到的各种问题，进行了概括和总结。他说：

> 今立新意成六例焉。谓译字译音为一例，胡语梵言为一例，重译直译为一例，粗言细语为一例，华言雅俗为一例，直言密语为一例也。（第723页中）

每一例都分四种情况，称"四句"，有解说。第一例说的是翻译时有译字不译音、译音不译字、音字俱译、音字俱不译的四种情形。第二例讨论了五印度用梵言与雪山以北地区诸国用胡语之间的差别。第三例所说的直译，指的是从五印度携梵本来华，直接译成汉文；重译，指的是将梵本译为胡语，如梵语说"邬波陀耶"，疏勒语译作"鹘社"，于阗语译作"和尚"。第四例提出了五印度有言音分明而典正的细语，与言音不分明而讹僻的粗语的区分，前者实际上是书面语，后者实际上是口头语。第五例讨论了华言（汉文）中的雅俗问题，雅指经籍上用的词汇，俗指日常谈吐时用的言语。第六例说，一个句子可以用世俗的言辞来表达，也可以用佛教的术语来表述。如"婆留师"，可以翻为"恶口住"，也可以翻为"菩萨所知彼岸"，前者为直言，后者为密语。虽说作者将每一例均分为四种情况，过于呆板，但对这些与翻译有关的问题进行整理和探讨，本身又是很有意义的。

作者又根据佛教有经典传播、密咒传播和印心直觉传播等不同的方式，提出"三教三轮"说：

> 夫教者不伦，有三畴类。一显教者，诸乘经律论也（不同《瑜伽论》中显了教，是多分大乘藏教——原注）。二密教者，瑜伽灌顶、五部护摩、三密曼拏罗法也（瑜伽隐密教

是多分声闻教——原注)。三心教者,直指人心,见性成佛禅法也。次一法轮者,即显教也,以摩腾(摄摩腾)为始祖焉。次二教令轮者,即密教也,以金刚智为始祖焉。次三心轮者(义加此轮——原注),即禅法也,以菩提达磨为始祖焉。是故传法轮者,以法音传法音;传教令轮者,以秘密传秘密;传心轮者,以心传心。此之三教三轮三祖,自西而东,化凡成圣,流十五代(汉、魏、晋、宋、齐、梁、陈、隋、唐、朱梁、后唐、石晋、刘汉、郭周、今大宋——原注)。(第724页中)

此种分类也是很有见地的。

最后,作者详细地考察了历代译场经馆的组织体制,并对宋代译场的人员、职司、规模作了记载。据作者所述,译场经馆的设置大致是:

一、译主。主持译事,"赍叶书(贝叶经)之三藏,明练显密二教者充之"(第724页中、下)。

二、笔受。又称缀文,"必言通华梵,学综有空,相问委然,然后下笔"(第724页中,下同)。西晋、姚秦以来,设立此员。如沙门道含、玄赜、姚嵩、聂承远父子,帝王中姚兴、梁武帝、武则天、唐中宗也曾挂任过此职。

三、度语。又称译语、传语,"传度转令生解"。如陈真谛翻《显识论》,沙门战陀为译语。

四、证梵本。"求其量果,密能证知,能诠不差,所显无谬矣"。如唐义净译《根本说一切有部苾刍尼毗奈耶》等,东印度居士伊舍罗证梵本。

五、证梵义。"明西义得失,贵令华语下不失梵义也"。

六、证禅义。"沙门大通充之"。证梵义与证禅义二员,有的译场立,有的译场不立。

七、润文。"令通内外学者充之,良以笔受在其油素,文言岂无俚俗,傥不失于佛意,何妨刊而正之"。员数不定。如义净译场中,李峤、韦嗣立、卢藏用等二十余人任润文。

八、证义。"盖证已译之文,所诠之义也"。如北凉浮陀跋摩译《阿毗昙毗婆沙论》六十卷,慧嵩、道朗等三百人考正文义。唐地婆诃罗译《大庄严经》、实叉难陀译《华严经》等,复礼充任证义。

九、梵呗。"法筵肇启,梵呗前兴,用作先容,令生物善"。唐永泰年间始设。

十、校勘。"雠对已译之文"。如隋阇那崛多译经时,彦琮等重对梵本,再审复勘,整理文义。

十一、监护大使。如北周平高公侯伏寿为阇那耶舍译经时的总监检校,唐房梁公(房玄龄)为玄奘译经时的监护。监护也有用僧人的,如隋代明穆、昙迁等十人,曾监掌翻译事,诠定宗旨。

十二、正字。玄奘译经时有之,玄应曾任此职。

关于宋初译经复开的经过及译经院之建立,作者说:

朝廷罢译事,自唐宪宗元和五年,至于周朝(五代时的后周),相望可一百五十许岁,此道寂然。迨我皇帝临大宝之五载(太平兴国五年),有河中府传显密教沙门法进,请西域三藏法天译经于蒲津。州府官表进,上览大悦,各赐紫衣,因敕造译经院于太平兴国寺之西偏,续敕搜购天下梵夹,有梵僧法护、施护,同参其务。(第725页上)

并对证义、证梵字、缀文、笔受、监护、次文润色等任职人员作了叙列。

所有这些,都为译经史的研究提供了极为宝贵的资料。它的价值不啻是一篇重要的佛教文献。

《宋高僧传》的不足之处主要有：

一、所记神异感通的事迹过多。《感通篇》占五卷,正传八十九人,附见二十三人,其分量仅次于《习禅篇》,也是诸部僧人总传中收集神验奇迹最多的。所记或神光出口,或怪物沉河,或谶草书,或语虎兽,或不濡其服而渡溪,或不泄其秽而恒食,或身首异处而还连,或半年坐亡而复起,悖人情而违常理。

二、有些人物归类不当。如《感通篇》卷二十的唐洪州黄檗山希运是百丈怀海的弟子,临济宗创始人义玄的师父,禅宗南岳系的一个重要人物;《兴福篇》卷二十八的宋钱塘永明寺延寿是德韶的弟子,法眼宗的代表人物之一,按理都应编入《习禅篇》。《感通篇》卷二十三的宋天台智者禅院行满,是天台宗九祖湛然的弟子,《佛祖统纪》有专传,并把他的著作列入天台宗《山家教典志》;《兴福篇》卷二十六的唐东阳清泰寺玄朗是东阳天宫寺慧威的弟子,天台宗八祖;《杂科声德篇》卷二十九的唐天台山国清寺道邃是天台宗十祖;卷三十的广修是天台宗十一祖,按理都应编入《义解篇》。另外,《习禅篇》卷九的《唐京兆慈恩寺义福传》附出行思,殊不知义福是北宗神秀的弟子,而行思为南宗慧能的弟子,分归两系,而且两人又非一地之人,同寺之僧,不应编在一起。

三、有的记载失误。如卷五《法藏传》中说,法藏"属奘师(玄奘)译经,始预其间。后因笔受、证义、润文见识不同,而出译场"(第732页上)。考唐秘书少监阎朝隐撰《大唐大荐福寺故大德康藏法师之碑》、新罗崔致远撰《法藏和尚传》均无此事(见《续藏经》第一三四册)。且法藏生于贞观十七年(643),卒于先天元年(712)。而玄奘是贞观十九年(645)才回到长安,并开始译经的,其时法藏仅两岁。法藏于显庆四年(659)十七岁时求法于太白山,在那里住了数年。以后才去长安听智俨在云华寺讲《华严经》,一直到智俨于总章元年(668)去世,也未曾离开过。即使到玄奘卒时(664),法藏或在太白山,或在智俨门下,不可能参与玄奘译经。

此外,《宋高僧传》所收的人物中,有很多是缺少卒年和寿龄的,如上面说的法藏也是其中的一例。这既可能是作者搜寻未获的缘故,也可能是疏忽所致。

本书的校点本有:范祥雍点校《宋高僧传》(中华书局1987年8月版)。

第五品　元昙噩《新修科分六学僧传》三十卷

《新修科分六学僧传》,简称《六学僧传》,三十卷。元至正丙午(二十六年,公元1366年),浉东沙门昙噩述。收入《续藏经》第一三三册。

昙噩(1285—1373),字无梦,自号西庵,慈溪(今属浙江)人,俗姓王。六岁丧父,学文于胡长孺。年二十三,走长芦,礼雪庭传公出家。初游心于教门,后弃教而即禅,得法于元叟行端,为南岳(怀让)下第二十世临济宗僧人。昙噩戒行严洁,文章简古,曾被当时缙绅士子誉为"禅海尊宿,今一人耳"。事见明明河《补续高僧传》卷十四、清元贤《继灯录》卷三等。

《六学僧传》书首有南宋淳熙六年(1179)四月皇子魏王为《景德传灯录》作的《跋》;元至正丙午(1366)昙噩作的《序》。

昙噩在自序中说:

(继《高僧传》、《续高僧传》之后)通惠赞宁师则沿唐而宋,立十科,成书行世。然辞章之出,大率六朝五季(五代)之余也。体制衰弱,略无先秦西汉风。太史黄公庭坚读而陋之,尝欲删治,适未遑及,可恨也。觉范德洪(即惠洪)师顾独润色《梁传》(指《高僧传》),以承子长孟坚之业,卒无所事于唐、宋二传(指《续高僧传》和《宋高僧传》)。噫,陋矣!盖佛法非僧业弗行,僧业非佛法弗明。必佛法以之行,僧业以之明,其六学十二科而正矣。且"波罗蜜多"之为言"度"也,度则学之至,学则度之渐耳。……由是而张六学,以正佛法之要;列十二科,以别僧业之繁。学有序,所以序佛法之本然也;科有赞,所以赞僧业之当然也。得传一千二百七十又三,得人如传之数。(《续藏经》第一三三册,第419页下—第420页下)

《六学僧传》是一部以《高僧传》、《续高僧传》和《宋高僧传》见录的人物传略为基本素材,同时也择录他书(如《景德传灯录》、《五灯会元》)上的一些资料,取舍修治,并参照大乘佛学的重要教义"六度"(布施、持戒、忍辱、精进、禅定、智慧),重新分科布局而编成的僧传。作者认为,"六度"对僧人来说,也就是"六学"。"度则学之至,学则度之渐","在佛曰度,则既济之谓也;在僧曰学,则未济之谓也"(《序》,第420页上)。两者只有程度的差别,而无内容上的歧异。而"六学"的每一学各有二科,合计"十二科"。根据这样的理解,作者编撰了这部按"六学十二科"组织起来的著作。全书所收,上始东汉,下迄北宋初年,凡一千二百七十三人。由于作者将在梁、唐、宋三部高僧传中列为"附见"的一些人物,也列为正传,故书中不立"附见"。"六学"的每一学之首均有小序;"十二科"的每一科之末均有"赞曰"(即赞词),四字为一句,凡十二句为一首。

一、慧学(卷一至卷八)。"语言文字,音声之所在,而佛法义理之所寄也。苟通乎音声,则语言文字与佛法之奥举通,而性相诸宗之辩,乃可得而传矣。译之功其不亦谓之大欤!佛以一音演说法,众生随类各得解。经之明文,悬记今日。故以译经、传宗二科,系之慧学之下,以著见吾教之流绪焉。"(卷一,第436页上)下分:(一)译经科(卷一、卷二)。始后汉迦叶摩腾,终唐满月(目录中漏载,正文有)。(二)传宗科(卷三至卷八),始魏昙柯迦罗,终宋永安。

二、施学(卷九、卷十)。"先佛教之内,施以去贪,则头目手足、齿发肤爪是已;教之外,施以去吝,则国城妻子、服食器玩是已。盖爱者,贪吝之本,而身又爱之本也。然同有此身,则同有此爱。夫能忘所爱,则足以遗身;推所爱,则足以利物。……故系二科于施学之下,为世劝云。"(卷九,第585页下)下分:(一)遗身科(卷九)。始晋僧群,终宋怀德。(二)利物科(卷十)。始晋法相,终宋常觉。

三、戒学(卷十一至卷十六)。"经曰:'波罗提木叉,是汝等大师。'知此则知所以弘法矣。又曰:'毗尼坏,则佛法坏。'知此则知所以护教矣。……弘法、护教二科,系于戒学之下,其奚欤?"(卷十一,第611页上)下分:(一)弘法科(卷十一至卷十四)。始晋支道林,终后周道丕。(二)护教科(卷十五、卷十六)。始南齐僧钟,终唐常达。

四、忍辱学(卷十七至卷二十)。"佛之法,诚未易以进修也。然而欲以进修者,则必摄其念,于事物之可好可恶、可喜可惧、可憎可慕、可怜可怒而不动,则外之为辱者遣矣。持其志,于情欲之能骄能逸、能蔽能惑、能慢能昵、能矜能愎而不生,则内之为忍者得矣。……摄念、持志二科,实学忍辱者之指归,系之其下,尤宜哉!"(卷十七,第717页上)下分:(一)摄念科(卷十七、卷十八)。始晋帛远,终宋岩俊。(二)持志科(卷十九、卷二十)。始晋支孝龙,终宋法圆。

五、精进学(卷二十一至卷二十六)。"一念之覆,物之感其义者通乎天;一念之载,物之感其义者通乎地;一念之生,物之感其义者通乎人。此无他,精进力也。精进其可以声音肖貌为哉。然以义解、感通二科系其下,学精进者其察诸。"(卷二十一,第797页上)下分:(一)义解科(卷二十一至卷二十三)。始晋于法开,终宋普胜。(二)感通科(卷二十四至卷二十六)。始晋安慧则,终后晋法本。

六、定学(卷二十七至卷三十)。"证悟以自行,神化以利他,是皆出于定也。……由寂以发悟,则证入深;由照以起化,则神变广。是证悟、神化二科,宜以系之定学之下也。"(卷二十七,第907页上、下)下分:(一)证悟科(卷二十七、卷二十八)。始晋竺僧显,终宋矿师。(二)神化科(卷二十九、卷三十)。始晋竺僧朗,终宋点点。

上述十二科中,译经、遗身、义解、感通科的名称,与《宋高僧传》所立相同;护教科的名称与《宋高僧传》中的护法科,有一字之差;神化科的名称,与《高僧传》中的神异科,有一字之差;其余六科,即传宗、利物、弘法、摄念、持志、证悟等名称均不见于梁、唐、宋三传。由于著作的整体分类发生了变化,所以在梁、唐、宋三传中编在此科的人物,在《六学僧传》中则移置彼科。即使是在名称相同的科目中,所收也不尽相同。如《六学僧传》译经科收录的曹魏朱士行(见卷一),在《高僧传》中则编在义解科;《六学僧传》义解科收录的唐法砺(见卷二十三),在《续高僧传》中则编在明律科;《六学僧传》中的感通科收录的后梁鸿楚(见卷二十六),在《宋高僧传》中则编在读诵科。如此等等。十二科之中,收录人数最多的是传宗科,有二百二十九人,其中大多数是禅宗人物,少数是天台、法相、华严、律宗的高僧;收录人数最少的是遗身科,仅二十五人。它与梁、唐、宋三部高僧传在人物资料上的因革取舍关系,可以从以下三例得到说明。

如被誉为"苻姚二代译人之宗"的竺佛念的一生,《高僧传》

卷一原来的记载是：

竺佛念，凉州人。弱年出家，志业清坚，外和内朗，有通敏之鉴。讽习众经，粗涉外典。其《苍》《雅》诂训，尤所明达。少好游方，备观风俗。家世西河，洞晓方语。华戎音义，莫不兼解。故义学之誉虽阙，洽闻之声甚著。苻氏建元中，有僧伽跋澄、昙摩难提等入长安，赵正（一作"政"）请出诸经，当时名德莫能传译，众咸推念（竺佛念）。于是澄（僧伽跋澄）执梵文，念译为晋，质断疑义，音字方明。至建元二十年正月，复请昙摩难提出《增一阿含》及《中阿含》，于长安城内集义学沙门，请念为译。敷析研核，二载乃竟。二含之显，念宣译之功也。自世高、支谦以后，莫逾于念，在苻姚二代为译人之宗。故关中僧众咸共嘉焉。后续出《菩萨璎珞》、《十住断结》及《出曜》、《胎经》、《中阴经》等，始就治定，意多未尽，遂尔构疾，卒于长安。远近白黑，莫不叹惜。《大正藏》第五十卷，第329页上、中）

而《六学僧传》卷一则改写为：

晋竺佛念，凉州人。少年出家，有敏识。为人慈和，学兼内外，晓华戎之音，名著关中。秦建元中，僧伽跋澄、昙摩难提译诸经，时多名流，念独出其右。至译《增一阿含》，念多析别研练，尽其义味，两年乃竟。自世高、支谦以来，无如念者，故为苻姚两朝译人之冠。又出《菩萨璎珞》、《十住断结》、《曜》、《胎》、《中阴》等经，方就绪，未定稿，遂卧疾，终于长安，道俗嗟惜。(《续藏经》第一三三册，第442页下）

关于北魏道辩焚伪经《大法尊王经》，撰注疏义章以及他的弟子昙永作《搜神论》等事迹，《续高僧传》卷六是这样记载的：

释道辩，姓田氏，范阳人。……初住北台，后随南迁，道光河洛。魏国有经，号《大法尊王》，八十余卷，盛行于世。辩执读知伪，集而焚之。将欲广注众经，用通释典。笔置听架，鸟遂衔飞。见此异征，便寝斯作。但注《维摩》、《胜鬘》、《金刚般若》，《小乘义章》六卷、《大乘义》五十章及《申玄照》等行世。有弟子昙永、亡名二人，永（昙永）潜遁自守，隐黄龙山，撰《搜神论》、《隐士仪式名》，文笔雄健，负才傲俗。辩杖之而徙于黄龙，初无恨想，而晨夕遥礼云。（《大正藏》第五十卷，第471页下）

而《六学僧传》卷十七则改作：

魏道辨（当作"辩"），范阳田氏。……初住北台，后随南迁，誉蔼河洛。时有《大法尊王经》八十卷，号为佛所说。辨一读而识其伪，趣焚之。且欲尽注藏典，以辟余非。或见异征，遂寝。注《维摩》、《胜鬘》、《金刚般若》、《大乘义章》、《小乘义章》、《申玄照》等行世。弟子二人，昙永、亡名也。永负才傲俗，潜遁自守。辨每杖之，初无恨想，而晨夕遥礼云。（《续藏经》第一三三册，第721页下）

关于后周会稽郡大善寺行瑫生前的品行和他撰《大藏经音疏》的经过，《宋高僧传》卷二十五写道：

释行瑫，姓陈氏，湖州长城人也。……以显德三年壬子秋七月示疾，终于此院（指他在寺西北角盖的别院），报龄（指世寿）六十二，法腊（指受具足戒以后的僧龄）四十四。瑫性刚正，无面谀，无背憎。足不趋豪贵之门，囊不畜盈余之物。房无闲户，口无杂言。亦览群书，旁探经论。慨其郭迻《音义》疏略，慧琳《音义》不传，遂述《大藏经音疏》五百许卷，今行于江浙左右僧坊。然其短者不宜称疏，若言疏可以疏通一藏经，瑫便过慈恩（指窥基）百本几倍矣。其耿介

持律,古之高迈也矣。(《大正藏》第五十卷,第871页上、中)

而《六学僧传》则节略为:

> 周行瑫,湖州长城之陈氏子也。……显德三年秋七月,示灭于院之正寝。其著述,有《大藏音义》五百许卷,行世。(《续藏经》第一三三册,第795页上)

由此可见,《六学僧传》在摘编梁、唐、宋三传载录的人物事迹时,删去了不少足以反映人物个性和事情经过的记叙。另外,梁、唐、宋三传收录的人数(正传、附见二项相加)有一千六百多人,而《六学僧传》只收了一千二百七十三人,删去了三百多人。因此,《六学僧传》在史料上是不能取代梁、唐、宋三传的。

第六品　明如惺《大明高僧传》八卷

《大明高僧传》,又称《明僧传》,八卷。明万历四十五年(1617),天台山慈云禅寺沙门如惺撰。载于《清藏》"县"至"给"函(作六卷),收入《大正藏》第五十卷。

《大明高僧传》书首有如惺《叙》。说:

> 予于庚子(万历二十八年)校刻前代《金汤编》,今岁又缉国朝护法者,以补其缺,间于史志文集往往有诸名僧载焉,因随喜录之。自南宋迄今,略得若干人,命曰《大明高僧传》,以备后之修史者采摭。(《大正藏》第五十卷,第901页中)

《大明高僧传》所收僧人的年限,大体起自北宋宣和六年(1124),即卷七庆元府天童寺普交的卒年,终至明万历二十一年(1593),即卷四天台慈云寺真净的卒年。前后四百六十九年。在起始的时间上，与作于北宋初年的《宋高僧传》并不衔接，中间空缺了一百四十七年。全书分为三篇（又称"三科"），正传收一百十二人，附见七十人。

一、译经篇（卷一前部分）。正传一人，即燕都庆寿寺沙啰巴，附见二人，即剌温卜、迦罗思巴。他们均为元代僧人。

二、解义篇（卷一后部分至卷四）。正传四十四人，附见三十八人。其中卷一后部分收南宋和元代僧人，主要有南宋的净真、祖觉（以上贤首宗）、若讷、了然（以上天台宗），元代的性澄、蒙润、允若、必才、善继（以上天台宗）、盘谷（贤首宗）等；卷二收元代僧人，主要有融照、弘济、本无、行可（以上天台宗）、文才、了性、宝严（以上贤首宗）、英辩、志德、普喜（以上慈恩宗）等；卷三和卷四收明代僧人，主要有原真、慧日、士璋、如玘、普智、明得（以上天台宗）、大同、圆镜、祖住、真节（以上贤首宗）、居敬（律宗）、真清（本书作者如惺的老师）等。

三、习禅篇（卷五至卷八）。正传六十七人，附见三十人。除卷五有金代燕都庆寿寺教亨，卷七有北宋庆元府天童寺普交、金代上京大储庆寺海慧，卷八有元保定兴圣寺德富以外，其余所载均为南宋禅僧。

由于本书是作者在读览时，随手摘取一些高僧的事迹，稍事编缀而成的，故体例并不完整，除所录三科不能括举这个时期僧人活动的概貌以外，而且各科之末均无申述一科主旨的"论"。有些人物的传记之末，有"系曰"，用来表达作者的观点。所用的资料，主要来源于史志文集，偶有实录，如卷四的《真清传》。

本书的《译经篇》是根据《元史》的记载写的。传主沙啰巴是西国（指西域）积宁人，总卯即依元代帝师癹思巴剃染为僧，习诸部灌顶法。又从著粟赤上师学大小乘，从剌温卜学密教，善吐番（西藏）音说，兼解诸国文字。后经推荐，翻译汉地未备的

显密诸经。所译之经,朝廷皆为刊行。传末有"系曰":

> 译经之盛,莫过于六朝盛唐鸠摩罗什辈、实叉难陀辈。及入五代北宋,则渐渐寝矣。况且康王渡江,胡马南饮,銮辇驰遁,淳熙之后,虽有一隙之眼,乌能于是哉。至元世祖而华夷一统,始复有译经之命。入我国朝洪武建元以来,以三藏颇足,摩腾(摄摩腾)不至,故止是例。(卷一,第901页下)

由此可见,这《译经篇》虽然极为单薄,但也是事出无奈。因为自北宋中叶以后,已不闻有梵本佛经传译之事。元代再兴译经,但大多是少数民族文字(如藏文、蒙文)与汉文的对译,梵文经典和用西域诸国文字书写的佛典译成汉文的很少,而且这些译典在社会上几乎不起什么影响。

《解义篇》大致是根据元念常《佛祖历代通载》、明佚名《续佛祖统纪》以及其他载记写成的,但表述方式及详略有异。如《佛祖历代通载》卷四十二文才条下有:

> 所著《悬谈详略》五卷、《肇论略疏》三卷、《惠灯集》二卷,皆内据佛经,外援儒老,托譬取类,其辞质而不华。(《大正藏》第四十九卷,第725页中)

而《大明高僧传》卷二《文才传》不录这些著作。又如《通载》同卷普觉(即英辩)条下有:

> 教自隋唐之后,传者各宗其说,遂派而为三:由止观之门,观假而悟空,观空而趣中,以入于实相者为天台宗;会缘入实,即俗而明真者,为贤首宗;穷万有之数,昭一性之玄,有空殊致而同归乎中道者,为慈恩宗。师为慈恩宗者也。姓赵氏,讳英辩。(同上,第730页中)

而《大明高僧传》卷二《英辩传》,只说他"弱冠受具戒,年二十有五,得传于柏林潭法师之学,未三稔出世于秦州景福寺。"(第906页中)只字未说他是慈恩宗人。这是《通载》详而《大明高僧传》略。偶然也有相反的情况。如《大明高僧传》卷八《晓莹传》(属《习禅篇》)说:

> 释晓莹,字仲温,未详氏族。历参丛席,顿明大事,四众推重。晚归罗湖之上,杜门却扫,不与世接。惟以生平之所见闻诸方尊宿提唱之语,及友朋谈说议论宗教之言,或得于残碑蠹简有关典谟之说,皆会萃成编,曰《罗湖野录》。其所载者,皆命世宗匠、贤士大夫言行之粹美,机锋之劲捷,酬酢之雄伟,气格之弘旷,可以辅宗乘,训后学,抑起人于至善,是故阅者不忍释手云。(第933页中)

这番对《罗湖野录》的品评之语,在《通载》卷二十晓莹条下是没有的。该条仅说:"乙亥。《云卧纪谈》、《罗湖野录》成,十月。感山沙门晓莹撰,字仲温,法嗣大慧杲(宗杲)禅师。"(《大正藏》第四十九卷,第688页中)其余的一概没说。

《习禅篇》是以《五灯会元》为主,参照其他禅宗史籍写成的,大多是记录言语。如卷六的《居静传》,除简叙他号愚丘,成都杨氏子,年十四依白马寺安慧出家,于南堂(即元静,后改为道兴)禅师门下得悟之外,还详载了他的禅宗"十门纲要"之说:

> 第一,须信有教外别传。第二,须知有教外别传。第三,须会无情说法与有情说法无二。第四,须见性如观掌中之物,了了分明,一一田地稳密。第五,须具择法眼。第六,须要行鸟道玄路。第七,须文武兼济。第八,须摧邪显正。第九,须大机大用。第十,须向异类中行。凡欲绍隆法种,须尽此纲要,方坐得这曲录床子,受天下人礼拜,敢与佛祖为师。(第922页下—第923页上)

这与《五灯会元》卷二十居静章所载,除个别无关大体的字略有变动,如《会元》用的是"一、二、三……"的序数,本书用的是"第一、第二、第三……"的序数,多了一个"第"字,其余的是一模一样的。

虽然《大明高僧传》所载的人物很多出自流行较广的宋元佛教史籍,但也有的取材于不大为人熟知的典籍。如卷一有《祖觉传》,其传云:

> 释祖觉,别号痴庵,嘉州杨氏子也。聪颖凤发,独嗜佛乘,精究贤首宗旨,尽得其奥。后奉旨出任眉州之中岩,四方学者云委川骛而至,日于开堂,弗倦诲示,汲引后学,曲得慈悲,清凉一宗至师可为鼎盛矣。而于拈椎之外,古今书史、诸子典谟,无不该研,一览成诵。尝修北宋僧史,并《华严集解》、《金刚经注》、《水陆斋仪》等,行世。(第902页上)

然而,这个南宋贤首宗的重要人物,既不见于《佛祖历代通载》,也不见于《续佛祖统纪》,当是另有所本。而且《大明高僧传》将贤首、天台、慈恩、禅宗的重要人物汇集在一起,也便于翻检。

本书除有体例不完整、所收人物不全的不足之处以外,尚有人物不著朝代,有些又不出卒年,致使从传记本文很难辨认是何时之人(特别是《习禅篇》);失录传主的著作;人物重出(如卷一和卷六均有《祖觉传》)等。

第七品　明明河《补续高僧传》二十六卷

《补续高僧传》,二十六卷。明崇祯十三年(1640),吴郡华山寺沙门明河撰。收入《续藏经》第一三四册。

明河（1588—1640），号汰如，华严宗僧人，一雨通润的弟子。"倡明教乘，为时所宗。"事见明范景文《补续高僧传序》、毛晋《补续高僧传跋》等。

《补续高僧传》书首有崇祯辛巳岁（十四年，公元1641年）思仁居士范景文、西江黄端伯、后住中峰读彻各撰的序言，和崇祯甲申岁（十七年，公元1644年）周永年撰的序言，凡四篇；书末有隐湖毛晋撰的跋（未署年月），"彊圉大渊献之岁"（即清顺治四年丁亥，公元1647年）自扃（即道开）撰的跋，和"重光作噩"岁（即清康熙二十年辛酉，公元1681年）马弘道撰的跋，凡三篇。从这些序跋中可以获悉：

一、明河慨宋以来僧史阙如，自中年起，便担囊负笈，遍历南北名山大刹，搜讨碑版，考核遗事，广肆搜猎，积累资料。尔后次序编年，胪陈行略，绅绎缮录，勒成此传。明河的弟子道开在《跋》中说："（明河）年未强仕，慨然以僧史有阙为心，遂南走闽越，北陟燕台，若雁宕、石梁、匡庐、衡岳，绝壑穷岩，荒林废刹，碑版所作，搜讨忘疲。募勒抄写，汇集成编，而后竭思覃精，笔削成传。"（《续藏经》第一三四册，第391页下）

二、在搜集资料的过程中，明河得到了同学读彻的协助，并借阅了曹能始的藏书。读彻《序》说："（明河）不惜踏破铁鞋，走齐鲁燕赵间，始断烟残碣，搜括迨遍。东南名山，听未果缘，约与吾分任之。忆甲寅春，于湖上送公（指明河）为八闽游，吾亦将振策两粤，取道藏何，以还故山。"（第36页下）范景文《序》说："曹学宪能始，复出邺架所藏，倾箧佐之。阅三十春秋，成此一书。"（第35页上）

三、由于明河感到是书尚有未备之处，又忙于讲肆，故至临终之日，也未成定稿。读彻《序》说："惜乎此后两人（指明河与读彻本人）皆堕讲肆窠臼，无暇及此。若夫人之今古，采之得

失,列之诠次,尚俟商榷,可称未全之书。"(第36页下)

四、明河卒后,道开受遗命整理传稿,请范景文、黄端伯、周永年作序,准备剞劂而行之。时值明末大乱,遂不能卒业杀青。后赍稿至虞山,获明末著名的藏书家、汲古阁的主人毛晋之佐助,始得付梓。于是有读彻《序》、毛晋《跋》、道开《跋》之作。马弘道参与了是书的校订,大概是在竣版前,写下了本书最后一篇《跋》。故是书是明河花费三十年心血撰成初稿,道开补缀毕功,清康熙二十年以后始公之于世的。

《补续高僧传》初稿撰成的时间,较如惺的《大明高僧传》晚二十三年,但明河生时并不知道有如惺之书,故沐雨栉风,穷搜幽讨,以补摭捃拾,续传高僧为己任。及明河死后,作为遗稿整理者的道开,其实也没有看到过前书,其他序跋的作者恐怕也是如此,所以他们都无一言语及《大明高僧传》,倘若他们知道有这样一部书,完全有理由作一番比衡评判,因为两书在体例、内容、卷帙上的差距是显而易见的。所以《补续高僧传》所"补续"的对象是北宋赞宁的《宋高僧传》,而不是如惺的《大明高僧传》。

《补续高僧传》的体例继踵《宋高僧传》,也将僧人按行业分为十科(亦即十篇),只是将《读诵》改为《赞诵》,其余的科名都是一样的。

一、译经篇(卷一)。正传十三人,附见三人。

二、义解篇(卷二至卷五)。正传一百二人,附见十三人。

三、习禅篇(卷六至卷十六)。正传二百四十三人,附见二十七人。

四、明律篇(卷十七)。正传十人,附见二人。

五、护法篇(卷十八)。正传十五人,附见六人。

六、感通篇(卷十九)。正传三十四人,附见四人。

七、遗身篇(卷二十)。正传十三人,附见四人。

八、赞诵篇(卷二十一)。正传六人。

九、兴福篇(卷二十二)。正传十三人。

十、杂科篇(卷二十三至卷二十六)。正传九十九人,附见十三人。

合计正传五百四十八人,附见七十二人。其中《习禅篇》占的比例最大,为全书的五分之二,《义解篇》和《杂科篇》次之,各近五分之一。所收人物年代最早的是卷六的龟洋禅师(慧忠),他大约卒于唐僖宗广明至光启年间(880—887)[案:卷二的少康,据其他史料记载,卒于公元805年,远在慧忠之前,但由于本书作者不察其活动年代,误作宋人,故暂且不算在内]。年代最晚的是卷十六的明律(字三空),他卒于明万历乙卯(即万历四十三年,公元1615年)。上下约七百三十年。

与《宋高僧传》不同,《补续高僧传》在各科之末没有"论";正传中既有一个人的单传,也有二人或三人的合传。如卷一有《天息灾法天施护三师传》、《法护惟净二师传》,卷二有《从谏希最二师传》、《处咸处谦二师传》、《净梵齐玉二师传》,卷三有《择卿可观有朋三师传》等。虽然合传并非将几个人的事迹穿插在一起叙述,仍然是各说各的事,正文与一人一传的单传的叙述方式相同,只是传名上有并列数人与单列一人之分。但这合传有作者认为这二人或三人的地位不相上下,不宜搞成有主次之分的附传形式,且考虑到他们的行事比较接近的含义在内,也算是僧传的一种新体式。

另外,《补续高僧传》有些人物的传末虽然也间附作者的评语,但名目尚未规范化。有的称"系曰",有的称"明河曰",有的不署名称,从意思上看也是作者或整理者(道开)的议论。

《补续高僧传》既名为"补",指的是补录了属于《宋高僧传》

收录的范围，而前书未收的唐五代的一些僧人。这在唐代，有卷六的龟洋慧忠。在五代，有卷六的佛手岩行、瑞龙幼璋、黄檗慧禅师、云居道简、蚬子和尚、鼓山神晏、保福从展、罗山道闲、黄龙晦机、明招德谦、太原孚上座、国清寺大静小静、乌巨晏禅师、普静常觉、重云智晖、大章清豁、鼓山冲煦，卷十九的二萧（一蜀人，一长沙莱阳人）。但也有因作者粗疏而复载的，如后周的慧琪，已见于唐道宣《续高僧传》卷二十五，本书卷二十三又有传。唐少康和五代惟劲，已见于北宋赞宁《宋高僧传》卷二十五和卷十七，本书卷二和卷六重出，而且叙事又简，不如唐传和宋传来得详细。

《补续高僧传》所"续"的主要是宋（辽、金）、元、明时期的高僧。其中宋元两代僧人遍于十篇；金僧在《遗身篇》中缺，明僧在《明律篇》中缺，此外的各篇均有见录；辽僧仅见于《明律篇》，所说的是法均传戒大师，并附出他的弟子裕窥。资料除来源于作者遍游山岳所得的碑版文字以外，还取材于宋代以来的佛教史籍。如《译经篇》参考了北宋《祥符录》、《天圣录》、《景祐录》三部经录；《义解篇》中的一些宋僧的传记出自南宋志磐的《佛祖统纪》；《习禅篇》所录的宋元禅僧中，有不少见于《禅林僧宝传》、《五灯会元》、《佛祖历代通载》等，然作者有所裁剪删治。

《补续高僧传》所录的明代僧人，就禅宗方面来说，重要的有：阅《首楞严经》，至"缘见因明暗成无见"处有省，以"拾得红炉一点雪，却是黄河六月冰"一偈，得元叟行端印可，有六会语录并《净土诗》、《慈氏上生偈》、《北游》、《凤山》、《西斋》三集等行世的楚石梵琦（卷十四）；初游心于教，后弃教而即禅，晚年重修《历代高僧传》，笔力遒劲，识者谓有得于司马迁的梦堂昙噩（卷十四）；博通古今，善为词章，洪武年间奉诏笺释《心经》、《金刚》、《楞伽》三经，制《赞佛乐章》，并有《全室集》行世的季潭宗泐（卷十四）；平生未尝读经，唯以深悟自得的万峰时蔚（卷十五）；闻法师讲《华严大疏》有感出家，著《笑岩集》四卷的月心德宝（卷十六）；历事四朝，三坐道场，四会说法，曹洞宗济南秋江洁公的弟子天界道成（卷十六）；依虞山常忠出家，阅《传灯录》顿省，紫柏真可深器之，法门大老相与酬酢的无明慧经（卷十六）；答儒释内外之辩的呆庵普庄（卷十八）；著有《金刚注解附录》等，制定明初国家法会一切科仪文字的南洲溥洽（卷二十五）；擅长诗文，气魄雄而辞调古的见心来复（卷二十五）；以《五灯会元》篇帙浩重，未摄略机，遂锐意抄简，揽要便学，撰成《禅宗正脉》，晚年罄衣钵而刻《缁门警训》的密庵如卺（卷二十五）等。

就天台宗方面来说，重要的有：从我庵法师受学，叩大用必才、绝宗善继释疑，唱扬接行，大行法化的原璞士璋（卷四）；从柏子庭和尚习教，解悟甚深的东溟慧日（卷五）；素通三藏，尤精《法华》、《圆觉》、《楞严》诸经的万松慧林（卷五）；虽出偏重于《华严》的千松明得之门，然独精天台的百松真觉（卷五）等。

就华严宗方面来说，重要的有：依景德春谷，受《五教仪》、《玄谈》二书，谒怀古肇师，受四种法界观，精清凉一家疏章，著《天柱稿》、《宝林编》等文，对贤首宗的振兴作出重大贡献的一云大同（卷四）；传华严之教于宝觉法师，谓"能于禅定而获证入者，乃为有得"（第99页下），又和会天台、贤首之学，有《法华问答》、《法华随品赞》、《辩正教门关键录》及诗文行世的古庭善学（卷五）；演《华严钞》于京口万寿寺，听者日以千数的麓亭祖住（卷五）；参究性相宗旨，醉心华严圆顿法门，说法讲演，时出新义，"北方法席之盛，稽之前辈，无出师右"（第107页下）的月川镇澄（卷五）等。

就净土宗方面来说，重要的有卷五的云栖袾宏。他从参究念佛得力,遂开净土一门,著《弥陀疏钞》、《四十八问答》、《净土疑辨》、《往生集》等,融会事理,指归唯心,对华严宗教义、禅宗语录、律学戒制均有很深的造诣。

从《补续高僧传》的记载来看,明初仍有天竺僧人振锡来华。如卷一的桑渴巴辣、具生吉祥、底哇答思即是。也有汉地僧人去天竺的,如卷一的智光是山东武定州人,十五岁出家,曾到过迦湿弥罗(旧译"罽宾")国,礼国师板的达萨诃咱释哩,传天竺声明记论之旨。而且明初仍有译经,如智光曾译其师的《四众弟子菩萨戒》,又译《显密教义》、《心经》、《八支了义真实名经》、《仁王护国经》、《大白伞盖经》。具生吉祥也曾翻译了《八支戒本》。

《补续高僧传》不但提供了有关明代重要僧人及其活动的很多宝贵的史料,而且对宋元僧人的风貌也有所反映。如宋元以来禅僧的一大特点是注重诗文的修养。《杂科篇》中就有很多这样的僧人。宋代的惟中,"精禅律之学,善吟诗,气格清谨,与可朋上下,时称之曰诗伯。且通儒书,学者从质其义,日满座下"(卷二十三,第342页上)。处严"博学能诗文,醇重典雅,且工书,有晋宋法"(同卷,第347页下)。著《参寥子集》的道潜,"人谓师之诗,雅淡真率"(同卷,第348页下)。居简有《北涧集》十九卷,收所撰诗文,叶适评价说:"简公诗语特惊人,六反掀腾不动身。说与东家小儿女,涂青染缘未禁春。"(卷二十四,第354页下)据说他居住天台委羽时,有二姓争竹山,竭产不肯已,仙居丞王君怿请他协助处理,"师作《种竹赋》一首示二姓,而讼遂止"(卷二十四,第354页下)。元代妙恩的弟子大圭,"博极儒书,尝曰:不读东鲁论,不知西来意。为文简严古雅,诗尤有风致。自号梦观道人,著《梦堂集》,及《紫云开士传》,纸贵一时"(同卷,第359页下)。而到明代,虽然能诗文的僧人仍不

乏其人,有的还有专集行世,但总的趋势是减少了。故明河在卷二十五的《守仁德祥二公传》后感慨地说:

> 非老庄不行六朝教也,非诗文不大宋元禅也。去古渐远,余波末流自应至是。……至于今则不然。椎鲁不文之人,冒棒喝为禅,以指经问字为讳,何暇于诗文。轻浮躁进之士,执门户为教,方入室,操戈是图,何有于老庄,愈趋而愈下。(第368页下)

至于用偈颂的形式,表达学佛参禅的种种收获和体会,则在《补续高僧传》所收的传记中比比皆是。偈颂一般以四句为一首,有四言的、五言的、六言的、七言的,也可例外。它不受典故、对仗、平仄的限制,虽然也有节奏音韵,但并不讲究。所表达的对象不是山水境物,而是僧人的思想感受。最为流行的是临终偈,即僧人临死之时,或口占,或笔书,以示教于弟子的偈,为宋元以来佛徒特别是禅僧表达自己思想的最普遍的方式之一。此风大概发端于唐智炬《宝林传》所编录的七佛传法说偈,至宋代大行于丛林,以后相沿。临终偈的内容大多是对生死问题的看法,和对自己一生活动的总结:

> 六十春光有八年,浮云收尽露青天。临行踢倒须弥去,后夜山头月更圆。(卷一《慧洪传》,第48页下)

> 昔本不生,今亦不灭。云散长空,碧天皓月。(卷五《道孚传》,第103页上、下)

> 平生要用便用,死蛇偏解活弄。一拳打破虚空,佛祖难窥罅缝。(卷十一《师一传》,第182页上、下)

> 不愿生天及净国,只明心地本圆常。毗卢妙生非来去,耀古腾今遍十方。(卷十七《了兴传》,第288页上)

> 这个老汉,全无思算。禅不会坐,经不会看。生平百拙

无能,晦迹青松岩畔。静如磐石泰山,动若雷轰掣电。(卷二十二《普明传》,第328页下)

也有的虽无偈之名,但其形式和内容也是偈,如卷五的如幻,临死前弟子请偈,他说:

> 浮生本无偈,痴人迷梦踪。虚空无面目,面目问虚空。

(第109页上)

宋代以后,佛教各宗出现了融合的趋势,僧人往往性相并究,禅教贯通,普修净业,调和儒释。有些僧人因学术多方,以至究竟归于何一宗何一派也较为困难。只能按他的师承、学识、讲说的内容、著作、学说的主旨大致区分。然而各宗之间互相诋毁的事间亦有之。《补续高僧传》卷二十三据《佛祖统纪》改编的《清觉传》中的记载便是一例:

清觉,号本然,洛京登封孔氏子,孔子五十三世孙。幼习儒业,熙宁二年(1069)阅《法华经》有省,依汝州龙门海慧大师剃染出家。初参峨眉千岁和尚,后结庵舒州浮山太守岩,宴坐二十年。之后,入住杭州灵隐寺后的白云山庵。"觉(清觉)自立宗旨,著《证宗论》、《三教编》、《十地歌》,皆依仿佛经而设,人称为白云宗。……觉立说,专斥禅宗。觉海愚禅师力论其非,坐流恩州。"(第346页下)

孔清觉所创立的白云宗是贤首宗的一个支派,与北宋的白莲宗被视为佛教的异端,故明河在传后的评语中说:

> 白云之道不淳,讥议归之宜矣。至诋与白莲相混,特以无妻子为异,则亦太甚。然其持守精谨,于患难生死之际,脱然无碍,去常人亦远。予故取其行而已,恨其为言也。

(第347页上)

虽则明河对白云宗也是持批评态度的,但他将清觉收入本书,毕竟增添了宋元明时期佛教状况的一个层面。

又如卷二十四所载的元代无照,是南诏人。初习教乘,后不远万里到江南一带学禅。方图归以倡道,而卒于中吴(江苏镇江),年仅三十七。中峰明本作文祭之。"然南诏之有禅宗,实自无照始。"(第359页上)明河别具慧眼,将云南少数民族地区第一个学禅宗的僧人亦加以收载,使本书增色不少。

《补续高僧传》的不足之处有:有些僧人归科不当。如《护法》之为科,本是用来褒举在道教与佛教、朝廷与佛教、世人与佛教、儒教与佛教的冲突中,捍卫佛教利益的僧人的。但本书《护法篇》中,有些并无任何"护法"举止的僧人也被纳入。如卷十八的长芦宗赜,是云门宗人,"虽承传南宗顿旨,而实以净土自归"(第293页下),似应归入《赞诵篇》。同卷的万松行秀,是曹洞宗人,评唱宏智(天童正觉)百颂(《颂古百则》),著《请益录》,"于百家之学,无不淹通。三阅大藏,首尾熟贯"(第297页上)。同卷的华亭念常、吴兴觉岸与《译经篇》卷一的慧洪都是因编撰佛教史籍而出名。他们都似应归入《义解篇》或《习禅篇》。另外,有的传记编次不顺。如卷四在明代的慧进、一如(附能义)、大同的传后,出现元代正顺、文才的传记,尔后又回到明代,出《士璋传》。还有些重要的僧人漏载。如《明律篇》中无明僧。明末四大家中,除德清、智旭卒于本书所收的最晚年限之后,袾宏、真可均卒于本书所收的最晚年限之前,然真可不见著录。

第八品　清徐昌治《高僧摘要》四卷

《高僧摘要》,四卷。清甲午岁(顺治十一年,公元1654年),武原居士徐昌治编辑。收入《续藏经》第一四八册。

徐昌治,盐官(今浙江海宁县西南)人。法名"通昌",字"觐周",别号"无依道人"。早习儒业,补博士弟子。后因听《楞严经》有省,信仰佛法。礼临济宗名僧费隐通容为师。撰有《祖庭指南》二卷(见本书宗系部)、《金刚经会解了义》一卷、《般若心经解》一卷、《法华经卓解》七卷和《法苑醒世》等。《祖庭指南》卷下附有生平自述。

《高僧摘要》书首有徐昌治《叙高僧摘要》和僧鉴《叙》。徐昌治说:

  余刊布《佛祖指南》(即《祖庭指南》)、《法苑醒世》,凡单传直指,幽明感应,历历备具。而高僧一传,譬如虚空,体非群相,而不拒彼众相发挥,奈传有正有续,若梁若明,计共四帙(指慧皎、道宣、赞宁、如惺作的四传),俱以十款分类。余讶之曰:有依有傍,怎说绝伦?拘格拘例,那云独步?余惟前册(指《祖庭指南》、《法苑醒世》)已经刻过者不重录外,今止分为四卷,名曰《摘要》。第一取道之高,堂堂坐断千差路,卓卓分明绝去来;第二取法之高,虽云绵密弗通风,古往今来绝间隔;三则取品之高,转处孤危万事休,随缘得旨复何求?群生造化乘斯力,一段灵光触处周;四则取化之高,日月照临不到,天地覆载不著,劫火坏时彼常安,万象泯时全体露。(《续藏经》第一四八册,第695页上)

《高僧摘要》以作者已编入《祖庭指南》、《法苑醒世》的人物,一般不予收录为编集原则(其中有个别例外,如密云圆悟、费隐通容已见于《祖庭指南》卷下,《高僧摘要》也予以收录),以道高僧、法高僧、品高僧、化高僧为分科类别,共选载东汉至清初的高僧一百七十三人(全是正传,无附见)。卷一为道高僧摘要,收四十二人(另有唐代居士都贶,作者未计入内);卷二为法高僧摘要,收四十三人;卷三为品高僧摘要,收四十七人;卷四为化高僧摘要,收四十一人。

《高僧摘要》中有关东汉至元代高僧的传记,主要取材于:梁慧皎《高僧传》、唐道宣《续高僧传》、北宋赞宁《宋高僧传》、明如惺《大明高僧传》四部僧人总传;北宋惠洪《禅林僧宝传》、南宋普济《五灯会元》等禅籍;南宋志磐《佛祖统纪》、明佚名《续佛祖统纪》等佛教史著作。由于这些史书于世常见常用,故《高僧摘要》有关这些僧人生平事迹的摘抄,并无多大实际意义。

《高僧摘要》的主要价值在于记叙了明代和清初的一批高僧。这在明代有:真清(号象先)、梵琦(字楚石)、玉芝(名法聚)、袾宏(号莲池)、圆悟(号密云)、通容(号费隐)、海明(号破山,以上卷一)、无念(名深有)、慧经(号无明)、牧云门、如学(号五峰)、法藏(号汉月,以上卷二)、慧日(号东溟)、应能、真可(字达观)、德清(号憨山)、雪峤圆信、万如微、林野奇、通乘(号石车)、通忍(号朝宗,以上卷三)、惟则(字天真)、祖住(字幻依)、明德(号月亭)、元来(字无异,以上卷四)。在清初有:道忞(号木陈,见卷二)、通琇(号玉林)、通云(号石奇)、通贤(号浮石)、行元(号百痴,以上卷三)、隆琦(字隐元,见卷四)。这中间绝大多数是禅宗系统中临济宗、曹洞宗的高僧。明末四大家有三大家(袾宏、真可、德清入录),唯缺智旭。

由于禅宗师徒的授受和印证主要是靠对话式的机缘语句来进行的,而作者本人又出自禅门,故《高僧摘要》的写法类似灯录,所记大半是禅语(至少对占全书半数的禅僧的记叙是如此)。仅以一例相举,如《道忞传》说:

> 释道忞,号木陈,潮州林氏子。匡庐薙染,依悟(圆悟)和尚天童座下,掌记室有年。受请继席。僧问:如何是天童境?师曰:廿里松关行欲尽,青山捧出梵王宫。曰:如何是境中人?师曰:闲移拄杖松根立,笑问客从何处来。曰:向

上宗乘事若何？师曰:看脚下。问:如何是诸佛出身处？师曰:你吃粥也未？僧拟议。(卷二,第730页下)

《高僧摘要》因不满历代《高僧传》的"十科"分类法,而标新立异,分为道、法、品、化四科。但由于"道"与"法"很难区分,"品"又与"道"、"法"、"化"相联系,故即使是作者自己也没有能对这四科下明确的定义。故分科虽新,但科与科之间的界线反而比"十科"分类更模糊。

第三门　僧人类传

第一品　比丘尼类:梁宝唱《比丘尼传》四卷

《比丘尼传》,四卷。梁庄严寺沙门宝唱撰。载于《丽藏》"英"函、《宋藏》"群"函、《金藏》"英"函、《元藏》"群"函、《明南藏》"功"函、《明北藏》"微"函、《清藏》"侠"函、《频伽藏》"致"帙,收入《大正藏》第五十卷。

《比丘尼传》未见于唐道宣《续高僧传》卷一《宝唱传》以及智升《开元释教录》以前的历代经录的著录,自《开元释教录》始入录,但未明撰时。据元觉岸《释氏稽古略》卷二,则它撰于梁天监十六年(517)。书首有宝唱自序。说:

> 比丘尼之兴,发源于爱道(即"大爱道",释迦牟尼的姨母),登地证果,仍世不绝,列之法藏,如日经天。……像法东流,净捡为首,绵载数百,硕德系兴。善妙、净珪穷苦行之节,法辩、僧果尽禅观之妙,至若僧端、僧基之立志贞固,妙相、法全(一作"令")之弘震旷远,若此之流,往往间出。……而年代推移,清规稍远,英风将范于千载,志业未集乎方册。每怀慨叹,其岁久矣。始乃博采碑颂,广搜记集,或讯之博闻,或访之故老,诠序始终,为之立传。起晋升平,讫梁天监,凡六十五人。不尚繁华,务存要实。(《大正

藏》第五十卷,第 934 页中)

序中"起晋升平,讫梁天监"一句,宋元明本作"起晋咸和,讫梁普通"。考书中所录的第一人为竹林寺净捡(或作"净检"),她卒于东晋升平(357—361)末年,最后一人为山阴招明寺法宣,她卒于天监十五年(516),则《大正藏》所据的高丽本之说为是。卷一录东晋比丘尼十三人,卷二录刘宋比丘尼二十三人,卷三录齐代比丘尼十五人,卷四录梁代比丘尼十四人,总数如序所说,有六十五人。

《比丘尼传》是一部专门记叙汉地佛教僧团中的女性出家者(确切地说,是出家受具足戒的女子),即比丘尼的生平事略的传记。释迦牟尼在创建佛教僧团的初期,只收男性出家者,他们称为"比丘"(出家受具足戒的男子)。据记载,第一批比丘是陪随释迦牟尼出家求道的憍陈如等五人,世称"五比丘"。数年以后,释迦牟尼重返故乡,度他的姨母摩诃波阇波提(意译"大爱道")出家,僧团中才开始有女性出家者,即"比丘尼"。佛教传入中国以后,在相当长时间里,也只有比丘,而没有比丘尼,一直到西晋末年武威太守之女仲令仪(即"净捡")从罽宾国沙门智山出家,汉地始有比丘尼。《比丘尼传》卷一《净捡尼传》对此作了详细的记述:

> 净捡,本姓仲,名令仪,彭城人也。父诞,武威太守。捡少好学,早寡家贫,常为贵游子女教授琴书。闻法信乐,莫由谘禀。后遇沙门法始,经道通达,晋建兴中,于宫城西门立寺,捡乃造之。始(法始)为说法,捡因大悟,念及强壮,以求法利,从始借经,遂达旨趣。他日谓始曰:经中云,比丘比丘尼,愿见济度。始曰:西域有男女二众,此土其法未具。捡曰:既云比丘比丘尼,宁有异法? 始曰:外国人云,尼有五百戒,便应是异,当为问和上(指智山)。和上云:尼戒大同

细异,不得其法必不得授,尼有十戒得从大僧受,但无和上,尼(指比丘尼)无所依止耳。捡即剃落,从和上受十戒,同其志者二十四人,于宫城西门共立竹林寺。未有尼师,共谘净捡。……晋咸康中,沙门僧建于月支国得《僧祇尼羯磨》及《戒本》,升平元年二月八日于洛阳译出。外国沙门昙摩羯多为立戒坛。晋沙门释道场以《戒因缘经》为难,云其法不成。因浮舟于泗。捡等四人同坛上,从大僧以受具戒(即"具足戒",又称"大戒"),晋土有比丘尼,亦捡之始也。(第934页下)

根据佛教的戒法,凡受过十戒而未受过具足戒的出家人,男子称为"沙弥"(俗称"小和尚"),女子称为"沙弥尼"(俗称"小尼姑")。只有受了具足戒(据《四分律》的说法,男子应受"二百五十戒",女子应受"三百四十八戒",律典中又有说女子应受"五百戒"的),才能取得正式的僧尼资格。汉地女子出家以后,最初是从比丘那儿从受具足戒的。刘宋元嘉八年(431),罽宾国沙门求那跋摩来到建业(今南京),传播大乘戒法,景福寺尼慧果、净音听说印度女子出家,通常是从比丘和比丘尼二众那里同时受戒的,因而要求重受具足戒。由于从二众受戒,须有比丘尼十人在场方可,而当时已到中国的师子国(今斯里兰卡)比丘尼只有八人,不满规定的人数,故当时未能举行。二年后,师子国比丘尼铁萨罗等十一人来华,僧伽跋摩继轨已故的求那跋摩,与铁萨罗等一起,为宋都比丘尼三百余人重受具足戒,这便是汉地尼众于二众(比丘、比丘尼)中受戒之始。《比丘尼传》卷二《僧果尼传》叙述此事的始末经过说:

元嘉六年,有外国舶主难提(竺难提),从师子国载比丘尼来至宋都,住景福寺。后少时,问果(指僧果)曰:此国先来已曾有外国尼未?答曰:未有。又问:先诸尼受戒那得二僧(指比丘、比丘尼)？答：但从大僧(指比丘)受得本事者，乃是发起受戒人心，令生殷重，是方便耳。故如大爱道八敬得戒，五百释女以爱道为和上，此其高例。果(僧果)虽答，然心有疑，具谘三藏(指求那跋摩)，三藏同其解也。又谘曰：重受得不？答曰：戒定慧从微至著，更受益佳。至十年，舶主难提复将师子国铁萨罗等十一尼至，先达诸尼已通宋语，请僧伽跋摩于南林寺坛界，次第重受三百余人。(第939页下)

自西晋末年净捡出家，开比丘尼之先例以来，比丘尼的数量不断增加，至梁代至少也有数千人。这些比丘尼的家境和身世各不相同，有的"家素富盛"(如卷一的妙相)，也有的"清安贫窭"(如卷二的法相)。是什么原因促成她们落发出家，步入佛门呢？据《比丘尼传》的记述，大致有以下几种：

一、不乐婚嫁。如卷一的安令首，"雅性虚淡，不乐人间，从容闲静，以佛法自娱，不愿求娉"(第935页上)。同卷的僧基，母"密以许嫁，秘其聘礼，迎接日近，女乃觉知，即便绝粮，水浆不下。……因遂出家"(第936页上)。

二、兵虏求脱。如卷一的令宗，"家遇丧乱，为虏所驱。归诚恳至，称佛法僧，诵《普门品》。拔除其眉，托云恶疾，求诉得放。……因得到家，仍即入道"(第936页下)。

三、构疾还愿。如卷二的道寿，"元嘉中遭父忧(指去世)，因毁构疾，自无痛痒，唯黄瘠骨立，经历年岁，诸治不瘳。因尔发愿：愿疾得愈出家"(第938页上)。

四、家道变故。如卷二的宝贤，"十六丁母忧，三年不食谷，以葛芋自资，不衣缯纩，不坐床席，十九出家，住建安寺"(第941页上)。卷三的僧猛，"年十二父亡，号哭吐血，绝而复苏。三年(指守孝三年)告终，示不灭性，辞母出家"(第942页中)。同卷的超明,"年二十一,夫亡寡居,乡邻求娉,誓而弗许,因遂出家,住崇隐寺"(第944页中)。

五、家世奉佛,亲属披缁。如卷二的僧端,"门世奉佛,姊妹笃信"(第939页上);卷四的法宣,"世奉正法"(第948页上);卷一的道仪,是庐山名僧慧远的姑姑;卷三的昙勇,是昙简尼的姐姐;卷四的僧念是招提寺昙睿法师的姑姑;卷四的净行,是净渊尼的第五个妹妹,等等。

带有普遍性的因素,是当时政局迭变,干戈扰攘,百姓荡析离居,困苦不堪。尤其是女子,受到痛苦生活的折磨更大,出家便成为极少数可供选择的生路之一。

出家的比丘尼游心经律,精勤苦行的很多。卷一的竺道馨,本姓羊,太山人,出家居洛阳东寺,"雅能清谈,尤善《小品》,贵在理通,不事辞辩,一州道学所共师宗。比丘尼讲经,馨其始也"(第936页中)。卷三的智胜,"自制数十卷义疏,辞约而旨远,义隐而理妙"(第942页下)。在笃守苦节的比丘尼中,有的甚至烧身供佛。如卷二的道综,"自炼油火,关颡既然(燃),耳目就毁,诵咏不辍。道俗咨嗟,魔正同骇"(第940页下)。卷三的昙勇,"夜积薪自烧,以身供养"(第944页中)。卷四的冯尼,"烧六指供养,皆悉至掌"(第946页中)。此类举止,确使世人惊骇不已。

比丘尼不仅自身修行,而且与社会各阶层广泛交往,这对于推动晋宋以来朝廷上下归敬佛法,礼接僧尼的风气的形成,扩大佛教的势力和影响,起了不可忽视的重要作用。试看她们与皇帝以至士庶的密切关系:

一、皇帝。东晋的妙音,"晋孝武皇帝、太傅会稽王道(当作"王道子")、孟颚等并相敬信。每与帝以及太傅中朝学士谈论属文,雅有才致,藉甚有声。太傅以太元十年为立简静寺,以音为寺主,徒众百余人。内外才义者因之以自达,供赙无穷,富倾都邑,贵贱宗事,门有车马日百余辆"(第936页下)。荆州刺史王忱死,孝武帝想派王恭代之。当时桓玄在江陵,听说王恭要去,有点惧怕,想让皇帝派殷仲堪去,因为殷弱易制,于是,"乃遣使凭妙音尼为堪图州"。当孝武帝征询妙音的意见时,妙音推荐了殷仲堪,"帝然之,遂以代忱,权倾一朝,威行内外"(卷一《妙音尼传》,第937页上)。

刘宋时的业首,"宋高祖武皇帝雅相敬异,文帝少时从受三归。住永安寺,供施相续"(卷二《业首尼传》,第940页中)。又有宝贤,"宋文皇帝深加礼遇,供以衣食。及孝武雅相敬待,月给钱一万。明帝即位,赏接弥崇,以泰始元年敕为普贤寺主,二年又敕为都邑僧正"(卷二《宝贤尼传》,第941页上)。齐代的智胜,"齐文惠帝闻风,雅相接召,每延入宫,讲说众经,司徒竟陵文宣王倍崇敬焉"(卷三《智胜尼传》,第943页上)。

二、皇后。比丘尼出入宫禁,与皇后的关系十分密切,一些尼寺也是皇后所造。如"建元二年,皇后褚氏为立寺于都亭里通恭巷内,名曰延兴"(卷一《僧基尼传》,第936页上)。晋穆帝的何皇后于永和十年,"立寺于定阴里,名永安"(卷一《昙备尼传》,第935页下)。永安寺后改名为"何后寺",宝唱撰书时尚在。

三、诸王。刘宋的慧濬,"宋太宰江夏王义恭雅相推敬,常给衣药,四时无爽"(卷二《慧濬尼传》,第941页上)。

四、官宰。东晋的明感,"晋永和四年春,与慧湛等十人济江,诣司空公何充,充一见敬重。于时京师未有尼寺,充以别宅为之立寺。……名曰建福寺"(卷一《明感尼传》,第935页下)。

五、士庶。刘宋的僧敬,"留滞岭南三十余载,风流所渐,旷俗移心。舍园宅施之者十有三家,共为立寺于潮亭,名曰众造"

(卷三《僧敬尼传》,第942页中)。梁代的法宣,"吴郡张援、颍川庾咏、汝南周颙皆时之名秀,莫不躬往礼敬"(卷四《法宣尼传》,第948页上),等等。

我国历史上出现的各部《高僧传》,所记的对象基本上都是比丘,唯有宝唱的这部书是记比丘尼的。正因为如此,在佛教史传中,《比丘尼传》具有特殊的价值和意义。

本书的校注本有:王孺童《比丘尼传校注》(中华书局2006年7月版)。

第二品　求法僧类:唐义净《大唐西域求法高僧传》二卷

《大唐西域求法高僧传》,简称《西域求法高僧传》、《求法高僧传》,二卷。唐代沙门义净撰。载于《丽藏》"广"函、《宋藏》"通"函、《金藏》"广"函、《元藏》"通"函、《明南藏》"兵"函、《明北藏》"尹"函、《清藏》"说"函、《频伽藏》"致"帙,收入《大正藏》第五十一卷。

义净(635—713),俗姓张,齐州(治所在今山东历城)人[案:此据唐智升《开元释教录》卷九。北宋赞宁《宋高僧传》卷一说他是"范阳"(今北京西南)人]。童年出家,遍询名匠,广探群籍。十五岁时,仰法显之雅操,慕玄奘之高风,遂有去西域求法之志。唐高宗咸亨二年(671)十一月,他三十七岁,于广州搭乘波斯商船泛海南行,取道室利佛逝(今苏门答腊),于咸亨四年(673)二月到达东印度。尔后前往中印度,巡礼灵鹫山、鸡足山、祇园精舍、鹿园、菩提树等佛教圣迹,并在那烂陀寺学习大小乘佛教学说,积十年之久。武则天垂拱(685—688)年间,他返回室利佛逝,在那里从事译述。证圣元年(695)仲夏,回到洛阳。前后二十五年，游历三十余国，带回梵本经律论近四百部合五十万颂。归国后，先与于阗沙门实叉难陀等共同翻译《华严经》。久视元年（700）之后，自己组织译场，先后译出《说一切有部毗奈耶》等五十六部二百三十卷。又著作尚有《别说罪要行法》、《受用三水要法》、《护命放生轨仪》、《南海寄归内法传》（见本书纂集部，以上均存）等。事见唐义净《南海寄归内法传》卷四、智升《开元释教录》卷九和北宋赞宁《宋高僧传》卷一等。

《求法高僧传》未明撰时。卷下《大津传》说，澧州沙门大津于永淳二年（683）振锡南海，泛舶月余，抵达室利佛逝，在那里停留多年，学习昆仑语及梵书。"净（义净）于此见，遂遣归唐，望请天恩于西方（指印度）造寺。（大津）既睹利益之弘广，乃轻命而复沧溟，遂于天授二年（宋元明本作"三年"）五月十五日附舶而向长安矣。今附新译杂经论十卷、《南海寄归内法传》四卷、《西域求法高僧传》两卷。"（《大正藏》第五十一卷，第10页中）今本书名下也有"沙门义净从西国还，在南海室利佛逝撰寄归，并那烂陀寺图"的题记。据此可以推定，《求法高僧传》和《南海寄归内法传》均撰于室利佛逝，时间在天授二年（691）或之前。撰成之后，由大津送回长安，转呈朝廷。《求法高僧传》原先还附有印度当时最大的寺庙那烂陀寺的图样，但现已失传。

《求法高僧传》书首有义净《序》。说：

> 观夫自古神州之地，轻生殉法之宾，显（法显）法师则创辟荒途，奘（玄奘）法师乃中开王路。其间或西越紫塞而孤征（指陆路），或南渡沧溟以单逝（指海路），莫不咸思圣迹，罄五体而归礼，俱怀旋踵，报四恩以流望。然而胜途多难，宝处弥长，苗秀盈十而盖多，结实罕一而全少。实由茫茫象碛，长川吐赫日之光；浩浩鲸波，巨壑起滔天之浪。独步铁门之外，亘万岭而投身；孤漂铜柱之前，跨千江而遣命

（跛南国有千江口也——原注）。或亡餐几日，辍饮数晨，可谓思虑销精神，忧劳排正色。致使去者数盈半百，留者仅有几人。设令得到西国者，以大唐无寺，飘寄栖然，为客遑遑，停托无所。遂使流离蓬转，牢居一处，身既不安，道宁隆矣。呜呼！实可嘉其美诚，冀传芳于来叶。粗据闻见，撰题行状云尔。其中次第，多以去时年代远近存亡而比先后。（第1页上）

《求法高僧传》是一部以唐初赴印度求法的僧人的行履事迹为记叙对象的传记。中土沙门去印度求法始于东晋的法显。在法显之前，虽有曹魏的朱士行开西行求法之先，但朱士行只到于阗（今新疆和田一带）为止，未涉天竺（印度）。法显于隆安三年（399），与慧景、道整、慧应、慧嵬等从长安出发，西行求法。在张掖，与另一批西行者智严、慧简、僧绍、宝云、僧景等汇合，度流沙，踰葱岭，终于在元兴元年（402），抵达北天竺，成为第一批到达印度的中国僧人。稍后，慧睿、智猛、昙纂、法盛等人也从陆路进入印度。南北朝去印度求法的僧人仍络绎不绝，其中有刘宋的法勇（胡名"昙无竭"）、道普，梁代的智宣，陈代的智圆、智周，北魏的道药、惠生、法力等。唐初去印度求法巡礼的有玄奘。玄奘以下去印度求法的唐代僧人，便是《求法高僧传》的收录范围。

《求法高僧传》正传收五十六人，大体上按照西行求法的年代为顺序排列。贞观（627—649）末年杖锡西迈的太州玄照法师为第一人，永淳二年（683）泛舶南海的澧州大津法师为末一人。其他事迹比较显著的有齐州道希，新罗慧业、玄太、慧轮，睹货逻利国佛陀达摩，并州道生、常愍，京师玄会，益州明远、义朗、会宁，交州运期、窥冲、爱州大乘灯，康国僧伽跋摩，洛阳昙润、义辉、智弘，荆州道琳、昙光、无行、法振，润州玄逵，襄阳灵运，澧州僧哲等。义净曾在永昌元年(689)从室利佛逝来到广州,购买纸墨,物色写手,以便抄写梵经,尔后返回。有贞固、怀业、道宏、法朗四僧随他回到室利佛逝,担任助手。义净便将这四人的事迹也简要地记下来,题名"重归南海传有师资四人",附于正传之末。故全书实录僧人六十人。此外,卷下《玄逵传》后面有作者关于自己去印度求法经过的长段叙述,实际上也可视为一传。

唐初,中土沙门中间出现的西行求法运动,是中西文化交流史上的一桩大事。《求法高僧传》作为历史的见证,为研究这一运动的方方面面,提供了许多可以信赖的重要史料。

一、西行求法的原因。唐初中土沙门西行求法,除受玄奘取法成功的巨大鼓舞和影响之外,主要是出于三方面的考虑:一思瞻佛教圣迹;二寻师问学,增长见识;三搜求梵本经典,以作汉译。《求法高僧传》说,并州常愍,"自落发投簪,披缁释素,精勤匪懈,念诵无歇。常发大誓,愿生极乐。……冀得远诣西方,礼如来所行圣迹,以此胜福,回向愿生"(卷上,第3页上),于是他附舶南海。洛阳义辉,"受性聪敏,理思钩深。博学为怀,寻真为务。听《摄论》、《俱舍》等颇亦有功,但以义有异同,情生舛互,而欲思观梵本,亲听微言,遂指掌中天(中天竺)"(同上,第5页上)。荆州道琳,"弱冠之年,披缁离俗。成人之岁,访友寻真。搜律藏而戒珠莹,启禅门而定水清。……慨大教东流,时经多载,定(禅定)门鲜入,律藏颇亏,遂欲寻流讨源,远游西国"(卷下,第6页下)。

二、西行求法的路线。这主要有两条:一是陆路,二是海路。在见载于《求法高僧传》的西行者中间,走陆路的以太州玄照为代表,取海路的则以义净自己为代表。

玄照在贞观年中,于长安大兴善寺玄证师初学梵语,然后杖锡西迈。他"背金府而出流沙,践铁门而登雪岭","经速利,过睹货罗,远跨胡疆到吐蕃国。蒙文成公主送往北天(北天竺)"(卷上,第1页下)。他在阇阑陀国住了四年,学经律习梵文。尔后渐次南上,在莫诃菩提住了四年。最后到达中印度的那烂陀寺,留住三载,就胜光法师学《中》、《百》等论,复就宝师子大德受《瑜伽十七地》。玄照后来回到洛阳,麟德年间奉诏再度西行,往羯湿弥啰(即"迦湿弥罗")国迎取长年婆罗门卢迦溢多。他从洛阳出发,经吐蕃,到达北印度。又奉卢迦溢多之命,过缚渴罗国、迦毕试国、信度国,到西印度罗荼国取长年药(长生不老的药),转历南印度,又来到那烂陀寺。作者义净就是在那里与玄照相见的。

义净于咸亨二年(《大正藏》本误作"三年")初秋,随龚州使君冯孝诠从扬州来到广州。十一月,在冯孝诠合门眷属的慷慨资助下,乘波斯商船南行。未隔两旬(不到二十天),来到了室利佛逝。在那里停留六个月,学习声明(印度的声韵学和语文学)。室利佛逝王赠资并派人将义净送往末罗瑜国,于该国留住两个月,然后去羯荼国。又经十日余,北行至裸人国。经半个月,往西北行,至东印度的耽摩立底国。一年后取正西路,到达莫诃菩提和那烂陀寺[案:义净的这条路线,也见载于《南海寄归内法传》卷四,但文字较为简约:"以咸亨二年十一月,附舶广州,举帆南海,缘历诸国,振锡西天。至咸亨四年二月八日方达耽摩立底国,即东印度之海口也。停至五月,逐伴西征,至那烂陀寺及金刚座。"《大正藏》第五十四卷,第233页中]。

三、西行路上的艰险和西行者的品格。唐初,无论是从陆路还是从海路,辗转异域,前往印度,都不是一件容易的事。陆上,"茫茫象碛,长川吐赫日之光";海上,"浩浩鲸波,巨壑起滔天之浪"(见序)。此外还有许许多多数说不尽的艰难险阻,随时随处都可能吞噬西行者的生命。面对这些,西行沙门表现了

坚忍不拔的毅力，和舍生忘死的牺牲精神。如前所说的玄照，在第二次去印度时，

> 重涉流沙，还经碛石。崎岖栈道之侧，曳半影而斜通；摇泊绳桥之下，没全躯以傍渡。遭吐蕃贼，脱首得全；遇凶奴寇，仅存余命。（卷上，第2页上）

义净在从莫诃菩提去那烂陀寺的路上，带病孤进。

> 日晚晡时，山贼便至。援弓大唤，来见相陵。先攦上衣，次抽下服，空有绦带，亦并夺将。当是时也，实谓长辞人代，无谐礼谒之心；体散锋端，不遂本求之望。又彼国相传，若得白色之人，杀充天祭。既思此说，更轸于怀，乃入泥坑遍涂形体，以叶遮蔽，扶杖徐行。日云暮矣，营处尚远，至夜两更，方及徒侣。（卷下，第8页上）

有些西行者在危急关头，宁可自己捐躯亡身，也不愿让他人蒙难，其舍己救人的高尚品德令人赞叹。如常愍和他的弟子，

> 至海滨附舶南征，往诃陵国，从此附舶往末罗瑜国。复从此国欲诣中天。然所附商舶载物既重，解缆未远，忽起沧波，不经半日，遂便沈（沉）没。当没之时，商人争上小舶，互相战斗。其舶主既有信心（指信佛之心），高声唱言：师来上舶。常愍曰：可载余人，我不去也。所以然者，若轻生为物，顺菩提心，亡己济人，斯大士行。于是合掌西方，称弥陀佛，念念之顷，舶沈（沉）身没，声尽而终，春秋五十余矣。有弟子一人，不知何许人也，号咷悲泣，亦念西方，与之俱没。（卷上，第3页上）

四、西行者的学业和对中印佛教文化的沟通。西行沙门行一路学一路，从南海或西域诸国的语言文字，到印度的梵文，从经论义理到律咒因明，无一不学。特别是到了印度之后，更是广

谒名僧大德,学习并吸收印度佛教的各种学说,同时也带去唐代的佛教文化,从而成为中西,尤其是中印佛教文化交流的媒介。如齐州道希:

> 在那烂陀寺频学大乘,住输婆伴娜(在涅槃处,寺名也——原注),专功律藏,复习声明,颇尽纲目。有文情,善草隶,在大觉寺造唐碑一首,所将唐国(即唐朝)新旧经论四百余卷,并在那烂陀矣。(卷上,第2页中)

益州会宁:

> 爰以麟德年中,杖锡南海,泛舶至诃陵洲,停住三载,遂共诃陵国多闻僧若那跋陀罗,于《阿笈经》(又称《阿笈摩经》,即《阿含经》)内译出如来涅槃焚身之事。……会宁既译得《阿笈摩》本,遂令小僧运期奉表赍经,还至交府(交州府),驰驿京兆,奏上阙庭。(同上,第4页上)

荆州无行:

> 后向那烂陀,听《瑜伽》,习《中观》,研味《俱舍》,探求律典。……曾因闲隙译出《阿笈摩经》,述如来涅槃之事,略为三卷,已附归唐,是一切有部律中所出。论其进,不乃与会宁所译同矣。(卷下,第9页中、下)

虽然会宁和无行的译本现已失传,但他们对于佛经汉译所作的贡献则是不能湮没的。

另外,西行沙门还往往通过口述或笔录的方式,记载自己游履之地的所见所闻,其中有地理环境、风俗人物、寺庙建筑等,这对于研究这些国家和地区的历史是不可估量的珍宝。如本书卷上《慧轮传》记载了印度一些有名的寺庙和传说。其中有慧轮到过的庵摩罗跋国的信者寺、睹货罗国的健陀罗山荼寺、僧诃罗国的大觉寺、迦毕试国的窭挐折里多寺、屈录迦国的屈录迦寺、摩揭陀国的那烂陀寺,以及相传在印度室利笈多王时,为从蜀川到印度的二十多位中国僧人建立的支那寺,等等。

本书的校注本有:王邦维《大唐西域求法高僧传校注》(中华书局1988年9月版)。

第三品　禅僧类之一:北宋惠洪《禅林僧宝传》三十卷

《禅林僧宝传》,三十卷。北宋宣和六年(1124),明白庵沙门惠洪撰。收入《续藏经》第一三七册。

惠洪(971—1128),又作"慧洪",一名"德洪",字觉范,号寂音,筠州新昌(今浙江境内),俗姓俞。南岳(怀让)下第十三世、临济宗黄龙派僧人。"年十四,父母并月而殁去,依三峰靓禅师为童子。十九试经东都(开封),假天王寺旧籍'惠洪'名,为大僧。依宣秘律师受《唯识论》,臻其奥。博观子史,有异才,以诗鸣京华搢(缙)绅间。久之南归,依归宗真净(克文)禅师,研究心法,随迁泐潭。"(南宋祖琇《僧宝正续传》卷二,《续藏经》第一三七册,第581页上、下)曾四次锒铛入狱,九死一生,历经坎坷。"著《林间录》二卷、《僧宝传》三十卷、《高僧传》十二卷、《智证传》十卷、《志林》十卷、《冷斋夜话》十卷、《天厨禁脔》一卷、《石门文字禅》三十卷、语录偈颂一编、《法华合论》七卷、《楞严尊顶义》十卷、《圆觉皆证义》二卷、《金刚法源论》一卷、《起信论解义》二卷,并行于世。"(同上,第582页下)

《禅林僧宝传》书首有明洪武六年(1373)戴良撰的《重刊禅林僧宝传序》;南宋宝庆丁亥(三年,公元1227年)张宏敬撰的《重刻禅林僧宝传序》;北宋宣和六年(1124)侯延庆撰的《禅林僧宝传引》。侯延庆在《引》中说：

觉范谓余曰：自达摩之来，六传至大鉴（慧能），鉴之后析为二宗。其一为石头（希迁）、云门、曹洞、法眼宗之。其二为马祖（道一）、临济、沩仰宗之。是为五家宗派。嘉祐中，达观昙颖禅师尝为之传（指《五家宗派》），载其机缘语句，而略其始终行事之迹。德洪以谓影由形生，响逐声起，既载其言，则入道之缘、临终之效，有不可唐捐者。遂尽掇遗编别记，苴以诸方宿衲之传，又自嘉祐至政和，取云门、临济两家之裔崭然绝出者，合八十有一人，各为传，而系之以赞，分为三十卷。书成于湘西之南台，目之曰《禅林僧宝传》。（《续藏经》第一三七册，第440页上）

在中国佛教史籍中，以禅僧为记叙对象的著作主要有两类：一类是灯录，如《景德传灯录》、《天圣广灯录》、《建中靖国续灯录》等，它以记录人物的言语为主，并按授受的谱系编制；另一类是传记，它以记载人物的生平事迹为主，同时也载录一些重要的言谈，是不按宗派世次编制的，《禅林僧宝传》即是其中之一。

《禅林僧宝传》是在北宋昙颖《五家宗派》的基础上，"尽掇遗编别记，苴以诸方宿衲之传"（见《禅林僧宝传引》），而编成的一部传记。全书收录唐末至北宋政和（1111—1117）年间的禅宗僧人八十一人。主要有：曹山本寂（卷一）、云门文偃（卷二）、风穴延沼、首山省念、汾阳善昭（以上卷三）、玄沙师备、罗汉桂琛、清凉文益（以上卷四）、石霜庆诸（卷五）、云居道膺（卷六）、天台德韶（卷七）、圆通缘德、洞山守初（以上卷八）、智觉延寿（卷九）、雪窦重显、天衣义怀（以上卷十一）、荐福承古（卷十二）、大阳警玄（卷十三）、圆照宗本（卷十四）、浮山法远、投子义青（以上卷十七）、慈明楚圆（卷二十一）、黄龙慧南（卷二十二）、真净克文（卷二十三）、东林常总（卷二十四）、圆通法秀（卷二十六)、明教契嵩、达观昙颖(卷二十七)、杨岐方会(卷二十八)、黄龙惟清(卷三十)等。

《禅林僧宝传》与北宋赞宁《宋高僧传》中的《习禅篇》在性质上是相同的,但在写法与内容上又有些区别:赞宁之书尚质,聚碑碣塔铭之文而为传。惠洪之书尚文,熔铸众说而润饰之。赞宁记人物行事稍细,惠洪记人物言论略多。《宋高僧传》中的《习禅篇》以记唐代禅僧为主,其次为五代,北宋仅记圆通缘德、天台德韶两人而已。《禅林僧宝传》比它晚出一百三十六年,所记的禅僧除个别属唐末(如卷五的石霜庆诸、龙湖普闻、九峰道虔、卷六的云居道膺等),少数属五代,多数是北宋时人。即使是两书均载的唐代的庆诸、道膺、五代的玄沙师备、曹山本寂、罗汉桂琛、清凉文益、北宋的圆通缘德、天台德韶等,也因取材不一,风格各别,叙述不尽相同。再有,《宋高僧传》中评论之语多称"系曰",偶尔称为"论曰",而《禅林僧宝传》则通称"赞"。戴良在《重刊禅林僧宝传序》中说:"觉范尝读唐宋《高僧传》,以道宣精于律而文非所长,赞宁博于学而识几于暗,其于为书,往往如户昏按检,不可属读。乃慨然有志于论述。"(第439页上)这种看法不无偏颇之处,但也说明惠洪撰写此书时,是有意区别于历来僧传的写法的。

兹摘二节加以比较。如关于曹山本寂的身世和出家:

释本寂,姓黄氏,泉州蒲田人也。其邑唐季多衣冠,士子侨寓,儒风振起,号"小稷下"焉。寂少染鲁风,率多强学,自尔淳粹独凝,道性天发。年惟十九,二亲始听出家,入福州云名山。年二十五登于戒足。(《宋高僧传》卷十三,《大正藏》第五十卷,第786页中)

禅师讳耽章,泉州莆田黄氏子。幼而奇逸,为书生不甘处俗,年十九弃家入福州灵石山。六年乃剃发受具(具足

戒)。(《禅林僧宝传》卷一,《续藏经》第一三七册,第443页下)

关于天台德韶得法于清凉文益:

释德韶者,姓陈氏,缙云人也。幼出家于本郡,登戒后,同光中寻访名山,参见知识,屈指不胜其数。初发心于投子山和尚,后见临川法眼(指文益)禅师,重了心要,遂承嗣焉。(《宋高僧传》卷十三,第789页上)

天台国师名德韶,处州龙泉人,生陈氏。母叶梦白光触体,觉而娠,生而杰异。年十五,有梵僧见之,拊其背曰:汝当出家,尘中无置汝所也。乃往依龙归寺剃发。十八诣信州开元寺受满分戒。后唐同光中,谒舒州投子庵主,不契。……见知识五十四人,括磨搜剥,穷极隐秘,不知端倪,心志俱废。至曹山,但随从而已,无所咨参。有僧问法眼(文益)禅师曰:十二时中,如何得顿息万缘法?法眼曰:空与汝为缘耶?色与汝为缘耶?言空为缘,则空本无缘;言色为缘,则色心不二。日用果何物为汝缘乎?韶闻,悚然异之。又有问者曰:如何是曹源一滴水?法眼曰:是曹源一滴水于是。韶大悟于座下,平生凝滞,涣然冰释。(《禅林僧宝传》卷七,第469页下)

从上可知,两书在风格上确实存在着很大的差异。《禅林僧宝传》虽有三十卷,但每卷篇幅较小,一人一卷的有四卷,二人一卷的有十卷,三人一卷的有九卷,四人一卷的有六卷,六人一卷的有一卷。

书中叙述当时禅宗的发展形势说:

云门、临济两宗,特盛于天下,而湖湘尤多云门之裔,皆以宗旨自封,互相诋訾。(卷十八,《兴化铣(绍铣)禅师传》

赞语,第516页上)

从所记的宋代禅风来看,禅师用法语开示学人的较多,以举止动作来表示某种禅意的相对较少。

《禅林僧宝传》问世以后,在丛林中引起了很大的反响。清代王大伾在《南宋元明僧宝传序》中说:"觉范《僧宝》一编,与大川(普济)《会元》(《五灯会元》)同为梵林之龟鉴也。"(《续藏经》第一三七册,第626页上)然而,《禅林僧宝传》毕竟不是禅宗僧人的总传,所收的人物是有限的。虽然禅宗七家均有人入传,但唐末沩仰宗的创始人灵祐、临济宗的创始人义玄均没有阑入,而且曹洞宗也只收本寂,缺良价。故从记言又记事这一点来说,可与记言记法系的《五灯会元》相参证,但从反映禅宗概貌方面来说,远逊于《五灯会元》。

今本《禅林僧宝传》之末,还附有南宋舟峰庵沙门庆老撰的《补禅林僧宝传》一卷。无序跋。所收仅三人:五祖法演、云岩悟新、石头怀志。每传之后附有"赞",体例与前书相同。庆老为临济宗杨岐派僧人大慧宗杲的弟子,名见《嘉泰普灯录》卷十八目录,无机语见录。

第四品　禅僧类之二:南宋祖琇《僧宝正续传》七卷

《僧宝正续传》,七卷。南宋隆兴府沙门祖琇撰。收入《续藏经》第一三七册。

《僧宝正续传》无序跋题记,撰时不明。不过,此书卷五《云居真牧禅师传》"赞"中有一则记载,为推断撰时提供了线索:"愚(指祖琇)初著《佛运》(指《佛运统纪》)、《通鉴》(指《隆兴编年通论》)二书成,即以呈师(指真牧正贤)。答曰:比览《佛运》甚详,《通鉴》亦有史体。承谕,有劝吾兄将为《三教统纪》,鄙意辄究之,虽及年代治乱迁革,以至儒宗道教贤哲出没之迹,然非纪二教,但约其时,以明佛运耳,拙意欲吾兄去却图字,标为《佛运统纪》,以对《释氏通鉴》,不亦宜乎?……及《正续传》,复以寄答曰:辱寄《僧宝正续》,即勉病披味,足见吾兄孜孜于此道,前传所遗,而能拾以补之,亦法门之大者。"(《续藏经》第一三七册,第 608 页下)由此可见,作者是先撰《隆兴编年通论》等,尔后撰《僧宝正续传》的,《隆兴编年通论》既撰于隆兴二年(1164),则此书约撰于乾道(1165—1173)年间。

《僧宝正续传》共收录北宋末至南宋初的禅宗僧人二十八人,另载唐代禅僧(传说中的人物)二人,总计三十人。卷一:罗汉系南、圆通道旻、兜率惠照、潜庵清源、泐潭惟照五人;卷二:宝峰文准、花药进英、明白德洪(即"惠洪")、开福道宁、智海惠勤五人;卷三:龙门清远、禾山惠方、文殊心道、法轮应端、黄龙德逢五人;卷四:圆悟克勤、宝峰景祥、云居善悟、白杨法顺四人;卷五:宝峰善清、大沩善果、护国景元、云居法如、真牧正贤五人;卷六:鼓山士珪、径山宗杲、福严文演、黄龙道震四人;卷七:德山木上座、临济金刚王二人,末附《代古塔主(承古)与洪觉范书》(题下有"驳《僧宝传》"的小注)一篇。

上述人物中,德山木上座、临济金刚王二人,作者自称"予于无尽藏得异书焉,若世所谓金刚圈栗棘蒲木上座,及王之机缘,皆见其始末根绪,非若近世泛泛语之,而不雅驯,故特撰次之。"(卷七《临济金刚王传》"赞",第 620 页下)二人所处的是唐代。径山宗杲卒于宋孝宗隆兴元年(1163)。其余的僧人均卒于宋徽宗政和(1111—1117)至宋高宗绍兴(1131—1162)年间,上下约五十年左右。

《僧宝正续传》成于惠洪《禅林僧宝传》之后,所录僧人的年代也与前书相接，但祖琇为何不以前书的续篇命名，而要称为《僧宝正续传》呢？祖琇为荐福承古代作的《代古塔主与洪觉范书》道出了问题的症结所在。

先是，惠洪在《禅林僧宝传》卷十二《荐福古禅师传》末的赞语中说："古（承古）说法有三失：其一判三玄三要为玄沙所立三句，其二罪巴陵三语不识活句，其三分两种自已（似指"性"），不知圣人立言之难。"（《续藏经》第一三七册，第493页上）祖琇不同意这种责难，因此代承古拟作此信，反驳惠洪，并由此引发对《禅林僧宝传》的全面批评：

> 及足下成书，获阅之。方一过目，烂然华丽，若云翔电发，遇之骇然。及再三伸卷，考核事实，则知足下树志浅矣。夫文所以纪实也，苟忽事实，而高下其心，唯骋欺艳之文，此杨子所谓从而绣其盘悦，君子所以不取也。（《代古塔主与洪觉范书》，第621页下）

> 凡足下之书，既谬圣人之道，又乖世典，安狂行褒贬乎？至于诋訾照觉（指东林常总）不取死心（当作"祖心"），亦失体之甚。虽陈寿求采，班固受金，亦不尔也。自述《宝镜三昧》，则托言朱世英得于老僧。自解《法华》，辅成《宝镜》之辞，置之九峰（指通玄）传，则曰：石碑断坏，有木碑书，其略如此。噫！兹可与合眼挐金，而谓市人不见者并按也。……足下公然凿空缔立而诬罔之，其罪宜何诛焉。大抵事有昧于实，害于教，人虽不我以，其神明何？足下讥揣古人固不少矣。（第624页上、下）

也就是说，《禅林僧宝传》卷二十四《东林照觉禅师传》中说的："观文殿学士王公韶出守南昌，欲延宝觉禅心公（指祖心，非"死心"），宝觉举总（常总）自代，总知，宵遁千余里。"（《续藏经》第一三七册，第536页下）卷一《抚州曹山本寂禅师传》中引的《宝镜三昧》，以及传末"赞"中所说，这是"显谟阁待制朱彦世英（即朱世英）赴官钱塘，过信州白华岩，得于老僧。明年持其先公服，予往慰之，出以授予"的（第447页下）；卷七《筠州九峰玄禅师传》"赞"中说的："余至九峰，拜其（指通玄）塔碑，已断坏不可识，有木碑书，其略如此。"（第472页上）等等。在祖琇看来，全是惠洪凭空编造的，与事实相违。为此，祖琇不愿将己作与《禅林僧宝传》结缘，所以在书名上特地标以"正续传"的字样。

《僧宝正续传》虽然是列传，而不是灯录，但受灯录的影响仍然是很深的。它在注意记载人物生平始末的同时，也把重点放在人物的机缘语句的记叙上。试看下例：

禅师讳系南，生汀州张氏，少出家，依金泉寺得度具戒。性纯淡，志节高远。涉历丛林，参云居祐（元祐）禅师，发明心地。既膺最后付嘱，将复遍扣诸方。时祐同门法昆照觉（指常总）禅师宏法东林，宗风特盛，师往谒之。照觉预知其来撞巨镛，聚徒五千指，出迎于虎溪之外。师繇是名称蔚然，增重于世。未几，南康守命出世罗汉，嗣法云居。道价著于天下，学者谓之"小南"。僧问：声色不到，病在见闻；言诠不及，过在唇吻。此一理二义，请师直指。师云：一字不著画。曰：古溪澄水迎新月，旧岭寒梅再遇春。师云：二字不成双。曰：半夜彩霞笼玉象，天明峰顶在云遮。师云：好个真消息。问：师子儿随众后，三岁能大哮吼，未出林一句作么生？师云：头破额裂。曰：出林后一句作么生？师云：脑门着地。曰：不出不入时如何？师云：进前退后。（卷一《罗汉南禅师传》，第570页上）

师讳道震，金陵赵氏子。少依保宁觉印禅师为童子。觉印住泗洲普照，遇淑妃阁择童行守戒律者，施度牒，师在选中,得度具戒。久之辞觉印,谒丹霞淳(子淳)禅师,与闻曹洞宗旨。因有颂曰:白云深覆古寒岩,异草灵花彩凤衔。夜半天明日当午,骑牛背面着靴衫。淳见而异之。游湖湘,抵大沩,作《插锹井颂》,曰:尽道沩山父子和,插锹犹自带干戈。至今一井如明镜,时有无风匝匝波。最后至黄龙,草堂清(善清)禅师一见契合,绝意他往,日取藏教读之。一夕闻晚参鼓,步出经堂,举头见月,忽有省。亟趋方丈,陈所悟,草堂深可之。自此履践,获大通彻。(卷六《黄龙震禅师传》,第615页下—第616页上)

从《僧宝正续传》中还可以看到,一些禅僧原本是研习经教的,后转向禅学。如龙门清远,"尝依毗尼(即"律")师究其说,因读《法华经》,至'是法非思量分别之所能解',持以问,讲师莫能对。乃曰:义学名相,非所以了生死大事。遂捐旧习,南游江淮间,遍历丛席"(卷三《龙门远禅师传》,第586页下)。文殊心道,"三十得度,游成都,从师受《唯识论》,研覃者十年,自以为至。一日同门者诘之曰:三界唯心,万法唯识,今目前森然,心识安布?师(指心道)茫然不知所对,尽弃所学"(同卷《文殊道禅师传》,第590页下—第591页上)。这在一定程度上反映了当时佛教义学水平的下降。

又,禅僧行事千差万别,但也每每有相似之处。如"诸方老宿临终,必留偈辞世"(龙门清远语,见第589页上),这种留偈辞世的做法,各传多有记载,可见也是禅林的一种风气。

第五品　禅僧类之三:清自融、性磊《南宋元明禅林僧宝传》十五卷

《南宋元明禅林僧宝传》,初名《南宋元明僧宝传》,重刻时

改为今名,十五卷。清康熙甲辰三年(1664),紫篔沙门自融撰、门人性磊补辑。收入《续藏经》第一三七册。

自融(1615—1691),木陈道忞的弟子(见自序),为南岳下第三十五世、临济宗僧人。性磊,自融的弟子。

《南宋元明禅林僧宝传》书首有康熙丁巳(四年,公元1665年)闽莆王大俍(署名"林友王",本书的校订者)《序》;崔秉镜《序》;自融《序》。书末有康熙甲辰(1664)性磊《后叙》;康熙丁丑(二十四年,公元1685年)瑞云精舍明慧《重刻僧宝传记》。

性磊在《后叙》中说:

> 吾师幻輝和尚(自融),以承先启后为念,出缮本一帙授磊曰:此乃山僧出匡庐时二十载,江湖所集南宋元明诸尊宿大机大用之实录也,汝盍勉之。磊退而珍诵,彻见吾师为道为法良匠苦心。历溯二十世,至虎丘隆(绍隆)祖,乃至大慧(宗杲)、洞下(曹洞宗)诸宗,计五十三人。……兹不揣荒谬,承吾师命,补收洞(曹洞)、临(临济)两宗五百年中大有相关法化者,又四十一人。参吾师所撰,共订十有五卷。属会稽王公大俍较(校)而成集,宁供将来之贤圣。(《续藏经》第一三七册,第768页上、中)

《南宋元明禅林僧宝传》是惠洪《禅林僧宝传》的赓续之作。虽然在此以前有祖琇的《僧宝正续传》问世,但作者未曾得见,而且作者对惠洪之书的评价甚高,恰与祖琇的贬斥成对比。关于这一点,可以从自融《序》中得到证明:

> 觉范洪禅师尝述《僧宝传》,以为载之空言,莫如见其始终行事,而深切著明也。自嘉祐至政和,据师座者垂千辈,仅八十一人入其章次。其文赅而精,圆而劲。合撒语之,则诸纲目无有弗备,所备者,祖师大统不易之道也。逮

洪公之后,建炎以来,惟济(临济)、洞(曹洞)二宗法化于世。适明季,英灵一时杰出,复有《继》(《继灯录》)、《续》(《续传灯录》)、《统灯》之刻出焉。其近古之参差疑滞,似又莫能释而定之。……第不敏,因采考宋建炎以至明末五百岁,尊宿不可唐捐之实录,将成帙,付弟子性磊,令拾遗补辑,共九十七人,目之曰《南宋元明僧宝传》。(第 627 页下—第 628 页上)

这里说全书共收录"九十七人",而实际收录的是九十八人。因为全书共有九十五篇传记,其中卷二《祖奇二首座传》是道祖、世奇二人的合传;卷十《楚石愚庵梦堂三禅师传》是梵琦、智及、昙噩三人的合传。性磊在《后叙》中说,他的师父自融原录"五十三人",他补辑"四十一人"(今本目录中标有"补辑""拾遗"的仅二十八人,余皆漏注),两件相加得九十四人,比今本实际收录的数字少四人,很可能是重刻时把数字弄错了。

所收人物的起止年代(按卒年计算),据目录之首的小注,是"始自建炎丁未,至顺治丁亥,凡五百二十一年"(第 628 页上)。翻检此书,卷一《圆通真际止(德止)禅师传》中记载的德止的师父阐提照禅师,卒于"建炎二年";卷十五《雪峤信(圆信)禅师传》中记载的圆信,卒于"顺治丁亥中秋",故小注所说的起止年代大抵可靠。

《南宋元明禅林僧宝传》收录的人物主要有:佛灯守珣、竹庵士珪(以上卷一)、此庵景元、文殊心道、宏智正觉、真歇清了(以上卷二)、虎丘绍隆、应庵昙华、大慧宗杲(以上卷三)、雪堂道行、瞎堂慧远(以上卷四)、密庵咸杰、育王妙堪、白杨法顺(以上卷五)、松源崇岳、灵隐之善、北涧居简(以上卷六)、无准师范、断桥妙伦、天童如净(以上卷七)、全一至温、庆寿印简、径山妙高、高峰原妙(以上卷八)、中峰明本、笑隐大䜣(以上卷九)、元叟行端（卷十）、千岩元长（卷十一）、海舟永慈、恕中无愠、季潭宗泐、楚山绍奇（以上卷十三）、笑岩德宝、龙池幻有、寿昌慧经（以上卷十四）、博山元来、湛然圆澄、密云圆悟、天隐圆修、雪峤圆信、吹万广真（以上卷十五）等。其中，士珪、景元、心道，法顺等为《僧宝正续传》已载的人物，但作者并非是根据前书而转载的，因而在叙述上有一定的差异。

由于《南宋元明禅林僧宝传》收载的这些人，都是南宋初年至明末活跃于禅界的赫赫有名的高僧，因此，传文中记叙的他们的身世、学历、言语、行事、交往等，无论对于研究传主单个人，还是对于研究整个禅宗史，都具有重要的史料价值。

如卷十三《季潭泐禅师传》中，记载了宗泐于明初西游印度的事情：

> 宗泐禅师，姓周氏，台之临海人，号季潭，别称全室。为笑隐䜣公（大䜣）之望子，历坐名坊，而赴高帝（指朱元璋）之诏，兼领天界（寺名）住持，化周大宇，机契宸衷。应旨涉流沙，度葱岭，遍游西天，通诚佛域。往返十有四万余程，皓首还朝。天子嘉其高行。自唐贞观以来，未之有也。（第739页下）

卷十四《随州龙泉聪禅师传》记叙了明聪"重振百丈之规"的情况：

> 禅师讳明聪，字无闻，邵武光泽奚氏子也。宗传临济，师事天奇（指本瑞）。天奇之盛化也，联芳授受，龙象数百员，而师拔其萃。然师不就疏请，不藉檀脂，卓立当阳，开创禅社，爱以剧务绳学者，重振百丈之规。或不堪其劳而去，未期月复来归之。以故升其堂者，皆挺特有志之士。且函丈室如旅泊，中夜跏趺，四壁凛然，榻下呫呫之声，常惊达

旦。是以杨岐之令,至师又行焉。(第747页上)

同卷《法舟济禅师传》记叙了道济绍嗣断桥(妙伦)一脉(断桥派属于临济宗杨岐派下的绍隆系),使之不至于中断的情况:

> 禅师名道济,字法舟,嘉兴人也。受业于东禅昂,以向上宗乘,走叩吉庵祚禅师,遂得道焉。是济为无际悟(明悟)之五世也。初悟以断桥正脉付广善潭,潭付默庵宣,宣付吉庵祚,垂百年来,其家声几不振矣。济承之,出世金陵安隐,而俎豆先人于名贤之间,恢述其志,刻如履冰。(第752页下)

特别是卷十五《忠州聚云吹万真大师传》对吹万广真"光显大慧(宗杲)之宗"的事迹,以及大慧法系历代传承者的叙述,纠正了佛教史上相沿已久的"宗杲下数传即息"的错误论断,证明大慧系一直到明末仍有传人,广真即是其中之一。成为禅宗史上极为重要的一则史料:

> 大师广真者,字吹万,西蜀僰道宜宾人,姓李氏,父祖世籍婆罗门。师生惟慕事佛,得法于月明和尚。万历戊午年,说法于潇湘之湖东禅院,次迁忠州聚云、夔州宝峰,及云来兴龙、巴台诸刹,阐扬大慧(宗杲)宗风。崇祯己卯七月三十日,唱灭于本山。嗣法门人曰慧机、慧芝、慧丽等。……属四川观察使田华国为塔上之铭,署师为大慧十四世之孙,懒庵鼎需禅师之裔。盖大慧初开法于洋屿庵,时需(鼎需)得法为第十三位。今灯谱载大慧下法嗣共九十四人,讹列需为第三十五位。需既得旨,韬光于福唐山水之间。及大慧从梅阳生还时,始开法于西禅。入室之子仅得安永、南雅、志清、安分四人。安分于元至正间,庵居剑门;志清住天王;南雅住龙翔;安永说法于鼓山,是为鼓山永。永付悟明、

法坚二人。坚住承天；明住净慈，纂修《联灯会要》。座下衲子虽众，独以大法嘱太原苦口益，益付筏渡慈。当益、慈之时，约在明之中叶。……慈得一言显，显付小庵密，密出二仰钦，钦出无念有。已上俱有语录机缘。有付荆山宝，宝付铁牛远，远付月明池，此三代惟述相见之语并付嘱之偈。月明池公以源流大法，付与真公（广真）大师。至师崛起中兴，光显大慧之宗。（第 765 页下—第 766 页下）

性磊在传末的"赞"中说："康熙丙申冬，余为天童封龛佛事，经四明，过寿昌，禅林访旧。遇师（指广真）之玄孙统公别庵禅师，始悉真师三代全录，不得不为之传，补入《僧宝》。"（第 767 页下）也就是说，将上述明代大慧系的传承写入禅宗传记，还是第一次。

另外，明末清初临济宗内部在楷定东明慧旵以下的传承时，对慧旵究竟传法于海舟永慈，还是海舟普慈，存在着严重的分歧。如清初徐昌治《祖庭指南》等书认为，东明慧旵传海舟普慈，海舟普慈传宝峰明瑄（一作"喧"），然后经天奇本瑞、无闻明聪、笑岩德宝、幻有正传而传至天童圆悟。并且认为普慈是先谒万峰时蔚，到了晚年，七十多岁了才去见慧旵的。自融以永慈的弟子智瑄（他书讹作"明瑄"）、智玺所立的《海舟永慈禅师道行碑》为依据，对永慈的姓氏、法名、故里、师承、行历、弟子等作了叙述，提出了自己的不同看法（见自融《序》及卷十二《东山海舟慈禅师传》）。他认为，禅师真正的法名是永慈，"普慈"则是讹传，号海舟。洪武二十七年（1394）生于四川成都（讹传"常熟"），俗姓余（讹传"钱"），出家于大隋山（讹传"破山"）。年二十八得法于东明慧旵，后晦迹牛首、全焦。四十四岁，始开法东山（后三年，慧旵卒）。天顺五年（1461）卒。虽说自融的说法也是一家之言，尚需进一步考证，但其中有三点是值得注意的：一、永慈、普慈并非两人,而是一人;二、永慈生时,时蔚已死,说永慈(或称"普慈")曾见过时蔚是不可能的;三、永慈是在中年的时候参学于慧昺的,说他晚年才得法于慧昺也是不可能的,因为那时慧昺早已死了。

因此,尽管《南宋元明禅林僧宝传》主要取材于南宋元明时期问世的禅宗灯录,但它的学术价值仍然不可低估。

第六品　地区僧类:南宋元敬、元复《武林西湖高僧事略》一卷

附:明袾宏《续武林西湖高僧事略》一卷

《武林西湖高僧事略》,又名《西湖高僧事略》,一卷。南宋宝祐丙辰(四年,公元1256年),元敬、元复述。收入《续藏经》第一三四册。

《武林西湖高僧事略》书首有宝祐丙辰(1256)吴郡莫子文《序》。说:

> 识心见性,超出死生,精持戒律,真积力久,诠演教法,垂范将来,百千万僧中,间见一二,表表伟伟,卓乎不可企及,举世佛徒,莫不宗仰之。此高僧所以有传也。作者有人,读者有之,修之者又有人。然未有思其人,追其踪,想像其高致,即其曩昔经行宴坐之地,崇饰杰阁而严奉之,纪述行业而偈赞之,图绘顶相而瞻敬之者,玛瑙讲师元敬节庵乃克为之也。阁始创于前主僧了性,工未就而迁住他刹。节庵(指元敬)实踵成之。始会萃名宿尝驻锡于钱塘者,得二十有四人,命东嘉僧元复抚其事实而系之赞。续访求又得六人焉,节庵并述而赞之,图其形,置之阁。又虑不能流布四方,乃合而成书,名以《西湖高僧事略》,锓梓以惠学者。

(《续藏经》第一三四册,第466页上)

《武林西湖高僧事略》是一部收载自东晋以来,迄南宋绍兴(1131—1162)年间为止,曾在杭州居住过的高僧名宿事迹的传记。书名中的"武林"指的是杭州的武林山,即今杭州市西灵隐、天竺诸山。从莫子文的序言中可以获悉,先是由西湖玛瑙寺(又名"宝胜寺")住持了性,于寺内建高僧阁,以冀供奉曾在武林西湖各寺院住锡过的历代高僧。但阁未成而人迁他刹(即"寺")。元敬继任住持后,踵成此阁。于是命元复搜集资料,撰成二十四人的事略,以后他本人又补入六人,合计三十人。每篇小传之末,均附以四字一句、八句为一首的赞词,与人物的图像相配,供置于阁内。本书就是这些高僧事迹的汇编。

本书载录的三十人是:东晋的慧理;南齐的昙超;隋代的真观;唐代的宝掌(又称"千岁和尚",中印度人)、道径、寰中、道标、圆泽、韬光、道林、会通、文喜;五代的道翊、行修、道潜、延寿、志逢;宋代的智圆、遵式、契嵩、允堪、惟政、慧辨、元净、道臻、元照、法道(旧名"永道")、思净、赞宁、净源。他们中间,属禅宗的约占三分之一,属天台宗和律宗的合起来约占三分之一,属净土宗、华严宗和无确定宗系的约占三分之一。每篇人物传记的字数,短的仅一百字左右,长的也不过四百字。言简意赅,首尾完整。人物的籍贯、俗姓、履历、学识、业迹、述作、社会影响等都在这短短的传文中得到了概括性的反映。以下便是其中较为典型的例子。如《唐下竺标法师传》写道:

师名道标,富阳秦氏。七岁神气清茂。有沙门过而识之,劝令出家。至德二年,诏通佛经七百纸者命为比丘,师首中其选,得度。居南天竺寺,护戒甚严。永泰中,住持奏赐寺额。居十二年,其徒多归之。常于灵鹫峰之南、西岭下葺茅为堂,号"西岭草堂"。怡然养浩,不干人事。尤工诗章,搜炼精巧,与吴兴皎然、会稽灵彻,鼎立齐声。时人有"洞冰雪,摩云霄"之誉,称"西岭和尚"。一时名公,如李益、白居易、陆羽之流皆敬之。长庆三年示寂,葬于山中。(第469页下)

《宋孤山圆禅师传》写道:

师名智圆,字无外,钱塘徐氏。八岁出家,传天台三观于奉先源清。师尝以荆溪(湛然)没后,微言坠地,于是留意撰述,作十疏通经。师蚤(早)勤儒学,兼涉老庄,自号"中庸子"。居孤山玛瑙院,有高世之节。……师少抱羸疾,多杜门独层。惟与处士林逋为邻友相好,以诗文自娱。杂著五十一卷,题曰《闲居编》。乾兴元年二月十七日,自作祭文挽辞,越二日示寂。(第473页下—第474页上)

《宋真悟堪律师传》写道:

师名允堪,钱塘人。年九岁,有客指小桂试之,答曰:"始生岩谷畔,早有月中香。"辨博精通。撰律宗十二部经解经传,并《法门赞序》等文。庆历七年,赐号"真悟大师"。崇宁间,加谥"智圆"。嘉禾陈舜俞撰《行业记》。(第475页上)

《宋晋水源法师传》写道:

师名净源,字伯常,姓杨氏。生而敏慧,依东京报慈寺海达大师得度。奋志参寻,初见华严承迁,次见横海明覃,后见长水子璿,尽得华严奥旨,声誉籍甚。住泉之清凉、苏之观音、杭之祥符、湖之宝阁、秀之善住。左丞蒲公守杭,尊其道,以慧因院易禅为教,命师居之。所至,缁素景慕。师笔力遒劲,合《华严》证圣、正(贞)元二疏为一,以便观览。制《华严》、《楞严》、《圆觉》三忏法,及作《法华集义通要》

十四卷,又疏《仁王般若》等经。高丽国王子为僧统曰义天,航海而来,问法于师,朝廷遣侍讲杨杰馆伴。化及外国,其道可知矣。元祐三年冬示寂。……寿七十八。(净源)先世泉之晋水人,故学者以"晋水"称之。(第479页上)

虽然这三十人的事迹并不是元敬、元复第一次加以载录的,而是根据其他佛教史传,如《宋高僧传》、《景德传灯录》、《释门正统》等摘编的,但由于作者注重史实的准确性,不尚浮华,不事虚饰,故所记述的内容一般都是可靠的。本书也见录于《四库全书总目提要》,《提要》中有关它的那段介绍,基本上是根据莫子文的序言写的。

明祩宏《续武林西湖高僧事略》一卷

《续武林西湖高僧事略》,一卷。明云栖寺沙门祩宏辑。撰时不详。收入《续藏经》第一三四册。

祩宏(1535—1615),杭州人,俗姓沈。字佛慧,号莲池。"初为诸生,三十后礼性天理和尚出家。行脚多年,备尝艰苦。归住杭之云栖,创建禅林,安居海众。"(明幻轮《释氏稽古略续集》卷三,《大正藏》第四十九卷,第952页下)"师以精严律制为第一行,著《沙弥要略》、《具戒便蒙》、《梵纲经疏》,以发明之。又从参究念佛得力,遂开净土一门,著《弥陀疏钞》,融会事理,指归唯心。又以《高峰语录》最极精锐,乃并匡山(慧远)、永明(延寿),及古德机缘中吃紧语,汇一编,名曰《禅关策进》,以示参究之诀。"(明明河《补续高僧传》卷五,《续藏经》第一三四册,第110页上)"得度弟子广孝等为最初上首。其及门受戒得度者,不下数千计,而在家无与焉(指不算在内)。缙绅士君子及门者,亦以千数,而私淑者无与焉。其所著述,除经疏外,有《戒疏事义问辩》、《疏钞事义》、《楞严摸象记》、《遗教节要》、《水陆仪文》、《竹窗随笔》、《二笔》、《三笔》、《四十八问答》。《净土疑辨》、《往生集》、《崇行录》、《名僧辑略》、《正讹集》、《自知录》,《云栖纪事》、《山房杂录》等二十余种行世。"(同上,第112页上)死后,他的弟子将其全部遗著,按"释经"、"辑古"、"手著"三类,汇编成《云栖法汇》三十四册,近代有金陵刻经处本行世。

《续武林西湖高僧事略》书首有袾宏的题记。说:

> 正集起于晋,止于宋,元自(当作"自元")后无续之者。乃补入元季国初,得五师焉。而中峰本(明本)禅师,相传今吴山云居庵有师所著麻履尚存,然考之行状、志铭,及《广录》,曾无住持云居之事,不敢徇俗增补。又正集中,国一钦(道钦)禅师始末皆在双径,未见住持武林西湖实迹,似为可删,姑存之,以俟再考。所补五师,虽一二诞生于元,而出世、涅槃大都在洪(洪武)永(永乐)间,故以国朝标之。嗣有作者,可更续云。(第479页下)

袾宏是《武林西湖高僧事略》的重刻者,因而在雕印正集的同时,补续了明代的性原慧朗(当是"慧明")、楚石梵琦、空谷景隆、毒峰本善(当是"季善")、雪庭(此为号,法名未载)五人的事迹,作为续集。上五人均为禅宗人物。其中梵琦有《语录》二十卷及《西斋净土诗》行世;景隆有《空谷集》三十卷行世;季善有昭明、甘露、天真三处《语要录》行世;雪庭有《幻寄集》二十卷行世。

正集于每篇小传之末均系以"赞曰"(即赞词),而此集则仅有诸师事略而无赞词。这是两集在体例上的一点差异。袾宏是杭州人,出于对家乡高僧的缅怀和景慕,故刻印了这正、续两集。

第七品　神僧类:明朱棣《神僧传》九卷

《神僧传》,九卷。载于《明北藏》"城"函(《南藏》缺)、《清藏》"宙"函、《频伽藏》"致"帙,收入《大正藏》第五十卷。

《神僧传》原本不署撰人。书首有明永乐十五年(1417)正月初六日撰的《御制神僧传序》。说:

> 神僧者,神化万变而超乎其类者也。然皆有传,散见经典,观者猝欲考求,三藏之文宏博浩汗,未能周遍,是以世多不能尽知,而亦莫穷其所以为神也。故间翻阅,采辑其传,总为九卷。使观者不必用力于搜求,一览而尽得之,如入宝藏而众美毕举。遂用刻梓以传,昭著其迹于天地间,使人皆知神僧之所以为神者,有可征矣。用书此于编首,概见其大意云尔。(《大正藏》第五十卷,第948页中)

明永乐十年(1412)至十五年(1417)刻造的永乐《南藏》未录本书,永乐十九年(1421)至正统五年(1440)刻造的永乐《北藏》则收藏之,以此推断,作序之日当是成书之时。

明智旭《阅藏知津》卷四十三著录了《神僧传》,说它:

> 不出编录人名,始自汉摩腾,终元胆巴,凡二百八人。(《法宝总目录》第三册,第1247页中)

清《四库全书总目》卷一四五亦收本书。说:

> 《神僧传》九卷(通行本——原注)。不著撰人名氏。焦竑《国史经籍志》载此书,卷帙相符,亦不云谁作。所载始于汉明帝时摩腾、法兰,终于元世祖时国师帕克巴[案:帕克巴,即"八思巴",亦作"发思巴",为元代第一代帝师,曾将胆巴推荐给元世祖。此处误两人为一人。且胆巴生前并非帝师,他的帝师之号,是死后好几年由元世宗追封的],凡二百八人。盖元人所撰。帕克巴传称大德七年卒,皇庆间追号"大觉普惠广照无上帝师",则书成于仁宗以后也。二百八人中,宋僧仅十六人,十六人中北宋十三人,南

宋仅三人，似为北僧所著。然辽金竟无一人，又不知其何意矣。大旨自神其教，必有灵怪之迹者乃载，故以神僧为名，而诸方古德谈禅持律者，则概不录焉。（第1240页上）

《四库全书总目》因本书不著撰人名氏，便据书所载推测是"元人所撰"，"书成于仁宗之后"，"似为北僧所著"，实际上全弄错了。

考明如惺《大明高僧传叙》中有这样的记载：

入我国朝，成祖文皇帝于万机之暇，乃于僧史、传灯录，间采诸灵异者，别曰《神僧传》，又若干卷。（《大正藏》第五十卷，第901页上）

明幻轮《释氏稽古略续集》卷三也曾叙录本书。说：

庚子永乐十八年三月初七日，颁御制经序十三篇，佛菩萨赞跋十二篇，为各经之首，《圣朝佛菩萨名称佛曲》作五十卷，《佛名经》作三十卷，《神僧传》作九卷，俱入藏流行。旨刻大藏经板二副，南京一藏六行十七字，北京一藏五行十五字。又旨石刻一藏，安置大石洞。（《大正藏》第四十九卷，第943页上）

这两条记载说明：一、《神僧传》的作者乃是明成祖。虽然实际编集的可能是他的侍臣，但至少是他挂名领衔的；二、明成祖同时还撰有经序、赞跋、佛曲、《佛名经》等佛教文字；三、《神僧传》虽然成书于永乐十五年，但正式编入《大藏经》则是永乐十八年，所以本书只见于永乐《北藏》了。

《神僧传》是一部专记有神通变化之迹的僧人（"神僧"）的传记。所收，始于东汉明帝时的摄摩腾，终元世祖时的胆巴，共计二百八人。其中，汉魏与元代的僧人为少，中间朝代的僧人居多，唐代僧人的比例最大。资料主要来源于《高僧传》、《续高僧传》和《宋高僧传》，兼及《景德传灯录》和他书。然而并非只收三部僧传中的神异科或感通科，不收他科，而是各科都有，但以叙载他们的神异为主。

以卷一、卷二为例。两卷共收三十一人，其中出于《高僧传》的《译经》科的有摄摩腾、竺法兰、安清、康僧会、法显、鸠摩罗什、佛陀耶舍、昙无竭、佛陀跋陀罗九人；出于《义解》科的有朱士行、康法朗、道安、昙翼、慧远、法旷、法安、昙邕、僧朗九人；出于《神异》科的有诃罗竭、耆域、佛图澄、竺佛调、竺法慧、昙始、昙霍七人；出于《习禅》科的有昙猷一人；出于《亡身》科的有慧绍；出于《诵经》科的有昙邃。只有僧登、宝通、僧悟三人不知出处，其余诸卷与三部僧传的关系类此。

《神僧传》撇开僧传中关于僧人事迹的全面记载，专摘其中的神异事迹，将一些译经僧、义解僧、习禅僧、明律僧等各类僧人都描写成"神僧"，这实际上大大降低了这些传记原有的价值。

如卷五的幽州沙门静琬（书中误作"知苑"），"隋大业中，发心造石字一切经藏，以备法灭。既而于幽州西山凿岩为石室，即磨四壁而以写经。又取方石，别更磨写，藏诸室内，每一室满，即以石塞门，熔铁锢之"（第984页上）。雕刻石经本是一项很艰巨的工程，是佛教艺术中值得一书的大事，但书中继而描述静琬欲于岩前造木佛堂，并食堂寝室，而念木瓦难办，恐繁经费，未能起作。"忽一夜，暴雨雷电震山，明旦既晴，乃见山下有大木松柏数千万，为水所漂，积于道次，道俗惊骇，不知来处，于是远近叹服。"（第984页上）这种对神使鬼差相助的描绘，实际上只有使静琬的辛劳黯然失色。

其余所渲染的大致是朱士行烧经求证（卷一）；佛图澄善念神咒，役使鬼物，千里外事彻见掌中（卷一）；玄畅一束杨枝一扼葱叶摆脱北魏太武帝的追骑（卷三）；明净结斋静室，致使平旦云布雨施,高下滂注(卷五);玄奘口诵经言,遂得山川平易,道路开通,虎豹藏形,魔鬼潜迹(卷六);不空诵念密语,招致天王神兵,惊退敌兵(卷八)之类的神验异迹,与志怪小说对各种奇异怪诞之事的描写很相近。因此,《神僧传》的史学价值是不大高的。

第四门 僧人别传

第一品 隋灌顶《隋天台智者大师别传》一卷

《隋天台智者大师别传》，简称《智者别传》，一卷。隋天台山国清寺沙门灌顶撰。载于《明南藏》"翦"函、《明北藏》"起"函、《清藏》"勒"函、《频伽藏》"阳"帙，收入《大正藏》第五十卷。

灌顶（561—632），俗姓吴，字法云。原籍常州义兴（今江苏宜兴），祖世移居临海章安（今属浙江）。父早亡，七岁依摄静寺慧拯法师出家，学《涅槃经》，二十岁受具足戒。陈至德元年（583），上天台山师事智𫗦，研绎教观。此后一直跟随智𫗦辗转各处，智𫗦的大部分文疏均由他记录编纂而成。著有《大般涅槃经玄义》二卷、《大般涅槃经疏》三十三卷、《观心论疏》五卷、《天台八教大意》一卷、《国清百录》四卷（以上今存）、《南岳记》一卷、《真观法师传》一卷（以上已佚）等。唐道宣《续高僧传》卷十九、南宋志磐《佛祖统纪》卷七有传。

《智者别传》未明撰时。传中有智者（智𫗦）死后僧俗的感应事缘十条，其中时间最晚的一条，是记隋大业元年（605）土人张子达母俞氏，年登九十，患一脚短，于智𫗦龛坟前设斋供奉，而使短脚还申的故事的。故知撰时当在大业元年（605）之后。本书无序，但传末有一段文字介绍了作者的撰作缘起：

灌顶多幸,谬逢嘉运,滥齿轮下(指投智𫖮门下)十有三年,载天履地,不测高深。以开皇二十一年遇见开府柳顾言,赐访智者。俗家桑梓,入道缘由,皆不能识,克心自责,微知醒悟,仍问远祖于故老,即询受业于先达。瓦官前事,或亲承音旨,天台后瑞,随分忆持。然深禅博慧,妙本灵迹,皆非浅短所知,但恋慕玄风,无所宗仰,辄编闻见,若奉慈颜。披寻首轴,涕泗俱下,谨状。(《大正藏》第五十卷,第197页下)

《智者别传》是一部记载天台宗创始人智𫖮(赐号"智者大师")生平事迹的传记,也是《续高僧传》卷十七《智𫖮传》的资料来源之一。

智𫖮,字德安,俗姓陈。原籍颍川(今河南许昌),晋世迁都,南徙荆州华容县(今湖北潜江西南)。"年十五,值孝元(梁元帝)之败,家国殄丧,亲属流徙,叹荣会之难久,痛凋离之易及。于长沙像前发弘大愿,誓作沙门,荷负正法为己重任。"(第191页中)但父母不许。年十八,投湘州果愿寺沙门法绪出家,授以十戒,导以律仪。不久北行诣慧旷律师,兼通"方等"(指大乘经);又诣大贤山,诵《法华》、《无量义》、《普贤观》三经;后到光州大苏山,师事慧思禅师,修习法华三昧。曾和法喜等人在金陵(今南京)瓦官寺弘法达八年之久,讲解《法华经》、《大智度论》和《次第禅门》等。

陈太建七年(575)秋九月,初入天台山,在北峰创立伽蓝,种植松树,引入泉流。时逢灾荒,僧众四出就食,智𫖮与慧绰种苣拾橡,安贫无戚。"陈宣帝诏云:禅师(指智𫖮)佛法雄杰,时匠所宗,训兼道俗,国之望也。宜割始丰县以充众费,蠲两户民用给薪水。"(第193页中)陈后主时,奉诏出山,再到金陵。于太极殿开讲《释论》(《大智度论》)、《仁王般若经》。"陈世所检僧尼无贯者万人。朝议策经,不合者休道。先师(智𫖮)谏曰:

调达日诵万言，不免地狱。槃特诵一行偈，获罗汉果。笃论唯道，岂关多诵？陈主（陈后主）大悦，即停搜拣。"（第194页中）

陈亡，智𫖮策杖荆湘，往住匡山（庐山）。开皇十一年（591）十一月，晋王杨广在扬州设千僧会，智𫖮应邀前去为杨广授菩萨戒，并授以法名"总持"。"王（晋王）曰：大师传佛法灯，称为智者。"（第195页上）"智者"之名由斯而起。后还荆襄，于荆州当阳县建立玉泉寺。曾受杨广之请，重履扬州，著《净名疏》。不久辞归天台，对弟子口授《观心论》。开皇十七年（597）十月，随杨广使者出山，行至石城，疾作而止，十一月去世。终年六十岁，僧夏（即僧龄，从受具足戒之时算起）四十岁。

关于智𫖮一生的著述以及佛教业绩，《智者别传》有以下的记载：

> 智者弘法三十余年，不畜章疏，安无碍辩，契理符文，挺生天智，世间所伏，有大机感，乃为著文。奉敕撰《净名疏》，至《佛道品》为二十八卷；《觉意三昧》一卷；《六妙门》一卷；《法界次第章门》三百科，始著六十科为三卷；《小止观》一卷；《法华三昧行法》一卷。又常在高座云：若说《次第禅门》一年一遍，若著章疏可五十卷。若说《法华玄义》并《圆顿止观》半年各一遍，若著章疏各三十卷。此三法门皆无文疏，讲授而已。大庄严寺法慎私记《禅门》初分得三十卷，尚未删定，而法慎终国清寺。灌顶私记《法华玄》，初分得十卷，《止观》初分得十卷。方希再听，毕其首尾，会智者涅槃。（第197页中）

> 铣法师云：大师所造有为功德，造寺三十六所，《大藏经》十五藏，亲手度僧一万四千余人，造栴檀金铜素画像八十万躯，传弟子三十二人，得法自行者不可称数。（第197页下）

《智者别传》的不足之处有：有些记事缺乏明确的年代，时间概念比较模糊。

第二品　唐彦悰《唐护法沙门法琳别传》三卷

《唐护法沙门法琳别传》，又名《沙门法琳别传》、《沙门法琳传》、《法琳别传》等，三卷。唐西京弘福寺沙门彦悰撰。载于《丽藏》"惠"函、《频伽藏》"致"帙，收入《大正藏》第五十卷。

彦悰，北宋赞宁《宋高僧传》卷四有传。说："释彦悰，不知何许人也。贞观之末观光上京，求法于三藏法师（玄奘）之门，然其才不迨光（普光）、宝（法宝），遍长缀习学耳。于玄儒之业，颇有精微，辞笔之能，殊超流辈。"（《大正藏》第五十卷，第728页下）并说他整理和笺述了慧立的《慈恩传》（即《大唐大慈恩寺三藏法师传》），后不知所终。传中还引用彦悰自己的话，辨析了彦悰的"悰"字与隋代著名的佛经翻译家、著述家彦琮的"琮"字在写法上的不同，据此可以纠正一些佛教史籍的误刊。据《法苑珠林》卷一百所记，彦悰独撰的著作共有三部二十九卷，除《法琳别传》之外，还有《沙门不敬录》（即《集沙门不应拜俗等事》，见本书护法部）六卷和《西京寺记》（又称《大唐京寺录传》）二十卷（《大唐内典录》卷五作"十卷"，已佚）。

《法琳别传》未署撰时。考其书卷上有云"（贞观）七年春正月，有太子中舍人辛谞设难二条，以问纪国寺僧释慧净。净时因著《折疑论》，以答辛谞，论在《续高僧传》"（《大正藏》第五十卷，第202页下）。据此可以推定本书撰于《续高僧传》之后，《法苑珠林》之前，时间约当唐高宗乾封（666—667）年间。

由于《法琳别传》的传主法琳是被唐太宗亲自判处流放的人，所以书成之后，遭到了朝廷的查禁，"明敕禁断，不许流行"（见唐智升《开元释教录》卷十三）。为此之故，《开元释教录》没有将它列入藏经目录，宋元明清诸藏也因此阙载。

《法琳别传》书首刊有唐陇西处士李怀琳《琳法师别传序》。说：

> 有襄阳释法琳者，绍迹四依，应生五浊。总八藏于襟腑，包九流于胸臆。维绝纽之将驰，纂龙树之前徽。正颓纲之已紊，嗣马鸣之余烈。至若直言不讳，等折槛于朱云；有犯无隐，迈牵衣于王象。触龙鳞（指唐太宗）而不移其志，谅疾风之劲草焉。冒严刑而不改其节，实季叶之忠臣也。……（彦悰）每以琳公雅作，分散者多，询诸耆旧，勒成卷轴，分为上中下，目之为《别传》。理致周备，捃摭无遗，删补有则，抑亦僧中之良史也。（第198页上、中）

法琳是唐初佛道斗争中出现的佛教方面的护法首领，知名度极高。历代的佛教史撰作差不多都提到他。有关他的传记有两篇：一是《续高僧传》卷二十四《法琳传》，二是彦悰的这部《法琳别传》。《续高僧传》中的《法琳传》与同书的其他僧传相比已不算短了，有三千几百字，但由于《续高僧传》是许多僧传的总集，花费在每个僧人上的笔墨不能太多，故只能记法琳的生平大略而已。而彦悰的这部《法琳别传》是在《续高僧传》的基础上增补《集古今佛道论衡》、《广弘明集》等资料编成的，洋洋洒洒有二万六千字。不仅详细地记载了法琳的一生，而且辑存了他的一些重要的言论文书，以及反映唐初佛道斗争的历史资料，如唐高祖、唐太宗对佛道的评判和诏令等，在内容上较《续高僧传》更为丰富。

法琳，俗姓陈，原籍颍川（治所在今河南许昌），远祖随宦徙居襄阳。幼年出家，游历金陵、楚郢，负帙问学。隋开皇十四年（594）夏五月，隐居于青溪山鬼谷洞，阅览玄儒，撰《青溪山记》八千余言，理趣铿锵，文词婉丽，见传于代。仁寿元年（601）春三月,上京(长安)观化。为究道教原委,乃于义宁初年(617)假衣黄巾而为道士。武德元年(618),还归释门,住济法寺。

武德四年(621),前道士太史令傅奕上废佛法事十一条。"大略云:释经诞妄,言妖事隐,损国破家,未闻益世。请胡佛邪教,退还天竺,凡是沙门,放归桑梓,则我家国昌泰,李孔之教行焉。"(卷上,第198页下)唐高祖因此下诏问沙门:"弃父母之须发,去君臣之华服,利在何门之中,益在何情之内?损益二宜,请动妙释。"(同上)法琳陈对说:

悉达太子(即释迦牟尼)去衮龙之衣,就福田之服(指僧服),誓出二种生死,志求一妙涅槃,弘道以报四恩,育德以资三有,此其利益也。案《佛本行经·剃发出家品》偈云:假使恩爱久共处,时至命尽会别离。见此无常须臾间,是故我今求解脱。于是慕其德者,断恶以立身。钦其风者,洁己而修善。故毁形以成其志,故弃须发美容、变俗以会其道,故舍君臣华服。虽形阙奉亲,而内怀其孝;礼乖事主,而心戢其恩。泽被怨亲,以成大顺,福霑幽显,岂拘小违?上智之人,依佛语故为益;下凡之类,亏圣教故为损。(同上,第198页下—第199页上)

唐高祖对法琳的陈对"不蒙臧否"。与此同时,傅奕广泛散发自己的表状,致使"秃丁之诮,间里盛传,胡鬼之谣,昌言酒席"(同上,第199页上)。佛教的声誉受到嘲弄,地位受到冲击。当时佛教方面,有总持寺沙门普应撰《破邪论》一卷,前扶沟令李师政撰《内德论》和《正邪论》各一卷,予以反驳。然而由于这些文章都是以佛教经论上的说法为立论的根据的,而傅奕从根本上就不承认佛教的教说,因而无法使人折服。为此,法琳另著《破邪论》一卷,八千余言,改用以"孔老二教师敬佛文"为论据破斥傅论。论成之后,法琳又上书皇储李建成和秦王李世民,寻求支持。

贞观元年（627），法琳徙居唐太宗舍太和宫而为高祖兴建的龙田寺。先前有道士李仲卿著《十异九迷论》、刘进喜著《显正论》贬量佛教。法琳想撰论反驳，然因文籍缺乏，几年未成。后来他从右仆射蔡国公杜如晦那儿借得所需要的诸子杂书和晋宋以来的内外文籍，才勒成《辩正论》八卷十二篇。东宫学士陈子良为之作序。

贞观七年（633），太子中舍人辛谞问难于纪国寺僧慧净，慧净著《折疑论》以答之。法琳览论以后，撰文一篇以续《折疑论》之义[案：《别传》称法琳撰的是《齐物论》，是不对的。《齐物论》乃为辛谞之作，见唐道宣《集古今佛道论衡》卷丙]。

贞观十一年（637）春正月，唐太宗为宣畅祖风，尊崇本系，特诏告天下，明确规定道教的社会地位在佛教之上：

> 老君垂范，义在于清虚；释迦贻训，理存于因果。论其教也，汲引之迹殊途；求其宗也，弘益之风齐致。然则大道之兴，肇于遂古，源出无名之始，事高有形之表，迈二仪而运行，包万物而亭育，故能经邦致治，返朴还淳。至如佛教之兴，基于西域，爰自东汉，方被中华。神变之理多方，报应之缘匪一。暨乎近世，崇信滋深，人冀当年之福，家惧来生之祸。由是，滞俗者闻玄宗而大笑，好异者望真谛而争归，始波涌于闾里，终风靡于朝廷。遂使殊俗之典，郁为众妙之先；诸夏之教，翻居一乘之后。流遁忘返，于兹累代。朕夙夜寅畏，缅惟至道，思革前弊，纳诸轨物。况朕之本系出自柱下（指老子），鼎祚克昌，既凭上德之庆，天下大定，亦赖无为之功，宜有解张，阐兹玄化。自今已后，斋供行立至于讲论，道士、女官（女道士）可在僧尼之前。庶敦本系之化，畅于九有，尊祖宗之风，贻诸万叶。（卷中，第203页下）

当时，京邑僧众推法琳上表抗争，太宗不纳。

贞观十三年(639)秋九月[案:《集古今佛道论衡》卷丙谓"贞观十四年"],道士秦世英上告朝廷,说法琳的《辩正论》"讪谤皇宗,毁黩先人,罪当罔上"(同上,第204页上)。唐太宗大怒,下令沙汰僧尼,囚法琳于州狱。冬十月,刑部尚书刘德威、礼部侍郎令狐德棻、侍御史韦悰、司空毛明素等奉敕审理此案。他们就《辩正论》中的论点逐卷推问,法琳直言辩对,言载《法琳别传》卷中的后部分和卷下的前部分。十一月,唐太宗亲理此案。他责问法琳,为何诡托释老师资、佛先道后,把佛说成是老子的老师,谓释教发源于前,道教产生于后,以此贬损唐室的祖先老子。法琳答道:

> 琳闻,拓拔达阇唐言李氏,陛下之李,斯即其苗,非柱下(指老子)陇西之流也。……王俭《百家谱》云:李姓者,始祖皋繇之后,为舜理官,因遂氏焉,乃称李姓。至汉成帝时,有李隐抗烈毁上被诛,徙其族于张掖,在路暴死,其奴隶等将其印绶冒凉得仕,所谓陇西之李,自此兴焉。……窃以拓拔元魏,北代神君,达阇达系,阴山贵种。经云:以金易鍮石,以绢易缕褐,如舍宝女与婢交通,陛下即其人也。弃北代而认陇西,陛下即其事也。(卷下,第210页上、中)

唐太宗"大怒竖目",斥法琳"广引形似之言,备陈不逊之喻。擢发数罪,比此犹轻,尽竹书愆,方斯未拟。爬毁朕之祖祢,谤黩朕之先人,如此要君,理有不恕"(同上,第210页中)。因为李世民祖籍陇西成纪(今甘肃秦安),而法琳竟敢公开诋毁,说陇西的李姓不是老子的后裔,而是西汉成帝时因犯上被诛的李隐的奴仆的后代。又说唐室的祖先原是北方的一支少数民族——曾建立北魏政权的鲜卑族拓跋氏。唐太宗降敕说:

> 汝所著《辩正论·信毁交报篇》言:念观音者临刀不伤。既有斯灵,朕今赦汝七日之内,尔其念哉。俟及刑科,

能无断不。(同上,第210页下)

临刑的那一天,唐太宗派刘德威等问法琳:"比念观音有何灵应?"法琳对曰:

> 自隋季扰攘,四海沸腾,疫毒流行,干戈竞起,与(兴)师相伐,各擅兵威。臣佞君荒,不为政化,遏绝王路,固执一隅。我皇兴吊伐之心,统天立极,赦戮刑于都市,斯即观音。拯横死于帝庭,宁殊势至(势至菩萨)。论功比德,上圣道齐。琳于七日已来,唯念陛下。(同上)

唐太宗见法琳一改以前的态度,称颂起自己的功德来,心里甚悦。因赦法琳死罪,改徙益部(即益州)为僧。京邑僧侣也有非议法琳的,说他"不能静思澄神,求出要道,而浪制《破邪》、《辩正》,忤扰天庭。致使主上瞋嫌,释教翻覆"(同上,第212页上),流放边地也是咎由自取。贞观十四年(640)夏六月丁卯,法琳行至百牢关菩提寺,因苦痢疾,遂致不救,秋七月二十三日病卒,年六十有九。秘书监虞世南将法琳生前的诗文篇什搜集在一起,编成文集,并为之序。这部文集现已佚亡。

《法琳别传》在叙完法琳一生事迹之后,于书末附加了赞语。彦悰在"赞"中盛赞了法琳的为人,以及他对维护佛教利益所作贡献,并指出这部《别传》收载的法琳在护法方面的事迹,既可为僧人的楷模,又可补僧史的缺遗。

第三品　唐慧立、彦悰《大唐大慈恩寺三藏法师传》十卷

附:唐冥祥《大唐故三藏玄奘法师行状》一卷

《大唐大慈恩寺三藏法师传》,又名《大慈恩寺三藏法师

传》、《慈恩寺三藏法师传》、《三藏法师传》、《慈恩传》,十卷。书题"唐沙门慧立本、释彦悰笺"。唐麟德元年(664),魏国西寺沙门慧立初撰;垂拱四年(688),弘福寺沙门彦悰续成。载于《丽藏》"通"函、《宋藏》"右"函、《金藏》"通"函、《元藏》"右"函、《明南藏》"高"函、《明北藏》"奄"函、《清藏》"孰"函、《频伽藏》"阳"帙,收入《大正藏》第五十卷。

慧立,又作"惠立",俗姓赵,名子立。原籍天水(今属甘肃),远祖因官徙寓新平(今陕西彬县)。十五岁出家,住豳州昭仁寺。贞观十九年(645)夏六月,应诏入长安弘福寺,与栖玄、明璿、道宣、辩机、靖迈、行友、道卓、玄则等八人,共任玄奘译场的"缀文大德"(见《慈恩传》卷六),参与译经积十九年之久。后任西明寺都维那、太原寺主等职。慧立于唐高宗朝,多次应诏入内,就佛道先后优劣,与道士对论。曾非驳尚药奉御吕才的《因明注解立破义图》,维护神泰、靖迈、明觉诸师对《因明论》的疏述,被称为"释门之季路"。北宋赞宁《宋高僧传》卷十七有传。

《大唐大慈恩寺三藏法师传》(以下略称《慈恩传》)是一部记载法相宗(又称"唯识宗"、"慈恩宗")创始人玄奘生平事迹的传记。书名中的"大慈恩寺"是玄奘居寺的题额,"三藏法师"是对精通经、律、论三藏的学识而给予的尊称。玄奘是唐代第一名僧,因而在他去世后不久,有道宣撰《续高僧传》卷四《玄奘传》、靖迈撰《古今译经图纪》卷四《玄奘传》、冥祥撰《大唐故三藏玄奘法师行状》记述他。时间稍远,又有智升《开元释教录》卷八《玄奘传》、刘轲《大唐三藏大遍觉法师塔铭》问世。而《慈恩传》则是所有这些有关玄奘的传状中,撰作较早而记载最详的一种。在历代名人谱状中,也堪称第一。

《慈恩传》书首有彦悰《序》。说:

《传》本五卷,魏国西寺前沙门慧立所述。立俗姓赵,甐国公刘人。隋起居郎司隶从事毅之子。博考儒释,雅善篇章,妙辩云飞,溢思泉涌。加以直词正色,不惮威严,赴水蹈火,无所屈挠。睹三藏之学行,瞩三藏之形仪,钻之仰之,弥坚弥远,因修撰其事,以贻终古。及削稿云毕,虑遗诸美,遂藏之地府,代莫得闻。尔后役思缠痾,气悬钟漏,乃顾命门徒掘以启之,将出而卒。门人等哀恸荒鲠,悲不自胜,而此传流离,分散他所,累载搜购,近乃获全。因命余以序之,迫余以次之。余抚已缺然,拒而不应。因又谓余曰:佛法之事岂预俗徒,况乃当仁苦为辞让,余再怀惭退,沈(沉)吟久之,执纸操翰,汎澜腼臆,方乃参犬羊以虎豺,糅瓦石以琳璆,错综本文,笺为十卷。(《大正藏》第五十卷,第221页上、中)

彦悰在《序》中没有说慧立初撰的《慈恩传》五卷究竟包括哪些内容。考今本《慈恩传》卷十之末载有慧立的"论赞"。这篇"论赞"原载于慧立初撰的五卷本之末,是作者对全书内容的总的评论。它的主题是:玄奘备历艰危,取得西行求法的成功,"虽法师不世之功,抑亦圣朝运昌感通之力也"(第279页中)。但全文对玄奘回国后的译经业绩不著一辞,由此可以推定,他的稿本仅记玄奘的身世、出家前后的经历以及西域之行,不涉其他。《宋高僧传》卷十七《慧立传》说:"立以玄奘法师求经印度,若无纪述,季代罕闻,遂撰慈恩三藏行传。"(《大正藏》第五十卷,第813页上)同书卷四《彦悰传》也说,慧立"著传五卷,专记三藏自贞观中一行盛化,及西域所历夷险等,号《慈恩传》,盖取寺题也"(同上,第728页下),即是例证。

因此,若依今本《慈恩传》大致区分的话,前五卷基本上是慧立撰的,不过所记当以玄奘于贞观十九年春正月从西域回到长安为止(即今本第六卷起首"释彦悰笺述曰"之前的一段文字),但在文字上已经彦悰修改;后五卷基本上是彦悰新撰的。

《慈恩传》每卷之首有副题,标明一卷的收录范围。卷一,"起载诞于缑氏,终西届于高昌";卷二,"起阿耆尼国,终羯若鞠阇国";卷三,"起阿踰陀国,终伊烂拏国";卷四,"起瞻波国,终迦摩缕波国王请";卷五,"起尼乾占(指占卜)归国,终至帝城之西漕";卷六,"起十九年春正月入西京,终二十二年夏六月谢御制经序并答";卷七,"起二十二年六月天皇制《述圣记》(宋元明本作"起二十二年夏六月皇太子制《述圣记》"),终永徽五年春二月法师答书";卷八,"起永徽六年夏五月译《理门论》,终显庆元年春三月百官谢示御制寺碑文";卷九,"起显庆元年三月谢慈恩寺碑成,终三年正月随车驾还西京(宋元明本作"终二年十一月法师谢敕问病表")";卷十,"起显庆三年正月随车驾自洛还西京,至(宋元明本作"终至")麟德元年二月玉华宫舍化"。十卷所述通贯玄奘的一生,大意是:

玄奘,俗姓陈,原籍陈留(今河南开封东南)。祖父陈康任北齐国子博士,食邑周南,遂徙居缑氏(今河南偃师县缑氏镇)。父亲陈慧早通经术,潜心坟典,州郡举官,皆辞疾不就。玄奘于兄弟四人中年龄最幼。少时,随已出家的二哥长捷法师住东都(洛阳)净土寺。十三岁时[案:《续高僧传》作"年十一"],有敕于洛阳度僧,遂正式出家。出家后,听同寺的景法师讲《涅槃经》,又从严法师学《摄大乘论》,升座复述,备尽师宗。隋末,天下饥乱,河、洛一带白骨交衢,烟火断绝,天下名僧为避乱而多往较为丰静的蜀地。玄奘与二哥长捷同行,先抵长安,后往成都。在那里,他听宝暹讲《摄论》、道基讲《毗昙》、震法师(志震,或作"道振")讲《迦延》。二、三年间,究通诸部。武德五年(622),他二十岁[案:《续高僧传》谓"(年)二十有一"],于成都受具足戒,坐夏学律。后为求学,离蜀东下,与商人结侣,泛舟三峡,来到荆州天皇寺。为当地僧俗讲《摄论》、《毗昙》各三遍。罢讲后，北游相州，谒慧休释疑；又到赵州，就道深而学《成实论》；末入长安大觉寺，从道岳学《俱舍论》，听法常、僧辩讲《摄大乘论》，擅声日下，誉满京邑。传云：

> 法师既遍谒众师，备餐其说，详考其理，各擅宗途，验之圣典，亦隐显有异，莫知适从。乃誓游西方，以问所惑，并取《十七地论》以释众疑，即今之《瑜伽师地论》也。又言，昔法显、智严亦一时之士，皆能求法导利群众。岂使高迹无追，清风绝后，大夫夫会当继之。（卷一，第222页下）

于是结侣陈表，请求西行，然而诏令不许。诸人皆退，唯玄奘矢志不移。

贞观三年（629）四月［案：据卷五玄奘在于阗写的上表。卷一说的"贞观三年秋八月，将欲首途"当是指从高昌出发的日期，因当时高昌已隶唐土］，玄奘随在京学习《涅槃经》、学成返乡的秦州僧人孝达，离开了长安。经秦州、兰州，来到凉州［案：《续高僧传》说："贞观三年，时遭霜俭，下敕道俗随丰四出。幸因斯际，径往姑臧，渐至敦煌。若据《唐书·太宗纪》所记，发生'霜俭'的时间为贞观元年］，停留月余，为僧俗讲《涅槃》、《摄论》及《般若经》。"时国政尚新，疆场未远，禁约百姓，不许出蕃。"（同上，第223页上）河西慧威法师密遣弟子慧琳、道整，昼伏夜行，将玄奘送至瓜州。在瓜州，玄奘又幸得胡人引导，深夜从瓠芦河上游绕度玉门关。继而经过玉门关西北各距百里设立的五烽（候望台），孑身穿越上无飞鸟、下无走兽的八百里大沙漠——莫贺延碛，九死一生，方抵伊吾。高昌王麴文泰闻讯，遣使将玄奘迎入白力城，隆礼厚供，约为兄弟。玄奘因停一月，讲《仁王般若经》。临行，高昌王为玄奘度四沙弥以充侍伴，为他制作了法服、棉帽、裘毯、靴韈等大量用品，又赠黄金一百两，银钱三万,绫绢等五百匹,以作往返二十年所用之资。并且特遣使臣携带国书和礼物,为玄奘开路。经阿耆尼、屈支(旧称"龟兹")、跋禄迦(旧称"姑墨")诸国,一直将他送到突厥统领叶护可汗所在的素叶城,请叶护可汗敕告所统大雪山以北数十国,递送玄奘过境。

这样,玄奘在叶护可汗所派摩咄达官的护送下,顺利地通过了笯赤建、赭时(又称"石国")、窣堵利瑟那、飒秣建(又称"康国")、屈霜你迦、喝捍(又称"东安国")、捕喝(又称"中安国")、伐地(又称"西安国")、货利习弥伽、羯霜那(又称"史国")等国,翻越峰壁狭峭的突厥关塞——铁门,又经睹货罗国(旧称"吐火罗国")、活国以及缚喝、揭职、梵衍那诸国,到达了迦毕试国,翻越黑岭,进入北印度。首站便是信奉大乘学说的滥波国。

自此以后,玄奘攀缘絙缳,践蹑飞梁,涉履山川,穿行密林,辗转于北印度、中印度三十余国,一边巡礼佛教圣迹,一边访师问学。自贞观三年秋八月发轫高昌,在路三年[案:《大唐故三藏玄奘法师行状》作"过三年,向欲四年"。],最后到达当时全印度中庄严宏丽、规模最大的一所寺院——摩揭陀国的那烂陀寺。成为著名的大乘瑜伽行派学者、寺主戒贤法师的弟子。那烂陀寺僧徒主客常有万人[案:《续高僧传》谓:"常住僧众四千余人,并容道俗,通及邪正,乃出万数。"],皆学大乘,兼小乘十八部,也研习吠陀、因明、声明、医方、术数等经典。玄奘是其中能讲解五十部经论的十位大德之一。

> 法师在寺听《瑜伽》三遍,《顺正理》一遍,《显扬》、《对法》各一遍,《因明》、《声明》、《集量》等论各二遍,《中》、《百》二论各三遍。其《俱舍》、《婆沙》、《六足》、《阿毗昙》等,已曾于迦湿弥罗诸国听讫,至此寻读决疑而已。兼学婆罗门书。(卷三,第238页下——第239页上)

学经五年,玄奘离开了那烂陀寺,继续游访。他又经行了中印、南印、东印、西印、北印的三十余国,连同先前已到过的,足迹几遍五印度(时有七十余国)。其间,在伊烂拏国(中印度境内)停留一年,学《毗婆沙》和《顺正理论》。在钵伐多国(北印度境内)停留二年,学小乘正量部《根本阿毗达磨》、《摄正法论》及《教实论》(或作《成实论》)。暂回那烂陀寺后,又往离寺不远的杖林山,从胜军居士学《唯识决择论》、《意义理论》(或作《意义论》)、《成无畏论》、《不住涅槃》、《十二因缘》和《庄严经论》等,首尾二年。

　　回寺以后,玄奘应戒贤之遣,为众人讲《摄大乘论》和《唯识决择论》;著《会宗论》三千颂(已佚),和会以《中论》、《百论》立义的大乘中观派与以《瑜伽师地论》立义的大乘瑜伽行派之间的争论;与顺世外道对论,破其四十条义(佚文见卷四);著《制恶见论》一千六百颂(已佚),驳南印度小乘正量部论师般若毱多的《破大乘论》,维护大乘教法;在中印度戒日王专为他举行的曲女城无遮大会上(有十八个国王和六千余僧俗参加),立大乘义,十八日无人问难,被大乘僧誉为"大乘天",小乘僧誉为"解脱天";参加在钵罗耶伽国(中印度境内)召集的五年一次的五印度无遮大施。施会结束后,玄奘在戒日王等诸王的饯送下,启程回国。途经三十余国,到达于阗。他在于阗一边修表上闻,一边为诸僧递讲《瑜伽》、《对法》、《俱舍》、《摄大乘》四论,停留了七、八个月。

　　贞观十九年(645)春正月,玄奘在都人士子、内外官僚以及各寺僧尼的夹道迎接下,回到长安。至此,他历时十七年,所闻所履一百三十八国[案:唐秘书著作佐郎敬播的《大唐西域记序》说:"亲践者一百一十国,传闻者二十八国。"],行程数万里,完成了中西交通史上空前的伟大旅行。带回如来舍利一百五十粒,金像、檀像、银像七躯,以及"大乘经二百二十四部,大乘论一百九十二部,上座部经律论一十五部,大众部经律论一十五部,三弥底部经律论一十五部,弥沙塞部经律论二十二部,迦叶臂耶部经律论一十七部,法密部经律论四十二部,说一切有部经律论六十七部,因明论三十六部,声论一十三部,凡五百二十夹,六百五十七部"(卷六,第252页下)。

玄奘回国以后,在唐太宗的支持下,全力从事佛经翻译。同年六月,由他主持,并遴选各地名僧参加、由国家供给的翻经院在长安弘福寺组成。灵润、文备、慧贵、明琰、法祥、普贤、神昉、道深、玄忠、神泰、敬明、道因等十二人任"证义大德",慧立等九人任"缀文大德",玄应任"字学大德",玄暮(或作"玄模")任"证梵语梵文大德",其他还备有笔受、书手等,制度臻密。七月开始译经。最初译出的是《菩萨藏经》、《佛地经》、《六门陀罗尼经》、《显扬圣教论》、《大乘阿毗达磨杂集论》等五部五十八卷,继而翻译《瑜伽师地论》一百卷。应玄奘之请,唐太宗为新译经论制《大唐三藏圣教序》,皇太子李治又作《述圣记》。贞观二十二年(648)十二月,皇太子为亡母文德皇后营造的大慈恩寺落成,玄奘奉旨任上座,移住翻译。

自此之后,专务翻译,无弃寸阴。每日自立程课,若昼日有事不充,必兼夜以续之,遇乙之后,方乃停笔。摄经已,复礼佛行道。至三更暂眠,五更复起,读诵梵本,朱点次第,拟明旦所翻。每日斋讫,黄昏二时讲新经论,及诸州听学僧等恒来决疑请义。既知上座之任,僧事复来咨禀。……日夕已去,寺内弟子百余人咸请教诫,盈廊溢庑,皆酬答处分,无遗漏者。虽众务辐凑,而神气绰然,无所拥滞。犹与诸德说西方圣贤立义、诸部异端,及少年在此周游讲肆之事,高论剧谈,竟无疲怠。其精敏强力,过人若斯。(卷七,第260页上、中)

显庆元年(656)五月,玄奘旧疾复发,几将不济。病愈后,由高宗迎入凝阴殿西阁供养,仍译经不辍。以后又徙居积翠宫、西明寺、玉华宫。自显庆五年(660)正月起,翻译佛经中卷数最多的《大般若经》(六百卷),至龙朔三年(663)十月方才译毕。前后十九年,共译出经论"合七十四部("四"当作"五"),总一千三百三十八卷("八"当作"五")"(卷十,第277页上)。另撰有《大唐西域记》十二卷。此后,自觉身力衰竭,死期将至,不复翻译,专行礼忏。麟德元年(664)二月卒,终年六十五岁(据《续高僧传》)。

《慈恩传》与《大唐西域记》同为研究中西交通史的珍贵典籍。两书在内容上有一定的联系。《慈恩传》在撰作时曾参阅过《西域记》,并采用它对西域各国名称的新译,以及部分资料。《慈恩传》卷四在记述僧伽罗国和摩腊婆国时两次出现"语在《西域记》"的说法,便是其中的一个证据。但《慈恩传》关于玄奘西域之行的叙录,并不是根据《西域记》改编而成的,而是直接借助于慧立从玄奘的讲叙中所获得的资料编纂起来的。因为《慈恩传》中虽然也有玄奘亲践或听闻的西域各国的山川地理、风物人情、宗教信仰、佛教名胜遗迹以及历史传说等的记载,对勘后可知是参考《西域记》而扼述的。但它的重点不是记国(《西域记》卷一、卷三、卷四、卷七、卷十凡有十二国未见于《慈恩传》),而是记人,即玄奘的行迹。诸如玄奘在哪一国,遇到什么人和什么事,瞻仰过何处圣迹,求学于哪位大师,以及其他活动等,大半为《西域记》所不载。而且有关玄奘的行经次第和路线也叙述得更为清晰。有些记载也与《西域记》不同,如《慈恩传》卷四记玄奘从奔那伐弹国(南印度境内)到乌荼国(东印度境内)的行经国次第(即先到哪一国,后到哪一国),以及从摩醯湿伐多罗补罗国(中印度境内)到钵伐多国(北印度境内)的行经国次第,与《西域记》卷十和卷十一的叙录次第相异,便是例子。因此,两书之间又可作参校补充。

《慈恩传》的不足之处有:

一、对玄奘的生卒年缺乏前后一致的记载。若据卷一"法师年满二十,即以武德五年于成都受具"的说法(见第222页中),则玄奘生于仁寿三年(603)[案:从武德五年(622)往前推十九年。因为古人以出生之年为一岁,次年为二岁,即是以通常说的"虚岁"来计算年龄的。说某事历时多少年也类此。偶尔才有例外];若据同卷玄奘在贞观三年出发西行,"时年二十六"的说法(见第222页下),则玄奘生于仁寿四年(604);若据卷十玄奘在龙朔三年(663)对诸僧说的"玄奘今年六十有五,必当卒命于此伽蓝(指玉华宫,又称"玉华寺")",则玄奘生于开皇十九年(599)。生年既不一致,卒时的岁数自然也难以确定。这种情况虽然也存在于《续高僧传》卷四《玄奘传》之中,但它中间有一说倒是可以肯定的,即"麟德元年,告翻经僧及门人曰:有为法必归磨灭,泡幻形质何得久停?行年六十五矣,必卒于玉华"(《大正藏》第五十卷,第458页上)。此话的意思与《慈恩传》所记大致相同,但时间上有出入。相比之下,《续高僧传》将说话的时间定为玄奘去世的当年,即麟德元年(664)较为合理。据此,玄奘的生年应是开皇二十年(600),卒时六十五岁。

二、后五卷摘引玄奘与唐太宗、高宗往来的书函过多,有些纯属应酬的并无多大实际意义的答谢表,也一篇接一篇全文转录,文词繁冗。相反,记叙玄奘在高宗朝的翻译情况较为疏略。另外,据《续高僧传》记载,玄奘曾奉唐太宗之命,将《老子》译成梵文,传之西域。他自己还将《大乘起信论》从汉文还译为梵文,使之流布天竺。此两事,《慈恩传》皆脱漏未载。

本书的校点本有:孙毓棠、谢方点校《大慈恩寺三藏法师传》(中华书局2000年4月版)。

唐冥祥《大唐故三藏玄奘法师行状》一卷

《大唐故三藏玄奘法师行状》，一卷。唐冥祥撰。收入《大正藏》第五十卷。

冥祥，《大正藏》卷目作"冥详"。考《行状》本文有作者的自称，末尾有抄写者日僧贤宝的附记，均作"冥祥"。且从文义上来说，用"祥"作为僧人法名中的一个字，蕴含佛教大吉大祥的意思，用"详"字就完全失去了意义。因此，即便是《大正藏》、《续藏经》收录的其他著作中，凡僧人法名中有"详"字的，也可能是"祥"字之误。冥祥，事迹未见于典籍。《行状》中说："又奉敕旨，故僧玄奘葬日，宜遣京城僧尼造幢，送至墓所。冥祥预表其事，实繁不备。"（第219页下—第220页上）据此可知，冥祥是唐高宗朝长安某寺的僧人，曾参加过玄奘的葬礼。作者显然不可能是玄奘的弟子，若是，断然不会在状名中直呼"玄奘"的，一般是采用另一种代称的。

《行状》全文约一万一千字，比《续高僧传》本传少七千字左右[案：笔者据《大正藏》本计算，包括句读。本书中关于某篇、某卷有多少字的统计数，个别为古已有之，大多为笔者统计]。通过对勘发现，《行状》实是以《慈恩传》十卷为底本改写而成的，因而可以确定撰于垂拱四年（688）以后。《行状》中所记的玄奘事迹，基本上都能在《慈恩传》中找到原型，不仅叙事的先后次第相同，许多地方连文句也一样，类似《慈恩传》要抄。如《行状》之末评论玄奘说：

> 又此行经途数万，备历艰危。至如固阴冻寒之山，飞波激浪之壑，厉毒黑风之气，狻猊貙豻之群，并法显失侣之乡，智严遗伴之地，班（班）张之所不践，章亥之所未游。法师孑尔孤证（征），怛（坦）然无梗（梗），扇唐风于八河之外，扬

国仁于五印之间。(第220页上、中)

此段话原是慧立"论"的一部分,作者略去慧立之名,合入传文(个别字还有抄错),即是最明显的一例。

《行状》虽然本于《慈恩传》,但叙述简洁明了,易于阅读。有些地方糅入了《续高僧传》的记载,以及他个人的新提法。如说玄奘在东都净土道场为师复述,"时年十五";武德五年,玄奘"年二十有一";贞观三年,"时年二十九"等,均是采用《续高僧传》之说,以取代《慈恩传》之说的。至于玄奘在蜀地"四五年间,究通诸部";玄奘临终前对弟子说:"今麟德元年,吾行年六十有三,必卒于玉华。"(第219页上)所提到的"四五年间"、"行年六十三"都与诸本相异,为冥祥的新说,可资研究。由于《行状》源于《慈恩传》,而靖迈《古今译经图纪》和道宣《大唐内典录》中的《玄奘传》记述玄奘的译籍名目虽十分详尽,但记述玄奘的生平行历过于简略,还不及《行状》详细。所以在玄奘逝世后不久出现的五种《玄奘传》中,最重要的是《慈恩传》和《续高僧传》本传。

第四品　唐李华《玄宗朝翻经三藏善无畏
　　　　赠鸿胪卿行状》一卷
　　附:唐李华《善无畏三藏和尚碑铭并序》

《玄宗朝翻经三藏善无畏赠鸿胪卿行状》,简称《善无畏行状》,一卷。唐李华撰。撰时不明,依状文的语气,或撰于善无畏卒后的次年,即开元二十四年(736)末。收入《大正藏》第五十卷。

李华(约715—约774),字遐叔,赵州赞皇(今河北元氏)人。善无畏的在俗弟子。开元进士,天宝中迁监察御史、右补阙。安禄山陷长安时,署凤阁舍人之职。乱平后,贬杭州司马参军,后擢吏部员外郎。以风痹去官。李华以散文见长,后人辑有

《李遐叔文集》四卷,《唐书·文苑传》有传。

《善无畏行状》全文约六百字,扼要地记述了印度胎藏界密法的传播者、唐代密宗(又称"密教"、"真言宗")奠基人善无畏的行迹。

善无畏,又译"净师子",梵音"戍婆誐罗僧贺"(北宋赞宁《宋高僧传》卷二作"戍婆揭罗僧诃"),略作"输婆迦罗"。中印度摩伽陀(即"摩揭陀")国人。本刹帝利种姓(王族),出家住王舍城那烂陀寺,后周游五印度诸国。唐开元四年(716),赍梵本来到长安,初住兴福寺南塔院。次年于菩提寺译出《虚空藏菩萨能满诸愿最胜心陀罗尼求闻持法经》(简称《虚空藏求闻持法经》,见唐智升《开元释教录》卷九),沙门悉达译语,无著缀文笔受。先前,有无行和尚行游印度,学毕回归,卒于北印度。所带梵夹,由他人送归,藏于西京(长安)华严寺。善无畏和沙门一行"于彼处简(挑选)得数本梵夹经,并是总持之教(指密教)"(《大正藏》第五十卷,第290页上)。起先未曾翻译,开元十二年(724),随驾入洛,应一行之请,始译《大毗卢遮那成佛神变加持经》(又称《大日经》)一部七卷。"其经具足梵文有十万颂。今所出者,撮其要耳。"(同上)沙门宝月译语,一行笔受承旨,兼删缀词理。文质相半,妙谐深趣。又译《苏婆呼童子经》三卷、《苏悉地羯罗经》三卷。后上表要求归国,有诏止之。开元二十三年(735)十一月卒,春秋九十九,僧夏八十。诏赠鸿胪卿。葬于龙门西山。

李华《善无畏三藏和尚碑铭并序》

《善无畏三藏和尚碑铭并序》,全称《大唐东都大圣善寺故中天竺国善无畏三藏和尚碑铭并序》,原题"弟子前左(应是"右")补阙赵郡李华撰,恒府长庆寺沙门戒成书,当寺沙门恒秀篆额"。收入《大正藏》第五十卷。

《善无畏三藏和尚碑铭并序》，撰于《善无畏行状》之后。碑文之末有"乾元岁，再造天维。……二禅师（指善无畏的弟子宝思和明思）爰以偈颂，刻之金石。法离文字，道不可名，以慰门人感慕之心。"（第291页下）据此，则撰于唐肃宗乾元元年（758）。《碑铭》全文约二千二百字，其中有一半以上篇幅是叙述善无畏来华前的情形（身世、游历以及神异之迹等）的，为《行状》所无。而《行状》中对善无畏来华后译经情况的记载，又为《碑铭》所阙。

出自《碑铭》的新说中有两条颇可注意：一、关于善无畏的身世和出家经过。说善无畏"盖释迦如来季父甘露饭王之后，其先自中天竺，分王焉荼（北宋赞宁《宋高僧传》卷二作"因国难，分王乌荼"）。父曰佛手王，以和上生有圣姿，早兼德艺，故历试焉。十岁统戎，十三嗣位。诸兄举兵构乱，不得已而征之。接刃中体，捍轮伤顶，军以顺胜，兄以爱全。乃白母后，告群臣曰：向者新征，义断恩也。今已国让，行其志也。因置位于兄，固求入道。太后哀许，赐以传国宝珠"（第290页中）。二、关于善无畏的师承。说那烂陀寺"有达磨鞠多，唐云法护，掌定门之秘钥，佩如来之密印。颜如四十，已八百年也。乃头礼双足，奉为本师"（第290页下）。新说中还有善无畏初至长安，玄宗"饰内道场，尊为教主"等（见第291页中）。

《宋高僧传》卷二的《善无畏传》，便是根据上述李华撰的《行状》和《碑铭》写成的。

第五品　唐赵迁《大唐故大德赠司空大辨正广智不空三藏行状》一卷

《大唐故大德赠司空大辨正广智不空三藏行状》，简称《不空三藏行状》、《不空行状》，一卷。唐翰林待诏赵迁撰。撰时未署。据状文所述推定，当撰于大历十年（775）。收入《大正藏》第五十卷。

赵迁，不空的弟子。《不空行状》之末有一段关于他与不空的关系，及撰写行状缘由的自述。说：

> 小子迁（赵迁）执巾棒锡，九载于兹（指从大历元年至九年），握笔持砚，八年而已（指从大历二年至九年）。叨居翻译之次，窃承秘奥之躅。大师（不空）所有行化之由，会亲禀受。平生之日，命令序述，在于侍奉，未暇修纂。况乃奉临终遗言，固辞不获。临之气尽，悲泪难裁，乩诸故事，十无在一。谨状。（《大正藏》第五十卷，第294页下）

《不空行状》全文约三千八百字，概述了印度金刚界密法的传播者、唐代密宗的主要代表人物不空的事迹。

不空，全称"不空金刚"，梵音"阿目佉跋折罗"（据北宋赞宁《宋高僧传》卷一《不空传》）。北天竺（北印度）人，婆罗门种姓。自幼丧父，为舅氏所养。后随叔父来华，十岁周游巡历武威、太原。十三岁师事南天竺摩赖耶国僧人金刚智。十五岁正式落发出家。二十岁受具足戒。

> 昔者，婆伽梵毗卢遮那（即"大日如来"），以金刚顶瑜伽秘密教王真言法印，付属金刚手菩萨。垂近千载，传龙猛菩萨。数百年后，龙猛传龙智阿遮梨耶（又称"阿阇梨"，意译"轨范师"、"导师"）。后数百年，龙智传金刚智阿遮利耶。金刚智传今之大师（不空）。虽源一流派分，盖数十人而已。家嫡相继，我师承其六焉（指不空为密教第六代传人）。（第292页中）

不空善一切有部律。晓诸国语，识异国书。金刚智译经时，他为译语,"对唐梵之轻重,酌文义之精华"(第292页下)。初,不空祈请金刚智传授瑜伽五部三密,三年未遂心愿,因而想回天竺。走到新丰,为金刚智召回。"次于他晨,为与传授五部之法、灌顶护摩阿阇梨教、《大日经》悉地仪轨、诸佛顶部众真言行。一一传持,皆尽其妙。"(第292页下)

开元二十九年(741)仲秋[案:《宋高僧传》卷一误作"开元二十年"],金刚智卒于河南府。不空秉奉遗言,前往师子国(今斯里兰卡)。天宝初年(742),到达南海郡,为采访使刘巨鳞等授灌顶(密教的重要仪式之一),尔后与门人含光、惠翟等三十七人泛舟大海,经诃陵国(又称"阇婆国",今印度尼西亚爪哇岛、苏门答腊岛一带),抵达师子国。在那里,从普贤阿阇梨(意为"导师"),受学密法,并搜求密教经本。后到五天竺,巡历诸国。天宝五年(746)回归长安,初住鸿胪寺,后移净影寺。同年奉诏入内,建立曼荼罗(密教的"坛场"),为玄宗授五部灌顶,又作法祈雨、止风,被赐以"智藏"之号。天宝八年(749),诏许归国,至南海郡,为敕所留。天宝十二年(753),赴河陇节度使哥舒翰之请。次年,住武威开元寺,为节度使以下官吏及士庶凡数千人授灌顶。唐肃宗至德元年(756)夏,奉诏还京,住大兴善寺。安史之乱时,长安为安禄山所陷。"銮驾(指肃宗)在灵武凤翔,大师(不空)常密使人问道,奉表起居,又频论克复之策。肃宗皇帝亦频密谍使者,到大师处求秘密法,并定收京之日。"(第293页中)两京收复后,不空应诏建立内道场及护摩法,为肃宗授转轮王七宝灌顶。

代宗登基后,对不空优礼愈甚。如亲自为不空新译的《仁王经》、《密严经》制经序;永泰元年(765)十一月,制授不空"特进试鸿胪卿",赐号"大广智三藏";大历四年(769)冬,应不空之请,令天下寺院的食堂均置文殊师利菩萨为上座;五年(770)

夏，诏请不空往五台山修功德，及还，迎入内殿，赐束帛甚厚；六年（771）十月，将不空前后所译之经，"宣示内外，编入一切经目"（第293页下）；七年（772）冬，不空奏请营建文殊阁，"圣上（指代宗）自为阁主，贵妃、韩王、华阳公主赞之。凡出正库财约三千万数，特为修崇"（同上）；九年（774）六月十一日，有诏"加开府仪同三司，封肃国公，食邑三千户"（同上）。十五日，不空卒。"行年七十，僧腊五十。僧弟子惠朗次承灌顶之位。"（第294页上）[案：《宋高僧传》于《不空传》末说："系曰：传教令轮者，东夏以金刚智为始祖，不空为二祖，慧朗为三祖。"（《大正藏》第五十卷，第714页上）除惠朗（崇福寺僧）之外，不空的主要弟子还有金阁寺含光、新罗惠超、青龙寺惠果、保寿寺元皎和觉超。见唐圆照《不空表制集》]代宗哀悼，辍朝三日，赐钱二百余万造塔，"并赠司空，谥曰大辨正广智不空三藏和上"（同上）。赵迁写道：

  皇上（指代宗）据四海之图籍，十有三年矣（指从广德元年到大历十年），所赐大师手诏数十首，皆圣人密旨，并却进奉。远自先朝，至今圣代，所有黑（墨）制卷轴盈箧，锡（通"赐"）赉束帛，不知其数，累年系月，积若山岳，未尝言贮蓄，辄不谋于生计。（第294页中）

  大师自开元，至今大历，翻译经法凡一百二十余卷。（同上）

  大师据灌顶师位四十余年，入坛弟子、授法门人、三朝宰臣、五京大德、缁素士流、方牧岳主、农商庶类，盖亿万计。其登戒坛二千弟子。一切有部，独为宗师。……佛教东来，向近二千载。传胜法，沐光荣，实未有与大师同日而语者也。（第294页中、下）

不空与唐代三帝（玄宗、肃宗、代宗）的亲密关系，他的译经成就,以及传教影响从这些话中可窥一斑。

有关不空的事迹,也见载于在《不空行状》之后出现的唐圆照《贞元新定释教目录》(简称《贞元录》)卷十五、卷十六和北宋赞宁《宋高僧传》卷一。圆照之书,在不空的籍地、法名、何时何处遇见金刚智等事的记载上,与赵迁之书颇存分歧。如说不空是"师子国人","法讳智藏","号不空金刚",年十四在"阇婆国"遇见金刚智,随侍受学,尔后一起来华等。赞宁的记载本于赵迁的《行状》,同时也参考了圆照编的《不空表制集》,故除有些地方有增益和改动之外,主要情节及遣词用语与赵迁的《行状》相近。

第六品 唐佚名《大唐青龙寺三朝供奉大德行状》一卷

《大唐青龙寺三朝供奉大德行状》,一卷。因状名中的"三朝供奉大德",实指受唐代宗、德宗、顺宗三朝皇帝尊崇的,密宗胎藏界和金刚界两部大法的重要传承者惠果(又作"慧果"),故又称《惠果和尚行状》、《惠果行状》。收入《大正藏》第五十卷。

《惠果行状》的作者和撰时失题。从状文对惠果的行历和学法弟子了知颇悉;有一处称惠果为"先师";题名也采用婉转的代称,而不是直称"惠果"其名来看,作者必是居住在青龙寺的惠果的弟子或再传弟子。从状末记有惠果卒后,初葬于孟村龙原大师塔侧,"厥后至宝历二年八月二十一日,义一、深达、义丹(于)浐川之侧表蘭村,建塔移葬。开成四年正月十三日,日本国僧圆行将法衣信物"(《大正藏》第五十卷,第296页上)来看,《行状》的撰作时间最早是在开成四年(839)正月之后,最迟在唐武宗于会昌五年(845)发动全面毁佛,青龙寺于时遭废之前。

《惠果行状》全文约一千九百字,因北宋赞宁《宋高僧传》不收惠果,唐海云《两部大法相承师资付法记》仅有惠果事迹的片段,故《行状》成了记述惠果生平始末的唯一之专传。

惠果,俗姓马,京兆府万年县归明乡(今西安附近)人。九岁随圣佛院不空的弟子昙贞习经。十七岁入内道场,亲从不空受持密教真言(梵音"陀罗尼",即呪语),十九岁又从不空受灌顶。二十岁由昙贞奏请,正式剃度出家并受具足戒。年二十二,于善无畏弟子玄超处,"求授大悲胎藏毗卢遮那大瑜伽大教,及苏悉地大瑜伽法,及诸尊瑜伽等法"(第295页上)。又于不空处,"求授金刚顶大瑜伽大教王经法、诸尊瑜伽密法"(同上)。因此,善无畏所传胎藏界密法,和由金刚智、不空所传金刚界密法,惠果俱秉而承之。

代宗大历十年(775),惠果于青龙寺东塔院设置毗卢遮那灌顶道场(即密教的"坛场")。翌年(776),惠果为代宗行"加持"法,即作法将大日如来的神力加附于代宗,被代宗赐以紫衣,并敕定:"于此之后,堪为国师。"(同上)同年又为华阳公主行"加持"法。大历十三年(778),奉敕绍承不空的密教传法灌顶师之位。

德宗建中元年(780),惠果应请为诃陵国僧辨弘,授胎藏界法。翌年(781),为新罗国僧惠日,授胎藏界、金刚界法和诸尊瑜伽三十本。惠日归国后,广弘密教。同年,又为新罗悟真授胎藏界法和诸尊持念教法等。悟真后往中天竺取密藏梵夹,于吐蕃身殁。同院弟子义明、义满和义澄,也于惠果处受学胎藏、苏悉地等经三十本。贞元五年(789),惠果奉敕祈雨。六年(790),入长生殿,为国持念(即念呪),并为宰相杜黄裳、韦执谊授灌顶和持念法。奉敕充任观音寺大德。自贞元九年(793)至十三年(797),有僧人义恒、义一、义政、义操、义云、智兴、义愍(一作"敏")、行坚、圆通、义伦、义播、义润以及俗人吴殷、开丕等约五十人向惠果学法。贞元十四年(798),又祈雨。十五年(799),为皇太子行"加持"法。十八年(802)八月,将衣钵传给义明等七人。十九年(803),日本国僧空海赍国书,向惠果求学,传得胎藏界和金刚界两部大法,和诸尊瑜伽教法一类经典凡五十本。回国后大弘密教,创立了日本真言宗。

顺宗永贞元年(805)十二月,惠果卒。年寿阙载[案:日本空海《惠果碑》则说:"世寿六十,僧腊四十。"]。

《惠果行状》的不足之处有:有关惠果行履的一些年份和岁数前后抵牾。如起先说大历八年(773),惠果"年满二十"(见第294页下),若依此说,则惠果应生于天宝十三年(754)。而后来又说大历十年(775)之前,惠果已是"年二十五",若依此说,则惠果应生于天宝九年(750);而且状文中说,惠果"年二十二"曾向不空求授金刚界法和诸尊瑜伽密印,若据第一说推算,只有到大历十年(775),他才是二十二岁,而不空卒于大历九年(774)六月,求学之事便成为不可能。只有据第二说推算,事情才会发生。另外,由于传抄者的疏误,有的文句有脱衍不通之处。

第七品　新罗崔致远《唐大荐福寺故寺主翻经大德法藏和尚传》一卷
附:唐阎朝隐《大唐大荐福寺故大德康藏法师之碑》

《唐大荐福寺故寺主翻经大德法藏和尚传》,又称《贤首国师传》《法藏和尚传》,一卷。唐天复四年(904),新罗国崔致远于康州迦耶山海印寺华严院撰(原作"结")。收入《大正藏》第五十卷。

崔致远（857—904），字海夫，号孤云，新罗庆州沙梁部人。精敏好学，十二岁随海舶入唐求学。十八岁登第，任宣州溧水县尉，迁侍御史内供奉。"时黄巢反，高骈为兵马都统以讨之，辟致远为从事，委以书记之任，其表状书记多出其手。"（见《法藏和尚传》后附《新罗崔致远事实》，《大正藏》第五十卷，第289页下）唐僖宗光启元年（885），崔致远奉诏回国。任侍读兼翰林学士、兵部侍郎、瑞书监事等职，后出为大山郡太守。时值乱世，无复仕意。于是自放于山水之间，营台榭，植松竹，枕籍书史，啸咏风月。后隐于伽耶山海印寺，与贤俊、定玄法师结为道友。有《崔孤云文集》三卷行世。《唐书·艺文志》又载《四六集》一卷、《桂苑笔耕》二十卷。另据高丽沙门义天《新编诸宗教藏总录》（简称《义天录》），崔致远还撰有《浮石尊者传》一卷，已佚。事见《三国遗事》卷一等。

《法藏和尚传》是现存最早的一部详细记载华严宗实际创始人法藏生平事迹的传记。它最初由高丽国大兴王寺奉宣雕造，印本后来传回中国。南宋绍兴十九年（1149）孟冬，平江府吴江县华严宝塔教院根据高丽本镂版，并将唐秘书少监阎朝隐撰的《大唐大荐福寺故大德康藏法师之碑》，置于《法藏和尚传》卷首，又由该院住持义和作跋，附于卷尾，取名为《贤首国师碑传》印行。日本元禄己卯（相当于清康熙三十八年，公元1699年），有僧濬凤潭者，以宋刻本的抄本为底本，并冠以自己写的《新刊贤首国师碑传叙》，在日本再印。由于他的刻本对抄本上的脱、倒、难解之处作了些改动，故又有龙华道忠著《新刊贤首碑传正误》加以辨正。《正误》后附的《新罗崔致远事实》或许也是道忠所作。这便是今本《法藏和尚传》的由来。

《法藏和尚传》之首冠有崔致远写的一段序言（但无"序"字

作标题)。说:

案《纂灵记》(即《华严经传记》)云:西京(指长安)华严寺僧千里撰《藏公别录》,缕陈灵迹。然是传未传海域(指新罗),如渴闻梅,耳目非长,难矜井识。今且讨片文别记中,概见藏(法藏)之轨躅,可耸人视听者,掇而聚之。古来为传之体不同,或先统其致,后铺所因,或首标姓名,尾绾功烈。故太史公每为大贤如夷、齐、孟轲辈立传,必前冠以所闻,然后始著其行事。此无他,德行既峻,谱录宜异故尔。愚也虽惭郢唱,试效越鞮,仰彼圆宗,列其盈数。仍就藏所著《华严三昧观》直心中十义而配譬焉。一族姓广大心,二游学甚深心,三削染方便心,四讲演坚固心,五传译无间心,六著述折伏心,七修身善巧心,八济俗不二心,九垂训无碍心,十示灭圆明心。深悲两心,互准可见。(《大正藏》第五十卷,第280页下—第281页上)

根据序言所说的"十心",传文分为"十科",称"第一科"、"第二科",以至"第十科"。每一科分别记叙华严宗实际创始人法藏生平事迹的一个方面(其中"第五科"、"第六科"最为重要)。这种并非完全依照历史顺序来记述传主一生的写法,在佛教传记类著作中是很特殊的,也可以说是绝无仅有的一例。

第一科,记族姓。法藏,字贤首[案:南宋祖琇《隆兴编年通论》卷十四和志磐《佛祖统纪》卷二十九作"赐号贤首"],帝赐别号"国一法师"。俗姓康氏,本康居国(今巴尔喀什湖和咸海之间)人。祖父从康居来朝,定居长安。父康谧在唐朝赠左卫中郎将。贞观十七年(643),法藏出生。

第二科,记游学。显庆四年(659),法藏十七岁,辞亲求法于太白山,饵术数年,敷阅《方等》(泛指大乘经)。后因双亲有疾,出谷入京,听智俨法师在云华寺讲《华严经》,成为智俨的在俗弟子。

第三科，记削染（即出家）。咸亨元年（670），荣国夫人亡故，武则天为她广树福田，舍宅作太原寺，并度僧入住。道成、薄尘二大德因总章元年（668）智俨临终时有托，连状荐举法藏，法藏由此正式出家。斯年他二十八岁。

第四科，记讲演。法藏出家后，先于太原寺和云华寺讲《华严》旧经，后于佛授记寺讲《华严》新经，前后达三十余遍。

第五科，记传译。《华严经》梵本有十万偈。东晋时，庐山慧远"以经流江东，多有未备"（第281页下），派弟子法净、法领等人逾越沙（流沙）雪（雪山），远寻众经。法领在遮拘槃国获得《华严经》前分（即前部分）三万六千偈，送归后，由佛贤三藏（即"佛陀跋陀罗"，意译"觉贤"）在建康道场寺译出，南林寺法业笔受，东安寺慧严、道场寺慧观和学士谢灵运等润文，分成六十卷，这便是《华严》旧经（又称《六十华严》）。但这部《华严经》在《入法界品》中有两处脱文："一从摩耶夫人后，至弥勒菩萨前，中间天主光等十善知识。二从弥勒后，至普贤前，中间脱文殊申（伸）手案善财顶等半纸余文。"（以上为传文中的夹注，第282页上）法藏对此存疑莫决。

唐高宗调露之年（679），中天竺三藏地婆诃罗（意译"日照"）赍《华严》梵本来华，法藏"亲共雠校，显验缺如"（同上）。于是上奏朝廷，请将《入法界品》的缺文译出，以补晋译的脱漏。获准后，与道成、薄尘、基师等同译，复礼润文，慧智度语［案：此本名《华严经入法界品》，一卷。《大周录》著录，有单行本行世］。

武则天变唐为周，因《华严经》处会未备，遣使往于阗求索梵本，并迎实叉难陀（意译"学喜"，崔致远写作"喜学"）入京翻译。法藏奉诏笔受，复礼缀文，梵僧战陀、提婆译语，义净、圆测

（新罗人）、弘景、神英、法宝等审复证义。起证圣舛年（即证圣元年，公元695年），终圣历狶岁（即圣历二年，公元699年），勒成八十卷，这便是《华严》新经（又称《八十华严》）。新经较旧经多九千偈（"通旧翻合四万五千偈"），但仍脱地婆诃罗译的《入法界品》缺文。"藏以宋唐两翻，对勘梵本，经资线义，雅协结鬘，持日照之补文，缀喜学之漏处，遂得泉始细而增广，月暂亏而还圆。"（同上）后世所传即是法藏整理过的这个本子。

法藏还与地婆诃罗同译《大乘密严经》等十余部二十四卷经论，又与实叉难陀同译《大乘入楞伽经》七卷和《大宝积经·文殊师利授记会》三卷。武则天颁旨褒奖说："得所译《楞伽经》，补求那（求那跋陀罗）之阙文，窜流支（菩提流支）之繁句，钩深致远，文要义该，唯识论宗于兹显矣。"（第282页中）

第六科，记著述。法藏一生著述百余卷。效智俨《华严经中搜玄义抄》五卷（通常称《华严经搜玄记》，分成十卷），通解经旨，而撰《华严经探玄记》二十卷；撰《教分记》三卷、《指归》一卷、《纲目》一卷、《玄义章》一卷、《策林》一卷，"各标十义，通显百门"（第282页下，下同）："以行愿所极，止观方成"，拟天台宗法华三昧行法，著《华严三昧观》、《华藏世界观》、《妄尽还源观》各一卷；以"天语（梵语）土音（华音），燕肝越胆，苟非会释，焉可辨通"，因而抄解《华严》旧经与新经中的梵语华言各一卷［案：据《华严经传记》卷五，前者名《华严翻梵语》，后者名《华严梵语及音义》］；增益古来佚名所集的《华严经内佛名》、《菩萨名》成五卷；缉《华严传》五卷，或名《纂灵记》［案：夹注云"此记未毕而逝，门人慧苑、慧英等续之，别加论赞。文极省约，所益无几。"（第283页上）是书今名《华严经传记》，但并无论赞］；撰《楞伽》、《密严》疏（未详卷数），《梵网经疏》三卷；撰《起信论疏》二卷、《别记》一卷，《十二门论》、《法界无差别论》疏若干卷；或有

《法华疏》；贡武则天《金师子章》一篇；制《三宝别行记》一卷。

"晚以新经（指《华严》新经）既加一会，旧疏或涉三思，爰随补衮之文，聊括提纲之义，重述《略疏》。始《妙严品》至第六行，迎知报尽，因越次析十定微言，仅了九定，未绝笔而长逝，料简有十二卷。"（第283页上、中）[案：此书即是《义天录》卷一著录的"《大华严经略疏》十二卷"。《法藏和尚传》夹注说："《演义抄》云：圣后所翻，文词富博，贤首将解，天愿不终。方至第十九经，奄归寂灭，遗恨何极。"（第283页中）门人宗一著《疏》二十卷，慧苑著《刊定记》十五卷（或作二十卷），以续法藏遗稿。两书同载于《义天录》]

第七科，记修身。法藏年十六，炼一指于阿育王舍利塔[案：清续法《法界宗五祖略记》中的《三祖贤首国师传》作"岐州法门寺舍利塔"]前，以申法供。总章初（668），法藏犹为居士，曾请婆罗门长年[案：《法界宗五祖略记》作"释迦弥多罗尊者"]为他授菩萨戒。婆罗门长年说，只要诵持《华严》，已是"功用难测"，更何况能解其中之义，因而法藏已自具菩萨戒，无须再授。

第八科，记济俗。法藏在武则天和中宗朝多次立坛祈雨。又奉诏建立十一面道场，置观音菩萨像行道，以助武则天兵伐契丹。长安四年（704），时为大崇福寺主的法藏，奉旨与应大德、纲律师等十人，前往法门寺迎佛舍利入京供养。中宗、睿宗皆延请法藏为菩萨戒师。法藏为行《华严》之化，"因奏于两都及吴、越、清凉山五处起寺，均牓华严之号，仍写摩诃衍三藏并诸家章疏贮之"（第284页中）。于是"雍洛间阎，争趋梵筵，普缔香社"，"像图七处，数越万家"（同上），时人皆称他"华严和尚"。

第九科，记垂训。法藏以天台宗等均有各自的教判（又称"判教"，即对释迦牟尼一代言教的内容及先后次第作评判），印度也有戒贤论师远承弥勒、无著，近踵护法、难陀而建立的"法相宗",和智光论师远体曼殊、龙胜,近禀青目、提婆(一作"清辩")建立的"法性宗"。于是参酌取舍,建立了"五教"的判教说:"其一曰小乘教,其二曰始教,其三曰终教,其四曰顿教,其五曰圆教。"(第285页上)法藏的弟子很多,其中的佼佼者有六人:宏观、文超、东都华严寺智光、荷恩寺宗一、静法寺慧苑、经行寺慧英。

第十科,记示灭。法藏于先天元年(712)十一月卒于西京大荐福寺,享年七十,"僧夏未悉"[案:"僧夏",又称"僧腊",指僧人受具足戒以后的年龄。本传第四科说,法藏"既出家,未进具"(第281页中),表明他出家时只受了沙弥戒("小戒")而没有受具足戒(即"大戒"),故云"僧夏未悉"。《法界宗五祖略记》则说:"上元元年,有旨命京城十大德为师授满分戒(即具足戒),赐号贤首。"因而称他"僧腊四十三"]。诏赠鸿胪卿。门人请阎朝隐撰碑文,概表行迹,翌年中春建于塔所。

有关法藏的事迹,也见载于北宋赞宁《宋高僧传》卷五。但《宋高僧传》本传与崔致远的这部书相比,大为逊色,不仅史料不及《法藏和尚传》的十分之一(连法藏的生卒年也没有),而且有明显的讹误。如《宋高僧传》说,法藏"薄游长安,弥露锋颖。寻应名僧义学之选,属奘师(玄奘)译经,始预其间。复因笔受、证义、润文见识不同,而出译场"(《大正藏》第五十卷,第732页中)。此说无论从哪一方面来说,都不能成立。若从玄奘奉诏调集天下名僧义学组织译场的时间来说,那是贞观十九年(645)六月的事,而法藏生于贞观十七年(643),当时才两岁多,何能参与译经,又何能因与他人见解不同而退出译场?若从法藏到长安求学的时间来说,至少也是显庆四年(659)后数年的事,当时玄奘即便未卒(玄奘卒于麟德元年,与显庆四年相距五年),也已是翻译最后一部佛经《大般若经》了,又何须既无名望又未出家的法藏来帮忙？如果《宋高僧传》的作者当时有一本《法藏和尚传》在手，决不至于出现这样的差错。

《法藏和尚传》的不足之处，是不依年月顺序编次法藏的行历。由于分科的原因，有些后发生的事情反而先叙，先发生的事情反而后叙。如第四科说的法藏在佛授记寺讲《华严》新经一事，按时间顺序来说，应在第五科实叉难陀译出此经之后；而第七科说的法藏年十六，炼一指于舍利塔前一节，按顺序，实应在第二科所说法藏年十八入太白山求法之前。这就无法勾勒出法藏各阶段活动的大体脉络。清续法以《法藏和尚传》为基本素材（也吸收了《佛祖统纪》卷二十九《贤首宗教·三祖贤首法藏法师传》的一些材料），打乱重编，以年月为经，以事实为纬，编成《法界宗五祖略记·三祖贤首国师传》，纠正了这一缺点，颇便读览。

唐阎朝隐《大唐大荐福寺故大德康藏法师之碑》

《大唐大荐福寺故大德康藏法师之碑》，简称《康藏法师碑》，因"康藏"就是"法藏"（法藏原姓康，故称"康藏"），故又称《法藏碑》。唐先天元年（712）十一月，秘书少监阎朝隐撰。收入《大正藏》第五十卷。全文约七百字。大意是说：

"法师俗姓康氏，讳法藏。累代相承为康居国丞相，祖自康居来朝。父谧，皇朝赠左侍中。……年甫十六，炼一指于阿育王舍利塔前，以伸供养。此后更游太白，雅挹重玄。闻云华寺俨（智俨）法师讲《华严经》，投为上足，泻水置瓶之受纳，以乳投水之因缘。名播招提，誉流宸极。属荣国夫人奄捐馆舍，未易齐衰，则天圣后广树福田，大开讲座，法师策名宫禁，落发道场，住太原寺。证圣中，奉敕与于阗国三藏实叉难陀译《华严经》。神龙年中，又与于阗三藏于林光殿译《大宝积经》。惟圣之所归依,惟皇之所回向,爰降纶旨,为菩萨戒师。太上皇(指睿宗)脱屣万机,褰衣四海,亦受菩萨戒,因行菩萨心。法师粪扫其衣,禅悦其食,前后讲《华严经》三十余遍。《楞伽》、《密严经》、《起信论》、《菩萨戒经》凡十部为之义疏,阐其源流。……先天元年岁次壬子十一月十四日终于西京大荐福寺,春秋七十。其年十一月二十四日葬于神和原华严寺南。"(第280页中、下)

第五门　居士传：清彭绍升
《居士传》五十六卷

《居士传》，五十六卷。清乾隆四十年(1775)，彭绍升(又作"彭际清")述。收入《续藏经》第一四九册。

彭绍升(1740—1796)，字允初，号尺木，江苏长洲(今江苏苏州)人。家世习儒，父兄皆以文学官于朝。年十六为县诸生，翌年中乡举。乾隆三十四年(1769)进士及第，授七品官(县官)，辞而不就。他早年喜学陆九渊、王阳明的心学，后转习道家的修炼术，三年无效而弃之。在友人的影响下，读明末高僧真可的《紫柏全集》，归心佛法。继而又广览袾宏、德清、智旭等人的著作，深信净土法门，自号"知归子"。以后又从苏州华藏庵闻学禅师受菩萨戒，取法名"际清"，又号"二林居士"，故此后的一些著述多以"彭际清"署名。他与汪缙(字大绅)、罗有高(字台山)既为清代研究宋明理学的一个派别，又为佛门同侣，交情至笃。著作尚有《无量寿经起信论》三卷、《观无量寿佛经约论》一卷、《阿弥陀经约论》一卷、《华严念佛三昧论》一卷、《一乘决疑论》一卷、《念佛警策》二卷、《善女人传》二卷，以及《体仁要术》、《观河集》、《测海集》、《二林唱和诗》、《二林居集》、《一行居集》等。在他的指导下，侄子彭希涑还编纂了《净土圣贤录》九卷。事见清胡珽《净土圣贤录续编》卷二，和《居士传》卷五十六《知归子传》等。

《居士传》书首有汪缙《居士传序》、彭绍升《居士传发凡》和《题居士传偈》。彭绍升介绍该书的撰作缘由说：

> 佛门人文记载，其专系宰官白衣（指俗人）者，故有祐（僧祐）法师《宏（弘）明集》、宣（道宣）律师《广宏（弘）明集》、心泰《金汤》、姚孟长《金汤征文录》、夏树芳《法喜志》。其以沙门为主，兼有外护者，则有志磐《佛祖统纪》、念常《佛祖通载》，以及《传灯录》、《续传灯录》、《五灯会元》、《东林传》、《往生传》诸书。所录事言，互有详略。或失之冗，或失之疏。至朱时恩《居士分灯录》、郭凝之《先觉宗乘》、李士林居士《禅灯录》，并本《五灯》，止扬宗乘（指禅宗）。于诸三昧法门有所未备。今节取诸书者十之五，别征史传、诸家文集、诸家序录、百家杂说，视诸书倍之。裁别缀属，成列传五十余篇。详其入道因缘、成道功候，俾有志者各随根性，或宗或教或净土，观感愿乐，具足师资。……是书始事于庚寅（指乾隆三十五年）之夏，削稿于乙未（指乾隆四十年）之秋，中间辨味缁绳，商量去取，则吴县汪子大绅（指汪缙）之助为多。瑞金罗子台山（指罗有高）往来过姑苏，每相切磋，订其离合。最后书成，婺源王子顾庭（指王廷言）讽诵一周，赞叹欢喜，捐金付刻。（《居士传发凡》，《续藏经》第一四九册，第791页上—第792页下）

书末有乾隆四十一年（1776）秋八月养空居士王廷言《居士传跋》，其论该书对于调和儒佛交争的意义时说：

> 儒佛之道，泥其迹，若东西之相反，然循其本，则一而已矣。知归子之学，出入儒佛间，初未尝强而同之，而卒不见

其有异。所谓知本者非耶？既以自利，又欲利人，上下数千百年，凡伟人硕士有契斯道者，采其言行，比以史法，合为一书，名曰《居士传》。事提其要，句钩其元，真法门班（班固）马（司马迁）也。……予读之，竟作而叹曰：自为儒佛之学者，迷不知本，党同伐异，泣歧无归，知归子起而救之。是书之作也，盖欲学者除去异同之见，反循其本而效力焉。（第1010页下—第1011页上）

《居士传》是一部专门记叙汉地佛教的世俗信仰者（或称在家的佛教信徒），即居士的生平事迹，特别是他们的佛教活动的传记。全书所收，上始后汉，下迄清乾隆（1736—1795）年间，正传收二百二十七人，附见七十七人。第一人是牟融，最末一人是"知归子"，即作者自己。每卷收录的人物一般较少，一卷仅收一人（指正传的人物）的有十九卷，收二人的有十卷，收三人的有六卷，仅此三项就占总卷数的一半以上。十人以上为一卷的仅有七卷。传主大多以字或号相称，如称孙绰为"孙兴公"，颜真卿为"颜清臣"、王维为"王摩诘"、黄庭坚为"黄鲁直"等，只有少数才直呼其名。

传末均注有出典，有佛教的和世俗的史传、文集、序录、笔记等好几十种。有些列传的末尾间附作者和汪缙的评论（称"知归子曰"和"汪大绅云"），作者的评论实际内容较多些，汪缙的评论较为空泛。全书大致可分为两大部分：卷一至卷十九为宋代以前的居士，正传收七十八人，附出十七人；卷二十至卷五十六为宋代以后的居士，正传收一百四十九人，附出六十人（笔者统计）。

宋代以前的居士主要有：东汉的牟融、安玄；孙吴的支谦；晋代的竺叔兰、孙绰、谢敷（以上卷一）、刘遗民（卷二）、宗炳（卷三）；北凉的沮渠京声；北魏的刘谦之（以上卷四）；刘宋的何尚之、周颙（以上卷五）；齐代的竟陵王萧子良（卷六）、刘虬、明僧绍（以上卷十）；梁代的刘勰（卷五）、傅翕（通常称"傅大士"，卷七）、昭明太子萧统（卷九）、刘歊（卷十）；陈代的傅缚（卷五）；隋代的李士谦（卷十）；唐代的李师政、梁肃、裴休（以上卷十三）、李通玄（通常称"李长者"，卷十四）、颜真卿、韦皋（以上卷十六）、王维、柳宗元、白居易（以上卷十九）。

宋代以后的居士主要有：宋代的杨亿、李遵勖（以上卷二十）、晁迥、王随、文彦博、富弼（以上卷二十一）、王古（卷二十二），王阗（卷二十四）、刘经臣（卷二十五）、苏轼、黄庭坚、晁补之（以上卷二十六）、江公望、陈瓘（以上卷二十七）、张商英（卷二十八）、李纲（卷二十九）、宗泽、张浚（以上卷三十）、冯楫（卷三十一）、张九成（卷三十二）、王日休（卷三十三）、真德秀（卷三十四）。

金代的李之纯（通常称"李纯甫"）。

元代的郑思肖、冯子振（以上卷三十五）、耶律楚材、国宝（以上卷三十六）。

明代的宋濂（卷三十七）、赵贞吉（卷三十九）、严讷、陆光祖（以上卷四十）、殷迈（卷四十一）、蔡承植、虞长孺、庄广还、鲍宗肇（以上卷四十二）、李贽（卷四十三）、管志道、陶望龄、焦竑、唐时、瞿汝稷（以上卷四十四）、袁黄（卷四十五）、袁宏道（卷四十六）、曾大奇（卷四十七）、朱鹭、姚希孟（以上卷四十八）、刘道贞（卷五十一）、金声、熊开元（以上卷五十二）。

清代的严仲悫、宋世隆（以上卷五十四）、周梦颜（卷五十五）等。

居士作为佛教信仰者团体的一个分支，起源于原始佛教。相传，释迦牟尼在波罗奈城附近的鹿野苑"初转法轮"，对憍陈如等五人首次宣讲佛法，并接受他们为佛教僧团的第一批成员之后，城内富商之子耶舍闻讯后，来到那里，也请求出家。耶舍的父亲来寻儿子，为释迦牟尼的教法所吸引，悉心归佛，成了最初的不出家的佛教信徒，这便是居家奉佛的居士。出家者须符合一定的条件，履行一定的仪式，才能成为僧团的一员。如事先征得父母的同意，肢体健全，精神正常，自愿皈依佛法僧"三宝"，接受"十戒"，经有一定戒龄的僧人的介绍，僧团会议通过等等。而居士（男居士称"优婆塞"、女居士称"优婆夷"）则不必履行这些手续仪式，凡是信奉佛法，受持"五戒"，修善止恶的俗人都可以自命为"居士"。

由于居士包括社会各阶层的信佛者，因此其范围极其广泛，人数也比僧人多得多，既有名卿宿儒，也有黎民庶子。就《居士传》收录的人物而言，绝大多数是有一定政治地位或学术地位的宰官士夫。他们不仅在政治、经济上全力扶持僧团，开展民间的佛教活动，而且利用自己较高的文化修养，撰作各种阐释佛理或记叙佛教史迹的著作，丰富和发展了佛教的思想文化，形成了影响至大至深的居士佛教。以《居士传》重点记叙的宋明两代居士为例：

北宋名臣李纲（字伯纪），在答吴敏书中论述了儒家《易经》与佛家《华严经》的同异：

> 《易》立象以尽意，《华严》托事以表法，本无二理，世间、出世间亦无二道。何以言之？天地万物之情，无不摄总于八卦，引而申之，而其象至于无穷，此即华严法界之互相摄入也。一为无量，无量为一，小中现大，大中现小，法界之成坏，一沤之起灭是也。乾坤之阖辟，一气之盈虚是也。《易》有时，其在《华严》则世界也。《易》有才，其在《华严》则法门也。……《系辞》论八卦，必妙之以神。八卦者，菩萨也，如所谓文殊小男、普贤长子之类是也。神者，佛也，如

所谓毗卢遮那是也。生生之谓易,一阴一阳之谓道,阴阳不测之谓神,犹佛之有清净法身、圆满报身、千百亿化身也。(第 900 页下—第 901 页下)

南宋王日休(字虚中),"著书名《龙舒净土文》,自王公士大夫,下至屠丐、僮奴、皂隶、优妓之属,咸以净土法门劝引归依。其文浅说曲喻,至详至恳,若父兄之教子弟然"(卷三十三,第 914 页上)。

南宋陈贵谦,"尝参月林铁鞭诸老,切究向上一机(指禅宗机语)"(卷三十四,第 917 页上)。他在答真德秀问禅门事的书信中说:

> 经是佛言,禅是佛心,初无违背,但世人寻言逐句,没溺教纲,不知自己有一段光明大事。故达摩西来,不立文字,直指人心,见性成佛,谓之教外别传。非是教外别有一个道理,只要明了此心,不著教相。今若只诵佛语,而不会归自己,如数他人珍宝,自无半钱分。(第 917 页下)

明袁宏道(字中郎),初学禅于李贽,后回向净土。晨夕礼诵,兼持禁戒。"因博采经教,作《西方合论》,圆融性相,入不二门。"(卷四十六,第 967 页上)他的兄长袁宗道(字伯修)为之序,其中论及念佛与参禅:

> 念佛一门,于居士尤为吃紧。业力虽重,仰借佛力,免于沉沦。如负债人藏于王宫,不得抵偿,既生佛土,生平所悟所解,皆不唐捐。纵使志在参禅,不妨兼以念佛。世间作官作家犹云不碍,况早晚礼拜念诵乎?且借念佛之警切,可以提醒参禅之心。借参门之洞彻,可以坚固净土之信。适两相资,最为稳实。(第 970 页下)

其他如宋代的晁迥(字明远),著《道院别集》,"多发明空理"（卷二十一，第868页上）；王随（字子正），"删次《传灯录》为《玉英集》"（同上，第869页上）；明代的庄广还（字复真），"阅净土诸经论，掇其语要，名曰《净土资粮集》，以导众信"（卷四十二，第947页下）；瞿汝稷（字立元），"上溯诸佛，下逮宗门，撮其语要为《指月录》"（卷四十四，第960页上）；王肯堂（字宇泰），"平生博通教乘，尤精相宗（法相宗），以慈恩（窥基）《成唯识疏》既亡，学者无所取证，乃创《唯识证义》十卷"（同上，第960页下）；曾大奇（字端甫）著《通翼》，"出入内外经传，推阐罪福因缘、苦空无常之旨"（卷四十七，第973页下）；姚希孟（字孟长）归信三宝，"搜览传记，著《佛法金汤征文录》十卷"（卷四十九，第985页上）等等，都是居士佛教的重要著作。

《居士传》的不足之处有：有些列传的排次不依朝代的历史顺序。如卷四在刘宋何昙远、魏世子传之后，是陈代的陈鍼传、北魏的刘谦之传，隋代的严恭传，而卷五又回到刘宋，出何尚之等传；卷十一收录的北魏张普惠、唐代的张廷珪、李峤、辛替否，非但不是居士，相反是朝廷奉佛的激烈批评者，作者也将他们编入书中，混淆了"居士"的概念；有些列传摘录文论过长，如卷六引齐代萧子良《净住子·归信门》、卷九引梁萧统《二谛义》、卷十三引唐李师政《空有篇》、卷四十五引明代袁黄《诫子文·积善篇》、卷四十六引袁宗道《西方合论序》、卷四十七引曾大奇《护生篇》等就是。

第六门 往 生 传

第一品 北宋戒珠《净土往生传》三卷
附:唐文谂、少康《往生西方净土瑞应传》一卷

《净土往生传》,三卷。北宋熙宁元年(1068)至熙宁九年(1076)之际,福唐飞山沙门戒珠撰。收入《大正藏》第五十一卷。

戒珠,天台宗僧人,广慈慧才法师的弟子。南宋志磐《佛祖统纪》卷十三原有传,现佚。著作尚有《别传心法议》一卷,今存残本。

《净土往生传》书首有戒珠《叙》。说:

> 余以像季之余,值佛遗法,絅(缅)怀净业,其亦有年。每以前贤事绩散于诸传,沦于异代,不得类例相从,条然以见。繇是历考梁隋而下,慧皎、道宣诸师所撰传记十有二家,洎大宋通慧大师新传(指《宋高僧传》),且得显(僧显)等七十五人。其传之作,理或有所暗昧,辞或有所丛脞,因复修正而发明之。外有鸿业、慧明等六十二人,在其生平想像,至于舍生之际,不尝以嘱胜相,备之不足起深信,乃无以备之。(《大正藏》第五十一卷,第108页下—第109页上)

从上可知，戒珠的这部书取材于梁至北宋的十三部僧传。起初计划选录一百三十七人，后来感到鸿业、慧明等六十二人在临死之际，没有出现往生净土的瑞祥灵迹，不足以劝人相信净土，因而将他们删掉了。这样就剩下僧尼七十五人。卷上为西晋、东晋、姚秦、刘宋、南齐、北齐、后魏、萧梁、后周，正传十九人，附见十二人；卷中为陈、隋、唐，正传二十人，附见四人；卷下为唐（续）、后唐、石晋、北宋，正传十七人，附见三人。书中所记的第一人是西晋的僧显，最后一人是北宋初年的晤恩。

《净土往生传》书名中说的"净土往生"，对初学者来说不易理解，其实它与"往生净土"是同一个意思。佛教中有自力教和他力教两种教门。自力教提倡依靠自己的精进努力（"自力"），修持戒定慧三学，在现世获得解脱，如天台宗等所说即是；他力教主张依靠阿弥陀佛的本愿力（"他力"），在死后往生西方极乐净土（又称"阿弥陀佛净土"），如净土宗所说即是。往生净土的说法主要来自"三经一论"，即曹魏康僧铠译的《无量寿经》二卷、刘宋畺良耶舍译的《观无量寿经》一卷、姚秦鸠摩罗什译的《阿弥陀经》一卷，和印度世亲撰、北魏菩提流支译的《往生论》（又称《无量寿经论》）一卷。经论中说，西方极乐世界的教主阿弥陀佛有摄受念佛众生往生该处的誓愿和能力，因此只要一心一意地唱念阿弥陀佛的名号（即"念佛"），就能够在死后进入西方净土。这种修行方法简便易行，吸引了大批僧俗，往生传就是以这一类修行者的事迹为记叙对象的传记。

往生传（又称"净土传"）分广义和狭义两种。广义的往生传收录的范围比较宽泛，凡修持净业的僧俗（男女出家者和男女居士）尽预其列，如唐文谂、少康的《往生西方净土瑞应传》。有的甚至把恶人和畜生也列入其内，记叙了他（它）们因念佛而得往生净土的故事，如南宋志磐《佛祖统纪》中的《净土立教志》、明袾宏《往生集》、清彭希涑《净土圣贤录》和胡珽《净土圣贤录续编》；狭义的往生传收录的对象比较专一，一般只记修持净业的僧尼（以僧为主，偶尔有尼），如戒珠的这部《净土往生传》。广义的往生传一般只取人物生平的一个片段，即关于往生净土的嘉瑞灵迹，写法如同一则一则的感应故事；狭义的往生传虽然也记嘉瑞灵迹，但一般通记僧人的一生，对僧人的本姓、本名、籍贯、家世、出家、受戒、师承、游历、专长、操行、著述以及卒时、享年都有详略不等的记载，写法如同一篇一篇的人物传略。

收录于《净土往生传》中的僧人大别有二：一是专修净业者，二是兼修净业者。

专修净业的僧人主要是西晋的僧显、东晋的慧远、东魏的昙鸾、唐代的道绰、善导、慧日、法照、少康等。除僧显以外，其余如慧远等都是著名的净土宗代表人物。

僧显在佛教史上是不出名的，是《净土往生传》第一次把他当作净土信仰的发起者来记叙的。戒珠在书首的《叙》中有这样一段话：

> 汉魏已来，翘诚西方（指期生西方净土）蔑闻其有人者，实以大法初流，经文之未备矣。西晋时，刘曜寇荡京洛，僧显避地江东，始由三事因愿，骤感祥异。然其拳拳之志，以遭乱世，遗风胜业，代或无闻。（第108页下）

僧显，俗姓傅，岱郡人。弱年弃俗出家，操履洁苦，不交浮伪人事。西晋末年，北方大乱，乃避地江东，放意名山。即使是穷崖极险，人迹不到之处，也必造之。"晚于所造之境，得梵僧传译新经。经之文备以净土三事因愿，洎九品往生次第。遂大喜曰：吾以身混五浊，众苦婴缚。邂而得此，若其飞出涂炭，翔翼大虚，吾今而后，念有归矣。于是驰诚西想，俚俛而不懈者九月。"

(卷上,第109页中)

慧远,俗姓贾,雁门娄烦人。东晋名僧道安的弟子。"自居庐山三十年,影不出山,迹不入俗。彭城刘遗民、豫章雷次宗、雁门周续之、新蔡毕颖之、南阳宗炳、清河张野并弃世遗荣,依远游止。远乃与遗民而下僧俗一百二十三人,结为净社。于弥陀像前,建诚立誓,期升安养。仍令遗民撰文以刻之。当时或称莲社。"(同上,第110页上、中)后世公推他为净土宗(又称"莲宗")的始祖。

昙鸾,雁门人。少游五台而出家。"初,鸾好为术学,闻江南有陶隐居(即陶弘景),得道家长生法,千里就之,以卒其业。陶以所学《仙经》十卷授鸾,鸾跃然自得,以为神仙之术其必然也。"(同上,第113页中)后来昙鸾来到洛阳,在那里遇见菩提留支(即菩提流支),留支授以《观无量寿经》。"鸾承其语,骤起深信,遂焚所学《仙经》,而专《观经》(即《观无量寿经》)。"(第113页下)魏主赐号"神鸾",并敕住并州大严寺,以后移住汾州壁谷玄中寺。昙鸾是净土宗理论的奠基人,他居住过的玄中寺也因此成为净土宗的祖庭。

道绰,俗姓卫,并州汶水人。出家后历访名师。当时玄中寺立有郡人为纪念昙鸾刻写的石碑。"绰临其文,弥起深信。于是依附静境,澄寂诸念,念弥陀佛不知其数,大凡日以七万遍为度。并、汶之间风俗,少事念佛,持数珠者罕尝有之。绰勉僧俗念佛,无数珠者以豆记之,如念一声,即度一豆。或时麻麦记者亦然。已而较之,其所度者数万斛。"(卷中,第118页上)道绰被认为是净土宗昙鸾系(另有慧远系、慧日系)的继承者,他所撰的《安乐集》是净土宗的一部重要经典。

善导,俗姓、籍地不详〔案:《往生净土瑞应传》则谓"姓朱,泗州人也"〕。唐贞观(627—649)中谒见道绰,拜受念佛往生法。"尝写《弥陀经》(即《阿弥陀经》)数十万卷,散施受持。以故,京师至于左右列郡念经、佛者踵迹而是。或问导曰:念佛之善生净土耶?对曰:如汝所念,遂汝所愿。"(同上,第119页中)

慧日,俗姓辛,东莱人。在周游印度时皈信净土,回国后,著有《净土文记》五卷等。

法照,姓氏里籍不详。他初住衡山云峰寺,后迁湖东寺,在那里建立了五会念佛道场。之后又游五台山,建大圣竹林寺,供奉文殊、普贤菩萨。他的五会念佛法很有名气。

少康,俗姓周,缙云仙都人。贞元(785—804)初,在洛阳白马寺见善导《行西方化导文》,遂皈信净业。他最著名的活动,是在睦州用念一声佛,给一钱(后来改作念十声,给一钱)的方法,诱掖小儿念佛。"如是一年,男女无长少贵贱,凡见康者,则曰阿弥陀佛。以故,睦城之人相与念佛,盈道路焉。"(卷下,第123页下)贞元十年(794),他还在乌龙山建立了净土道场。宋代人尊称他为"后善导",即善导的转世、后身。

兼修净业的僧人占《净土往生传》收录总数的大半。如北齐的慧光(见卷上)是地论南道派的首领;北齐的僧柔(卷上)和唐代的智琰(卷中)是成实师;唐代的慧胄(卷中)、知玄(卷下)是涅槃学者;陈代的慧思、隋代的智顗、唐代的灌顶(以上卷中)都是天台宗的祖师,宋代的晤恩(卷下)是天台宗山外派的首领;唐代的神素(卷中)自隋大业(605—617)以来就一直讲《阿毗昙论》、《成实论》等,是一个小乘学者;石晋的志通(卷下)亲从梵僧受法,行瑜伽密教;北宋的绍岩(卷下)是禅宗"五家七宗"之一的法眼宗创始人文益的弟子;北宋的守真(卷下)一生讲《起信论》和《华严观》七十余遍,是华严宗人。他们之所以在研习经论或修持禅律的同时,念佛以期往生,主要是希望以此来解决死后的归宿问题。

《往生净土传》的不足之处是净土宗的另一些重要人物，如唐代的怀感、迦才、承远以及宋初的延寿、省常等脱落未载。有的地方也有讹误，如卷下说慧日"西迈至于东归，总二十一年"（第120页上）。事实上，慧日是武则天大足（701）之年去印度的，唐玄宗开元七年（719）返回长安，前后凡十八年，并没有二十一年。

唐文谂、少康《往生西方净土瑞应传》一卷

《往生西方净土瑞应传》，一卷。收入《大正藏》第五十一卷。但不署撰人，据序言所说，乃是净土宗僧人文谂、少康所撰，后经删节。本书也见载于《续藏经》第一三五册，名为《往生西方净土瑞应删传》，署"唐道诜撰"，可知是道诜根据文谂、少康的原著删成。原著约撰于唐贞元（785—804）年间。今据《大正藏》本解说。

文谂，僧史无传，事迹不详。

少康（？—805），俗姓周，缙云仙都山（今浙江缙云东）人。七岁入本郡灵山寺出家。十五岁诵通《法华》、《楞严》等五经。后至越州嘉祥寺受戒，并学毗尼（即"律"）。五年以后，往上元龙兴寺，听讲《华严经》、《瑜伽论》。贞元（785—804）初，于洛阳白马寺获善导《行西方化导文》，遂皈信净土。后南下游化。"洎到睦郡（睦州），睦人尚无识者，未从其化。康乃丐钱，诱掖少儿。与之约曰：阿弥陀佛实汝良导，能念一声，与汝一钱。小儿务得其钱也，随亦念之。后经月余，孩孺念佛俟钱者比比，而是康以俟钱者众，又曰：可念十声乃购钱。尔市鄽小儿亦如其约。如是一年，男女无长少贵贱，凡见康者，则曰阿弥陀佛。以故，睦城之人相与念佛，盈道路焉。"（北宋戒珠《净土往生传》卷下，《大正藏》第五十一卷，第123页中、下）贞元十一年（795），

少康在乌龙山建立了净土道场,筑坛三级,聚人午夜行道。事见北宋赞宁《宋高僧传》卷二十五、戒珠《净土往生传》卷下、南宋志磐《佛祖统纪》卷二十六等。

《往生西方净土瑞应传》书首有道诜撰的序(无标题)。说:

> 夫以诸佛兴慈,多诸方便。唯往生一路,易契机缘。详往古之志诚,并感通于瑞典,则有沙门文谂、释子少康,于《往生论》中、《高僧传》内,标扬真实,序录希奇,证丹诚感化之缘,显佛力难思之用。致使古今不坠,道俗归心,再续玄风,重兴盛事。使已发心之士,坚固无疑,未起信之人,依投有路。聊申序耳。(《大正藏》第五十一卷,第104页上)

《往生西方净土瑞应传》共收录东晋至唐大历(766—779)年间,僧尼及居士的净土感应故事四十八则。每则故事以所记的人物为标题,如"乌场国王"、"隋朝皇后"之类。首篇是东晋的慧远,末篇是唐代的邵愿保。

其中记僧的有二十一篇,数量最多,这些僧人是:东晋的慧远、北齐[案:《净土往生传》卷上作"后魏"]的昙鸾、梁代的道珍、后周的僧崖、慧命、静霭、隋代的颢法师(智颢)、道喻、登法师、洪法师、唐代的道绰、善导、衒法师(僧衒)、岸法师(惟岸)、大行、藏法师(僧藏)、感法师(怀感)、怀玉、法智、道昂、雄俊;记尼的有五篇,如刘宋尼法藏等;记沙弥(童子)的有三篇;记国王和皇后的各一篇;记官吏的有二篇,即东晋的刘遗民和唐代观察使韦之晋;记黎民百姓的有十五篇,如唐代的元子平、张元祥等。这中间除《沙弥二人》篇、《隋州约山村翁婆二人》篇是记两个人的故事的,《宋朝魏世子》篇是记魏世子一家的故事的,其余的都是一篇记一个人的故事的。

《往生西方净土瑞应传》所记的故事较为简短。最短的仅四五十字,如《女弟子裴》篇,最长的也不到三百字,如《颢禅师

（智顗）》篇。这些故事大多是宣扬念佛者在临终时获得的往生西方净土的种种瑞应。认为，即使是十恶不赦的歹人，只要一心念佛，同样能够往生西方极乐净土。试以《僧雄俊》篇为例：

> 僧雄俊，姓周，城（成）都人。善讲说，无戒行，所得施利，非法而用。又还俗，入军营杀戮，逃难却入僧中。大历中，见阎罗王判入地狱，俊高声曰：雄俊若入地狱，三世诸佛即妄语。王曰：佛不曾妄语。俊曰：《观经》（云）：下品下生造五逆罪，临终十念（指念佛十声）尚得往生。俊虽造罪，不作五逆。若论念佛，不知其数。言讫，往生西方，乘台（指莲台）而去。（第106页中）

这则故事足以说明净土信仰为何容易为僧俗所接受，并在东晋以后各代盛行的原因了。

《往生西方净土瑞应传》也保存了一些有价值的史料。其中最重要的是《善导禅师》篇和《感法师（怀感）》篇。《善导禅师》篇所记的善导的姓氏、里籍、活动要比唐道宣《续高僧传》卷二十七《会通传》附载的《善导传》详细，可补其中的未备：

> 唐朝善导禅师，姓朱，泗州人也。少出家，时见西方变相，叹曰：何当托质莲台，栖神净土。及受具戒，（与）妙开律师共看《观经》，悲喜交叹，乃曰：修余行业，迂僻难成，唯此观门，定超生死。遂至绰（道绰）禅师所，问曰：念佛实得往生否？师曰：各办一莲花，行道七日，不萎者即往生。……禅师平生常乐乞食，每自责曰：释迦尚乃分卫（指乞食），善导何人，端居索供。乃至沙弥并不受礼。写《弥陀经》十万卷，画净土变相二百铺，所见塔庙，无不修葺。佛法东行，未有禅师之盛矣。（第105页中、下）

《感法师》篇所记的怀感事迹，要比《宋高僧传》卷六和《佛祖统纪》卷二十七的记载早出一百八十余年和四百六十余年，因而尤其值得珍视。该篇说：

> 感法师居长安千福寺，博通经典，不信念佛。问善导和尚曰：念佛之事在何门？答曰：君能专念佛，当自有证。又问：颇见佛否？师曰：佛语何可疑哉。遂三七日入道场，未有其应。自恨罪深，故绝食毕命。师止而不许。三年专志，遂得见佛金色玉毫，证得三昧。乃自造《往生决疑论》七卷。临终佛来，向西卒。（第106页中）

其余如唐代僧衒（道绰的弟子）、僧藏、怀玉、法智等篇也颇具参考价值，为研究唐代净土宗的历史资料之一。

第二品　明袾宏《往生集》三卷

《往生集》，三卷。明杭州云栖寺沙门袾宏集。收入《大正藏》第五十一卷。

《往生集》的撰时，据书首刊载的袾宏《往生集序》之末所署的日期，为明万历十二年（1584）。但实际上卷一《妇女往生类》"薛氏"条记有"万历丁亥（十五年）五月"发生的事；卷二末"续录"中的"方氏"、"唐体如（唐延任）文学"、"杨嘉祚文学"、"郝熙载文学"、"孙大玗居士"、"吴居士（吴大恩）"诸条，分别记有"万历乙酉（十三年）"、"万历癸卯（三十一年）"、"万历乙巳（三十二年）仲冬"、"万历辛亥（三十九年）春二月"、"万历辛亥（三十九年）十一月"、"万历四十年五月"发生的事。故此书在万历十二年初稿撰成之后，又有续补。续补的时间约在万历四十一年（1613）和万历四十二年（1614）之际，即袾宏去世（1615）前的一二年。

袾宏《往生集序》说：

世尊始成正觉，为诸有情普演佛乘，既而机难尽投，由是于一乘中示三乘法，而复于三乘中出净土一门。……闻昔有传往生者，岁久灭没，不可复睹，而断章遗迹班班，互载于内外百家之书。予随所见，辄附笔札，乃摘其因果昭灼者日积之，成编殆存十一于千百而已。今甲申窃比中峰塵居，掩关于上方，乃取而从其类后先之。又证之以诸圣同归，足之以生存感应，计百六十有六条，而间为之赞，以发其隐义，题曰《往生集》。（《大正藏》第五十一卷，第126页中、下）

《往生集》是以唐文谂、少康《往生西方净土瑞应传》、北宋戒珠《净土往生传》、南宋志磐《佛祖统纪》卷二十六至卷二十八《净土立教志》的资料为基本素材，芟繁补阙，增广新闻而编成的。它与唐文谂、少康《往生西方净土瑞应传》一样，也是着重宣扬平时念佛、临终遂愿往生的净业修持者的感应事迹，以期吸引更多的人信仰西方极乐世界。但在内容上较《瑞应传》更为广泛，如：叙录的人物要多得多；有"畜生往生"的事例；有佛教经论中关于文殊、普贤等菩萨也希望往生净土的片段（见"诸圣同归类"）；不只记念佛者临终时获得的种种祥瑞灵迹，而且也描写念佛者在平时就能产生却鬼、解冤、睡安、治病、脱难等效应（见"生存感应类"）。袾宏在自序中说，全书收净土感应事例"计百六十有六条"，其实这是指《往生集》初辑时的收录总数，并不包括续补的。据今本《往生集》计算，实收二百五十五条（同题之下以"又"字分列的两件事，作两条计）。

在编法上，《瑞应传》是不分类的，行文中也不附作者的评论，而《往生集》则参照《佛祖统纪·净土立教志》的分类，开为九大类。又依《宋高僧传》在传末间附"系曰"，在篇末设"论曰"的体式，而在一些事例之末附"赞曰"，在每类事例之末设"总论"。与《瑞应传》相一致的是，《往生集》在每条事例之前也冠有标题,大多是以人名为题,也有少数以物名或事名为题。

一、沙门往生类(卷一)。收东晋远祖师(慧远)、慧永、道敬、僧济、慧虔、刘宋昙鉴、北齐慧光、梁道珍、后魏神鸾(昙鸾)、隋智者大师(智顗)、法喜、道喻、慧海、唐善导和尚、智钦、五会法师(法照)、台岩康法师(少康)、怀玉、道绰、惟岸、法祥、五代永明寿禅师(延寿)、志通、宋(指赵宋)晤恩、圆净常法师(省常)、净观、慈云忏主(遵式)、宗坦疏主、有严、法因、圆照本禅师(宗本)、孤山圆法师(智圆)、元祖辉、明楚琦、宝珠等九十八条。见录于此类的事例除三例之外,基本上均按朝代的先后编排,其余八类则不遵。

二、王臣往生类(卷二)。收乌苌国王、东晋刘遗民参军、宋王龙舒国学(王日休)、江公望司谏、杨无为提刑(杨杰)、文彦博潞公、冯济川谏议(冯楫)、王敏仲侍郎(王古)、唐白居易少傅、宋苏轼学士、张无尽丞相(张商英)等三十二条。

三、处士往生类(卷二)。收刘宋周续之、宋(指赵宋)孙良、唐元子才、元吴子章、宋计公、东晋张铨、梁高浩象、明华居士等二十八条。

四、尼僧往生类(卷二)。收隋尼大明、唐尼净真、尼悟性、宋尼能奉、尼法藏五条。

五、妇女往生类(卷二)。收隋皇后、唐姚婆、宋王氏夫人、冯氏夫人、孙氏、吴氏女、元郑氏、明薛氏等三十二条。

六、恶人往生类(卷二)。收唐张善和、张钟馗、雄俊、惟恭、宋莹珂、仲明、吴琼、金奭八条。

七、畜生往生类(卷二)。收龙子、鹦鹉、鸲鹆(有二条)等四条。

八、诸圣同归类(卷三)。收择生极乐、往生无数、面见弥陀、十愿求生、偈论净土、请佛形仪、造论《起信》、龙树记生、集善往生、得忍往生、第二大愿、念佛灭罪、胜会书名、略举尊宿十四条。此类事例大多系摘录佛教经论和禅宗史传中有关净土往生的片段而成，带有文抄性质。事条的开头大多是"某某经云"，节引《观无量寿佛经》、《大无量寿佛经》、《观佛三昧经》、《华严经》、《楞伽经》、《菩萨生地经》、《菩萨内戒经》、《大智度论》等文。

九、生存感应类（卷三）。收鬼不敢啖、梦得聪辩、冤对舍离、夫妇见佛、却鬼不现、荐拔亡灵、睡寝得安、病目重明（有二条）、疟疾不作、舍利迸现（有二条）、治病皆愈、俘囚脱难十四条〔案：《往生集》也见载于《续藏经》第一三五册，分卷上、卷中、卷下，在《生存感应类总论》之末，还附有《普劝为人必修净土》、《劝修净土代言》、《佛示念佛十种功德》〕。

此外，在卷二《畜生往生类》之后附有《续录》。《续录》之首有作者的说明："今时往生者，随闻见续入，故另附二卷末，不分门类，不别先后。"（第148页上）见收的都是明代僧俗修习净业的感应事例。有僧明本、朱纲少府、顾居士（顾源）、方氏、唐体如文学、杨嘉祎文学、郝熙载文学、戈广泰居士（戈以安）、孙大玗居士、吴居士（吴大恩）等二十条。

《往生集》对于了解东晋至明代佛教各派，以及社会各界人士的净土信仰，有一定的参考价值。以禅宗为例，它本来是不相信西方净土的。禅宗六祖慧能在回答韶州刺史韦璩的提问时，曾明明白白地说："迷人念佛生彼，悟者自净其心"，"佛是自性作，莫向身外求。自性迷，佛即众生；自性悟，众生即佛"（敦煌本《六祖坛经》）。在以后的流传中，慧能这席话变得更为尖锐，更具有批判性。如"东方人造罪，念佛求生西方。西方人造罪，念佛求生何国？凡愚不了自性，不识身中净土，愿东愿西，悟人在处一般"（惠昕本、契嵩本、宗宝本《六祖坛经》）。然而，这只是事情的一个方面,并非全部。据《往生集》卷三《诸圣同归类》中"略举尊宿"条的记叙,慧能以后的禅宗与净土信仰也有密切的联系。唐宋禅宗中的一些宗匠,禅、净双修,并不排斥净土法门:

> 百丈海禅师,马祖传道嫡子,万世丛林大宗,其立法,祈祷病僧,化送亡僧,悉归净土。黄龙新禅师,参觉老得旨,继席黄龙,宗风大振而切意净业,有《劝念佛文》行世,令人发哀起信。真歇了禅师,嗣丹霞谆公,洞下一宗至师大显,后卓(作)庵补陀,庵名孤绝,专意西方,有《净土说》,普劝四众。慈受深禅师,得法长芦信公,专心念佛,谓修行捷径,无越净邦。建西方道场,苦口劝众,翕然化之。石芝晓法师,嗣月堂询公,洞彻教部,以净业化人。尝集大藏诸书,有《乐邦文类》行世。寂堂元禅师,学禅于密庵杰公,笃行念佛三昧,感金甲自天而降,梦红莲华从地而出,由是十州莲宗大行。中峰本禅师,得法于高峰妙公,人仰之如山斗,有《怀净土诗》百篇,盛行于世。王以宁待制,自称弥陀弟子。晁说之翰林《答赵子昂书》,称西方净土是真语实语。陈瓘待制,作《延庆寺净土院记》,极赞念佛。优昙宗主,居庐山东林善法堂,著《莲宗宝鉴》,奉旨板行,为净土中兴云。

> 赞曰:始百丈,终优昙,历代尊宿,无不奉行净土。呜呼盛哉!(第151页上、中)

又如唐代的白居易、宋代的苏轼都是有名的大儒,他们也与净土信仰有缘:

> 唐白居易,官中大夫太子少傅,舍宅为香山寺,号香山居士。晚岁患风痹,出俸钱三万,绘西方极乐世界一部,依正庄严,悉按《无量寿经》,靡不曲尽顶礼。发愿以偈赞曰:极乐世界清净土,无诸恶道及众苦。愿如我身老病者,同生

无量寿佛所。(卷三《王臣往生类》,第141页上)

宋苏轼,号东坡,官翰林学士。南迁日,画弥陀像一轴,行且佩带。人问之,答曰:此轼生西方公据也。母夫人程氏殁,以簪珥遗赀,命工胡锡绘弥陀像,以荐往生。(同上)

《往生集》不仅对研究各代的净土信仰有价值,而且对研究袾宏本人的思想也有价值。袾宏是明代著名的僧人,与紫柏真可、憨山德清、藕益智旭并称为"明末四大家"。又被推为莲宗(即净土宗)第八祖(见清悟开《莲宗九祖传略》),在佛教思想史上据有重要的地位。而《往生集》中的"赞"和"总论"反映了袾宏的一部分思想。如唐代沙门智钦,专习禅业,又礼念万五千佛名,乃至百遍。后于柳州阿育王塔前燃一臂求生净土。袾宏在"赞"中说:

烧身烧臂,大乘经中屡开。然此得忍大士所为,非初心境界也。求西方者,当学钦公之习禅礼佛,不必效其燃臂。若能用燃臂之精虔勇猛,以治其恶习,则所燃亦多矣。(卷一《沙门往生类》,第130页下)

又如,在袾宏以前,许多人将念佛理解为解决人死以后的归宿问题。袾宏认为这是片面的,念佛对于现世也能产生大利益。并进一步说,念佛是为了"成佛度生",既不是为了身后的利益,也不是为了身前的利益。他在卷三《生存感应类》的《总论》中说:

念佛法门,人知为亡殁之归宿,而不知生存之利益。是故闻持咒得灵通,即改而持咒;闻讲演得聪辩,即改而讲演;闻营造得福报,闻斋会得人缘,乃至闻摄养得长寿,种种变易,曾无执持。安在其一心不乱,而望净业之有成耶?吾故集此,姑以断时人之外慕。据实而论,求生净土,本为成佛

度生,既非图身后之乐,复何计身前之利与否哉!(第152页下)

这些言论反映了袾宏净土思想的一些特点。因此,《往生集》作为一部净土类的感应传,虽然其中不乏念佛者临终时,"光明满室"、"异香满室"、"天花如雨"、"众闻天乐西来"、"人见紫云向西而没"、"佛菩萨来迎"等信仰者在特殊的宗教心理状态下的感受、想像和期待的描写。但是,从史料学的角度而言,其中确有不少有用的资料可供研究。

第三品　清彭希涑《净土圣贤录》九卷
附:清胡珽《净土圣贤录续编》四卷

《净土圣贤录》,九卷。清乾隆四十八年(1783),居士彭希涑在其叔彭际清(又名"彭绍升")的直接指导下撰成。收入《续藏经》第一三五册。

彭希涑(1761—1793),字乐园,号兰台,苏州元和(今江苏吴县)人。事见清胡珽《净土圣贤录续编》卷二。

《净土圣贤录》书首有乾隆四十八年(1783)孟春之月彭际清《净土圣贤录叙》;彭际清《净土圣贤录发凡》(共分九条);彭希涑《净土圣贤录偈》。彭际清在《叙》中说:

> 自大教东来,单传直指(指禅宗)外,以念佛得度者,若缁若白,未易悉数。际清素服儒风,兼修净行。常欲荟萃旧闻,用资警策,而日力仓卒,因循至今。会兄子希涑,初发信心,愿成此录,以坚向往,因为标指体要,载稽经论,次支那(指中国)著述,续以耳目所及。斟酌损益,勒成一编,名之曰《净土圣贤录》。(《续藏经》第一三五册,第187页上、下)

据彭际清介绍，此书的凡例，"当是录草创之始，即口授希涑。每一篇成，辄为随手勘定。全帙既具，大旨无乖。复笔之简端，以告来者"（《发凡》，第190页上）。因此，《净土圣贤录》的正文虽然不是彭际清写的，但书的体例是他确立的，内容又是他勘定的，事实上彭氏叔侄是本书的共同作者，只是彭际清没有署名而已。

《净土圣贤录》是历代往生传的集成之作。全书共为净土法门中的佛、菩萨、尊者、僧尼、王臣、居士、杂流、女人，以及物类等立传五百余篇（包括附传），分为十科（也可称为"十门"）。每篇传略的末尾均注有出典（即资料的出处），每科之末有"论曰"（即作者的评论）。

一、净土教主（卷一）。收阿弥陀佛。

二、阐教圣众（卷一）。收观世音菩萨、大势至菩萨、普贤菩萨、文殊师利菩萨、祈婆迦尊者、马鸣尊者、龙树尊者、天亲论师和觉明妙行菩萨。

三、往生比丘（卷二至卷六）。主要收有：慧远（附慧持）、慧永、僧显、昙鸾、静霭、智𫖮、道绰、善导、怀感、功迥、慧日、飞锡（以上卷二）、承远、法照、少康、延寿、省常、知礼、遵式、仁岳、宗赜、有严、元照（以上卷三）、道琛、子元、明本、优昙（当是"普度"）、维则、妙叶（以上卷四）、梵琦、景隆、袾宏、广制、德清、传灯（以上卷五）、智旭、大勍、大真、读体、成时、行策、实贤（以上卷六）等。

四、往生比丘尼（卷六）。收慧木、广觉、潮音等。

五、往生人王（卷七）。收乌苌国王。

六、往生王臣（卷七）。收刘程之、杨杰、王古、江公望、陈瓘、冯楫、虞淳熙、袁宏道等。

七、往生居士（卷八）。收差摩竭、关公则、王日休、顾原、张守约、庄广还、鲍宗肇、张光纬、袁列星、皇甫士坊、周梦颜、王恭等。

八、往生杂流(卷九)。收张钟馗、张善和、吴琼、吴浇烛、梁维周等。

九、往生女人(卷九)。收韦提希夫人、乐音老母、姚婆、冯氏、王百娘、蒋十八妻、吴氏女、张寡妇、杨媪等。

十、往生物类(卷九)。收鹦鹉、鸲鹆、白鹦鹉三物。

《净土圣贤录》的特点按彭际清在《发凡》中所举,大致有以下几点：

一、"凡录往生者,只载支那著述,至经论所明净教缘起,多所阙略。譬之治河不由积石,导江不自岷山。既昧其原,其流将壅。兹首标教主,著所宗也;次观音、势至,明有辅也。"(第187页下—第188页上)也就是说,以前编的往生传所载的人物,往往只选于中国佛教著述,而忽略了经论上的记载。如唐文谂、少康《往生西方净土瑞应传》、南宋志磐《佛祖统纪》中的《净土立教志》、明袾宏《往生集》所记的第一人均是中国净土教的创始者东晋慧远;北宋戒珠《净土往生传》则列西晋江东僧显为第一,东晋庐山慧永、慧远为第二、第三。而本书则上溯净土教的原始,首标教主阿弥陀佛,次列阐扬净土教的诸菩萨和西方尊者,然后才叙东晋慧远。

二、"历代《高僧传》、《佛祖统纪》、《佛祖通载》诸书,但载诸师事迹,而议论激扬,概从简弃。云栖(袾宏)《往生集》,又唯标事验,行实罕详,遂可合张李为一身,涧淄淆而同味,览未及终卷,倦而思卧者多矣。兹则该罗细行,圆具全身,综贯千章,独标警策。"(第188页上)也就是说,历代《高僧传》等只记载净土诸师的生平事迹,对他们的思想观点一概简弃,而袾宏《往生集》只记载净土修持者临终时获得的各种祥瑞灵验,很少去记叙他们的行实,因而出现了"可合张李为一身"的雷同化现象。而本书所记,不仅该罗人物的生平行履,而且"综贯千章,独标警策",摘录了他们在谈论或文章中表述的有关净土修持方面的代表性观点。

三、"向之录往生者,必著事验。事验无闻,遂多阙漏。虽然不睹其形,愿察其景,但自净心,往生何待?"(第188页下)也就是说,只要人物平日修持净业,不论他临终时有无往生净土的祥瑞灵验,本书都加以收录。

四、"《往生集》唯以吉祥善逝为高,其为捐躯舍身者,概斥而不录。"(同上)本书作者认为,《普贤行愿品》和《六度集经》中都有以"身命而为布施"的说法,因而对"为法捐躯"的静霭、"忘身济物"的常愍,以及"速舍报身(指烧身自焚),求生净土"的文辇、慧诚、超城等也加以收录(彭际清还提到了善导和志通,但这两人已见于《往生集》)。

五、"《居士传》、《善女人传》所录诸贤,必征素行,苟有瑕疵,概从简斥。兹则但以末后为凭,不论既往之失。故知雄俊、惟恭之辈,钟馗、善和之徒,既登末品,便预圣流,其他概可知矣。"(第189页下)《居士传》、《善女人传》对平日作恶,末了皈依净业的人一概简斥不录,而本书上承唐代文谂和少康、北宋戒珠、明代袾宏诸书的传统,特别是袾宏在《往生集》中特辟《恶人往生类》的做法,以人物后期的行为作为判别其是否称得上"圣贤"的标准,将张善和、张钟馗、雄俊、惟恭等平日作恶,末了皈依净业的人也加以收录。

此外,《净土圣贤录》还删除了见载于《往生集》的刘宋处士周续之、唐代大儒白居易、苏轼和宋代丞相张商英。理由是:"《往生集》载周续之临终见佛,合掌而逝,考诸前史及《东林传》(指未详作者的《东林十八高僧传》)都无此文"(同上);"白公

（白居易）虽有绘画回向之诚，而平生信乐，多在兜率天"（同上），兜率天是弥勒佛居住的地方，愿求往生兜率天就是愿求往生弥勒净土，这与净土教倡导的往生阿弥陀佛净土是两个不同的去处；"夫修净业者必具三心，所谓深心、至诚心、回向发愿心，乃至临终十念，未有不由着力而得者。"（同上）而苏轼曾说："西方不无，然个里着力不得"，这说明他"三心未具"；《往生集》卷中所录的张商英《发愿文》[案：全文是："思此世界，五浊乱心，无正观力，无了因力。自性唯心，不能悟达。谨遵释迦世尊金口之教，专念阿弥陀佛。求彼世尊愿力摄受，待报满时往生极乐，如顺水乘舟，不劳自力而至矣。"（《大正藏》第五十一卷，第141页上、中）]，"有类童蒙，颇同寒乞，与他所传文字的不类，亦未可信，故并删之"（同上）。这说明《净土圣贤录》对史料有甄别考证。

以上各项特点中，最为切要的是第二项。因为正是由于《净土圣贤录》既有人物生平始末的记叙，又有言谈文述的辑录，才使得它在净土宗史籍中的地位远远高于袾宏《往生集》，受到了自清以来净土教研究者的器重。十科之中，又数第三科《往生比丘》所保存的人物资料为最多。以摘有要点的文述而论，就有：

隋代智𫖮的《净土十疑论》（近人有怀疑它不是智𫖮所作的）；唐代飞锡的《念佛三昧宝王论》（以上卷二）；宋代延寿的《万善同归集》，知礼的《念佛施戒会疏文》、《观无量寿佛经疏妙宗抄》，遵式的《往生净土决疑行愿二门》、《坐禅往生观法》，宗赜的《发愿文》，元照的《集净业礼忏仪序》（以上卷三），道琛的《唯心净土说》，子元的《劝人发愿偈》，道因的《弥陀赞》；元代明本的《报恩院记》，优昙（当是"普度"）的《莲宗宝鉴》，维则的《净土或问》；明代妙叶的《念佛直指》（以上卷四），梵琦的《百韵诗》，琴公的《念佛警策偈》，广制的《怀净土赋》，传灯的《法语》（以上卷五）；清代大勔的《怀净土诗》，成时的《净土十要序》，行策的《劝发真信文》，实贤的《劝发菩提心文》（以上卷六）等。

此外，还有宋代有严（见卷三）、明代景隆、袾宏、德清（以上见卷五）、智旭（见卷六）的一些答问。这些言谈和文述，为研究净土教思想史提供了大量的资料，值得注意。其中，自宋至清有关禅法、显密教法与净土法门的关系的议论，尤有意义。

关于禅法与净土法门的关系，北宋法眼宗延寿在《四料简》中说：

> 有禅无净土，十人九错跎，阴境若现前，瞥尔随他去。无禅有净土，万修万人去，但得见弥陀，何愁不开悟。有禅有净土，犹如带角虎，现世为人师，当来作佛祖。无禅无净土，铁床并铜柱（指下地狱受苦），万劫与千生，没个人依怙。（卷三，第244页下）

明代临济宗僧人景隆在解释"有禅无净土"和"有禅有净土"两句时说：

> 参禅人执守话头，自谓守静工夫，更无别事。念佛往生，寅夕礼诵，皆所不行，此所谓"有禅无净土"也。此等参禅亦非正气，是为守死话头，不异土木瓦石。坐此病者，十有八九莫之能救。真得禅旨，如水上葫芦，捺着便转，活泼泼地。如此参禅，不轻念佛往生之道。寅夕礼诵，亦所遵行，左之右之，无不是道。此所谓"有禅有净土"也。（卷五，第285页上）

元代临济宗僧人明本和明代未详师承的琴公，更是用直截了当的语言，倡导禅净合一。明本认为，禅中有净，净中有禅，两

者不可分离。"禅者,净土之禅。净土者,禅之净土。"(卷四,第274页上)琴公作《念佛警策偈》,其偈的开头几句便是:

> 一句阿弥陀佛,宗门头则公案。譬如骑马拄杖,把稳生涯一段。不拘四众人等,持之悉有应验。行住坐卧之中,一句弥陀莫断。(卷五,第285页下)

这就把净土法门中的"念佛"提到"宗门头则公案"的理论高度,为了在修持实践中将修净与坐禅统一起来,北宋天台宗僧人遵式特地撰写了《往生坐禅观法》一文,对此作了具体的介绍。提出:"欲修往生观者,当于一处。绳床西向,易观想故,表正向故,趺跏端坐,顶脊相对,不昂不俯,调和气息,定住其心。"(卷三,第248页下)对坐禅过程中,如何"扶普观意",如何"直想阿弥陀佛",叙之颇悉。

关于显密教法与净土法门的关系,北宋天台宗僧人有严说:

> 原夫佛慈接物,方便多门,有定散之善焉,有佛法之力焉,有事福而假愿力回向焉,有垂终剧怖而赖求救焉,如是等类,百千万数,但藉其一,必得往生。定善者,修心妙观,首楞严定是也;散善者,如《无量寿经》十念念佛,亦得往生是也;佛力者,缘阿弥陀佛大悲愿力,摄取念佛众生,众生承佛愿力,即得往生,如劣夫从转轮王,一日一夜,周行四天下,非其自力,轮王之力也;法力者,如佛告莲华明王菩萨,令诵灌顶神咒,加持沙土,散亡者尸,或亡者墓,彼之亡者,或堕地狱、饿鬼、畜生中,承是真言,生极乐国是也;事福假回向者,慈心不杀,具诸善戒,得生极乐是也;垂终求救者,临命终时,火车相现,称佛力故,猛火化为清凉风,如僧雄俊及张钟馗,一称佛号,俱生净土是也。(卷三,第255页下—第256页上)

也就是说，无论是戒定慧，还是显密教，都通净土之路。只要选择其中的一种修习，就能往生净土。

《净土圣贤录》的资料，主要来源于历代《高僧传》、《佛祖统纪》、《往生集》、《东林传》、《居士传》、《西方确指》、《乐邦文类》、《空谷集》、《狯园》、《莲宗宝鉴》、《镇江府志》、《护法录》、《苏州府志》、《紫柏老人集》、《雪梅纪略》、《理安寺纪》、《憨山梦游集》、《云栖纪事》、《净土全书》、《净土晨钟》、《灵峰宗论》、《净土说约后跋》、《宝华山志》、《贤首宗乘》、《余学斋集》、《思齐大师遗稿》、《云林寺志》等一百余种著作和一些口述作品。由于作者在转录时曾作过润饰和删改，因此，倘若要对每个人进行专题研究的话，还须查核原著。

清胡珽《净土圣贤录续编》四卷

《净土圣贤录续编》，四卷。清代居士胡珽撰。原书未署撰时。考此书卷三《往生居士》记载的郭观光（苏州元和人）卒于道光二十九年（1849）八月，为全书所记人物卒时最晚的一人；书末附刊的作为《续编》拾遗的《种莲集》（居士陈本仁撰），署时为"道光三十年秋九月"。以此推断，《续编》约撰于道光三十年（1850）春夏之际。收入《续藏经》第一三五册。

《净土圣贤录续编》是《净土圣贤录》的补续之作。书首有胡珽《净土圣贤录续编发凡》和《净土圣贤录续编偈》。《发凡》共有五条。大意是说：一、"是录体例，悉准前录（指《净土圣贤录》）"（《续藏经》第一三五册，第387页上）。二、"兹之分门别类，以比丘居先。纪月编年，以国初为始。但叙事之前后，不论品之高低"（同上），即所录的人物均按年月的先后编次，始自清初，终于当时（撰书之时）。三、清悟灵撰的《染香集》等书对临终念佛的人，均加以采录。胡珽认为，"夫往生瑞应，虽或隐或显，未可一定，然必征诸素行（指平日的行为）。如其愿力未深，功夫未熟，直待临终念佛，难保决定"（同上），故本书对平日不信佛，临终才急于念佛的人，"略加芟汰"，只选像王贞生、施静岩这样有"百倍之勇"念佛的入录。四、前录在每传之后，皆注原书，"兹仍其体例，但稍易其俚鄙之句。间有近今故事，必出自不妄语人之口，复向故老咨访再三，始敢笔之于书。其或净行可传，而临终无正念者，概弗滥登"（第387页下）。五、袾宏的《往生集》在传末间附赞词（"赞曰"），以"晰其隐义"，每类之末又有"总论"，而前录只有每科之末的"总论"，传末没有赞词，"兹则有义不明者，亦用赞词（称"西史氏曰"）发之"（同上）。

因此，《续编》的体例，除收录的人和物仅限于清代，并按年月编次，以及传末间附赞词以外，其余的均与《净土圣贤录》相同。

由于《净土圣贤录》已经首标《净土教主》，次述《阐教圣众》，为避免重复，故《续编》所述是从《往生比丘》开始的；又由于《往生人王》一科无人可续，故《续编》将此科删去，不复叙列。这样，《续编》所立的科目，从前录的十科，减为七科。前录以《往生比丘》收录的人物为最多，而此录以《往生居士》收录的人物为最多。全书共立传一百几十篇。

一、往生比丘（卷一）。收性修、际醒、起信、真传、觉源、悟灵、悟开、方海等。

二、往生比丘尼（卷一）。收湖上老尼、木印、佛琦、道乾等。

三、往生王臣（卷二）。收张师诚、章攀桂二人。

四、往生居士（卷二、卷三）。收苏起凤、王贞生、陆士铨、马荣祖、彭希涑、彭绍升、郑兆荣、许仁熟（附悟诚，以上卷二）、裴永度、周光、吴允升、范元礼、孙复元、张清新、李勤、徐倬、郭观光（以上卷三）等。

五、往生杂流(卷三)。收吴生、瞿晋槐、陈书叟、丁童子等。

六、往生女人(卷四)。收田婆、王荆石女、兵家妇、曹媪、陶氏、汪氏、陆安人等。

七、往生物类(卷四)。收鸡(附蛇、猫、雀、猪)等。

上述七科中,辑存净土教人物资料,尤其是著述资料较多的是《往生比丘》、《往生王臣》和《往生居士》三科。如《往生比丘》科载:

际醒,字彻悟,号讷堂,俗姓马,京东丰润县人。"幼通经史,薙染(指出家)后,遍历讲席,博贯性相两宗,而于法华三观十乘之旨,尤为心得。参广通粹如纯禅师,明向上事(指禅法)。师资道合,乃印心焉。后纯公迁万寿寺,醒继席广通,策励后学,宗风大振。每谓永明寿(延寿)禅师乃禅门宗匠,尚归心净土,况今末代,尤宜遵承。于是专修净业,主张莲宗。"(卷一,第395页下)著有《语录》二卷。

觉源,字性海,俗姓张,安徽定远人。年四十,依金陵耆阇律师出家,从封崇律师受具足戒。"尝于投子阅藏毕,行二时头陀,遍参知识。闻焦山借庵禅师为洞下(指曹洞宗)名德,特往参叩。机缘契合,遂承印记。复往山中阅藏,愈深入教海。于《华严》奥旨,独有心得,口诵手披,不下数百遍,乃至背诵不遗一字。尝为缁白开演大义,抉幽剔微,听者豁然。因自别其号曰'一真法界'。已而栖心安养,日诵西方佛名十万声。"(同上,第399页下)著有《净土诗》百首。

悟灵,字轶群,号幻如,俗姓金,浙之海昌人。礼本城安国寺象陇上座出家,不久受具足戒于杭州昭庆寺。悉檀纯公(达纯)开念佛堂于苏州流水居,悟灵裹具从之。"念从上往生诸人,自《净土圣贤录》以后,更无续集,而高人辈出,不可湮没不传。于是广采博访,辑为《染香集》一卷。自嘉庆以来,凡染香于此法

门者(指信仰净业者),罔弗纪载。越五年而书成,刻行于世。"(同上,第401页上)

悟开,字豁然,号水云道人,俗姓张,苏州木渎人。礼祥峰文公出家,旋受具足戒于高旻如鉴和尚。"著有《念佛百问》,开示后学。"(同上,第402页下)

《往生王臣》科载:

张师诚,字心友,号兰渚,湖州归安人。"长斋奉佛,栖心净土,自号一西居士。择前贤净土论说,辑《径中径》一书,后附净土歌咏,其自作数十首,最为警切。"(卷二,第407页上)

章攀桂,里籍不详。"乾隆间,服官在外,笃信净业。自号宝严居士,与投子沙门世惺,辑《莲宗集要》一书,自为序。"(同上,第408页上)

《往生居士》科载:

周光,字西莲,江宁诸生。中年以后,长斋奉佛,诵《金刚般若经》和佛号。曾集资重刊《弥陀经疏抄》,亲为校勘,流通江淮间。有《净土诗》百余首传世(见卷三)。

张清新,字六华,金山附贡生。"尝于崇福寺结净制二七日。解制后,朝山礼海,遍参诸识(善知识)。心性益彻,励志西归。以其余闲,著《蒼葡居诗集》若干卷,与佛旨相契。"(同上,第428页上)

徐僖,字梦白,吴庠增广生。年四十余,"茹十斋,立净课,矢愿往西。诣尊胜庵,归依亮宽和尚,法名如超。六旬(指六十岁)余,业益专,依灵鹫义公受菩萨戒"。"又作《禅净四料》。云:念佛不参禅,老实做钝汉,念到佛即心,胜把话头看。参禅不念佛,直须桶底脱,倘有一点疑,尽头难着力。念佛复参禅,是二即是一,参究要胶黏,否则易放佚。不念而不参,得法可舍法,若未到岸时,欲渡苦无筏。"(同上,第433页上、下)

《净土圣贤录续编》的资料主要来源于《身世金丹》、《扬州府志》、《莲藏》、《南山宗统》、《染香集》、《西方公据集验》、《莲宗集要》、《彻悟禅师(指际醒)语录》、《参荼老人集》、《悉檀(指达纯)吟稿》、《染香续集》、《杨藕槎笔记》、《西归直指》、《兰台(指彭希涑)遗稿》、《西归见闻录》、《往生近验录》、《反本琐言》、《一行居集》，以及一些口述。其中有近半数的传记录自《染香集》，可见《染香集》在记载清代净土教方面资料之丰富。

《净土圣贤录续编》书末刊有清陈本仁于道光三十年(1850)九月撰的《种莲集》一卷。陈本仁在前序中说：

> 莲归居士(指胡珽)辑《净土圣贤录续编》，采访往生事实，共有百数十条。而续得于书成之后者，正复不少。余为另列一编，不分门类，不序先后，随闻见而记之，名曰《种莲集》，取思齐大师句"与君同种莲人"之意，以俟后之辑三编者采取焉。（第456页下）

然而，今本《种莲集》只有开头记载的十八人(始"善隆"，终"钱文灿")是在陈本仁撰书的时限之内，后九人(始"定意"，终"谢春华")均是同治、光绪年间人，其中最晚的是卒于光绪十八年(1892)七月的古昆(字玉峰)法师。以此判断，后九人当是后人添益，非陈本仁所作。

四、宗系部

总　　叙

　　宗系,全称"诸宗谱系",指的是用来记载佛教各宗派的传承世系(又称"传法世系"、"法系")以及宗人的言语行事的一类佛教典籍。它不只是某一佛教宗派人名的简单排列,而是以一宗的来龙去脉为主线编撰的、有着丰富内涵的宗派史著作。内容包括:一宗的起源;祖统(西天祖师和东土祖师);教典;教义;判教(对释迦牟尼说教的先后次第和各类佛经的性质意义所作的评判);传承世次;大宗与支派;嫡传与旁出;主要人物的事迹;派系的考证与人事的评论;以及有关的文述,如拈颂偈诗、铭记箴歌、文论杂著等。因此,宗系部也可称为"宗史部"。

　　佛教宗系类典籍中,数量最多的是灯录体典籍。这是禅宗创造的按传法世次编制的、以记载历代禅宗人物的机缘语句(参禅或接引学人时的对话与开示)为主的一种文体。灯录中,有从毗婆尸佛(七佛之首)或释迦牟尼佛(七佛之末)叙起,至六祖慧能以下南岳怀让系(简称"南岳系")和青原行思系(简称"青原系")某世的通录;有在传法世次上绍绪先前问世的某一部灯录(通常是《景德传灯录》或《五灯会元》)的断代录;也有记载某一地区禅僧或历代习禅居士的专录(后者称为《居士分灯录》,由于它不是按传法世次编制的,与严格意义上的"灯录"尚有一定的差异,故本书将它编入杂记部)。

其次是传记体(或称"记传体")典籍。有汇载一宗(如天台宗、华严宗等)东土诸祖行实的合传;有记叙一宗(如密宗、喇嘛教、禅宗等)一派(如禅宗中的北宗、保唐寺派等)始末的师资记、付法记、传法记或法宝记;也有综述不同国家或地区佛教各派源流的渊源录、晶镜史。再次是图表体,如用表示师徒关系的竖线,与表示同学或平辈关系的横线组合起来,并略加说明的世谱、世系表、世系图。最后还有史评体,对派系的嫡旁、人物的师承、史迹的真伪等与宗派史有关的人和事加以评析。

佛教宗系类典籍,不仅翔实地记载了佛教各大宗派的历史与学说,为编撰天台宗史、华严宗史、密宗史、禅宗史、喇嘛教史等提供了大量可以依据的珍贵资料,而且其影响超出佛教界,成为专史中的重要分支——学术史的实际开拓者。南宋以后的学案体著作,如南宋朱熹《伊洛渊源录》、明代周汝登《圣学宗传》、清代孙奇逢《理学宗传》、黄宗羲《明儒学案》、《宋元学案》(由全祖望续成)、江藩《汉学师承记》、《宋学渊源记》、唐鉴《清学案小识》等,就是在禅宗灯录的影响下发展起来的。

一、宗系类典籍的源流

佛教宗系类典籍,是随着隋唐佛教宗派的兴起而渐次出现的。但是,作为此类典籍的理论核心——"法统"(传法系统)说,则可以上溯到南北朝。

北魏太平真君七年(446),太武帝为平息卢水胡人盖吴在杏城(今陕西黄陵西南)发动的起义,率兵进抵长安。在一次偶然的机会中,他获悉长安有一所佛寺藏有兵器,因此怀疑沙门与盖吴通谋。在查抄过程中,又发现寺院里还藏有酿酒器具、州郡牧守富人寄存的大量财物,以及与贵室女子私行淫乱的屈室。

太武帝为之震怒,因而在信奉天师道的司徒崔浩的怂恿下,下令尽诛长安沙门。三月,又发布废佛诏,将后汉以来政教不行,礼义大坏,以至连年的战乱均归罪于佛教,称佛教"皆是前世汉人无赖子弟刘元真、吕伯强之徒,接乞胡之诞言,用老庄之虚假,附而益之,皆非真实"(《魏书·释老志》),令各地一依长安行事,"诸有佛图形像及胡经,尽皆击破焚烧,沙门无少长悉坑之"(同上)。从而导致了自佛教入华以来,第一次全国规模的毁佛(又称"灭佛")运动。

六年后,太武帝为宦官所杀,文成帝即位后,下诏全面复兴佛教。和平三年(462),继师贤之后而任沙门统(又称"昭玄统")的昙曜,为辟斥前代毁佛时,称佛教出于后汉"无赖子弟刘元真、吕伯强之徒"伪造的诬词,论证佛教传承有据,于是在北台石窟寺,召集僧众,编译了《付法藏因缘传》(又称《付法藏因缘经》、《付法藏经》、《付法藏传》)四卷。至孝文帝延兴二年(472),西域沙门吉迦夜又应昙曜之请,以前书为基础重译,增广了一些事缘,而成六卷(以上见隋费长房《历代三宝纪》卷九),这便是传今的本子,后人称之为"吉迦夜共昙曜译"。

《付法藏因缘传》记述了佛灭度后,佛法由摩诃迦叶传承,以后递相传付,一直到被弥罗掘国王杀害的师子比丘,凡二十三代、二十四人(第三代有摩田提、商那和修两人)的传法世系。《付法藏因缘传》虽然被历代佛经目录著录为译本,其实它并没有相应的梵本,而是吉迦夜、昙曜参照西晋安法钦译《阿育王传》、姚秦鸠摩罗什译《马鸣菩萨传》、《龙树菩萨传》、《提婆菩萨传》,并结合西域的一些传说编集而成的。它的问世对隋唐佛教宗派影响极大。天台宗创始人智顗在《摩诃止观》卷一所说的天台宗西天二十四祖,就是根据它确定的;属于三论宗系统的隋代硕法师在《三论游意义》中所说的始自迦叶,终于师子比丘的法藏传持者，和禅宗六祖慧能在《坛经》（敦煌本）中所说的始自七佛，终于慧能本人的禅宗四十代传人，也都是以《付法藏因缘传》的记载为基础，稍作增减而排定的。

在与北魏对峙的南朝，由于《付法藏因缘传》没有传入，因此，自刘宋以来佛教界流传的"法统"说，基本上是从东晋佛陀（一作"驮"）跋陀罗（意译"觉贤"）那儿来的。

佛陀跋陀罗是北天竺沙门，受业于罽宾国大禅师佛驮斯那（又译"佛大先"），安帝义熙六年（410）左右，他应求法僧智严的恳请，度葱岭、经六国，来到关中。在长安大寺（又作"齐公寺"、"宫寺"）弘传禅法，弟子达数百人。由于他传授的是小乘萨婆多部（即"说一切有部"）禅法，与当时在长安的鸠摩罗什所传的大乘般若学和综合七家之说而编译的《禅法要》异趣，因而被罗什的门人以言语"违律"为藉口，摈出长安。佛陀跋陀罗率弟子慧观等四十余人行至庐山，应慧远之请，在那里翻译了萨婆多部的一部重要禅经《达磨（一作"摩"）多罗禅经》（又名《修行方便禅经》、《不净观经》、《修行道地经》等）。并且根据其师佛大先的口传，将萨婆多部禅法的师资授受，编成了《师宗相承略传》一书，始阿难，终僧伽佛澄，录五十四人（见梁僧祐《出三藏记集》卷十二，已佚）。

及至梁代，宗习萨婆多部律学的僧祐，将《旧记》（不详所指）收录的五十三人（始大迦叶，终达磨多罗）、《师宗相承略传》收录的人物，以及自己新收的卑摩罗叉等人，编成《萨婆多部相承传》（又名《萨婆多部记》）五卷（已佚），北宋契嵩撰《传法正宗记》、《传法正宗定祖图》和《传法正宗论》时，所采用的就是僧祐《萨婆多部相承传》的法统说。

由于《付法藏因缘传》和《萨婆多部相承传》二书所记的，都是印度佛教的传承系统；《摩诃止观》、《三论游意义》和《坛经》虽然在它们的影响下,将印度佛教的传承系统与中国佛教宗派的实际传承系统联系起来,提出了本宗的法统说,但是,就这些典籍的体裁而言,仍然是以阐述各自的教理为主的论著,而不是专记本宗传承史的宗系类典籍。从现存的资料来看,作为独立形态的宗系类典籍,是从记叙早期禅宗的楞伽师的传承开始的。

所谓"楞伽师",指的是自禅宗东土初祖菩提达摩(又作"磨")以下,至与南宗(慧能派)相对立的北宗(神秀派)绝嗣以前,禅门中奉持《楞伽经》的一批禅师。禅宗虽然以"不立文字,教外别传,直指人心,见性成佛"为宗旨,但它并不摒弃对佛经义理的探究,它所反对的只是拘泥于佛经上的文句,而忽略在平实的一机一境上,见性自悟罢了,这至少在早期禅宗阶段是如此。梁普通(520—526)年间,南天竺沙门菩提达摩,泛海吴越,游洛至邺。在传授"二入四行"的禅法的同时,他将四卷本的《楞伽经》传付给二祖惠可(又作"慧可"、"僧可"),并叮嘱说:"我观汉地,唯有此经,仁者依行,自得度世。"(唐道宣《续高僧传》卷十六)惠可又将《楞伽经》传付给三祖僧璨,僧璨传四祖道信,道信传五祖弘忍,弘忍传神秀等人,从而形成了楞伽师的传承系统。

唐中宗景龙(707—709)年间,师事五祖弘忍积五年之久的安州寿山寺沙门玄赜,为纪念先前去世的同学神秀,创撰《楞伽人法志》,以记始于菩提达摩,终于神秀的六代楞伽师的传承。原书虽佚,但其中有关弘忍、神秀的记载,仍保存于《楞伽师资记》之中。由于玄赜所记的楞伽师,实际上就是北宗法系上的传人。因此,它既是中国佛教宗派的第一部宗系类典籍,也是最早的北宗史(或称"神秀禅派史")。其后,玄赜的弟子净觉,居太行山灵泉谷,以《楞伽人法志》为基础,并根据《高僧传》、《续高僧传》上的记载，以及自己新获的有关神秀弟子的资料，充实完善，于唐玄宗开元四年（716）撰《楞伽师资记》（今存）。长安居士杜朏，于开元四年（716）至开元二十四年（734）之间撰《传法宝纪》（今存）。由于在天宝（742—755）之前，两京（长安、洛阳）之间皆宗神秀之学，北宗的势力与影响远远超过南宗，因此，它们也是以北宗法系为记叙对象的著作。

在南宗方面。最早问世的宗系类典籍，是约撰于代宗大历十年（775）至大历十四年（779）之间的佚名的《历代法宝记》（今存）。此书的作者可能是益州保唐寺无住禅师的门人，书中记叙了南宗的一个支派——保唐寺派的传法世系。一直到德宗贞元十七年（801），金陵沙门智炬（又作"惠炬"、"慧炬"）在韶州曹溪宝林山，与天竺沙门胜持一起，编次禅宗历代祖师的传法偈讖，以及六祖（慧能）以下宗师的机缘语句，而为《宝林传》一书（今存），才有了正式的较为完整的南宗史。由于当时北宗法脉已经绝没无闻，天下禅人同归于慧能门下，南宗成为禅宗的嫡传与正宗。因此，自此以后问世的禅宗宗系类典籍，莫不是以南宗法脉为主线编撰的。这在唐代主要有：

京兆章敬寺沙门怀晖（一作"恽"），于宪宗元和元年（806）至元和十年（815）之间撰《师资传》，"自鸡足山大迦叶以下，至于能（慧能）、秀（神秀），论次详实"（见南宋祖琇《隆兴编年通论》卷二十二，已佚）。

圭峰草堂寺沙门宗密，于文宗太和（827—835）年间，为答复相国裴休的咨问，而撰《中华传心地禅门师资承袭图》一卷（今存）。

日本入唐求法僧惠运，于宣宗大中元年（847）求得的佚名《禅宗脉传》一卷（见《惠运律师书目录》）。

日本入唐求法僧圆珍，于大中八年（854）求得的佚名《达摩宗系图》一卷（见《福州温州台州求得经律论疏记外书等目录》）。

华岳（华山）沙门玄伟，于昭宗光化二年（899），编次贞元年以来宗师机缘，而撰《玄门圣胄集》（见南宋本觉《释氏通鉴》卷十一，已佚）。

在五代，则有南岳沙门惟劲，于后梁开平四年（910），集光化年以来宗师机缘，而撰《续宝林传》四卷（见元觉岸《释氏稽古略》卷三，已佚）。泉州招庆寺静禅师和筠禅师，于南唐保大十年（952）撰《祖堂集》二十卷（今存）。

与禅宗方面的宗系类典籍，自唐初就已产生，而且以后源源不断地涌现，至五代时已形成一个系列相比，其他佛教宗派的宗系类典籍不仅成书晚，而且数量少，显得寂落。除了唐代会稽云门寺沙门灵澈，约在德宗贞元（785—804）年间，撰《律宗引源》二十一卷（见北宋赞宁《宋高僧传》卷十五，已佚），可能是记叙律宗渊源的典籍；净住寺沙门海云，于文宗大和八年（834）撰《两部大法相承师资付法记》（今存），是记叙密宗源流的典籍以外，其余各宗如天台宗、三论宗、三阶教、法相宗、华严宗、净土宗等，在唐代似无宗系方面的专著问世，有关它们的师资授受关系和传法定祖之说，散见于疏记论著之中。其中，三论宗、三阶教和法相宗，或因数传而绝响，或因传承时断时续，连不起来，在后世也未曾有本宗的宗系专著问世。

进入宋代以后，禅宗的宗系类典籍在数量和品种上仍居第一。而天台宗方面，自北宋末年吴兴沙门元颖创撰《天台宗元录》发端，至南宋末年四明东湖沙门志磐撰《佛祖统纪》告终，接连编撰了数部纪传体佛教史。由于它们都是以天台宗为主，其他宗派为次编撰的，记载天台宗的渊源历史特详，因此，与南宋中叶婺女沙门志昭撰的《释迦谱历代宗承图》（见《佛祖统纪通例》，已佚）一样，也可以看作是天台宗的宗系类典籍。

二、本部大略

本部上起唐代，下迄清代，共收录佛教宗系类典籍四十三部六百一十九卷。

其中，属于天台宗的有一部一卷，即南宋士衡《天台九祖传》一卷，记叙了天台宗东土高祖龙树、二祖北齐慧文、三祖南岳慧思、四祖天台智𫖮、五祖章安灌顶、六祖法华智威、七祖天宫慧威、八祖左溪玄朗、九祖荆溪湛然的事迹。

属于华严宗的有一部一卷，即清续法《法界宗五祖略记》一卷，记叙了华严宗初祖杜顺（法名"法顺"）、二祖智俨、三祖法藏、四祖澄观、五祖宗密的事迹。

属于密宗的有一部二卷，即唐海云《两部大法相承师资付法记》二卷，记叙了密宗金刚界和胎藏界两部教法师资传授史，以及各自依据的本经《金刚顶经》和《大日经》的大略。

属于藏传佛教宗派的有四部四卷，即元蔡巴·贡噶多吉《红史》一册、明廓诺·迅鲁伯《青史》一册、清土观《土观宗派源流》一册、清守一《西藏剌麻（喇嘛）溯源》一卷，前三书以记述藏传佛教各派的源流及教法为主，兼叙其他地区的佛教情况，末一书介绍了西藏喇嘛教的历史。

属于诸宗评述的有一部一卷，即清守一《宗教律诸家演派》一卷，以偈颂的形式，评述了禅宗五宗（临济、沩仰、曹洞、云门、法眼宗）、天台宗、华严宗和律宗的源流以及其中的一些人物。

其余的三十五部六百一十卷，均属于禅宗的宗系类典籍，大致可以分为七类：

（1）早期禅史

唐净觉《楞伽师资记》一卷，记叙了自《楞伽经》的翻译者刘宋求那跋陀罗以下，至唐代神秀的弟子普寂为止，八代楞伽师的传承；唐杜朏《传法宝纪》一卷，记叙了北魏菩提达摩至唐代神秀，七代的传承；唐佚名《历代法宝记》一卷，记叙了菩提达摩至保唐无住，十代的传承；唐智炬《宝林传》十卷（今存七卷，佚三卷），最终楷定了禅宗西天二十八祖和东土六祖的名次，以及南宗法脉的嫡旁，此为后世禅宗公认的法统说；南唐静、筠禅师《祖堂集》二十卷，上始七佛，下至青原（行思）下七世和南岳（怀让）下六世，是现存最古的灯录体典籍。

(2)《传灯录》系典籍

北宋道原《景德传灯录》三十卷，上始七佛，下至南岳下九世和青原下十一世，为禅宗有史以来，迄北宋初年为止，禅宗世次源流最为完备的记载；北宋李遵勖《天圣广灯录》三十卷，增收了《传灯录》所载人物的机缘语句以及未收的一些人；北宋惟白《建中靖国续灯录》三十卷，分为正宗门、对机门、拈古门、颂古门和偈颂门，续辑了《传灯录》未收的若干世次和人物；南宋悟明《联灯会要》三十卷，是北宋三灯（《传灯》、《广灯》、《续灯》）的会要和补充；南宋正受《嘉泰普灯录》三十卷，删略了北宋三灯已载的一些人物，而增收了它们未备的帝王、公卿、师尼、道俗等的行事；北宋契嵩《传法正宗记》九卷，取材于《宝林传》、《传灯录》、《广灯录》、《宋高僧传》等书，他的《传法正宗定祖图》一卷和《传法正宗论》二卷进一步论述了禅宗的传法定祖之说，褒扬《达摩多罗禅经》，而贬黜《付法藏因缘传》；明居顶《续传灯录》三十六卷，是《传灯录》的续作，上始大鉴（即慧能）下第十世，下至大鉴下第二十四世，不标支宗；明文琇《增集续传灯录》六卷，是《续传灯录》的增补本，上始大鉴下第十八世，下至大鉴下第二十五世。

(3)《五灯会元》系典籍

南宋普济《五灯会元》二十卷，是北宋三灯和南宋二灯（《联灯》、《普灯》)的萃编,上始七佛,下至青原下十六世和南岳下十七世,按五宗(沩仰、临济、曹洞、云门、法眼宗)二派(临济宗下的黄龙、杨岐派)分卷编录;明如卺《禅宗正脉》十卷,是《五灯会元》的节抄;明净柱《五灯会元续略》四卷、清元贤《继灯录》六卷、清通问《续灯存稿》十二卷、清性统《续灯正统》四十二卷,均是《五灯会元》的续作。其中,《续略》收青原下十五世至三十六世的曹洞宗,和南岳下十六世至三十四世的临济宗;《继灯》收青原下十六世至二十九世的曹洞宗,和南岳下十八世至二十七世的临济宗;《存稿》收大鉴下第十八世(相当于"南岳下十七世")至三十四世(相当于"南岳下三十三世")的临济宗,和大鉴下第十六世(相当于"青原下十五世")至三十六世(相当于"青原下三十五世")的曹洞宗;《正统》收大鉴下第十六世至三十五世的临济宗,和大鉴下第十六世至三十七世的曹洞宗。

(4)《指月录》系典籍

此为依仿灯录体撰作的"儒者谈禅之书"。其中,明瞿汝稷《指月录》三十二卷,上始七佛,下至六祖(慧能)下第十六世;清聂先《续指月录》二十卷,续收六祖第十七世至三十五世。

(5)将云门宗和法眼宗划入南岳系的典籍

这是一些以后人伪造的唐丘玄素《道悟碑》为依据,将《传灯录》、《正宗记》、《五灯会元》等书中编在青原系的唐荆州天皇寺道悟以及道悟下数传而产生的云门宗和法眼宗,划归南岳系的著作。其中,明黎眉《教外别传》十六卷,上始释迦牟尼佛,下至南岳下十七世和青原下十五世;清通容(临济宗)《五灯严统》二十五卷,上始七佛,下至南岳下三十四世和青原下三十六世,他的《五灯严统解惑篇》一卷,为驳曹洞宗的诘难而作;清徐昌治《祖庭指南》二卷,按单传世系编就,上始七佛,下至慧能下第三十五世费隐通容;清超永《五灯全书》一百二十卷,上始七佛,下至南岳下三十七世和青原下三十七世。

（6）地方性灯录和断代灯录

前者有清通醉《锦江禅灯》二十卷和清如纯《黔南会灯录》八卷，分别记叙蜀地（今四川）和明末清初黔南（今贵州）的禅宗传人；后者有清达珍《正源略集》十六卷，记载清代（包括明清之交）禅宗的世次和人物。

（7）世谱

明道忞、吴侗《禅灯世谱》九卷，上始《三十三祖世系图》，下至《青原下曹洞宗云门澄（圆澄）法派世系图》；清悟进《佛祖宗派世谱》八卷，上始"佛祖正脉、诸祖旁出"，下至"雪窦、法眼"；清明喜《缁门世谱》一卷，由"图"（又称"祖图"）、"宗"、"派"三部分构成，简列了禅宗五家宗派的传承，并加评说；清净符《法门锄宄》一卷，专驳有关禅宗派系争论中的两个道悟之说。

三、备考书目

近代以来编撰的有关中国佛教宗派的著作，主要有：印顺《中国禅宗史》（江西人民出版社1999年9月版）、杜继文等《中国禅宗通史》（江苏古籍出版社1993年8月版）、葛兆光《中国禅思想史》（北京大学出版社1995年12月版）、杨曾文《唐五代禅宗史》（中国社会科学出版社1999年5月版）、杨曾文《宋元禅宗史》（中国社会科学出版社2006年10月版）、潘桂明等《中国天台宗通史》（江苏古籍出版社2001年11月版）、魏道儒《中国华严宗通史》（江苏古籍出版社2001年5月版）、陈扬炯《中国净土宗通史》（江苏古籍出版社2002年11月版）、吕建福《中国密教史》（中国社会科学出版社1995年8月版）、索南才让《西藏密教史》（中国社会科学出版社1998年11月版）等。

第一门　天台宗:南宋士衡
《天台九祖传》一卷

《天台九祖传》,一卷。南宋嘉定元年(1208),云间沙门士衡编。收入《大正藏》第五十一卷。

《天台九祖传》书首有士衡《序》,书末有"大唐天台沙门乾淑述"的《道邃和上行迹》(道邃为天台宗十祖)。士衡在自序中说:

> 吾宗九世祖师,示生东西两土,前后出兴,相去赊远。故感应垂迹之事,散在经传,傥非博览,则不可得而详也。以山家(宋代天台宗的主流派)传习者,而于祖师功德罕测厥由,于乎先儒有言:其先祖无美而称之,是诬也;有善而弗知,不明也;知而弗传,不仁也。此三者,君子之所耻也,而况乎学教之人乎?愚忝末裔,姑欲逃其弗传之责,谨搜罗载籍,备录于右,以贻后贤。(《大正藏》第五十一卷,第97页上)

《天台九祖传》是一部根据天台宗传承的法统编定的东土九世(亦称"九代")祖师的合传。天台宗由陈隋之际的智𫖮实际创立,是我国最早的佛教宗派。该宗因祖庭国清寺在浙江天台山而得名,又因以《法华经》为根本经典,而别称"法华宗"。所说的九世祖师是:高祖龙树菩萨、二祖北齐尊者(慧文)、三祖南岳尊者（慧思）、四祖天台教主智者大师（智𫖮）、五祖章安尊者（灌顶）、六祖法华尊者（智威）、七祖天宫尊者（慧威）、八祖左溪尊者（玄朗）、九祖荆溪尊者（湛然）。这中间，龙树是公元三世纪左右的南印度人，慧文是公元六世纪中叶的北齐人，两人之间并无直接的师承关系，只是因为慧文的思想受启于龙树的《大智度论》（又称《大论》、《释论》），出于理论上的推溯和抬高本宗声望方面的考虑，天台宗才尊龙树为东土"高祖"（又称"初祖"）。自慧文以下的各祖之间都是师徒，他们个人的活动以及相互间的学术传承，构成了天台宗自北齐至中唐，从思想酝酿（慧文、慧思），到创立教派（智𫖮），进而发展繁衍（灌顶、智威、慧威、玄朗、湛然）的历史过程。

高祖龙树，生于"南天竺梵志种（即婆罗门种姓）大豪贵家"（第97页中）。自幼从婆罗门学习"吠陀"（又译"韦陀"）经典。"吠陀"经典凡有四部，每部有四万偈，每偈四十二字，龙树"背诵其文，又领其义，弱冠驰名，独步诸国。世学艺能、天文地理、图纬秘谶，及余道术，无不综练"（同上）。曾与三个朋友同学隐身术，三人被杀后，龙树始悟"欲为苦本"，入山诣佛塔出家。时南天竺国王承事外道，毁谤佛法，经龙树以道术劝化，转依佛门。龙树又撰作了大量的论著，阐释大乘教义，天竺诸国"敬事如佛"。

二祖慧文，北齐高祖时行化河淮，有徒数百人，"用心一依《释论》"（第98页中）。

三祖慧思，俗姓李，武津（今河南上蔡县）人。出家后奉持守素，梵行清洁，以读诵《法华》等经为业。因读《妙胜定经》，叹禅功德，发心修定（禅定），乃往归慧文，依从受法。后因僧众中有人怨嫉谋害，领徒南行，入光州大苏山。陈光大二年（568），应慧海之请，迁居南岳衡山。不久又被陈主迎入建康栖玄寺。"及还山，每岁陈主三信参劳，供施众积，荣盛莫加。"（第99页下）"凡有著作，口授成章，无所删改，《四十二字门》两卷，《无诤行门》两卷，《释论玄》、《随自意》、《安乐行》、《次第禅要》、《三智观门》等五部各一卷，并行于世。"（同上）陈太建九年（577）六月二十二日卒，终年六十四岁。

四祖智𫖮，字德安，俗姓陈，祖籍颍川（今河南许昌），家居荆州华容县（今湖北潜江西南）。年十八，投湘江果愿寺法绪出家，又诣慧旷律师学经。后在光州大苏山从慧思受业。陈、隋之际，与陈少主、隋晋王杨广交往甚密，是天台宗理论体系的缔结者。开皇十七年（597）十一月二十四日卒，终年六十七岁。

五祖灌顶，字法云，俗姓吴，祖籍常州宜兴（今属江苏），家居临海章安（今属浙江）。初为摄静寺慧拯法师的弟子，慧拯亡后，师事智𫖮，成为高足。智𫖮的大多数教说赖他记录整理而得流传。贞观六年（632）八月七日卒，终年七十二岁。

六祖智威，俗姓蒋，缙云（今属浙江）人。少出家，居轩辕氏炼丹山，及闻天台宗教甚，负笈往沃州石城寺，从灌顶谘受心要。为人多能，富有辞藻，著有《桃岩寺碑》和《头陀寺碑》。

七祖慧威，俗姓留，东阳（今属浙江）人。幼年出家，后投智威门下，修习止观，时称"小威"。"乐静居山，罕交人事，指教门人不少，杰出者左溪（玄朗）一人而已。"（第102页上）

八祖玄朗，字慧明，俗姓傅，乌伤（今浙江义乌）人。九岁出家，武则天如意元年（692）敕度配清泰寺。曾远寻光州岸律师受具足戒，随学律范。"又博览经论，搜求异同，尤切《涅槃》。"（同上）因与会稽妙喜寺印宗禅师商榷秘要，未周大旨，遂往诣东阳天宫寺慧威，了达《法华》、《净名》、《大论》、《止观》、《禅门》等，凡一宗之教迹，无不研核至精。后依恭禅师重修观法，兼览儒道之书。著有《法华经科文》二卷。天宝十三年（754）九月十九日卒,终年八十二岁。

九祖湛然,俗姓戚,常州荆溪(今江苏宜兴南)人。家本业儒。初以白衣(俗人)的身份从玄朗受学天台止观。天宝(742—755)初,正式出家。曾往越州依昙一律师学习律范,在吴郡开元寺开讲天台教义。玄朗卒后,振天台之道于东南一带,"行止观之盛始,师之力也"(第102页下)。"平日辑纂教法,明决前疑,开发后滞,则有《法华释签》、《法华疏记》各十卷,《止观辅行传弘诀》十卷,《法华三昧补助仪》一卷,《方等忏补阙仪》二卷,《略维摩疏》十卷,《维摩疏记》三卷、《重治定涅槃疏》十五卷、《金锉论》一卷,及《止观义例》、《止观大意》、《文句》、《十妙不二门》等,盛行于世。"(第103页上)建中三年(782)二月五日卒,终年七十二岁。

《天台九祖传》的作者士衡离天台宗九祖住世的时日相去甚远,所述的事迹基本上是抄录或节略前人撰作的传记而成的。这主要是:《付法藏因缘传》卷五《龙树传》,《续高僧传》卷十七《慧思传》和《智颛传》、卷十九《灌顶传》,《宋高僧传》卷六《智威传》、《慧威传》和《湛然传》、卷二十六《玄朗传》,以及《摩诃止观》卷一开头提到的慧文略事。士衡不只摘抄传记的本文,也抄了原作者的一些评论,如道宣在《慧思传》、赞宁在《湛然传》之末加的"赞"语。因而《天台九祖传》从内容本身而言并没有增加新的东西,只是将散见数处的传记汇编在一起而已,它的意义全在于排定了天台宗东土九祖的授受世系。这在见存的天台宗史书中是较早的。正是由于这一点,它引起了天台宗人的重视,南宋志磐在撰《佛祖统纪》时曾参考了这本书,《佛祖统纪》书首开列的引书目录中有《九祖略传》,指的就是它。

第二门　华严宗：清续法《法界宗五祖略记》一卷

《法界宗五祖略记》，一卷。清庚申岁（康熙十九年，公元1680年），钱塘慈云沙门续法辑。收入《续藏经》第一三四册。

续法（1641—1728），字柏亭，号灌顶，仁和亭溪（今属浙江杭州）人，俗姓沈。九岁从学于杭州天竺山慈云寺明源（云栖袾宏的三传弟子），十九岁受具足戒。后主持慈云、崇寿、上天竺诸寺，讲说华严教义。四众云集，盛极一时。著书二十余种六百余卷。其中有：《楞严经势至圆通章疏钞》二卷、《如意咒经略疏》二卷、《四十二章经疏钞》五卷、《八大人觉经疏》一卷、《起信论疏记会阅》十卷、《阿弥陀经略注》一卷、《观无量寿佛经直指疏》二卷、《佛顶尊胜陀罗尼经释》一卷（附《尊胜佛顶真言持念法》）、《般若心经事观解》一卷、《般若心经理性解》一卷、《贤首五教仪开蒙》一卷、《法界宗莲花章》一卷、《贤首五教仪》六卷、《贤首五教断证三觉拣滥图》一卷、《华严镜灯章》一卷等（以上见《续藏经》）。

《法界宗五祖略记》书首有虎林复斋居士戴京曾《法界宗五祖略记引》。说：

> 庚申夏，予在七佛阁翻藏经，并阅僧史。一日，询华严

五祖于慈云百亭法师。及闻其说，窃有疑焉，因而请编五祖行实。未至旬，法师辑为《略记》一卷。（《续藏经》第一三四册，第542页上）

《法界宗五祖略记》是一部根据华严宗传承的法统编定的五世祖师的合传。华严宗由初唐的法藏实际创立，因以《华严经》为一宗的根本经典而得名。由于法藏字"贤首"（见新罗崔致远《法藏和尚传》和北宋赞宁《宋高僧传》卷五），一说武则天赐号"贤首"（见南宋志磐《佛祖统纪》卷二十九），故华严宗又别称"贤首宗"。又由于该宗以"法界缘起"为主要教说，故也称"法界宗"。续法用的便是最后一个名称。书中所记述的五世祖师是：初祖杜顺和尚、二祖智俨和尚、三祖贤首国师（法藏）、四祖清凉国师（澄观）、五祖圭峰大师（宗密）。这中间，杜顺是智俨的亲教师（即直接传授教法的师父），智俨是法藏的亲教师，但法藏不是澄观的亲教师，而澄观则是宗密的亲教师。那么，华严宗人是根据什么来确定澄观是四祖的呢？

原来，法藏在世时，弟子很多。其中铮铮有名的是宏观、文超、智光、宗一、慧英和慧苑六人，而以慧苑为上首。慧苑从法藏受业十九年，精通《华严》文义。法藏死后，他续撰了老师未竟的《大华严经略疏》（即唐译八十卷本《华严经》的注疏），取名为《续华严经略疏刊定记》，十五卷，又撰《新译大方广佛华严经音义》二卷。但他在一些根本理论上与法藏异趣。如用印度坚慧在《宝性论》中提出的"四教"（迷真异执教、真一分半教、真一分满教和真具分满教），来代替从杜顺、智俨一直传到法藏的"五教"（小乘教、大乘始教、大乘终教、大乘顿教和大乘圆教）的教相判释（"判教"）。又将华严宗的重要教义"十玄门"改为"十种德相"和"十种业用"的两种"十玄"（见慧苑《刊定记》）。慧苑之后，有钱塘天竺寺法铣（澄观之师）撰《刊定记纂释》二十一卷和《大华严经疏》三十一卷（见高丽义天《新编诸宗教藏总录》卷一）。虽说法铣是否直接从师于慧苑不得而知（《宋高僧传》卷五只说他受教于"地恩贞"），但从他为慧苑《刊定记》作释这一点来看，他的思想与慧苑是相通的。澄观既在《华严经疏抄》中对慧苑大加批斥，视之为华严宗异端，自然也难免要波及法铣。这样，绍绪华严宗法统的使命便由澄观自己来担当了。后世华严宗人有鉴于澄观在弘传华严宗教义方面的功绩，推他为第四祖。根据这种情况，《法界宗五祖略记》排定了如今所见的五祖位次。

初祖杜顺，法名"法顺"，俗姓杜，雍州万年县杜陵（今属陕西西安）人。年十八，投礼因圣寺魏珍禅师而出家。以异术见名于世。学无常师，以华严为业。晚居终南山，著《法界观》，并以"依法界观门修普贤行"诱导学人。唐太宗闻其神力，诏请入内，赐号"帝心"。贞观十四年（640）十月二十五日卒，终年八十四岁。

二祖智俨，俗姓赵，天水（今属甘肃）人［案：此据《华严经传记》卷三，续法阙载］。少时从杜顺而出家。年二十七，贯通《华严经》，"随于至相寺制《华严经搜玄义抄》五卷，题名《华严经中搜玄分齐通智方轨》，即明六相，开十玄，立五教也"（第544页下）。后于云华寺讲《华严经》，故别号"至相尊者"、"云华和尚"。龙朔二年（662），新罗沙门义湘（又作"义想"）附舶来唐，求学于智俨门下，与法藏为同学。归国后大弘《华严》，"彼国推为华严初祖，并号浮石尊者"（第545页上）。总章元年（668），智俨卒，终年六十七岁［案：此据《华严经传记》卷三，续法误作"年七十二"］。

三祖法藏，字贤首，俗姓康。祖籍西域康居国（今巴尔喀什湖和咸海之间），高祖、曾祖相继为彼国丞相，自祖父起始居长安。唐显庆三年（658），法藏十六岁，炼一指于岐州法门寺舍利塔前,作法供养。次年求法于太白山,阅方等诸典(指大乘经)。后于长安云华寺礼智俨为弟子,至咸亨元年(670),二十八岁才正式出家,诏为太原寺住持。上元元年(670),有旨命京城十大德(十位高僧)为他授满分戒,赐号"贤首"(《华严经》中菩萨的名字)。景龙二年(708),被中宗礼为菩萨戒师,赐号"国一"。法藏先后参与地婆诃罗(意译"日照")、实叉难陀(意译"学喜")、义净和菩提流支(意译"法希")的译经活动,共讲《华严》新旧经三十余遍,著述百余卷。先天元年(712)十一月十四日卒,终年七十岁。

四祖澄观,字大休,俗姓夏侯,越州会稽(治所在今浙江绍兴)人。年九岁礼本州宝林寺体真禅师为师。天宝七年(748),时年十一,试经得度。至德二年(757),从昙一法师受具足戒。又礼常照禅师受菩萨戒。此后走谒牛头慧忠、径山道钦、洛阳无名(以上均为禅宗名僧)和东京大铣和尚(法铣)[案:《宋高僧传》卷五《澄观传》的记载与本书相异。彼书云:澄观"越州山阴人也。年甫十一,依宝林寺(今应天山——原注)霈禅师出家,诵《法华经》。(年)十四,遇恩得度,便隶此寺。……乾元中,依润州栖霞寺醴律师学相部律,本州依昙一隶南山律。诣金陵玄璧法师传关河三论。三论之盛于江表,观之力也。大历中,就瓦棺寺传《起信》、《涅槃》,又于淮南法藏受海东《起信疏》义,却复天竺诜法师门,温习《华严》大经。七年,往剡溪,从成都慧量法师覆寻三论。十年,就苏州,从湛然法师习《天台止观》、《法华》、《维摩》等经疏。……又诣牛头山忠师、径山钦师、洛阳无名师,谘决南宗禅法。复见慧云禅师,了北宗玄理。……大历十一年,誓游五台,一一巡礼,祥瑞愈繁。仍往峨嵋,求见普贤,登险陟高,备观圣像。却还五台,居大华严寺,专行方等忏法。"(《大正藏》第五十卷,第737页上)两书对比,《宋高僧传》关于澄观前期行履的上述记载,较续法说的详实得多]。

澄观"博览六艺图史,九流异学、华夏训诂、竺乾梵字、四围五明、圣教世典,靡不该洽"(第 550 页上)。代宗大历三年(768)至六年(771)奉诏参与不空三藏译经。德宗贞元十二年(796)至十四年(798),又与般若三藏同译《华严后分》。自德宗朝起,历宪宗、穆宗、敬宗、文宗,每朝均被封以"国师"之号,有"教授和尚"、"镇国大师"、"清凉国师"、"大照国师"、"大统国师"等不同的称号,而以"清凉国师"为常称。前后讲《华严》新经五十遍。著有《华严经疏》、《随疏演义抄》、《随文手镜》、《华严经后分疏》、《食肉得罪因缘》、《法界观玄镜》、《华严纲要》、《正要》、《镜灯说文》、《三圣圆融观》、《七处九会华藏界图心镜说文》以及《圆觉》、《四分》、《中观》等疏,总三十余部四百余卷。开成三年(838)三月六日卒,终年一百二岁[案:此说本于《隆兴编年通论》卷二十五。《宋高僧传》则谓"元和年卒,春秋七十余",学界一般不取]。

五祖宗密,俗姓何,果州西充县(今属四川)人。家世业儒。髫龀时,精通儒学。洎弱冠,听习经论。宪宗元和二年(807),将赴贡举,偶值遂州大云寺道圆禅师法席,问法契心,披剃出家,时年二十七。当年受具足戒。尔后奉命往谒荆南忠禅师(惟忠)[案:《宋高僧传》卷六《宗密传》说,宗密从道圆削染出家后,"此年进具(具足戒)于拯律师,寻谒荆南张"(《大正藏》第五十册,第 741 页下)。考《五灯会元》卷二所载,道圆是荆南惟忠(又名"南印")禅师的弟子,惟忠又是磁州法如禅师的弟子,法如又是荷泽神会的弟子。故宗密实是神会的三传弟子。"荆南张"的"张"当是"忠"之误]、洛阳照禅师(国照)。元和五年(810),抵襄汉,于恢觉寺灵峰处得澄观《华严大疏》二十卷、《大抄》四十卷,宗密阅之欣然,即便开讲。讲毕,诣上都(长安)礼觐澄观，随侍请益。元和十一年（816），住终南山智炬寺遍阅藏经，三年后迁兴福寺、保寿寺。长庆元年（821），退居鄠县草堂寺，因寺在圭峰，故号"圭峰大师"。著有《圆觉科文》、《纂要》、《华严纶贯》、《四分律疏》、《圆觉大疏》、《大抄》、《道场修证仪》、《禅源诸诠集都序》，以及《涅槃》、《起信》、《兰盆》、《行愿》、《法界观》疏抄并其他文书，总九十余卷。唐武宗会昌元年（841）正月六日卒，终年六十二岁。

《法界宗五祖略记》的资料，据戴京曾在《引》中介绍，"初二祖出《会玄》，三祖详《崔传》，四、五祖载诸疏"（第542页上），也就是说，是根据元代普瑞《华严悬谈会玄记》、新罗崔致远《法藏和尚传》和其他一些疏记（或有《佛祖统纪》）编辑而成的。其中编得较好的是《三祖贤首国师传》（即《法藏传》），它一改《崔传》的横向分科敷述为纵向编年记述，条理清晰，颇有章法。而且纠正了《释氏稽古略》卷三"贤首教"条下说的："万岁通天元年，诏沙弥法藏于太原寺开示新译《华严》宗旨，白光自口而出，有旨命京城十大德为藏授满分戒，赐号贤首。"（《大正藏》第四十九卷，第821页上）和《佛祖统纪》卷二十九说的杜顺著"《妄尽还源观》一卷"（同上，第293页上）的错误。因为《华严》新经于圣历二年（699）十月才译毕，而且法藏受具足戒的时间是"上元元年"（674），"万岁通天元年"（696）既不可能讲《华严》新经，也不可能到这一年法藏五十四岁才为他授具足戒。至于《妄尽还源观》的作者，乃是法藏，而不是杜顺。此外，《四祖清凉国师传》（即《澄观传》）的后半部分也写得很好，史料富赡可靠，超过《宋高僧传》本传中关于澄观后期行履的记载。

《法界宗五祖略记》也存在着一些错误。如杜顺的弟子樊玄智实是"居士"（见唐僧祥《华严经传记》卷四和惠英、胡幽贞《大方广佛华严经感应传》），而此书称他为"僧"（见《初祖杜顺和尚传》）。又如智俨卒时，"春秋六十七"（见《华严经传记》卷三），这是他的弟子法藏亲笔所书，而续法擅改为"寿年七十二"，并说他生于"开皇二十年"（见《二祖智俨和尚传》），这显然是不对的。

第三门　密宗：唐海云《两部大法相承师资付法记》二卷

《两部大法相承师资付法记》，又名《两部付法次第记》，二卷。唐大和八年（834）十月，净住寺沙门海云集。收入《大正藏》第五十一卷。

《两部大法相承师资付法记》书首无序。全书记叙了密宗金刚界和胎藏界两部教法的师资传授史，以及各自依据的本经《金刚顶经》和《大日经》的大略，为密宗史的重要著作。

密宗，又称"密教"、"真言宗"、"金刚乘"，是公元七世纪左右印度大乘教的某些教义与婆罗门教的咒术仪轨相结合，而产生的新的佛教流派，因主张手结印契的"身密"、口诵真言（咒语）的"口密"和意作观想的"意密"，以获得神通和成佛而得名。密宗以"大日如来"（又译"毗卢遮那佛"）为自己的教主（称为"本尊"）。一般认为，大日如来与释迦牟尼是同一个佛，只是平时说的释迦牟尼是佛的"应身"，而大日如来则是佛的"法身"，中国汉传密教、日本天台宗所传密教（即"台密"）持此一体说。也有的认为，大日如来与释迦牟尼是两个不同的佛，他们各有自己的"三身"（应身、报身、法身），前者是密教的教主，后者是显教（以经典载录的方式传下来的佛教）的教主，日本真言宗所传的密教持此异体说。

密宗认为，宇宙万有的本体是地、水、火、风、空、识"六大"（六种元素）。其中地、水、火、风、空属于"胎藏界"，即表示一切众生皆平等地含藏着成佛的理性的法门，简称"理门"，又称"因门"；识属于"金刚界"（又称"金刚顶界"），即表示一切众生在智慧上呈现各种差异的法门，简称"智门"，又称"果门"。两部密法各有自己的教典、教说、灌顶和供养仪式、曼陀罗（指坛场或绘有佛菩萨及器杖的图案）、传授系统，同时又互为表里，相辅相成。作者海云既受教于金刚界阿阇梨（即"导师"），复从学于胎藏界阿阇梨，同时禀受密教的两部大法，故根据自己所了解的情况，撰写了这部史书。

卷上，"略叙《金刚界大教王经》师资相承付法次第记"。《金刚界大教王经》，全称《金刚顶一切如来真实摄大乘现证大教王经》，又称《金刚顶瑜伽真实大教王经》、《摄大乘现证经》、《大教王经》、《金刚顶经》，由不空于唐天宝十二年（753）译出，成三卷，为金刚界教法的根本经典。据不空的老师金刚智说，此经由毗卢遮那如来（即"大日如来"）付嘱普贤金刚萨埵（密号"真如金刚"），普贤付妙吉祥菩萨，妙吉祥经十二代传给龙猛菩萨（即通常说的"龙树"），龙猛又经数百年传给龙智阿阇梨，龙智经百余年亲自付嘱金刚智。

金刚智来华后，将金刚界教法传给不空，此为一传。

不空传金阁寺含光、大兴善寺惠朗、青龙寺昙贞、保寿寺觉超、青龙寺东塔院惠果五人，此为二传。

惠朗传崇福寺天竺；觉超传契如、惠德；惠果传大兴善寺惠应、惠则、成都府惟尚、汴州辨弘、新罗国惠日、日本国空海、青龙寺义满、义明、义照、义愍、义政、义一、义操、居士灵殷十四人。此为三传。

天竺传德美、惠谨、居士赵玖；义操传当院（即同院）法润、义贞、义舟、义圆、常坚、景公寺深达、崇福寺大遇、醴泉寺从贺、文苑、会昌寺新罗国僧均亮、玄法寺智深、法全、文秘、净住寺海云（即本书的作者）十四人。此为四传。海云说：

> 其有得传金刚界法者，顿见菩提，入曼荼罗，得授阿阇梨灌顶，如授法轮王位。此大教王名金刚界者，金刚者，坚固义也，以表一切如来法身坚固不坏，无生无灭，无始无终，坚固常存不坏也。界者，性也，明一切如来金刚性遍一切有想（情）身中，本来具足圆满普贤、毗卢遮那大用自性身海性功德。故修瑜伽者，又以大乐普贤金刚欲箭三摩地，破彼无明住地二障种观及二乘种，摧碎无余，于一念顷证大日毗卢遮那位。此经又名金刚顶者，如人之身，顶最为胜。此教于一切大乘法中最为尊上，故名金刚顶。（《大正藏》第五十一卷，第784页中）

《金刚顶经》梵本有十万偈和四千偈两种。十万偈本有十八会（名目次第见不空译的《金刚顶经瑜伽十八会指归》一卷），分为四品（金刚界、降三世、遍调伏、一切义成就），以四智印（大印、三摩耶印、法智印、羯磨智印）统摄一切法要。其经说五部：一、佛部，以毗卢遮那佛为部主；二、金刚部，以阿閦佛为部主；三、宝部，以宝生佛为部主；四、莲华部，以阿弥陀佛为部主；五、羯磨部，以不空成就佛为部主。又说四摄菩萨（金刚钩、金刚索、金刚锁、金刚铃）、四种法身（自性、受用、变化、等流）、四种地位（胜解行地、普贤行愿地、大普贤地、普遍照辉地）、四种念诵（声、语、三摩地、胜义）、四种求愿法（息灾、增益、降伏、敬爱）等。

四千偈本为十万偈本的略本，后由北宋北印度沙门施护等译出，题为《佛说一切如来真实摄大乘现证三昧大教王经》，作三十卷。全经分为二十六分,第一分至第五分讲"大乘现证三昧",第六分至第十四分讲"金刚三昧",第十五分至第十八分讲"法三昧",第十九分至第二十二分讲"羯磨三昧",第二十三分至第二十六分讲"诸部秘密教理"(据明智旭《阅藏知津》卷十一)。不空译的《金刚顶经》是略本中的略本,相当于施护等译的四千偈本中的第一分《金刚界大曼拏(荼)罗广大仪轨分》。

卷下,"略叙《大毗卢遮那成佛神变加持经》大教相承付法次第记"。《大毗卢遮那成佛神变加持经》,又称《毗卢遮那成道经》、《大毗卢遮那经》、《大日经》,由善无畏和一行于唐开元十二年(724)译出,成七卷[案:此据唐智升《开元释教录》卷九,海云误作"开元七年"],为胎藏界教法的根本经典。此经梵本有十万偈、四千偈、二千五百偈三种,善无畏和一行译出的是四千偈本。其中前六卷为正经,始自《入真言门住心品》、终于《嘱累品》,共三十一品。末一卷为供实际修持用的供养仪式和持诵法则,始自《供养次第中真言行学处品》,终于《真言事业品》,凡五品。海云说:

> 此大毗卢遮那大教王,又名大悲胎藏毗卢遮那者,从如来大悲根本,发大菩提心,从大菩提心,成菩提行,次证大菩提及涅槃,皆以方便具足成就五智之身(指法界体性智、大圆镜智、平等性智、妙观察智、所作智)。(第787页上)

也就是说,胎藏界教法的要旨是以"菩提心"为因,以"大悲"为根本方便,通过诵持真言咒语,建立"大悲胎曼荼罗",以成就佛身。

据善无畏所说,胎藏界教法由毗卢遮那佛,付嘱金刚手菩萨,金刚手菩萨经数百年,传给中印度那烂陀寺的达磨掬多阿阇梨,达磨掬多亲自传给善无畏。善无畏来华后曾将胎藏界法传给金刚智,而金刚智也将金刚界法传给善无畏,两人"互为阿阇梨,递相传授"(第786页中)。善无畏也不只翻译胎藏部的经典,也翻译金刚顶部和"统摄一切持念教门"的苏悉地部的经典。同时,作为金刚智弟子的不空,也翻译胎藏部的经典。两部大法呈现交叉传授的势态。

善无畏将胎藏界密法传给大兴善寺一行(他也曾从金刚智禀受金刚界密法)和保寿寺新罗国沙门玄超,此为一传。

玄超传青龙寺东塔院惠果,此为二传。

惠果传成都府惟尚、汴州辨弘、新罗惠日、悟真、日本空海、当院义满、义明、义证、义照、义操、义愍、法润等一百十二人,此为三传。

义操传义真、景公寺深达、崇福寺大遇、醴泉寺文苑、净住寺海云五人;法润传净住寺道升、玄法寺法全,此为四传。上述情况表明,惠果及其弟子基本上都同受两部大法。因此,在印度金、胎两部是分别传授的,而到了中国,两部汇合为一家,这正是中国密宗的一大特色。

《两部大法相承师资付法记》作为密宗源流世系的历史记述,保存了许多独一无二的史料。例如它著录了一行的六部著作,其中除《大毗卢遮那(经)义释》(又名《大日经疏》)一部七卷,也见录于《宋高僧传》卷五《一行传》之外,其余五部,均为该传所阙载。它们是:《大毗卢遮那(经)略释》二卷、《大毗卢遮那形像图样坛仪》一卷、《标帜坛仪法》一卷、《契印法》一卷、《金刚顶义决》三卷(当时存上卷,阙中、下卷)。

但本书个别地方也有疏误。如据唐赵迁在海云前五十九年撰的《不空行状》,不空是在天宝初年(742)去师子国,从普贤阿阇梨重受密法的,尔后巡行五天竺,至天宝五年(746)回到长安。而本书则说"大唐天宝九载,三藏不空阿阇梨自往五天,遍求胜法,行至南天竺国,得遇长年普贤阿阇梨,遂再谘求重学金刚界法,将得十万偈经"(第784页下—第785页上)。这里把不空去五天竺的时间说成是"天宝九载",把遇见普贤的地点说成是"南天竺",是不正确的。另外,前面已说过,本书还将《大日经》的译时搞错了。

第四门 禅宗（上）

第一品 唐净觉《楞伽师资记》一卷

《楞伽师资记》，又名《楞伽师资血脉记》，一卷。唐东都（洛阳）沙门净觉居太行山灵泉谷集。日本以大英博物馆收藏的敦煌残本为底本，1931年朝鲜金久经整理本为校补本，将它编入《大正藏》第八十五卷。

净觉，俗姓韦，京兆万年（今陕西西安）人，唐中宗时韦后之弟。禅宗五祖弘忍的弟子玄赜的门人［案：此据唐王维《大唐大安国寺故大德净觉师塔铭》及净觉《楞伽师资记序》。唐佚名的《历代法宝纪》则称净觉是"神秀禅师弟子"］。著述尚有《注般若波罗蜜多心经》（敦煌写本）。据日本学者考证，《楞伽师资记》一书当撰于开元四年（716）。

《楞伽师资记》书首有净觉《序》（起首部分已阙）。说：

大唐中宗□□（缺"和皇"）帝景龙二年，敕召入京（指玄赜，其时神秀已卒），便于东都广开禅法，净觉当众归依，一心承事，两京来往参觐，向有余年。所呈心地，寻已决了。祖忍（弘忍）大师授记之安州有一个，即我大和上是也。乃刑（形）类凡僧，证同佛地，帝师国宝，宇内归依。净觉宿世有缘，亲蒙指授，始知方寸之内，具足真如，昔所未闻，今乃

知耳。(《大正藏》第八十五卷,第1283页上)

《楞伽师资记》是早期禅宗的重要史书。由于它所记述的禅宗门下"楞伽师"的最后二代,主要是禅宗北宗(神秀派)系统上的禅师,故也可视为是一部记述北宗师资传授史的著作。

禅宗,因主张修持禅定,遣荡一切执见,证心自觉,见性成佛而得名。这里所说的禅定,梵音为"禅那",略称"禅",意译为"静虑",指静息散念,审虑佛理。它原是佛弟子必须修行的戒学、定学、慧学"三学"中的定学,也是大乘的主要教说"六度"(布施、持戒、忍辱、精进、禅定、智慧)中的一门,须和其他修行方法相配合,才能获得超凡入圣的效果。但禅宗视"禅"为殊胜法门,以它来统摄一切修行。

禅宗认为,释迦牟尼的教示有"教内"和"教外"两途。释迦牟尼逝世以后,五百弟子在王舍城集会,第一次将佛陀生平的教说结集为经律论"三藏",以后又逐渐增广,这些通过经典载录的方式传下来的佛陀言语,便是"教内之法",简称"教"。凡是以研习佛典上的文句和义理为途径,以求解脱的人和派别,都属于"教"的系统。释迦牟尼在世时,常在灵山说法。一日,他拈花示众,众人皆茫然不知其意,唯独大弟子摩诃迦叶破颜微笑,表示领悟。于是,佛陀宣布,已将"正法眼藏"、"涅槃妙心"、"微妙法门"付嘱摩诃迦叶。这种通过不立文字,以心传心的印证方式传下来的"佛心",便是"教外之法",又称"教外别传",别称"禅"。只有禅宗属于这一系统,故禅宗又称"佛心宗"。

因此,虽然禅法早在东汉末年,就随着安息国沙门安世高译出的大小《安般守意经》、大小《十二门经》、《大道地经》(又名《修行道地经》)、《五十校计经》等禅经传入中国。以后又有支谶、支谦、康僧会、竺法护、道安、慧远、鸠摩罗什、佛陀(一作"驮")跋陀罗、昙摩蜜多、沮渠京声等加以弘扬,传持者代有其人。但由于这些禅法都是由经典文字传下来的，从源流上来说属于"教内之法"，因而禅宗并不以此为先河。它认为，真正来华传"佛心"的禅法，自梁普通年间入华[案：此据北宋道原《景德传灯录》卷三、南宋普济《五灯会元》卷一等。唐道宣《续高僧传》卷十六则谓刘宋末年]的南天竺沙门菩提达摩（"摩"又作"磨"）而始。故禅宗在推溯摩诃迦叶至般若多罗为西天初祖至二十七祖的同时，确定菩提达摩为西天二十八祖兼东土初祖。

　　菩提达摩来华以后，虽然以传佛心印为主，但他并不排斥经典，而是把经典上的教说，当作是开悟修行者禅机（"藉教悟宗"）的重要手段。他曾把四卷本的《楞伽经》传付给禅宗东土二祖惠可（又作"慧可"、"僧可"），并对他说："我观汉地，唯有此经，仁者依行，自得度世。"（见《续高僧传》卷十六《僧可传》，《楞伽师资记》转引时文字上稍有改动）。

　　这里说的《楞伽经》，全称《楞伽阿跋多罗宝经》，由刘宋求那跋陀罗于元嘉二十年（443）译成四卷（分《一切佛语心品》之一、之二、之三、之四）。以后又经北魏菩提留支和唐实叉难陀重译，分别成为《入楞伽经》十卷（始自《请佛品》，终于《总品》，凡十八品）和《大乘入楞伽经》七卷（始自《罗婆那王劝请品》，终于《偈颂品》，凡十品），内容较四卷本略有增加。《楞伽经》通过佛在楞伽山答大慧菩萨一百八问的方式，着重阐述了一切众生都含有如来清净心（又称"如来藏"）以及"自心现境界"的理论。这一理论与禅宗建立的直指人心，见性成佛的禅法要旨是契合的，故成了早期禅宗十分推重的一部经典。

　　二祖惠可又将《楞伽经》传付给三祖僧璨，僧璨传付给四祖道信。从道信开始，虽然依持的经典出现了转向的趋势，如道信在蕲州黄梅县开"东山法门"（东山指双峰山的冯墓山，又作"冯茂山"），要求门人"依《文殊说般若经》一行三昧"（见本书第

1290页中），相传他曾劝道俗念此经以却兵（见《历代法宝纪》和《景德传灯录》卷三），道信的传承者五祖弘忍，"常劝道俗但持《金刚经》，即自见性，直了成佛"（见《六祖大师法宝坛经·行由品》），但道信"为有缘根熟者，说我此法要，依《楞伽经》诸佛心第一"（《楞伽师资记》第1286页下），弘忍向学人"蒙示《楞伽》义云：此经唯心证了知，非文疏能解"（第1289页下），可见他们对《楞伽经》同样十分重视。弘忍又将《楞伽经》传授给神秀、慧安（又称"老安"）、玄赜等。神秀等又传弟子，从而形成禅宗门下的"楞伽师"（奉持《楞伽经》的一批禅师）。

初，有净觉的老师玄赜，"以咸亨元年至双峰山，恭承教诲，敢奉驱驰，首尾五年，往还三觐"（第1289页下）。后住安州寿山寺，撰《楞伽人法志》，以记禅门楞伽师的授受源流（已佚）。净觉的这部《楞伽师资记》，就是在它的基础上，并根据《高僧传》、《续高僧传》上的记载，以及自己新获的有关神秀弟子的资料充实完善而撰成的。

《楞伽师资记》共记述了八代楞伽师，起自刘宋，终于唐朝，凡十三人[案：此据作者在行文中作为每一代标识所列举的人物而言，如"第一宋朝求那跋陀罗三藏"、"第二魏朝三藏法师菩提达摩"等。作者在书末说："得道获果有二十四人也。"由于书中实际提到的人不只二十四人，故不详所指]。

第一代：刘宋的求那跋陀罗。中天竺国人。初学小乘，后宗大乘，时号"摩诃衍"。元嘉十二年（435）随船来到广州，以后于丹阳郡译出《楞伽经》。

第二代：北魏的菩提达摩。南天竺国人。泛海吴越，游洛至邺。沙门惠可、道育奉事五年，方诲以"大乘入道四行"（报怨行、随缘行、无所求行、称法行）。"弟子昙林记师言行，集成一卷，名曰《达摩论》也。菩提师又为坐禅众释《楞伽》要义一卷，有十二、三纸,亦名《达摩论》也。此两本论文,文理圆净,天下流通。自外更有人伪造《达摩论》三卷,文繁理散,不堪行用。"(第1285页中)

第三代:北齐邺中沙门惠可。俗姓姬,武牢(今河南洛阳东)人。年四十[案:此据《续高僧传》卷十六《僧可传》、《传法宝纪》、《历代法宝记》等。净觉在书中误作"年十四",或是后人排印致误],遇达摩禅师游化嵩洛,求为弟子。

第四代:隋朝舒州思(《历代法宝纪》作"司")空山僧璨(净觉误作"粲")。不详姓氏里籍,从惠可得法后,"隐思空山,萧然净(静)坐,不出文记,秘不传法。唯僧道信奉事粲(璨)十二年,写(三写)器传灯"(第1286页中)。

第五代:唐朝蕲州双峰山道信。"信禅师再敞禅门,宇内流布。有《菩萨戒法本》,及制《入道安心要方便法门》。"(第1286页下)

第六代:唐朝蕲州双峰山幽居寺弘忍。"忍大师萧然净(静)坐,不出文记,口说玄理,默授与人。在人间有《禅法》一本,云是忍禅师说者,谬言也。按安州寿山和上讳赜(即玄赜)撰《楞伽人法志》云:大师俗姓周,其先寻(浔)阳人,贯黄梅县也。父早弃背,养母孝障,七岁奉事道信禅师。自出家处幽居寺,住度弘愍,怀抱贞纯,缄口于是非之场,融心于色空之境,役力以申供养,法侣资其足焉。"(第1289页中)"又曰:如吾一生,教人无数,好者并亡,后传吾道者只可十耳。我与神秀论《楞伽经》,玄理通快,必多利益;资州智诜、白松山刘主簿,兼有文性;莘州惠藏、随州玄约,忆不见之;嵩山老安(即"慧安"),深有道行;潞州法如、韶州惠能、扬州高丽僧智德,此并堪为人师,但一方人物;越州义方,仍便讲说。又语玄赜曰:汝之兼行,善自保爱。吾涅槃后,汝与神秀当以佛日再晖,心灯重照。"(第1289

页下)咸亨五年(674)卒,春秋七十四岁。

第七代:唐朝荆州玉泉寺神秀、安州寿山寺玄赜、洛州嵩山会善寺慧安。"此三大师,是则天大圣皇后(武则天)、应天神龙皇帝(中宗)、太上皇(睿宗)前后为三主国师也。……《楞伽人法志》云:其秀禅师,俗姓李,汴州尉氏人。远涉江山,寻思慕道。行至蕲州双峰山忍禅师所,受得禅法。禅灯默照,言语道断,心行处灭,不出文记。后居荆州玉泉寺。大足元年召入东都,随驾往来二京教授,躬为帝师。"(第1290页上)神龙二年(708)二月卒,"春秋一百余岁"[案:检《宋高僧传》卷八《神秀传》和《景德传灯录》卷四也没有神秀确切的年寿]。赐谥"大通禅师"。

第八代:唐朝洛阳嵩山的普寂、敬贤、长安兰山的义福、蓝田玉山的惠福。此四禅师"少小出家,清净戒行,寻师问道,远访禅门。行至荆州玉泉寺遇大通和上讳秀(即神秀),蒙授禅法。诸师等奉事大师十有余年,豁然自证,禅珠独照"(第1290页下)。

《楞伽师资记》在记述八代楞伽师的过程中,有两点引人注目。

其一,将求那跋陀罗列为禅门楞伽师之祖,而将一直作为禅宗东土初祖的菩提达摩降为第二代,在禅宗谱系中开创了特殊的一例。对此,《历代法宝纪》的作者曾作过详细的辨驳,说:"有东都沙门净觉师,是玉泉神秀禅师弟子,造《楞伽师资血脉记》一卷,接(一本作"妄")引宋朝求那跋陀(罗)三藏为第一祖,不知根由,或乱后学云。是达摩祖师之师求那跋陀(罗)自是译经三藏、小乘学人,不是禅师,译出四卷《楞伽经》,非开受《楞伽经》与达摩祖师。达摩祖师自二十八代首尾相传,承僧迦罗叉,后惠可大师亲于嵩山少林寺,问达摩祖师,承上相传付嘱,自有文记分明。"(《大正藏》第五十一卷,第180页中)又说,翻译《楞伽经》的求那跋陀罗、菩提留(亦作"流")支、实叉难陀,"尽是译经三藏,不是禅师,并传文字教法。达摩祖师宗徒禅法,不将一字教来,默传心印"(同上,第180页下)。

其二,着重记述人物的禅学思想,而将他们的生平行历用寥寥数语带过。如第一代求那跋陀罗至第五代道信,作者引用了《楞伽经》、《华严经》、《大品经》、《思益经》、《禅决》、《涅槃经》、《十地经》、《维摩经》、《法华经》、《智度论》、《金光明最胜王经》、《文殊说般若经》、《普贤观经》、《金刚经》、《无量寿经》、《遗教经》、《法句经》等佛经上的许多段落,作为诸师禅学思想的组成部分(道信章最多,篇幅约占全书的三分之一),但就生平事迹的细致性、完整性而言,书中的求那跋陀罗章不及《高僧传》卷三本传,菩提达摩、惠可章不及《续高僧传》卷十六本传,僧璨、道信章不及稍后的《传法宝纪》、《历代法宝记》。故《楞伽师资记》的笔法有点像后来的禅宗灯录。

第二品　唐杜朏《传法宝纪》一卷

《传法宝纪》,一卷。唐京兆(长安)杜朏(字方明)撰。有敦煌写本三种,见藏于法国国家图书馆。第一种保存了杜朏为《传法宝纪》一书作的序言、目录及菩提达摩章的部分文字,其余的皆佚,此为《大正藏》第八十五卷收载的本子;第二种仅存道信章的后部分至法如章的前部分,凡二十五行,余并亡佚;第三种为全本,由日本学者神田喜一郎在1936年发现,1943年在《续禅宗编年史》上作"附录"发表,后由柳田圣山校订、注释,编入《初期禅宗史书的研究》(法藏馆1966年版)和《初期的禅史一》(1975年版)。今据全本(即柳田圣山校刊本)解说。引用时,若文字与《大正藏》本相同者,则标注《大正藏》的页码。

杜朏,唐代卫尉,另撰有《南岳思禅师法门传》一卷(见日本圆仁《慈觉大师在唐送进录》)。

《传法宝纪》全本未署撰时。日本一些学者认为本书撰于唐玄宗开元初年(713),在《楞伽师资记》之前。但从两书对唐睿宗李旦的不同称谓来辨别,《传法宝纪》实撰于《楞伽师资记》之后。因为《楞伽师资记》称李旦为"太上皇"(见《大正藏》第八十五卷,第1290页上),说明净觉撰书时,李旦已让位于唐玄宗,而他本人尚活着。而《传法宝纪》神秀章之末则说,神秀死后,建塔安葬,"睿宗复出钱三十万修崇焉",既称李旦的庙号"睿宗",就分明是说杜朏撰书时,李旦已死。故李旦的卒年开元四年(716)可以看作是《传法宝纪》撰时的上限;再从《传法宝纪》的行文来看,语气平和,虽然推尊禅宗中以神秀为代表的北宗,但并无一词贬黜以慧能为代表的南宗,说明当时还没有发生慧能的弟子神会与北宗崇远法师在滑台大云寺无遮大会上,就宗旨的是非、法嗣的正旁所展开的公开辩论。因此,《传法宝纪》撰时的下限又可定为于开元二十年(732)大云寺无遮大会之前。大致撰于开元四年(716)至开元二十年(732)之间。

《传法宝纪》书首有作者自序,书末有《大通神秀和上塔文》。《序》云:

> 我真实法身,法佛所得,离诸化佛言说,传乎文字者,则此真如门,乃以证心自觉而相传耳。是故论(指《大乘起信论》)云:一切法从本已来,离言说相,离名字相,离心缘相,毕竟平等,无有变异,不可破坏,唯是一心,故名真如。……自达摩之后,师资开道,皆善以方便,取证于心,随所发言,略无系说。今人间或有文字称《达摩论》者,盖以当时学人,随自得语,以为真论,书而宝之,亦多谬也。若夫超悟相承者,既得之于心,则无所容声矣,何言语文字措其间

哉！……斯道微密,罕得其门,虽依法不依人,依义不依语,而真善知识何可观止？今此至人无引,未易能名,将以后之发蒙,或因景慕,是故今修略纪,自达摩后相承传法者,著之于次,以为《传法宝纪》一卷。(此序也见载于《传法宝纪》残本,见《大正藏》第八十五卷,第1291页上、中)

《传法宝纪》是一部记述禅宗北宗(神秀派)传法世系的著作。达摩来华后,于嵩山少林寺传法于惠可、道育、僧副(一作"道副")、昙林、尼总持五人。后世禅宗僧人根据单传直指的原则,立惠可为达摩嫡传,道育等为旁出法嗣,这样,惠可便成了禅宗东土二祖;惠可传法于僧璨、僧那、向居士、慧满、神定、宝月、华闲居士、大士化公、和公、廖居士十一人(以上据北宋道原《景德传灯录》卷三,以下简称《传灯录》。南宋普济《五灯会元》则阙),僧璨为东土三祖;僧璨传道信,道信为东土四祖;道信传弘忍、法融,弘忍为东土五祖,而法融为禅宗支派牛头宗初祖(法融之下有智岩、慧方、法持、智威、慧忠,合称"牛头六祖")。

所说的禅宗中的南北二宗,或南北禅宗,就是在五祖弘忍门下产生的。原来,弘忍在双峰山东山寺传授禅法,弟子有慧能、神秀、慧安、道明、昙光、禅恺、法持、智侁(又作"智诜")、法照、义方、道俊、玄赜、僧达、刘主簿十四人(此据《传灯录》卷四,若据《传法宝纪》则还应有"法如")。其中慧能以"顿悟"立说,主要在南方传教,时称"南宗";神秀以"渐悟"立说,主要在北方传教,时称"北宗"。二宗弟子曾就谁是达摩禅宗的正统展开了激烈的争论。南宗立慧能为禅宗东土六祖,北宗立神秀为东土六祖。后来,经慧能的弟子神会北上游说,著论辨驳,北宗门下盈而后虚,神秀以下仅四传(据《传灯录》卷四。普寂、义福等为一传;惟政、猛禅师等为二传;定心、志真等为三传;照禅师为四传),法脉遂绝。自此以后,天下禅宗皆出于南宗。由于北宗衰息，故传今的著作寥若晨星，《传法宝纪》便是北宗一派的珍贵史书之一。

《传法宝纪》所记述的人物依次是：东魏（当是"北魏"）嵩山少林寺释菩提达摩；北齐嵩山少林寺释惠可；隋皖（皖）公山释僧璨；唐双峰山东山寺释道信；唐双峰山东山寺释弘忍；唐嵩山少林寺释法如；唐当阳玉泉寺释神秀（这一目次也见存于《大正藏》收载的《传法宝纪》残本）。

上述七人中，虽然除法如一人以外，其余六人也见载于先前的《楞伽师资记》，但《传法宝纪》所记叙的有关人物的行履始末及传说故事的许多内容，往往为前书所未备。兹举《传法宝纪》全本中有而残本中阙、《楞伽师资记》中亦无的重大记载如下：

一、全本说，菩提达摩是"大婆罗门种，南天竺国王第三子"，"为我震旦国人故，航海而至嵩山"。从而否定了最早是从《坛经》（敦煌本）提出来的关于菩提达摩见过梁武帝，并与他就"造寺、布施、供养，有何功德"等展开对话的说法。

二、全本说，道育、惠可师事达摩六年，志取通悟，"大师当时从容谓曰：尔能为法舍身命不？惠可因断其臂，以验诚恳"。作者在此文之后加小注说："案余传（指《续高僧传》）被贼斫臂，盖是一时谬传耳。"从而成为将惠可的"被贼斫臂"改窜成"求法断臂"的始作俑者。

三、全本在达摩以《楞伽经》授惠可，"学徒有未了者，乃手传数遍云：作未来因也"之后，加小注说："案余传（指《续高僧传》）有言壁观及四行者，盖是当时权化，一隅之说。□迹之流，或所采摭，非至论也。"公开批评由达摩的弟子昙林记录而成的达摩《略辨大乘入道四行论》为"非至论"。

四、全本在达摩初到嵩山，"时罕有知者"，唯道育、惠可两人奉师，"其后门庭日广，时名望僧深相忌嫉，久不得志，乃因食致毒"之后附小注说："此恶人名字,世亦共闻,无彰人过,故所宜隐。"这为后来的《历代法宝记》、《宝林传》、《传灯录》等明确肯定投毒者是菩提流支、慧光设下了伏笔。

五、全本只说北魏使者宋云从西域回国,在葱岭遇见达摩西归,达摩对他说："汝国君今日死。""门人闻之发视,乃见空棺焉。"没有说达摩是手提一履或脚着一履回国,另一只履仍留在棺内的,与《荷泽神会禅师语录》、《历代法宝记》、《宝林传》、《传灯录》中的说法相异。

六、全本只说惠可在"后魏天平中,游邺卫,多所化度。僧有深忌者,又默鸩之。惠可知便受食,毒不能害"。没有《续高僧传》、《神会录》中关于惠可被人诬陷,遭官府酷打,几至于死的情节。

七、全本说,道信"河内人,俗姓司马氏。七岁出家,其师被粗秕,信密斋六年,师竟不知。开皇中,往皖（皖）公山归璨禅师,精劝备满,照无不至。经八九年,璨往罗浮,信求随去。璨曰:汝住,当大弘益。遂游方施化,所在为宝。至大业度人,配住吉州寺。……武德七年,至蕲州双峰山,周览林壑,遂为终焉之地。居三十年,宣明大法。归者荆州法显、常州善伏皆北面受法。……每劝诸门人曰:努力勤坐,坐为根本。能作三五年,得一口食塞饥疮,即闭门坐,莫读经,莫共人语"。永徽二年（651）命弟子于山侧造龛,龛成坐化（当在九月）,"春秋七十二"。此中关于道信的籍贯"河内",他自开皇以来的经历,教导门人的言论,均为《明藏》本《续高僧传》卷二十六《道信传》所不载（《丽藏》本中无《道信传》）。

八、全本首次记述,弘忍"童真出家,年十二事信（道信）禅师,性木讷沈厚,同学颇轻戏之,终默无所对。常勤作役,以体下人","上元二年（675）八月"卒,"春秋七十四"。而《楞伽师资记》虽然也说弘忍卒时"春秋七十四",但它却认为弘忍的卒年是在"咸亨五年(674)二月"。后来的一些史书,如《历代法宝记》、《宋高僧传》、《传灯录》虽然在月份上也有说"二月"、"十月"的,但一致采用"上元二年"之说。

九、全本写道,"释法如,上党人,俗姓王氏。幼随舅任澧阳,因事青布明为师。年十九出家,博穷经论,游方求道。闻双峰山忍禅师开佛知见,遽往师之。精澄十六年,法界圆照。……既而密付法印,随方行道。属高宗升遐(去世)度人,僧众共荐与官名。往嵩山少林寺,数年人尚未恻(测)。……垂拱中,都城名德惠端禅师等人咸就少林寺,累请开法,辞不获免,乃祖范师资,发大方便,令心直至"。"永昌元年(689)八月"卒,"春秋五十二"。这些事迹虽然本于《唐中岳沙门释法如禅师行状》(收入《金石续编》卷六),但将它们编入禅宗史书则是首次。

十、全本说,神秀"大梁人,姓李氏。……年十三,属隋季王世充扰乱,河南、山东饥疫,因至荥阳义仓请粮。遇善知识出家,便游东吴。转至闽,游罗浮、东、蒙、台、庐,诸名山嘉遁,无不毕造。学究精博,采易道,味黄老及诸经传,自三古微赜,靡不洞习。二十受具戒,而锐志律仪,渐修定惠。至年四十六,往东山归忍禅师,一见重之,开指累年。道入真境,自所证莫有知者。后随迁适,潜为白衣,或在荆州天居寺十所年,时人不能测。仪凤中,荆楚大德数十人,共举度住当阳玉泉寺。……久视中,则天发中使奉迎洛阳。……王公以下,歆然归向"。这些记载皆可补《楞伽师资记》、《宋高僧传》等在载录上的阙失。

杜胐所编定的达摩——慧可——僧璨——道信——弘忍的五世祖师是南北禅宗一致公认的。一般说来,南北禅宗也都承认神秀是弘忍的弟子,分歧只在于神秀的法系是正传还是旁传上。但杜胐却在弘忍与神秀之间插入法如,说达摩传惠可,

"惠可传僧璨,僧璨传道信,道信传弘忍,弘忍传法如,法如及乎大通(神秀)"。这是十分新奇的。因为即使在杜胐的记述中,也丝毫看不出两人之间有什么授受关系,而且现存的所有禅宗史书也找不到同样的记载。因此,杜胐所编的法如传神秀的付法说是有疑问的。

第三品　唐佚名《历代法宝记》一卷

《历代法宝记》,又名《师资众脉传》、《定是非摧邪显正破坏一切心传》、《最上乘顿悟法门》(据卷题下小注),一卷。作者名氏阙载,从书末载录的山人孙寰撰作的《大历保唐寺和上(无住)传顿悟大乘禅门门人写真赞文并序》来看,本书可能是为纪念于唐大历九年(774)六月三日去世的成都府保唐寺无住禅师而撰的,作者当是无住的门人,约撰于大历十年(775)至大历十四年(779)之间。日本以法国国家图书馆收藏的敦煌本为底本,大英博物馆收藏的敦煌本为校本,将它编入《大正藏》第五十一卷。

《历代法宝记》书首有作者的长段前言,约一千八百字。内容大致有三:一是记述东汉明帝时佛教传入的传说,尤其是当时佛道角法的故事(依据伪书《汉法本内传》等所说);二是在《付法藏经》(又名《付法藏因缘传》)提出的释迦牟尼灭度后,始自摩诃迦叶,终于师子比丘的二十四代传法世系的基础上,新续五代,建立了与北宋道原《景德传灯录》等禅宗正统谱系楷定的"西天二十八祖"稍异的"西天二十九祖"的法统说[案:《付法藏经》说的二十四祖是:摩诃迦叶、阿难、末田地、商那和修、优婆毱多、提多迦、弥遮迦、佛陀难提、佛陀蜜多、胁比丘、富那耶奢、马鸣、毗罗长老、龙树、迦那提婆、罗睺罗、僧伽那提、僧伽耶舍、鸠摩罗驮、阇夜多、婆修槃陀、摩拏罗、鹤勒那、师子比丘。此说也为天台宗所采用,只是采用的译名略有不同,见南宋志磐《佛祖统纪》卷五。《历代法宝记》新续的师子比丘以下的五祖是:舍那婆斯、优婆掘、须蜜多、僧迦罗叉、菩提达摩多罗(即"菩提达摩")。而《景德传灯录》卷一、卷二所载,虽然也确立自摩诃迦叶至师子比丘之间的传承为二十四祖,除采用的译名略有差异的因素之外,最主要的变动是将属于"旁出法嗣"的"末田地"删去了,而在弥遮迦之后新增"婆须蜜"。至于它所列的师子比丘以下的四祖则是:婆舍斯多、不如蜜多、般若多罗、菩提达摩。很明显,没有"优婆掘"和"僧迦罗叉",而新增"般若多罗"];三是对净觉《楞伽师资记》将求那跋陀罗列为禅门东土第一祖提出了尖锐的批评。

《历代法宝记》是一部记述禅宗南宗(慧能派)支派——保唐寺禅派(即无住派)传法世系的著作。保唐寺禅派本起源于五祖弘忍门下。据《景德传灯录》卷四记载,弘忍的弟子除慧能(亦作"惠能")以外,尚有北宗神秀、嵩岳慧安、袁州蒙山道明、扬州奉法寺昙光、隋州禅惬、金州法持、资州智诜(亦作"智侁")、舒州法照、越州义方、枝江道俊、常州(若据《楞伽师资记》则应是"安州")玄颐、越州僧达和白松山刘主簿,共十四人。而保唐寺禅派就是从资州的智诜禅师开始的。

智诜与慧能本为同学,自弘忍将达摩袈裟秘密传付给慧能,立慧能为嫡传弟子之后,智诜等便成了旁传弟子(又称"旁出法嗣"),各奔一方,智诜也就回到了资州德纯寺。"后时,大周立,则天即位,敬重佛法。至长寿元年,敕天下诸州各置大云寺。二月二十日,敕使天冠郎中张昌期往韶州曹溪,请能禅师。能禅师托病不去。则天后至万岁通天元年,使往再请能(慧能)禅师。能禅师既不来,上请代达摩祖师传信袈裟,朕于内道场供养。能禅师依请,即擎达摩祖师传信袈裟与敕使。"(《大正藏》第五十一卷,第184页上)次年七月,武则天遣张昌期往资州请智诜赴京。后智诜有疾,"因便奏请归乡。敕赐新翻《华严经》一部,弥勒绣像及幡花等,及将达摩祖师信袈裟。则天云:能禅师不来,此代袈裟亦奉上和上,将归故乡,永为供养。"(第184页中)这样,作为慧能得法凭信的袈裟,便由武则天转付给智诜。智诜从慧能的同学,变成了慧能法统的继承者,禅宗正脉的传人。

智诜后将袈裟直接传给同寺的处寂禅师,处寂又将它传给剑南成都府净泉寺的无相禅师,最后由无相传给保唐寺的无住禅师(并非当面交付,而是通过来访的董璿转交无住),从而形成了保唐寺禅派的传授系统[案:说智诜得慧能的传法袈裟,是《历代法宝记》的作者为了证明保唐寺禅派的正统性而编造的故事,与史实并不相符。从《坛经》、王维《六祖能禅师碑铭》等记载来看,武则天和唐中宗确实下过诏书,请慧能赴京,因慧能称病而事寝,断无命慧能交出传法袈裟之事。鉴于"自古传法,命若悬丝"的师训,以及自己为传法袈裟备尝艰辛,几丧生命的教训,慧能对弟子只传法不传衣,达摩袈裟后来随慧能的遗体入葬曹溪宝林寺塔内,从此从世上消失]。记载这一禅派历史的仅有这部《历代法宝记》。

《历代法宝记》记述的保唐寺禅派的传法世系凡有十代。其中前六代是禅宗南宗各派共同尊奉的祖师,用作者的话来称谓是:梁朝第一祖菩提达摩多罗(即"菩提达摩",一般禅籍均无"多罗"两字);北齐朝第二祖惠可(又作"慧可")禅师;隋朝第三祖璨(僧璨)禅师;唐朝第四祖信(道信)禅师;唐朝第五祖弘忍禅师;唐朝第六祖韶州曹溪能(慧能)禅师。后四代是形成保唐寺禅派的实际传人,他们是:资州德纯寺智诜禅师;处寂禅师;剑南成都府净泉寺无相禅师;保唐寺无住禅师。

有关南宗东土六祖的事迹,《历代法宝记》主要是以《荷泽神会禅师语录》(有敦煌写本)的最后几章为张本,敷演而成的。如《神会录》曾编造了一些故事,说菩提达摩因毒而卒,葬于嵩山(《历代法宝记》作"洛州熊耳山"),北魏使者宋云在葱岭遇见他一脚着履,一脚跣足(《历代法宝记》及《传灯录》作"手提只履")回天竺,并同他谈了话,回来后发墓开棺,发现棺中只剩一只履(此为"只履西归"的故事);惠可为求师,曾在达摩堂前站立了一夜,时降大雪,积深至腰,而惠可不移立处(此为"惠可立雪"的故事);惠可在达摩面前自断一臂,以明求法之志(此为"惠可断臂"的故事,据唐道宣《续高僧传》本传,此臂是被贼人砍掉的),以及达摩死后,梁武帝为之造碑文等等。这些皆为《历代法宝记》所因袭。不仅如此,有些地方还将情节具体化。

如《神会录》中只是说达摩六次遭人投毒药害,前五次因吐出脱险,末一次中毒身亡,但没有说是谁下的毒,而《历代法宝记》则说:"时魏有菩提流支三藏、光统律师(即慧光)于食中着毒饷大师"(第180页下)。又如《神会录》说,惠可因被人谤为"妖邪","坏乱佛法",而被成安县令翟仲侃打死,经一宿重活,又被毒死,具如杨楞伽《邺都故事》第十卷所说。而《历代法宝记》则进而认为,诬告惠可的乃是"菩提流支徒党",又说"后释法琳造碑文"(第181页中)。

这中间,也有一些记载虽然本于《神会录》,但大体上是接近事实的。如《历代法宝记》说,僧璨从惠可受法并获得达摩袈裟之后,"可大师曰:汝善自保爱,吾有难,汝须避之。璨大师亦佯狂市肆,后隐于舒州司空山,遭周武帝灭佛法,隐岘(皖)公山十余年"(同上)。这些可补《楞伽师资记》之阙。

此外,《历代法宝记》还新述了一些内容。如达摩说:"唐国有三人得我法。一人得我髓,一人得我骨,一人得我肉。得我髓者惠可,得我骨者道育,得我肉者尼总持也。"(第181页上)这些说法为后来的许多禅籍所转载,产生了广泛的影响。

关于形成保唐寺禅派的四代传人,即智诜、处寂、无相、无住的事迹,由于后来的禅宗灯录(如《景德传灯录》等)只载无住一人事迹,余三人皆有目无文(据说是因"无机缘语句"的缘故),事迹无闻。而《历代法宝记》不仅记载最早,而且四人皆载,故特有价值。其中有关无住的事迹(主要是言语)载录尤详,其篇幅约占全书的一半。有关他们的事迹,大致如下:

智诜,俗姓周,汝南(今属河南)人。随祖上仕官而至蜀地。年十三出家,初事玄奘法师学经论,后至双峰山投弘忍禅师。弘忍评价他"兼有文字性"(第184页中)。末归资州德纯寺,"化道众生,造《虚融观》三卷、《缘起》一卷、《般若心疏》一卷"(同上)。长安二年(702)卒,时年九十四。

处寂,绵州浮城县(今属四川)人,因俗姓唐,故又称"唐和上"。家世好儒,常习诗礼。十岁,父亡,遂投智诜出家。开元二十年(732)五月卒,时年六十八。

无相,新罗(朝鲜)王族,因俗姓金,故又称"金和上"。出家后,泛海来唐,寻师访道,周游涉历,得法于德纯寺处寂禅师。初居天谷山石岩下,草衣节食,食尽餐土。后章仇大夫请开禅法,乃居净泉寺。"高座说法,先教引声念佛,尽一气念。绝声停念讫,云:无忆,无念,莫妄。无忆是戒,无念是定,莫妄是惠。此三句语即是总持门。又云:念不起犹如镜面能照万像,念起犹镜背即不能照见。"(第185页上)宝应元年(762)五月卒,时年七十九。

无住,俗姓李,凤翔郿县(今属陕西)人。年二十,代父从军,因臂力过人,有武艺,而被河朔两道节度使信安王留充卫前游奕先锋官。后舍官访道,起先受教于白衣居士陈楚璋,天宝(742—755)初年,从六祖慧能的弟子、太原府自在禅师削染出家。天宝八年(749)受具足戒已,游住五台山清凉寺、西京安国寺和崇圣寺、北灵州贺兰山、凤翔、太白山、南凉州等。乾元二年(759),到达成都净泉寺,见无相禅师,未几入关西白崖山。大历元年(766)应副元帅黄门侍郎杜鸿渐之请,到成都开示禅法。弟子有超藏(原名"净藏")、超然(原名"知一")、超寂(原名"忠信")等。超藏等以后的传承,《历代法宝记》无记。

唐代宗密曾著《禅源诸诠集都序》(亦名《禅那理行诸诠集》),"写录诸家所述诠表禅门根源道理、文字句偈,集为一藏"。书中将禅宗分为息妄修心宗、泯绝无寄宗、直显心性宗三宗,认为南侁(智侁,侁或作"诜")、北秀(神秀)、保唐(无住)、宣什等皆属于"息妄修心宗"。据此而论,保唐寺禅派虽然属于南宗法脉,但它的禅法当与北宗有某些相通之处。

第四品　唐智炬《宝林传》十卷

《宝林传》,全称《双峰山曹侯溪宝林传》,十卷(今存七卷,佚三卷)。唐贞元十七年(801),金陵沙门智炬(又作"惠炬"、"慧炬")与天竺沙门胜持集。载于《金藏》"秦"函,收入上海影印宋版藏经会和北平三时学会编的《宋藏遗珍》第三函(第三十一册至第三十三册)。

《宝林传》是一部根据禅宗南宗的法统说编定的、通记禅宗西天二十八祖和东土六祖事迹的著作。见录于《新唐书·艺文志》(称"智炬")、北宋惟白《大藏经纲目指要录》卷八(称"惠炬",下同)、南宋宗鉴《释门正统》卷四、本觉《释氏通鉴》卷十和元觉岸《释氏稽古略》卷三等。《大藏经纲目指要录》卷十说:

> 《宝林传》十卷。西天胜持三藏同金陵沙门惠炬于韶州曹溪宝林山集。灵彻师序。其间唯有后汉员外郎张

(上)成撰《大迦叶碑》事迹详美。诸祖缘起具如《传灯》所录也。(《法宝总目录》第二册,第768页中)

《释氏通鉴》卷十在"贞元十七年"条下说:

金陵沙门惠炬、天竺三藏胜持编次诸祖传法偈谶,及宗师机缘为《宝林传》。(《续藏经》第一三一册,第950页下)

《金藏》中的《宝林传》,在初刻时就已是缺第二卷和第十卷的残本。当时的雕版者在"双峰山曹溪宝林传卷第二"之下加小注说:"失第二、第十两卷,而京师遍问,皆无。遂取《圣胄集》立章品补此卷,由欠第十。"(《宋藏遗珍》本《宝林传》卷二页码,第1页正面)原来,在智炬之后,有华岳(华山)玄伟禅师于光化二年(899)撰《玄门圣胄集》,"编次贞元以来宗师机缘"(见《释氏通鉴》卷十一),其中有关西天诸祖及东土诸祖的事迹可能取材于《宝林传》,或者大致相似,故雕版者就将其中的一品《立章品》抽出来,补作《宝林传》中的第二卷,这样就只缺第十卷了。

然而,待《金藏》于1933年在山西赵城县广胜寺被发现,其中的《宝林传》文字齐全的只有卷二、卷四、卷八;大部分完整、有些地方有缺文的是卷一、卷三、卷五;初刻时缺的卷十仍然缺;初刻时有的卷六、卷七、卷九全佚。《宋藏遗珍》的编集者取日本学者常盘大定发现的"大唐韶州双峰山曹溪宝林传卷第六"(内有一些缺文,原载昭和八年《东方学报》),补为卷六。这样,今本《宝林传》仍缺卷七、卷九、卷十。兹将见存各卷的品目摘录如下:

卷一:(首缺)(释迦牟尼)度众付法章涅槃品第三;第一祖大迦叶章结集品第四;婆耆德政章征述品第五(即上柱国常山张上成的《摩诃大迦叶尊容碑》)。

卷二:第二祖阿难章中流寂灭品第六;第三祖商那和修章降

火龙品第七;第四祖优婆毱多章化三尸品第八;第五祖提多迦章仙受化品第九;第六祖弥遮迦章除触品第十;第七祖婆须蜜章梵王问品第十一;第八祖佛陀难提章白光通贯品第十二。

卷三:第九祖伏驮蜜多章(品名失落)第十三;第十祖胁尊者章预感金地品第十四;第十一祖富那夜奢章察马鸣品第十五;第十二祖马鸣菩萨章现日轮品第十六;第十三祖毗罗尊者章他心知疑品第十七;第十四祖龙树菩萨章辩天战品第十八;第十五祖迦那提婆章兴百论品第十九;第十六祖罗睺罗章取甘露品第二十;第十七祖僧伽难提章辩金河品第二十一。

卷四:第十八祖伽耶舍多章簪狗品第二十二;第十九祖鸠摩罗多章试神足品第二十三;第二十祖阇夜多章示终神力品第二十四;第二十一祖婆修盘头章举太子品第二十五;第二十二祖摩拏罗章伏术师品第二十六。

卷五:(首缺一品)摩拏罗印国土章指泉示化品第二十八;第二十三祖鹤勒尊者章辩难气品第二十九;第二十四祖师子比丘章辩珠品第三十;师子弟子章横师统引品第三十一(原注:"此下一章魏支彊梁接三藏《续法记》")。

卷六:三藏辨宗章示化异香品第三十二(原注:"此章亦名光琮录");第二十五祖婆舍斯多章焚衣感应品第三十三;婆舍斯多济储儿乳章弁瑞日月品第三十四;第二十六祖不如蜜多章辨毒龙地品第三十五。

卷八:达摩行教游汉土章布六品第三十九(原注:"并梁武帝碑文、昭文、祭文并集于后此一章,亦名东流小传");第二十九祖可大师章断臂求法品第四十;第三十祖僧璨大师章却归示化品第四十一。

《宝林传》的主要意义,在于最终楷定了禅宗西天二十八祖和东土六祖的名单与排次,以及南宗法脉中的嫡系与旁支。这个名单既不同于《付法藏经》,也不同于与《付法藏经》有一定学术渊源的《历代法宝记》和敦煌本《坛经》。如敦煌本《坛经》中有的"末田地"、"优婆掘"、"僧迦逻",在《宝林传》中则无;反之,敦煌本《坛经》无的"弥遮迦"、"婆须蜜"、"般若多罗",在《宝林传》中则有。《宝林传》编定的这一新的法统说,成为后世禅宗公认的定论,无论是南唐静筠二禅师《祖堂集》、北宋道原《景德传灯录》、北宋契嵩《传法正宗记》、南宋普济《五灯会元》,还是元宗宝改编的《坛经》都无不沿其轨辙。

但就《宝林传》的具体内容而言,舛误极多。就连以它为张本而敷述的北宋契嵩《传法正宗记》、《传法正宗定祖图》、《传法正宗论》对它也多有批评,不敢全盘采用。如《传法正宗论》卷上说:"若《宝林传》者,虽其文字鄙俗,序致烦乱,不类学者著书,但其事有本末,世数名氏亦有所取。虽欲窃取之,及原其所由,或指世书,则时所无有;或指释部,又非藏经目录所存,疑其无证,不敢辄论。"(《大正藏》第五十一册,第774页中)又说,"其枝细他缘,张皇过当,或烦重,事理相反,或错误差舛,殆不可按"(第775页下)。

尤其是传中提到的各种年代,十有八九是错的。如达摩章中说,达摩被菩提流支和慧光的第六次投毒毒死(当据《历代法宝记》),斯年为"后魏第八主孝明帝大和十九年"(卷八页码,第6页反面),而"梁大同二年者,即后魏大和十九年也"(第8页正面),"是时昭明太子而撰祭文"(第12页反面)。仅此三句话,就没有一处是对的。因为,第一,"大和"当是"太和",它不是孝明帝的年号,而是孝文帝的年号。第二,"太和十九年"相当于南齐建武二年(495),而不是梁大同二年(536)。第三,若以"太和十九年"立言,则当时尚无梁朝,也无昭明太子;若以"大同二年"立言,则昭明太子已亡五年。无论何说,都不可能有昭明太子撰祭文之事。

此外，诸如达摩章中说期城太守杨衒之曾问法于达摩，达摩在时，有"学徒千万"；惠可章中说唐法琳为惠可撰碑文等，皆是讹说。还有，将汉译《四十二章经》全文抄入释迦牟尼章，也违章法。

《宝林传》撰后一百零九年，即五代后梁开平四年(910)，南岳沙门惟劲"集唐昭宗光化年以来宗师机缘"，而撰《续宝林传》四卷(见《释氏稽古略》卷三)，后佚。

第五品　南唐静、筠《祖堂集》二十卷

《祖堂集》，二十卷。五代南唐保大十年(公元952年，据本书卷二慧可章所记)，泉州招庆寺静禅师和筠禅师(全名不详)合编。《祖堂集》初刊后不久，留在国内的印本由于战乱等原因，大多散佚。除北宋时尚有人看过它(见南宋宗晓《四明尊者教行录》卷四《天童凝禅师上四明法师书》、《崇文总目》卷四)以外，南宋以后极少有人提到过它，以至后人几乎不知道有这部书。然而，由于当时中国和朝鲜之间在佛教文化方面的交流十分密切，《祖堂集》的初刻本被传入了高丽。高丽高宗重雕《大藏经》，曾于乙巳岁(1245)将此书列为附录，予以刊刻(原版藏于朝鲜伽耶山海印寺)，从而出现了高丽的重刻本，保存至今。1972年，台湾以日本京都花园大学图书馆收藏的、全日本仅有的一部高丽重刻本《祖堂集》为底本，影印出版。今据这一影印本解说。

《祖堂集》书首有"泉州招庆寺主净修禅师文僜述"的《祖堂集序》[案：据北宋道原《景德传灯录》卷二十二，"文僜"或当是"省僜"，禅宗青原系保福从展的弟子。《祖堂集》卷一、卷二刊

载的三十三祖;卷三的靖居和尚、慧忠国师;卷五的道吾和尚、德山和尚;卷六的洞山和尚;卷十的长庆和尚;卷十四的江西马祖;卷十六的南泉和尚诸章之末,载有"净修禅师赞曰",故文僜当是通读《祖堂集》全稿之人];高丽沙门匡儁于当年开刻《祖堂集》时撰的前记和目录(原不立标题,台湾影印时标为《海东新开印版记》和《上名次第》)。

文僜在《序》中说:

今则招庆有静、筠二禅德,袖出近编古今诸方法要,集为一卷,目之《祖堂集》。可谓珠玉联环,卷舒浩瀚。既得奉味,但觉神清。仍命余为序,坚让不获,遂援毫直书。(第1页上)

匡儁(俊)在《记》中说:

已上序文并《祖堂集》一卷,先行此土,尔后一卷齐到。谨依具本,爰欲新开印版,广施流传,分为二十卷。以此先写七佛,次腰天竺二十七祖并诸震旦六代。代有旁正,祖位次第并以录上。随其血脉初后,联绵侣穆之仪,有孙有嫡也。其纂成,所以群英散说,周览于眼前,诸圣异说,获瞻于卷内。(此段文字在《上名次第》之前,见第1页上、下)

海东新开印版《祖堂集》,现其本迹者二百五十三员,并载二十卷内,莫知迹者不能具录矣。(此段文字在《上名次第》之后,见第4页上)

以此观之,《祖堂集》原本并不分卷,后经高丽重刻,才分为二十卷。

《祖堂集》是现存最古的灯录体著作。禅宗因"法"(佛法)能开愚,犹"灯"能照暗,故常以"灯"比喻"法"(《六祖坛经·忏悔品》上就有"一灯能除千年暗,一智能灭万年愚"的说法),将禅宗师徒之间的授受("传法")称之为"传灯"。记载禅宗历代祖师的传承世系以及他们的机缘语句(参禅或接引学人时的对话与开示)的著作,也就被称为"传灯录",简称"灯录",或"灯史"。

灯录是介于僧传(僧人传记)和语录(禅宗语录)之间的一种文体。僧传详于叙事而略于记言,偏重于人物履历行迹的记叙;语录详于记言而略于叙事,偏重于人物机锋语句的记叙。而灯录则兼取而异之。灯录所记的人物,其开头部分和末尾部分接近于僧传的写法,如初首介绍人物的籍贯、俗姓、出家、受学经过等,末尾叙说他的卒时、世寿、僧腊(受具足戒以后的年龄)、谥号、塔名等;其中间部分又接近于语录,主要是人物的言语,而且分量极大。然而,与僧传相比,灯录载录的人物行迹较为简略粗疏;与语录相比,它所摘取的仅是人物机语中有代表性的那些段落,也就是说,只是一个禅师语录中的一小部分。而且灯录是按人物的传承世系编排的,一个禅师的属于哪一宗哪一系,师父是谁,同学有哪些,弟子又有谁,在卷目中标注得清清楚楚,相当于史籍中的谱录。从一定意义上说,灯录实际上是禅宗思想史。

然而,由于《祖堂集》在中国本土失传太早,姑且算它在北宋初年尚见存,也必定只限于个别人收藏,而于整个佛教界无闻。又由于以"传灯录"为书名的,以北宋道原《景德传灯录》(简称《传灯录》)为最早,故一般都认为《传灯录》是禅宗灯录体著作的始祖。这从对后世的直接影响而言,是完全正确的,因为后来的《天圣广灯录》、《建中靖国续灯录》、《联灯会要》、《嘉泰普灯录》、《五灯会元》,以及《续传灯录》、《增集续传灯录》、《继灯录》、《居士分灯录》、《续灯存稿》、《续灯正统》等等,莫不是在《传灯录》的影响下出现的,即使它们的书名也莫不与之有联系。但从这种文体的最初撰作而言,《祖堂集》又早于《传灯录》

五十二年,位于第一。它的重新发现,对禅宗灯录史的研究关系甚大。

《祖堂集》按七佛、三十三祖(禅宗西天二十八祖和东土六祖的连计,因西天第二十八祖和东土初祖是同一个人,故成此数)、初祖下旁出(即东土初祖菩提达摩的旁传弟子,相对嫡传而言,但此项仅见于《上名次第》即原书目录,并无本文)、四祖(道信)下旁出、五祖(弘忍)下旁出、六祖(慧能)下出(先总叙慧能的弟子,次分述"思和尚下出"和"让和尚下出",即慧能门下形成的青原行思和南岳怀让两大法系,由于作者是青原系僧人,故先青原系后南岳系)的次序编录。作者以七佛的每一佛和三十三祖的每一祖,各为禅宗传法世次中的一代,故至第三十三祖慧能已成四十代。慧能的嫡传弟子青原行思和南岳怀让,以及其他旁传弟子为四十一代。青原行思下传七代,连同前数,构成青原系的禅宗四十八代传法世次;南岳怀让下传六代,连同前数,构成南岳系的禅宗四十七代传法世次。故《祖堂集》所记的禅宗法系分别为四十八代和四十七代(因青原系和南岳系是并列的两大法系,故不能合并)。由于原书《上名次第》中所列的人名,有的并无本文,如牛头宗的智严、慧方、法持、智威、慧忠等,故据笔者统计,有事迹见载的实为二百四十五人,非是《海东新开印版记》所说的"二百五十三员"。

《祖堂集》卷一和卷二,为七佛和三十三祖。所记的七佛是:第一毗婆尸佛、第二尸弃佛、第三毗舍浮佛、第四拘留孙佛、第五拘那含牟尼佛、第六迦叶佛、第七释迦牟尼佛;三十三祖是:第一祖大迦叶(《传灯录》卷一作"摩诃迦叶")、第二祖阿难、第三祖商那和修、第四祖优婆毱多、第五祖提多迦、第六祖弥遮迦、第七祖婆须密(《传灯录》卷一作"蜜")、第八祖佛陀难提、第九祖伏驮密(《传灯录》卷一作"蜜")多、第十祖胁尊者、第十一富那夜奢、第十二祖马鸣、第十三祖毗罗(《传灯录》卷一作"迦毗摩罗")、第十四祖龙树、第十五祖迦那提婆、第十六祖罗睺罗(《传灯录》卷二作"罗睺罗多",以上《祖堂集》卷一)、第十七祖僧伽难提、第十八祖伽耶舍多、第十九祖鸠摩罗多、第二十祖阇夜多、第二十一祖婆修盘头、第二十二祖摩拏罗、第二十三祖鹤勒(《传灯录》卷二作"鹤勒那")、第二十四祖师子、第二十五祖婆舍斯多、第二十六祖不如密(《传灯录》卷二作"蜜")多、第二十七祖般若多罗、第二十八祖菩提达摩(《传灯录》卷二作"磨")、第二十九祖惠(《传灯录》卷二作"慧")可、第三十祖僧璨(《传灯录》卷二作"璨")、第三十一祖道信、第三十二祖弘忍、第三十三祖慧能(以上卷二)。

上述三十三祖的事迹,是参考《宝林传》写成的,因此作者在大迦叶、摩拏罗、鹤那、师子、不如密多、般若多罗诸章的夹注中时常说:"具如《宝林传》也。"

卷三,为四祖下旁出、五祖下旁出和六祖下出。所记的四祖下旁出是:牛头和尚(牛头宗初祖法融)、鹤林和尚(牛头宗五祖智威的弟子玄素,本书误作"马素",据《传灯录》卷四正误)、径山和尚(玄素的弟子道钦)、鸟窠和尚(道钦的弟子道林),凡四人;五祖下旁出是:懒瓒和尚(北宗神秀的弟子普寂的门人,法名不详,本书和《传灯录》卷三十均载他的《乐道歌》)、老安国师(慧安)、腾腾和尚(慧安的弟子仁俭)、破灶堕和尚(慧安的弟子),凡四人;六祖下出是:靖居和尚(行思)、荷泽和尚(神会)、慧忠国师、崛多三藏、智荣和尚(据《传灯录》卷五,当是指玄策)、司空山本净和尚、一宿觉和尚(玄觉)、怀让和尚,凡八人。

卷四至卷十三,除耽源和尚(六祖慧能的旁传弟子慧忠的门人真应,见卷四)和草堂和尚(慧能的旁传弟子神会下第三代遂州道圆的弟子宗密,见卷六)二人以外,其余的全是青原行思法系的传人。青原系中地位仅次于行思的,是他的弟子石头希迁,因为这一系的法脉主要是通过希迁的众弟子往下传的,所以,《祖堂集》只是在称呼希迁本人时,才用"思和尚下出"(见《上名次第》),而希迁以下的各代世次,皆称为"石头下"(见各卷标题下的小注),以突出希迁的地位。所记的青原行思下七代传法世次是:

第一代(作者从七佛算起,故称之为禅宗四十二代,以下各代类推):石头和尚(希迁)。凡一人。

第二代:天皇和尚(道悟)、尸梨和尚(《传灯录》卷十四作"尸利")、丹霞和尚(天然)、招提和尚(惠朗,《传灯录》卷十四作"慧朗")、药山和尚(惟俨,以上卷四)、大颠和尚、长髭和尚(旷禅师)。凡七人,均为希迁的弟子。

第三代:龙潭和尚(道悟的弟子崇信)、翠微和尚(天然的弟子无学)、云岩和尚(昙晟)、华亭和尚(德诚)、棵树和尚(慧省)、道吾和尚(圆智,上四人均为惟俨的弟子)、三平和尚(大颠的弟子义忠)、石室和尚(旷禅师的弟子善道)。凡八人。

第四代:德山和尚(崇信的弟子宣鉴,以上卷五)、投子和尚(无学的弟子大同)、神山和尚(昙晟的弟子僧密)、洞山和尚(昙晟的弟子良价)、渐源和尚(仲兴)、石霜和尚(庆诸,上二人为圆智的弟子,以上卷六)、夹山和尚(德诚的弟子善会)。凡七人。

第五代:岩头和尚(全豁)、雪峰和尚(义存,上二人为宣鉴的弟子,以上卷七)、云居和尚(道膺)、钦山和尚(文邃)、曹山和尚(本寂)、华严和尚(休静)、本仁和尚、青林和尚(师虔)、疏山和尚(匡仁)、龙牙和尚(居遁)、幽栖和尚(道幽,上九人均为良价的弟子,除道膺、本寂以外,《传灯录》卷十七将他们误标为"洞山第二世"或"洞山第三世")、上蓝和尚(令超,以上卷八)、落浦和尚(元安)、盘龙和尚(可文)、逍遥和尚(怀忠)、洞安和尚

（《传灯录》卷十六作"同安和尚"）、黄山和尚（月轮）、韶山和尚（寰普，上七人均为善会的弟子）、大光和尚（居让）、云盖和尚（源禅，《传灯录》卷十六作"志元"）、九峰和尚（道虔）、南岳玄泰和尚（上四人均为庆诸的弟子）等。凡二十八人。

第六代：玄泉彦和尚、乌岩和尚（师彦）、罗山和尚（道闲，上三人为全豁的弟子，以上卷九）、玄沙和尚（师备）、镜清和尚（道怤）、鼓山和尚（玄晏，《传灯录》卷十七作"神晏"）、安国和尚（行韬）、长庆和尚（慧棱，以上卷十）、保福和尚（从展）、云门和尚（文偃）、惟劲律师（上八人均为义存的弟子）、佛日和尚（道膺的弟子）、金峰和尚（从志，以上卷十一）、荷玉和尚（匡慧，《传灯录》卷二十作"光慧"，上二人为本寂的弟子）、紫陵和尚（休静的弟子匡一）、禾山和尚（道虔的弟子无殷）、龙光和尚（道闲的弟子隐微）、中塔和尚（师备的弟子慧救，以上卷十二）等。凡四十七人。

第七代：招庆和尚（道匡）、报慈和尚（光云，上二人为慧棱的弟子）、龙潭和尚（如新）、山谷和尚（行崇，上三人为从展的弟子，以上卷十三）等。凡六人。

卷十四至卷二十，为南岳怀让法系的传人。南岳系中地位仅次于怀让的，是他的弟子马祖道一，因为这一系的法脉主要是通过道一的众弟子往下传的，所以，《祖堂集》只是在称呼道一本人时，才用"让和尚下出"，而道一以下的各代世次，皆称为"马祖下出"（见《上名次第》），或"江西下"（见各卷标题下的小注）。所记的南岳怀让下六代传法世次是：

第一代：江西马祖（道一）。凡一人。

第二代：大珠和尚（慧海）、百丈政和尚（惟政）、杉山和尚（智坚）、石巩和尚（慧藏）、南源和尚（道明）、百丈和尚（怀海）、鲁祖和尚（宝云）、高城和尚（法藏）、西堂和尚（智藏）、鹅湖和尚

（大义）、伏牛和尚（自在）、盘山和尚（宝积）、麻谷和尚（宝彻）、盐官和尚（齐安）、五泄和尚（灵默）、大梅和尚（法常）、东寺和尚（如会）、归宗和尚（智常）、汾州和尚（无业）、庞居士（庞蕴，以上卷十五）、南泉和尚（普愿）等。凡三十二人，均为道一的弟子。

第三代：沩山和尚（灵祐）、黄檗和尚（希运，以上卷十六）、福州西院和尚（大安，上三人均为怀海的弟子）、处微和尚（智藏的弟子）、东国慧日山和尚（怀晖的弟子玄昱，《传灯录》卷九有目无文）、闽南和尚（齐安的弟子道常）、普化和尚（宝积的弟子）、芙蓉和尚（智藏的弟子灵训）、岑和尚（景岑，以上卷十七）、赵州和尚（从谂，本书误作"全谂"，此据《传灯录》卷十正误）、陆亘大夫（上三人均为普愿的弟子）等。凡二十七人。

第四代：仰山和尚（慧寂，以上卷十八）、香严和尚（智闲）、径山和尚（鸿諲，《传灯录》卷十一作"洪諲"）、灵云和尚（志勤，上四人均为灵祐的弟子）、临济和尚（义玄）、观和尚（灵观，上二人均为希运的弟子）、灵树和尚（大安的弟子如敏）等。凡十四人。

第五代：资福和尚（慧寂的弟子贞邃。若据《传灯录》卷十三，则他是资福如宝的弟子，属慧寂的三传弟子、南岳系第七代，以上卷十九）、五冠山瑞云寺和尚（慧寂的弟子顺之，《传灯录》卷十二作"新罗国顺支禅师"）、宝寿和尚（沼禅师）、灌溪和尚（志闲）、兴化和尚（存奖，以上三人为义玄的弟子）。凡五人。

第六代：原编有四人，即后鲁祖和尚（志闲的弟子山教）、隐山和尚、兴平和尚、米岭和尚（上三人未注法嗣）。因隐山和尚、兴平和尚章中有"洞山行脚"、"洞山礼拜"语，以此推断，此两人当是洞山良价的弟子，当属于青原系第五代；米岭和尚，据《传灯录》卷十二当是径山洪諲的弟子，属南岳系第四代。故这四人中间真正属于南岳系第六代的只有后鲁祖和尚一人。

《祖堂集》所编定的禅宗谱系,总的来说不如后来的《传灯录》来得细密完整,如《祖堂集》仅在卷三懒瓒和尚章的开头,作为文字上的过渡,提到"五祖忍大师下傍出一枝,神秀和尚、老安国师、道明和尚,神秀下傍出普寂,普寂下懒瓒和尚"(第54页下)。而没有北宗领袖神秀的专章,就是其中的一例。这是因为《祖堂集》产生于乱世,由于条件的限制,许多僧人资料作者未能直接看到,作者在卷三鹤林和尚、鸟窠和尚、智荣和尚、卷四天皇和尚、卷五长髭和尚、棵树和尚、卷六草堂和尚、神山和尚、渐源和尚以及其他数十章中均有"未睹行状,不决化缘"、"未睹实录,不决终始"的说明就是例证。

但是,就两书同载的那些人物的行迹言语而论,则往往可以互相参补勘正。《传灯录》固然有许多胜于《祖堂集》的地方,如《传》卷五的青原行思章胜于《祖》卷三的靖居和尚章,《传》卷十八的玄沙师备章胜于《祖》卷十的玄沙和尚章,《传》卷十九的云门文偃章胜于《祖》卷十一的云门和尚章,《传》卷七的西堂智藏章胜于《祖》卷十五的西堂和尚章。但《祖堂集》也有不少独有的记载,可补《传灯录》之阙。除前面已提到的懒瓒和尚、东国慧日山和尚在《传灯录》中未录事迹以外,还有以下数例值得注意:

一、《祖堂集》卷三腾腾和尚(仁俭)章,载有仁俭的《乐道歌》。歌云:"问道道无可修,问法法无可问。迷人不了性空,智者本无违顺。八万四千法门,至理不离方寸。不要广学多闻,不在辩才聪俊。识取自家城廓,莫漫游他州郡。言语不离性空,和光不同尘坌。烦恼即是菩提,净花生于泥粪。若有人求问答,谁能共他讲论?亦不知月之大小,亦不知岁之余闰。晨时以粥充饥,仲时更餐一顿。今日任运腾腾,明日腾腾任运。心中了了总知,只没伴痴缚钝。"(第55页下—第56页上)此歌在《传灯录》卷三十题为《了元歌》,其中"不要广学多闻,不在辩才聪俊"一句,在"识取自家城廓,莫漫游他州郡"之后,而且用字也略有差异,可资对勘。

二、《祖堂集》卷四丹霞和尚(天然)章,载有天然的《孤寂吟》、《玩珠吟》、《颂》、《骊龙珠吟》、《弄珠吟》等诗颂。其《颂》云:"丹霞有一宝,藏之岁月久。从来人不识,余自独防守。山河无隔寻,光明处处透。体寂常湛然,莹彻无尘垢。世间采取人,颠狂逐路走。余则为渠说,抚掌笑破口。忽过解空人,放旷在林薮。相逢不擎出,举意便知有。"(第82页上、下)天然少亲儒墨,业洞九经。初与庞居士同侣入京(长安),参加科举考试,在汉南道寄宿时,因行脚僧(以上均据《祖堂集》)以"选官不如选佛"相劝,改谒马祖道一学禅。这些诗颂是他早先习儒,具有一定的文学涵养的印证,而《传灯录》卷十四丹霞天然章只辑机语,不载诗颂,卷三十仅载他的《玩珠吟》二首。

三、《祖堂集》卷十一惟劲禅师章,载有惟劲的《赞镜灯颂》、《象骨偈》全文,而《传灯录》卷二十虽然指出,惟劲因睹南岳慈东藏(又号"三生藏")中收藏的华严宗三祖法藏为讲解《华严经》"法界重重帝网之门,佛佛罗光之像"的镜灯一座,"乃著五字颂五章",但没有辑存"五字颂"(当指《赞镜灯颂》)的原文。

四、《祖堂集》卷十三龙潭和尚(如新)章,载有如新的身世,说:"(如新)福州福唐县人也。姓林,依灵握(此字疑有误)院出家,才具尸罗(指戒),志慕祖筵而登保福(指从展)之门,密契传心之旨。"(第253页下)而《传灯录》卷二十二海会如新章则只有机语而阙身世。

五、《祖堂集》卷十五伏牛和尚(自在)章,载有自在的《三个不归颂》。此颂用通俗明白的语言表达了自在的思想:"割爱辞亲异俗迷,如云似鹤更高飞。五湖四海随缘去,到处为家一不归。苦节劳形守法成,幸逢知识决玄彻。慧灯初照昏衢明,唯报自亲二不归。峭壁幽岩往复希,片云孤月每相依。经行宴坐闲无事,乐道逍遥三不归。"(第282页上)而《传灯录》卷七伏牛自在章虽有自在的几句对话,但无此颂。

六、《祖堂集》卷十九香严和尚(智闲)章,载有智闲的一批赞颂,如《诫宗教接物颂》、《常在颂》、《修行颂》、《清思颂》、《谈玄颂》、《与学人玄机颂》、《浑沦语颂》、《明古颂》、《与崔大夫畅玄颂》、《宝明颂》、《出家颂》、《寄法堂颂》、《玄旨颂》、《赠同住归寂颂》、《劝学颂》、《志守得破颂》、《见闻颂》、《分明颂》等。而《传灯录》卷十一香严智闲章只是说:"师凡示学徒,语多简直,有偈颂二百余篇,随缘对机,不拘声律,诸方盛行。"没有辑录这些撰作的内容,卷三十只刊载了智闲的《励觉吟》、《归寂吟》二首。

七、《祖堂集》卷二十瑞云和尚(顺之,又作"顺支")章,载有顺之《成佛篇》。文章论述了"证理成佛"、"行满成佛"、"示显成佛",以及"顿证实际"、"回渐证实际"、"渐证实际"的思想,是顺之的重要思想资料,而《传灯录》卷十二新罗顺支章则一字未载。

上述事例是《祖堂集》学术价值的一个很好的证明。虽则如此,《祖堂集》也存在着一些缺点。如:好多人物只有"某某和尚"的别号,若不与《传灯录》对勘,无从知道他们的法名;记载人物的身世、游历较《传灯录》薄弱;由于雕刻方面的原因,笔画误增、误减、生造的错字别字甚多,有一些已达到无法辨认的地步。因此,虽然书中关于青原行思的籍贯(说"安城人"),德山宣鉴、洞山良价、石霜庆诸的年寿,岩头全豁的卒年等的记载与《传灯录》相异,但究竟是哪一说可信,尚须作进一步的考证。

因为从见存的《祖堂集》来看，有些地方行文粗糙，存在着明显的错误。

本书的校点本有：张华点校《祖堂集》（中州古籍出版社2001年10月版）。

第六品　北宋道原《景德传灯录》三十卷

附：北宋李遵勖《天圣广灯录》三十卷
　　北宋惟白《建中靖国续灯录》三十卷
　　南宋悟明《联灯会要》三十卷
　　南宋正受《嘉泰普灯录》三十卷

《景德传灯录》，简称《传灯录》（今人也有称《景德录》的，但在古代禅籍中并无这种略称），三十卷。北宋景德元年（1004），东吴沙门道原撰。载于《金藏》"禅"至"云"函、《元藏》"振"至"世"函、《明南藏》"桓"至"辅"函、《明北藏》"合"至"弱"函、《清藏》"誉"至"青"函、《频伽藏》"云"帙，收入《大正藏》第五十一卷。

道原，青原下第十世、法眼宗僧人，天台德韶国师的弟子。《天圣广灯录》卷二十七有道原章，记载了他的一些机语，说："苏州承天永安道原禅师，上堂。有僧问：如何是佛？师云：咄者，旃陀罗（意为"恶人"）。进云：学人初学，乞师方便。师云：汝问什么？学云：问佛。师云：咄者，旃陀罗。又僧问：如何是佛法道理？师云：与蛇画足，为鼠穿逾。又僧问：如何是祖师西来意？师云：问者如牛毛。进云：请师答牛毛之问。师云：师子咬人不逐块。"（《续藏经》第一三五册，第873页上）

《大正藏》本《景德传灯录》是元延祐三年（1316）湖州路道场山护圣万寿禅寺希渭以"本路天圣禅寺松庐和尚所藏庐山稳

庵古册"为底本,集资重刊的本子(简称"延祐本")。书首有翰林学士杨亿撰的《景德传灯录序》;希渭于延祐三年腊月撰的《重刊景德传灯录状》;未详作者的《西来年表》。此表起南齐高帝建元元年(479),终隋恭帝义宁二年(617),以叙说帝王世系为主,间及菩提达磨等行历。其中在东魏天平三年(536)、兴和元年(539)栏内皆引"旧本《传灯》云",表末又说"达磨至中国,今取《正宗记》(北宋契嵩撰)为定",以此而论,年表的作者或是希渭。

书末有杨亿任秘书监知汝州时,寄与李维内翰《书》(《天圣广灯录》卷十八曾转录),"叙其始末师承"(以记慧能以下的传承为主);长乐郑昂于南宋绍兴壬子岁(二年,公元1132年)撰的《跋》,其中讹言"右《景德传灯录》本,住湖州铁观音院僧拱辰所撰";天童宏智和尚《疏》;左朝散大夫刘斐于南宋绍兴四年(1134)上元日撰的《景德传灯录后序》。上述各件均为《明藏》本所无。原因是延祐本所用的"庐山稳庵古册",实是僧人思鉴(婺人)和宁海周氏于南宋绍兴初年重刻的一种本子(见刘斐《后序》),这个民间刻本或许就是《西来年表》及《传灯录》本文夹注中提到的"旧本《传灯录》",为《明藏》本的编纂者所未见。所有序跋中,以评述《传灯录》初稿的得失,介绍奉诏刊正此稿的经过的杨亿《序》为最重要。杨亿说:

> 有东吴僧道原者,冥心禅悦,索隐空宗,披弈世之祖图,采诸方之语录,次序其源派,错综其辞句,以七佛以至大法眼之嗣,凡五十二世,一千七百一人,成三十卷,目之曰《景德传灯录》。诣阙奉进,冀于流布。皇上为佛法之外护,嘉释子之勤业,载怀重慎,思致悠久,乃诏翰休学士左司谏知制诰臣杨亿、兵部员外郎知制诰臣李维、太常丞臣王曙等,同加刊削,俾之裁定。(《大正藏》第五十一卷,第196页下)

据杨亿介绍,他与李、王二人对《传灯录》原稿的刊削整理,大致包括以下几个方面:

一、凡原稿对禅宗祖师的话,"别加润色,失其指归"之处,一概复原("仍其旧")。

二、"其有标录事缘,缕详轨迹,或辞条之纷纠,或言筌之猥俗,并从刊削,俾之纶贯。"(同上)即进行文字上的加工。

三、"至有儒臣居士之问答,爵位姓氏之著明,校岁历以愆殊,约史籍而差谬,咸用删去,以资传信。"(同上)即校核史实。

四、杨亿认为,灯录的内容应当是"启投针之玄趣,驰激电之迅机,开示妙明之真心,祖述苦空之深理","若仍但述感应之征符,专叙参游之辙迹,此已标于僧史,亦奚取于禅诠,聊存世系之名,庶纪师承之自。然而旧录所载,或掇粗而遗精,别集具存,当寻文而补阙。率加采撷,爰从附益。"(第196页下—第197页上)也就是对原稿中有关禅僧的感应之征、参游之迹作了删削,另补了一些机语。

五、"逮于序论之作,或非古德之文,问厕编联,徒增楦酿,亦用简别,多所屏去。"(第197页上)即对原稿末二卷收辑的赞颂偈诗、铭记箴歌作了一些调整,删去了一些作品。

这样,"汔兹周岁,方遂终篇"(同上),经过近一年的裁削刊正,才完成对《传灯录》原稿的整理。从今本《传灯录》卷二十六庐山归宗寺慧诚禅师章和温州瑞鹿寺本先禅师章,分别记有景德四年和大中祥符元年示寂之事来看,它的最后定稿约在大中祥符二年(1009)。

《传灯录》是自禅宗有史以来,迄道原撰书时为止,禅宗世次源流最为完备的记载。所记世系,上起七佛,下至慧能门下南岳怀让法嗣的第九世(有汾阳善昭,"世"与《祖堂集》说的"代"同义)和青原行思法嗣的第十一世(有富阳子蒙、朝阳院津、长寿法齐、高丽慧洪、上林胡智五人,其中有机语见录的仅法齐一人,其余的均有目无文)。

据北宋赵安仁等《大中祥符法宝录》卷二十记载,原书有目录三卷,今本已缺。但每卷之首仍保存了一卷的目录,对编入世次的人物分别标注"见录"与"无机缘语句不录"的字样。所谓"见录",指的是不仅在卷目中有他的名字,而且在正文中有他的专章,用来记录他的身世和机缘语句;所谓"无机缘语句不录",指的是仅仅在卷目中有他的名字,而在正文中没有他的专章,因为没有搜集到他的机缘语句。这也就是通常说的"有目有文"和"有目无文"。每个禅师的法嗣(即弟子)均按"见录"者在前,"不录"者在后的顺序排列。南岳怀让和青原行思二大法系传承世次中的"第一世",均非指怀让、行思本人,而是指他们的直传弟子,即第一代传人。"第二世"指的是第二代传人,以此类推。在宋代出现的灯录中,只有北宋惟白《建中靖国续灯录》和南宋悟明《联灯会要》是以怀让、行思为各自法系的"第一世"的,与《传灯录》相异,其余的灯录体著作都沿用《传灯录》的世次计算法。全书收录的人物,按杨亿所说是"一千七百一人",而据明智旭所说,则是"一千七百十二人,内九百五十四人有语见录,余七百五十八人但存名字"(见《阅藏知津》卷四十二)。

卷一、卷二:七佛、天竺祖师(禅宗西天二十七祖)。

卷三:中华五祖并旁出尊宿(禅宗东土六祖中的前五祖及其旁出弟子)。收(据有机缘语句见录者而言,下同)第二十八祖菩提达磨;第二十九祖慧可和他的旁出弟子僧那、向居士、慧满;第三十祖僧璨;第三十一祖道信;第三十二祖弘忍。

卷四:前部分为第三十一祖道信旁出法嗣。收金陵牛头山六世祖宗法融、智严、慧方、法持、智威、慧忠,以及他们的旁出弟子钟山昙璀、安国玄挺、鹤林玄素、天柱崇慧、径山道钦、鸟窠道林、招贤会通、佛窟岩惟则、云居智禅师;后部分为第三十二祖弘忍旁出法嗣第一世至第五世。收北宗神秀、嵩岳慧安、蒙山道明、五台巨方、中条智封、降魔藏禅师、寿州道树、梁山全植、福先仁俭、破灶堕和尚、嵩岳元珪、终南山惟政、益州无住。

卷五:第三十三祖慧能和他的弟子西印度堀多三藏、韶州法海、吉州志诚、匾檐山晓了、河北智隍、洪州法达、寿州智通、江西志彻、信州智常、广州志道、广州法性寺印宗、吉州青原山行思、南岳怀让、温州永嘉玄觉、司空山本净、婺州玄策、曹溪令韬、西京光宅寺慧忠、西京荷泽寺神会。

卷六至卷十三前部分:南岳怀让法嗣第一世至第九世(其中《丽藏》本卷九之末还附有裴休集《黄檗希运禅师传心法要》)。收录的人物主要有:

第一世:江西道一(又称马祖,怀让弟子)。

第二世:越州大珠慧海、洪州泐潭法会、杭州石巩慧藏、洪州百丈山怀海(以上卷六)、潭州三角山总印、池川鲁祖山宝云、虔州西堂智藏、京兆章敬寺怀晖、信州鹅湖大义、伏牛山自在、蒲州麻谷山宝彻、杭州盐官齐安、婺州五泄山灵默、明州大梅山法常、京兆兴善寺惟宽、湖南东寺如会、庐山归宗寺智常(以上卷七)、汾州无业、池州南泉普愿、居士庞蕴(以上卷八)等。

第三世:潭州沩山灵祐(沩仰宗开创者之一)、洪州黄檗山希运、洪州百丈山惟政(以上卷九)、湖南长沙景岑、赵州东院从谂、杭州刺史白居易(以上卷十)等。

第四世:袁州仰山慧寂(沩仰宗开创者之一)、邓州香严寺智闲、杭州径山洪諲(以上卷十一)、镇州临济义玄(临济宗开创者)、杭州千顷山楚南、相国裴休等。

第五世:袁州仰山西塔光穆、袁州仰山南塔光涌、鄂州灌溪志闲、魏府兴化存奖等。

第六世：越州清化全怤、郢州芭蕉山慧清、吉州资福如宝、汝州宝应和尚（以上卷十二）等。

第七世：吉州资福贞邃、汝州风穴延沼等。

第八世：汝州首山省念等。

第九世：汾州善昭。

卷十三后部分：曹溪（慧能）别出第二世至第六世。第二世：吉州耽源山真应、黄州大石山福琳、沂水蒙山光宝；第三世、第四世皆有名字而无本文；第五世：终南山圭峰宗密；第六世有名字而无本文。

卷十四至卷二十六：吉州青原山行思法嗣第一世至第十一世。收录的人物主要有：

第一世：南岳石头希迁。

第二世：荆州天皇寺道悟、邓州丹霞山天然、澧州药山惟俨、潮州大颠和尚等。

第三世：澧州龙潭崇信、京兆翠微无学、潭州道吾山圆智、潭州云岩昙晟、华亭船子德诚、漳州三平山义忠（以上卷十四）等。

第四世：朗州德山宣鉴、洪州泐潭宝峰、舒州投子山大同、湖州道场山如讷、潭州石霜山庆诸、筠州洞山良价（曹洞宗开创者之一）、澧州夹山善会等。

第五世：投子温禅师（以上卷十五）、鄂州岩头全豁、福州雪峰义存、筠州九峰山道虔、澧州乐普山元安、抚州黄山月轮（以上卷十六）、洪州云居山道膺、抚州曹山本寂（曹洞宗开创者之一）、洞山道全、湖南龙牙山居遁、京兆华严寺休静、洞山师虔、抚州疏山光仁等。

第六世：台州瑞岩师彦、吉州禾山无殷（以上卷十七）、福州玄沙师备、福州长庆慧棱、杭州龙册寺道怤、福州鼓山神晏（以上卷十八)、漳州保福从展、韶州云门文偃(云门宗开创者)、南岳惟劲(以上卷十九)、洪州同安丕禅师、抚州荷玉光慧、襄州鹿门处真(以上卷二十)等。

第七世:漳州罗汉院桂琛、泉州招庆寺道匡(以上卷二十一)、泉州昭庆省僜、舒州白水海会院如新、朗州德山缘密、益州香林澄远(以上卷二十二)、鄂州黄龙晦机、婺州明招德谦(以上卷二十三)等。

第八世:金陵清凉文益(法眼宗开创者,以上卷二十四)等。

第九世:天台山德韶、杭州报恩寺慧明、金陵清凉泰钦(以上卷二十五)、郢州大阳山警玄等。

第十世:杭州永明寺延寿、苏州长寿朋彦、温州瑞鹿寺本先等。

第十一世:长寿法齐(以上卷二十六)。

卷二十七:禅门达者(禅宗以外以习禅闻名的僧人)。收金陵宝志、婺州善慧、南岳慧思、天台智颛、泗州僧伽和尚、万回法云、天台丰干、天台寒山子、天台拾得、明州布袋和尚十人,并附《诸方杂举征拈代别语》(即诸方禅语)。

卷二十八:诸方广语。收南阳慧忠、洛京荷泽神会、江西大寂道一、澧州药山惟俨、越州大珠慧海、汾州大达无业、池州南泉普愿、赵州从谂、镇州临济义玄、玄沙宗一师备、漳州罗汉桂琛、大法眼文益十二人除前面本章所载以外的语录。

卷二十九:赞颂偈诗。收宝志和尚《大乘颂》、《十二时颂》、《十四科颂》、漳州罗汉桂琛和尚《明道颂》、南岳惟劲禅师《觉地颂》、郢州临溪敬脱和尚《入道浅深颂》、白居易《八渐偈》、同安察禅师《十玄谈》、云顶山僧德敷《诗》、僧润《诗》等一百余首。

卷三十:铭记箴歌。收傅大士《心王铭》、三祖僧璨《信心铭》、菩提达磨《略辨大乘入道四行》及弟子昙琳《序》、荷泽大师

《显宗记》、南岳石头大师《参同契》、杭州五云和尚《坐禅箴》、永嘉真觉大师《证道歌》、石头和尚《草庵歌》、道吾和尚《乐道歌》、苏溪和尚《牧护歌》、法灯禅师泰钦《古镜歌》、潭州龙会道寻《遍参三昧歌》等二十余篇。

《传灯录》在佛教史学上的价值，除了编定了禅宗一千七百余人的师承法系，刊载了一批禅师的赞颂偈诗、铭记箴歌以外，主要表现在汇辑了禅宗九百五十四人的机缘语句（简称"机语"）。这些繁复多样、因人而异的机语，充分反映了整个禅宗的思维共性和各个禅师的思维个性。

如书中所述，禅宗的机语主要集中在下列问题上：如何是祖西来意？如何是佛法大意？祖意与教意是同是别？祖祖相传个什么？如何是三宝？如何是法身？如何是佛？如何是祖？如何是古佛心？如何是和尚家风？如何是本来面目？如何是学人本分事？如何是学人自己？如何是道？如何是禅？如何是境中人？牛头未见四祖时如何？如何是无缝塔？等等。

就各禅师作答的形式而言，大体有动作示意和言语酬对两类。其中少数禅师专示动作而不说禅语。如卷八载，"忻州打地和尚，自江西（道一）领旨，自晦其名。凡学者致问，惟以棒打地而示之，时谓之打地和尚"（第261页下）。卷十一载，婺州金华山俱胝和尚，"凡有参学僧到，师惟举一指，无别提唱"（第288页中）。多数禅师是动作和言语交用。对同一个问题，往往作出不同的解答，显示了禅家不同的风尚。试看以下四个问题：

（一）如何是祖西来意？僧问，道一便打，乃云："我若不打汝，诸方笑我也。"（卷六，第246页中）泐潭法会问，道一叫他低声近前，待法会近前，打一掴云："六耳不同谋。"（卷六，第248页上）洪州水老和尚问，道一"乃当胸蹋倒"（卷八，第262页下）。有僧问赵州观音院从谂，"师下禅床立"（卷十，第277页下)。有问苏州西山和尚,"师举拂子示之"(卷十,第279页上)。问香严智闲,"师以手入怀,出拳展开与之"(卷十一,第284页中)。临济义玄问黄檗希运,"黄檗便打,如是三问三遭打"(卷十二,第290页上)。问襄州历村和尚,"师举茶匙子"(卷十二,第296页上)以上均属动作。此外,还有种种不落窠臼、不着边际的语句解答。如:僧问饶州峣和尚,"师曰:仲冬严寒"(卷十一,第286页下)。问杭州罗汉院宗彻,"师曰:骨锉也"(卷十二,第293页上)。问寿州绍宗,"师曰:好事不出门,恶事行千里"(卷十二,第296页中)。问安州大安山清幹,"师曰:羊头车子推明月"(卷十二,第296页下)。问漳州三平义忠,"师曰:龟毛拂子、兔角拄杖"(卷十四,第316页下)。

(二)如何是佛法大意?僧问潭州石霜大善和尚,"师云:春日鸡鸣"(卷八,第259页下)。问黑眼和尚,"师云:十年卖炭汉,不知秤畔星"(卷八,第260页中)。问陕府天福和尚,"师曰:黄河无滴水,华岳总平治"(卷十五,第324页下)。问庐山归宗寺澹权,"师曰:三枷五棒"(卷二十,第362页下)。问泉州招庆院道匡,"师曰:七颠八倒"(卷二十一,第374页中)。

(三)如何是佛?僧问洪州武宁县严阳,"师曰:土块"(卷十一,第287页上)。问晋州霍山景通,"师打之,僧亦打师"(卷十二,第293页下)。问宣州榨树慧省,"师曰:猫儿上露柱"(卷十四,第315页下)。问朗州德山宣鉴,"师曰:佛即是西天老比丘"(卷十五,第318页上)。问朗州德山缘密,"师曰:满目荒榛"(卷二十二,第385页上)。

(四)如何是和尚家风?僧问吉州资福如宝,"师曰:饭后三碗茶"(卷十二,第298页上)。问潭州道吾山圆智,"师下禅床,作女人拜曰:谢子远来,都无祗待"(卷十四,第314页下)。问福州牛头微禅师,"师曰:山畲粟米饭,野菜澹黄齑"(卷十五,第

324页下)。问嘉州白水寺和尚,"师曰:金鸡抱子归霄汉,玉兔怀胎入紫微"(卷十六,第333页中)。

此类机锋俯拾皆是,不胜枚举。大旨归于得意忘言,发明本心。同时也有正面讲授的法语,以及禅宗语录中特多的偈颂。所有这些都体现了禅宗离言说相,不著文字,直指人心,见性成佛的思想精神。

《传灯录》卷文中刊有一些夹注。根据意思分辨,有宋刻本注、延祐重刻本注和道原、杨亿原注三种。一般说来,宋刻本和延祐本的夹注,多带有校勘辨析性质,数量较少。如卷三菩提达磨章末"师自魏丙辰岁告寂,迄皇宋景德元年甲辰,得四百六十七年矣"语下,有小注云:

当云自魏至庚子岁告寂,迄皇宋景德元年甲辰,得四百七十五年矣。凡此年代之差,皆由《宝林传》错误,而杨文公(杨亿)不复考究耳。(第220页中)

此当是宋刻本注。卷九惟政章在开头的"洪州百丈山惟政禅师"语下,有小注云:

此传旧在第六卷马祖法嗣中,大珠和尚之次,今以机缘推之,即移入此卷百丈海(怀海)禅师法嗣中,作百丈涅槃和尚机缘也。按唐柳公权书武翊黄所撰《涅槃和尚碑》云:"师讳法正,以其善讲《涅槃经》,故以涅槃为称。"今师本章中有云:"汝与我开田,吾为汝说大义。"则知其为涅槃和尚明矣。又称南泉(普愿)为师伯,则知其嗣百丈海公亦明矣。虽然惟政、法正二名不同,盖传写之讹耳。又觉范(慧洪)《林间录》亦谓旧本之误。及观《正宗记》,则有惟政、法正之名。然百丈第代可数,明教(契嵩)但见其名不同,不能辨而俱存之。今当以碑为正也。又卿公《事苑》乃云,百

丈涅槃和尚是沩山嗣子而海公之孙,此尤大谬也,不足取矣。(第268页中、下)

此当为延祐本新注。延祐本新注中影响最大、文字最长(一千余字)的一条,是在卷十四荆州天皇道悟章末引寂音尊者(惠洪)之语,叙列不同于本章的有关同时有两个道悟的说法。

道原、杨亿的原注,数量较多、大多是摘引各家禅师之语,对卷文中提到的机缘语句进行评点。如"玄觉云"、"药山云"、"洞山云"、"石霜云"、"法眼云"等等。由于道原是法眼宗僧人,法眼、曹洞、云门三宗同出青原行思法系,故注中引行思一系的禅语较多。

《传灯录》传世后三十年,北宋光禄大夫行尚书吏部侍郎王随,因感到《传灯录》卷帙较多,学者津携不便,于是在景祐元年(1034)将《传灯录》删为十五卷,取名为《传灯玉英集》。《传灯玉英集》今存卷二、卷三、卷五、卷六、卷八、卷十、卷十二、卷十四、卷十五,总计九卷,其余的六卷已佚。载于《金藏》"沙""漠"函,收入《宋藏遗珍》第三册(台湾新文丰出版公司1978年4月版)。书末有景祐龙集甲戌岁(即景祐元年)王随撰的《传灯玉英集后序》。说:

臣以余暇,恭披是录(指《景德传灯录》),精究义谛,偶达宗旨。而又顾绠腾之重,卷帙稍广,谅参学之者津携颇难。因思佛门律论,尚资纂抄,儒家史传,具存纪略,遂择乎精粹,撮其机要,删为十五卷,题之曰《传灯玉英集》。(第1529页上)

由于《传灯玉英集》的内容是从《传灯录》中摘出来的,而且今本已残缺,故实际使用价值并不大。

《传灯录》的校点本有:妙音、文雄点校《景德传灯录》(成都古籍书店2000年1月版)。

北宋李遵勖《天圣广灯录》三十卷

《天圣广灯录》，简称《广灯录》，三十卷。北宋天圣七年（公元1029年，此据元觉岸《释氏稽古略》卷四。一说景祐三年），驸马都尉李遵勖编。载于《金藏》"九"至"禹"函，收入《续藏经》第一三五册。

李遵勖（？—1038），字公武，上党（治所在今山西长治市）人。举进士，累官至镇国军节度使（以上据清彭绍升《居士传》卷二十）。得法于襄州石门谷隐山蕴聪禅师，为南岳下第九世、临济宗法孙（以上据《广灯录》卷十八。南宋普济《五灯会元》卷十二则编为"南岳下十世"）。著有《闲宴集》二十卷、《外馆芳题》七卷。《宋史》卷四百六十四有传。

《广灯录》书前有《天圣广灯录都帙目录》（即全书总目）一卷。书首有宋仁宗于景祐三年（1036）四月作的《御制天圣广灯录序》。宋仁宗说：

> 《天圣广灯录》者，镇国军节度使驸马都尉李遵勖之所编次也。遵勖承荣外馆，受律斋坛，靡恃贵而骄矜，颇澡心于恬旷。竭积顺之素志，趋求福之本因。洒六根之情尘，别三乘之归趣。迹其祖录，广彼宗风，采开士之迅机，集丛林之雅对，粗裨于理，咸属之篇。（《续藏经》第一三五册，第607页上）

《广灯录》是为增广《传灯录》而编集的一部灯录。所收，上始释迦牟尼，下至南岳怀让法嗣第十一世[案：《广灯录》目录只标到"第九世"为止，漏标了第十世、第十一世]和青原行思法嗣第十二世（内缺第一世至第六世）。世次的计算方法与《传灯录》相同。

卷一：释迦牟尼佛。作者在卷首的小序中说："贤劫次第，

前有六佛,《景德传灯录》中先已俱载,今之编次,从因地以至传法来历,继自释迦佛以降。"(第607页下)

卷二至卷五:天竺祖师。始"第一祖摩诃迦叶尊者",终"第二十七祖般若多罗尊者"。

卷六、卷七:中国祖师。始"第二十八祖菩提达磨尊者",终"第三十三祖慧能大师"。

卷八至卷十八:潭州南岳(《续藏经》本后衍"山"字)观音院怀让禅师,以及他的法嗣第一世(江州马祖道一禅师)至第十一世(袁州南园山楚圆禅师的法嗣普照修戒禅师)[案:《广灯录》目录误将属于南岳第十世的楚圆标为"第九世",同时漏标修戒的世次,今纠正]。

卷十九至卷二十三:吉州青原(《续藏经》本误作"清源")山行思禅师法嗣第七世(韶州云门山文偃禅师的法嗣云门山法球禅师等)至第九世(鼎州文殊山应真禅师的法嗣筠州洞山晓聪禅师等)。

卷二十四至卷二十五前部分:吉州青原山行思禅师法嗣第七世(洛京灵泉院归仁禅师的法嗣郢州大阳山坚禅师、襄州石门山遵禅师)至第十世(南康军归宗诠禅师的法嗣相州天平山契愚禅师)[案:其中应为"第九世"的鼎州梁山善冀禅师等,在《广灯录》目录中被误刊为"第七世"]。

卷二十五后部分至卷二十六前部分:南岳怀让禅师法嗣第七世(郢州芭蕉山惠清禅师的法嗣芭蕉山遇禅师等)和第八世(彭州承天院辞确禅师的法嗣润州罗汉院继宗禅师等)。

卷二十六后部分至卷三十:吉州青原山行思禅师法嗣第七世(鼎州大龙山洪济禅师的法嗣澧州钦山如静禅师)至第十二世(杭州灵隐山文胜禅师的法嗣常州荐福院归则禅师等)。末附《东京景德寺僧志言》。

从上可知，《广灯录》的编次是相当凌乱的。它不像《传灯录》那样，先叙完南岳系的全部人物，再介绍青原系的人物，而是南岳——青原——南岳——青原，交叉叙说。甚至在一卷内也有二系人物同载的，如卷二十五前部分是青原第九、十世，后部分是南岳第七世。它不像《传灯录》那样，凡同一法系内世次相同的人物，都放在一起介绍，而是前后叠出。如卷八至卷十八已介绍了南岳第一世至第十世，卷二十五、卷二十六又复出第七、八世。卷十九至卷二十三介绍了青原第七世至第九世，卷二十四、卷二十五又来个第七世至第十世，卷二十六至卷三十又是第七世至第十二世。这种并非出于叙说同一法系内不同宗派需要的前后叠出，足以使人头昏目眩。再加上世次残缺（如缺青原第一世至第六世）、人物不全（如慧能众多的弟子仅有怀让一人见录），因此，从谱系的严密性而言，《广灯录》并非成功之作。

但从《广灯录》增广了《传灯录》所载人物的机缘语句以及未收的一些人而言，它又有一定的价值。试以临济宗义玄的法嗣而论，《传灯录》卷十二共收录了二十二人，其中载有机缘语句的为十六人，另有沧州米仓和尚、齐耸大师、涿州秀禅师、浙西善权彻禅师、金沙禅师、允诚禅师、新罗国智异山和尚六人仅列人名而无本文（称"无机缘语句不录"），而《广灯录》卷十二、十三则收二十四人，新增"定上座"和"蔵上座"，并且每个人都有本文，也就是说，连《传灯录》仅列人名的六个人也全都被补入机缘语句，编成各人的专章。

再从两书同载机语的那十六人来看，《广灯录》卷十二所载的魏府大觉禅师、镇州三圣院惠然禅师、镇州万寿禅师、魏府兴化存奖禅师和卷十三所载的云山和尚、涿州克符道者（《传灯录》称"纸衣和尚"）等的机语，几乎与《传灯录》全异。特别是克符道者的三十八首颂，在《传灯录》中一字也未载。其余的一些人也是有同有异,文字全同的几乎一个也没有。

因此,《广灯录》所说的"广",应当理解为主要"广"在人物的机语上,而不是世次上。从这点而言,它仍不失为研究禅宗思想的有用的资料书。

北宋惟白《建中靖国续灯录》三十卷

《建中靖国续灯录》,简称《续灯录》,三十卷。北宋建中靖国元年(1101),东京(开封)法云禅寺住持惟白(云门宗僧)集。收入《续藏经》第一三六册。

《续灯录》书前有《建中靖国续灯录目录》三卷。书首有宋徽宗于建中靖国元年(1101)八月十五日作的《御制建中靖国续灯录序》。书末有同年七月十五日惟白的《上皇帝书》;驸马都尉张敦礼(惟白上书的转递者)的《上皇帝札子》;记录《续灯录》进呈、赐序过程的《付受次第》;同年十月张敦礼为刊刻《续灯录》所作的《恭发愿文》。宋徽宗在《序》中说:

> 自达磨西来,实是初祖。共传二三四五,而至于曹溪(慧能),于是双林之道逾光,一滴之流浸广。自南岳、青原而下,分为五宗,各擅家风。应机酬对,虽建立不同,而会归则一,莫不箭锋相拄,鞭影齐施,接物利生,启悟多矣。源派演迤,枝叶扶疏,而云门、临济二宗遂独盛于天下。……今《续灯》之名,盖灯灯相续,光光涉入,义有在于是矣。(《续藏经》第一三六册,第38页上、下)

《续灯录》是为续《传灯录》而编集的又一部灯录。所收,上始释迦牟尼,下至南岳第十五世和青原第十五世。"凡四十八世,千七百余人。"(《上皇帝札子》,第411页上)但计算二大法系世次的方法与先前的《传灯录》和《广灯录》不同。如汾阳善昭,在《传灯录》卷十三和《广灯录》卷十六均编为"南岳怀让禅师第九世",简称"南岳第九世"(也可说"南岳法嗣第九世"或"南岳下第九世")。而《续灯录》卷一没有标注善昭的世次,卷四则称善昭的弟子为"南岳怀让禅师第十一世",以此而论,则以善昭为"南岳第十世"。再如云门文偃,《传灯录》卷十九编为"青原第六世",《广灯录》虽然阙载文偃,但由于它在卷十九称文偃的弟子为"青原第七世",故也是以文偃为"青原第六世"的。而《续灯录》卷一没有标注文偃的世次,卷二则称文偃的弟子为"庐陵青原山行思禅师第八世",以此而论,则以文偃为"青原第七世"。

从上述二例的对勘中可以看出,《续灯录》计算世次的方法乃是:以怀让本人为"南岳第一世",行思本人为"青原第一世",而将他们的直传弟子下降为"第二世"。因此,《续灯录》所说的"第二世",只相当于《传灯录》和《广灯录》中的"第一世",所收载的"第十五世"也只相当于前二书所定世次的"第十四世"。

《续灯录》共分五门:

一、正宗门(卷一)。"西天此土,诸祖相传,契悟因缘,直叙宗致。"(《续灯录》目录,第1页上,下同)收五十一祖。他们是:本师释迦牟尼佛;禅宗三十三祖;南岳怀让、庐陵青(《续藏经》本作"清",今改)原行思、江西道一、南岳石头希迁、洪州百丈怀海、澧州天皇道悟、筠州黄檗希运、澧州龙潭崇信、镇州临济义玄、鼎州德山宣鉴、魏府兴化存奖、福州雪峰义存、汝州南院惠颙、韶州云门文偃、汝州风穴延沼、汝州首山省念、汾州太子院善昭(以上均不标世次)。

二、对机门(卷二至卷二十六)。"诸方师表,啐啄应机,敷唱宗猷,发明心要。"收庐陵青原山行思禅师第八世(韶州云门文偃禅师的法嗣成都府香林澄远禅师等)至第十五世(婺州宝林果昌宝觉禅师的法嗣袁州兴化德观禅师等),南岳怀让禅师第十一世(汾州太子院善昭禅师的法嗣潭州兴化慈明禅师等)至第十五世(庐山罗汉系南禅师的法嗣南岳云峰惠昌禅师等)。具体是:

卷二、卷三,青原第八世至第十世;卷四,南岳第十一世;卷五、卷六,青原第十一世;卷七、卷八,南岳第十二世;卷九至卷十一,青原第十二世;卷十二至卷十四,南岳第十三世;卷十五至卷十八,青原第十三世;卷十九至卷二十四,南岳第十四世、第十五世(仅载于卷二十四的后部分);卷二十五,青原第十四世、第十五世;卷二十六,青原第九世至第十四世(并非是前面已出现过的同一世次的人物的复载,而是另一些人)。

三、拈古门(卷二十七)。"具大知见,拈提宗教,抑扬先觉,开凿后昆。"收明州雪窦重显禅师等二十九人所作的"拈古"(先举禅宗的某则"公案",然后加以评论的文体)八十余则。

四、颂古门(卷二十八)。"先德渊奥,颂以发挥,词意有规,宗旨无忒。"收潭州石霜楚圆禅师等二十人所作的"颂古"(先举禅宗的某则"公案",然后作韵语阐发其中的奥义的文体)七十余则。

五、偈颂门(卷二十九、卷三十)。"古今知识,内外兼明,唱道篇章,录为龟鉴。"收金陵蒋山法泉佛慧禅师等四十人所作的偈颂二百五十余首。

由于《续灯录》是为续《传灯录》而作的,故凡《传灯录》中已载的人物,在《续灯录》中大多从略,重载的只是其中的一小部分(对这些人物的机语往往有新的补充)。它的重点在于续辑《传灯录》未收的世次和人物。如云门文偃的弟子,据《传灯录》卷二十二和卷二十三的记载,光有机缘语句者就达五十一人

（无机缘语句者尚有十人），而《续灯录》卷二只刊载了成都府香林澄远禅师（《传灯录》卷二十二已载）和饶州荐福承古禅师（新补）二人。《续灯录》说，澄远，"姓上官氏，汉州绵竹人也。投成都真相院出家，十六岁圆具。后离蜀入秦，登青峰，蹑子陵，旋之荆湘，参后龙牙，有发机之地。寻过岭，抠衣云门匡真（即文偃）禅师"（第51页上）。如此等等，皆为《传灯录》所阙载，这也反映了作者的编集意图。

南宋悟明《联灯会要》三十卷

《联灯会要》，简称《联灯》，三十卷。南宋淳熙十年（1183），泉州崇福寺沙门悟明编集。收入《续藏经》第一三六册。

悟明，福州（今属福建）人。出家后，为南岳下第十八世、临济宗杨岐派僧人，鼓山安永的弟子。明居顶《续传灯录》卷三十五载有他的若干拈语。

《联灯》书前有《联灯会要目录》一卷，据书眉上"改每卷头目作总目，而置于卷首"的小注，可知它是《续藏经》的编集者所添，非原本旧有。书首有淳熙己酉（十六年，公元1189年）三月淡斋（元廷俊《重刊五灯会元序》作"斋"）李泳《序》；元至元辛卯（二十八年，公元1291年）松江淀山比丘思忠的题记（无标题）；淳熙十年（1183）悟明自序（无标题）。悟明在自序中说：

> 近年已来，据师位者，不本宗由，枝词蔓说，对句押韵，簇锦攒花，谩人自谩，不知其几。学者不辨邪正，递相沿袭，与之俱化。从上不传之旨，绝无闻矣。余淳熙癸卯，坐夏永嘉之中川，因阅《传灯》、《广灯》、前辈当代诸大老录（指诸家语录），采摭其具彻向上巴鼻，可以开凿人天眼目者六百余家，提唱机缘、问答语句、拈提古今得其妙者，各逐本人章次收录，离为三十卷，命曰《联灯会要》。唯临济、云门二

家,自汾阳昭(善昭)、雪窦显(重显)而下,罕得其录,今所编者,十之二三。《续灯》所载,似无取焉,当伺同志集而补之,庶几后学见前辈典刑存焉尔。(《续藏经》第一三六册,第436页上、下)

《联灯》是《传灯录》、《广灯录》、《续灯录》三部灯录的会要和补充。所收,上始七佛,下至南岳第十八世和青原第十五世。由于它采用的是《续灯录》以怀让、行思为各自法系"第一世"的世次计算法,而不是以他们的直传弟子为各自法系"第一世"的,故倘若折算成《传灯录》、《广灯录》所说的世次,则是:"下至南岳第十七世和青原第十四世。"《传》、《广》、《续》三灯编列的世次中,既有机语见录(即有专章介绍)的人物,也有无机语见录的人物(即只列人名、不记事迹的人物),而本书编录的人物,皆有机语见录,无机语者一概不列入世次。大体结构是:

卷一、卷二:七佛。始"毗婆尸佛",终"释迦牟尼佛";竺乾诸大贤圣。收文殊大士、天亲(即"世亲")菩萨、须菩提等;西天祖师。始"初祖摩诃大迦叶",终"二十八祖菩提达磨"(前十祖载于卷一后部分,后十八祖载于卷二前部分);东土祖师。始"二祖慧可大师",终"六祖慧能大师";四祖道信大师旁出法嗣。始牛头第一世"金陵牛头法融禅师",终第七世"杭州鹊巢道林禅师"。

卷三:五祖弘忍禅师旁出法嗣。始第一世"北宗神秀大师",终第四世"益州保唐无住禅师";六祖慧能禅师法嗣(收怀让、行思以外的众弟子,即通常说的"旁出法嗣")。

卷四至卷十八:南岳第一世至第十八世。始第一世"南岳怀让禅师",终第十八世"明州天童咸杰禅师"。

卷十九至卷二十九前部分:青原第一世至第十五世。始第一世"吉州青原行思禅师",终第十五世"临安府净慈慧晖禅师"。

卷二十九后部分:应化贤圣。收佛陀波利尊者、天台智顗禅师、明州布袋和尚等;亡名尊宿。收老宿、庵主、行者等。

卷三十:傅大士《心王铭》、志公《十二时歌》和《十四科》、赵州和尚《十二时歌》、同安察禅师《十玄谈》、法眼禅师《三界唯心颂》、鼎州普安道和尚《颂》等。

《联灯》对《传》、《广》、《续》三灯收录的人物及他们的机缘语句,并非照单全收,而是有取有舍,有删有补,因此它所包罗的只是前三灯的主要内容,而不是全部。有许多前三灯已收的人物,在《联灯》中被删去了。试举二例:一、《续灯录》卷九、卷十收青原第十二世"越州天衣义怀禅师法嗣(即弟子)"七十四人,其中四十五人有本章(也可称"本传",指载有机语者),二十九人无本章(无机语者)。而《联灯》卷二十八仅收法云法秀、佛日智才、慧林宗本、瑞岩子鸿、长芦体明、净慧可证六人;二、《续灯录》卷二十一收南岳第十四世"云居山元祐禅师法嗣"二十人,其中九人有本章,十一人不列章次。而《联灯》卷十六,只选收了罗南系南、南峰永程、子凌山自瑜三人。

但《联灯》中也有一些新收的人物和机语。如卷十六收南岳第十五世"蕲州五祖法演禅师法嗣"昭觉克勤、蒋山慧勤、龙门清远、开福道宁四人,卷十六后部分起至卷十八毕,收南岳第十六世(径山宗杲、虎丘绍隆等)、十七世(西禅鼎需、天童昙华等)、十八世(华藏有权、天童咸杰等)四十一人,全是《联灯》新续的。

南宋正受《嘉泰普灯录》三十卷

《嘉泰普灯录》,简称《普灯录》,三十卷。南宋嘉泰四年

(1204),平江府报恩光孝禅寺正受编。收入《续藏经》第一三七册。

正受(1146—1208),字虚中,号雷庵,俗姓邵,苏州常熟(今属江苏)人。初习儒业。一日游邑之慧日寺,主僧心鉴对他说:"世境虚幻,百年一瞬。读世书选官,盍若究出世法,以选佛耶?"正受信从其言而出家。受具足戒之后,游方参学,首参临济宗僧人应庵昙华于天童,机缘不契。转还净慈,依月堂道昌,为青原下第十五世、云门宗僧人。曾以寂音(惠洪)《楞严厘正》为基础,补葺增广而作《楞严合论》。又括撦抠要,芟夷穴长,将《华严经》八十卷和李长者(李通玄)《新华严经论》四十卷的义理,束为三卷(书名不详)。事见南宋黄汝霖的《雷庵受禅师行业》。

《普灯录》书前有武德郎敬庵黄汝霖(正受的授法弟子)于嘉定辛未岁(四年,公元 1211 年)作的《雷庵受禅师行业》;正受撰的《进圣宋嘉泰普灯录上皇帝书》;正受编的《嘉泰普灯录总目》三卷。书末有嘉泰四年十二月大中大夫、充宝谟阁待制陆游的后记(无标题)和宝林梅峰信禅师的《嘉泰普灯录跋》。

正受在《上皇帝书》中说:

> 臣顷侍净慈佛行禅师道昌,一日指《续灯录》,喟然谓臣曰:三草二木之不同,及其受润则一也。彼之云润者,即此之被照也。夫灯之明,等及一切。初不择物而照,何独收于比丘,而遗于帝王、公卿、师尼、道俗耶?如梁武帝问圣谛于达磨,即弃有为;唐肃宗请塔样于国师,后明深旨;裴休契机于黄檗;白居易悟心于鸟窠;丹霞出于名儒;庞蕴生于俗俚。古之刘铁磨、末山尼、灵照女、凌行婆皆载之诸集,系之祖图,独是录(指《续灯录》)未尝及之。灯虽曰《续》,惜其照之不普,汝能择正悟、抉宗眼,以补其遗,则我志也。灵隐

佛海禅师慧远亦尝督臣之。臣因自惟：祝发入道，安逸林下，微此无以仰报圣君贤臣天覆海涵之恩。即佩服二师之训，繇昔之今，凡三灯（指《传灯》、《广灯》、《续灯》）之所不与者，莫不旁搜曲取，会粹考核，于十有七年捃摭以成。是书垂三十卷，目录三卷，拟命题曰《嘉泰普灯录》。(《续藏经》第一三七册，第2页下—第3页上)

从正受的陈述中可以获悉，撰作《普灯录》的设想是由正受的老师道昌提出来的。道昌不满意《续灯录》"独收比丘，而遗于帝王、公卿、师尼、道俗"，因而希望正受能重编一部灯录，通收禅宗的各方信众。灵隐慧远也赞同这一主张。于是正受化了十七年的时间，将《传》、《广》、《续》三灯中已收的和未收的，综合成一书，取名为《嘉泰普灯录》。书名中的"普"字，是针对《续灯录》在收录上的偏狭提出来的。虽然在正受之前，已有悟明的《联灯会要》问世，但也许是传本较少的缘故，正受本人并不知道它，也没有读过，因而在《上皇帝书》中对它只字未提。这就造成了他自认为《普灯录》是自《传灯录》以来的第四部灯录的感觉。说："夫以《传灯》二十年之后而有《广灯》，《广灯》七十九年之后而有《续灯》，《续灯》百有一年之后而有《普灯》。"(《上皇帝书》，第3页下)黄汝霖作的《行业》和陆游的后记也是如此。因此，《普灯录》与《联灯会要》之间并无学术上的继承关系，它们是继《续灯录》之后出现的两部并列的灯录。

《普灯录》所收，上始东土初祖菩提达磨，下至南岳第十七世和青原第十五世。由于南岳第一世至第九世、青原第一世至第九世，具载于《传》、《广》、《续》三灯之中，《普灯录》因而"不列章次"，即不设专章加以介绍，故实际编录的禅宗世次是：六代祖师、南岳第十世至第十七世、青原第十世至第十五世。有关二大法系世次的计算方法，与《传》、《广》二灯相同，而与《续》相异,即以南岳怀让的直传弟子(马祖道一)和青原行思的直传弟子(石头希迁)为各自法系的第一世。

另外,《普灯录》还第一次新编了属于南岳系的临济宗(包括黄龙、杨岐二派)、属于青原系的洞山(即"曹洞")宗和云门宗的传法世次,沩仰宗和法眼宗在北宋中叶已经衰亡,故作者未予编次。支宗和支派也是以创宗者和创派者的直传弟子为第一世的。其中三大支宗各立一人为正传宗师,如兴化存奖为临济第一世、云居道膺为洞山第一世、香林澄远为云门第一世。临济宗下的二派则并列数人,同为第一世,如黄龙祖心、东林常总、云盖守智、泐潭克文、泐潭洪英、圆通圆玑等并列临济宗黄龙派第一世,白云守端、保宁仁勇等并列为杨岐派第一世。

全书共分为示众机语、圣君贤臣、应化圣贤、广语、拈古、颂古、偈赞、杂著八门。其中《示众机语》编录的禅宗传承世次,是全书的主干部分。各门内容大致如下:

一、示众机语(卷一至卷二十一)。卷一,按全书总目开列的项目是:六代祖师;曹溪分派宗师(青原行思、南岳怀让,以及青原一世至六世、南岳一世至四世);三宗正传宗师(临济一世至五世、洞山一世至五世、云门一世至三世);联芳宗师(筠州洞山延禅师等);《传》、《广》二灯遗录及未详宗师(隆兴府凤栖同安第二代志禅师等二十一人)。由于其中有些项目仅见于目录,而未见于正文,故正文中实际见录的是:纪佛祖(综述性的一段文字);六代祖师;《传》、《广》二灯遗录及未详宗师。卷二至卷二十一,南岳第十世(临济六世)至第十七世(临济十三世)、青原第十世(包括云门四世、洞山六世)至第十五世(包括云门九世、洞山十一世)。按每一世先南岳、后青原的顺序逐世编次。如卷二为南岳第十世、青原第十世;卷三为南岳第十一世、青原第十一世;卷四为南岳第十二世;卷五为青原第十二世,等等。

其中，临济宗杨岐派法脉，载至属于南岳第十六世（临济十二世、杨岐五世）的"温州净居尼无相大师法灯"而止（见卷二十一）；黄龙派法脉，载至属于南岳第十七世（临济十三世、黄龙六世）的"潭州福严杰禅师"而止（见卷二十一）。因杰禅师无机语见录（只在卷目中列有他的名字而未见于正文），故就有机语见录者而言，至排在他之前的"建宁府三峰印禅师"而止（见卷二十一）；云门宗法脉，载至属于青原第十五世（云门九世）的"抚州灵岩圆日禅师"而止（见卷十七）；洞山宗（即曹洞宗）法脉，载至属于青原第十五世（洞山十一世）的"庆元府普照戒禅师"而止（见卷十七），因戒禅师无机语见录，故就有机语见录者而言，至排在他之前的"绍兴府超化藻禅师"而止（见卷十七）。

二、圣君贤臣（卷二十二、卷二十三）。圣君，收宋太宗、真宗、仁宗、徽宗、高宗、孝宗六人；贤臣，收丞相王随、殿院李琛、比部孙居士、节推朱炎、文公杨亿、清献公赵抃、通判赵善期、朝奉俞南仲等四十九人。

三、应化圣贤（卷二十四）。收千岁宝掌和尚、南安岩自严尊者、李通玄尊者、吕岩真人、张用成真人等十人。另附《拾遗》，收"未详法嗣"的福州东山三教云顶禅师、京洛和尚等二十人。

四、诸方广语（卷二十五）。收西蜀仁王钦禅师、泐潭真净文禅师等十三人的示众法语。

五、拈古（卷二十六）。收蒋山佛慧泉禅师、翠岩真禅师等四十五人对禅宗"公案"所作的评论。

六、颂古（卷二十七、卷二十八）。收法昌遇禅师、白云端禅师、大沩佛性泰禅师、径山大慧普觉杲禅师等六十九人所作的"颂古"类作品。

七、偈赞（卷二十九）。收金山达观颖禅师、黄龙普觉南禅师等四十六人所作的偈赞。

八、杂著（卷三十）。收吴山师子端禅师的《睡辞》、《放牛歌》、《易说》、龙门佛眼远禅师的《坐禅铭》、胜因戏鱼胜禅师的《拄杖歌》、荐福常庵崇禅师的《和陶潜归去来辞》、《司空山歌》、丞相张无尽（张商英）的《金刚经三十二分说》、《东林善法堂记》等二十九篇。

由于颂古、偈赞、杂著都是禅宗僧人的佛教著述和文学作品，故《普灯录》中保存的禅宗文述是相当多的，其中有不少还是首次载录的，具有重要的资料价值。

第七品　北宋契嵩《传法正宗记》九卷

附：北宋契嵩《传法正宗定祖图》一卷
　　北宋契嵩《传法正宗论》二卷

《传法正宗记》，简称《正宗记》，九卷。北宋嘉祐六年（1061），"藤州东山沙门"（此据各卷标题下的署称。若以作者当时的住寺而言，则应当称"杭州灵隐永安兰若沙门"）契嵩编修。载于《明南藏》"绮"函、《明北藏》"回"函、《清藏》"百"函、《频伽藏》"云"帙，收入《大正藏》第五十一卷。

契嵩（1007—1072），字仲灵，自号潜子，俗姓李，藤州镡津（今广西藤县）人。七岁出家，十三岁得度落发，十四岁受具足戒，十九岁下江湘、涉衡庐，游方求学。顶戴观音像，日诵其号十万声。得法于洞山晓聪禅师，为青原下第十世、云门宗僧人。后居杭州灵隐永安兰若（指山寺）著书。赐号"明教大师"。有《镡津文集》十九卷行世（见本书护法部）。事迹见载于《镡津明教大师行业记》（北宋陈舜俞撰，今刊于《镡津文集》之首）。北宋惟白《建中靖国续灯录》卷五、南宋普济《五灯会元》卷十五、明居顶《续传灯录》卷五有传,但都将他的卒年"熙宁五年六月四日"误刊为"熙宁四年六月四日"。

《正宗记》书首有嘉祐六年(1061)十二月契嵩的《上皇帝书》》;《知开封府王侍读(王素)所奏札子》;嘉祐七年(1062)三月十七日《中书札子许收入大藏》;同年四月五日《中书札子不许辞让师号》;治平元年(1064)四月十一日传法等所作的雕版后记(无标题);隆兴甲申(二年,公元1164年)十一月晋安林之奇所作的雕版后记。契嵩在《上皇帝书》中说:

> 臣尝谓能仁氏(指释迦)之垂教,必以禅为其宗,而佛为其祖。祖者,乃其教之大范;宗者,乃其教之大统。大统不明,则天下学佛者不得一其所诣;大范不正,则不得质其所证。夫古今三学(指戒、定、慧)辈,竞以其所学相胜者,盖宗不明、祖不正而为其患矣。然非其祖宗素不明不正也,特后世为书者之误传耳。……平生窃欲推一其宗祖,与天下学佛辈息诤释疑,使百世而知其学有所统也。山中尝力探大藏,或经或传,校验其所谓禅宗者,推其所谓佛祖者。其所见之书果谬,虽古书必斥之;其所见之书果详,虽古书必取之。又其所出佛祖年世事迹之差讹者,若《传灯录》之类,皆以众家传记与累代长历校之修之。编成其书,垂十万余言,命曰《传法正宗记》。其排布状画佛祖相承之像,则曰《传法正宗定祖图》。其推会祖宗之本末者,则曰《传法正宗论》。总十有二卷,又以吴缣绘画其所谓定祖图者一面。(《大正藏》第五十一卷,第715页上、中)

《正宗记》是《传灯》、《广灯》之后,《续灯》、《联灯》、《普灯》之前出现的又一部有影响的禅宗谱系类著作。但就体裁而言,它是传记体,而不是灯录体。根据作者的标署,全书所记,上始释迦牟尼,下至大鉴(慧能)第十二世。慧能本人为一世,青原行思、南岳怀让等直传弟子为二世,以此类推。由于书中对大鉴某世的记载,不仅叙列这一世的禅师,而且在这些禅师的名下,逐一叙列"其所出法嗣"即弟子,因此,如果将大鉴第十二世禅师的弟子也算作一世的话,实际所收应至大鉴第十三世。

卷一:始祖释迦如来表。记叙释迦牟尼的家世和生平。

卷二至卷六:禅宗三十三祖传。起自《天竺第一祖摩诃迦叶尊者传》,终于《震旦第三十三祖慧能尊者传》,凡三十三人。

卷七、卷八:正宗分家略传。叙列作为"传法正宗"的慧能法系的传承世次。起自大鉴(即慧能),终于大鉴第十二世云居山真如道齐禅师的弟子慧日智达,"凡一千三百有四人"(见传首的小序,第749页上)。

卷九:旁出略传和宗证略传。《旁出略传》,叙列禅宗旁出法系的传承世次,起自禅宗第二祖阿难的旁出法嗣末田底,终于第三十二祖弘忍的旁出法嗣第四世无相禅师的弟子益州神会(与荷泽神会为二人),"凡二百有五人"(见传首的小序,第763页下);《宗证略传》,记叙有言论或文字提及本书所说禅宗三十三祖传法世系的十个人的事迹。起自东汉月支国沙门竺大力,终于后晋时撰《旧唐书》的刘昫。

《正宗记》就其本身编定的禅宗传法世系而言,并无多大的特点。这是因为:

一、全书九卷之中有五卷是记叙禅宗三十三祖事迹的,而这些事迹又是以《宝林传》、《传灯录》为基础,参考他书,稍事修改而成的,并无多大的创新。

二、《正宗分家略传》二卷和《旁出略传》半卷,取材于《传灯录》、《广灯录》和《宋高僧传》三书。作者说:"其事之本末已详于《传灯》、《广灯》二录、《宋高僧传》,吾不复列于此,而书者,盖次其所出之世系耳。"（卷七，第749页上）这样，书中除青原行思、南岳怀让、南阳慧忠、荷泽神会、马祖道一、百丈怀海、临济义玄（以上卷七）、云门文偃、清凉文益（以上卷八）、第二十四祖师子的旁出法嗣第二世达摩达（卷九）等九人略有事迹见录以外，其余的一千五百人均只有人名编在世次中，而无任何言语行迹的记载。如：

> 大鉴之十二世，曰云居山真如道齐禅师。其所出法嗣九人：一曰云居契瑰者，一曰杭州灵隐文胜者，一曰台州瑞岩义海者，一曰大梅居煦者，一曰大梅保福居素者，一曰荆门清溪清禅师者，一曰云门居曜者，一曰云居慧震者，一曰庐山慧日智达者。（卷八，第763页中、下）

三、《传灯录》和《广灯录》对慧能以下的禅宗世系，均是按南岳和青原两大系分列的，清楚明白。而本书则将两大系人物合编在一起，不加标识，其中大鉴第十一世和第十二世所列的又全是青原系下法眼宗的僧人（其世次相当于《五灯会元》卷十说的"青原下九世"和"青原下十世"），没有南岳系的人物，也没有青原系中属于曹洞宗和云门宗的人物，局限性很大。

《正宗记》中真正体现作者独立见解的，倒是一些传末的"评曰"，即作者对为何要这般记述的解释，以及对与之有关的人和事的评论。这些"评曰"一共有十五条，分别见于《始祖释迦如来表》（卷一）、《天竺第四祖优波毱多尊者传》、《第十一祖富那夜奢尊者传》（以上卷二）、《第十三祖迦毗摩罗大士传》、《第十四祖龙树大士传》、《第二十祖阇夜多大士传》（以上卷三）、《第二十四祖师子尊者传》、《第二十五祖婆舍斯多尊者传》（以上卷四）、《第二十七祖般若多罗尊者传》、《第二十八祖菩提达磨尊者传》（以上卷五）、《震旦第二十九祖慧可尊者传》、《第三十祖僧璨尊者传》、《第三十三祖慧能尊者传》（以上卷六）、

《正宗分家略传》(卷八)、《旁出略传》中的师子二世达磨达尊者传之末(卷九)。

如禅宗的大多数史书,都是以灵山法会上释迦牟尼"拈花示众",大弟子摩诃迦叶(又称"大迦叶")"破颜微笑",作为禅宗"教外别传"之始的。《传灯录》为了把禅宗的历史追溯得更远,还在释迦牟尼之前增列毗婆尸佛等六佛,连释迦牟尼在内,组成了"七佛"。契嵩对此颇有异议,说:

> 然正宗者,盖圣人之密相传受,不可得必知其处与其时也。以经酌之,则《法华》先,而《涅槃》后也。方说《法华》而大迦叶预焉,及涅槃而不在其会。吾谓:传法之时,其在二经之间耳。或谓如来灵山会中拈花示之,而迦叶微笑,即是而付法。又曰:如来以法付大迦叶于多子塔前。而世皆以是为传受之实,然此未始见其所出,吾虽稍取,亦不敢果以为审也。曰:他书之端,必列七佛,而此无之,岂七佛之偈非旧译乎?曰:不然。夫正宗者,必以亲相师承为其效也,故此断自释迦如来已降,吾所以不复列之耳。(卷一《始祖释迦如来表》,第718页中、下)

又如唐代义学沙门神清在《北山录》卷六《讥异说》中,曾以相传为北魏吉迦夜与昙曜共译的《付法藏因缘传》六卷为依据,对禅宗西天二十八祖的传法说提出质难。大意是说,"《付法传》止有二十四人,其师子后舍那婆斯等四人,并余家之曲说也","其传法贤圣,间以声闻,如迦叶等虽则回心,尚是小智,岂能传佛心印乎?"(见《大正藏》第五十二卷,第611页中)也就是说,《付法藏因缘传》上只有禅宗所说的西天二十八祖中的前二十四祖的名字,而没有第二十五祖舍那婆斯、第二十六祖不如蜜多、第二十七祖般若多罗和第二十八祖菩提达磨四人的名字,而且摩诃迦叶等是小乘人,不是大乘人,怎能"传佛心印"呢?此外，还引用《付法藏因缘传》中商那和修对优婆毱多说的一段话，来说明"传佛心印"之说不能成立：

> 佛之三昧，辟支不知；辟支三昧，声闻不知；诸大声闻三昧，余声闻不知；阿难三昧，我今不知；我今三昧，汝亦不知。如是三昧皆随我灭。又有七万七千本生经、一万阿毗昙、八万清净毗尼，亦随我灭。(《正宗记》卷二转引，第725页上)

对于神清的这些批评，禅宗在很长时期内保持沉默，未予反驳。而契嵩则在卷二《天竺第十一祖富那夜奢尊者传》的"评曰"中作了长段的批驳，并对《付法藏因缘传》表示怀疑：

> 所谓"七万七千本生经、一万阿毗昙、八万清净毗尼，亦随我灭"者，此余未始见于他书，独《付法藏传》云尔，尚或疑之。(第725页中)

在卷九《宗证略传·犍那传》又补充说：

> 后魏之世，佛法毁废。当时沙门有曰昙曜者，于仓卒间，单录诸祖名目，不暇全写，怀之亡于山泽。及魏之文成（帝）复教，前后历三十载，至孝文帝之世，昙曜乃进为僧统。寻出其事，授众沙门，修之目为《付法藏传》。其差误亡逸，始自昙曜之所致也。(第768页中、下)

再如卷八《正宗分家略传》之末，对当时禅宗五宗的势态作了如下的记载：

> 云门、临济、法眼三家之徒，于今尤盛；沩仰已熄；而曹洞者仅存，绵绵然犹大旱之引孤泉。然其盛衰者，岂法有强弱也，盖后世相承，得人与不得人耳。(第763页下)

此外，从契嵩的"评曰"中也可以看出，《正宗记》虽然取材于

《宝林传》和《传灯录》，但对前二书的有些记载并不采用。如作者在卷三《天竺第十三祖迦毗摩罗大士传》之末的"评曰"中说：

> 《宝林》、《传灯》二书，皆书天竺诸祖入灭之时，以合华夏周秦之岁甲。然周自宣王已前未始有年，又支（指支那）竺（指天竺）相远数万里，其人化灭或有更千余岁者，其事渺茫隔越。吾恐以重译比校，未易得其实，辄略其年数甲子，且从而存其帝代耳。唯释迦文佛、菩提达磨，至乎中国六世之祖，其入灭年甲稍可推校，乃备书也。（第726页下）

卷六《天竺第二十八祖菩提达磨尊者传》之末的"评曰"说：

> 《传》（指《宝林传》）谓达磨六被毒药，乃菩提流支之所致，然乎？曰：此盖为《宝林传》者未之思也。（第744页上）

契嵩对上述二书的纠谬是有道理的。但有些"评曰"以感情代替事实，于理未足。如作者对《续高僧传》"以壁观四行，为达磨之道"（见第743页下）"谓可（慧可）遭贼断臂"（见第743页下）提出批评，而反驳的证据之一竟是伪托法琳撰的慧可碑。

北宋契嵩《传法正宗定祖图》一卷

《传法正宗定祖图》，简称《定祖图》，一卷。原书由用吴缣（苏州一带出产的白色细绢）绘制的"祖师传法授衣之图"一幅（见契嵩《上皇帝书》和《传法正宗定祖图序》），和契嵩为图配写的解说两部分组成。于嘉祐六年（1061）撰成以后，随《正宗记》一起进呈宋仁宗。今本《定祖图》只有解说文字而无图画。收入《大正藏》第五十一卷。

《定祖图》书首有契嵩《序》。说：

> 原夫菩提达磨，实佛氏一教之二十八祖也。与乎大迦

叶,乃释迦文如来(即释迦牟尼)直下之相承者也。传之中国,年世积远,谱谍差谬,而学者寡识,不能推详其本,真遂不谅,纷然异论,古今颇尔。契嵩平生以此为大患。……然其始乱吾宗祖,荧惑天下学者,莫若乎《付法藏传》;正其宗祖,断万世之诤者,莫若乎《禅经》。《禅经》乃先乎《付法传》六十二载,始终备二十八祖,已见于晋之世矣。《付法传》乃真君(指北魏太武帝)废教之后缺然,但谓二十四世方见乎魏之时耳。适以《禅经》验,而《付法传》果其谬也。……其图所列,自释迦文佛、大迦叶,至乎曹溪第六祖大鉴(慧能)禅师,凡三十四位。又以儒释之贤,其言吾宗祖素有证据者十位,列于诸祖之左。(《大正藏》第五十一卷,第768页下—第769页上)

《定祖图》所列凡四十四人。他们是:始祖释迦牟尼佛;禅宗三十三祖;以及附出的竺大力、佛驮(一作"陀")跋陀罗、昙摩迦罗、僧祐、支彊梁接、那连耶舍、波(又作"婆")罗芬多、犍那、裴休、刘昫。上述人物均见于《正宗记》,其中附出的十个人就是《正宗记》卷九《宗证略传》中记载的十个人。只是排在竺大力之后,犍那之前的六个人的先后顺序稍有变动罢了。

由于《定祖图》是为图画配写的解说,因此,对人物事迹的介绍较《正宗记》为短,字数一般在一二百字左右,而且介绍的重点是传法事迹。以下三人便是其中的重要人物:

> 佛驮跋陀(或有"罗"),天竺人也。本姓释迦氏,甘露饭王之后也。初会秦僧智严于罽宾国,乃恳请跋陀偕来诸夏,传授禅法。初至长安,其后乃之庐山。遂出其《禅经》与远公(慧远)同译。译成,远公为之序。尝谓远公曰:西土传法祖师,自大迦叶直下相承,凡有二十七人,其二十六祖近世灭度,名不如蜜多者。所出其继世弟子曰不若多罗

者,方在南天竺国行其教化(达磨未继世作祖,故未称之——原注),故其《禅经》曰:佛灭度后,尊者大迦叶、尊者阿难(云云——原注),乃至不如蜜多罗,诸持法人,以此慧灯次第相传。(第772页中)

僧祐者,本齐人。归梁,以持律知名。尝著《出三藏记》,其《萨婆多部相承目录》曰:娑罗多罗(二十五祖——原注)、弗若蜜多(二十六祖——原注)、不若多罗(二十七祖——原注)、达磨多罗(二十八祖——原注)。祐寻终于梁也。(第772页下)

裴休,字公美,自唐会昌中以兵部侍郎、御史大夫同平章事,号为名相。撰《圭峰密(宗密)师传法碑》曰:释迦如来最后以法眼付大迦叶,令祖祖相传,别行于世。……自大迦叶至达磨,凡二十八世。达磨传可(慧可),可传璨(僧璨),璨传信(道信),信传忍(弘忍),忍传能(慧能),为六祖。(第773页中)

在《定祖图》中,契嵩褒扬《禅经》,贬黜《付法藏因缘传》的情绪较《正宗记》更为激烈,甚至愤慨地说:"其谬书可焚也。"(第772页下)因为《付法藏因缘传》只列二十四祖之名,它已成了神清等义学沙门抨击禅宗西天二十八祖之说的理论依据。

北宋契嵩《传法正宗论》二卷

《传法正宗论》,简称《正宗论》,二卷。据契嵩在卷上"第二篇"题下"此篇并后卷二篇是续作"的小注,以及第二篇正文开头"余昔引《三藏记》(指《出三藏记集》)所载四祖师者,以质《付法藏传》之谬,遂为书(指《正宗记》),迄今七年矣"语,本书最初只有今本卷上的第一篇,隔七年以后,才续作卷上的第二篇和卷下的第三、四篇,分成二卷。嘉祐六年(1061)随《正宗记》、《定祖图》一并进上。收入《大正藏》第五十一卷。

《正宗论》无序跋。全书共分为四篇,以梁僧祐撰的《出三藏记集·萨婆多部相承传目录》、东晋佛驮(一作"陀")跋陀罗译的《达摩多罗禅经》(又称《不净观经》、《修行道地经》、《修行方便禅经》,简称《禅经》)、慧远撰的《庐山出修行方便禅经统序》和慧观撰的《修行地不净观经序》为主要典据,以《付法藏因缘传》为主要批斥对象,进一步补充和阐发了《正宗记》中关于禅宗西天二十八祖传法世系的论点[案:日本编的《大藏经索引·收录典籍解题》说,《正宗论》"以《付法藏因缘传》、《出三藏记集》、《达磨多罗禅经》之说为是,而阐明释尊至达磨之二十八祖相承之正当性"。这里将作者的破斥对象《付法藏因缘传》当作是作者的立论根据,完全误解了原文的意思],它是《正宗记》的姐妹篇。

第一篇(卷上)。以《出三藏记集·萨婆多部相承传目录》的说法为依据,抨击《付法藏因缘传》"其传师子比丘,谓罽宾国王邪见,因以利剑斩之,头中无血,唯乳流出,相付法人于此便绝"的观点。说:

(《萨婆多部相承传目录》)有曰婆罗多罗者,与乎(禅宗)二十五祖婆舍斯多之别名同也(其义见于本传——原注);有曰弗若蜜多者,与乎二十六祖不如蜜多同其名也;有曰不若多罗者,与乎二十七祖般若多罗同其名也;有曰达磨多罗者,与乎二十八祖菩提达磨法俗合名同也(其义见于本传——原注)。其他祖同者,若曰掬多堀,或上字同而下异,或下字异而上同(此句当是"或下字同而上异"之误);或本名反而别名合者,如商那和修,曰舍那婆斯之类是也。此盖前后所译梵僧,其方言各异而然也。(《大正

藏》第五十一卷,第774页中)

第二篇(卷上)。以《达摩多罗禅经》和慧远、慧观的序为依据,继续抨击《付法藏因缘传》中关于师子比丘被杀后,佛法绝传的观点。说:

《禅经》所称尊者大迦叶者,此吾正宗之第一祖者也;其曰乃至尊者不若蜜多者,此吾正宗之第二十七祖者也;与其弟子说经之者达磨多罗者,乃吾宗之第二十八祖者也。与《宝林》、《传灯》众说所谓二十八祖者相与较,其名数未曾差也。《禅经》不以其次第,而一一称乎诸祖之名者,必当时欲专说法,略之而然也。(第776页上、中)

若慧观所谓富若蜜多者,亦吾正宗之二十六祖也;所谓富若罗者,亦吾正宗之二十七祖也;所谓昙摩多罗菩萨者,亦吾宗之二十八祖也;所谓佛陀斯那者,即菩提达磨同禀之佛大先者也。(第776页中)

第三篇(卷下)。以客主问答的方式,解释了禅宗讲"以心传心",而作者为何要取证于讲"三十七品、四念处"等小乘行相的《禅经》的原因。

第四篇(卷下)。以客主问答的方式,解释了既然经教(经典上的教说)上已明示佛法,为何还要讲"教外别传"的禅法的原因。提出,"所谓教外别传者,非果别于佛教也,正其教迹所不到者也"(第782页上)。

由于契嵩说的《禅经》等书上说的某某,就是禅宗所说的某某祖,如说"达磨多罗"就是二十八祖"菩提达磨"等,从词源学的观点来看,并不是同一个梵文单词,因而唐神清不承认他们是同一个人,是有一定道理的。由此看来,契嵩在《正宗记》、《定祖图》、《正宗论》中的说法不无牵强附会之处。

第八品　南宋普济《五灯会元》二十卷

附：明如卺《禅宗正脉》十卷

明净柱《五灯会元续略》四卷

《五灯会元》，二十卷。南宋淳祐十二年（1252），灵隐寺沙门普济编集。载于《清藏》"城"至"钜"函（作"六十卷"），收入《续藏经》第一三七册（载元代重刊本二序和《五灯会元目录》二卷）和第一三八册（载《五灯会元》正文）。

普济（1179—1253），字大川，明州奉化（今属浙江）人。南岳下第十八世、临济宗杨岐派僧人，径山如琰的弟子。曾题《世尊出山相偈》："龙章凤质出王宫，肘露衣穿下雪峰。智愿必空诸有界，不知诸有几时空。"事见明居顶《续传灯录》卷三十五。另有机语见录于南宋圆悟《枯崖漫录》卷中。

《五灯会元》有南宋宝祐元年（1253）的初刻本和元至正二十四年（1364）的重刻本两种本子。初刻本书首有淳祐壬子（十二年）冬普济书于直指堂的《题词》，和宝祐改元（即宝祐元年）清明日通庵王楙作的《序》；书末有宝祐元年正月旦日沈净明作的《跋》（中华书局1984年出版的《五灯会元》校点本将它移至书首）。据王序、沈跋所说，《五灯会元》是沈净明居士请杭州灵隐禅寺的僧人编集的，其中包括该寺首座慧明。稿成之后，又由沈净明捐财锓梓。重刻本书首有博山无异僧大曦（即曹洞宗僧人元来，"曦"当作"叙"）作的《重刊五灯会元叙》，和元至正二十四年夏四月杭州天历万寿永祚禅寺僧人廷俊作的《重刊五灯会元序》。据廷俊所说，这是径山晦机元熙禅师的弟子业海清公（即子清，事迹见明文琇《增集续传灯录》卷四）八十岁时，集资重刻的。《续藏经》刊用的就是这个重刻本。

文史藏　宗系部

廷俊在《重刊五灯会元序》中说：

宋景德间，吴僧道原作《传灯录》，真宗诏翰林学士扬亿裁正而叙之；天圣中，驸马都尉李遵勖为《广灯录》，仁宗御制叙（序）；建中靖国元年，佛国白（惟白）禅师成《续灯录》，徽宗作序；淳熙十年，净慈晦翁明（悟明）禅师作《联灯会要》，淡斋李泳序之；嘉泰中，雷庵受（正受）禅师作《普灯录》，陆游叙。斯五灯之所由始，与藏典并传。宋季灵隐大川禅师济公（普济）以五灯为书浩博，学者罕能通究，乃集学徒作《五灯会元》，以惠后学，恩至渥也。国朝至元间，于越云壑瑞禅师作《心灯录》，最为详尽。特援丘玄素所制塔铭，以龙潭信公（崇信）出马祖（道一）下，致或人沮抑，不大传于世，识者惜焉。（《续藏经》第一三七册，第911页上、下）

由此可见，《五灯会元》乃是禅宗北宋"三灯"（道原《景德传灯录》、李遵勖《天圣广灯录》、惟白《建中靖国续灯录》）和南宋"二灯"（悟明《联灯会要》、正受《嘉泰普灯录》）的萃编。由于"五灯"的每一部都有三十卷，合计一百五十卷，卷帙浩繁；所载世次、人物和机语层见叠出，重合之处甚多；对慧能门下南岳、青原二大系世次的计算，以及编录程序不尽一致。故一般学人望而生畏，罕能通究。为方便阅览，普济召集了包括灵隐寺首座慧明在内的一批僧人，以"五灯"为基本素材，删并整理，新编了《五灯会元》一书。

鉴于《传灯》、《广灯》、《续灯》、《联灯》四书对慧能以下禅宗的传授世次，只按南岳、青原二大系编列，而对二大系下形成的五家七宗（也可称"五宗二派"，即沩仰、临济、曹洞、云门、法眼五宗和临济宗下的黄龙、杨岐二派）不再标注，致使这些支宗支派的源流本末隐没不显；《普灯》虽然首次对临济、洞山（即

"曹洞")、云门三宗和黄龙、杨岐二派的传授世次作了标注,但仍然没有能够为它们单独立卷,南岳、青原二系以及它们的支宗时常被混编在同一卷中,眉目不清。因此,《五灯会元》第一次采用按五家七宗分卷编录的方式编次。全书所收,上始七佛,下至青原下十六世和南岳下十七世。其中,"青原下"和"南岳下"的"下"字,突出地表明了它和《传灯》、《广灯》、《普灯》一样,是以青原和南岳的"法嗣",即弟子作为各自法系的第一世的。

卷一:七佛(始"毗婆尸佛",终"释迦牟尼佛");西天祖师(始"一祖摩诃迦叶尊者",终"二十七祖般若多罗尊者"。宝祐初刻本目录中还列有"二十八祖菩提达磨",下注"章次列于东土祖师"。至正重刻本无);东土祖师(始"初祖菩提达磨大师",终"六祖慧能大师")。

卷二:四祖大医禅师(道信)旁出法嗣第一世(牛头山法融)至八世(天台山云居智禅师、鸟窠道林);五祖大满禅师(弘忍)旁出法嗣第一世(北宗神秀等)至第四世(保唐无住);六祖大鉴禅师(慧能)旁出法嗣第一世(西域崛多三藏等)至第五世(圭峰宗密);附"西天东土应化圣贤"(文殊菩萨、千岁宝掌和尚等)。

卷三、卷四:六祖大鉴禅师法嗣南岳怀让禅师;南岳让禅师法嗣第一世(马祖道一)至第五世(刺史陈操、长庆道巘)。

卷五、卷六:六祖大鉴禅师法嗣青原行思禅师;青原思禅师法嗣第一世(石头希迁)至七世(澧山药山、青峰清勉等);附"宋世玉音"(太宗、徽宗、孝宗)和"未详法嗣"(实性大师等)。

卷七、卷八:青原下二世(天皇道悟)至九世(眉州黄龙、隆寿法骞等)。

卷九:沩仰宗。南岳下三世(沩山灵祐)至八世(三角志谦、兴阳词铎)。

卷十:法眼宗。青原下八世(清凉文益)至十二世(灵隐延珊、荐福归则、翠岩嗣元）。

卷十一、卷十二：临济宗。南岳下四世（临济义玄）至十五世（瑞岩如胜、冶父道川）。

卷十三、卷十四：曹洞宗。青原下四世（洞山良价）至十五世（雪窦智鉴、超化藻禅师、广福道勤）。

卷十五、卷十六：云门宗。青原下六世（云门文偃）至十六世（光孝深禅师）。

卷十七、卷十八：临济宗黄龙派。南岳下十一世（黄龙慧南）至十七世（龙鸣贤禅师、大沩鉴禅师）。

卷十九、卷二十：临济宗杨岐派。南岳下十一世（杨岐方会）至十七世（法石慧宝、德山子涓等）。

《五灯会元》作为两宋时期有名的五部灯录编载的禅宗世次源流和主要人物的荟萃，内容极其丰富。大凡南宋嘉泰四年（1204）以前禅门人物为启发学人的禅机，而作的正说、反说、庄说、谐说、横说、竖说、显说、密说，以及瞬目扬眉、擎拳举指、竖拂拈槌、掀床作拜、持叉张弓、辊球舞笏、拽石搬土、打鼓吹毛、吁笑棒喝等举止行为，大多见录其中。可谓"公案"之渊薮，禅学之大成。

如见于卷二的鸟窠（道林）吹毛、玄觉一宿、南阳（慧忠）无缝塔；见于卷三的南岳（怀让）磨砖、百丈（怀海）竖拂、南泉（普愿）斩猫、归宗（智常）斩蛇、盘山（宝积）肉案、石巩（慧藏）张弓；见于卷四的赵州（从谂）柏树子、秘魔（岩和尚）擎叉、祇林木剑、道吾起拜、俱胝一指；见于卷五的丹霞（天然）烧木佛、夹山（善会）挥剑；见于卷六的禾山（无殷）打鼓；见于卷七的龙潭（崇信）灭烛、德山（宣鉴）行棒、雪峰（义存）辊球；见于卷九的灵祐踢瓶、香严（智闲）击竹、芭蕉（慧清）拄杖、资福（贞邃）刹竿；见于卷十的法眼（文益）香匙；见于卷十一的临济（义玄）一喝、灌溪(志闲)劈箭；见于卷十五的云门木马嘶、洞山(守初)麻三斤；见于卷十七的黄龙(慧南)三关、兜率(从悦)三语，等等。禅宗各师的家风从中得到了生动具体的反映。以下便是南岳怀让、关南道吾、丹霞天然、德山宣鉴章中流传较广的四段记载：

开元中，有沙门道一(即马祖也。——原注)在衡岳山常习坐禅。师(指南岳怀让)知是法器，往问曰：大德坐禅图甚么？一(道一)曰：图作佛。师乃取一砖，于彼庵前石上磨。一曰：磨作甚么？师曰：磨作镜。一曰：磨砖岂得成镜邪？师曰：磨砖既不成镜，坐禅岂得作佛？(卷三南岳怀让禅师，《续藏经》第一三八册，第84页上、下)

襄州关南道吾和尚，始经村墅，闻巫者乐神云"识神无"，忽然省悟。后参常(道常)禅师，印其所解。复游德山(宣鉴)之门，法味弥著。住后，凡上堂，戴莲华笠，披襕执简，击鼓吹笛，口称鲁三郎神：识神不识神，神从空里来，却往空里去。便下座。有时曰：打动关南鼓，唱起德山歌。僧问：如何是祖师西来意？师从简揖曰：喏。有时执木剑，横肩山作舞。僧问：手中剑甚么处得来？师掷于地。僧却置师手中，师曰：甚处得来？僧无对。(卷四关南道吾和尚章，第158页上)

唐元和中，(丹霞天然)至洛京龙门香山，与伏牛和尚为友。后于慧林寺遇天大寒，取木佛烧火。向院主诃(呵)曰：何得烧我木佛？师(天然)以杖子拨灰曰：吾烧取舍利。主曰：木佛何有舍利？师曰：既无舍利，更取两尊烧。(卷五丹霞天然章，第166页下—第167页上)

师(黄龙慧南)室中常问僧曰：人人尽有生缘，上座生缘在何处？正当问答交锋，却复伸手曰：我手何似佛手？又问诸方参请宗师所得，却复垂脚曰：我脚何似驴脚？三十余

年,示此三问,学者莫有契其旨。脱有酬者,师未尝可否。丛林目之为"黄龙三关"。(卷十七黄龙慧南章,第652页上)

总的说来,《五灯会元》出于"五灯"而胜于"五灯"。因为它综括了"五灯"的主要内容,而且在分卷编次方面作了重大的改进,条理明晰,叙录简要,甚易读览。因此,自问世以来广泛流传,深受禅学界的欢迎。民间收藏的《五灯会元》远远多于"五灯"。明代马嘉植甚至将普济集《五灯会元》,与司马迁编《史记》、班固编《汉书》相提并论,认为"大川和尚集《五灯会元》,厥功亦不下班、马"(《五灯会元续略序》)。

但从资料的含量而论,《会元》又不能取代"五灯"。因为有些人物和机语,"五灯"中有,而《会元》中无。如《传灯》卷二十四收德山缘密法嗣二人,全有机语。《广灯》卷二十一新增十四人,由于其中"巴陵乾明普禅师"与"岳州乾明普禅师"实为一人,故实际新增的是十三人,也全有机语。这就是说,德山缘密的弟子有十五人。而《会元》卷十五只选录了其中的十一人,将《广灯》收载的鼎州德山柔禅师、鼎州文殊山宽禅师、郴州乾明自兴禅师、渝州进云山禅师四人及他们的机语删去了。而且在它收录的十一人中,黑水承璟禅师还是"不列章次"的,即只有名字而无专章的,原有的机语也给删掉了。再如"五灯"中,除《广灯》以外,《传灯》、《续灯》、《联灯》、《普灯》都在书的末了几卷,收载了一大批禅宗的拈古、颂古、偈赞、诗铭箴歌和其他杂者。而这些宝贵的资料,在《会元》中也不复存在。因此,对从事禅学研究的人来说,"五灯"和《五灯会元》不可偏废。

本书的校点本有:苏渊雷点校《五灯会元》(中华书局1984年10月版)。

明如卺《禅宗正脉》十卷

《禅宗正脉》，十卷。明弘治己酉（二年，公元1489年），嘉禾沙门如卺编。载于《明北藏》"劝""赏"函（《明南藏》缺）、《频伽藏》"腾"帙，收入《续藏经》第一四六册。

如卺（1425—？），号密庵，嘉禾（治所在今浙江嘉兴）人，俗姓姜。少依真如衡宗继法师出家，后参空谷景隆禅师，悟教外别传之旨，为南岳下第二十五世、临济宗僧人。景隆卒后，专事净土法门。著作尚有《缁门警训》十卷（见本书纂集部）。明明河《补续高僧传》卷二十五有传。

《禅宗正脉》书首有明弘治三年（1490）礼部尚书邹幹《禅宗正脉序》；万历乙巳（三十三年，公元1605年）闽郡徐𤊹（字兴公）《禅宗正脉叙》；弘治己酉（二年，公元1489年）冬十一月如卺《禅宗正脉引》；如卺《叙古启明读禅宗正脉法》（下分达磨西来、非无知解、有事商量、深究洪规、得个入头、渐有开廓、法在汝边、迟速不同、常习坐禅、不明大理、工夫之说、问处求证、简集之意、去繁就简、体会机缘、随宜参用、古今例同，凡十七小节）。

如卺在《禅宗正脉引》中说：

> 景泰庚午，卺参学空谷（景隆）禅师于修吉山。山在杭西湖上。先是师积稔缘化吾郡，夜话山房，获亲炉鞴。一日，问师：如何是露柱？师良久曰：此是说不得底，自会去。厥后成化庚寅，师还化（指去世），其年卺四十六，亦病革再苏。自惟失怙间，始专心净土，劝人念佛，数以米一粒一声，积二百斛，供众三年，印图若干万相。涉十有五年，迄今未既也。顷在杭时，尝阅《五灯会元》，弗果终帙。今偶获展读，谓是空谷先师亲加点句者。何幸遇之，感悟交至。第以

此书机缘峻险,篇帙浩繁。……为此发心,抄录简集,以便观览。或者谓余手风绝笔已四十年,龙钟耄老,不堪笔砚。余皆不应。丙午仲冬一之日,始昼则抄录,夜则检阅。(《续藏经》第一四六册,第3页上、下)

如卺在《叙古启明读禅宗正脉法》中,对《禅宗正脉》的由来,以及它与《五灯会元》的关系,作了进一步的说明。他说:

卺以《五灯会元》浩繁难读,多有机缘峻险,壁立万仞,上根吐舌,中下罔措,用是唯取显明简直者,使人易晓。去取无定,简集成编。(第5页下)

是集一依《五灯会元》,并不敢有所更改也。间有生缘、神异、参谒、问话,繁者不敢备录,然亦有束而简之之处。(同上)

从作者的这些言辞可以获悉,《禅宗正脉》实际上是《五灯会元》的节抄本,它们之间的关系犹如北宋王随《传灯玉英集》与道原《景德传灯录》之间的关系。作者从明宪宗成化丙午(二十二年,公元1486年)仲冬开始摘抄,由于年老手颤,进度缓慢,至明孝宗弘治二年(1489)冬天才完成,前后历时三年。

卷一:始释迦牟尼佛,终圭峰宗密,为《会元》卷一、卷二(所附"西天东土应化圣贤"除外)的节抄。

卷二:始南岳怀让,终长庆道巘,为《会元》卷三、卷四的节抄。

卷三:分两部分。前部分,始文殊菩萨,终天台智颉,为《会元》卷二之末所附"西天东土应化圣贤"的节抄;后部分,始青原行思,终妇人,为《会元》卷五、卷六的节抄。

卷四:始天皇道悟,终隆寿法骞,为《会元》卷七、卷八的节抄。

卷五:始沩山灵祐,终灵隐延珊,为《会元》卷九、卷十的节抄。

卷六:始临济义玄,终冶父道川,为《会元》卷十一、卷十二的节抄。

卷七:始洞山良价,终雪窦智鉴,为《会元》卷十三、卷十四的节抄。

卷八:始云门文偃,终光孝深,为《会元》卷十五、卷十六的节抄。

卷九:始黄龙慧南,终大沩鉴,为《会元》卷十七、卷十八的节抄。

卷十:始杨岐方会,终德山子涓,为《会元》卷十九、卷二十的节抄。

《禅宗正脉》既为《五灯会元》的节抄,因而无论是人物的数量,还是机语的数量,都要大大低于前书。以人物为例,法眼宗"青原下十一世",《五灯会元》卷十收十八人,而《禅宗正脉》卷五只收瑞岩义海、灵隐玄本、尧峰颙暹、圣寿志升、兴教惟一、西余体柔、定山惟素、净土惟正八人,其余的十人均被删去了。法眼宗"青原下十二世",《五灯会元》收三人,而《禅宗正脉》只收灵隐延珊一人,删荐福归则、翠岩嗣元二人。

另外,《禅宗正脉》是将世次和法嗣标在卷文上方的空白处的,而不是作为二级标题,排在卷文收录的人物的前面的。在载录的机语中,又用"颂"字,旁加竖线,表示此下的机语也见载于南宋法应、元普会的《禅宗颂古联珠通集》中;用"评"字,旁加竖线,表示此下的文字,为圆悟克勤的评唱;用"增收"二字,旁加竖线,表示以上的文字,系根据《禅宗颂古联珠通集》增收,为《五灯会元》所无。这些表示法,均为作者新立。

明净柱《五灯会元续略》四卷

《五灯会元续略》，四卷，因每卷各分上、下，故又作八卷（即"卷一上"，又称"卷一"；"卷一下"，又称"卷二"；"卷二上"，又称"卷三"；"卷二下"，又称"卷四"。以此类推）。明崇祯十七年（1644），支提山沙门净柱辑。收入《续藏经》第一三八册。

净柱（1601—1654），龙溪（今福建龙海县）人，俗姓陈。青原下三十七世、曹洞宗僧人，石雨明方禅师（事见《五灯会元续略》卷一下）的弟子。清超永《五灯全书》卷一百九有传，说：净柱"性不喜俗，耽心内典。礼碧岩赋剃发（出家），樵云常处受具（具足戒）"，"初谒圆通盛，深蒙激励。次参午星焖有省。复谒宝寿（明方），方深得要旨。出住龙唐"（《续藏经》第一四二册，第116页下）。

《五灯会元续略》书首有南明弘光元年（1645）吏科左给事中马嘉植《五灯会元续略序》；崇祯十七年（1644）佛成道日净柱《叙》；戊子（南明永历二年，公元1648年）仲春远门道人（净柱）《凡例》；《五灯会元续略目录》。

净柱在《叙》中说：

> 绍定间，大川济公（普济）承浙翁（如琰）之传，主握宗印。集诸学侣，撮为《会元》，可谓始终条理，一以贯之。宋季迄元代，有宗匠说法如云，指不胜屈。入我明圣祖神宗，道化翔流，普天皈命。……柱（净柱）生也晚，适丁末造，目击先觉遗言，仅存洞（曹洞）、济（临济）二宗，散行宇内，未经收聚。神庙间，紫柏大师（真可）每念斯举，终未获遂。即迩来明眼宗师，征修有年，未见刊出。柱（净柱）何人斯，而敢与夫述者之列，第恐世愈久而名愈湮，名愈湮而脉愈紊，授受不明，旁正不分，闲之不可不取诸豫也。故缵大川

老人之绪,略续四册,梓以问世。(《续藏经》第一三八册,第833页下—第834页上)

从《凡例》中可以获悉,《五灯会元续略》是在"罗辑多年"以后,才"载笔从事"的。从崇祯壬午(十五年,公元1642年)开始写作,至甲申(十七年,公元1644年)冬季已经"灿然成编"。"会四方多故(指明末大乱),藏之石室,未敢通行。"(第834页上)又经四年,净柱的老师石雨明方示寂,净柱感到不能再把书稿藏下去了,于是将明方在临终前的一些话补入本章,并补写了《凡例》,作为定稿,予以刊行。

由于沩仰、法眼二宗已在北宋初叶和中叶先后绝传,它们的传承世次和人物机语俱载于《五灯会元》,自此之后,净柱也没有搜集到新的资料可作补遗;而"云门宗自宋迄元,代不乏人,如圆通、善王、山济,俱明眼宗哲,法席甚盛,但嗣法莫可考"(《凡例》,第835页上)。也就是说,云门宗虽然在元代仍有传人,但他们的传承世次已无法详考。这样,禅宗五宗中可续的只剩下曹洞、临济二宗。鉴于《五灯会元》编录的曹洞宗法系终于该书卷十四,而临济宗法系终于卷二十,根据"先尽者宜先续,后竟者宜后书"的指导思想,《五灯会元续略》编录的次第是先曹洞、后临济。

卷一上和卷一下:曹洞宗。始青原下十五世,终青原下三十六世。其中"青原下十五世"是与《五灯会元》卷十四重合的世次,《续略》于这一世次收净慈晖禅师法嗣华藏慧祚一人,作为《会元》的补遗。自青原下十六世以下各世,均为《续略》新续。主要收有:天童如净、鹿门觉、青州一辨、大明宝、王山体、雪岩满、报恩行秀、少室福裕、报恩从伦、丞相移剌楚材(即"耶律楚材")、少室文才、宗镜宗书、少室常润、廪山常忠、大觉方念、寿昌慧经(以上卷一上)、云门圆澄、博山元来、鼓山元贤、径山道盛等。

卷二上至卷四下：临济宗。始南岳下十六世，终南岳下三十四世。其中"南岳下十六世"、"南岳下十七世"是与《五灯会元》卷二十重合的世次。《续略》于南岳下十六世收黄龙忠禅师法嗣慈化印肃、懒牛和禅师法嗣竹林宝（"不列章次"，即有目无文）二人，于南岳下十七世收东林颜禅师法嗣昭觉绍渊、育王光禅师法嗣灵隐之善、净慈居简以及其他禅师的法嗣凡十九人（其中竹林宝禅师法嗣竹林安"不列章次"），均为《会元》遗落未载的人物。自南岳下十八世以下各世，为《续略》新续。主要收有：净慈悟明、灵隐普济、径山行端、仰山元熙、径山妙高（以上卷二上）、天宁梵琦、国清昙噩、龙翔大䜣、祥符念常、庆寿印简、径山文琇、天界宗泐（以上卷二下）、卧龙祖先、径山师范、仰山祖钦、高峰原妙（以上卷三上）、中峰明本、瑞岩无愠、伏龙元长、狮林惟则、日本印原、云居普庄、灵隐来复、邓尉时蔚、正传景隆（以上卷三下）、东明普慈、天琦本瑞（以上卷四上）、笑岩德宝、车溪性冲、龙池正传、天童圆悟、磬山圆修、语风圆信、邓尉法藏、破山海明、天童通容、天童道忞、报恩通琇（以上卷四下）等。

另外，在卷二下之末还附有"禅门达者，不出于世、与出于世而未详法嗣者"凡二十六人。其中净柱在人名下注有"系云门宗"的有青州佛觉、圆通善国、燕京庆寿玄悟玉禅师、黄山赵文孺居士和高邮定禅师。其他尚有天台祖灯、云栖袾宏、紫柏真可等。

《五灯会元续略》所记的曹洞、临济二宗法脉，时跨南宋、元、明三代，而且所收的大多是禅宗的著名人物，故十分值得研读。其中有些资料摘自明居顶《续传灯录》、文琇《增集续传灯录》，还有一些来源于其他禅籍，尤其是禅师的语录。作者在《凡例》中曾对明末临济宗和曹洞宗的势态作过这样的评述：

临济宗自宋季稍盛于江南,阅元而明,人宗大匠所在都有,而韬光敛瑞,民莫得传。惟是天童(圆悟)、磬山(圆修)、车溪(牲冲)三派鼎峙,支那学者依为出世梯航。(第834页下)

　　曹洞宗至宋季尤盛于河北。所以元世祖大集沙门,惟雪庭裕(福裕)祖,高贤鳞附。……独明兴以前,金、辽以后,河北为战争之所,名刹兵秽,格言燬加。如洛之白马、天庆,嵩之少室、龙潭,熊耳之空相,磁之大明,泰之灵岩,燕之报恩、万寿,灯灯不绝,班班可纪,而人罕被其光。至今仅存云门(圆澄)、寿昌(慧经)、少室(正道)三叶,颇称蕃衍,但清凉(方念)已上间有一二宗支,无从考核。(第834页下—第835页上)

这些话对于明末禅宗大势的分析和研究颇有启发性。

第五门　禅　宗（下）

第一品　明居顶《续传灯录》三十六卷
附：明文琇《增集续传灯录》六卷

《续传灯录》，三十六卷。明洪武（1368—1398）末年，灵谷寺沙门居顶编集。载于《明南藏》"合"至"扶"函（《明北藏》缺），收入《续藏经》第一四二册。

居顶（？—1404），字玄极，黄岩（今属浙江）人。得法于瑞岩无愠（《山庵杂录》的作者），为南岳下二十三世、临济宗僧人。事见明文琇《增集续传灯录》卷六。

传今的《续传灯录》原阙序言及总目录，《续藏经》的编集者将见载于《居顶文集》和《圆庵集》中的《续传灯录序》补于书首，并根据各卷目录，合成《续传灯录总目录》三卷，置于序言之后，遂使卷帙完备。因此，《续传灯录》虽然也被编入《大正藏》第五十二册，但由于《大正藏》本既阙署作者名字，又无序言和总目录，故就阅读与研究的方便性而言，不及《续藏经》本。

居顶在《续传灯录序》中，对本书的撰集缘由及体例作了如下的介绍：

洪武辛巳［案：洪武年间并无"辛巳"的干支，此处恐是"己巳"或"辛未"之误］冬，朝廷刊大藏经律论将毕，敕僧录司,凡宗乘诸书,其切要者,各依宗系编入。……窃谓《景德传灯录》至矣,继此四灯之录(指《广灯》、《续灯》、《联灯》、《普灯》)宁免得此而遗彼乎?《会元》(指《五灯会元》)为书,其用心固善,然不能尊《景德传灯录》为不刊之典,复取而编入之,是为重复矣。今臣幸遇圣明,光赞佛乘,遂忘其僭冒,纂《续传灯录》。其承传之序,断自《景德传灯》以后,肇于大鉴(慧能)下若干世汾阳昭禅师,编联至若干世某禅师而讫。凡若干世,得若干人,内出机缘语句者若干人,名之曰《续传灯录》,总三十六卷。其采取之书,则用《五灯会元》、《佛祖慧命》、《僧宝传》、《分灯录》与夫《禅门宗派图》、诸祖语录等。集其文则仍其旧,略加取舍,而不敢苟为芟润,以失其真。其世则专揭大鉴于上,而不敢以五家宗派分裂之。盖五家宗派互相激扬,同出大鉴,故续录统而合之,以一其归也。(《续藏经》第一四二册,第213页上、下)

居顶认为,《景德传灯录》是以往的禅宗灯录中编得最好的一部书,后继的《广灯》、《续灯》、《联灯》、《普灯》四灯都存此而失彼,不及它,因而他上承《景德传灯录》的传承世次而作《续传灯录》。所用的资料选自《五灯会元》、《佛祖慧命》、《僧宝传》、《分灯录》、《禅门宗派图》和一些祖师的语录。为不失其真,故在编录时,基本上是原文的节录,不加润色。但《景德传灯录》是按南岳、青原二大系分别编列的,《五灯会元》在二大系下复分五宗。居顶认为,既然二系五宗同出于大鉴(慧能),那就没有必要再标注南岳下某世或青原下某世等支系的世次,故他编的《续传灯录》"统而合之",只标大鉴下某世,不标支系的世次。全书所收,上始大鉴下第十世汝州首山念(省念)禅师法嗣(即省念的众弟子),下至大鉴下第二十世灵隐崇岳禅师法嗣(即崇岳的众弟子)。第一人为汾阳善昭,最末一人为诺庵肇禅师,由于诺庵肇禅师无机语见录(即有名字而无专章),故就有机语见录的人而言,最末一人当是排在肇禅师之前的天目文礼(也是崇岳的弟子)。"凡十一世,三千九十七人"(见明寂晓《大明释教汇目义门》卷四)。

卷一、卷二:大鉴下第十世。收:汝州首山念禅师法嗣汾阳善昭、智门祚禅师法嗣雪窦重显等。

卷三至卷六:大鉴下第十一世。收:汾阳昭禅师法嗣石霜楚圆、谷隐聪禅师法嗣金山昙颖、洞山晓聪禅师法嗣云居晓舜、大阳玄禅师法嗣投子义青等。

卷七至卷十一:大鉴下第十二世。收:石霜圆禅师法嗣黄龙慧南、天衣义怀禅师法嗣慧林宗本、大愚芝禅师法嗣雪峰文悦、投子青禅师法嗣芙蓉道楷、雪居舜禅师法嗣蒋山法泉等。

卷十二至卷十六:大鉴下第十三世。收:法云秀禅师法嗣法云惟白、杨岐方会禅师法嗣白云守端、慧林宗本禅师法嗣法云善本、黄龙慧南禅师法嗣黄龙祖心等。

卷十七至卷二十二:大鉴下第十四世。收:丹霞淳禅师法嗣天童正觉、泐潭英禅师法嗣法轮齐添、法云善本禅师法嗣净慈楚明、东林常总禅师法嗣泐潭应乾、保宁仁勇禅师法嗣上方日益、黄龙晦堂心禅师法嗣黄龙悟新等。

卷二十三至卷二十六:大鉴下第十五世。收:黄龙清禅师法嗣长庆守卓、净慈明禅师法嗣净慈象禅师、五祖演禅师法嗣昭觉克勤、兜率悦禅师法嗣兜率慧昭等。

卷二十七至卷三十:大鉴下第十六世。收:昭觉勤禅师法嗣径山宗杲、太平勤禅师法嗣文殊心道、雪窦明禅师法嗣崌山宁禅师等。

卷三十一至卷三十三:大鉴下第十七世。收:虎丘隆禅师法嗣天童昙华、径山杲禅师法嗣教忠弥光、龙翔珪禅师法嗣云居德升等。

卷三十四和卷三十五前部分：大鉴下第十八世。收：东林颜禅师法嗣公安祖珠、育王光禅师法嗣灵隐之善等。

卷三十五中间部分：大鉴下第十九世。收：天童杰禅师法嗣灵隐崇岳等。

卷三十五后部分和卷三十六：大鉴下第二十世。收：卧龙祖先禅师法嗣径山师范、荐福道生禅师法嗣径山道冲等。

由于在《续传灯录》以前，《嘉泰普灯录》和《五灯会元》已将禅宗的传法世次，编至"南岳下十七世"（或称"南岳第十七世"），若折算成《续传灯录》所说的世次，则相当于"大鉴下第十八世"（南岳怀让本人的一世，加上南岳下十七世），故《续传灯录》新续的实际上不过是"大鉴下第十九世"和"大鉴下第二十世"二世而已。

第十九世收四十四人，其中有机缘语句见录的有十九人。他们是：属于天童咸杰法嗣的灵隐崇岳、卧龙祖先、荐福道生、天童自镜、净慈光、隐静致柔；属于天童达观法嗣的虎丘善济；属于径山如琰法嗣的灵隐普济、净慈闻、径山肇、双林朋；属于万寿崇观法嗣的黄龙慧开、石霜妙印；属于育王师瑞法嗣的瑞岩崇寿；属于灵隐之善法嗣的径山善珍；属于天童智颖法嗣的径山如珏；属于净慈居简法嗣的育王大观；属于鼓山安永法嗣的净慈悟明；属于直翁举禅师法嗣的天童云岫。

第二十世收四十人，其中有机缘语句见录的有十六人。他们是：属于卧龙祖先法嗣的径山师范、灵隐法薰；属于荐福道生法嗣的径山道冲；属于净慈闻法嗣的径山妙高；属于育王大观法嗣的径山元熙；属于径山善珍法嗣的径山行端；属于净慈仲颖法嗣的江心了万、岳林益；属于双林朋禅师法嗣的灵隐祖间；属于天童云岫法嗣的云窦大证；属于灵隐崇岳法嗣的金山善开、道场普岩、华藏觉通、龙翔希琏、瑞岩光睦、天目文礼。《续传灯录》中内容较新的就是这些人的事迹。

对于《续传灯录》的缺点，明文琇在《增集续传灯录凡例》的第一条，曾作了以下的评述：

> 大报恩寺重刊《大藏经》，新收《续传灯录》，其立名亦甚定当。但此书成于仓卒，所收太略。自大鉴第十八世至二十世，止收得四十一人有机缘语句，其他皆空名而已。况四十一人中，差误又多。(《续藏经》第一四二册，第726页上)

其实，《续传灯录》还有一条很严重的缺陷，文琇没说，因为他的《增集续传灯录》也犯有同样的毛病，这就是：不标注僧人所属的支系(南岳、青原)和支宗(沩仰、临济、曹洞、云门和法眼宗)。从而人为地增加了人物查检上的困难，也使本来明晰的禅宗支派的传授脉络变得模糊了。

明文琇《增集续传灯录》六卷

《增集续传灯录》，六卷。明永乐十五年(1417)，径山兴圣万寿禅寺前住持比丘、吴郡文琇集。收入《续藏经》第一四二册。

文琇(1345—1418)，字南石，苏州昆山(今属江苏)人，俗姓李。得法于万寿至仁禅师，为南岳下二十一世、临济宗僧人(见清元贤《继灯录》卷四)。"儒释兼修，宗说俱妙"，有《语录》及《佛祖赞》一卷行世(见明明河《补续高僧传》卷十四)。

《增集续传灯录》书首有灵岩弘储《序》(未署撰时)；永乐十五年(1417)三月文琇《序》；文琇《增集续传灯录凡例》；以及"原在每卷初，今合集于兹"的《增集续传灯录目录》。书末附有

《五灯会元补遗》和"未详承嗣"。

文琇在自序中说：

> 余于少壮时，尝阅秀紫芝（昙秀）《人天宝鉴》，其序有云：先德有善，不能昭昭于世者，后学之过也。及观《五灯会元》，若妙峰、北涧、松源、破庵诸老宿，皆未登此书，乃有撰述之志。于是凡见禅宗典籍及塔铭行状，自宋季及元以来，诸硕德言行超卓者，遂笔之。迨今越三十余年矣。但不能遍历江湖，访而求之，于心未慊，故于永乐乙未（十三年）移书诸大方尊宿。幸藉灵谷幻居和尚、天童即庵和尚展转搜讨，继而又得郡人吴道玄亦为博寻遗籍，仅有所成，遂用铨次。窃观《续传灯录》于《五灯会元》后，若大鉴第十八世至第二十世，曾收三世，奈取之未尽，已收者亦言行太略。今于所收外，又增入之，故云《增集续传灯录》。（《续藏经》第一四二册，第725页上、下）

《增集续传灯录》是《续传灯录》的增补本。所收，上始大鉴下第十八世天童应庵华（昙华）禅师法嗣，下至大鉴下第二十五世圣寿千岩长（元长）禅师法嗣。第一人是密庵咸杰，最末一人是无相居士宋濂。因宋濂无机语见录，故就有机语见录的人物而言，最末一人是排在宋濂之前的唯庵德然（元长的弟子）。

卷一：大鉴下第十八世。收天童应庵华禅师法嗣天童密庵咸杰禅师等。

卷二：大鉴下第十九世。收天童密庵杰禅师法嗣灵隐松源崇岳禅师等。

卷三：大鉴下第二十世。收灵隐松源岳禅师法嗣天童天目文礼禅师等。

卷四：大鉴下第二十一世。收天童天目礼禅师法嗣育王横川如珙禅师等。

卷五：大鉴下第二十二世。收育王横川珙禅师法嗣紫箨竺原妙道禅师等。

卷六：大鉴下第二十三世至第二十五世。其中，大鉴下第二十三世，收紫箨竺原道禅师法嗣天童了堂唯一禅师等；大鉴下第二十四世，收天童了堂一禅师法嗣径山敬中普庄禅师等；大鉴下第二十五世，收圣寿千岩长禅师法嗣圣恩万峰和尚等。

在《增集续传灯录》编录的大鉴下第十八世中，天童密庵咸杰、南书记、侍郎李浩居士、公安遁庵祖珠、汀州报恩法演、龙鸣在庵贤禅师、大沩咦庵鉴禅师等二十一人，已见于《五灯会元》卷二十和卷十八；灵隐妙峰之善、净慈北涧居简、径山浙翁如琰、天童无际了派、东禅性空智观、上方朴翁义铦、昭觉绍渊、育王笑翁妙堪等八人，已见于《续传灯录》卷三十四和卷三十五。大鉴下第十九世中的灵隐松源崇岳等十九人，和大鉴下第二十世中的天童天目文礼等十六人，已见于《续传灯录》卷三十五和卷三十六。除此以外，如大鉴下第十八世中的严康朝教授（天童昙华法嗣）、育王退谷义云（育王佛照德光法嗣）、天童息庵达观（净慈水庵一禅师法嗣）等；第十九世中的大慈芝岩慧洪（径山浙翁如琰法嗣）、天宁无境彻禅师（天童无际了派法嗣）、道场别浦法舟（育王空叟宗印法嗣）等；第二十世中的雪窦野翁炳同（灵隐大川普济法嗣）、慧云无传祖禅师（黄龙无门慧开法嗣）等；以及第二十一世至第二十五世中的人物，均为《增集续传灯录》新续（此中包括《续传灯录》只载人名而无专章的）。

凡已见于《五灯会元》的人物，《增集续传灯录》便在卷目开列的人名之下，注以"旧传"两字，其传（即《传灯录》等所说的"章"）基本上照抄《五灯会元》。凡已见于《续传灯录》的人物，则区别为三种情况：卷目开列的人名之下注有"续传"两字的，表示其传照抄《续传灯录》；注有"增正"两字的，表示《续传灯录》原载有误,"今考而正之"的;注有"增备"两字的,表示《续传灯录》原载太略,"今复补入"的。但作为"增正"二例的卷一"天童无际了派禅师"和卷二"净慈潜庵慧光禅师"实际上也是"增备",因为《续传灯录》卷三十五对他们的记载是:

> 明州天童派(了派)禅师,字无际。题郁山主像偈云:策寒溪桥蹉跌时,误将豌豆作真珠。儿曹不解藏家丑,笑倒杨岐老古锥。(《续藏经》第一四二册,第709页下)

> 净慈慧光禅师,字潜庵。作《化盐偈》曰:合水和泥一处烹,水干泥尽雪花生。乘时索起辽天价,公验分明孰敢争?(同上,第711页下)

而《增集续传灯录》只是补充了了派禅师上堂说法的若干法语,如"佛法在你日用处,在你着衣吃饭处,在你语言酬酢处,在你行住坐卧处,在你屙屎送尿处,拟心思量便不是也"(见第749页下)。和慧光禅师举赵州和尚"狗子无佛性"语而作的一首颂:"狗子无佛性,全提摩竭令。才拟犯锋芒,丧却穷性命。"(见第770页上)并没有对《续传灯录》的上述记载作出直接的更正。

虽则如此,《增集续传灯录》所作的"旧传"、"续传"、"增备"等标注,对于读者识别本书的资料来源和前后沿革是有一定帮助的。

《增集续传灯录》书末所附的《五灯会元补遗》,共收《五灯会元》未载的大鉴下第十七世中的二十人。他们是:属于华藏明极柞禅师法嗣的灵隐东谷光禅师;属于雪窦足庵鉴禅师法嗣的天童长翁如净;属于黄龙牧庵忠禅师法嗣的慈化普庵印肃;属于华藏民禅师法嗣的径山石桥可宣;属于大慧杲禅师法嗣的径山大禅了明、径山无等有才、感山云卧晓莹等;属于灵隐瞎堂远禅师法嗣的湖隐济颠;属于慈昭纯禅师法嗣的洞林宝禅师。

所附的"未详承嗣",收佛光道悟、玄冥颐禅师、灵云省庵思禅师、寿昌绝照辉禅师、圆通思庵睿禅师、王文献公、丁安人,凡七人。

第二品　明瞿汝稷《指月录》三十二卷
附:清聂先《续指月录》二十卷

《指月录》,全称《水月斋指月录》,三十二卷。明万历乙未(二十三年,公元1595年),虞山瞿汝稷编集。收入《续藏经》第一四三册。

瞿汝稷,字元立,苏州常熟(今江苏常熟市)人。"以父文懿公荫为官,历黄州知府,徙邵武,再守辰州,迁长芦盐运使","受业于管东溟,学通内外,尤尽力于佛法。时径山刻大藏(指《径山藏》,又称《嘉兴藏》),元立为文,导诸众信,破除异论"(清彭绍升《居士传》卷四十四,《续藏经》第一四九册,第957页下—第958页上)。著作尚有《石经大学质疑》、《兵略纂要》、《冏卿集》等。《明史》卷二百十六有传。

《指月录》书首有万历壬寅(三十年,公元1602年)夏五月瞿汝稷《水月斋指月录序》,和万历辛丑(二十九年,公元1601年)八月吴郡严澂(《指月录》的校订者)《刻指月录发愿偈》。

瞿汝稷说:

予垂髫则好读竺坟(指佛典),尤好宗门(指禅宗)家言。及岁乙亥夏,侍管师东溟先生于郡之竹堂寺,幸以焦芽与沾甘露,开蔽良多。既而师则朝彻蝉蜕,五宗掩耳不欲复闻,予则沈(沉)醅。……于是在架之书,率多宗门家言。每读之,如一瓶一钵,从诸耆宿于长林深壑。虽人间世波涛际天,埃塪蔽日,予席枕此,如握灵犀,得辟尘流之妙,彼浡漓堀堁,莫能我侵矣。意适处,辄手录之。当点笔意适,虽圭组见逼,必谢之;八稚牵挽,必谢之。寒暑之薄肌骨,饥渴之迫脏腑,有不暇顾,肯复移意他好之杂陈耶?僻而至是,奚必人强,予固自强矣。至乙未,积录有三十二卷。适友人陈孟起见而误赏焉,孟起遂为录二本。……(辛丑,严澄请为梓行)予既不能止,遂不敢藏其僻,为次第缘起于其端,题之曰《水月斋指月录》。"水月",幻也;而云"指月",果有如磐山所云"心月孤悬,光吞万象"者乎?吾不可得而知也,其质之炉辅火蜡。(《续藏经》第一四三册,第1页上—第2页上)

从瞿汝稷的自述中可以获悉,瞿氏自幼就好读佛典,尤其是喜欢"宗门家言",即载有禅门耆宿言语的灯录、语录、禅史、禅论一类的著作。师事管东溟之后,情趣亦然。因而书架上所存放的,大多是禅书。每读至意适处,就点笔将它抄录下来,至万历二十三年(1595)已录得三十二卷。稿成之后,先是由友人陈孟起抄录了二部,六年以后,才由同乡严澄(字道彻)校订付梓。由于刻印者的书坊名"水月斋",而作者撰作本书的目的,是为了使读者通过它("指",即手指的指点)而了解禅宗的法要("月",此处特指禅宗以心传心的"心月"),故取名为《水月斋指月录》。

《指月录》虽然没有以灯录自命,按清聂先《续指月录凡例》中的说法,是"儒者谈禅之书",即由儒士撰作的谈论禅门之事的著作,但究其性质而言,与灯录并无二致,也是以禅宗的传法世次为经,禅师和受禅的居士的身世、机缘语句为纬,编织起来的禅宗谱系类著作。只是一般灯录在标列世次时,都采用三级标题。第一级标题通常是以南岳怀让、青原行思或六祖慧能(谥"大鉴")"某世"的名义立的,第二级标题是以某禅师"法嗣"(即弟子)的名义立的,第三级标题是书中要具体记叙的这位禅师的一个个弟子。如关于临济宗黄龙派悟新禅师的世次,一般是这样标示的:"南岳下第十三世(或称"大鉴下第十四世")"、"黄龙祖心禅师法嗣"、"黄龙悟新禅师"。而《指月录》则在目录中于"六祖下某世"之下,直接叙列属于这一世的众多人物,并在人物的称谓之末,标注他是某禅师的"法嗣",因而删去了一般灯录中的第二级标题。至于正文,则不复标注"法嗣"。全书记叙的禅宗世次,上始七佛,下至六祖下第十六世。

卷一:七佛;附《诸师拈颂诸经语句》。

卷二:应化圣贤。始文殊菩萨,终清凉澄观国师。

卷三:西天祖师。始一祖摩诃迦叶尊者,终二十八祖菩提达磨尊者("章次列于东土祖师")。

卷四:东土祖师。始初祖菩提达磨大师,终六祖慧能大鉴禅师。

卷五:六祖下第一世,收南岳怀让禅师、青原行思禅师;六祖下第二世,收江西马祖道一禅师("南岳让嗣、南岳一世")、南岳石头希迁禅师("青原思嗣、青原一世")。

卷六:二祖旁出法嗣,收僧那、向居士二人;四祖旁出法嗣,始牛头山法融禅师,终鸟窠道林禅师("径山钦嗣");五祖旁出法嗣,始嵩山峻极和尚("破灶堕嗣");六祖旁出法嗣,始司空山本净禅师,终圭峰宗密禅师("遂州道圆嗣")。

卷七:未详法嗣。始泗州塔头,终文通慧。

卷八至卷三十:六祖下第三世至第十六世。始洪州百丈山怀海禅师("南二、马祖嗣"),终无为冶父道川禅师("净因成嗣")。每一世均按先南岳系、后青原系的顺序叙述。其中青原系僧人载至卷二十九的六祖下第十五世,卷三十的六祖下第十六世全是南岳系僧人。

卷三十一、卷三十二：临安径山宗杲大慧普觉禅师语要（上、下）。

上述世次中收载的人物，均有机语见录，也就是说，没有只载人名而不介绍事迹的。这一做法与《传灯录》、《续传灯录》诸书相异。因为《传灯录》、《续传灯录》诸书，为了将同一世次、某一位禅师的弟子都搜罗进去，不仅编录有机缘语句传世、即有事迹可考的人物，而且也编录无机语传世的人物。对于前者，在正文中设专章（或称本章、本传）加以介绍，称为"见录"；对于后者，在正文中无专章加以介绍，只有其名见录于全书总目或每一卷的目录，称为"不立章次"、"不录"、"无录"等。

由于自《传灯录》以来，有关荆州城内只有一个天皇寺的道悟，还是别有一个天王寺的道悟，孰真孰假，哪一个道悟是石头希迁的弟子、又是龙潭崇信的老师，一直存在着争论。因而《指月录》在卷九"六祖下第三世"以"南岳、青原宗派未定法嗣"为标题，并载荆州天皇道悟禅师、天王道悟禅师两人，存而不论。又在南岳、青原二系之外，别立"天"系，专收道悟一系的传人。称龙潭崇信为"天一"、德山宣鉴为"天二"、雪峰义存为"天三"，如此等等。这里的"一"、"二"、"三"指的第一世、第二世、第三世，至于这"天"字，究竟是"天皇"的略称，还是"天王"的略称，作者没有明确的说法。这种表述的目的，是为了避免将道悟划入南岳系或青原系所要引起的纠纷。

就《指月录》所载的世次而言，并没有超出南宋普济《五灯会元》和明居顶《续传灯录》的范围。因为《五灯会元》所载世次的下限是"青原下十六世"（相当于"六祖下第十七世"）和"南岳下十七世"（相当于"六祖下第十八世"）、《续灯录》所载世次的下限是"大鉴下第二十世"（即"六祖下第二十世"），均比《指月录》的下限"六祖下第十六世"要长；而且《五灯会元》和《续传灯录》每一世收载的人物也多于《指月录》。只是因为《指月录》在人物的本章中附载了许多禅宗名宿的拈颂评唱以及作者的辨析议论，从而使得它也具有一些未见于《五灯会元》、《续传灯录》的资料。

如《指月录》卷二十六在"六祖下第十三世"隆兴府宝峰克文禅师章之末附载：

> 大慧（宗杲）云：老南（慧南）下尊宿，五祖（法演）只肯晦堂（祖心）、真净（克文）二老而已，自余不肯他也。五祖为人，如绵里一柄刀相似，才按着，便将咽喉一刺，刺杀你去也。若是真净，脚上着也，便脚上杀你；手上着也，即手上杀你；咽喉上着也，咽喉上杀你。（第591页上）

临济宗黄龙派的创始人慧南有弟子八十三人（见《续传灯录》卷十五和卷十六），而得到杨岐派名僧五祖法演（与慧南门下的"四祖法演"为二人）称赞的仅晦堂祖心和真净克文二人。为此，大慧宗杲用比喻的方法将法演的禅风与克文的禅风作了一番比较，说了上述一番话。这段话未见于《五灯会元》卷十七和《续传灯录》卷十五的克文章。

又如《指月录》卷二十九隆兴府兜率从悦禅师章，在"师室中设三语以验学者。一曰：拨草瞻风，只图见性，即今上人性在什么处？二曰：识得自性，方脱生死，眼光落地时作么生脱？三曰：脱得生死，便知去处，四大分离，向什么处去？"的章文下附载：

> 张无尽（张商英）以颂答三问。其一曰：阴森夏木杜鹃鸣，日破浮云宇宙清。莫对曾参问曾皙，从来孝子讳爷名。二曰：人间鬼使符来取，天上花冠色正萎。好个转月时节子，莫教阎老等闲知。三曰：鼓合东村李大妻，西风旷野泪沾衣。碧芦红蓼江南岸，却作张三坐钓矶。（第608页上）

《五灯会元》卷十七和《续传灯录》卷二十二中的从悦章,虽然都载有从悦的"三语",但无张商英的答颂。

《指月录》自问世以后十分流行。清代聂先在《续指月录凡例》中说:

> 虞山瞿幻寄(瞿汝稷)先生《指月录》一书,先是严天池(严澄)先生水月斋初刻,为禅林秘宝,海内盛行。板经数易,后如破山禅师翻刻东塔禅堂,具德禅师两镌天宁、灵隐,甚至斗大茅庵,亦皆供奉,腰包衲子无不肩携。儒者谈禅之书,未有盛于此本者也。(《续藏经》第一四三册,第765页下)

据聂先介绍,"严天池水月斋原刻瞿本,每叶(页)用十一行二十一字,海内翻本无不宗之。惟扬之天宁、杭之灵隐二刻,俱有句读小圈,读之甚便。且每叶板心,注每师名号三小字,更便查阅。"(同上,第768页上)收入《续藏经》的是梅岩沙门开慧捐资、义行校阅的重刻本。每卷之末附有"音释",对本卷中的难僻字的读音及字义加以注释。

本书的校点本有:德贤、侯坚整理《指月录》(巴蜀书社2006年11月版)。

清聂先《续指月录》二十卷

《续指月录》,二十卷。清康熙十八年(1679),庐陵聂先(号乐读)编集。收入《续藏经》第一四三册。

《续指月录》书首有康熙十九年(1680)正月古歙江湘《序》;蒲阳余怀《续指月录序》;如是居士吴绮园《摹刻续指月录弁语》;灵岩学人范国禄题记(无标题);虞山海印学人陈见龙《缘起》;《孙孝则先生书问》;《续指月录总目》;《续指月录凡例》(二十则);《虎丘、径山二祖长少伦叙考》(由虎丘二十一世法孙虞山檗岩、长洲缪彤分别撰写的两段文字组成）；《续指月录卷首》。书末有《续指月录尊宿集》。

江湘（《续指月录》的参订者）在《序》中说：

> 吴门聂子乐读者，研究经史，复沈（沉）酣于宗门家言。继瞿公幻寄（即瞿汝稷）《指月录》，缉宋南渡后上下五百余年宗乘微言，钩索源流，详核世派，汇为一书，名《续指月录》。……吾闻竺氏之学（指佛教），以一丝不挂为上乘，万虑皆空为绝德，不立文字，不下注脚，如指月之后话月听月，皆以月为喻。嗟乎！其可以言传耶？其不可以言传耶？其可以言传而究不可以言传耶？余皆不可得而指也。（《续藏经》第一四三册，第744页上、下）

《续指月录》是《指月录》的续作。全书由《卷首》一卷、正文二十卷、《尊宿集》一卷，三部分组成。据《续指月录凡例》所说，原书尚将"召对机缘"，编为"奏对"一卷，但今本已无此卷，疑遗。通常说的"《续指月录》二十卷"都是指正文而言的，不包括附卷。《续指月录》中的《卷首》是用来收载《指月录》与"六祖下十六世"（《续指月录》在世次的称谓时，均省略第几世的"第"字）中遗载的人物的，其中临济宗有虎丘元净等五十四人，曹洞宗有华藏慧祚等四人，云门宗有嵋山宁等五人，合计六十三人；《尊宿集》是依仿《指月录》有"应化圣贤"和"未详法嗣"的栏目而设立的，收录南宋至清代未详师承的禅宗人物，始荐福承古，终龙山量，凡六十一人。

正文所收世次，上始六祖下十七世，下至六祖下三十五世（《续指月录凡例》误刊为"三十八世"），全书的第一人为临济宗杨岐派虎丘绍隆的弟子天童昙华（《续指月录》是按先虎丘绍隆系、后大慧宗杲系的次序，记叙这两个法派的传人的），最末一人为曹洞宗廪山常忠的弟子寿昌慧经。以时间而论，则上始南宋孝宗隆兴元年（此为天童昙华的卒年，《续指月录凡例》误刊为"以隆兴二年为始"），下至康熙十八年（此为作者截稿的时间）。

卷一至卷十八：六祖下十七世至六祖下三十四世。每一卷为一世，如卷一为六祖下十七世、卷二为六祖下十八世、卷三为六祖下十九世，以此类推。

卷十九、卷二十：六祖下三十五世。

对于上述世次内见录的人物，《续指月录》均立有专章加以介绍，略记禅师的姓名、籍贯、出家、参学、得法以及卒时的情况等，详载其机缘语句，此与《指月录》相同；但《续指月录》将每一世次中的人物，按宗派归类，其中"六祖下十七世"（见卷一），因收有云门宗的温州光孝深禅师（作者在章末称"云门一宗，自师而止矣"），故下分临济、曹洞、云门三宗，其余各世只分临济、曹洞二宗。对于人物的师承（即谁是谁的"法嗣"）不仅注于目录，而且注于正文，以省却读者翻检之劳。这些又与《指月录》相异。因此，《续指月录》虽是《指月录》的续作，但在体例上则作了进一步的改进和完善。

《续指月录》的内容，基本上是根据在它成书以前已经问世的明清禅宗谱系类著作编写的。作者在《续指月录》中直言不讳地指明了这一点。他说：

> 济宗世次，悉从南涧（通问）《续灯》（指《续灯存稿》）、《南岳单传》（弘储撰）诸书。洞宗世次，悉遵洞宗《续灯》、洞宗《世谱》、《传灯正宗》（道盛撰）诸书。各有所自，并无冒滥。（第766页下）

> 其三十四世以前，凡有未经箬庵（通问）、费隐（通容）、觉浪（道盛）、白岩（净符）、远门（净柱）所曾辑录者，一字不敢篡入。其三十五世以下，因诸老未有成书，逐一商酌，凡

有未经刊行语录、传记、塔铭,无可凭据者,一字不敢篡入。(第768页上)

也就是说,《续指月录》中关于六祖下三十四世和三十四世以前的人物的事迹,主要根据明居顶《续传灯录》、文琇《增集续传灯录》、净柱《五灯会元续略》、清通容《五灯严统》、道盛《传灯正宗》、通问《续灯存稿》、净符《祖灯大统》等书的记载写的。只有六祖下三十五世的人物的事迹,才是作者根据这些人的语录、传记、塔铭等写的。他们是:临济宗天童圆悟法嗣五峰如学、汉月法藏、破山海明、费隐通容、石车通乘、木陈道忞等十二人;天隐圆修法嗣林皋通豫、箬庵通问、印中通授等五人;鸳湖用禅师法嗣衡石均禅师一人(以上见卷十九);曹洞宗幻休常润法嗣慈舟方念、无言正道、智空了睿、鳌谷妙银、无疑真信、令于居士六人;廪山常忠法嗣无明慧经一人(以上见卷二十)。

不过,六祖下三十五世的这些人物,并非像作者说的"诸老未有成书"。以清通容《五灯严统》为例,其卷二十四于"南岳下二十四世"就收载了天童圆悟法嗣十二人、天隐圆修法嗣四人(缺印中通授一人)。净柱《五灯会元续略》卷一上(或称"卷二")收载了寿昌慧经等人。只是《续指月录》的作者在写作时采用这些人物的原始资料多于从《五灯会元续略》、《五灯严统》诸书上作间接摘引而已。因此,《续指月录》卷十九记载的五峰如学著《五宗派叙》;汉月法藏著八会《广录》、《智证传提语》;费隐通容著《舍利记》;朝宗通忍著《语录》三十卷并《迅雷指迷》等集;木陈道忞著九会《语录》、《城北游》等;牧云通门著七会《语录》、《嫩斋别集》;林皋本豫著《宗门诫范》四卷并《附录》等,均为《五灯严统》所不载。

另外,《续指月录》中关于六祖下三十五世以前人物的记叙,虽然是根据前人或同代人已撰成的禅书摘编的,但在抉择取舍,辨析考定方面也做了许多工作。如六祖下十九世、饶州荐福无文灿禅师,《增集续传灯录》将他误列为无准师范的法嗣,《续指月录》卷三勘为育王妙堪的法嗣;六祖下十九世、鼓山桧堂祖鉴禅师的"祖",《续传灯录》误刊为"宗",《续指月录》卷三作了更正;六祖下二十一世、天童简翁敬禅师,《增集续传灯录》将他误列为无准师范的法嗣,《续指月录》卷五勘为痴绝道冲的法嗣;六祖下二十三世、庆元松岩秋江元湛禅师,《传灯正宗》列为"未详法嗣",《续指月录》卷七勘为瑞岩方山宝禅师的法嗣。

对于个别意见分歧,难以定夺的问题,《续指月录》则采取"阙疑"的办法加以处理。例如明末清初,有关六祖下二十七世、临济宗杭州东明慧昙禅师的得法弟子"海舟慈",究竟是指海舟永慈,还是指海舟普慈,这个"海舟慈"是先谒万峰时蔚、后谒东明慧昙呢? 还是时蔚门下有个"海舟慈"、慧昙门下也有个"海舟慈",如此等等,争论不休,其激烈程度仅次于有关唐代荆州城的道悟究竟是一人还是两人的争论(见清净符《法门锄宄》所附的大宁的题记等)。为此,《续指月录》卷十二在慧昙法嗣中并载永慈、普慈二人。但就作者个人的观点而言,他是倾向于普慈才是慧昙的得法弟子的说法的。因为他在普慈章末的小注中说,记载海舟永慈事迹的《翼善碑》(又称《东山行实碑》),是"康熙元年,大咸咸公住在东山时,始为刊布"的,"前人俱未见之"。而记载海舟普慈事迹的《普慈传》则是天童圆悟"于崇祯年间"作的,"山茨际(通际)公住东明时刊布"(见第949页下)。因此,在一时还不能断定《翼善碑》"淆讹"的情况下,"不得已而兼存之"。这种审慎的治学态度是值得赞许的。

本书的校点本有:心善整理《续指月录》(巴蜀书社2005年3月版)。

第三品　明道忞、吴侗《禅灯世谱》九卷
附：清悟进《佛祖宗派世谱》八卷
　　清明喜《缁门世谱》一卷
　　清净符《法门锄宄》一卷

《禅灯世谱》，九卷。书题"明匡山黄岩寺后学比丘道忞编修，闽福唐优婆塞弟子吴侗集"，撰成于崇祯四年（1631）冬。收入《续藏经》第一四七册。

道忞（1596—1674），潮州茶阳（今广东省境内）人，俗姓林。幼习儒业，及冠，投庐山开先若昧禅师出家。继而参禅于憨山清（德清）、黄檗有（法名无念，字深有）等禅宗尊宿，得法于天童圆悟，为大鉴下第三十五世（或称"南岳下第三十四世"）、临济宗僧人。圆悟卒后，继席开法于明州天童寺。有《语录》、《布水台集》行世。事见清纪荫《宗统编年》卷三十二、通容《五灯严统》卷二十四、性统《续灯正统》卷三十三等。

《禅灯世谱》书首有崇祯五年（1632）三月黄端伯《序》；崇祯四年（1631）冬至前三日道忞《禅灯世谱后序》。黄端伯说：

> 自宋季以历我明，代有英杰，而残编断简，湮没于荒榛败草之中，后世儿孙欲识其姓名而不可得，悲夫！庐岳忞公乃天童（圆悟）大师高弟也，广搜碑传，叙次成编。其自灵山，以至曹溪，则已历三十三世矣。后自曹溪之下，以至禹门（正传），则又历三十三世矣。前后相承，若合符节，而天童继起于其间，则代兴者正未艾也。（《续藏经》第一四七册，第513页。此书每页不分上下段，通栏排印）

道忞说：

吾祖之道之传于诸夏也,始于梁,盛于唐,而光显于宋。其间往往多高文博达之士,故先德之出处,与其言行之大端,皆有传记可考,非直谱谍(牒)已也。自元而降,传灯不修,遂使一代宗匠,与夫抗迹西山者,同一湮没无闻,良可悲夫! 恣出家染指法味时,即慨然有稗官野史之志,第碑残简缺,无可捃拾,思按宗图,纂为世谱,以代其志。适草创未举,会金粟老人(指圆悟)有黄檗之请,因执侍入闽,乃得吴君(指吴侗)所纂,与恣先心不谋而合。但惜其中多错漏附会,未免无征不信之失,遂发大藏,考验传灯诸录,取其师承有据者载之,不敢以影响参合,疑误后人。间有说法当世,嗣代未详者,但附其宗之末,俟其详者补之。(第513页—第514页)

《禅灯世谱》是以图表的形式编排的禅宗传授世谱。所载,上始释迦牟尼,下至清代禅宗诸师,共计一千数百人。由表示师徒传承关系的竖线,和表示同学或平辈关系的横线,将它们组合起来,构成一幅世系图。其中释迦牟尼、三十三祖、南岳怀让、青原行思、各宗各派的创始人,以及少数重要人物,有关于他们的籍贯、姓氏、生卒年等的简短介绍,其余的均只载人名,不载事迹。在图谱之外,间有按语,对所定法系进行解释。

自《景德传灯录》以来,大多数禅宗灯录和世谱,都把唐荆州(又作"荆南"、"江陵")城天皇寺沙门道悟定为青原系石头希迁的弟子,并把道悟下四传(道悟——崇信——宣鉴——义存——文偃)形成的云门宗,和道悟下六传(道悟——崇信——宣鉴——义存——师备——桂琛——文益)形成的法眼宗,当作青原系下的宗派。而本书的作者则以后人伪托的唐正议大夫、荆南节度使丘玄素的《天王道悟禅师碑》为依据,持两个道悟之说。认为当年荆州城东天皇寺有个道悟,城西天王寺也有个道悟。天皇道悟嗣承青原系石头希迁,其下三传而绝,唐协律郎符载为之撰碑;天王道悟嗣承南岳系马祖道一,其下数传而衍生云门、法眼二宗。因此认为,云门、法眼二宗不属于青原系,而应属于南岳系。根据这一法统,作者编定了《禅灯世谱》[案:与《禅灯世谱》观点相同的,还有明黎眉《教外别传》、清通容《五灯严统》、徐昌治《祖庭指南》、超永《五灯全书》等,均为南岳系临济宗一派所作。但临济宗中也有维护《传灯录》以来一个道悟之说的,如清悟进《佛祖宗派世谱》等。至于青原系曹洞宗僧人,则对两个道悟说深恶痛绝,曾推考史料,对之进行严厉的批斥,详见清净符《法门锄宄》]。由于《禅灯世谱》中所说的南岳某世或青原某世,都是从怀让和行思本人算起的,而不是从弟子辈算起的,故同一个人在《禅灯世谱》中的世次,比在《五灯会元》中的世次多一世。如沩山灵祐在《五灯会元》中为"南岳下三世",在《禅灯世谱》中则为"南岳第四世",以此类推。

卷一:三十三祖世系图,图首叙列始祖释迦牟尼佛,尔后为第一祖摩诃迦叶至第三十三祖慧能之间的传承,最末为慧能的弟子南岳怀让和青原行思;诸祖旁出法派系图,始阿难,终龙兴念。

卷二:南岳法派世系图。始南岳怀让,终兴阳和尚。

卷三:南岳第四世沩仰宗世系图,始沩山灵祐,终王敬初常侍;南岳第五世临济宗世系图,始临济义玄,终芦山法真。

卷四:南岳下临济宗黄龙法派世系图。始黄龙慧南,终径山了。

卷五:南岳下临济宗杨岐法派世系图。始杨岐方会,终容庵海。

卷六:南岳下临济宗虎丘法派世系图。始虎丘绍隆,终心盘真桥。

卷七:南岳下第七世云门宗法派世系图,始云门文偃,终法华德嵩;雪窦显法派世系图(上),始雪窦重显,终吉祥法顺。

卷八:南岳下云门宗雪窦显法派世系图(下),始雪窦重显,终宝陀了然;南岳第九世法眼宗法派世系图,始清凉文益,终宣化德济;附大鉴下第十世,记承天昭的法嗣灵泉皓升等八人。

卷九:青原法派世系图,始青原行思,终龙福真;青原第五世曹洞宗法派世系图,始洞山良价,终白兆法通;青原下曹洞宗寿昌经法派世系图,记寿昌慧经和他的弟子博山元来;青原下曹洞宗云门澄法派世系图,记云门圆澄一人。

《禅灯世谱》中内容较新的是卷六《南岳下临济宗虎丘法派世系图》的后部分。因为临济宗自石霜楚圆以下分成黄龙慧南和杨岐方会两派,以后黄龙派绝传,只剩下杨岐派。而杨岐派自圆悟克勤以后又开为径山宗杲、虎丘绍隆两派,作者道忞就是虎丘派的法孙。从这一份世系图中可以获悉,明万历(1573—1619)以后,从纵的方面看,临济宗的嫡传是:月心德宝(大鉴下第三十二世)传禹门正传(第三十三世),正传传天童圆悟(第三十四世),圆悟传径山通容(第三十五世),通容传黄檗隆琦(第三十六世),隆琦传龙华海宁(第三十七世)。从横的方面来看,圆悟的同学有雪峤圆信、磬山修(圆修)、抱朴莲(大莲);径山通容的同学有五峰如学、汉月法藏、破山通明、石车通乘、朝宗通忍、万如通微、木陈道忞、雪窦通云、古南通门、报恩通贤、林野通奇;隆琦的同学有亘信行弥、朗真行玑、百痴行元、玄密行定等;龙华海宁的同学有玄生海珠、非日明光、即非如一、心盘真桥等。这对研究后期虎丘派人物是一条有用的线索。

清悟进《佛祖宗派世谱》八卷

《佛祖宗派世谱》,八卷。清顺治甲午(十一年,公元 1654年),书题"古吴比丘悟进编辑,瓶山居士项谦较(校)阅"。收入

《续藏经》第一四七册。

悟进(1612—1673),字觉先,号介庵,嘉兴(今属浙江)人,俗姓张。初习科举,后从龙池通微禅师出家,得法于普明妙用禅师,为南岳下第三十四世、临济宗僧人。后住嘉兴府金明寺。著有《介庵进禅师语录》十卷、《介庵和尚源流颂》。事见清性统《续灯正统》卷三十四、超永《五灯全书》卷六十八。

《佛祖宗派世谱》书首有顺治甲午(1654)悟进《佛祖宗派世谱序》。说:

> 吾释迦老子,一人传虚,万人传实,自此西天四七(指二十八祖),东土二三(指六祖),大鉴(指慧能)出南岳(怀让)、青原(行思),讖应二枝嫩桂。四传(指大鉴下四传)而有沩仰宗,五传而有临济宗,六传而有曹洞宗,七传而有云门宗,九传而有法眼宗。灯灯继焰,叶叶相辉,虽有传有止,或正或旁,总是曹源(慧能)一滴水。《灯录》、《会元》而后,今又数百年,述者两三家,不无讹漏。余不免依样画葫芦,即将《传灯》、《宗图》、《续集》诸书,一一参考。诚然直难掩曲,仍以五宗原始,次第详定,更为修补,重新拈出。非图竞彩,聊使话行天下。(《续藏经》第一四七册,第667页上)

《佛祖宗派世谱》也是以图表的形式编制的禅宗传授世谱。和《禅灯世谱》不同,本书是根据《传灯录》、《传法正宗记》、《五灯会元》所定的禅宗谱系编的,也就是说,是把云门、法眼二宗隶属于青原系下,而不是南岳系下的。卷一:佛祖正脉、诸祖旁出;卷二:南岳、沩仰;卷三:临济、杨岐;卷四:黄龙、大慧;卷五:虎丘、雪岩、断桥;卷六:青原、曹洞;卷七:龙潭、云门;卷八:雪窦、法眼。

由于其中记载的人物大多与《禅灯世谱》相同,故《续藏经》的编集者只选择与《禅灯世谱》不同的内容加以载录,其余从略。因此，收入《续藏经》中的《佛祖宗派世谱》并不是全本，而是卷一、卷五、卷六的片段。它们是：卷一《三十三祖世系图》中的始祖释迦牟尼佛、第一祖摩诃迦叶至第四祖优波毱多的传承世系。这部分内容与《禅灯世谱》大致相同，《续藏经》的编集者可能是出于要有个引子的考虑，才将它抄载的；卷五中关于临济宗第二十一世古拙俊至三十一世一初元之间的传承世系；卷六《曹洞宗天童法派世系图》中关于曹洞第十三世天童净至三十三世雪关闇之间的传承世系。

从上述片段中可以得知，在禹门正传的弟子中，天隐圆修（又称"磬山圆修"）门下的人才仅次于天童圆悟，林皋豫（通豫）、玉林琇（通琇）、箬庵问（通问）、山茨际（通际）四人均为圆修的得法弟子。又，明代曹洞宗的寿昌慧经派和云门圆澄派均源于曹洞宗第二十九世大章书（宗书）。宗书传大千润（常润），常润传慈舟念（方念），方念传湛然澄（圆澄），形成云门派。圆澄的得法弟子有指南徵（当是"彻"，即明彻）、麦浪怀（明怀）、石雨方（明方）、三宜盂（明盂）、尔密复（当是"濴"，即明濴）、具足有（明有）、瑞白雪（明雪）七人；宗书同时又传常润的同学廪山忠（常忠），常忠传寿昌经（慧经），形成寿昌派。慧经传博山来（元来），元来的得法弟子有雪关闇（智闇）。上面提到的圆修、圆澄、元来的众弟子，均为《禅灯世谱》所未载。

清明喜《缁门世谱》一卷

《缁门世谱》，又名《释氏源流五宗世谱定祖图》，一卷。清康熙癸未（四十二年，公元1703年），临济宗第三十四世、天龙寺沙门明喜辑。收入《续藏经》第一四七册。

《缁门世谱》书首有康熙癸未（1703）明喜《释氏源流五宗世谱定祖图序》。说：

喜（明喜）遵《传灯录》考之，则六祖下第五世并有沩仰、临济，第六世方有曹洞，第七世始有云门，第九世才有法眼。后人错乱，岂可昧却源流古序乎？故谨按《传灯录》编集《释氏源流五宗世谱定祖图》，并五宗法派、正枝旁出、沿流分派、渊源所自，一类相从，汇成一帙。付梓刊行诸方。(《续藏经》第一四七册，第 677 页上—第 678 页上)

《缁门世谱》是一部简要地叙列禅宗五家宗派的传承源流，并以"派曰"的形式加以评说的禅宗世谱。由于作者坚持以《传灯录》的记载为准，把天皇道悟以及道悟下数传而形成的云门宗和法眼宗隶属于青原系下，故在云门、法眼二宗的归属问题上，《缁门世谱》与悟进《佛祖宗派世谱》是持同一立场的，而与道忞《禅灯世谱》相异。

全书共分"图"（又称"祖图"）、"宗"、"派"三部分。"图"分别叙列初祖达磨至曹洞、法眼、云门（以上青原系）、沩仰、临济（以上南岳系）五宗创始人之间的单传法系。"宗"分别叙列五宗自创始人以下的主要传承。其中，沩仰宗始仰山慧寂，终兴阳词铎，凡五人；临济宗始临济义玄，终胜登了然，约一百人；曹洞宗始云居膺（道膺，前脱曹洞宗创始人洞山良价和曹山良价），终彼岸宽，凡数十人；云门宗始云门文偃，终光孝深，凡十一人；法眼宗始清凉文益，终翠岩元，凡五人。"派"分沩仰派、临济派、曹洞派、云门派和法眼派，主要是对五宗纲旨的评唱，在临济派、曹洞派中夹叙此二宗的近世传人。

由于《缁门世谱》偏重于诸宗单传世系的叙列，而对同一世次的其他人物叙及较少，故它的价值在《禅灯世谱》和《佛祖宗派世谱》之下。

清净符《法门锄宄》一卷

《法门锄宄》，一卷。清康熙丁未（六年，公元1667年），"古杭白岩偶道人"净符著。收入《续藏经》第一四七册。

净符，俗姓刘，号位中，庐陵（今江西吉安）人。青原下三十七世、曹洞宗僧人。与著《五灯会元续略》的净柱，同为石雨明方的弟子。另撰有《宗门拈古汇集》（见本书纂集部）、《祖灯大统》（九十五卷，见载于《普会大藏经》）、《颂古摘珠》、《偶言》等。事见清超永《五灯全书》卷一百十、达珍《正源略集》卷七。

《法门锄宄》书首有元禄（日本年号）庚午赞阳沙门养存《重刻法门锄宄并五家辨正序》；康熙八年（1669）云门显圣禅院住持自若深道人《法门锄宄序》。书末有丁未（康熙六年，公元1667年）九月净符《序》；康熙七年（1668）金陵天界寺大宁题记。其中大宁题记长达一千七百字，相当于《法门锄宄》正文字数的一半，其重要性不在《法门锄宄》之下，尤可注意。大宁在题记中主要说了以下几点：

一、"吾宗在唐有天皇道悟禅师一人，住楚江陵，为石头迁子（希迁的弟子）。其下出云门、法眼二宗，载皇藏《传灯》诸录，及《正宗记》最详。集《传灯》者为道原，法眼二世孙；著《正宗记》者为明教嵩（契嵩），云门四世孙。其所派列世系，井井有条，所从来旧矣。"（《续藏经》第一四七册，第687页下）也就是说，在唐代禅宗世系中，住在江陵（又作"荆州"、"荆南"）天皇寺，得法于石头希迁，其下数传而产生云门、法眼二宗的只有道悟一人，这在法眼宗僧人道原撰的《传灯录》，和云门宗僧人契嵩撰的《正宗记》中记载得清清楚楚。

二、《五灯会元》卷七天皇道悟禅师章之末，有一段关于当年荆州城同时有两个道悟的小注。由于这段小注,"后人不本所自,妄意引据,翻改成言,变乱祖系",使原先已成定论的云门、法眼二宗的祖系变成了"疑案"[案:此段小注其实是根据元人在翻刻《传灯录》时,在卷十四荆州天皇道悟禅师章之末加的一段小注改写的,只是《传灯录》中的那段小注带有录以备考的性质,而《五灯会元》中的这段小注则断定《传灯录》正文的记载为"差误"]。

三、《五灯会元》小注引以为据的"唐正议大夫户部侍郎平章事荆南节度使丘玄素"撰的《天王道悟禅师碑》,是"当时好事者为逢迎张无尽(张商英)辈所假捏之碑"。因为,"考之史鉴编年、唐宰相年表与荆州郡乘,则丘玄素既为乌有,而碑文之伪白日青天,可无疑矣"(第688页下)。也就是说,当时根本没有丘玄素这个人,哪儿来的他撰的碑。

四、"城西天王(寺)者,以唐宋郡乘考之,并未有也。而有之者,则曰城东天皇寺,称'荆南首刹,重兴为道悟禅师,乃龙潭信馈饼得法之地',《湖广全省志》第七十四卷载之甚详,与龙藏《传灯》诸书所纪无异,世所共闻。"(同上)也就是说,唐宋时荆州城西并无天王寺。

五、《五灯会元》天皇道悟禅师章末的那段小注,"乃越州业海清公(子清)于元至正甲辰重刻《会元》时,始添入也。大川(普济)原本从无是注。此盖因廷俊序中有'云壑《心灯录》未行,为惜'之语,后人遂附会其说,假捏耳。清公不考真伪,妄为添入,其惑世误人之甚,可谓业海矣"(第689页下)。

《法门锄宄》的宗旨与大宁在题记中说的相仿,也是专门驳斥两个道悟之说,论证只有嗣承青原系石头希迁的天皇道悟,而没有嗣承南岳系马祖道一的天王道悟的。全书的主要内容是:

一、明清一些禅籍中记载的天王道悟的机语,实是南岳系南泉普愿的弟子白马昙照禅师说的。昙照的机语原先见载于《传灯录》、《五灯会元》,"今人特杀好奇,向虚空里架楼阁,不循其实,乃于马祖下幻出个天王悟(道悟)来,将昙照机语栽为天王悟事,乃首尾不漏一言,不差一字,此异事也"(第683页下)。

二、《传灯录》、《正宗记》、《五灯会元》、《指月录》在记载马祖道一的法嗣时,"皆绝无所谓天王悟(道悟)者"(第684页上)。"他如《雪峰广录》、《联珠通集》、《佛祖统纪》、《玄要广集》诸书,孰不曰龙潭(崇信,道悟的弟子)一支为青原之所出。"(第684页下)

三、"今荆南城东有天皇巷,非可泯灭。而城西之巷,既无所谓天皇之名,则龙潭非天王之嗣又明矣。"(第685页上)

四、觉梦堂(惠洪)《重校五家宗派序》说,张无尽在达观颖(昙颖)处讨得唐符载所撰《天皇道悟碑》和丘玄素所撰《天王道悟碑》,净符认为这是"讹言"。理由是:"夫达观颖为谷隐聪(蕴聪)嗣,寂于宋仁宗嘉祐四年己亥除夕,张无尽卒于宋徽宗宣和三年辛丑十一月,以辛丑上溯己亥,相去六十三载。使无尽年寿七十,当颖示寂之年,仅七岁;即寿八十,亦不过十六七岁。此正读书习举业时,孜孜于文章功名且未暇,而有暇于佛学乎?即有暇佛学,未必即能留心宗乘(指禅宗);能留心宗乘,未必即能讨论门庭中事。何以知之?按《无尽传》云:……初任主簿,见梵筴庄严,遽怫然,欲作《无佛论》。后访同列,得《维摩经》读之,始能信向佛乘,时年已二十有余矣。"(第685页下—第686页上)

《法门锄宄》虽然没有系统地记叙禅宗的世系,它所论述的只是禅宗世系中的一个环节、一个片段,但由于这个环节关系到云门、法眼二宗的归属,故意义重大。而且作者言之有据,持之以理,以严密的考证来代替强词夺理的争辩,因而所论多有独到之处。

第四品　明黎眉《教外别传》十六卷
　　　　附:清通容《五灯严统》二十五卷
　　　　　　清通容《五灯严统解惑篇》一卷
　　　　　　清徐昌治《祖庭指南》二卷

《教外别传》,十六卷。明崇祯辛未(四年,公元1631年),盐官居士黎眉集。收入《续藏经》第一四四册。

《教外别传》书首有吴门邓蔚山天寿圣恩禅寺法藏、崇祯癸酉(六年,公元1633年)中秋日径山语风圆信、崇祯辛未(四年,公元1631年)阿育王寺方丈圆悟撰的三篇《教外别传序》。

语风圆信说:

　　二十八祖菩提达磨,即东土初祖,知震旦国众生有大乘根器,飘然独往,别出手眼,拈提微笑之旨,唱言"不立文字,教外别传,直指人心,见性成佛"。果教外有别传乎?因末法众生,多拘文字,所说圣教,以为实法,不信向上一著,无修无证之天真,绝死绝生之佛性。掷身心下草莽,诛六根为弃物,故来扫除枝蔓,坐断葛藤,要你亲体承当,顿明心地。九载之下,得四人焉。慧可大师一枝,传至六祖。六祖已后,衣钵不传,以心传心,祖祖相继,尽乃言句活人,瞬目扬眉,皆成剩法。迨德山鉴(宣鉴)、黄檗运(希运),便作怖变色作用。至大慧杲(宗杲)即不然,一棹江山,狂波顿息,棒唱置之高阁矣。大慧杲后,自元迄明,所出明眼知识益盛,虽语录流通,无入龙藏,可嗟! 近今邪师说法,涂玷宗门。西来见性一宗,已成七家,村婆子传口令相似,祖佛无如奈何。今《教外别传》一部,盐官黎眉居士新集。居士久探禅宗,深穷旨趣,祖佛机缘,分清理路,古今拈颂,贯串源头。末法缁素,当荐取自己本来面孔,勿外向寻讨。(《续藏经》第一四四册,第 2 页上、下)

《教外别传》所记禅宗世系,上始释迦牟尼佛,下至南岳下十七世和青原下十五世。

卷一至卷三:释迦牟尼佛;西天祖师;东土祖师。

卷四:四祖(道信)旁出法嗣一世至八世;五祖(弘忍)旁出法嗣一世至三世;六祖(慧能)旁出法嗣一世至二世。

卷五、卷六:六祖法嗣南岳怀让禅师;南岳下一世江西马祖道一禅师,至南岳下五世陈操尚书。其中南岳下二世至五世记载的均为百丈怀海一系的僧人。

卷七:南岳下二世天王道悟禅师至南岳下九世圆通缘德禅师,即天王道悟一系的僧人[案:"南岳下二世天王道悟"本当是"青原下二世天皇道悟",作者黎眉信从讹说,将道悟和道悟下数传后形成的云门宗和法眼宗,从青原系划入南岳系,故有此称。以下云门宗和法眼宗的世系称谓也是这样]。

卷八至卷十:临济宗。收南岳下四世临济义玄禅师;南岳下五世(临济下一世)至南岳下十七世(临济下十三世),始兴化存奖禅师,终华藏有权禅师。

卷十一:沩仰宗。始南岳下三世沩仰灵祐禅师,终南岳下七世郢州继彻禅师。

卷十二:云门宗。始南岳下(本应作"青原下")六世云门文偃禅师,终南岳下(本应作"青原下")十三世卫州王大夫。

卷十三:法眼宗。始南岳下(本应作"青原下")八世清凉文益禅师,终南岳下(本应作"青原下")十一世净土惟正禅师。

卷十四：六祖法嗣青原行思禅师；青原下一世石头希迁禅师，至青原下六世郢州桐泉禅师。

卷十五：曹洞宗。始青原下四世洞山良价禅师，终青原下十五世雪窦智鉴禅师。

卷十六：过去六佛，始毗婆尸佛，终迦叶佛；西天东土应化圣贤，始文殊菩萨，终法顺大师；未详法嗣，始实性大师，终亡名道婆；宋世玉音，收太宗、徽宗、孝宗三人。

《教外别传》是根据《五灯会元》的资料编就的，《五灯会元》以外的资料入选的较少。因此，就所载的世次、人物以及他们的机缘语句而言，大多不超出《五灯会元》的范围。但在编次方面作了一些调整。如《五灯会元》卷一之初记叙的"七佛"，和卷六之末记叙的"大宋玉音"、"未详法嗣"，在《教外别传》中被移置到全书的最后一卷，即卷十六记叙。

世系方面的调整的是，根据后人伪造的唐正议大夫丘玄素撰的《天王道悟禅师碑》，将道悟从青原系石头希迁的法嗣改为南岳系马祖道一的法嗣。由此带来由道悟传龙潭崇信、崇信传德山宣鉴、宣鉴传雪峰义存、义存传云门文偃而形成的云门宗，以及由宣鉴另传玄沙师备、师备传罗汉桂琛、桂琛传清凉文益而形成的法眼宗的归属的变化。在《五灯会元》中，云门、法眼二宗因为道悟是青原系僧人，这二宗也就理所当然地成了青原系下的宗派。而《教外别传》既将道悟划归南岳系，这二宗也就随之变为南岳系下的宗派。因此，《五灯会元》中属于南岳系的宗派有两个，即沩仰宗和临济宗，属青原系的宗派有三个，即法眼宗、曹洞宗和云门宗。而在《教外别传》中，除曹洞宗属于青原系以外，其余的四宗都属于南岳系。

云门宗和法眼宗从青原系划入南岳系以后，虽然系别发生了变化，但师徒之间的实际传承与世次并没有发生变化。是师父的仍然是师父,是弟子的仍然是弟子。如云门宗创始人文偃的师父是雪峰义存,弟子是白云子祥等,法眼宗创始人文益的师父是罗汉桂琛,弟子是天台德韶等,《教外别传》与《五灯会元》仍然是一致的。因此,《教外别传》在云门宗世系中说的"南岳下六世"至"南岳下十三世",相当于《五灯会元》在这一宗世系中说的"青原下六世"至"青原下十三世";《教外别传》在法眼宗世系中说的"南岳下八世"至"南岳下十一世",相当于《五灯会元》在这一宗世系中说的"青原下八世"至"青原下十一世"。也就是说,只是以"南岳"两字代替"青原"两字而已,至于世次的序数则乃是相同的。

但是,《教外别传》在每一世中收录的人物和机缘语句就数量而言,远没有《五灯会元》多。举个例子,如《教外别传》卷十二在云门宗"南岳下七世"中收文偃的弟子白云子祥、德山缘密、巴陵颢鉴、双泉师宽、香林澄远、洞山守初、奉先深禅师、双泉郁禅师、清凉智明、洞山清禀、云门朗上座十一人,其中子祥、缘密、郁禅师、智明四人只录人名,不载机缘语句。而这一世就是《五灯会元》卷十五说的云门宗"青原下七世",上述人物也全见录其中,只是《五灯会元》在他们之外,还收录了渤潭道谦、披云智寂、舜峰义韶等六十四人,总计七十五人,而且全载有机缘语句。

就所载世次的下限而言,《五灯会元》载临济宗世次至南岳下十七世,沩仰宗至南岳下八世,云门宗至青原下十六世,法眼宗至青原下十二世,曹洞宗至青原下十五世,《教外别传》只有临济宗世次达到《五灯会元》所载的下限,其余四宗均没有达到。

这并不是说《教外别传》没有一点儿自己的东西。如《五灯会元》卷一说释迦牟尼是在灵山会上传法给大迦叶的,而《教外别传》卷一则说:"世尊至多子塔前,命摩诃迦叶分座令坐,以僧伽梨(指僧衣)围之,遂告曰:吾以正法眼藏,密付于汝,汝当护持,传付将来。"(第27页下)认为释迦牟尼传法给大迦叶的地点是在多子塔前。此外,《教外别传》在行文中间以小注的方式,刊载了许多禅家的拈颂评唱,有些为《五灯会元》所无。如:

> 鼎州梁山缘观禅师,僧问:"如何是和尚家风?"师曰:"益阳水急鱼行涩,白鹿松高鸟泊难。"问:"家贼难防时如何?"师曰:"识得不为冤。"曰:"识得后如何?"师曰:"贬向无生国里。"曰:"莫是他安身立命也无?"师曰:"死水不藏龙。"曰:"如何是活水龙?"师曰:"兴波不作浪。"曰:"忽然倾湫倒岳时如何?"师下座把住曰:"莫教湿却老僧袈裟角。"(黄龙清云:"梁山老汉,洞达机宜,堪称作者。争奈借便开门,展转令人著贼。黄龙即不然,才见伊问家贼难防时如何,便与一刀两段,教伊永绝窥窬之地。虽然如是,忽有个衲僧出来,却指山僧云:贼!贼!又作么生支遣,具眼者辨取。"护国元云:"梁山只解步步登高,不解从空放下,若是山僧即不然。待他道忽遇倾湫倒岳时如何,只向他道:云在岭头闲不彻。"天童华云:"梁山和尚与贼相战,兵刀交接,填然鼓之。虽不弃甲曳兵而走,要且只解战贼,不解杀贼。有问山僧家贼难防时如何,劈脊便打,何故?不见道,齐之以礼。"——原注)(卷十五,第378页上、下)

梁山缘观禅师是曹洞宗僧人,属青原下第八世。小注前的正文见于《五灯会元》卷十四,是缘观章的前部分;小注为《教外别传》所加(当是从其他著作上摘录的),为《五灯会元》所无。因此,《教外别传》对于研究拈颂抨唱者的思想有一定的参考价值。

清通容《五灯严统》二十五卷

《五灯严统》,正文二十五卷,目录二卷。清顺治庚寅(七年,公元1650年),杭州府余杭县兴圣万寿禅寺住持通容辑。收入《续藏经》第一三九册。

通容(1593—1661),号费隐,闽之福清(今福建福清县)人,俗姓何。年十四,落发出家,首参寿昌,次参云门、博山,后得法于天童圆悟,为大鉴(慧能)下第三十五世(或称"南岳下第三十四世")、临济宗第三十一代僧人(或称"法孙")。著有《般若心经斫轮解》、《丛林两序须知》、《祖庭钳锤录》等,另有《语录》二十卷行世。事见《五灯严统》卷二十四、清聂先《续指月录》卷十九、性统《续灯正统》卷三十二、超永《五灯全书》卷六十五等。

《五灯严统》书首有《五灯严统序》五篇,分别为顺治壬辰(九年,公元1652年)礼部右侍郎兼侍读学士吴曹勋、顺治辛卯(八年,公元1651年)内翰林秘书院纂修韦成贤、同年武原徐昌治、顺治庚寅七年(1650)云间李中梓、顺治癸巳(十年,公元1653年)通容所撰;《五灯严统凡例》九条;附录八篇,有《天皇道悟禅师碑文》、《〈人天眼目〉所载觉梦堂〈重较(校)五家宗派序〉》、《〈雪窦明觉禅师语录后塔铭〉节略》、《〈宗门正名录〉考证〈禅灯世谱〉宗派说》等,旨在论证道悟以及道悟下数传后形成的云门、法眼二宗应属于南岳系;校阅、重订、详定《五灯严统》名氏等。书末有顺治丁酉(十四年,公元1657年)普门福元禅寺隆琦撰的《重刊五灯严统跋并赞》。

李中梓在《五灯严统序》中说:

> 慨自大法垂秋,人心不古。如《续略》(指《五灯会元续略》)梓行,未免有潦鹤之误,滥觞宗谱,甚且机缘无据,姓氏强摭,乱千秋之统,开万祀之讹。若决江河,安所底止。

嗟夫！统系溷滥,慧命等于悬丝。凡有血气者,咸怀乱雅之伤,矧百痴禅师(指通容)以道统为己任,能无蒿目深忧乎？倘不力起而正之,将胥后学于阴霾之域矣。不获已而有兹刻(指《五灯严统》)之举,征考惟确,笔削惟严。亲受记莂者,方登之楮墨;承虚接响者,靡不付之删锄。……计修讨是编,炎霜十更而定本始竣。上自七佛,下迨今兹,凡二十有五卷。(《续藏经》第一三九册,第3页下—第4页上)

通容在《五灯严统序》中说：

> 世久天长,数之盈亏。道之隐显,其人稍昧。便讹误相承,鱼鲁无辨。致令龙潭信(崇信)、德山鉴(宣鉴)之下若干人,咸谓出自青原思(行思)、石头迁(希迁)之派,殊不知龙潭信、德山鉴之儿孙,多而尤繁,实出马祖一(道一)、天王悟(道悟)。……每扪臆痛心,不能自安。故始一知有宗门中事,便发愿欲一展笔,经历多载,未酬夙志。幸于辛卯秋,承诸缙绅先生各具只眼,共相较正,遂将天皇悟一枝,并子若孙,以属青原思、石头迁之谱;龙潭信、德山鉴之下,其子若孙,仍归马祖一、天王悟之派。又将荐福古之遥继,列出于未详法嗣之垺。以及今时堕车覆辙,如《续略》之书,著谬集讹,肆出当世,悉皆按栽。唯取今昔正宗的派,而当机契悟亲承者,汇辑成帙,题曰《五灯严统》。(第4页下—第5页上)

《五灯严统》和《教外别传》一样,也是以后人伪造的唐丘玄素《天王道悟禅师碑》为依据,把《传灯录》、《正宗记》、《五灯会元》中隶属于青原系的道悟以及道悟下数传产生的云门、法眼二宗,划归南岳系而编就的一部书。所记世次,上始七佛,下至南岳下第三十四世和青原下第三十六世。

卷一：七佛；西天祖师；东土祖师。

卷二：四祖大医（道信）禅师旁出法嗣第一世至第八世；五祖大满（弘忍）禅师旁出法嗣第一世至第四世；六祖大鉴（慧能）禅师旁出法嗣第一世至第五世；附"西天东土应化圣贤"。

卷三、卷四：六祖大鉴禅师法嗣南岳怀让禅师；南岳让禅师法嗣第一世至第五世，始马祖道一，终长庆道巘。

卷五、卷六：六祖大鉴禅师法嗣青原行思禅师；青原思禅师法嗣第一世至第七世，始石头希迁，终青峰清勉；附"宋世玉音"。

卷七、卷八：南岳下二世至南岳下九世，始天王道悟，终隆寿法骞。即云门宗和法眼宗形成之前的道悟法系。

卷九：沩仰宗。始南岳下三世沩山灵祐，终南岳下八世兴阳词铎。

卷十：法眼宗。始南岳下（本应作"青原下"）八世清凉文益，终南岳下（本应作"青原下"）十二世柳溉居士。

卷十一、卷十二：临济宗。始南岳下四世临济义玄，终南岳下十五世冶父道川。

卷十三、卷十四：曹洞宗。始青原下四世洞山良价，终青原下三十四世大觉方念（仅录人名，不列专章）。

卷十五、卷十六：云门宗。始南岳下（本应作"青原下"）六世云门文偃，终南岳下（本应作"青原下"）十六世光孝深禅师；附"未详法嗣"，始实性大师，终雪峤圆信。

卷十七、卷十八：临济宗（黄龙派）。始南岳下十一世黄龙慧南，终南岳下十七世大沩鉴禅师。

卷十九至卷二十四：临济宗（杨岐派）。其中卷十九至卷二十一，始南岳下十九世杨岐方会，终南岳下二十二世天界怀信；卷二十二至卷二十四，始南岳下十八世净慈悟明，终南岳下三十四世南岳通际,即作者通容的祖系。

卷二十五:曹洞宗。始青原下三十五世云门圆澄,终三十六世百丈明雪。

《五灯严统》所载的世次和人物,大体上不超出《五灯会元》和《五灯会元续略》两书叙录的范围。《续略》所载世次的下限,曹洞宗至青原下三十六世,临济宗至南岳下三十四世,《严统》也是这样。这是因为《严统》与《续略》在撰时上非常接近,所看到的资料也大同小异。《严统》虽然撰成于清顺治七年(1650),但根据李中梓《序》中"炎霜十更而定本始竣"的说法,早在明崇祯十四年(1641)就开始撰写了。而《续略》始撰于崇祯十五年(1642),初稿成于崇祯十七年(1644),修治后正式刊行则在顺治五年(1648)。然而,由于《续略》的作者净柱是青原系曹洞宗僧人,而《严统》的作者是南岳系临济宗僧人,因此,《严统》并不以《续略》为同伍,相反,将它作为自己的对立面,时时加以抨击。《凡例》九条,竟有六条是针对《续略》而发的。这里既有学术观点上的歧异,也有因不同宗系而带来的门户之见。两书的不同之点主要表现在:

一、《续略》先叙曹洞宗,后叙临济宗。《严统》认为,这种编排"私尊其所自之祖,而颠倒其所续之书"(《凡例》,第6页上),因而仍然根据《五灯会元》的次第,先叙临济宗,后叙曹洞宗。

二、"《五灯续略》以普明用(妙用)嗣兴善广(慧广),殊不知兴善未尝得法于车溪(性冲),而普明何繇得法于兴善乎!"(同上,第6页下)也就是说,《续略》在临济宗法系中载有兴善慧广和他的弟子普明妙用,《严统》认为慧广与车溪性冲之间并没有师承关系,因而只保留了性冲,而将慧广和妙用删去了。

三、《续略》所收曹洞宗法系中,自青原下十六世至青原下三十六世,每世人物均载有他们的机语。而《严统》则以这些机语"不知从何而得"为理由,只保留了青原下十六世天童如净、十七世鹿门觉禅师、十八世青州一辨、二十二世报恩行秀、二十三世报恩从伦五人的机语,而将其余人物的机语一概删除,只载人名,不列章次。

四、《续略》在曹洞宗法系中,收有廪山常忠(青原下三十二世宗镜宗书的弟子)、寿昌慧经(常忠的弟子)、博山元来(慧经的弟子)等,即明末曹洞宗一大支派寿昌系的僧人。而《严统》认为,"廪山(常忠)从事异教"(同上,第7页上),慧经虽从常忠出家,但"未闻参悟",因而将常忠删去,将慧经、元来编入"未详法嗣"之列。

五、《续略》在临济宗法系中,收有语风圆信(又称"雪峤圆信",南岳下三十二世龙池正传的弟子)。《严统》认为,圆信虽参禅于正传,但因为圆信在"出世日(正式开堂说法的日子),拈香供云门匡真偃(文偃)禅师"(见卷十六绍兴云门寺雪峤圆信禅师章,第743页下),即供奉云门宗的创始人,因而也将他贬入"未详法嗣"之列。

由于《五灯严统》对于不同宗系的人物常常加以攘斥,对不合自己观点的史料随便怀疑、删改,因此,虽然书中不乏有价值的资料,特别是临济宗方面的资料,但从所定法统的可靠性和严密性而言,实际上要比净柱的《五灯会元续略》来得低。

清通容《五灯严统解惑篇》一卷

《五灯严统解惑篇》,简称《解惑篇》,一卷。清顺治十一年(1654)左右,通容撰。收入《续藏经》第一三九册。

《解惑篇》是针对《五灯严统》刻行后,"洞下(指曹洞宗)有三宜公(指云门圆澄的弟子明盂)及远门(指净柱)辈,各著书刊布,一谓《明宗正讹》,一谓《摘欺说》,一谓《辟谬说》,以共攻同抗,阻抑此书(指《五灯严统》),使勿行"(《续藏经》第一三九册,第1044页上)的反映写的。它与《严统》的关系,犹如《正宗论》与《正宗记》的关系一样,后书(《解惑篇》、《正宗论》)都是用来阐发前书(《严统》、《正宗记》)的观点的。《解惑篇》共由四部分组成。

一、《解惑篇》正文。曹洞宗指责说,自宋以来历代官版《大藏经》收载的《传灯录》和《正宗记》,都明明白白地记载只有一个道悟,而《严统》却持两个道悟之说,这是"改易龙藏,是无君之过"(第1044页上)。为此,通容论述了《传灯录》和《正宗记》不如《五灯会元》的观点。认为"《传灯录》、《正宗记》二书,只明人数与世次,实不曾分支派,表宗旨,何为昆,何为季,只优侗(笼统)一式叙成"(第1045页下),而至《五灯会元》始分宗立派,"功不在禹下"〔案:通容褒扬《五灯会元》,一是因为此书是临济宗僧人普济作的,与他同宗;二是因为《五灯会元》道悟章之末的小注对两个道悟说加以肯定。其实《传灯录》道悟章末也有类似的一段小注,只是语气不那么肯定罢了。这两段小注都是元人添入的,并不是原本固有。详见清净符《法门锄宄》〕。

二、《复武林越州诸缙绅书》。通容在这里解释了为什么在《严统》中将寿昌慧经、雪峤圆信等编入"未详法嗣"的原因,并指出,远门(净柱)《摘欺说》中列举的曹洞宗祖师的语录,"多从万松(行秀)《评唱》采出,改易名字,可胜差错。如《评唱》载'人山',远门作'仁山';'王山法祖',远门作'王山体'。至其语句,乃出自浮山远公,牵强支吾,诳人耳目。更自谓出何塔铭,出何题咏,尤觉荒唐倒谬之极。可见彼从前历代老宿,无全语录

行世之明征大验矣。"(第 1047 页下—第 1048 页上)

三、《又复武林诸缙绅书》。继续反驳曹洞宗方面的质难，维护《严统》所定的禅宗法统。

四、后记(无标题，作于《解惑篇》正文付梓之后)。对净柱《五灯会元续略》所定体例，以及他在《摘欺说》中关于"《严统》皆窃彼《续略》所订"等质难进行批斥。最后，详细地叙列了《五灯严统》两个道悟说的典据。它们是：《佛祖历代通载》卷十五所载的二道悟碑；唐闻人归登《南岳让禅师碑》("列法孙数人，天王道悟其一也")；圭峰(宗密)禅师《答宰相裴公(裴休)宗趣状》("列马祖道一法嗣六人，首曰江陵道悟")；权德舆《马祖塔铭》("载弟子慧海、智藏等十一人，道悟在焉")；《释氏稽古略》卷三；惟白《建中靖国续灯录》("叙雪窦显为马祖九世孙")；慧洪《林间录》卷上("辨明天王、天皇两大宗派")；宋拱辰《祖源通要》("亦载天王为马祖之嗣")；《五灯会元》道悟章小注；《人天眼目》收载的觉梦堂《重较五家宗派序》；吕夏卿《雪窦明觉大师塔铭》(谓"雪窦为马祖九世孙")；云壑《心灯录》；瞿汝稷《指月录》卷七；黎眉《教外别传》；道忞《禅灯世谱》；吴侗《祖师图》；明王谷《宗门正名录》。

从《解惑篇》开列的书目来看，持两个道悟说的人也是不少的。

清徐昌治《祖庭指南》二卷

《祖庭指南》，又称《祖庭嫡传指南》，二卷。清壬辰岁(顺治九年，公元 1652 年)，徐昌治编述。收入《续藏经》第一四八册。

《祖庭指南》书首有壬辰岁(1652)秋季徐昌治《自序》；书末有《本师费隐禅师寄赠》、《金粟百痴禅师跋语》、《本师费老人付法语偈》。徐昌治在《自序》中说：

嗣六祖者,南岳(怀让)、青原(行思)。岳出马祖(道一),祖出临济、沩仰、云门、法眼,派虽有四,而临济为正传。原出石头(希迁),头出曹洞。一花五叶,又从此始。论佛法机缘,临济可谓阐发殆尽。……余谓费师(指费隐通容)之功不在孔孟下。是同是别,总之昧却佛乘,迷却师承,故展转支离。今急编《嫡传》一帙,细为剖白。(《续藏经》第一四八册,第365页下—第386页上)

《祖庭指南》是徐昌治以自己的老师费隐通容为禅宗法脉的唯一嫡传作为前提,然后依次上排,直至佛祖而编定的禅宗单传世系,就其实质来说也是临济宗的单传世系。本书和《五灯严统》一样,也是把派生云门宗和法眼宗的道悟法脉当作南岳系来对待的,因而在《自序》中称"祖(马祖道一)出临济、沩仰、云门、法眼"。全书所收,上始七佛,下至慧能下第三十五世,凡七十五人。

卷上:七佛;西天祖师;附《金粟百痴禅师评》。

卷下:一世南岳怀让;二世马祖道一;三世百丈怀海;四世黄檗希运;五世临济义玄(开山祖师——原注);六世兴化存奖;七世南院慧颙;八世风穴延沼;九世首山省念;十世汾阳善昭;十一世石霜楚圆;十二世杨岐方会;十三世白云守端;十四世五祖法演;十五世圆悟克勤;十六世虎丘绍隆;十七世应庵昙华;十八世密庵咸杰;十九世破庵祖先;二十世无准师范;二十一世雪岩祖钦;二十二世高峰原妙;二十三世中峰明本;二十四世千岩元长;二十五世万峰时蔚;二十六世宝藏普持;二十七世东明慧旵;二十八世海舟普慈;二十九世宝峰明暄(一作"瑄");三十世天奇本瑞;三十一世无闻明聪;三十二世笑岩德宝;三十三世幻有正传;三十四世密云圆悟;三十五世费隐通容。末附徐昌治关于自己的生平经历,以及受通容的吩咐刊布本书的自述(无标题)。

《祖庭指南》不仅观点上因袭《五灯严统》,而且资料也来源于《五灯严统》,因此,它实际上是《五灯严统》关于通容一脉世系的简述而已。

第五品　清元贤《继灯录》六卷
附:清通问《续灯存稿》十二卷
　　清性统《续灯正统》四十二卷

《继灯录》,六卷。清顺治辛卯(八年,公元1651年),鼓山沙门元贤辑。收入《续藏经》第一四七册。

元贤(1578—1657),字永觉,建阳(今福建建阳县)人,俗姓蔡。原名懋德,字暗修,为乡邑诸生,嗜周程张朱之学(即宋代理学)。年四十,双亲继殁,弃家投寿昌慧经出家,为青原下第三十五世(相当于"大鉴下第三十六世"),曹洞宗僧人。著有《楞严经略疏》、《金刚经略疏》、《般若心经指掌》、《四分戒本约义》、《律学发轫》、《净慈要语》、《禅林疏语考证》、《寱言》、《续寱言》、《禅余内外集》、《开元寺志》、《鼓山志》、《诸祖道影传》、《补灯录》、《建州弘释录》(见本书杂记部)等。卒后,弟子道霈将其语录及部分述作,编为《永觉元贤禅师广录》三十卷。事见清林之蕃《福州鼓山白云峰涌泉禅寺永觉贤公大和尚行业曲记》、通问《续灯存稿》卷十一、性统《续灯正统》卷三十八、超永《五灯全书》卷六十二等。

《继灯录》书首有辛卯(1651)秋九月元贤撰的《继灯录序》和《凡例》(凡七条)。元贤在序中说:

> 禅家历世相传,喻之为灯,取其能破暗以显物,亦取其能继照于无尽也。自宋景德间,道原大师始为《传灯》,嗣

是则有《广灯》、《续灯》、《联灯》、《普灯》之作,所述互有详略,学者难以尽考。由是大川济公(指普济)合之为《会元》(指《五灯会元》),始终一贯,后学便之,功至渥也。若绍定以后诸师,《会元》未及收者,犹赖《续灯》(指明居顶的《续传灯录》,与北宋惟白的《续灯》,即《建中靖国续灯录》为二书)收之,但采录未备,且止于宋末元初。自元以至今日,将四百载,诸师霾光铲彩,未获著明于世,伊谁之责乎?愚不自揣,乃于戊子(指顺治五年)之春,博采旁搜,冀以缉补前阙。至庚寅(指顺治七年),复得远门柱公(指净柱)所辑《五灯续略》(即《五灯会元续略》),益补其所未备。无何而病作,殊剧历三月始愈,愈则目加昏,耳加聋,手亦不能复亲笔砚,故其所录尚阙成化以下,盖止乎其所不得不止也。录凡六卷,名之曰《继灯》。(《续藏经》第一四七册,第701页上)

从元贤的自序中可以获悉,《继灯录》是作为《五灯会元》的续篇而于清顺治五年(1648)开始编撰的。当时作者所知道的内容可补《五灯会元》之阙的书是明初居顶撰的《续传灯录》三十六卷。南宋绍定(1228—1233)以后禅宗法系上的禅师,《五灯会元》没有来得及收录,全赖《续传灯录》收之。但《续传灯录》"采录未备,且止于宋末元初",至于元代以后至明末的禅宗诸师,"未获著明于世"。而且据作者在《凡例》中所说"诸师年代既远,嗣续难以考正,闻明初有《续传灯录》,余未及见,世已无传"(第702页下)则知《续传灯录》的传本当时已濒临绝版,连元贤本人也没有看到。只是在他动笔写《继灯录》的第二年,即顺治七年(1650),他才得知同宗净柱已撰成了同样题材的一部著作《五灯会元续略》。元贤本来想在自己的书中增列《续略》未备的内容,然而由于他当时已是七十多岁了,目昏耳聋,手不能笔,因此只好录到明代中叶为止,明成化(1465—1487)以后的禅宗人物付之阙如。

由于沩仰宗和法眼宗在普济撰《五灯会元》时已经绝传,云门宗虽在《五灯会元》撰成以后尚有若干传人,但他们的嗣承世次已经无法详考,故《继灯录》和《五灯会元续略》一样,所续唯曹洞、临济二宗。临济宗,《五灯会元》终于南岳下十七世,故本书所录从十八世开始;曹洞宗,《五灯会元》终于青原下十五世,故本书从十六世开始。

卷一:曹洞宗。始青原下十六世天童如净,终青原下二十九世少室契斌。其中青原下十七世收载的日本道元(日本曹洞宗的始祖),是元贤的弟子道需于元贤卒后新补的。

卷二至卷六:临济宗。始南岳下十八世净慈悟明,终南岳下二十七世普济净澄。卷六之末附"未详法嗣",收沩山太初等七人。

《继灯录》的撰录原则是:"诸师法语不存,而出处可考者,必载之。或一行之可传,或临终之有异,亦载之。""诸师或有名可知,而出处言句俱失录者,但依旧例存其名,以俟后人考入。其有颂古传世者,亦取其一二则附入。"(《凡例》,第702页上)也就是说,对于师承可考的禅师,不论他有无机语述作,均加以载录,或选法语,或取行迹,或摘颂拈偈赞,以见其人面貌;若言句行迹均未见传,或者是作者没有看到,就只载人名,以俟后人补入。这虽然是灯录撰作的通例,但体现在《继灯录》中,比较明显的是辑存了不少禅师的颂拈偈赞。如卷一记曹洞宗"青原下十八世"青州一辩(一作"辨")说:

青州普照寺一辩禅师,精究内典,贯通旨趣。及参鹿门(觉禅师),得言外旨。出住青州普照,迁东都万寿。当是时,燕秦齐晋之间入是宗(指曹洞宗)者,皆其后学。室中设百问,以勘验学者。尝作《四宾主颂》,颂"宾中宾"曰:天涯奔走几经春,负学论功日转贫。行海渊深须遍涉,义天空阔不容尘。"宾中主"曰:衣穿瘦骨露无余,独镇寰区晖太初。三尺匣中诛佞剑,百囊箧里荐贤书。"主中宾"曰:丹墀鞭静六宫开,万里江山绝点埃。脱却襕衫戴席帽,声声只道这边来。"主中主"曰:重岩幽邃锁烟岑,古洞龙吟雾气深。石女唱归红焰里,木人运步绝知音。(第716页上)

卷四记临济宗"南岳下二十一世"月庭忠禅师说:

> 月庭忠禅师,尝颂"迦叶揵文殊"曰:锦衣公子游春惯,白首佳人懊恨多。彼富尚嫌千口少,自贫无奈一身何。又颂"僧问白云:旧岁已去,新岁到来,如何是不迁义"曰:落叶已随流水去,春风未放百花舒。青山面目依然存,尽日横陈对落晖。(第771页下)

《继灯录》所载的世次人物从总体上来说不及《五灯会元续略》来得多。《续略》载曹洞宗至青原下三十六世,《继灯录》比它少七世;《续略》载临济宗至南岳下三十四世,《继灯录》也比它少七世。而且《继灯录》每一世次收载的人物也比《续略》少。但《继灯录》在人物的言语、行实的记载方面仍有一些独有的资料。元贤说:"《五灯续略》一书,采录为详,余所未及见者,多得之此书,其功伟矣。但有余之所见,而彼未及见者;或有彼之所取,而余则削去者;或同一语录而取舍各异者;或同一行实而详略有殊者。"(《凡例》,第702页上)这席话还是比较符合实际的。

清通问《续灯存稿》十二卷

《续灯存稿》,十二卷。明崇祯壬午(十五年,公元1642年)

至清顺治十一年(1654)之间,东吴沙门通问编。收入《续藏经》第一四五册。

通问(？—1655),字箬庵,吴江(今江苏吴江县)人,俗姓俞。得法于磬山圆修,为南岳下第三十四世、临济宗僧人。事见清通容《五灯严统》卷二十四、聂先《续指月录》卷十九、性统《续灯正统》卷三十四、超永《五灯全书》卷六十八等。

《续灯存稿》书首有康熙丙午(五十一年,公元1786年)龙丘行昱(通问的弟子)《续灯存稿叙》;明崇祯壬午(1642)笠泽居士华亭施沛(《续灯存稿》资料的提供者)《广求皇明禅师语录塔铭备续传灯小剳》;行昱《凡例》(凡六条)。

行昱在《续灯存稿叙》中说:

> 自景德出《传灯》,其后有《广灯》,有《续灯》,有《联灯》,有《普灯》,以暨绍兴间大川济公(指普济)之《会元》,布列分张,腾辉溢彩,盛行于宋矣。自宋季阅元而明,迄于圣代,四百余年,虽沩仰、法眼、云门三宗不幸先后相继无传,而临济、曹洞二支绵绵不绝,联芳并茂,代有其人。奈何阒然未有继其作者,致使大方宗匠,湮没无闻,残碑断碣,沉埋于荒榛腐莽中。祖祖慧命,何翅一丝之悬九鼎哉!先南涧(指通问)为此深惧,留意捃摭,搜罗有年,每出访求,不远千里。崇祯壬午夏,适云间晤施别驾笠泽居士(指施沛),得其所纂,不谋而同。于是浩然而归,载笔从事,又数年编纂,始得成书。正谋命工镂板,遭时抢攘,复秘而藏之,标曰《续灯存稿》。事未及举,不幸先师遽云示寂[案:其时为顺治十二年]。(《续藏经》第一四五册,第1页上、下)

《续灯存稿》和《继灯录》一样,也是续《五灯会元》的著作。只是由于《继灯录》的作者属于曹洞宗,而《续灯存稿》的作者属于临济宗,出于自尊其宗的考虑,前书按先曹洞、后临济的次第叙述,而后书一如《五灯会元》,仍按先临济、后曹洞的次第叙述,在临济宗杨岐派中大慧宗杲和虎丘绍隆二支的先后位次上,也以《五灯会元》先大慧、后虎丘的次第为准。不过,在大鉴(慧能)以下世次的称谓上,《五灯会元》是按南岳、青原二大系的传承分别命名的,称之为"南岳下"某世和"青原下"某世,而《续灯存稿》则统称为"大鉴下"某世。

卷一至卷十:临济宗。始大鉴下第十八世(相当于"南岳下第十七世")天童咸杰,终大鉴下第三十四世(相当于"南岳下第三十三世")普明妙用。末附《补遗》,补收大鉴下第十七世的慈化印肃、第二十七世的伏牛圆信、第二十八世的正法雪光和性空和尚、第二十九世的君峰清祥和圆通湛觉。

卷十一:曹洞宗。始大鉴下第十六世(相当于"青原下第十五世")华藏慧祚,终大鉴下第三十六世(相当于"青原下第三十五世")鼓山元贤。

卷十二:未详法嗣。收青州佛觉、庆寿教亨、天台祖灯、仙林雪庭、云栖袾宏、达观真可、黄檗深有、曹溪德清等四十五人。

上述世次中,除临济宗中的"大鉴下第十八世"和曹洞宗中的"大鉴下第十六世"是《五灯会元》已载的世次,通问因为前者收载未备,故补充后重载以外,其余的世次均为《续灯存稿》新收。书中对人物言语行迹的记载,有些是首尾完整的。如临济宗"大鉴下第三十一世"中的云谷法会禅师章说:

> 嘉兴府胥山云谷法会禅师,本郡嘉善怀氏子,芟染于大云寺。时法舟(道济)掩室于天宁,师往参叩,示以"念佛是谁"话。一日斋次,食器坠地,豁然有省。僧问:如何是祖师西来意?师曰:有水皆含月,无山不带云。僧曰:莫有更奇特处么?师曰:切忌唤龟作鳖。问:如何某甲直捷用心处?师曰:举不顾,即差误,拟思量,何劫悟?师居常不设卧

具,昼夜危坐,四十余年如一日。万历三年正月五日示寂,寿七十,腊五十六。(卷十,第232页下)

也有些则只取其中的一段。如曹洞宗"大鉴下第二十二世"中的胜默光禅师章是这样写的:

> 胜默光禅师,举"九峰不肯首座"公案,颂曰:元座徒亡一炷烟,九峰岂是抑高贤。若将一色为承绍,孤负先师不借缘。示众,举"麻谷振锡"话,曰:是无可是,非无可非,是非无主,万善同归。枭鸡昼夜,徒自支离,我无三寸,鳖得唤龟,迦叶不肯,一任攒眉。(卷十一,第257页下)

《续灯存稿》的资料主要取于明居顶《续传灯录》和净柱《五灯会元续略》,尤其是曹洞宗部分,基本上都是根据《五灯会元续略》摘编的。另外,也吸取了明代一些禅师的语录、传记、塔铭、文集,以及梵刹志乘中的一些内容。

清性统《续灯正统》四十二卷

《续灯正统》,四十二卷。清康熙三十年(1691),"南海普陀嗣祖沙门西蜀性统集"。收入《续藏经》第一四四册。

性统,号别庵,西蜀(今四川省西部)人。临济宗大慧宗杲派第十七代(相当于"大鉴下第三十三世")法孙、高峰和尚的法嗣。另著有《五家宗旨纂要》三卷。事迹见清屠粹忠《续灯正统序》等。

《续灯正统》书首有康熙丁丑(三十六年,公元1697年)光禄大夫、兵部左侍郎杨雍建《续灯正统序》;康熙癸酉(三十二年,公元1693年)慈溪姜宸英《序》;康熙壬申(三十一年,公元1692年)奉直大夫沈廷劢《序》;同年屠粹忠《续灯正统序》;康熙辛未(三十年,公元1691年)夏五月性统《自序》;《凡例》(凡十条)。

姜宸英说：

是编(指《续灯正统》)以南宋为始，要归于今日，补集五灯之未备，是之谓《续灯》也。以济(临济宗)洞(曹洞宗)分列，各清其授受，表彰二桂(指南岳、青原二系)之昌荣，是之谓《正统》也。(《续藏经》第一四四册，第440页上)

屠粹忠说：

释氏之有灯录，亦犹儒家之有《通鉴》也。自尧舜禹汤文武，以至历代人君，经国治民之政事，皆载于《通鉴》之中。自释迦东西诸祖，以至历代禅师明心悟道之机缘，皆载于灯录之内。……别庵(指性统)和尚承嗣高峰，乃大慧十七世孙也。丙寅岁，自西蜀来江浙，扫祖塔于径山，寄杖锡于天童。余与提台陈公，暨合郡诸先生，同请主持普陀镇海禅寺。宗风丕振，道誉遍闻，名山藉以益著矣。壬申秋，以所编《续灯正统》索序于余。其曰《正统》，可知其所编之不苟也。余展阅数四，方识径山(宗杲)虎丘(绍隆)之下诸禅师，如是明心，如是悟道，如是接物利生，与吾儒致知、诚意、正心、修身、齐家、治国、平天下，何以异哉！(第441页上)

《续灯正统》所续的对象也是《五灯会元》。作者认为，南宋普济禅师根据"五灯"编辑的《五灯会元》，"考精论确，无遗议者"(《凡例》，第443页上)。自明代以来，虽有居顶的《续传灯录》、文琇的《增集续传灯录》，"奈考世不广"，即收编的世次不广；近世灯录叠出，有元贤的《补灯录》、净柱的《五灯会元续略》、海宽的《五灯赞续》、通问的《续灯存稿》、净符的《祖灯大统》、本晳的《宗门宝积录》等，"缵述去取，各有所尚"(同上)。所以，"是编特搜群集，会为大成，与广润《僧宝传》互相发明。

曰《续灯》，仍旧名也，曰《正统》，昭法系也。"（同上）全书所续唯临济、曹洞二宗。由于性统与《续灯存稿》的作者通问同属临济宗，因而在二宗的叙列次序上，也是先临济宗、后曹洞宗。书中所载的人物的上堂小参、偈颂机语，"悉采诸家成集，述而不作"（第443页下）。

卷一至卷三十四：临济宗。始大鉴下第十六世（相当于"南岳下第十五世"），终大鉴下第三十五世（相当于"南岳下第三十四世"）。卷一，大鉴下第十六世径山宗杲、虎丘绍隆；卷二至卷八，大鉴下第十六世至第二十五世，始育王端裕，终牧庵谦（"无传"，即有目无文），即径山、虎丘二派以外的临济法孙；卷九至卷十八，大鉴下第十七世至第三十一世，始教忠弥光，终提督陈世凯居士，即径山派法孙；卷十九至卷三十四，大鉴下第十七世至第三十五世，始天童昙华，终永正悟元，即虎丘派法孙。

卷三十五至卷四十：曹洞宗。始大鉴下第十六世（相当于"青原下第十五世"），终大鉴下第三十七世（相当于"青原下第三十六世"）。第一人为雪窦智鉴，最末一人为鼓山道霈。

卷四十一：未详法嗣。收径山庆、莲池袾宏、紫柏真可等数十人。

卷四十二：补遗。收雪峰祖灯、憨山德清等六人。

上述世次中，临济宗法系中的"大鉴下第十六世"、"第十七世"、"第十八世"，和曹洞宗法系中的"大鉴下第十六世"，为《五灯会元》已载世次。《续灯正统》之所以要重载，一是为了能在全书的开头就突出径山、虎丘二支在临济宗杨岐派，乃至在整个临济宗中的重要地位；二是为了补遗，将一批见载于"五灯"而为《五灯会元》所不载的人物重新收进去。这在临济宗法系的"大鉴下第十六世"中有：普照奉胜、虎丘宗达、灵岩净、启霞楚谦（以上卷三）、云居圆、三圣道方、能仁净、提刑吴昕居士（以上卷四)等;在"大鉴下第十七世"中有:云岩法秀、连云行敦、上竺圆智(以上卷五)、翠岩僧价、澄照行齐、上蓝了乘(以上卷六)等;在"大鉴下第十八世"中有:天童达观、仰山嗣清、承天湛(以上卷七)等。在曹洞宗法系的"大鉴下第十六世"中有:翠岩宗静、华藏慧祚、雪窦德云、净慈重皎(以上卷三十五)等。

《续灯正统》收载的人物,上始南宋初年,下至清康熙年间。其中在作者撰书时尚活着的是曹洞宗法系的大鉴下第三十七世为霖道霈。道霈为鼓山元贤的弟子,师从元贤达三十年之久。在元贤八十岁寿庆时,举为首座,成为曹洞宗寿昌法派的嫡传。《续灯正统》是以这样的记载结束对道霈的介绍的:

> 上堂:菩提本无树,秤锤是铁铸。明镜亦非台,光明遍九垓。本来无一物,千足与万足。何处惹尘埃,莲华火里开。诸师还见祖师么?良久曰:清源方举首,紫帽笑哈哈。(卷四十,第964页下)

"菩提本无树,明镜亦非台。本来无一物,何处惹尘埃?"是六祖慧能的一首著名的得法偈。从道霈的言谈来看,清代的禅家对唐宋尊宿的古训仍然是十分尊重的。

第六品　清通醉《锦江禅灯》二十卷
附:清如纯《黔南会灯录》八卷

《锦江禅灯》,二十卷。清康熙壬子(十一年,公元1672年),成都昭觉寺沙门通醉辑。收入《续藏经》第一四五册。

通醉(1610—1695),字丈雪,内江(今四川内江市)人,俗姓李。少年出家,初礼古字山清然法师,圆具(受具足戒)后,遍参诸方,得法于破山海明禅师,为南岳下三十五世、临济宗僧人。事见《锦江禅灯》卷十、清超永《五灯全书》卷七十、达珍《正源略集》卷五等。

《锦江禅灯》书首有清康熙二十五年（1686）通议大夫胡升猷（本书的参订者）《锦江禅灯序》；康熙二十六年（1687）昭觉寺住持彻纲《序》；康熙二十七年（1688）大圣大慈寺住持觉聆《序》；康熙三十二年（1693）德玉《序》；康熙十一年（1672）通醉《题辞》，以及《古今采摭》（即引书目录）、《辩讹》、《校讹》（对《佛祖统纪·西土二十四纪》等的辨正）和《凡例》（凡六条）。书末有荆楚弘山崇慧寺彻犖《后跋》。

胡升猷在《锦江禅灯序》中说：

> 夫神禹自岷山导江，是山水发源于锦江。而西域谶云：金鸡解衔一粒粟，供养十方罗汉僧，爰出马驹，踏杀天下。后代儿孙蕃衍，则谓灯（指禅灯，即禅宗法脉）独盛于锦江也亦宜。昭觉丈老人（指通醉）得天童悟（圆悟）键锤、破山明（海明）衣钵，滴泪滴血，无法真传，为临济三十二世，中兴圆悟祖师之法席。三十年来，如涂毒鼓响，闻者咸失身丧命，劫灰扫荡，创建之余，汇集历代尊宿凡产自蜀，而阐扬宗风于异地，或产异地，而大建法幢于西川者，皆录其源流、行实、警语、悟偈，垂训后人，名曰《锦江禅灯》，而以高僧、神僧附焉，共二十卷。（《续藏经》第一四五册，第520页下—第521页上）

《锦江禅灯》是一部地方性的禅宗灯录。它只收生于蜀地（今四川省）而在其他地方传禅，或者生于其他地方而在蜀地传禅的禅宗人物（绝大多数是禅师，也有少数是居士）。由于成都之南有一条有名的锦江（又名"流江"、"汶江"、"府河"，是岷江的分支），故作者取书名为《锦江禅灯》。所载世次，以"大鉴（慧能）下"某世称名，不分南岳系和青原系，也不标临济、曹洞等五宗，上始大鉴下第一世，下至大鉴下第四十世。由于第四十世中收载的人物仅见于书的目录而不见于卷文(即一般灯录上说的"不列章次"、"无录"),故在卷文中实际记叙的人物至大鉴下第三十九世(法幢远)而止。另外,也记载了在这些世次之外的一些佛教人物,有禅宗的,也有非禅宗的。

卷一前部分:禅宗东土六祖(初祖菩提达磨至六祖慧能,不列章次);四祖下第四世(益州端伏、汉南法俊、西川敏居,不列章次);四祖下第六世旁出(天柱崇慧,有录);五祖下第一世(金州法持、资州智侁,不列章次)至第四世(保唐无住、云顶王头陀、净众神会,其中无住一人有录)。

卷一后部分至卷十五:大鉴下第一世(南岳怀让、青原行思,有录)至大鉴下第四十世(彬松朗、完璧玉,不列章次)。

卷十六至卷二十:高僧神僧。收多宝寺道因、东禅院贯休、成都府永安、弘农昙询、鄠江僧渊、绵州慧琳、苦行慧聪、峨眉道者、高昌法绪等二百人左右。

《锦江禅灯》的资料主要来自三十九种佛书。其中有:《佛祖纲目》、《佛祖通载》、《佛祖统纪》、《传法正宗记》、《禅宗正脉》、《宗门统要》、《五灯会元》、《人天眼目》、《禅灯世谱》、《禅林宝训》、《续传灯录》、《摘要指南》(指《高僧摘要》)、《莲宗宝鉴》、《古尊宿语录》、《颂古联珠》、《五灯续略》、《五灯缵绪》、《五灯严统》、《诸方日录》、《径石滴乳集》等。所载世次以大鉴下第三十六世至第四十世为最新。因为大鉴下第三十六世收载的三峰藏(法藏)法嗣二人、破山明(海明)法嗣八十七人、弘觉忞(道忞)法嗣六人、浮石贤(通贤)法嗣四人、林野奇(通奇)法嗣七人、龙池微(通微)法嗣一人,都是清一色的临济宗天童圆悟派的第二代传人,他们与作者通醉同属一派,同处一世,而且破山明法嗣中的八十六人(另一人是作者)又都是通醉的同学,尔后的几世都是这批禅师的弟子和再传弟子,其中的密切关系可以想见。也正由于这一点,书中对这几世人物言语行迹的记叙,相对来说比较真实和新鲜。如卷十一记"大鉴下第三十六世"天童本皙(字山晓)说:

> 宁波府天童山晓皙(本皙)禅师,长寿县魏氏子。父国琦,世儒业。母阳氏,梦梵僧授一如意,生师。幼见经书、佛像,即知敬礼,从邑之定慧寺出家。慕南方禅宗,十九岁出峡,抵金陵听讲。适天童密云老人(指圆悟)至长干,师往请益,于是习参禅。二十一(岁)从三昧和尚受具(受具足戒),遂参报恩玉林和尚(指通琇)打七。时不退首座监香,师以本参扣击,座便掌,于此有省。复参"牛过窗棂(榥)"公案,如痴者三年。往见木陈和尚(指道忞)于云门。一日升座,垂问:真月不问汝诸人,如何是第二月?众下语不契,自云:赚杀人。师乃豁然,古人机缘无不了了。然深自晦默,及木和尚再主天童,师充首座。……世寿六十七,僧腊五十。洎盛京隆安寺南迁,两主杭州之佛日,继迁苏州包山、四明天童,凡五坐道场。有《奏对录》一卷、《全录》十余卷,手编《宝积录》(指《宗门宝积录》)九十三卷,行世。(第631页下—第633页下)

卷十五记"大鉴下第三十八世"非指明禅师说:

> 非指明禅师,江津熊氏子。嗣懒石聆和尚,依止华岩数载,隐逸江津之静慈有年。尝有《颂古》行世,道眼精明,学探深赜。今略拈数则,以著师心。"丹霞烧木佛"颂:离官敕令降将来,簇锦攒花当下灰。惊起牛儿浑不见,行人得去邑人灾。"石霜横刀水盆上傍置草鞋"颂:空把瑶琴月下弹,无生曲调自超然。子期不谙何处去,孤负渠侬意一翻。"十八女子不系裙"颂:衲僧鼻孔,活活皱皱(泼泼)。不系

裙儿,洒洒落落。"婆子烧庵"颂:正恁么时,如贫得宝。㷊却荟子,一了百了。"日面佛月面佛"颂:日面佛兮月面佛,一条拄杖两头秃。敲风打雨人不知,拄地撑天光煜煜。(第678页上、下)

《锦江禅灯》的缺点是收录的人物中,有相当多的人只载禅师法名的后一个字,而不出全名,如"象崖珽"、"灵筏昌"、"雪臂峦"、"敏树相"、"澹竹密"、"灵隐文"等,这就使得读者不得不借助于同类书的记载加以参对,方能了知他们的全名,增加了检索上的麻烦。

清如纯《黔南会灯录》八卷

《黔南会灯录》,八卷。清康熙壬午(四十一年,公元1702年),习安天龙山沙门如纯辑。收入《续藏经》第一四五册。

如纯,字善一,黔南(今贵州省)人,俗姓张。礼法海寺灵光和尚披剃出家,依顶相和尚受具足戒,参叩善权达位禅师而得印证,为"临济三十五世天童第五代破山下",即临济宗第三十五世(相当于"南岳下第三十八世")、天童圆悟派第五代、破山海明一支的法孙。事见《黔南会灯录》卷八。

《黔南会灯录》书首有康熙四十一年(1702)集山道人程春翔《序》;康熙四十二年(1703)礼部尚书杜臻《序》;如纯撰的《源启》(相当于《缘起》)和《凡例》(凡八条)。

程春翔在《序》中说:

> 黔居边地,佛法罕闻。明末寇乱,四方禅侣咸避地乞食于其间,或着衣持钵,不坠家风,或挂板悬槌,洪宣法教,于是诸家各有语录,于中片语接人,吐辞见道者,亦不乏也。但以远在天末,不获广播中州,流传海内。善一(如纯)大师心窃惜之,乃不辞跋涉,遍历诸山,博采各家语录,集之成

帙，名以《会灯》。(《续藏经》第一四五册，第739页上)

如纯在《源启》中说：

> 予行脚东南，经诸大刹。每于休夏之际，披阅《传灯》，见古今尊宿名目，多在江浙诸省，惟黔中未见片言点墨，不禁掩卷而叹曰：圣贤不择地而生，佛法遍一切处，何吾黔之独无也？是人以地囿耶，抑佛法有偏耶？……深究其源，总以关山迢递，邮简莫及，故令操觚者无由收集尔。予不敏，敬矢厥志，不惮寒暑，躬历诸郡，汇收全黔诸家语录，缀以管见，编辑成书，名曰《黔南会灯录》。(第740页下)

《黔南会灯录》也是一部地方性的禅宗灯录。它只收明末清初在贵州一带传禅的禅宗人物，因为"吾黔宗风，兴自明末，自燕居老人(指德申禅师)、暨语嵩(指传裔禅师)、云腹和尚(指智禅师)三人入黔，为破天荒也。"(《凡例》，第741页下)也就是说，在明末之前，贵州并无禅宗。又由于明末清初在贵州流传的主要是临济宗，属于曹洞宗的人很少，而临济宗僧人基本上出自天童圆悟派，曹洞宗僧人基本上出自云门圆澄派，故书中所载的世次，若是临济宗的，一般用"临济"某世、"天童"某代、"破山(海明)下"或"平阳下"、"汉月(法藏)下"来表示，上始临济宗第三十二世(相当于"南岳下第三十五世")，下至临济宗第三十五世(相当于"南岳下第三十八世")；若是曹洞宗的，则用"曹洞"某世、"云门下"某代来表示，仅收曹洞宗第三十一世(相当于"青原下第三十四世")。

卷一前部分："临济三十二世天童下"。收象崖性玢、敏树如相、燕居德申、灵隐印文、半云如慧五人。

卷一后部分至卷三前部分："临济宗三十三世天童第三代破山下"。收云腹智、余山瑞、纯一道源、语嵩传裔、天隐道崇、天湖正印、述中合舜、月幢彻了、大慈悟度、梅溪福度、万德佛开、雪林超化、三能胜柔等二十六人。

卷三后部分："平阳下"。收行之显笃一人。

卷四前部分："临济三十四世天童第四代汉月下"。收云空智量一人。

卷四后部分至卷七前部分："破山下"。收竹航海、会也益惺、渠山妙随、无涯昌太、嵩目佛宗、语圣弘正、古源海鉴、别南传旨、顶相道慕、福圆满、大拙净霞、迥然明月、剑端达祖、善权达位、竺怀印、广成普升、慧颖庆绪、蓝田光碧、慧林如英、卓庵明闲等四十七人。

卷七后部分："曹洞宗三十一世云门下第四代"。收淡云明光、弗会传知二人；"宿士类"，收传性和尚、法印和尚、天一刘居士、居易叶居士等八人。

卷七后部分至卷八末："临济三十五世天童第五代破山下"。收古雪海智、苍海道语、实行慧真、云峰祖高、溪脉照一、慧镜照常、月恒真升、省参海宁、禅那广静、济庵普静、厂石如圣、普济大阐、善一如纯等二十五人。

全书之末有《续补》，收续灯寂常、无暇性玉、竺崖心性三人。

《黔南会灯录》的撰录特点是：在人物章的开头，先介绍其人的生平行历，包括一般灯录放在人物章之末才叙述的何时示寂、"世寿"多少、"僧腊"（受具足戒以后的僧龄）多少等；然后摘录若干段在贵州行化时所说的言谈语句，至于在外地说的一概不收。如卷一记"临济三十二世天童下"燕居德申说：

清镇九龙云天燕居德申禅师，蜀之李氏子。十九岁礼大休仙法师出家，习讲业。后访高原，精《唯识》、《楞伽》，并相宗诸要。因在合阳染病,矢志必欲了明大事。病愈,隐居南吊岩山住静,闻破祖(指破山海明)自浙回川,直往亲觐,凡悟入省见机缘,在破祖章中。承祖印证之后,适乱入黔,寓居会城大兴禅寺。次建清镇之九龙,后迁平越之福泉,其余僦居开法之所,罔计其数。上堂:诸方开堂有法说,山僧(指德申自己)开堂无法说。有法说,鹫峰拈来无处著;无法说,座上炉烟飘屋角。日间浩浩摘杨花,夜里明明听鼠嚼。于此会得,不受颟顸,其或未然,看取注脚。以拄杖卓一卓,下座。(第747页上、下)

卷四记"临济三十四世天童第四代汉月下"嵩目宗禅师说:

黔西东山开元嵩目宗禅师,蜀之重庆綦江陈氏子。参语嵩和尚(指传裔)印可,辟东山行化。终老,塔于本山寺侧,世寿七十八,僧腊四十余。上堂:即心即佛,眼里添钉。非心非佛,无绳自缚。总不恁么时,蹋翻生死窟,大地没遮拦,那更有拘束?到处随类化身,一任兴歌作舞,还有总不恁么者么?良久曰:切忌补疮挖肉。(第773页上)

作者在《凡例》中说:"撰集规式古例,止收上堂小参、示众机缘、拈颂法语等类,其杂著空名不载。惟黔地远人稀,弗能效例,凡在苦心力行之内,无论有录无录(指有无语录),杂著一概并收,庶存名以备后考。"(第741页上)然而翻检全书,除提到少数禅师有语录刻行以外,并没有著录什么"杂著",而且一般灯录也并非只载机缘语句,不载禅师所撰的文章、著作的,只是或多或少、或详或略罢了。因此,这里的说法与实际情况并不相符。由于《黔南会灯录》收录的世次和人物均不多,故它的资料是比较单薄的。

第七品　清超永《五灯全书》一百二十卷

《五灯全书》,正文一百二十卷,目录十六卷。清康熙三十二年(1693),京都圣感禅寺住持超永编辑。收入《续藏经》第一四〇册(收录《五灯全书》目录十六卷和正文第一卷至第四十三卷)、第一四一册(收录《五灯全书》正文第四十四卷至第一百二卷)、第一四二册(收录《五灯全书》正文第一百三卷至第一百二十卷)。

超永,得法于道安静禅师,为南岳下第三十六世、临济宗僧人。事见《五灯全书》卷一百、清达珍《正源略集》卷十等。

《五灯全书》书首有康熙三十二年(1693)四月御制《序》(因原本佚第一页,故《序》的前部分已脱落,今存后部分);同年孟秋超永《五灯全书目序》;康熙三十一年(1692)北京玉泉山静明园古华严寺超撰(《五灯全书》的校阅者)《五灯全书序》;康熙三十二年(1693)三月和康熙三十六年(1697)六月超永撰的两篇《五灯全书进呈奏疏》;康熙二十三年(1684)超永撰的《凡例》(凡十二条)。

康熙皇帝在御制《序》中说:

> 自宗门教兴,曹溪而下五派迭行,各有撰述。宋景德以后,裒集为《传灯》诸录,嗣是又举契要领,汇成一编,是为《五灯会元》。洎乎本朝沙门海宽,念其支派繁衍,自宋金元明数百年来,传述阙然,乃著《缵续》(《五灯缵续》)一书。今圣感寺僧超永,复虑谱牒渐棼,闻见不一,用是旁搜博考,折衷于二编而参订之,删其烦芜,增所未备,以成全书,其用心也可谓勤矣。至于简牍所载互相印证之语,罕譬曲喻,为说甚伙。而其大指要归,亦惟欲祛迷惑,以复性真,不越乎闲邪存诚,牖人为善之意,匪仅有裨于禅宗教旨而已也。

(《续藏经》第一四〇册,第1页上)

超揆在《五灯全书序》中说:

> 今世法道下趋,邪师辈出,沉湎于势利,攘臂于斗诤。喔唯突谲之徒,相与以佛为戏,而语言文字一途,昔用之扬扢宗要,今用之嚃蚀狮身。肩慧命之责者,仰屋扼腕之不暇,尚何所事于发挥揣摩,以表彰从上之法式哉!我深雪霁兄(指超永)为之痛心发愤,乃殚虑竭思,经营铅椠,操三十年之苦心,而脱全稿。(同册,第3页上、下)

按照超揆在上文中"操三十年之苦心,而脱全稿"一句的说法,似乎《五灯全书》是历时三十年才写成的,而据作者的自述,则并没有这么长。因为作者在《五灯全书目序》中说:"自康熙癸亥(指康熙二十二年)入京,广征博采,谨以古今遗集,探其事实,其理不当而言冗伪者,则删之;其旨不二而机冥合者,则增之。继而考订宗派,申明大端,不使金输溷杂,务期支绪详明。引说辨解,各有根据,靡不穷搜极讨。编成垂二百余万言,名曰《五灯全书》。"(第1页下)这就清楚地说明,作者是从康熙二十二年(1683)起开始搜集资料,制定《凡例》[案:许多佛教著作的《凡例》是在书成之后补上去的,因为《凡例》需要对书的内容特点加以概括,而本书的《凡例》撰于康熙二十三年(1684)写作之初],至康熙三十二年(1693)他进呈《五灯全书》,并祈请皇帝赐序时,正好首尾十年。故作者在第一篇《奏疏》中说:"臣僧不揣固陋,用志十年,历稽从上之遗编,搜索近今之宗派,言无歧辙,语合心灯。"(第4页下)

《五灯全书》是以南宋普济《五灯会元》和清海宽《五灯缵绪》为主要素材,同时综合元贤《补灯录》、净柱《五灯会元续略》、道需《辟谬》、通问《续灯存稿》、本皙《宗门宝积录》等禅书的记载,参酌删补,而编成的自禅宗有灯录以来卷帙最巨的一部书。所记,上始七佛,下至南岳下第三十七世和青原下第三十七世,"阅时(指贯串的时间)近三千年,计人数七千余"(同上)。作者认为,"天王(道悟)于马祖(道一),天皇(道悟)于石头(希迁),皆前人所定之案,见诸典籍不啻数十种"(《凡例》,第7页上),从两个道悟说出发,作者把本来属于青原系的法眼、云门二宗划归为南岳系,把"青原下"某世改称为"南岳下某世"。见录的人物,若有机缘语句的,就编在目录的前面;若无机缘语句可记的,则编在目录的后面,并标以"不列章次"的字样。

卷一至卷五前部分:七佛;西天二十七祖及其旁出法嗣;西天应化圣贤;东土六祖;东土应化圣贤;东土六祖旁出法嗣。

卷五后部分至卷八:六祖大鉴禅师法嗣南岳怀让禅师;南岳让禅师法嗣第一世(马祖道一等)至第六世(广化处微)。

卷九至卷十二:六祖大鉴禅师法嗣青原行思禅师;青原思禅师法嗣第一世(石头希迁)至第七世(澧州药山等)。

卷十三至卷十六:南岳下(本应作"青原下")第二世(天王道悟)至第九世(眉州黄龙等)。

卷十七:沩仰宗。南岳下第三世(沩山灵祐)至第八世(三角志谦等)。

卷十八至卷二十:法眼宗。南岳下(本应作"青原下")第八世(清凉文益)至第十四世(承天仲颜等)。

卷二十一至卷二十五:临济宗。南岳下第四世(临济义玄)至第十五世(瑞岩如胜等)。

卷二十六至卷三十:曹洞宗。青原下第四世(洞山良价)至第十七世(鹿门觉等)。

卷三十一至卷三十六:云门宗。南岳下(本应作"青原下")第六世(云门文偃)至第十六世(光孝深)。

卷三十七至卷四十：临济宗（黄龙派）。南岳下第十一世（黄龙慧南）至南岳下第十七世（龙鸣贤等）。

卷四十一至卷六十：临济宗（杨岐派）。南岳下第十一世（杨岐方会）至第三十一世（笑岩德宝）。

卷六十一至卷六十三：曹洞宗。青原下第十八世（普照一辨）至第三十六世（尔密明澓等）。

卷六十四至卷一百八：临济宗（杨岐派）。南岳下第三十二世（幻有正传等）至第三十七世（古梅定冽等）。

卷一百九至卷一百十八：曹洞宗，青原下第三十七世（无迹净敏等）。

卷一百十九至卷一百二十：未详法嗣（实性大师等八十五人）。

上述一百二十卷中，凡卷六十九以前所载的世次，即青原下第三十七世和南岳下第三十五世以前的世次，均根据灯录的通例，先标"世次"、次标"法嗣"、后标"禅师"之名。如卷六十三是曹洞宗"青原下第三十六世"人物。它的第一级标题是"青原下第三十六世"；第二级标题是"云门澄（圆澄）禅师法嗣"、"博山来（元来）禅师法嗣"、"东苑晦台镜（元镜）禅师法嗣"、"鼓山永觉贤（元贤）禅师法嗣"、"少室喜（慧喜）禅师法嗣"；第三级标题是属于这些禅师法嗣（即弟子）的人物。如"博山来禅师法嗣"下叙列"瀛山雪关智訚禅师、檀度嵩乳道密禅师、长庆宗宝道独禅师、独峰竹山道严禅师、回龙古航道舟禅师、博山雪涧道奉禅师、开府集生余大成居士、冶父星朗雄禅师"八人之名，"少室喜禅师法嗣"下叙列"彼岸涵宇海宽禅师、安国别山性在禅师"二人之名。

凡卷六十九以后所载的世次，即南岳下第三十五世、第三十六世、第三十七世和青原下第三十七世，由于"支分蕃衍，一时难获全璧,兹则随得随录,但从世次,而弗拘嗣法之前后"(《凡例》,第8页上)。也就是说,由于这四个世次都是作者新近搜得的,收录的人物又特别多,而且很难说已经周全了,故作者在世次之下直接叙列各禅师的名字,而将他们的师承法嗣放在人物章的末尾注出。"古今尊宿,有录存者,语俱另选,不循旧文;若无录可辑,仍从《灯元》(《五灯会元》)诸书,取要删繁,所责旨趣之切当。"(同上)即所有专章记叙的禅师,若他有语录行世的,《五灯全书》就挑选他书未曾收录的机缘语句入选;若没有语录行世的,则仍从《五灯会元》诸书中摘取。

如卷一百六记临济宗"南岳下第三十七世"隆禧大量宣禅师说:

京都隆禧大量宣禅师。上堂:月落天边,云归洞口。荆棘林中无片叶,千峰猿穴有寒声。啼到耳边人不识,却从个里几沉吟。顾众曰:还会么?我不轻于汝等。示众:秋风秋月入秋涛,秋色秋山秋菊饶。秋日秋云秋最巧,秋来秋去杖头挑。卓拄杖曰:挑的是甚么物?闻之无声,观之无色,动之无形,静之无影。佛祖不能觑破,衲僧亦未踏着,众中可有踏得着的么?众默然。师良久曰:看脚下。……(容宇贵嗣——原注)(《续藏经》第一四二册,第60页下—第61页上)

卷一百十一记曹洞宗"青原下第三十七世"天宁休山净炬禅师说:

嘉禾天宁休山净炬禅师,无锡华氏子。上堂:对一说,烟雨楼头好风月;倒一说,无限秋光齐漏泄。银蟾影里桂花飘,天香阁上风流客。卓拄杖曰:阿呵呵,识不识?处处撞头与磕额。中秋小参:秋风阵阵桂飘香,飞雁成行带夕阳。

岸柳金丝穿玉露,西来祖意绝商量。顾左右曰:吾无隐乎尔。师住世六十年,无疾跏趺而逝,塔于杭之赛西湖左首。(三宜盂嗣——原注)(同册,第136页上、下)

这些都是清代禅宗人物的新资料,对于禅宗史的研究具有十分重要的价值。

第八品　清达珍《正源略集》十六卷

《正源略集》,十六卷(今佚序文、凡例和卷一)。清天台山沙门达珍编。从卷题下的署称来看,卷一至卷十三是达珍根据宝轮际源、高旻了贞的旧辑重编的,卷十四至卷十六则全是达珍新辑。依书中所记禅师的活动年代推测,本书约撰于嘉庆(1796—1820)年间。收入《续藏经》第一四五册。

达珍,高旻了贞的弟子,"南岳下四十一世"、临济宗僧人。

《正源略集》是一部记载清代(包括明清之交)禅宗世次和人物的灯录。由于清代禅宗只剩五家宗派中的临济宗和曹洞宗,故书中所记的也只有二宗。临济宗世次,以"南岳下"某世相称,上始"南岳下三十四世",下至"南岳下四十世"(一作"南岳下第四十世",多"第"字,意思相同);曹洞宗世次,以"青原下宗镜(宗书)"某世相称(以宗镜宗书为第一世作推算),上始"青原下宗镜三世"(相当于"青原下三十四世"),下至"青原下宗镜十三世"(相当于"青原下四十四世")。

卷一、卷二:南岳下三十四世。根据卷五、卷六收载的"南岳下三十五世"人物所属"法嗣"的标注推溯,已佚的卷一收载的是"天童悟(圆悟)法嗣"中的五峰如学、汉月法藏、破山海明、费隐通容、朝宗通忍、石车通乘、万如通微、木陈道忞、石奇通云、牧云通门、浮石通贤、林野通奇十二人。今存的卷二收载的是

"天隐修(圆修)法嗣"中的林皋本豫等五人和"雪峤信(圆信)法嗣"中的彻崖宏歇等四人。

卷三:青原下宗镜三世(相当于"青原下三十四世")至五世(相当于"青原下三十六世")。始无明慧经,终为霖道霈。

卷四至卷六:南岳下三十五世。始天寿谧融元禅师,终香严宕山远禅师。

卷七、卷八:青原下宗镜六世(相当于"青原下三十七世")。始龙华久默音禅师,终大慈石公瑸禅师。卷八之末有"附诸尊宿",附出未详法嗣者十四人,始莲池袾宏,终开府余大成。

卷九、卷十:南岳下三十六世。始石霜碧眼开禅师,终向上具瞻仰禅师。

卷十一、卷十二:南岳下三十七世。始大梅与峰智禅师,终三昧不物震禅师。

卷十三:青原下宗镜七世(相当于"青原下三十八世")、八世(相当于"青原下三十九世")。始永宁式衡权禅师,终海幢云庵云禅师。

卷十四:南岳下三十八世、三十九世。始大觉佛泉安禅师,终休林远岫堂主。

卷十五:青原下宗镜九世(相当于"青原下四十世")至十三世(相当于"青原下四十四世")。始硕庵行载,终巨超清恒。

卷十六:南岳下三十九世、四十世。始大沩藏庵锋禅师,终扬州逦园尤居士。

书末有《补遗》。补收在有关世次中漏载的人物,始武林远峰青禅师,终扬州南源信禅师,凡二十八人。

上述世次中,卷十三以前收载的世次,即南岳下三十五世至三十七世、青原下宗镜三世至六世,为《五灯全书》已收的世次;卷十三以后收载的世次,即南岳下三十八世至四十世、青原下宗镜七世至十三世,为《五灯全书》未载的世次。这些新收的世次和人物,对于后人了解清代中后期禅宗的传授,特别是思想风格,提供了大量未见于其他灯录的重要史料。

如卷十五记"青原下宗镜十三世"巨超清恒说:

> 润州焦山巨超清恒禅师,桐乡陆氏子。自幼能诗,投海宁庆善寺脱白(指出家),造隆觅岫雯律师圆具(指受具足戒)。因阅《坛经》"不思善不思恶"语,知有宗门中事,即登焦山,参济舟洮(澄洮)。济问:何处来?师云:浙江。济云:曾过浒墅关么?师云:曾过。济云:把将公验来?师无对。自此亲炙数载,得蒙印可。乾隆五十二年,遂继焉。解制小参:春风渐和,春日渐长,时节若至,其理自彰。龙潭(崇信)吹灭纸灯,德山(宣鉴)隔江招手,雪峰(义存)九上洞山,玄沙(师备)蛭破指头。以至鸦鸣鹊噪,无非时节因缘,便可洞明事。今当九旬期满,圣制圆成,山门头布袋阿师呵呵大笑。且道笑个甚么?人说今年胜旧年,上元定是正月半。(《续藏经》第一四五册,第 476 页上、下)

卷十六记"南岳下四十世"高旻了贞说:

> 维扬高旻昭月贞(指了贞)禅师,徐州沛县余氏子。幼依铜山洁生和尚出家,年二十受具于宏济律师。常诵《法华》、《金刚》致疑,奋志参方,谒高旻了凡圣(指际圣)。参"三不是"语有省,呈所得。了曰:谁教你坐在者(这)里?悬崖撒手,自肯承当,绝后再甦,欺君不得。师闻举,豁然开悟。从兹日益玄奥,后继席焉。上堂:绿阴深处,水足草足。碧玉阶前,风清月白。千劫眼不借舌头底,万劫舌不借眼睛底。璿玑不动,寂然恒通。大清国里,不是无禅,只是无师,一释迦、二元和、三佛陀,其余是

什么碗脱丘。(第491页下)

另外,《正源略集》还著录了明末和清代的一些禅宗著作。如"南岳下三十四世"林皋本豫的《宗门成范》四卷和《语录》(见卷二);山茨通际的《南岳禅灯录》、《正法眼藏续集》(同上);"南岳下三十五世"汝凤杲禅师的《语录》十五卷(见卷四);梅谷悦禅师的《列祖提纲》、《正宗语录》(同上);云外行泽的《语录》十五卷(同上);硕机圣禅师的《问道录续录》(见卷五);雪厂道白的《雪响集》、《救正录》、《云门方外志》(见卷六);"南岳三十七世"迦陵音禅师的《语录》、《宗鉴法林》(见卷十二);"青原宗镜七世"拙庵智朴的《存诚录》(见卷十三);"南岳下三十九世"静荪慧禅师的《禅宗心印》(见卷十六);"南岳下三十五世"古风然禅师的《正续灯》(见《补遗》)等,足资禅史研究者参考。

《正源略集》的不足之处是:不少人物只载禅师的机语,而不载他的身世、行历,而且时常只载禅师法名的后一个字,不出前一个字,对考究禅师的全名以及他的生平行迹带来一定的困难。

第六门 藏传佛教宗派

第一品 元蔡巴·贡噶多吉《红史》一册

《红史》,又名《红史第一集》、《乌兰史册》(蒙文译名),一册。元至正二十三年(1363),藏传佛教蔡巴噶举派僧人蔡巴·贡噶多吉著。今据西藏人民出版社2002年4月版第2版东嘎·洛桑赤列校注本解说。

蔡巴·贡噶多吉(1309—1364),又名"蔡巴司徒·贡噶多吉"、"格微洛追",自幼习学蔡巴噶举派教法,十五岁时受任蔡巴万户长,十六岁进京朝见元泰定帝。在担任万户长的二十八年间,修缮蔡贡塘寺、拉萨大昭寺、布达拉宫等佛教寺庙,迎请布顿校勘那塘版《甘珠尔》等藏地所有经藏,以金银汁书写《蔡巴甘珠尔》(收有二百六十多部经籍)。至正十二年(1352),因与大司徒绛曲坚赞不和,将权力交给其弟扎巴喜饶,跟从堪钦顿霞巴桑结仁钦出家,受比丘戒,起法名为"格微洛追"。在蔡贡塘寺讲授多种经论,被僧俗誉为"遍知司徒"。著作尚有:《白史》、《花史》、《红史续集·贤者意乐》、《贡塘喇嘛尚传记》、《先父默兰多杰传记》等。事见《红史》校注本初首《作者介绍》。

另外,有关蔡巴·贡噶多吉的生平事迹,也见于明代五世达赖《西藏王臣记》。汉译本将蔡巴·贡噶多吉译作"仲钦·衮噶多吉",又称"本·衮噶多吉"、"仲钦·汤吉勤巴"、"格卫罗朱"(法名)。并说,仲钦·衮噶多吉是在联合萨迦本钦·杰瓦桑布等,累次进攻第斯帕木竹巴(即"大司徒绛曲坚赞"),作战失败,所封的领地丧失过半之后,才将万户长之职授与其弟扎巴协饶(即"扎巴喜饶"),自己出家为僧的(见民族出版社2000年2月版刘立千汉译本,第73—74页)。

《红史》是一部叙述印度、汉地、西夏、蒙古、吐蕃的王统世系与西藏佛教的渊源流派,特别是萨迦派、噶当派、噶举派的传承的藏传佛教史书。关于本书的名称,作者是这样解释的:"古往今来之史册,俱以各种颜色命名,故本书题为《红史第一集》。"(第1页)全书分为二十六章(汉译本省略"章"字,以"一"至"二十六"标序),大致可以归纳为四部分。

一、第一章至第三章。简述印度古代的王统和佛教在印度的传承。

第一章"众生共敬之王的世系",叙述从世间上最初由民众推举产生的国王"共敬王"(又译"众敬王")至净饭王(释迦牟尼的父亲)的王统;第二章"薄伽梵(释迦牟尼)的历史、三次集结——教法传承及佛法住世的时期",叙述释迦牟尼的略历、小乘的三次结集、大乘的结集和主要传承者;第三章"印度王统简述、释迦灭寂年代的算法",叙述印度阿育王之后,七位赞扎王、七位跋拉王、四位塞那王的王统,以及释迦入灭时的岁数。

二、第四章至第六章。简述汉地从周朝到南宋的王统世系。

第四章"汉地由周至唐的历史简述",叙述周朝至唐朝的王统;第五章"由汉文译成藏文的唐朝史书中的唐朝吐蕃历史简述",介绍《唐书·吐蕃传》的内容;第六章"汉地由梁至南宋的历史简述",叙述五代时后梁至南宋的王统。

三、第七章至第八章。简述西夏、蒙古的王统世系。

第七章"西夏简述",叙述西夏的王统;第八章"蒙古(元朝)简述",叙述蒙古的王统。

四、第九章至第二十六章。简述吐蕃的王统;西藏佛教的产生、中断和复兴;萨迦派、噶当派、噶举派的传承;以及元成宗的《优礼僧人诏书》。

第九章"吐蕃简述",叙述吐蕃的王统(自聂赤赞普至朗达玛);第十章"佛教后弘的产生",叙述西藏后弘期佛教的产生(以藏王朗达玛灭佛为界,此前流传的藏传佛教称为"前弘期佛教",此后复兴的藏传佛教称为"后弘期佛教");第十一章"阿里的王统及佛教弘传",叙述朗达玛次妃之子沃松的后裔在阿里的王统,及其弘佛活动;第十二章"萨迦派世系简述",叙述由款·官却杰布(又译"昆·衮乔杰布")创立的萨迦派(因创建萨迦寺,并以此为中心传法而得名)的传承世系;第十三章"萨迦派历任本勤",叙列萨迦派中历任本勤(又译"本钦",元代在卫藏地区设立的管理万户长的大长官,首任本钦为释迦桑波)的名单;第十四章"教法传承、戒师传承、因明传承",叙述从释迦牟尼开始的教法、戒律的传承(正文中缺有关"因明传承"的内容);第十五章"班钦释迦室利戒律传承",叙述后弘期由印度班钦释迦室利(又名"喀且班钦")入藏传出的戒律的传承。

第十六章"噶当派传承",叙述由阿底峡的大弟子仲敦巴创立的噶当派(因创建热振寺,并以此为中心传法而得名,又称"上噶当派")的传承;第十七章"噶当教典派传承",叙述由仲敦巴的大弟子博多哇传出的噶当派支派——教典派的传承;第十八章"噶当教授派传承",叙述由仲敦巴的大弟子京俄哇传出的噶当派支派——教授派的传承;第十九章"噶当派道阶派传承",叙述由阿底峡的大弟子纳措译师门下的绒巴甲索巴创立的噶当派支派——道阶派（又称"下噶当派"）的传承；第二十章"桑浦寺世系"，叙述由阿底峡的大弟子俄·勒贝西饶创建的噶当派寺院桑浦寺（全称"桑浦内邬托寺"）的传承。

第二十一章"噶举派总说"，叙述由玛尔巴译师传出的噶举派的传承；第二十二章"达布噶举"，叙述由玛尔巴译师的大弟子米拉日巴门下达波拉杰（又译"达布拉杰"、"达波拉结"）传出的噶举派支派——达布噶举（又称"达波噶举"）的传承；第二十三章"噶玛噶举"，叙述由达波拉杰的大弟子杰都松钦巴（又称"噶玛巴·都松钦巴"）传出的达布噶举的支派——噶玛噶举的传承；第二十四章"帕竹噶举和止贡噶举"，叙述由达波拉杰的大弟子帕莫竹巴（又译"帕木竹巴"）传出的达布噶举的支派——帕竹噶举，以及由帕莫竹巴的大弟子止贡巴传出的帕竹噶举的支系——止贡噶举的传承；第二十五章"蔡巴噶举"，叙述由达波拉杰的大弟子香卓微官布仁波且（又译"向蔡巴"）传出的噶举派支派——蔡巴噶举的传承。

第二十六章"元成宗完泽笃赐给西藏僧人的《优礼僧人诏书》"，叙述元成宗时对西藏颁布的《优礼僧人诏书》。

《红史》主要是按地域讲述王统世系和佛教的传承的，故行文较为简略，对人物的言语思想、教法的要点、经典的名目等的涉笔较少。全书四部分中，以叙述唐代至元代西藏佛教概况的第四部分为最有价值。

关于萨迦派世系。书中说，这是由"款氏家族"传出的，世代"精通旧派密宗（指宁玛派）"。款·官却杰布（又译"贡却杰布"）修建萨迦寺，创立了萨迦派；官却杰布的儿子是萨钦贡噶宁布（后被称为"萨迦五祖"中的初祖）；萨钦贡噶宁布有贡噶拔、索南孜摩（二祖）、杰尊扎巴坚赞（三祖）、贝钦沃波四子；贝钦沃波有萨迦班智达贡噶坚赞（又称"萨班·贡噶坚赞"，四祖）、桑察索嘉（又称"桑察索南坚赞"）二子；桑察索嘉的长子是八思巴（五祖）。八思巴十岁时作为伯父（贡噶坚赞）的随从一起来到凉州。"八思巴给忽必烈灌顶，由此建立了施主与福田的关系。薛禅汗（指忽必烈）继位后，相继将八思巴封为国师、帝师，成为全国的教主。"（第十二章"萨迦派世系简述"，第40页）

关于噶当派世系。书中说，噶当派的祖师是阿底峡在藏地的上首弟子仲敦巴·甲瓦穷乃。仲敦巴是一个居士，他创建了热振寺（噶当派祖寺），讲经授徒，其中最有名的弟子有三人：普穷哇、博多哇、京俄哇。普穷哇没有招收弟子。博多哇传弟子朗日塘巴、尚夏拉哇；朗日塘巴传弟子肖岗巴、尚夏拉哇传弟子且喀哇；肖岗巴传弟子朗塘尚、且喀哇传弟子赛基布哇，以后展转相传，一直传到元代琴·罗桑扎西。"上述师徒们均属博多哇传承，称为噶当教典派"（第十七章"噶当教典派传承"，第53页）。京俄哇传弟子甲域哇钦波，甲域哇钦波传弟子藏巴仁钦朗龙巴、冲协钦波，以后展转相传，一直传到昌波龙巴等。"以上这些传承，因为主要是教授口诀，故称其为教授派（指噶当教授派）。"（第十八章"噶当教授派传承"，第54页）

关于噶举派世系。书中说，噶举派是由藏地"翻译之王"玛尔巴译师创立的。玛尔巴曾三次去印度，师从那若巴、梅智巴等，学习密法。回藏以后，他翻译了《无二尊胜大续》（"续"为梵语"怛特罗"的意译，藏地用指密咒、密典）等许多密典，讲经授法。他的主要传法弟子被称为"四大柱"。"东大柱为朵地方的粗敦·旺艾，以法力巨大著称；南大柱为雄地方的俄敦·却多，以智慧著称；西大柱为藏绒地方的梅敦·村波，以奉侍著称；北大柱为贡塘地方的米拉日巴，以敬信著称。前三人以讲解经典传授为主，米拉日巴以修持传授为主。"（第二十一章"噶举派总说"，第62页）玛尔巴译师传米拉日巴，米拉日巴传达波拉杰。

达波拉杰创立达布噶举,他的弟子杰都松钦巴、帕莫竹巴、向蔡巴分别创立了噶玛噶举、帕竹噶举、蔡巴噶举。

此外,本书在记述印度佛教的史实方面,也有一些值得注意的地方。如关于大小乘结集,书中说:

> 薄伽梵(指佛)利众事业完满,于八十岁时的秋季最后一个月的八日,在婆罗园中示寂。释迦牟尼示寂的次年(汉地相传是当年),进行第一次结集,因庆喜尊者(即阿难)得阿罗汉果,集经藏,优婆离尊者集律藏,迦叶波尊者集论藏。释迦牟尼灭寂后一百一十年,由法王阿育王任施主,在广严城召集七百阿罗汉举行第二次结集。释迦牟尼灭寂后三百年,在迦湿弥罗国由迦腻色迦王担任施主,阿罗汉五百、菩萨五百、班智达六千,进行佛法第三次结集。这是小乘的结集。而大乘的结集,据说是在王舍城南方的一座叫作毕玛拉萨拔哇的山上,聚集百万佛子,由文殊结集论藏,由弥勒结集律藏,由金刚手菩萨结集经藏。(第二章"薄伽梵的历史、三次结集"第6页)

本书在噶举派两大派系中,没有叙及与达布噶举并列的另一派系"香巴噶举"(由从噶当派朗日塘巴受比丘戒的琼波南交创立);在达布噶举四大支派中,没有叙及与噶玛噶举、帕竹噶举、蔡巴噶举并列的另一支派"拔绒噶举"(由达波拉杰的弟子达玛旺秋创立);在帕竹噶举八小支派中,没有叙及与止贡噶举并列的其他七支,即达垅噶举、主巴噶举、雅桑噶举、绰浦噶举、修赛噶举、叶巴噶举、玛仓噶举。故在内容上尚有不完备之处。

第二品　明廓诺·迅鲁伯《青史》一册

《青史》,一册。明成化十七年(1481),藏传佛教噶举派僧人廓诺·迅鲁伯著。今据西藏人民出版社2003年7月第2版郭和卿汉译本解说。

廓诺·迅鲁伯(1392—1481),又称"廓·迅鲁伯"、"廓译师·迅鲁伯"、"桂译师·叶桑孜巴"、"桂译师·迅鲁巴"、"叶桑巴·宣尼贝"、"宣奴贝"。郭和卿汉译本《译者后记》说:"《青史》的著者是廓诺·迅鲁伯。廓是其族姓,廓诺意为廓译师;迅鲁伯是其名,意为童德。他是元代藏族著名译师,生于后藏达纳普地方。曾前往尼泊尔和印度,在许多班智达座前,听受许多教法,成为最善巧通达者。……他曾译有许多密宗教法。于元顺帝至元十八年戊戌1358年著成《青史》初稿,是其著名的代表作。"(第657页)

但据清代松巴·益西班觉《如意宝树史》所载,廓诺·迅鲁伯并不是"元代藏族著名译师",其事迹也与汉译本《译者后记》所说迥异。《如意宝树史》在《藏地佛教的传播情况》一节中说:"赤松(德赞)的大臣桂赤桑的后裔益桑则哇于京益寺出家,取名宣奴贝,他于泽当(达布噶举派寺庙)与散桑哇、于塘萨合与马敦·宣奴加哇、于觉隆与散木旦顿珠巴、于后藏与香巴·根钦宛扎西、于多尔卡与尊者宗喀巴等均结法缘,特别他向僧伽室利学习《迦罗波文法》,向曲结卓玛学习许多旧传密典,向果周·扎巴迥尼学习主巴噶举法类,向曼久·喜饶桑布学习息杰派(又译"希解派")的三大传承,向班钦那仁学习六支瑜伽,向拉康顶巴学习觉囊派的六支加行等,向第二十二代京俄学习道歌,向第四世红帽系活佛学习《空行海论》中的灌顶教授和黑氅灌顶等。凡藏区流行的教法,除本教(指西藏原始宗教)法类,几乎全部听闻。但他主要奉持帕竹(指噶举派支派竹巴噶举)教法和宁玛派非共同的金刚橛、马头明王、大圆满、深金刚等法,许真实空性无分别之大手印智。他曾撰写显密疏论多种,著有

《青史》。"（甘肃民族出版社1994年7月版蒲文成、才让汉译本，第346页—第347页）并在《大事年表》作了以下的记载："第七饶迥"的"水猴年"（即公元1392年），"噶宁廓译师叶桑孜巴·宣尼（奴）贝生"（第703页）；"火猴年"（即公元1476年），"廓译师开始著《青史》"（第710页）；"金牛年"（即公元1481年），"廓译师宣尼贝去世"（第711页）。

再查《青史》本文。《青史》第一辑中已明明白白地说，"从戊申（指明太祖洪武元年，公元1368年）起，即为大明皇帝统治国土。……当丙申年（指明宪宗成化十二年，公元1476年）时，大明王朝传代已经一百零八年"（见第34页）。第十五辑又说，"此一史著在辛丑年（指成化十七年，公元1481年）……圆满完成"（见第652页）。故《青史》始撰于明成化十二年（1476），完成于成化十七年（1481），而不可能是汉译本《译者后记》所说的"元顺帝至元十八年戊戌1358年"，因为当时作者尚未出生。

由此可见，《青史》的作者廓诺·迅鲁伯并不是元代人，而是明代中叶人，他也没有去过尼泊尔和印度。实际情况是，元代有一个"廓译师"，明代也有一个"廓译师"，两人相距一百多年，前者译有四十多种密教经典（见元布顿《佛教史大宝藏论》），后者是《青史》的作者，汉译本《译者后记》的说法，显然是将明代的"廓译师"与元代的"廓译师"混为同一个人了。

《青史》是一部以叙述西藏佛教的教法、教典和教派的源流与传承为主，兼及印度、汉地佛教概况的藏传佛教史书。全书分为十五辑。

第一辑"教法来源、西藏历代王朝、西藏前弘期佛教"。叙述佛教的起源、传承和传入西藏的情况。内容包括：从众敬王（世间上最初出现的国王）至净饭王（释迦牟尼的父亲）的王统世系；释迦牟尼的简历；释迦牟尼去世以后法藏的传承（七代付法藏师等）和别解脱戒的传承（十八部派、戒律传入西藏的三个系统等）；西藏的王统世系；佛教传入西藏的情况；汉地从周朝至明朝的王统世系（包括元朝蒙古的王统世系）；由朗达玛毁佛造成的西藏前弘期佛教的终结等。

第二辑"西藏后弘期佛教"。叙述西藏后弘期佛教的情况。内容包括：格色哇（即"贡巴饶色"，朵麦地区大喇嘛、西藏后弘期佛教的开创者）、仁钦桑波（阿里地区复兴佛教的主要人物、"新密"翻译的开创者）等人的事迹；鲁麦（从贡巴饶色受戒、在卫藏地区复兴佛教的"卫藏十人"之一）师徒修建的寺庙及其传承；毗奈耶（戒律）的弘传与持律诸师的情况；同时代的其他人物等。

第三辑"旧译密乘"。叙述从吐蕃王朝传下来的旧译密乘（主要指宁玛派）的传承情况（本书以弥底译经为界，将此前西藏翻译的密典称为"旧密"，此后翻译的密典称为"新密"；而多数藏传佛教史书如布顿《佛教史大宝藏论》、土观《土观宗派源流》则以仁钦桑波译经为界，将此前翻译的密典称为"旧密"，此后翻译的密典称为"新密"）。内容包括：宁玛派的"八大法行"（妙吉祥身、莲花语、真实意、甘露功德、橛事业、召遣非人、威德诅咒、供赞世神）和"大圆满秘诀"；桑杰耶协（又译"桑结益希"）、拉杰·邬巴隆巴（又译"拉杰树波且·释迦郡勒"、"大素尔·释迦迥乃"）、拉杰·嘉窝哇（又译"树穹·协饶扎巴"、"甲卧巴"）、拉杰·卓普巴（又译"卓浦巴"）、拉杰·杰敦嘉纳、邬巴细波、达敦觉耶、绒巴·却季桑波、桑杰耶协夏、郑·达摩菩提、麦隆巴（又译"麦隆多杰"）、仁珍巴、隆钦巴（又译"隆钦饶绛巴"）等人的事迹；《幻化》、《密集》等经的传承；"大圆满法"中"心识宗"（即"心识部"）、"空界部"、"心滴法"（即"秘诀部"）的传承等。

第四辑"新密乘及随行道果等法类"。叙述西藏新密乘的翻译以及由卓弥开启的萨迦派"道果"法的传承情况。内容包括："道果"法的传译者卓弥的事迹；"道果"法的主要传承者萨迦派衮却嘉波（又译"贡却杰布"）及其后传诸师；"道果"法的其他传承者夏玛姐弟（玛季、昆普哇）、拉杰·达哇峨热、扪敦·郡勒协饶、帕巴、敦巴、漾温巴等人的事迹。

第五辑"阿底峡尊者传承录"。叙述由阿底峡开启的噶当派（又称"甘丹派"）的传承情况。内容包括：阿底峡的事迹；阿底峡的大弟子、噶当派创始人仲敦巴的事迹；噶当派的支派教典派博垛哇（又译"博多哇"）、朗日塘巴、侠哇巴（又译"夏哇巴"）、嘉敦穹喀哇（又译"切喀哇"）、拉·隆根旺秋、拉·卓尾贡波、冻敦·洛卓扎（又译"董敦"）等人的事迹；噶当派的另一支派教授派敬安哇（又译"京俄哇"）、嘉裕哇（又译"甲域哇"）、章巴仁波且多杰弥觉（又译"藏巴仁波且"）、勒邬树巴（又译"内邬素巴"）、杰贡钦波、绛秋格哲（又译"绛曲格哉"）等人的事迹。

第六辑"峨诺（峨译师）、巴操（巴操译师）传承录及中观、因明、慈氏（即弥勒）法类如何而来的情况"。叙述峨诺、巴操译师对大乘显教中观、因明、弥勒类经典的翻译、讲说及其传承情况。内容包括：峨诺译师（事迹先见于本书第五辑之末）的弟子哲·协饶坝、卓隆巴·洛卓郡勒和再传弟子阿·绛秋耶协、洽巴等人的事迹；巴操译师及其弟子玛甲绛准、香·汤萨等人的事迹；《阿毗达摩杂集论》、《对法藏论》（又名《俱舍论》）、《量释论》、"慈氏五论"（又称"弥勒五论"，指《现观庄严论》、《庄严经论》、《宝性论》、《辨法法性论》和《辨中边论》）在藏地的传承情况等。

第七辑"密续部说规如何而来的情况"。叙述密教四部（事续、行续、瑜伽续、无上瑜伽续部）教法在西藏的传播情况。内容包括：西藏佛教前弘期桑杰桑哇（佛密）对事续、行续部的弘传；后弘期仁钦桑波、桑嘎等对瑜伽续部的弘传；廓库巴（又译

"桂·库巴拉孜")、芒惹·生格绛称、哲窝贡波、尼玛生格等对无上瑜伽续部龙树派"密集"教法的弘传;印度桑杰耶协夏(佛智)所传"密集"教法在藏地的传承;阿底峡、纳措、惹·多杰扎等对"能怖金刚"教法的弘传;玛巴垛巴、布顿、觉若·却季绛称等对"胜乐"教法的弘传;印度"亥母"教法在藏地的传承等。

第八辑"大译师玛尔巴传承录及著名的噶举派"。叙述由玛尔巴开启的噶举派的传承情况。内容包括:玛尔巴的事迹;玛尔巴的四大弟子峨·却季多杰、楚·旺额、麦春波、米拉日巴的事迹;米拉日巴的大弟子热穹巴(又译"热琼巴")、达波拉杰(又译"岗波巴")的事迹;由达波拉杰创立的噶举派(又称"达波噶举派");由达波拉杰的大弟子堆松钦巴(又译"都松钦巴")创立的噶举派支派噶玛噶举,以及由它最早开启的活佛转世制度;由达波拉杰的大弟子帕莫竹巴创立的噶举派支派竹巴噶举;由帕莫竹巴的大弟子达隆汤巴(又译"达垅塘巴")创立的噶举派支派达隆噶举(又译"达垅噶举")的传承;由帕莫竹巴的大弟子止贡巴创立的噶举派支派止贡噶举的传承;由帕莫竹巴的大弟子嘎敦耶协生格(又译"格丹益希僧格")的门徒漾桑却杰创立的噶举派支派漾桑噶举(又译"雅桑噶举")的传承;由帕莫竹巴的大弟子白玛多杰(又译"杰准岭")创立的噶举派支派珠宗(又译"主巴噶举"、"中主巴"),以及白玛多杰的大弟子章巴·耶协多杰(又译"藏巴甲热·意希多吉")的门徒诺热巴、阎昌巴·贡波多杰(又译"郭仓巴·衮波多吉")分别创立的下珠宗(又译"下主巴")、上珠宗(又译"上主巴")的传承;由帕莫竹巴的大弟子嘉察(又译"嘉擦")、衮敦热巴(又译"衮丹热巴")兄弟创立的噶举派支派绰浦噶举的传承;由达波拉杰的大弟子香仁波伽(又译"向蔡巴")创立的噶举派支派蔡巴噶举的传承等。

第九辑"廓乍巴和里姑玛的传承"。叙述由廓乍巴·索朗绛称(又译"郭扎巴·索南坚赞",藏传佛教小派郭扎派的创立者)、印度那若巴(又译"那饶巴")的妃子里姑玛分别传出的"瑜伽六支"教法的传承情况。内容包括:廓乍巴的事迹(所传的"瑜伽六支"源自印度夏哇日自在);里姑玛的在藏地的大弟子穹波伦觉(又译"克珠穹波伦觉巴")的事迹;穹波伦觉的七代传人等。

第十辑"时轮传承及其教授如何而来的情况"。叙述"时轮"教法在印度的产生及其在西藏的传播情况。内容包括:"时轮"教法的产生;由启觉(又译"结觉·达哇欧色")翻译的《时轮》的最初藏译本;由印度大堆夏(又译"大时轮足")、小堆夏(又译"小时轮足")传出的"时轮"教法卓(指卓敦·朗那哲,又译"卓顿·南拉孜")系和惹(指惹却饶,又译"热·曲饶")系;"时轮"教法卓系的传承者觉朗派(又译"觉囊派")裕谟(又译"域摩·弥觉多吉",卓敦·朗那哲的弟子)、达麦侠惹(又译"达玛夏若")、康色哇·朗喀峨、色谟伽哇·朗喀绛称、绛色·协饶峨热、却姑峨热、衮邦·吐杰准珠(又译"衮邦·突结尊追",觉朗寺的建立者)等人的事迹;"时轮"教法惹系的传承者嘎诺(又译"朗嘉多杰")、扣隆巴、多杰绛称、布顿(又译"布顿",夏鲁派的创立者)等人的事迹;由印度纳季仁清传出的"时轮"教法,及其传人索朗嘉措大译师的事迹等。

第十一辑"大手印法门谭"。叙述由印度麦枳哇传出的"大手印"教法在西藏的传播情况。内容包括:由印度萨惹哈开启,杰日措夏、麦枳哇(又译"麦哲巴")师徒传出的"大手印"教法;"大手印"教法传入藏地的情况;麦枳哇的大弟子廓若巴的事迹;由廓若巴的大弟子尼汝巴达(即"汝巴")开启的"大手印"初传法门;由洽纳开启的中传法门"上译系"(又称"上宗");由阿苏开启中传法门"下译系"(又称"下宗");由纳波协得(又译

"阿里巴")开启的后传法门(又称"后译")等。

　　第十二辑"息结派初、中、后三期传承情况"。叙述由印度荡巴桑杰(又译"当巴桑结")创立的"息结派"(又译"希解派"、"息杰派")在西藏的传播情况。内容包括：荡巴桑杰的事迹；息结派的初期传承(荡巴桑杰传业纳古哈雅；业纳古哈雅传温波、布桑诺穹；温波传诺准穹、喇穹峨热；布桑诺穹传玛敦却嘉等次第相传)；息结派的中期传承(玛、索、岗三支系)；息结派玛宗的开启者玛·却季协饶、大弟子索波垛德、香嘎敦巴、再传弟子甲达生等人的事迹；息结派索宗的开启者索穹哇、大弟子侠弥·麦朗坝、再传弟子曲巴达、嘎哇金色等人的事迹，以及索宗的法派(分语传派和义传派两大派；大派下又分支派)；息结派岗宗的开启者岗·耶协绛称及其上传(昆·旺秋多杰、江·协饶等所传)、下传(卓·却准所传)两支系；息结派中期传承的其他小支系(扎巴、杰巴、绛·嘎挡巴等所传)；息结派的后期传承与衮嘎、巴操贡巴、嘉哇敦勒、协饶峨、细波、玛尾生格(又译"准珠生格")、楚细(又译"达玛生格")、汤切钦巴等人的事迹。

　　第十三辑"能断魔境行者及喀惹巴的概况"。叙述由印度荡巴桑杰创立的"觉域派"(又译"觉宇派")在西藏的传播情况。内容包括：由荡巴桑杰的男弟子觉·索朗、玛惹色波传出的"波决"(又译"颇觉"，男性决门)及其后传；由荡巴桑杰的女弟子玛季姥准传出的"谟决"(又译"摩觉"，女性决门)及其后传；由喀惹巴(又译"喀惹贡穹")创立的"菩提心修法"(系将阿若·耶协迥勒和阿底峡所传教法结合而成)及其后传等。

　　第十四辑"大悲观音法门及金刚鬘等法类"。叙述"大悲观世音"、"不空羂索"、"金刚鬘"等法门在西藏的传播情况。内容包括："大悲观世音"法门的传承，与达哇绛称、却季扎巴、多杰嘉补、香敦乍季、土杰绛曲、释迦绛曲、绛曲坝、业普巴、索朗桑波、索朗达等人的事迹;"不空罥索"法门的传承,与坝日等人的事迹;由绛生达嘉传出的"大悲观世音"法门中的"直观教导"法;由那堆玛波(又译"荡巴玛波")传出的另一支"大悲观世音"法门的传承;"大悲观世音"法门的弘传者弥扎卓根的事迹;"大手印"法门的传承,与衮朗钦波等人的事迹;由弥扎卓根传出的"空行念修"法门和灌顶法;由布巴·达玛峨热传出的"大悲观世音"法门中的"直观教导"法;由达惹巴纳传出的"阎曼德迦"法;由阿坝雅传出的"金刚鬘"法;由扪隆巴传出的"禅定修次"法门中的"一知普解"法;由尼玛伯巴传出的"救度母"法门;顶巴译师(译《时轮根本续》等)及其后传等。

第十五辑"往昔僧众来源及问答等类"。叙述印度根本说一切有部律典在西藏的传播,以及由宗喀巴创立格鲁派的传承情况等。内容包括:有部律仪在藏地的三个传承系统(由喇钦贡巴饶色传出的下部律统、由达摩巴那传出的上部律统、由释迦室利传出的班钦律统);释迦室利的事迹及其传承弟子;格鲁派创始人宗喀巴的事迹及其传承弟子;西藏后弘期佛教的一些史事;《青史》的写作情况等。

《青史》内容广博,史料丰赡。仅就篇幅而言,汉译本有五十万字,约相当于《红史》的七倍。它以教法的传承为主线,对藏传佛教教法的渊源、教典的译传、教派的分张,以及千百位佛教人物的家庭背景、师承授受、修持教说、著述行化等作了极为细致的叙述,为藏传佛教史提供了大量不可或缺的资料。

如关于宁玛派的核心理论"大圆满法"三部的传承,书中写道:

在此西藏的区域中,有普遍传称的大圆满秘诀,其中分心识部、空界部、秘诀部等三部。心识部:是从毗若扎那及居松毗玛那所传来;空界部:也是由毗若扎那所传来的;秘诀部：普遍传称为心滴，是由毗玛那弥扎所传来，而由其弟子梁·顶恩正让波（定贤）所传承。这三部秘诀在西藏区域中，极为盛行。往昔所有宁玛派中，密续的讲释，直至现在仍然存在，都是《幻化秘密藏》法门类。此诸法门由毗玛那传授给大译师玛·仁清却（宝胜）；而由译师妥善地译出。译师复讲授给珠汝·仁清迅鲁（宝童）及杰热却（胜护）二人；又由二师讲授给达杰·伯季扎巴（吉祥称）及香·嘉屋云敦（胜能）二师。由香师传出诸人中，传称嘎钦普哇也传承了秘诀法门。又由达杰师在前后藏地区广作传播，并到康区讲授，由此而传出诸人：普遍传称为卫宗和康宗两系。（第三辑，第66页—第67页）

关于萨迦派"道果"法的开启者卓弥译师的事迹，说：

以密宗诸续部的各个方面来说，卓弥大师是极善巧；而且复具有修各本尊身像之法；他建立了讲说父续、母续等许多经教之规。特别是广大宏扬诸《瑜伽续部广释》及诸仪轨作法等。所以对佛法作了极大的发展。传授出诸密经和许多教授要诀。如上所说，卓弥大师是宏扬以母续为主的说修教法；而廓师（卓弥的弟子）是依讲说圣传（指龙树等所传）《密集》为主，而渐次不断地使弟子成为善巧发展起来；至于玛尔巴（卓弥的弟子）则是以那若、弥扎的教授要诀为主，并讲说《密集》、《佛顶》、《欢喜金刚第二品》、《金刚幕》、《玛哈玛雅》、《吉祥四座》等的释论，其善巧弟子及获得成就的门人遍布于西藏一切山丛中，确是成为密宗的教主。卓弥大师将所有经教教授全部传授给色师（色敦衮日）；并依记别（预言）依夏玛兄妹（实为姐弟）能使教授发展。（第四辑，第128页）

关于"时轮"教法的兴起与传播,说:

大乘密宗在此赡部洲中是如何而兴起的?最初,对于东方(指东印度)饶色达哇(极明月)王等人,显现并演说《摄真实性诸瑜伽续》;继后,对于龙树及其弟子等人,示现并演说《吉祥密集诸瑜伽续》后,盛行于南方(指南印度);此后,由西方那哇巴等人从邬仗那取出《瑜伽母续》等,而盛行于中原(指中印度);此后,从香拔拉由诸菩萨著作出《吉祥时轮续释》,而盛行于中土(指中印度)。……枳布巴之后为汝伯尊者;汝伯之后为那烂陀日巴;那烂之后为纳波巴;纳波巴之后为桑波尊者;桑波之后为朗嘉尊者;朗嘉之后为底里巴;底里巴之后为那若巴。从枳布巴到那若巴之间,次第出有八位上师。而那若巴又与堆夏尊者师徒是同时之故。……如是看来,《时轮》在印度是从古代兴起的。后来为诸人士普遍称传,是在堆夏尊者师徒的那一期间。这样的说法是合理的。在西藏,《时轮》最初的译本是启觉译师所译。(第十辑,第 452 页—第 453 页)

关于息结派后期传承修学的内容,说:

(息结派)后期传承的诸法中,对于无垢大手印,立名叫"精滴传统作法类"。应知大手印,由于荡巴桑杰是麦枳哇的嫡传弟子,以此是麦枳哇的大手印。所谓无垢,是对荡巴的诸教语而说的。所谓传统作法,是指其它诸开示和略有不同的修行直径而言。其本体性仍然要说是波罗蜜多随顺密宗行。……这一法门中分共通与不共通两部法门。共通法部中,包括经续传统作法等、应机耳传等、无垢点滴等、达察说集等。……不共通法部,包括《密续大纲》等、灌顶、道、导释等,三种密库、八种手册。(第十二辑,第 581 页—

第582页）

《青史》的不足之处是，每辑不分章节，不立小标题，即使是像第八辑那样有十四五万字的长篇，也是如此，致使纲目隐没，把握不易；另外，由于在叙述传承时所列的人物多达数千，人名又长，而翻译时有时用全称，有时用略称或别称，与他书上的译名也不尽相同（往往是音同而字异），这在一定程度上也增添了阅读的难度。

第三品　清土观《土观宗派源流》一册

《土观宗派源流》，原名《讲述一切宗派源流和教义善说晶镜史》，又称《一切宗派渊源教理善说晶鉴》、《一切宗义明镜》、《宗教流派镜史》，一册。清嘉庆六年（1801），藏传佛教格鲁派僧人土观著。今据西藏人民出版社1984年11月出版的刘立千汉译本解说。

土观（1737—1802），全名"土观·罗桑却季尼玛"，又译"土观·善慧法日"，藏传佛教格鲁派寺院青海佑宁寺（藏名"郭隆降巴林寺"，今青海互助土族自治县境内）活佛。清乾隆二十八年（1763）应诏入京，次年被敕封为"静修禅师"，后返本寺。六十五岁时撰写了本书，翌年病故。

《土观宗派源流》是一部以叙述西藏佛教各派的源流和教义为主，兼及印度、汉地、蒙古、于阗等地的佛教概况与其他宗派情况的藏传佛教史书。内容包括：藏传佛教各派立名的由来；产生的经过；传承系统与支派；主要人物的事迹；教典；"见"、"修"、"行"三方面的教说；所属的寺院；以及作者的评析，等等。据土观自己说，"我是首先写此宗派论的，在此之前，藏中尚未有宗派论著的作者。因之困难甚多，但是也应当把各派的立论详细写出来。"(《附记》,第246页)也就是说,在藏传佛教史籍中,像《土观宗派源流》这样全面而又系统地介绍不同方域的各种宗派(特别是佛教)的源流和教义的著作,尚属第一部。

全书共分为五章。书首有《开头诗》,礼赞佛祖及尊者、大德,申明著作的宗旨;书末有作者的《略说著书缘起》和刊印者写的《附记》,介绍土观撰写本书时的一些情况。

第一章"天竺宗教源流"。叙述印度宗教和哲学的流派及其教义。分为二节:

第一节"外道邪宗源流"。下分三小节:一、"外道是怎样发展起来的";二、"略说外道的教义";三、"说明讲述外道的必要性"。主要是说,古印度外道(佛教称自己为"内道",而将自己以外的宗教和哲学流派称为"外道")的见解,归结起来可分为"常见"(承认因果轮回)和"断见"(否认因果轮回)二种。属于"断见"的有顺世外道;属于"常见"的有数论派、大梵天派、遍入天派、弥曼差派、大自在天派、胜论派、正理派、离系派八派。

其中,顺世外道,下分禅定派(认为"世间无有阿罗汉")和推理派(包括二派,"一派断见虽承认有前后世,但不承认有业果;另一派断见则不承认有前后世,也不承认有业果"。见第6页);数论派,又称"劫比罗派","提出因中有果,待缘而显而说法"(第7页),下分无神数论派("承认诸法唯由自性而生")和有神数论派("承认因果本性虽一,由于大自在天神力加持,而有各种形相变化");大梵天派,以大梵天为导师,"说一切世间情器皆是梵天所创造的,主张只有吠陀经典才是正量"(第8页),下分声论派、吠陀派和秘密派;遍入天派,以遍入天为导师,"此派承认生死轮回是有边际的"(第9页);弥曼差派,又称"阇弥尼派",说"神我自性,常恒之体,独立实在,无方分时分";自在天派,以自在天为导师;胜论派(又称"优楼迦派"、"羯拿仆派")和正理派(又名"足目派"),均"以六句义广泛说明一切法的总别差异"(第10页),"胜论派立现、比、圣言三量。正理派除此三量外,还立有衡近喻量,共为四量";离系外道派,又称"耆那教","将一切所知境统摄为九句义,倡言树木等有心,提出一切导师并非全知等说法。说求解脱者须修裸形、不语、依五火等苦行,使往昔所造之业皆得消尽,不造新业,则能往居于一切世间的顶处,此处名为摄集世间。"(同上)

第二节"内道佛教源流"。下分二小节:一、"内道四种宗派源流";二、"略说四种宗派所承许之见"。主要是说,小乘有分别说部和经部二大派[案:这与一般佛教史籍将上座部和大众部看作是小乘的二大派相异],大乘有中观派和唯识派二大派。

分别说部。有根本四部,广分为十八部。即大众部又分出东山、西山、雪山、说出世、说假五部;根本说一切有部又分出饮光、化地、法藏、多闻、红衣、贤胄、分别说七部;上座部又分出祇多、大雄、大伽蓝三部;正量部又分出鸡胤、守护、犊子三部。"如上诸部,有的是以所随论师和所住地而分,有的是以宗部所说之理等而分,遂成为十八部。"(第13页)属于这一派的论师有世友、法救、觉天、集贤等。

经部。这是"随持经藏而成立的宗派",由于它善于通过比喻来说经说法,故又名"说喻部"。下分随教行派("只承认依照经藏中所说,如其文字来讲宗义的")和随正理派("随从七部量论中所说正理而立宗的")。属于这一派的论师有鸠摩罗多(童受)、室利罗多(祥受),准巴罗多(妙受)等。

中观派。由龙树创立,因持"泯绝二边而住中道"的观点而得名,又因主张"一切法无实有性",故又名"无自性论派"。下分应成、自续二派:"依于三支比量,即由本身有之正因,则能破除实有者,名为自续派。仅用应成为宗,令所破对方的相续心上,生起了悟自宗所立之比量者,即为应成派。"(第 16 页)应成派由佛护(一说"月称")开创;自续派由清辨开创,下分瑜伽行中观自续派("关于因的建立,其承认和唯识派相符顺")和经部行中观自续派("承认如经部论所许微尘集合的外境")。

唯识派。由无著创立,因"说一切诸法唯是自心识性"而得名(见第 17 页)。下分实相派(内分二取数量相等派、破卵各半派、交杂不二派)和假相派(内分有垢假相派、无垢假相派)。

第二章"雪域藏地宗教源流"。叙述西藏地区宗教(主要是佛教)的流派及其教义。分为四节:

第一节"总说藏地佛教源流"。下分二小节:一、"佛教前宏(一作"弘")期的情形";二、"佛教后宏期的情形"。主要是说,松赞干布时,藏地迎来了二尊佛像,建立了大昭寺和小昭寺,用藏语翻译《华严》等大乘经,"这样才开始创立了佛教"(第 28 页)。赤松德赞时,静命、莲花生等度毗遮那(又译"遍照护")等七人出家,才开始有了藏族僧人。以后佛教在藏地逐渐发展起来。

第二节"别说各种不同宗派的源流"。下分二小节:

一、"别宗的源流"。下分:

(一)"宁玛派源流"。说宁玛派意为"旧派",由莲花生传出。它的主要教义是"九乘之说"和"大圆满要门"。"九乘之说"指的是:"声闻、缘觉、菩萨名共三乘,为化身佛释迦牟尼所说;事部、行部、瑜伽部为密教外三乘,为报身佛金刚萨埵所说;生起摩诃瑜伽、教敕阿鲁瑜伽、大圆满阿底瑜伽为无上内三乘,为法身佛普贤所说。"(第 34 页)"大圆满要门"包括心部、界部、要门三部。教法的传承大致上分为三类:"远传的则为经典传承,近传的则为伏藏传承,甚深的(则为)净相传承。"(同上)主要寺庙有多吉扎寺、敏珠林寺、祝庆寺、迦陀寺、西庆寺等。

（二）"噶当派源流"。说"噶当"意为"对如来言教,不舍一字,悉了解为教授之义"（第46页），即遵循如来的言教而去修行。"它是从觉阿吉·吉祥阿底峡创始的,仲敦巴（阿底峡的弟子）建立宗规,三大法友昆仲（指仲敦巴的弟子博多瓦、京俄瓦、普穹瓦）宏扬流传,朗日塘巴、夏惹瓦（上二人为博多瓦的弟子）、甲域瓦（京俄瓦的弟子）等则更加发扬光大了。"（同上）下分教典派、教授派、要门派（又译"教诫派"）三派。其中教典派、教授派均包括"重在明见"、"重在明行"和"见行双重"三派,要门派以"十六明点"为修习要门。噶当派的主要教典有:《菩萨地论》、《大乘庄严经论》、《集菩萨学论》、《入菩萨行论》、《本生论》、《集法句论》、《菩提道炬论》等。

（三）"噶举派源流"。说"噶举"意为"语传",此派的传承分香巴噶举和达布（又译"达波"、"塔布"）噶举二大系。香巴噶举由琼布（又译"琼波南交巴"、"琼波"）传出,主要教法有《胜乐》、《喜金刚》、《摩诃摩耶》、《集密》、《怖畏金刚》等五部的灌顶等。达布噶举由玛巴（又译"玛尔巴"）传出,下分九派:（1）迦玛（又译"噶玛"）噶举,由都松勤巴（又译"都松钦巴"）传出,下分黑帽系和红帽系两支;（2）帕竹噶举,由帕木竹巴传出;（3）蔡巴噶举,由向·卓卫贡布·玉扎巴（又译"向蔡巴"）传出;（4）止贡噶举（止贡、主巴、达隆、鲍绒、亚桑、超浦噶举,均为帕竹噶举下的小支派）,由郊巴·义敦贡布（又译"仁钦白"、"仁钦贝"）传出;（5）主巴噶举,由林热·白玛多吉传出,下分上主巴、中主巴、下主巴三系;（6）达隆（又译"达垅"）噶举,由达隆塘巴钦布（又译"扎西白"、"达垅塘巴·扎西贝"）传出;（7）鲍绒（又译"拔绒"）噶举,由鲍绒巴·达玛汪秋（又译"拔戎巴·达玛旺秋"）传出;（8）亚桑（又译"雅桑"）噶举,由格丹·耶协僧格（又译"格丹·意希僧格"）传出;（9）超浦（又译"绰浦"）噶举,由仁布齐杰刹（又译"贾擦"）、衮丹热巴兄弟传出。

（四）"希解派源流"。说"希解"意为"能寂"，指"正法能息苦恼"。此派由当巴桑结（又译"丹巴桑结"）传出。它的教法，"来自《般若》等经，其诸教授论著，悉从龙树为准绳"（第92页）。希解派的旁支为觉域派（又译"觉宇派"），"觉域"，依教授的作用而得名。"说以慈悲菩提心，能断自利的作意；以空性见，能断轮回根本。此二和合有断四魔等的功能，故立此名。"（第93页）此派也由当巴桑结传出，所传的是"般若波罗蜜多与密咒相随顺而行的法门"（第94页）。

（五）"萨嘉（又译"萨迦"）派源流"。说此派由昆·衮乔杰布（又译"昆·贡却杰布"）传出，主要教法是"道果法"。

（六）"觉朗（又译"觉囊"）派源流"。说此派由裕莫·木局多吉（又译"域摩·弥觉多吉"）传出，但到他的五传弟子衮邦·吐吉尊追（又译"衮邦·突结尊追"）建立了觉摩朗建寺（又译"觉囊寺"），大开宗规，才正式得名。它的主要教法是"他空见"（被格鲁派等斥为"恶见"）。

（七）"几类零散流派的源流"。记博东派（由博东·巧勒南杰传出）、霞鲁派（又译"夏鲁派"，由布顿传出）、洛扎派（由将宁玛派教法与噶当派法融合起来的洛扎·南喀坚赞传出）等的情况。

二、"格鲁派的源流"。说格鲁派又名"格丹派"（又译"甘丹派"），因寺而名，由宗喀巴传出。下分：（一）"教主宗喀巴降生世间的情况"；（二）"诸持教法嗣弘扬大师正宗的情况"；（三）"本派殊胜之处"。详细介绍宗喀巴的生平事迹、宗喀巴以后的传承、格鲁派的教义，以及与其他流派的不同之处等。说："格丹派的教规，是要闻思经藏，以总抉择大小乘的三学（指戒定慧）；闻思律藏，别修习戒定二学；闻思对法藏，引生无误了知诸法性相的智慧,以修习慧学获得亲证。尤其是对于大乘所说的大菩提心、十地、六度广行,以及粗细无我之理的无边法门,把这些经教作为闻思修的主要之事。"(第180页—第181页)"再就密咒来说,格丹派亦有殊胜之处。其他的显教大乘及和其他的续部,由现证空性之智,依无边德资粮为辅行,虽能断除诸粗分所智障,然不能断它的细分,故成佛须历长时。但无上密乘却能于浊世短暂的一生中,则可尽断无余所智障。"(第186页)"其余如声明、量论、工巧、医明、诗学、历算等诸世间学问,格丹派中亦极为发达。"(第190页)

第三节"承余略说显密教法和各明处的源流"。说:"显教方面有律学、中观量论及其疏释等。密教方面有四部本续灌顶讲解要门。在世俗方面有十明处。"(第192页)

第四节"略说苯教(通常译为"本教")的源流"。下分五小节:一、"苯教的起源";二、"苯教各派的起源";三、"苯教的法要";四、"苯教关于见修方面的教理";五、"苯教的道场"。主要是说,苯教以辛饶米沃齐(又译"先饶米沃且",相传与释迦牟尼同时)为教主。分为笃苯(又译"笃本")、伽苯(又译"伽本")、局苯(又译"觉本")三派(确切地说是三个时期)。在佛教传入西藏之前,"从聂赤赞普到赤德妥赞之间,凡二十六代均以苯教治理王政","不过当时的苯教,只有下方作镇压鬼怪,上方作供祀天神,中间作兴旺人家的法事而已,并未出现苯教见地方面的说法(指没有什么理论)"(第194页)。自朗达玛灭佛以后的后期苯教,将大量的佛经改窜为笨经,"别立各种不同的名相及诠释,标其异于佛教"(第195页)。苯教的经典有《圆满宝金鬘论》、《本释风刃论》、《身心觉验》、《八界抉择书》、《黑禳解法》、《总积笨藏》、《无边大汇忿怒续》等。"诸书内,亦有无常、业果、慈悲、菩提心、六波罗蜜等散碎的知识,亦建立五道、十地、三身等的理论,至于若灌顶生圆二次等,住律仪三昧耶戒,开光、火施、修供坛戒、超度亡灵道场等类似佛教作法的代替法事和补充事项也甚多。"(第 196 页)苯教的寺院有辛达顶寺(后改为格鲁派寺院)、雍中拉顶寺等。

第三章"汉地儒家、道家和佛教的教派源流"。叙述汉地宗教和哲学的流派及其教义。分为四节:

第一节"如星的教派儒家学说的源流"。叙述"儒"的起源;儒家经典的起源;儒家创始人孔子的事迹;历算、医学、诗词等的起源;"五经"的基本思想;选儒为官的科举制度等。

第二节"如月的教派道家的源流"。简叙道教的始祖太上老君(即老子)的事迹,以及道教的教义和法术。

第三节"一类小派的源流"。简叙汉地回教等的情况。

第四节"如日的教派所谓释教即佛教在汉地的传播情况"。下分二小节:一、"由天竺传入的情况";二、"由藏地传入的情况"。叙述汉地佛教的起源;汉地佛教中律宗、密宗、广行宗(指法相宗)、深观宗(指法性宗,包括天台宗和华严宗)、心要宗(指禅宗)五派的情况;元明清三代朝廷与藏地佛教大德的交往、封赐等。

第四章"霍尔、李域、苫婆罗等地的宗派源流"。叙述蒙古("霍尔")、于阗("李域")以及传说中的密教时轮教法的发源地苫婆罗的佛教源流。下分三节:

第一节"霍尔(蒙古)地区佛教兴起的情况"。说蒙古地区的佛教,是由元代成吉思汗延请藏地佛教萨嘉(又译"萨迦")派僧人萨钦·衮噶宁布传过去的。忽必烈及王妃大臣从八思巴受灌顶之后,佛教大行。三世达赖索南嘉措曾到蒙古建立格鲁派宗观,至四世达赖云丹嘉措时,蒙古普遍信奉格鲁派教法。此后由衮噶畏赛等人将藏文大藏经中的"甘珠尔"部分译成蒙文,乾隆时将全部藏文大藏经(包括"甘珠尔"和"丹珠尔"两大部分)

译成蒙文。

第二节"李域(于阗)地区佛教兴起的情况"。说于阗阇耶桑巴哇王时,比丘毗卢遮那创造了于阗文字,建立了杂尔玛寺,自此以后,佛教在该地大为弘扬。

第三节"苫婆罗佛教兴起的情况"。说:"此地自从佛住世时起,就弘扬《时轮》教法,迄今未替,并且在未来时还将广为传播。其说名苫婆罗,是因为此地是释迦族苫婆罗所占有,所以安立此名。"(第233页)

第五章"用讲述完成义作结束"。用赞颂的形式总结全书的义旨。

《土观宗派源流》是研究藏传佛教宗派中必读的佛教名著。近代以来曾被译成英文等,在东西方学术界流传。汉译本总的来说是不错的,但在译名方面尚需进一步斟酌和统一,语句方面尚需进一步润饰。

第四品　清守一《西藏剌麻溯源》一卷

《西藏剌麻溯源》,一卷。清吴中南禅寺沙门守一编辑。原载于《圣武记》卷五,题名为《溯查西藏剌麻来源》("剌麻"就是今称的"喇嘛"),后易名收入《续藏经》第一五○册。

《西藏剌麻溯源》无序跋。从书中所叙史事推断,约撰于清道光(1820—1850)初年。这是一部由汉地僧人撰作的介绍西藏喇嘛教的历史的著作。叙事简洁,语言通畅,甚便览读。内容包括:西藏的地理位置,喇嘛(书中均作"剌麻")的含义,自唐至清喇嘛教的发展情况,以及西藏喇嘛教与当时中央朝廷的联系等。作者记叙的重要史事有:

> 剌麻者,乃西域之尊称,译华言为"无上"二字,比中国

之称"和尚",为"力生"二字。(《续藏经》第一五〇册,第541页上)

自唐太宗时,文成公主下嫁与乌斯藏汗赞普为妃,专尚佛教,兴建大塔寺庙数百座,延请印度高行剌麻到藏梵修教化,历宋元明清,均有高行剌麻。故元世祖封剌麻八思巴为帝师、大宝法王,后嗣世袭其号,为红教之宗。(第541页上、下)

至明永乐成祖,封剌麻哈立麻为大宝法王、西天大善自在佛,其徒三人皆封国师,又封大乘法王、大德法王,又封阐化、阐教、辅教、护教、赞善五法王,又授西天佛子者二,灌顶大国师者九,灌顶国师者十八。法王等命终,其徒辄自相承袭,渐后变为旁门,争名夺地。而诸法王之后,先娶妻生子,再落发为剌麻。候前剌麻命终,则其子顶替,私袭其位。与所娶之妻,每逢朔望相见,余日则不相会。(第541页下)

黄教者,自永乐十五年间,有青海之西宁卫生一人,名宗喀巴者,为剌麻。先入藏投红教,授经持咒。见该教之人均炼神通,专事吞刀吐火,炫奇惑众,不修戒定慧之正道,故舍去而入藏内甘丹寺习定,得道该寺。至成化十四年示寂。宗喀巴初修道时,即改其衣冠为黄色,不屑同于红教之人。宗喀巴临终,遗嘱二大弟子,世世以呼毕勒罕,应身转世,不迷本性,能知夙世,还来坐床掌教之师。二大弟子者,一名达赖,一名班禅,至乾隆中已第六次转生矣。(第541页下—第542页上)

又有第一世达赖之大弟子,名哲卜尊丹巴者,一支住持蒙古库伦,亦能仿达赖、班禅,以呼毕勒罕,不迷本性,世世转生者。(第542页上)

康熙中,又有第五世达赖之弟子,名章佳呼土克图者,

为雍正时国师大剌麻,亦能以呼毕勒罕,不迷本性,转世再来。常住京都口外。(同上)

大清太宗崇德七年,延请第四世达赖剌麻至盛京,称为金刚大士,还往藏中。顺治初,遣使迓达赖。九年至京师,封西天大善自在佛,领天下释教,又封为普通鄂济大剌麻。(同上)

达赖、班禅分主前后两藏。乾隆时,理藩院造册,至第六世达赖所辖寺庙,计有三千一百五十余所,共计剌麻三十万二千五百有奇。班禅所辖寺庙三百二十七所,共计剌麻一万三千七百有奇。(同上)

布鲁特二部红教,亦有寺庙一百二十,剌麻二万五千。红、黄二教,共计现有剌麻三十四万一千二百有奇,可谓盛之极矣。(第542页上、下)

作者还在书的最后,介绍了当时西藏政教合一的管理机构,以及清嘉庆八年(1803),第八世达赖喇嘛灵童由驻藏大臣奏闻得准的情况。

第七门　诸宗评述:清守一《宗教律诸家演派》一卷

《宗教律诸家演派》,一卷。清吴中南禅寺沙门守一编。撰时不详。收入《续藏经》第一五〇册。

《宗教律诸家演派》无序跋。它是一部以偈颂的形式对宗教律诸家宗派的源流以及其中的一些人物加以评说的著作,在体式上与清代明喜撰的《缁门世谱》中的最后一部分"派"的写法相似,而与一般的谱系类著作相异。内容依次为:临济宗;沩仰宗;洞山宗(即曹洞宗);云门宗;法眼宗;天皇下宗派(作者对它下的定义是:"自六祖四传至天皇悟,天皇五传至圣寿净严禅师,演派六十四字,后人遂立为圣寿宗。不列五家宗内。"见《续藏经》第一五〇册,第536页下);天台教观(即天台宗);华严贤首教(即华严宗);南山律派(即律宗);附列"不知世数、未考何宗"的若干人物。由于临济宗等禅宗五宗和作者别出心裁设立的"天皇下宗派",均属于"宗";天台、华严二宗属于"教";律宗属于"律",故作者取名为《宗教律诸家演派》。

本书在对上述各家宗派的评说中,凡属禅宗的五家宗派(不包括"天皇下宗派"),其宗的开头均有"源流诀",尔后才是关于此宗由来的简短介绍,以及对若干人物的评说。至于其他宗派的开头,则均无"源流诀"。《宗教律诸家演派》的表述方式可以由法眼宗("宗")、华严宗("教")、律宗("律")三例得到说明:

　　法眼源流诀　雪峰师备琛,法眼益千秋。道齐并义海,虽迟人最盛。　自六祖法下七传至雪峰存(义存),雪峰传玄沙备(师备),玄沙传地藏琛(桂琛),地藏传法眼文益禅师,后人立为法眼宗。　法眼下第六世翠岩嗣元祖光禅师演派二十字:祖智悟本真,法性常兴胜。定慧广圆明,觉海玄清印。(第536页上、下)

　　华严贤首教　自唐初杜顺帝师阅《华严经》得道,传教与云华大师(智俨),云华传与贤首法师(法藏),为贤首教第一世。贤首传清凉澄观国师,清凉传圭峰宗密大师,为第三世。演派二十字:宗福法德义,普贤行愿深。文殊广大智,成等正觉果。　贤首下第三十一世京都广善怀一庆余法师起演派二十字:庆性善正宗,祖道德兴隆。慧轮光普照,妙觉本圆融。　自圭峰传二十二世至云栖莲池袾宏大师,立云栖派二十字:果与因交彻,心随境廓通。玄微机悉剖,理性妙咸穷。(第537页下—第538页上)

　　南山律派　自终南山道宣律师为律门第一世,十三世传至金陵古林庵慧云如馨律师。馨传三昧寂光律师,为宝峰山第一代。从"如"字起,演派五十六字:如寂读德真常实,福性圆明定慧昌。海印发光融戒月,优昙现瑞续天香。支岐万派律源远,果结千华宗本长。法绍南山宏正脉,传灯心地永联芳。　三昧律师又另演一派,二十字:寂戒元常定,信理妙恒融。从闻修福慧,绍隆佛祖心。(第538页上、下)

　　从上述三例中可以看出,《宗教律诸家演派》虽然书名很有气派,仿佛该罗了宗、教、律各家宗派的法脉,其实不然,书中只是摘列了诸家宗派形成与流传过程中的若干人物加以评唱而已。因为"演派"中所列的每一个字虽然代表着一代辈次,如"祖"字辈、"智"字辈、"悟"字辈、"本"字辈、"真"字辈等(见第一例),与宗法社会中族谱的辈次表示法相同,但由于每一辈次究竟指谁不清楚,而且它本身带有预言性,也不可能搞清楚,故"演派"实际上成了"评唱"的代名词,缺乏史实性。《宗教律诸家演派》这种既无一代接一代的完整的传法世次的记叙,又缺人物言语行迹介绍的缺点,使得它与一般谱系类著作相比,其价值显得低得多。